KB191093

개정판

감리교회사

개정판

감리교회사

초 판 1쇄 2003년 10월 27일
개정판 1쇄 2013년 3월 29일
2쇄 2019년 3월 22일

김홍기 지음

발행인 | 전명구
편집인 | 한만철

펴 낸 곳 | 도서출판kmc
등록번호 | 제2-1607호
등록일자 | 1993년 9월 4일

03186 서울특별시 종로구 세종대로 149 감리회관 16층
(재)기독교대한감리회 도서출판kmc
대표전화 | 02-399-2008 팩스 | 02-399-4365
홈페이지 | http://www.kmcpress.co.kr

디자인·인쇄 | 코람데오 02-2264-3650-1

값 23,000원
ISBN 978-89-8430-601-1 03230

개정판

강리교회사

• 영국과 미국을 중심으로 웨슬리에서 아펜젤러까지 •
(1725~1885)

A Methodist Church History

• From John Wesley to Henry Appenzeller •

김홍기 지음

kmc

차 례

2부 미국감리교회사(1784~1885)

• 개정판에 들어가는 말 •

감리교회사를 서술하는 사관과 방법론

개정판을 내면서 여러 가지 보충할 면들을 여러 자료들을 가지고 보완하였다. David Hempton(현재 하버드신학교 학장)의 책들(*Methodist Empire of the Spirit, Methodist and Politics in British Society*)이 감리교회사를 문화적, 정치적, 사회적 상황과 연결 지어 분석한 것으로는 탁월하여 많이 활용하게 되었다. 《감리교형성사》(태브러햄 지음, 김희중 역, 김홍기 감수) 책을 김희중 전도사가 번역하다가 재학 중에 사망하는 바람에 친구 전도사들 6명이 공동 번역하여 김희중 이름으로 번역판을 내기 원하였고, 필자에게 감수해주기를 요청하여 자료들을 컴퓨터에 입력하여 감수하였으며, 출판하게 되었다. 하지만 그 후 10년이 지난 시점에 이 책을 저술하였기에 자료들이 겹친 것을 의식하지 못하였는데, 나중에 그것을 알게 되어 다시 풀어 쓰는 작업(paraphrase)을 하고 각주(footnote)들을 밝혔다.

이 책을 쓰게 된 중요한 동기는 아직까지 한국말로 된 영국과 미국의 감리교회사가 한국감리교회 안에 없다는 사실 때문이다('한국감리교회사'는 유동식 교수의 수고로 이미 몇 년 전에 출판되었다). 영어로 된 감리교회사 중에도 '영국감리교회사'와 '미국감리교회사'는 함께 출판된 것이 없다. 그래서 본 연구는 감리교회 목회자들과 신학생들의 필독서가 될 수 있는 아펜젤러 이전까지의 영국과 미국의 감리교회사를 정리하고자 한다. 이 시도가 완벽한 작품이 될 수는 없으리라고 생각한다. 계속해서 양도 늘리고 역사적 시간도 바꾸면서 개정하고 증보할 생각으로 우선 첫 작업을 시작한다.

감리교회사를 서술할 때, 그 방법론과 사관이 무엇보다 중요하다고 생각한다. 역사는 해석이다. 단순한 과거사실의 나열이 역사가 될 수는 없다. 그러므로 본 연구는 실증주의적 역사방법론의 한계를 넘어서는 역사서술을 시도하고자 한다. 즉 객관적 사실의 연구(Historie)가 아닌 주관적 해석의 연구(Geschichte)라고 볼 수 있다. 그러나 역사는 반드시 객관적 사실을 근거로 해석되어야 하기에 역사의 객관성을 무시하는 주관적 해석을 시도하지는 않겠다.

역사의 객관성을 유지하기 위해 역사적 비평적 방법(historical critical method)을 사용하겠다. 다시 말해 영국에서 감리교회가 탄생하였던 18세기의 삶의 자리(Sitz-im-Leben)와 역사적 상황을 충분히 추적해 가면서 그 상황 - 정치적, 문화적, 사회적, 경제적, 종교적 상황을 포함하여 - 속에서 어떻게 감리교회가 탄생하고 형성되고 발전하여 갔는지를 역사적 비평적 방법으로 연구하고자 한다. 미국감리교회사도 19세기 미국의 역사적 상황을 정치적, 문화적, 사회적, 경제적, 종교적으로 분석하면서 그 시대에 어떤 영향을 받았고 그 시대 문화를 어떻게 이끌고 변혁시켰는지를 연구하고자 한다.

또한 시기적 제한을 두고 본 연구를 시도하고자 한다. 영국감리교회사의 경우는 18세기, 곧 웨슬리 당시의 영국감리교회 발전과정과 애즈베리를 중심으로 미국의 감리교회를 시작하던 상황을 중점적으로 다루며, 19세기의 영국감리교회는 비교적 간략하게 취급하고자 한다. 그리고 미국감리교회사도 애즈베리를 중심으로 시작하고 발전하여 아펜젤러를 중심으로 한국선교를 시작하던 19세기를 중심으로 하겠다. 그 이유는 한국감리교회 목회자들과 평신도들이 웨슬리를 중심으로 어떻게 감리교회가 탄생하고 발전하였는지를 이해하고, 그것이 미국으로 건너가 애즈베리를 중심으로 감독체제의 감리교회로 발전하고, 아펜젤러를 통하여 한국에 들어오게 된 경위를 집중적으로 알게 하는 데 본 연구의 목적이 있기 때문이다.

그래서 웨슬리의 생애와 사상을 집중적으로 연구함으로써 영국감리교회의 특징을 밝히고, 애즈베리의 생애와 사상을 중심으로 하여 미국감독감리교회의 특징을 지적하며, 나아가 아펜젤러의 생애와 사상을 다룸으로써 한국감리교회의 선교신학적 배경을 알리고자 한다. 그러나 "역사는 영웅들의 역사"라는 토마스 칼라일(Thomas Carlyle)의 영웅사관보다는 "역사는 민중들의 역사"라는 함석헌의 민중사관의 관점에 서서 노동자, 광부, 농민, 여성 등 민중들이 18세기 영국과 19세기 미국의 역사적 상황에서 어떻게 문화변혁적, 사회변혁적, 경제변혁적 감리교운동을 이끌어 갔는지를 동시에 밝히고자 한다.

더 정확하게 말한다면 새로운 역사는 영웅들만이, 혹은 민중들만이 아니라 창조적 소수(creative minority)와 내재적 민중(inner proletariat)이 함께 만들어 간다고 한 아놀드 토인비(Arnold Toynbee)적 사관에서 본 연구를 시도하고자 한다. 즉 웨슬리, 애즈베리, 아펜젤러 같은 창조적 소수를 추앙하는 내재적 민중이 16세기 종교개혁 이후 생명력을 잃어가던 프로테스탄트교회를 새롭게 구원하고 개혁시키는 새 역사를 만들어 갔다는 시각에서 글을 써 나가겠다는 말이다. 영국성공회의 감독과 영국 국왕은 지배적 소수(dominant minority)로 군림하고 영국 노동자들은 산업혁명의 과정에서 폭력적, 외재적 민중(external proletariat)으로 나타나려는 역사의 위기에 웨슬리는 창조적 소수로, 감리교도들은 내재적 민중으로 나타나 18세기 영국을 살리는 사회적 성화운동으로 발전하여 갔음을 본 연구에서 밝혀 보고자 한다. 프랑스 역사가 엘리 할레비(Elie Halevy)나 토마스 칼라일(Thomas Carlyle)이 지적한 대로 감리교운동은 프랑스혁명 같은 위기에서 영국을 구원한 운동이라는 시각에서 감리교회사를 서술하고자 한다.

최근에 많은 학자들이 웨슬리의 감리교운동을 사회적 성화운동으로 해석한다. 아우틀러(Albert Outler)는 웨슬리가 사회개혁에 헌신하는 기독교공동체, 신앙의 본질은 내면적이지만(the essence of faith is inward) 신앙의 증거는 사회적이어야(the evidence of faith is social) 한다는 건전한 복음주의(healthy evangelism)를 강조하였다고 해석한다.[1] 테오도르 런연(Theodore Runyon)은 1977년 여름에 옥스퍼드대학교 링컨대학(Lincoln College, Oxford)에서 개최된 제6차 옥스퍼드 세계감리교신학자대회에서 발표된 논문들을 모아 "성화와 해방(*Sanctification and Liberation*)"이라는 제목의 책으로 출판하였다. 그는 웨슬리를 마르크스 같은 혁명적 실천가로 해석하였다: "웨슬리의 인간론에서 마르크스의 이해와 비슷한 주장을 발견하게 된다. 인간의 삶은 근본적으로 어떤 목적을 향하는 목적론적인 행동으로 나타난다."[2] 이 책에 증정한 흑인해방신학자 콘(James H. Cone)의 논문은 "웨슬리와 흑인에게서 성령의 현존은 해방의

1) Albert Outler, *Evangelism in Wesleyan Spirit* (Nashville: Tidings, 1971), 25.

2) Theodore Runyon, "Introduction: Wesley and the Theologies of Liberation", *Sanctification and Liberation* (Nashville: Abingdon Press, 1981), 29.

경험이다"라고 강조한다.[3] 남미해방신학자 보니노(Jose Miguez Bonino)는 웨슬리의 성화가 단순히 영적인 상태가 아니라 사회 · 역사적 영역을 포함한다고 주장한다. 하데스티(Nancy A. Hardesty)는 여성신학의 관점에서 웨슬리의 하나님나라는 단순히 미래적 · 차안적 행복이 아니라 지상에서 누리는 행복으로, 그곳에는 여성도, 남성도 자유와 해방을 누리는 곳임을 강조한다.[4]

필자는 이러한 많은 학자들의 해석에서 통찰을 얻어 드류대학교 박사학위논문을 "웨슬리신학과 민중신학에서 실험된 사회적 성화사상(The Theology of Social Sanctification Examined in the Thought of John Wesley and Minjung Theology, Drew University in 1991)"이라는 제목으로 쓰게 되었다. 웨슬리의 성화신학은 개인구원에 관심하는 한국 개신교 주류의 경건주의와, 사회구원에 관심하는 민중신학 사이에서 에큐메니컬적 대화를 여는 다리 역할을 할 수 있다. 웨슬리를 통한 대화는 민중신학으로 하여금 개인적 성화를 향하여 마음을 열게 하고, 한국의 보수적 경건주의로 하여금 사회적 성화를 향하여 눈을 돌리게 할 수 있다. 이런 차원에서 웨슬리의 성화신학은 한국의 진보와 보수 진영의 에큐메니컬적 대화를 발전시키는 데 크게 기여할 수 있다. 또한 통일이라는 역사적 과제를 위한 한국기독교의 연대감을 형성하는 데도 공헌할 수 있다고 필자는 해석하였다. 결론적으로 필자는 웨슬리의 구원론과 민중신학의 구원론을 비교 연구한 결과로 민중신학 구원론의 발전을 위해 몇 가지 제안을 하였다. 그리고 한국에 돌아와 이 논문을 발전시켜 "존 웨

---

3) James H. Cone, "Sanctification and Liberation in the Black Religious Tradition", *Sanctification and Liberation*, 174.

4) Nancy A. Hardesty, "The Wesleyan Movement and Women's Liberation", *Sanctification and Liberation*, 127, 173.

슬리신학의 재발견 - 개인적 성화와 사회적 성화의 역사신학적 고찰"이라는 제목으로 기독교서회(1992)에서 책을 출판하였다. 또한 이러한 웨슬리신학의 새로운 해석의 조명에서 그의 희년사상과 관계되는 설교와 논문 19개와 희년사상을 한국적 상황에서 재해석한 필자의 논문을 합쳐 《존 웨슬리의 희년사상(감리교신학대학교출판부, 1995)》을, 나사렛대학교 임승안 교수("하나님의 형상의 입장에서 본 존 웨슬리의 인간관", "존 웨슬리의 생애" 등)와 감신대 이후정 교수("존 웨슬리의 영성", "존 웨슬리와 초대동방의 영성" 등), 필자의 아내 권희순 목사("존 웨슬리의 감리교운동과 여성해방")와 필자("웨슬리의 역사신학적 배경", "존 웨슬리와 민중신학의 만남" 등)가 함께 《존 웨슬리의 역사신학적 조명(감리교신학대학교출판부, 1995)》을 출판하였다. 그리고 《존 웨슬리의 구원론(성서연구사, 1996)》에서 웨슬리의 구원이해는 믿음과 행함의 조화, 객관적 은총(imputation)과 주관적 은총(impartation)의 조화, 의인화와 성화의 조화, 개인적 성화와 사회적 성화의 조화, 더 나아가 우주적 성화까지 포함하는 새 창조임을 밝혔다.

특별히 이러한 웨슬리의 경제윤리문제에 관해서는 최근 많은 연구들이 쏟아져 나오고 있다. 제닝스(Theodore Jennings)는 그의 책 《가난한 자를 위한 복음(*Good News to the Poor*)》에서 웨슬리의 경제윤리는 복음적 경제윤리로서 그 핵심이 청지기정신에 있다고 해석한다.[5] 그는 웨슬리가 루터의 두 왕국론과 달리 종교와 세속을 구분하지 않고, 회심과 성결은 세속제도의 변혁, 나아가 민족생활과 지구생활의 변혁을 일으키며, 크리스천은 부의 축적으로 경제활동에 관여할 수 없음을 강조하였다고 본다. 또한 그의 청지기의식은 자본주의시장경제에 대한 도

5) Theodore W. Jennings, *Good News to the Poor* (Nashville: Abingdon Press, 1990), 97~118.

전적 해석으로 등장하게 되었고, 개신교를 자본주의의 보루와 옹호자(bulwark)로 생각하는 사람들에게 큰 충격을 주었다고 지적한다.[6] 믹스(Douglas Meeks)도 최근 연구논문 "성화와 경제(Sanctification and Economy)"에서 청지기 경제윤리를 소개하였다.[7] 그는 제7차 옥스퍼드 감리교신학자대회에 참여한 여러 감리교학자들의 웨슬리 경제윤리에 관한 논문들을 모아서 《가난한 자의 몫(*The Portion of the Poor*)》 – 웨슬리 전통에서 본 가난한 자를 위한 복음 – 을 편집 출판하기에 이르렀고, 《하느님의 경제학(*God the Economist*)》이라는 책을 저술하기도 하였다. 이 책에서 그는 삼위일체 하나님의 개념을 사회공동체적으로 해석한다. 사회공동체적인 삼위일체 하나님은 절대적 사유재산 소유자로서 예배되지 않는다.[8] 믹스는 카파도키아학파의 삼위일체의 상호적 공동내재성(perichoresis) 개념을 발전시켜서, 삼위는 셋이 함께 서로를 위하여 서로 안에 임재함으로써, 상호간의 헌신관계를 형성하고 절대적, 배타적 권리 없이 모든 것을 공유한다고 해석한다.[9] 이러한 삼위일체 하나님의 소유양식은 자기소유에 근거를 두지 않고, 오히려 십자가 사건에서 가장 드라마틱하게 보여 주신 것처럼 자기를 내어 주는 것이다. 하나님은 피조물과 더불어 나누고, 줌으로써 소유한다.[10] 더 나아가 믹스 교수는 하나님의 경제를 본받아 성도들이 하나님께 받은 은사와 선물을 이

---

6) Theodore W. Jennings, 97~99.

7) Douglas Meeks, "Sanctification and Economy: A Wesleyan Perspective on Stewardship", *Rethinking Wesley's Theology* (Nashville: Kingswood Books, 1998), 83~98.

8) 더글라스 믹스 지음, 홍근수 · 이승무 옮김, 《하느님의 경제학》 (서울: 도서출판 한울, 1998), 145~146.

9) 더글라스 믹스, 《하느님의 경제학》, 146~147.

10) 더글라스 믹스, 《하느님의 경제학》, 149~150.

웃에게 되돌려 주는 것이 성화라고 해석한다. 1998년 10월 20일, 서울 감리교신학대학교 대학원에서 행한 "God and the Economy of Gift in Wesley's Theology"라는 제목의 강연에서도 역시 카파도키아학파의 공동체적 삼위일체론(perichoresis)을 끌어들이면서 내재적 삼위일체론에서나, 경세적 삼위일체론에서나 성령의 역사는 하나님의 은사를 되돌려 드리는 것이라고 강조하였다.[11] 또는 웨슬리에게 성결(holiness)은 하나님의 사랑의 은사를 되돌려 주는 정의 안에서 사랑의 실천을 의미한다고 해석하였다.[12] 그리고 우리에게 은혜로 베풀어 주신 모든 물질적 복과 은사들을 다시 가난한 이웃에게 되돌려 주는 것이 웨슬리 성화론의 핵심임을 다음과 같이 주장한다: "웨슬리의 모든 신학은 하나님의 성화케 하는 은사 때문에 그 계명을 심각하게 지키는 영적 훈련(spiritual exercise)이다. 성화는 하나님이 우리에게 베푸신 은사를 하나님께 돌려 드리는 것이다."[13] 이렇게 웨슬리신학의 시각에서 시장의 논리를 반대하면서 은사의 논리를 전개한다. 또한 독일 웨슬리학자 마르크바르트(Manfred Marquardt)는 《존 웨슬리의 사회윤리(*John Wesley's Social Ethics*)》를 저술하면서 그의 경제윤리가 영국사회에 어떤 영향을 미치고 있는지를 소개하였다. 웨슬리의 설교와 논문들에 나타난 경제윤리는 종교적 차원을 넘어 영국의 경제와 정치 발전에 큰 영향을 미쳤음을 마르크바르트는 강조한다.[14]

---

11) Douglas Meeks, "God and the Economy of Gift in Wesley's Theology", (Lecture at Methodist Theological Seminary in Seoul, Oct. 20, 1998), 9.

12) Meeks, "God and the Economy of Gift in Wesley's Theology", 9.

13) Meeks, "God and Economy of Gift in Wesley's Theology", 9.

14) Manfred Marquardt, *John Wesley's Social Ethics* (Nashville: Abingdon Press, 1992), 35.

필자도 웨슬리 경제윤리에 대한 새로운 해석에 동참하는 신학적 시각으로 《존 웨슬리의 경제윤리》를 2001년 대한기독교서회에서 출판하였다. 그러나 필자의 독창적 공헌이라면, 지금까지 유럽과 미국의 웨슬리학자들 중 누구도 웨슬리를 희년, 희년경제와 연결시켜 해석하지 않은 상황에서 그와 같은 새로운 시도를 하였다는 점이다. 그리고 이 희년경제를 한국의 IMF 위기와 통일운동 상황으로 끌어들여 재해석하였다는 점에서 새로운 학문적 시도였다. 이 책에서도 이러한 시각에서 웨슬리와 초기 영국의 감리교운동과 미국의 감리교운동의 신학적 의미를 탐구하고자 한다. 더불어 이러한 경제윤리적 시각을 바탕으로 웨슬리 생애와 감리교역사에서 경제윤리적 신앙운동이 어떻게 전개되었는지를 살펴보고자 한다.

또한 필자는 웨슬리신학의 최근 동향만이 아니라 감리교회사에 관한 최근까지의 연구논문과 저술들을 언급하면서 그것들과 이 책의 차이점과 학문적 독창성을 밝히려고 한다. Rupert E. Davies, A. Raymond George, Gordon Rupp 등이 공동으로 편집하고 많은 교회사가들이 참여한 《영국감리교회사(*A History of the Methodist Church in Great Britain*)》의 Vol. 1~4권(London: Epworth Press 1965, 1978, 1983, 1988)은 영국감리교회사 연구의 고전이라고 할 수 있다. Rupert E. Davies, *Methodism*, 2nd revised edition (London: Epworth Press, 1985)은 가장 훌륭한 단행본 중 하나다. Frank Baker, *A Charge to Keep* (London: Epworth Press, 1947)은 웨슬리와 초기 감리교운동에 관한 고전적이고 단편적인 연구다. W. J. Townsend, H. B. Workman & G. Eayrs(eds), *A New History of Methodism*, 2 Vols (Hodder & Stoughton, 1909)는 초기의 일반적인 역사물로서 주로 일화들을 다루고 있어서 여러 작은 모임에서 사용하면 유용하다. John Munsey Turner,

Conflict and Reconciliation (London: Epworth Press, 1985)은 지난 250년에 걸친 감리교운동에 대한 깊이 있고 훌륭한 연구들만을 모아 놓은 시리즈로서 특히 감리교회와 다른 교회들과의 관계에 초점을 맞추어 저술하였다. 가장 최근에 나온 하이젠래터(Richard P. Heizenrater)의 *Wesley and the People Called Methodists* (Nashville: Abingdon Press, 1995)는 웨슬리의 생애와 함께 초기 감리교역사를 연대기적으로 잘 추적한 가장 대표적인 걸작으로 알려져 있다. 그러나 하이젠래터는 감리교정신이라고 볼 수 있는 신학사상을 부분적으로만 다루고 있다. 그래서 필자는 이 책에서 감리교회의 뿌리가 되는 신학사상이 어떠한 역사적 배경에서 나왔는지를 밝히고 감리교신학의 독창성을 강조하고자 한다. 물론 필자가 쓴 《존 웨슬리신학의 재발견(대한기독교서회)》에서는 내면적 성화와 사회적 성화의 관계를, 《존 웨슬리의 구원론(성서연구사)》에서는 구원론을 집중적으로 다루었으나, 여기서는 위의 두 책에서 언급하지 않았던 웨슬리와 칼빈주의자들의 논쟁사, 웨슬리와 루터주의자들의 논쟁사, 웨슬리 이후 감리교신학의 발전과정, 감리교신학의 4변형(네 신학원리)이나 영성훈련과 은총의 수단 등 영성신학에 관계되는 부분들도 언급하고자 한다. 21세기를 맞이하여 한국교회의 영성신학이 성화론과 은총의 수단을 강조하고, 특히 신앙에 의한 구원의 출발뿐 아니라 행함에 의한 구원의 완성에 관심해야 하는데 이러한 시기에 웨슬리와 감리교신학이 크게 기여할 수 있음을 보여 주고자 한다. 지난 1999년 10월 31일을 기하여 로마가톨릭교회와 루터교회가 신학적 대화합을 선언하였는데, 천주교가 루터의 신앙의인화(justification by faith)가 진리임을 수용하면서 루터교회는 천주교가 강조해 온 신앙의인화 이후의 선행에 의한 성화의 필요성을 수용하였다. 이 두 가지 진리, 즉 신앙의인화와

선행에 의한 성화를 가장 총체적으로 해석한 웨슬리신학이 21세기 한국교회와 세계교회를 위해 크게 공헌할 수 있는 자랑스러운 신학임을 보여 주고자 한다.

그리고 특히 오늘날 셀교회(cell church)나 가정교회운동이 활발한데, 그 역사적 뿌리가 웨슬리의 밴드와 속회운동이었음을 밝히고, 웨슬리 당시의 속회운동이 전도와 양적 성장 중심이 아니라 영적 성숙의 성화 수련 중심이었음을 밝히며, 그것의 쇠퇴원인을 지적하고, 21세기의 상황에서 어떻게 속회를 살릴 수 있을지를 제시해 보고자 한다.

웨슬리의 생애에 관한 것들로, Henry D. Rack, *Reasonable Enthusiast: John Wesley and the Rise of Methodism* (London: Epworth Press, 1989; 2nd edition, 1992)은 웨슬리를 인간 웨슬리로 묘사하는데, 가장 최근에 저술된 것으로 매우 상세한 내용을 다루고 있다. R. G. Tuttle Jr., *John Wesley: His Life and Theology* (Zondervan, 1978)는 웨슬리를 신비가로 그렸다. S. E. Ayling, *John Wesley* (Collins, 1979), R. Southey, *The Life of Wesley* (London, 1829), C. E. Vulliamy, *John Wesley* (London, 1931), V. H. Green, *John Wesley* (Nelson, 1964) 중에 그린(Green)의 책이 가장 간결하면서도 정확한 해석을 한 것으로 알려져 있다. Maximin Piette, *John Wesley in the Evolution of Protestantism* (London, 1937)은 개신교신학에서 웨슬리의 위치를 말해 주고, Martin Schmidt, *John Wesley: A Theological Biography*, 2 Vols (London: Epworth Press, 1962~1973)는 방대한 생애에 관한 저서로 신학사상에 더 큰 관심을 두고 있다. 가장 최근에 나타난 젊은 신학자 Kenneth J. Collins의 *A Real Christian: the Life of John Wesley* (Nashville: Abingdon, 1999)는 웨슬리의 영적 성숙과 성장의 측면에서 다루고 있다. Frank Baker, *Charles Wesley as Revealed by his Letters* (Epworth

Press, 1948)는 찰스 웨슬리에 관한 정말 읽을 만한 자료로서 원자료에 기초한 학문적 분석을 시도한다. F. L. Wiseman, *Charles Wesley, Evangelist and Poet* (London: Epworth Press, 1933), F. C. Gill, *Charles Wesley, the First Methodist* (Lutterworth Press, 1964) 등도 있다. 그러나 필자는 이 책에서 웨슬리 생애를 초기 감리교 역사적 의미에서 다루고, 본격적인 저술은 다음 기회를 보고자 한다.

18세기 역사적 상황에 대한 총괄적인 연구로는 Dorothy Marshall, *Eighteenth Century England* (London: Longman, 1964)가 아주 좋고, 간략하게 간추린 배경연구로는 Dorothy George, *England in Transition* (Middlesex, England, Penguin Books, 1965)이 탁월하다. 그 밖에 J. H. Plumb, *England in the Eighteenth Century* (Penguin, 1950), J. H. Plumb, *The First Four Georges* (Fontana, 1966), J. H. Plumb, "Political Man", *Man Versus Society in Eighteenth-Century* (Cambridge: University Printing House, 1968), Roy Porter, *English Society in the Eighteenth Century* (Penguin, 1982), Dorothy Marshall, *Eighteenth Century England* (London: Longman, 1962) 등이 중요한 저서들이다. 마지막 책은 롱맨출판사의 영국사(*A History of England*) 10권 시리즈에 포함된 것이다. 이 시리즈들은 저명한 저자들의 상세하고 완벽한 저서들이다. 19세기와 20세기 영국의 역사적 상황들은 Asa Briggs, *The Age of Improvement* (London: Longman, 1959), W. N. Medlicott, *Contemporary England* (London: Longman, 1967) 등이 자세히 취급하고 있다. Roger Fulford, *From Hanover to Windsor* (Fontana, 1960)는 중세부터 현대에 이르는 영국 군주들에 관한 탁월한 시리즈 중 하나다. E. P. Thompson, *The Making of the English Working Class* (Middlesex, England: Penguin Books, 1968)는 1780년부터 1832년까지

영국 사회사에 대한 매우 학문적이고 풍부한 상상력이 깃든 연구서인데, 감리교회의 속회가 노동속회운동으로 발전하여 간 과정을 말해 주고 감리교회의 노동속회운동이 영국사에서 차지하는 위치를 상당히 많이 언급한다. 필자는 이러한 역사적 배경을 충분히 언급하면서 그 역사적 상황에서 어떻게 감리교회가 발전하여 갔는지를 추적하고자 한다.

웨슬리 일가에 관한 저서들로는 Maldwyn Edwards, *Family Circle* (London: Epworth Press, 1949), Maldwyn Edwards, *The Astonishing Youth* (London: Epworth Press, 1959), Maldwyn Edwards, *Sons to Samuel* (London: Epworth Press, 1961) 등이 있는데, 정통적인 연구서로서 모두 읽을 만한 것들이다. 필자는 본 연구에서 방대한 가문적 배경을 다루지는 않고, 웨슬리의 목회 · 신학적 배경이 된 가문적 상황을 중심으로 잠깐 언급하고자 한다.

미국이 낳은 웨슬리 연구의 세계적인 대가 아우틀러의 작품, Albert C. Outler(ed), *John Wesley* (Nashville: Abingdon Press, 1964)는 개신교사상사문집(Library of Protestant Thought) 시리즈 중 하나로, 웨슬리의 주요저술과 모라비안과의 논쟁을 비롯하여 상당수의 논쟁과 분석을 모아 놓았다. Albert C. Outler, *John Wesley's Sermons: An Introduction* (Nashville: Abingdon Press, 1991)은 웨슬리 설교에 대한 명쾌하고 학문적인 분석이며, Albert C. Outler, *Evangelism in Wesleyan Spirit*(Nashville:Tidings,1971)는 웨슬리의 복음주의를 내면적인 것과 사회적인 것의 조화로 풀이하고 있다.

Rupert E. Davies, *What Methodist Believe*, 2nd edition (London: Epworth Press, 1988), Leonard Barnett, *What is Methodism?* (London: Epworth Press, 1980), Michael Townsend, *Our Tradition of Faith* (London:

Epworth Press, 1980), John Vincent, *OK, Let's be Methodists* (London: Epworth Press, 1984) 등은 감리교회의 교리 · 신학적 가르침의 본질을 잘 안내해 주는 귀한 지침서로 더 깊은 연구를 위하여 많은 것들을 시사해 준다. John Stacey(ed), *John Wesley–Contemporary Perspectives* (London: Epworth Press, 1988)는 여러 웨슬리학자들의 최근 논문들을 모은 것이다. 책 제목 이상의 것을 내포하고 있어서 웨슬리의 사상과 업적을 연구하는 데 깊은 통찰력을 제공한다. J. E. Rattenbury, *The Conversion of the Wesleys* (London: Epworth Press, 1938)는 웨슬리 형제들의 회심에 관한 탁월한 해석을 제공해 주고 있으며, Collin Williams, *John Wesley's Theology Today* (London: Epworth Press, 1960)는 여러 해 동안 감리교신학을 연구하는 학생들에게 좋은 가르침을 주었던 매우 훌륭한 저서고, John Stacey, *Groundwork of Theology*, revised edition (London: Epworth Press, 1984)은 아마도 가장 최근에 발간된 신학과 감리교교리 입문서 중 하나다. 여기에 상응하는 최근의 웨슬리신학 저서로는 애빙던출판사에서 나온 노장 런연(Theodore Runyon)의 *New Creation*, 젊은 소장 신학자 매독스(Randy Maddox)의 *The Responsible Grace*, 콜린스(Kenneth Collins)의 *The Scripture Way of Salvation* 등이 있다. 도날드 잉글리시(Donald English), 콜린 모리스(Colin Morris), 도날드 소퍼(Donald Soper), 네빌 와드(Neville Ward) 등이 '기도'라는 주제로 영성신학적인 차원에서 심층적인 저술들을 하였다. 그리고 찰스 웨슬리에 관한 연구로는 Frank Baker, *Charles Wesley's Verse*, 2nd edn (London: Epworth Press, 1988), 특히 J. E. Rattenbury, *The Eucharistic Hymns of John and Charles Wesley* (London: Epworth Press, 1948)는 특별히 찰스의 찬송뿐 아니라 감리교회의 찬송가와 성례전에 관하여 풍부한 자료를 담고 있다. 본 연구

에서 찬송뿐 아니라 다양한 은총의 수단이 초기 감리교인들의 영성훈련에 어떠한 영향을 미쳤는지를 밝히고자 한다.

미국감리교회사 연구로는 최근 케넷 로(Kenneth Rowe)와 제임스 커비(James E. Kirby) 등 미국의 감리교회사가들이 공저로 출판한 *The Methodists* (Westport, CT: Praeger Publisher, 1998)를 가장 중요한 자료로 참고하였고, 노우드(Frederick A. Norwood)의 명작 *The Story of American Methodism* (Nashville: Abingdon Press, 1974)과 맥엘헨니(John G. McEllhenney)와 로(Kenneth Rowe) 등이 공동저서로 출판한 책 *Proclaiming Grace and Freedom*(the Story of United Methodist Church in America) (Nashville: Abingdon Press, 1962)도 살펴보았다. 또한 초대 미국감리교회사 자료로는 제세 리(Jesse Lee)의 *A Short History of the Methodists in the United Stated of America* (Baltimore: Magill and Clime, 1810) 등이 중요하였다. 그리고 역시 필자의 모교인 드류대학교 감리교역사 자료도서관(United Methodist Archives)에서 1차 자료들을 충분히 모아들였음을 밝혀 둔다. 특히 웨슬리와 애즈베리, 아펜젤러의 1차 자료들이 풍부하게 보관되어 있는 그곳은 6개월의 안식학기(2003년 1~6월) 동안 나의 연구에 큰 힘이 되었다.

1부
영국감리교회사
(1725~1784)

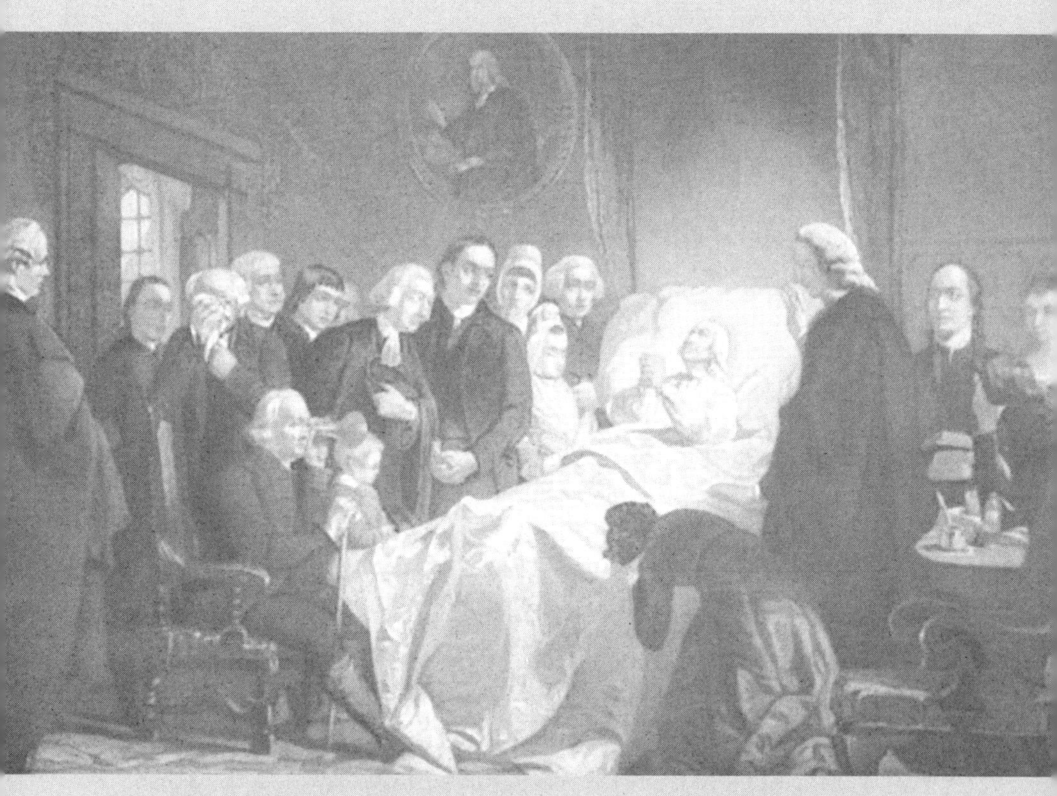

웨슬리가 죽음의 침상에서 "The best of all is God is with us."라고
두 번이나 외쳤다. 성령의 내적 확증을 가장 귀중히 여긴 웨슬리다.

01
18세기 영국사회의 역사적 상황

존과 찰스 웨슬리 형제는 정치 · 사회 · 문화 · 경제적으로 격변하는 시대에 활동하였다. 도로시 조지(Dorothy George)는 18세기 중반에 일어난 산업혁명은 사회사(social history)의 전환점을 만들었는데 산업뿐 아니라 종교, 문학, 과학, 그리고 정치의 큰 발전을 가져오고, 서로가 서로에게 영향을 미친 대변혁을 일으켰으며, 현대세계를 준비하게 하였다고 해석한다.[1] "1703년 존 웨슬리가 태어났을 당시는 영국과 유럽 역사에서 가장 중요한 역사적 전환점이었다"고 역사가인 허버트 버터필드(Herbert Butterfield)는 쓰고 있다.[2] 그는 당시를 피에르 베일(Pierre Bayle)이 묘사한 '이성의 시대(the Age of Reason)'라고 보고, 1687년 아이작 뉴턴(Issac Newton) 경의 《프린치피아(*Principia*)》의 출판으로 근대과학의 혁명적 승리의 시대가 도래하였다고 해석한다. 1688년 뒤에는 소위 '명예혁명(Glorious Revolution)' – 이때 제임스 2세(James Ⅱ)가 쫓겨나고 윌리엄(William)과 메리(Mary)가 즉위하였다 – 이 일어나 영국이 의회제 정부로

1) Dorothy George, *England in Transition* (Middlesex, England: Penguin Books, 1965), 65.
2) Herbert Butterfield, "*England in the Eighteenth Century*", *A History of the Methodist Church in Great Britain*, Rupert Davies and Gordon Rupp ed. Vol. 1 (London: Epworth Press, 1965), 3.

들어가는 전환의 시대에 웨슬리가 태어났다고 버터필드는 해석한다.[3] 또한 1694~1695년에는 영국은행과 국가 채무국이 설립되어 정부 내에서 경제와 재정의 중요성이 대두되었고, 현대적 국가와 현대적 경제생활의 특징이 나타나는 시대기도 하였다고 말한다. 1702년 영국에서는 최초로 일간신문이 발행되었는데, 이를 대중매체의 시대로 가는 길이 열린 것으로 버터필드는 해석한다. 영국의 18세기는 정치적 혁명뿐만 아니라, 산업혁명(Industrial Revolution)이 일어난 시기였다. 그리고 종교적으로는 부흥운동(Revival Movement)의 시기였다. 그래서 이를 가리켜 3R 시대, 곧 '이성(reason), 혁명(revolution), 부흥(revival)의 시대'라고 부르기도 한다.

A. 산업혁명의 시대(the Age of Revolution)

18세기 영국은 혁명, 곧 산업혁명의 소용돌이 안에 있었다. 당시 영국은 농업과 공업, 광업에서 거대한 변화를 겪었다. 팽창과정은 대략 18세기 중반을 지나면서부터 비로소 지속적으로 가속화되었으나, 이 나라 사람들은 지주에서 농부에 이르기까지 급속하게 변화하는 시대를 살아가고 있었다. 1700년 영국의 부(富)는 모직물에 의해 형성되었다. 모직물은 실제로 거의 모든 마을에서 생산되었다. 18세기에 들어서면서 소위 '농업혁명(Agrarian Revolution)'에 의해 윤작이나 품종개량, 재배방법과 농장경영 등의 신기술들이 도입되었고, 이로써 영국은 증가하는 인구와 해외시장 팽창의 어려움에 대처할 수 있었다. 또한 직물생

3) Butterfield, 3.

산에서는 가내수공업체제가 기계공업형태로 바뀌기 시작하였다. 농업의 변화와 인구증가, 교통수단과 사회구조의 변화 등이 서로 작용하면서 산업혁명을 이루는 데 도움을 주었다. 게다가 새로운 인간사랑주의(humanitarianism), 감상주의(sentimentalism), 낭만주의(romanticism) 등이 문학에 나타나면서 자연스레 도시문명의 성장을 부추기고 자연을 정복하고 산업을 발전시키려는 정신을 불러일으켰다.[4)]

인류 최초의 산업혁명은 영국에서 일어났다. 이미 18세기 이전에 산업화의 과정이 시작되었지만 산업혁명의 시기는 1760~1830년 혹은 1850년으로 생각한다. 이 시기의 세 가지 중요한 요소들이 산업혁명을 일으키는 계기를 만들었다고 해석할 수 있다.

첫째로, 1760년 제임스 하그리브스(James Hargreaves)가 실 짜는 기계를 발명하여 사람의 손으로 하던 일을 기계가 대신함으로써 섬유산업의 획기적 전환점을 이루게 되었다. 하그리브스의 기계로 더욱 튼튼하고 좋은 실을 만들 수 있게 되었고, 이는 무명산업의 거대한 확장을 이루었다. 이 기계는 그가 죽은 지 10년도 지나지 않아(1778년) 영국 전역에 2만 개나 보급되었다.[5)]

둘째로, 에이브러햄 다비(Abraham Darby)가 1708~1709년에 철 제련에 석탄을 사용하는 방법을 개발하여 석탄생산이 더욱 활기를 띠게 되었다. 숯불로 철을 녹이던 원시적 형태에서 벗어나 석탄으로 철을 녹임으로 획기적인 철광산업의 발전을 가져온 것이다.

셋째로, 1775년 제임스 와트(James Watt)가 증기엔진을 발명하여 시장에 내놓음으로써 증기의 힘이 철공업 발전에 중요한 요소가 되었다.

---

4) Dorothy George, 100.

5) Butterfield, 13.

이것은 기계의 시대, 공장의 시대, 산업도시의 시대를 불러왔고, 인구는 석탄과 철광 도시로 모여들었는데, 이는 산업혁명의 중요한 계기였다.[6]

이렇게 철공업과 섬유공업이 도시를 중심으로 발전하게 되자 인구가 도시로 집중하는 현상이 생기게 되었다. 그래서 랭커셔(Lancashire)의 인구가 한 세기 동안 세 배로 증가하였고, 인국 8천 명의 맨체스터(Manchester)도 9만 5천 명으로 불어났다.[7] 아마 존 웨슬리나 그 당시 사람들에게는 20세기 후반의 영국이 매우 혼잡해 보였을 것이다. 1700년 영국과 웨일스의 인구는 수세기 전이나 거의 마찬가지 수준으로 겨우 5백만 정도였는데, 1740년대 무렵에 이르러 급속하게 증가, 18세기 말에는 850만을 넘어서게 되었다.

산업혁명의 공과 선한 결과와 나쁜 결과를 함께 말하게 되었다. 산업화와 문명화(civilization)를 동시에 말한다. 산업화는 물질적 문명을 진보시키고, 삶의 수준을 높여 주고, 지위를 향상시켜 주며, 건강과 장수하는 생과 여가를 즐기게 만들어 주었다. 그러나 산업화의 부작용과 폐해도 대단하였다. 인간을 기계에 희생시키고, 노동의 기쁨을 감소시켰으며, 장인기능을 파괴하였고, 자연적인 삶을 비자연적 삶으로 대치하고, 더럽고 소음이 많고 무뎌져 가는 일상에 빠지게 만들었다. 무엇보다도 계급 간의 적대감정을 불러일으켰고, 상거래와 경제적 풍요 속에서 안전과 안정이 황폐함과 폭력적으로 바뀌게 되었다. 그래서 1760~1830년의 산업혁명은 좋은 결과보다는 나쁜 결과를 더 많이 만들게 되었고, 경제역사 교과서는 산업혁명의 폐해와 악에 대해서 더 많이 언급하게 되었다.[8]

---

6) Butterfield, 14.

7) Butterfield, 14.

8) Dorothy George, 134.

산업화의 부작용으로 노동자 처우개선이 문제가 되었다. 좋은 뜻에서건, 나쁜 뜻에서건 노동운동은 산업혁명의 결과로 나타나게 되었다. 이 운동의 수천 명의 지도자들이 감리교도였고, 그들에 의해 노동자들이 정의감과 권리의식을 갖게 의식화되었을 뿐 아니라, 감리교도들은 노동자들에게 조직화하는 기술도 가르쳐 주었다.

광부들의 비참한 노동 상황은 노동조합을 결성할 수밖에 없게 만들었다. 4~13세의 남녀 아동들이 석탄 채굴하는 일에 고용되어 하루 11시간 이상 14시간, 아니 그 이상의 노동을 강요당하였다.[9] 감독이 없어서 어린 노동자들이 치명적인 상처를 입기도 하였고, 심지어 너무나 고된 노동으로 생사를 넘나들기도 하였다. 웨스트 라이딩(West Riding) 지역에서는 3세의 아동까지 노동에 투입되었다.[10] 한 보고에 따르면, 어린 소년이 3시에 기상해서 4시에 탄광 일을 시작하여 12시간 이상 노동을 강요당하고 오후 4~5시에 귀가하여 7시 전에 취침하였다고 한다.[11]

여성들도 광부로 일할 수밖에 없는 형편이었다. 완전 나체의 남자 광부들을 옆에서 도왔는데, 6~21세의 여성 노동자들이 상반신 나체로 네 발 달린 동물처럼 석탄 바스켓을 운반하였다. 어떤 여인은 탄광 안에서 두 아기를 낳기도 하였다. 아기는 그녀의 더러운 스커트 속에서 태어날 수밖에 없었다고 증언하였다.[12] 200여 명의 여자 노동자들이 1845년까지 일하였다. 이런 기막힌 상황에서 감리교 광부노동운동이 일어나 1842년 11월 7일 웨이크필드(Wakefield)에서 '영국과 아일랜드 광부노

9) Robert F. Wearmouth, *Methodism and the Working-class Movements of England(1800-1850)*, (London: Epworth Press, 1947), 181.

10) Wearmouth, 181.

11) Wearmouth, 182.

12) Wearmouth, 182.

동조합(Miners' Association of Great Britain and Ireland)'을 구성하기에 이르렀다. 단결, 평화, 법, 질서를 강조하고 "뭉치면 서고, 흩어지면 쓰러진다"는 모토를 내걸었다.[13)]

산업노동 현장도 상황은 마찬가지였다. 산업노동자들의 3분의 1이 5~8세의 소년과 소녀들이었다. 그들은 돼지처럼 감자로 배를 채우고 돼지우리 같은 집에 거주하였다. 맨체스터 전체 노동인구의 8분의 1인 1만 5천 명이 지하실에서 살았다. 그들 중 1,500가구가 세 명이 한 침대에서 살았고, 738가구가 네 명이 한 침대에서, 218가구가 다섯 명이 한 침대에서, 94가구가 여섯 명이 한 침대에서, 2가구가 여덟 명이 한 침대에서 살았으며, 31가구가 아예 침대 없이 살았다.[14)] 그들은 어둡고 답답하고 병들기 쉬운 환경에서 살았기에 그들의 평균수명이 리버풀(Liverpool)에서는 15세, 맨체스터에서는 17세, 볼튼(Bolton)에서는 18세였고, 리즈(Leeds)에서는 극빈자들의 평균수명이 오히려 노동자들(22세)보다 많은 49세였다.[15)] 그래서 1831년 '영국과 아일랜드 연합 산업노동조합(The Grand Consolidated Trade Union of Great Britain & Ireland)'이 결성되었다. 또한 노동자들의 신문인 〈The Pioneer〉 〈Trade Union〉 등을 간행하기도 하였다.

광부, 산업노동자에 이어 농부들의 노동조합운동에도 불이 붙었다. 1830년 농민폭동이 일어났다. 감리교회는 법, 평화, 질서 편에 서 있었기 때문에 감리교회가 발전한 링컨셔(Lincolnshire)와 노퍽(Norfolk)은 폭동을 지지하지 않았다. 그러나 폭동이 지나간 후에 감리교회가 그들에

13) Wearmouth, 189.

14) Wearmouth, 202.

15) Wearmouth, 202~203.

게 들어가 그들의 상처를 싸매 주고 위로해 주었다. 감리교는 농부도 하나님 보시기에 귀한 존재, 동등한 존재임을 강조하였다.

교통 부문에서 일련의 급속한 개선이 이루어졌다. 그러나 거의 18세기 내내 겨울철이 되면 맨체스터와 리즈 사이의 여행이 불가능하였고, 여러 지역이 거의 완전 고립된 채로 있었다. 1700년대의 영국은 놀랄 만큼 양극화되었다. 사회적 피라미드의 상층부인 귀족사회의 생활양식과 하층부인 평민들의 생활양식 사이에 믿을 수 없을 정도로 넓은 간격이 존재하였다. 최근 역사가들은 당시의 영국사회가 지나치게 계급화되어 있었다고 말한다. 로이 포터(Roy Poter)는 그의 책에서 다음과 같이 지적한다. "계층 사이의 간격은 이론적으로는 연결 가능하였다. 부분적으로 이런 이유 때문에 상·하층으로의 개인적 유동성이 안전밸브로 작동하면서 사회의 전체적인 윤곽을 유지시켜 나갔다."[16] 바로 이런 상황에서 감리교회는 보통 사람들의 사회적 지위와 생활수준을 높이는 데 도움을 주는 중요한 존재였다.

18세기 초, 대다수 사람들은 시골에서 극도로 불결한 환경에서 살았다. 인구 75만 명이라는 불균형적으로 큰 규모의 도시였던 런던을 제외하면, 1700년 당시 가장 큰 도시는 브리스톨이었고, 그 인구는 2만에 불과하였다. 소도시 사람들도 사는 것은 시골 사람들에 비해 나은 것이 별로 없었다. 경제적 변화가 나라 전체에는 번영을 가져다주었지만, 대다수 주민들의 생활은 여전히 불결하고 곤궁하였다. 그들은 질병, 높은 영아 사망률, 교육 결핍과 성적 문란, 그리고 일반적으로 소름끼치는 삶의 악조건들 속에서 살았다.

16) R. Porter, *English Society in the Eighteenth Century* (London : Penguin, 1950), 40.

가난한 계급만 고통을 받았던 것은 아니다. 물론 농·공업의 발달을 통해 이익을 보는 도·소매상인들의 수가 점점 늘어났고, 그들은 지주 계급과 함께 상대적 번영을 누릴 수 있었다. 그러나 사회 중간계급들은 고생을 면할 수가 없었다.

B. 이성의 시대(the Age of Reason)

이성의 시대란 이신론 혹은 자연신교(the Deism)를 말한다. 이러한 합리적 철학이 영국에서 일어난 것과 때를 같이하여 독일에서는 합리주의(the Rationalism) 혹은 계몽주의(the Enlightenment)가, 프랑스에서는 자연주의(the Naturalism) 혹은 낭만주의(the Romanticism)가 그 위세를 드러냈다.

18세기 독일의 합리주의는 성서의 합리적 해석, 곧 신화와 초자연적 기적을 부인하고 역사적 예수만을 인정하며 구속주 그리스도에는 관심하지 않았다. 또한 도덕적 유토피아를 꿈꾸는 도덕 종교를 주장하였다. 대표적인 학자는 볼프(Christian Wolf), 콜린스(Anthony Collins), 스피노자(Baruch Spinoza), 라이프니츠(Gottfried Wilhelm Leibniz) 등인데, 이들은 데카르트(Rene Descartes)의 영향을 받았다. 또한 성서의 합리적 해석으로 유명한 파울루스(H. E. G. Paulus), 19세기 칸트학파의 자유주의 도덕신학 발전에 영향을 크게 미친 칸트(Immanuel Kant), 변증법에 의한 헤겔학파의 역사적 비평적 연구에 지대한 영향을 준 헤겔(Georg Wilhelm Friedrich Hegel) 등에게서 발전되었다.

18세기 프랑스의 자연주의 혹은 낭만주의는 부자와 빈자, 종과 주인의 대립으로 나타나는 현대사회의 타락상을 지적하고 자연으로의 복귀를 구원으로 생각하였다. 교육에 의한 유토피아 왕국을 자연세계에서 이루려고 하였다. 따라서 자연계시의 중요성을 강조하고, 제도와 교리의 종교를 부인하며, 유대교 등 다양한 종교와의 대화를 시도하고 자연종교를 구현하려고 하였다. 볼테르(Voltaire), 루소(Jean Jacques Rousseau) 등이 대표적인 자연주의자들이다.

18세기 영국의 이신론은 이성으로 종교를 재해석하고 성서의 특수계시를 부인하며 종교의 보편성을 주장하고, 하나님을 시계제조업자(watch maker)로 생각하였다. 시계가 제조업자의 간섭 없이도 저절로 돌아가듯이 하나님은 역사를 만드신 후 역사를 섭리하거나 간섭하시지 않고 역사는 인간에 의해 저절로 돌아간다고 믿었다. 이러한 이신론의 대표적인 학자는 틴달(Matthew Tindal), 첩(Thomas Chubb), 허버트(Lord Herbert of Cherbery) 등이다. 이러한 합리주의적 사상운동은 체험중심의 경건주의와 깊은 갈등을 일으키게 되었다.

18세기 영국 사람들은 자기들이 보다 현대적인 시대에 산다고 생각하였다. '이성의 시대(the Age of Reason)'라고 일컬어지게 된 당시의 사상가들은 과학적 방법을 응용하여 사고하였다. 아이작 뉴턴(Isaac Newton, 1642~1727)은 그 과학적 방법의 시대에 영국이 유럽 사상가들에게서 높은 평가를 얻을 수 있게 해 주었다. 그가 끼친 공헌은 인간과 인식에 관한 존 로크(John Locke, 1632~1704)의 철학적 저작들과 쌍벽을 이루었다. 로크는 그의 저서 《기독교의 합리성(*The Reasonableness of Christianity*)》에서 기독교의 진리는 이성에 근거해야 한다고 주장하였는데, 그러한 작업은 데이비드 흄(David Hume, 1711~1776)과 같은 학자들에게서 더욱 발전하였다. 흄은 뛰어난 철학자로서 근대 인문주의와 경험철학의 토대를 놓았다. 이 새로운 세대의 사상가들은 과학이나 정치철학에만 관심하였던 것이 아니라, 기독교에 눈을 돌려 종교적 신앙과 이성이 조화할 수 있는지를 물었다. 특히 데이비드 흄은 이성과 계시의 조화 위에 종교가 기초를 놓을 수 없다고 주장하였다. 그는 아무도 하나님의 현실성을 증명할 수 없다고 주장하였다.

웨슬리도 역시 이러한 시대의 영향을 받아 인간이성의 역할과 자유의지의 중요성을 강조한 18세기 영국의 신학자였다. 그러나 그가 이해하는 이성의 개념은 합리주의나 낭만주의나 이신론에서 말하는 것과 달랐다. 인간본성으로서의 이성이 아니라 선재적 은총으로 회복되는 이성을 말하며, 믿음을 전제한 이성적 활동에 의한 신학함을 말한다. 이성은 신앙의 신비성과 정확성을 증명하는 데 중요한 역할을 한다는 것이다. 그러나 이성은 신앙과 사랑과 소망과 선한 의지를 창조하지 못하는 한계가 있다고 지적한다.

C. 부흥운동의 시대(the Age of Revival)

18세기 영국은 산업혁명의 시대일 뿐 아니라 영적 혁명의 시대라고 할 수 있다. 이는 산업혁명에 비교할 만한데 그것은 웨슬리와 휫필드에 의해 일어난 위대한 종교적 부흥운동이었다고 도로시 조지(Dorothy George)는 해석한다.[17] 그는 흥미롭게도 이 당시의 부흥운동을 건전한 열광주의(enthusiasm)와 연결시켜 말한다. 18세기 사람들은 열광주의를 환상주의와 동일시하여 '열광주의 없는 경건(pious without enthusiasm)'

17) Dorothy George, *England in Transition* (Middlesex, England: Penguin Books, 1965), 65.

을 열망하였는데,[18] 도로시 조지는 초기 감리교회운동이 상당히 열광주의적이고, 히스테릭하였으며, 비타협적이고, 부지런한 노동생활을 강조하고 모든 종류의 오락을 금하는 면에 있어서 청교도적이었다고 지적한다.[19] 웨슬리가 킹스우드에서 만든 학교에서는 아이들을 계절에 상관없이 새벽 4시에 일어나게 하여 노래하고, 기도하며, 명상하고, 걸으며, 놀지 못하게 하였다. 어렸을 때 노는 사람이 어른이 되어서도 논다고 생각하였기 때문이다. 그런가 하면 웨슬리는 부의 사기성을 강하게 의식하면서, 종교가 부흥하면 근면과 검소를 필연적으로 일으키기 때문에 부를 증가시킬 수 없다고 하였다. 도로시 조지는 웨슬리가 부가 증가하면 교만과 세상 사랑이 자연히 증가하게 될 것이라고 보았다고 지적한다.[20] 또한 감리교회와 감정의 종교가 함께 성장하면서 18세기 초반에 있었던 회의주의, 자유로운 사상, 그리고 공허한 토론이 사라지게 되었다고 도로시 조지는 해석한다. 그리고 감리교회운동은 민주화운동을 일으켰는데, 웨슬리가 왕당파인 토리당이 아니라는 말이 아니라 감리교회운동은 광부촌, 어부촌, 산업노동자촌 등에서 활발하게 일어남으로써 광부와 어부와 노동자와 농민을 개화시켰으며 그들에게 교육적 영향을 미쳤다는 것이다. 감리교회운동은 감리교회 밖으로, 사회 속으로 확산되어 나갔으며 영국성공회 안에도 복음적 부흥운동을 일으켰다. 결국 감리교회부흥운동으로 영국사회에 인간사랑운동(humanitarianism)이 일어났으며, 이성의 시대가 '감정의 시대(the Age of Feeling)'로 흡수되었음을 보여 주었다고 도로시 조지는 해

18) Dorothy George, 65.

19) Dorothy George, 65.

20) Dorothy George, 66.

석하였다.[21] 18세기를 영국뿐만 아니라 유럽의 부흥운동 시대라 함은 슈페너와 프랑케와 진젠도르프를 중심으로 하는 독일의 경건주의운동, 에드워즈와 휫필드를 중심으로 하는 미국의 대각성운동과 함께 영국에서 일어난 웨슬리의 감리교운동을 통칭해서 표현하는 말이다. 흥미롭게도 독일의 경건주의운동은 루터의 신앙의인화의 객관적 영성(imputation)에서 강한 영향을 받았고, 미국의 대각성운동은 칼빈의 예정론과 신정정치적 사회적 성화운동의 영성에서 영향을 받았으며, 영국의 웨슬리적 경건주의운동은 알미니안주의의 영향을 강하게 받았다.

경건주의는 한국교회의 주류(mainline)를 형성한 신학이다.[22] 경건주의의 독일적 형태, 영국적 형태, 미국적 형태를 역사적으로 추적해 가면서 한국교회 경건주의의 뿌리를 제대로 밝힐 필요가 있다. 경건주의는 17세기 프로테스탄트 정통주의(Protestant Orthodoxism)가 교리화, 제도화하여 가는 것에 대한 도전으로 일어난 운동이다. 그래서 경건주의는 교리에 반대되는 생명(life verse doctrine), 사무적인 것에 반대되는 영

21) Dorothy George, 66.

22) 그럼에도 한국교회는 한국교회 사상사를 정리한 송길섭 교수나 유동식 교수의 해석에 사로잡혀 있다. 유동식 교수는 한국교회의 신학유형을 진보주의, 자유주의, 보수주의로 삼분화하면서 경건주의를 보수주의 유형에 집어넣어 버림으로 한국교회의 사상적 특징을 제대로 표현해 주지 못하고 있다. 그는 자신의 저서 《한국신학의 광맥》(서울: 전망사, 1983)에서 한국신학 사상사를 세 신학유형으로 흥미 있게 분석한다. 45~60쪽은 진보적 사회참여신학으로 윤치호, 종교적 자유주의신학으로 최병헌, 보수적 근본주의신학으로 길선주를 언급하고 있으며, 133~142쪽은 박형룡의 근본주의, 김재준의 진보주의, 정경옥의 자유주의를 언급한다. 그러나 한국교회의 주류를 형성한 경건주의는 보수적 근본주의와는 다른 신앙유형이다. 또한 송길섭 교수는 경건주의적 복음주의의 색채를 보이긴 하였으나 너무 사실 나열에만 그치고 제대로 해석해 내지 못한 아쉬움이 있다. 그는 자신의 저서 《한국신학사상사》(서울: 대한기독교출판사, 1987) 37~64쪽에서 초대 한국교회를 비교적 경건주의와 복음주의적 교회로 해석하지만 후대로 갈수록 희미해져 간다. 한국교회 100년 역사를 일관성 있게 지배하여 온 경건주의적 특징을 제대로 파악하지 못하고 있다.

적인 것(spirit verse office), 경건의 모양에 반대되는 경건의 능력(power verse appearance)을 강조한다. 다시 말해서 제2의 종교개혁을 시도한 운동이라 말할 수 있다.[23] 두 이런 경건주의운동에서 발전된 것이다.

---

23) 좁은 의미의 경건주의는 첫째로, 교회의 형식적 예배보다 작은 그룹의 모임을 더욱 중요시하는 교회 안의 작은 교회운동(ecclesiola in ecclesia: collegia pietatis)이다. 교회의 교리와 예배보다는 열정적인 크리스천의 공동체에 가치를 부여한다. 거듭난 성도들이 평범한 교회출석 교인들보다 우위에 있다고 생각한다. 둘째로, 성경을 모든 생활의 지침으로 생각하고 이를 경건주의 지도자들의 시각에서 읽었다. 성서주의(Biblicism)라고 불릴 정도로 성경을 중시하고 성경을 읽고 연구하고 실천하는 것을 강조한다. 셋째로, 개인의 내면적 인격적 변화를 통한 세계변혁(transformation of the world through the transformation of persons from rebirth)을 희망한다. 그러나 개인의 내면적 인격적 변화를 너무 강조하다 보니 세계변혁은 자연히 무관심하게 되었다. 넷째로, 경건주의에는 주관주의적 요소와 개인주의적 요소가 들어 있다. 특히 경건주의자들은 세속에서의 성별의식, 세상 자녀들로부터의 분리의식에 의해 강화된다. 그들이 말하는 "형제(brother)"는 각성되고 초월한 영적 공동체다. 회개와 다양한 개인적 성화의 단계(거듭남과 성화)를 통하여 영원한 구원을 열망한다.
넓은 의미의 경건주의는 실제적 삶의 실천 속에서 교리를 확신하기를 열망했던 교회의 내적 개혁운동을 뜻한다. 경건의 훈련(praxis pietatis)을 열망하는 운동이다. 경건주의의 윤리적 기준은 내면적 금욕주의와 열정적 윤리에 기초한다. 그래서 세속과의 철저한 단절, 하나님과의 철저한 결속, 그리고 말씀에 대한 열정적 주석, 저세상적 개인 구원, 심령의 내적 부흥 등을 강조하는 운동을 경건주의라고 부른다.
경건주의 부흥운동의 일반적인 특징을 다음과 같이 분석할 수 있다.
1. 체험적、감성적 신앙 강조 : 의인화(justification by faith)보다는 거듭남(rebirth)을 강조하는 경향이 있다. 문자(letter)보다는 영(spirit)을 중요하게 생각한다. 말씀의 문자를 믿는 것이 아니라 살아있는 말씀이 되게 하는 성령의 권능을 중요시한다. 다시 말해서 말씀을 지성적으로 탐구하는 신앙보다는 성령의 감동으로 뜨겁게 체험하는 감성적 신앙을 강조한다. 이것이 지나쳐 말씀을 떠난 신비적 환상과 꿈에 심취하기도 한다.
2. 개인구원 강조(individual salvation) : 개인구원을 매우 강조한다. 따라서 크리스천의 사회적 책임이나 사회참여 혹은 사회정의(social justice) 실현을 강조하는 사회윤리(social ethics)에 무관심하다. 경건주의가 사회문제에 관심하는 면도 있다. 그러나 그것은 어디까지나 개인 영혼구원을 위한 수단이요, 고아원이나 양로원 등 사회복지적, 사회봉사적(social service) 차원이지 사회 변혁적(social transformation) 차원은 아니다. 초기 경건주의자들은 "인격의 변화를 통한 세계의 변화(the change of the world through the change of persons)"를 강조하였는데 그 슬로건의 핵심은 내면적 인격변화(the change of persons)에 있다. 우선 내면적 인격변화가 일어나면 세계적 변화는 저절로 일어난다고 보았으나, 내면적 인격적 영적 변화에 치중하다 보니 사회적 역사적 세계적 변화에는 기여하지 못하였다. 그러나 웨슬리나 미국의 제2차 대각성운동(the Second

따라서 경건주의는 16세기 과격파 종교개혁의 영성운동(Spiritualists: Muentzer, Karlstadt, Schwenckfeld)에서도 어느 정도 영향을 받았다고 볼 수 있다. 다시 말해서 체험신학(theologia experimentalis)이다. 루터의 종교개혁 교리를 생활의 종교개혁으로 성취하려고 노력하였다. 경건주의는 루터의 종교개혁신학과 오순절운동(Pentecostalism) 혹은 은사갱신

Great Awakening Movement)에는 사회적 성화운동(social sanctification)이 강하게 나타났고 이것은 사회복음운동(social gospel movement)에 영향을 주기도 하였다.
3. 내세 지향적 관심(otherworldly concern) : 경건주의는 저세상적 피안적 구원을 중요하게 생각한다. 미래에 얻게 될 영원한 구원과 행복을 강하게 주장한다. 따라서 묵시문학적 종말론에 관심하게도 만든다. 또한 지상에서의 하나님나라 확장에 무관심하다. 역사 속에서의 하나님의 구원보다 역사를 초월하는 하나님의 구원을 강조함으로써 몰역사적 혹은 탈역사적 성격을 띠게 되었다. 경건주의 부흥운동이 강하게 일어날수록 저세상적 피안적 구원을 강하게 열망하게 되었다.
4. 이원론적 사고(dualistic thinking) : 저세상적 피안적 관심은 자연히 이원론적 사고와 연결된다. 영혼은 거룩하고 육체는 악하다는 도식으로 이해한다. 육체의 욕망에서 해방되기 위한 금욕주의적 경건(ascetic piety)을 지나치게 강조함으로써 영지주의적(Gnosticism) 성격을 나타내게 되었다.
5. 비정치화 : 저세상적 이원론적 사고는 정치적 영역에서도 나타난다. 루터의 두 왕국론에 영향을 받은 경건주의는 정교분리의 원칙을 주장하였을 뿐 아니라 저세상적 이원론적 천국관이 합쳐져서 교회를 비정치화하게 하였다. 이러한 비정치화는 히틀러 당시 독일 루터교회를 어용 단체로 만들었고, 한국선교사들이 한국교인들에게 일제에 대항하는 독립운동을 비신앙적 운동으로 이해하게 하였고, 해방 후 군사독재 정권에도 항거하지 못하는 무기력한 한국교회가 되게 하였다.
6. 선교적 열정(passion for mission) : 경건주의 부흥운동은 선교적 열심을 불붙게 하였다. 전 세계에 선교사들을 파송하는 열정이 18~20세기에 경건주의에 의해 일어나게 되었다. 2천년 교회사 속에서 가장 많은 해외선교사를 만든 신학이 경건주의다. 특히 경건주의운동에 의해 세워진 할레대학교(University of Halle)는 학생들을 전공과목보다 성경공부에 몰두하게 하였고 뜨거운 선교적 열정으로 불타게 하였다.
7. 평신도운동(lay movement) : 경건주의는 평신도들을 잠에서 깨우는 운동이기도 하였다. 루터의 만인사제설을 이어받은 슈페너는 성직자만이 설교하고 선교하는 것이 아니라 평신도도 할 수 있게 하였다. 오늘날 수많은 한국의 평신도들이 선교에 헌신하는 이유도 경건주의의 영향이다.
8. 소규모 영성훈련 운동 : 경건주의운동은 "교회 안의 작은 교회운동(ecclesiola in ecclesia)"이었다. 예배 후 따로 모여서 설교에 대하여 토론하고 기도하고 찬양하고 성경을 연구하는 중에 영성을 훈련하는 운동으로 발전하였다. 오늘날의 속회나 구역예배 혹은 캠퍼스 성경공부모임은 모두 이런 경건주의 운동에서 발전 된 것이다.

운동(Charismatic Renewal Movement) 사이에 다리를 놓는 운동이었다. 경건주의는 루터신학의 연속적인 성격과 불연속적인 성격을 동시에 내포한다. 연속적인 성격이 있다 함은 객관적(objective), 수직적(vertical), 법적(forensic) 은총, 곧 우리 밖에서 우리에게 옷 입혀지고 다가오는 은총(imputation: extra nos)을 강조한다는 것이다. 또 불연속적인 성격이 있다 함은 의인화(justification)를 강조하면서도 의인화보다는 거듭남(rebirth)을 더 중요시하기에 주관적(subjective), 수평적(horizontal), 본성적(inherent) 은총, 곧 우리 속에서 우리의 본성마저도 변혁시켜 가는 은총(impartation: in nobis)을 강조한다는 것이다. 그러나 이러한 주관적, 수평적, 본성적 성화(sanctification)론은 독일 루터란(Lutheran) 경건주의자들(Spener, Francke, Zinzendorf)이나 미국의 칼빈주의 경건주의자들(Edwards, Whitefield)보다 영국 경건주의자 웨슬리에게서 본격적으로 나타난다.

독일의 경건주의는 17세기 후반과 18세기에 걸쳐서 합리주의와 함께 등장하였다고 할 수 있다. 영국에서는 먼저 합리주의가 휩쓸고 난 뒤에 경건주의가 찾아왔고, 독일의 경우는 거꾸로 경건주의가 지나간 다음 합리주의가 찾아들었다.[24] 슈페너(Philipp Jakob Spener, 1635~1705)는 바젤과 제네바에서 공부할 때에는 칼빈적인 개혁교회신학에 심취하였고, 스트라스버그에 있을 때에는 루터의 신학을 심도 있게 연구하였다. 그리고 그 위에 영적 체험과 금욕주의적 경건을 강조하는 책들을 읽으면서, 이성주의 신앙에 반대하는 영성운동을 전개하는 경건주의의 시조가 되었다. 신비주의 작품인 존 아른트(Johann Arndt)의 《진정한 기독교(*True Christianity*)》, 영국 청교도 저술인 리차드 박스터(Richard Baxter)의

24) Justo Gonzalez, *A History of Christian Thought*, Vol. Ⅲ (Nashville: Abingdon, 1980), 273.

《경건의 훈련(*The Practice of Piety*)》과 루이스 베일리(Lewis Bayly)의 《경건의 실천(*Praxis Pietatis*)》 등에서 많은 영향을 받았다. 슈페너는 "교회 안의 작은 교회운동(ecclesiola in ecclesia 혹은 Collegia Pietatis)"을 전개하였다. 1670년부터 주일예배 후에 슈페너의 집에서 계속 작은 모임을 가졌는데, 그 주일 설교에 대한 토론과 경건문학 작품을 편집하는 일을 하였다. 1675년 이후부터는 오직 성경만 사용하였다. 성경을 읽고, 기도하기에 힘쓰면서, 그들 안에 경건하고 친근한 우정이 형성되고 다른 사람에게서 기독교를 더 많이 배우게 되며 사랑의 불이 뜨겁게 불붙었다. 1675년 그가 《경건한 열망(*Pia Desideria: Pious Desire*)》을 세상에 선보이면서 더욱 본격적인 경건주의 운동의 바람이 불었는데, 그는 이 책에서 여섯 가지 구체적 교회개혁 방법론을 제시하였다.[25)]

---

25) ① 목사들에 의해서 뿐만 아니라, 집안의 작은 모임에서도 성서 전체를 열심히 읽는 것을 강조한다. 집에서 성경을 많이 읽을수록 신앙과 그 신앙의 열매들을 풍성히 맺을 수 있다고 이해한다. 그리고 복음은 우리의 신앙을 불붙여 주고, 율법은 우리가 어떻게 선행을 실천해야 할지 그 지침을 제공해 준다(Philipp Jakob Spener, *Pia Desideria, Pietists*(Selected Writings), ed. Peter C. Erb, New York: Paulist Press, 1983, 31). ② 모든 신자가 성경을 열심히 연구하고 가르치고 위로하고 경건한 생활을 실천하는 제사장임을 깨닫는 것이다. 제사장(spiritual priesthood)은 성직자뿐 아니라 모든 평신도에게까지 적용됨을 강조한다. 이것은 루터의 만인사제설(priesthood of all Christians)에서 나온 사상인데 성직자뿐만 아니라 모든 평신도도 구세주에 의해 제사장으로 만들어졌고 성령으로 기름 부어졌으며 모든 영적 제사장의 행위를 하도록 그 모든 기능(function)이 열려 있음을 강조한다. 이것은 루터보다도 한 걸음 더 나아가는 사상이다. 루터는 성직자와 평신도의 계층(degree, estate)의 차이는 없어도 기능(function)의 차이는 있다고 강조하지만, 슈페너는 기능의 차이마저도 없다고 함으로써 평신도의 선교적 사명감과 설교의 역할을 더욱 강화하게 되었다(Spener, 34). 평신도도 기도, 선행, 자비뿐만 아니라 성경을 연구하여 다른 사람을 가르치고, 권면하고, 회심시키는 기능이 있음을 강조한다. 특히 그는 집안에서 말씀을 가르치고 교육시키는 기능을 중요시한다(Spener, 35). ③ 단순한 교리 지식에서부터 산 신앙고백으로서의 경건훈련에 집중할 것을 권면한다. 특히 사랑의 실천을 강조한다. 사랑은 모든 율법의 완성이요, 하나님의 율법의 성취는 사랑으로 구성된다(Spener, 36). ④ 신학적 논쟁을 줄이고, 회개와 경건생활을 통하여 참 교리를 확립하는 것이다. 그리고 이단자들이나 불신자들과의 논쟁을 피하고 그들에게서 보호받기 위해서 우리 자신과 우리

슈페너가 제시한 프로그램의 핵심은 전 인격의 갱신, 옛사람과 새사람, 세속적 생활과 영적 생활의 근본적인 차이를 강조하는 것이었다. 욕망, 유명해지려는 욕구, 지적인 교만, 술 취함, 극장 구경, 춤추기, 카드놀이 등의 유혹에서 벗어난 경건생활을 중요시한다. 산 신앙은 성경에서 나오는 것이 아니라 성령을 통해서 일어난다. 그래서 루터의 '들음에서 생기는 믿음(fides ex auditu)'은 성령의 능력이 추가되지 않으면 안 된다고 보았다. 루터는 '말씀 안에서(in the Word)', '말씀을 통하여(through the Word)', '말씀과 함께(with the Word)' 성령을 체험해야 한다고 강조하지만 슈페너는 말씀(문자)보다 성령(영)에 강조점을 둔다. "율법 조문은 죽이는 것이요 영은 살리는 것이니라(고후 3:6)", "하나님의 나라는 말에 있지 않고 오직 능력에 있음이라(고전 4:20)"는 말씀들이 그 근거가 되는 것이다. 또한 루터의 의인화를 강조하면서도 의인화보다는 거듭남을 중요시한다. 이런 의미에서 말씀신앙이나 의인화신학보다는 영적 체험을 강조하는 신비주의적 영성에 가깝다. 프랑케(August Hermann Francke, 1663~1727)는 슈페너의 영적 영향력에 힘입어 거듭남을 경험하였으나 슈페너보다 경건주의에 더욱 결정적인 공헌을 남겼다. 그는 기본적으로 루터의 로마서 서문에 나타난 신앙서술에 찬성하였으나, 영적 경험과 경건을 보다 강조하였다. 그는 영적 경험 후 라이프치히대학에서 가르쳤는데, 그의 주석적, 경험적 강의는 학생들에게 상당

의 친구들과 다른 동료 신자들을 확고한 신앙으로 강화시킬 필요성이 있음을 강조한다(Spener, 37). ⑤ 신학교육의 개혁 - 성경과 어거스틴 신학 이외에 독일신학, 타울러의 설교, 존 아른트와 토마스 아 켐피스의 저술에 의한 커리큘럼의 개혁뿐 아니라 크리스천 생활과 경건을 강조하는 제도의 개혁까지 포함하는 - 을 강조하는 것이다(Spener, 44~45). ⑥ 수사학적인 설교가 아닌 덕성과 영성을 함양시키는 설교로 돌아가는 것이다. 그리고 설교의 가장 중요한 목적은 인간을 구원하는 것이고, 설교는 인간구원을 위한 수단으로 사용되어야 함을 강조한다(Spener, 47).

한 영향을 주었다. 많은 학생들이 그를 좋아하였고 경건주의의 이원론적 경건생활과 영적 관심에 매료되어, 전공과목 공부를 등한시하고 신앙생활과 선교에만 관심하게 되었다. 결국 1694년 할레(Halle)에 경건주의 대학교인 할레대학교(University of Halle)를 설립하게 되었고, 할레 시는 경건주의 운동의 센터가 되었다. 또한 가난한 자를 위한 학교(1695), 고아원(1696), 그리고 고등학교(1697) 등을 세웠으며, 개인의 인격적 변화를 통한 세계변혁(The changing of the world through the changing of persons)을 강조하였다. 할레대학을 중심으로 많은 젊은이들이 해외선교 지망생이 되어 18~20세기에 수만 명의 선교사들이 이 경건주의운동을 통해 헌신하게 되었다.

진젠도르프(Nikolas Ludwig Zinzendorf, 1700~1760) 공작은 경건주의운동이 활발하였던 드레스덴(Dresden)에서 태어났는데, 그의 아버지가 슈페너의 친구였다. 그는 프랑케가 세운 고등학교와 할레대학교를 다녔다. 30년 전쟁 때 보헤미아에서 피난 온 형제들에게 자기 소유의 땅 삭소니의 헤른후트(Herrnhut of Saxony)를 내어 주면서 그들과 함께 경건운동을 하다가 그 그룹의 지도자가 되었다. 진젠도르프의 그룹은 함께한 형제들의 출신지역인 모라비아의 이름을 따서 모라비안(Moravian)이라는 이름이 붙게 되었다. 그들의 신학은 기본적으로 루터의 의인화신학과 아우구스부르크 신앙고백을 받아들인 경건주의였다. 그래서 웨슬리가 올더스게이트에서 모라비안의 영향으로 거듭남의 체험을 하였지만, 진젠도르프 무리가 사는 독일의 헤른후트(Herrnhut)를 직접 방문한 다음, 그들의 루터식 경건주의, 곧 정숙주의(Stillness, Quietism)를 비판하기에 이르렀다. 이 모라비안 교도들의 선교적 열정은 지대하여 18세기 말에 이르러 서인도(West India)에 67명의 선교사를, 북아메리카 인디언들을 위해 10여 명의 선교사를, 남아메리카에 25명, 그린란드에 18명, 래브라도에 26명, 아프리카 희망봉에 10명, 인도에 5명의 선교사를 파송하였다.

웨슬리는 미국선교 시절 피터 뵐러(Peter Boehler)를 비롯한 모라비안 교도들을 통하여 이러한 독일경건주의의 영향을 받게 되었다. 올더스게이트 체험을 한 이후 인간 이성이나 선행의 공적을 의지하지 아니하고 오직 그리스도만을 신뢰하게 되었고, 그리스도의 은혜로 값없이 의롭다 함을 얻게 되었음을, 루터의 신앙의인화의 신학적 회심이었음을 고백하였다. 바로 이런 루터적 신앙체험은 홀랜드(William Holland) - 웨슬리와 뵐러가 중심이 되어 만든 페터 레인 신도회(Fetter Lane Society)의 창립회원 - 로 추측되는 모라비안 청년이 루터의 로마서 서문을 읽고 하나님께서 그리스도를 믿는 신앙을 통하여 마음에서 역사하시는 변화를 설명하고 있을 때였다.[26] 물론 학자에 따라서는 웨슬리의 회심이 영국성공회적인 회심이라고도 하고, 청교도적인 회심이라고도 해석한다. 그러나 그의 일기에 나타난 사실이나 고백은, 그의 회심이 루터적 모라비안적 회심임을 표현해 준다. 그의 구원론의 출발은 철저히 루터적 · 종교개혁적 전통에 서 있다.

그러나 웨슬리는 루터의 의인화사상에만 머무르지 않고 이를 더욱 발전시킨다. 루터는 죽는 날까지 성도는 '용서받은 죄인', '의로워진 죄인', '용서받고 의로워졌으나 죄 지을 가능성이 있는 죄인(simul justus et peccator)'임을 주장하였으나, 웨슬리는 imputation(extra nos)뿐 아니라 impartation(in nobis)까지도 강조한다. 다시 말해서 의롭다고 법적인

26) John Wesley, *The Works of John Wesley*(Bicentennial Edition), Vol. 18 (Nashville: Abingdon Press, 1988), 249. 이하 *The Works*로 표기함.

(forensic) 인정을 받을 뿐 아니라 의로운 사람으로 행동해야 한다고 해석한다. 우리의 본성마저도 하나님의 형상을 힘입어야 한다. 따라서 의인이 되기 위해서는 행동해야 한다. 행함 없는 믿음은 죽은 믿음이다.

루터에게 선행은 의로워진 크리스천에게 자연스레 나타나는 좋은 열매다. 의롭다 함을 얻는 것은 좋은 나무가 되는 것이요, 좋은 나무에서 저절로 선행의 열매가 맺힌다고 루터는 해석한다.[27] 따라서 루터는 믿음을 강조한 로마서를 평가 절상하고, 행함을 강조한 야고보서를 지푸라기 복음이라고 평가 절하하였다. 그러나 웨슬리는 야고보서도 중요시하였다. 야고보서가 말하는 행함은 로마서의 믿음을 전제한 행함이라는 것이다. 아브라함이 믿음으로 의롭다 함을 얻은 것은 75세에 갈대아 우르를 떠날 때에 얻은 것이요, 아브라함이 행함으로 의롭다 함을 얻고 인정받은 것 – 야고보서가 주장하는 대로 – 은 100세에 낳은 이삭을 모리아 산에서 제물로 바친 행위 때문이라는 것이다. 따라서 야고보서가 말하는 행함은 로마서의 믿음을 전제한 행함이요, 바울이 로마서에서 비판한 것은 믿음 이전의 행함이라고 웨슬리는 해석한다.

웨슬리는 루터적 모라비안주의를 공격하는 그의 논문, "Thought on the Imputed Righteousness of Christ"에서 그리스도의 전가하시는 의는 어떠한 성결도, 욕망과 온갖 부정결함을 제거하는 어떠한 노력도 요구하지 않는다고 강조한다. 웨슬리는 이런 교리는 율법폐기론에 빠질 위험이 있다고 두려워하였다. 웨슬리의 논적이었던 허비(James Hervey)[28]는 그리스도께서 율법을 완성하신 이래 어떤 성도도 율법을 성취할 필요

27) Martin Luther, *The Freedom of a Christian*, ed. J. M. Porter (Philadelphia: Fortress Press, 1974), 34~35.

28) James Hervey는 옥스퍼드대학교에서 웨슬리의 가르침을 받은 학생이었으나 후에 칼빈주의자, 율법폐기론자가 되었다.

가 없다고 보았다. 웨슬리는 이러한 율법폐기론은 하나님을 죄의 창조자 - 죄 짓게 만드는 분 - 로 만든다고 생각하였다. 하나님의 의에 동참하는 것(impartation)은 우리의 죄악 된 본성이 갱신되고 하나님의 형상, 곧 의로움과 성결함에 동참할 수 있음을 의미한다.[29] 완전한 크리스천은 하나님 본성의 파트너며 동참자가 된다. 그는 말하였다: "당신의 완전한 본성의 파트너로 나를 당신 안에 있게 하소서. 새로운 죄 없는 피조물로……."[30]

웨슬리에게 선행은 구원의 확신을 위해 필요하다. 구원을 확신하는 방법에는 영적이고 신비적인 것이 있다. 곧 성령이 인간 영에게 확증시켜 주는 신비적 · 영적 체험이다. 그러나 구원을 확신하는 또 다른 방법은 선행이다. 또한 선행은 구원의 완성을 위해 필요하다. 구원의 시작은 믿음으로 이루어지지만, 구원의 완성은 선행으로 이루어진다고 웨슬리는 해석한다. 그리고 선행은 구원의 풍성함을 위해 필요하다. 선행을 하는 것은 신앙이 성장하고 있음을 뜻한다.[31] 웨슬리는 어거스틴처럼 말한다: "선한 생활은 사랑에 의해 역사하는 참 신앙과 분리될 수 없다."[32] 또한 그는 크리소스톰처럼 "신앙은 선행으로 가득 차 있다. 인

---

29) John Wesley, "Justification, Assurance and Sanctification"(Minutes of Some Late Conversation 1744~1747), *The Works of John Wesley*, ed. Thomas Jackson Edition (Peabody, MA: Hendrickson Publishers, 1986), Vol. Ⅷ을 참조하라. 이하 *Works*로 표기 함. John Wesley, *A Plain Account of Christian Perfection* (London: Epworth Press, 1960), 33을 참조하라.

30) Wesley, *A Plain Account of Christian Perfection*, 39.

31) Wesley, "The Doctrine of Salvation, Faith and Good Works, Extracted from the Homilies of the Church of England", *John Wesley*, ed. Albert Outler (New York: Oxford University Press, 1980), 129~133.

32) Wesley, "The Doctrine of Salvation, Faith and Good Works, Extracted from the Homilies of the Church of England", 131.

간이 믿자마자 그는 선행으로 존경받게 될 것이다"[33]라고 한다. 웨슬리는 완전한 사랑을 성령으로 충만하게 되는 것과 같다고 생각한다(A Plain Account of Christian Perfection과 Joseph Benson에게 보낸 편지에서).

웨슬리는 성령의 열매의 풍성함을 크리스천의 완전과 동일시한다. 성령의 열매는 하나님의 자녀임을 증거해 준다. 성령은 우리를 모든 거룩함으로 인도한다. 우리를 신적 본성의 참여자로 만든다. 성령은 우리가 하나님의 자녀로서 그리스도에게 속하였고, 영원한 행복에 이를 수 있음을 증거해 준다.[34] 성령의 열매는 성령의 증거에서 솟아 나온다.[35] 최고의 성령의 열매는 사랑이다. 성령은 우리 속에서 사랑의 열매를 맺게 하심으로 예수의 영적 신부로 성화시킨다. 웨슬리는 그의 설교 "하나님의 포도원에 관하여(On the God's Vineyard)"에서 한편으로는 로마가톨릭교회가 성화를 강조한 반면 의인화에 무관심하였다고 비판하고, 또 한편으로 루터는 의인화를 강조한 반면 성화에는 무관심하였다고 비판한다.[36] 힐데브란트는 이렇게 웨슬리가 루터와 루터주의자들을 비판한 자료들을 거의 다루지 않는다. 특히 웨슬리는 평생 모라비안주의자들과 논쟁하였다. 모라비안의 센터인 헤른후트를 방문한 후 그들의 정숙주의를 비판하기 시작하였고, 모라비안들과 함께 시작한 페터 레인 신도회에서 분열하는 아픔을 겪기도 하였다.

1741년 9월 3일 런던의 그레이즈 인 웍스(Gray's Inn Walks)에서 진젠도르프와 웨슬리 사이에 '완전'에 대한 논쟁이 일어났다.

---

33) Albert Outler, *John Wesley* (Nashville: Abingdon Press), 131.
St. Chrysostom의 설교 "The Gospel of St. Matthew", N.P.N.F.X. 167을 참조하라.

34) "On Grieving the Holy Spirit", *Works*, Vol. Ⅶ, 491~492.

35) "The Witness of the Spirit"(1767), *Works*, Vol. Ⅴ, 125~126.

36) "On God's Vineyard", *The Works*, Vol. 3, 505.

첫째로, 진젠도르프는 그리스도만이 우리의 완전이시기에 그리스도 안에(in Christus)만 완전이 있음을 말하였지만 웨슬리는 그리스도 안에서뿐만 아니라 성도 안에서도(in se) 완전이 이루어져야 함을 강조하였다. 진젠도르프는 루터의 'simul justus et peccator'에 입각하여 죽기 전에 인간의 본성이 변화되는 완전(inherent and imparted righteousness)이 불가능하며 "그리스도만이 우리의 유일한 완전(Christus est sola perfectio nostra: Christ is our only perfection.)"이라고 주장하였고, "우리의 모든 완전은 그리스도 안에 있다(Omnis nostra perfectiio est in Christo: All our perfection is in Christ.)"고 거듭 강조하면서 "크리스천의 모든 완전은 그리스도의 보혈을 믿는 믿음 안에 있다(Omnis Christiana perfectio est, fides in sanguine Christi: All Christian perfection is simply faith in Christ's blood.)"고 하였다.[37] 반면 웨슬리는 은총의 낙관주의(optimism of grace)에 근거하여 죽기 전에도 완전이 가능함을 강조하였으며, 그리스도만이 우리의 완전이 아니라 모든 성도도 그리스도의 영의 역사로 거룩한 삶을 살아야 하고(should live a holy life) 그리스도 안에서 완전해질 뿐 아니라(in Christ) 성도 자신의 본성 안에서도 거룩하고 완전해져야 한다(he is holy in se[in himself])고 강조하였다. 다시 말해서 "그리스도의 영, 곧 성령의 역사로 참 성도 속에 완전이 이루어진다(Ego vero credo, Spiritum Christi operari perfectionem in vere Christianis: Truly I believe that it is The Spirit of Christ that works in true Christian to achieve their perfection.)"고 주장한 것이다.[38]

둘째로, 진젠도르프는 객관적으로 전가된 완전(imputata perfectio)만

---

37) ed. Albert Outler, *John Wesley*, 369; W. Stephen Gunter, *The Limits of Love Divine* (Nashville: Kingswood Books, 1989), 102.

38) Outler, 369.; Gunter, 102.

을 강조함에 비해 웨슬리는 주관적으로 본성화 되는 완전(inhaerens perfectio)도 강조한다. 진젠도르프는 "나는 이생의 삶 속에서 실현되는 본성적 완전을 모른다(Nullam inhaerentem perfectionem in hac vita agnosco: I know of no such thing as inherent perfection in this life.)", "크리스천의 완전은 전적으로 전가되는 것이고 본성적으로 변화되는 것은 아니다(Est tota Christiana perfectio, imputata, non inhraerens.)"라고 말하였다.[39] 그러나 웨슬리는 진젠도르프의 주장을 전적으로 뒤집어서 성도의 본성마저도 전적으로 완전하게 변화되어 성화되는 완전을 강조함으로써 논쟁은 타협점을 찾지 못하였다.

셋째로, 진젠도르프는 믿음이 성화와 완전의 근거라는 루터적 주장을 고수함에 비해, 웨슬리는 믿음뿐 아니라 사랑이 성화와 완전의 근거임을 주장한다. 진젠도르프는 "믿음이 복음적인 성화다(Sanctitas evangelica est fides: Faith is evangelical sanctification.)"라고 해석함으로써 믿음을 사랑과 선행보다 더 강조하는 루터적 전통을 따른다. 그러나 웨슬리는 사랑의 성숙과 성장을 성화의 성숙과 성장으로 이해한다. 웨슬리는 "성도가 사랑 안에서 성장하는 한, 성도가 성화(성결) 속에서 성장하는 것이라고 너는 믿지 않는가?(Nonne credens, dum crescit in amore, crescit pariter in sanctitate?: Don't you believe that while he or she is growing in love, he or she is growing in holiness?)"라고 질문하면서 성화는 곧 사랑으로 성장하고 성숙함을 뜻한다고 해석한다.[40]

넷째로, 진젠도르프는 순간적인 성화(momentary sanctification)를 주장하나, 웨슬리는 점진적 성화(gradual sanctification)를 강조한다. "의롭다 함

39) Outler, 369.

40) Outler, 370.

을 얻는 순간에 전적으로 성화된다(Eo momento quo justificatur, sanctificatur penitus)"[41], "의인화의 순간에 전적으로 성화되는 것처럼, 전적으로 사랑하게 되는 것(Totaliter amat eo momento, sicut totaliter sanctificatur)"이라고 진젠도르프는 강조한다.[42] 또한 이처럼 의인화와 성화는 한순간에 이루어지기에 "증가하지도 감소하지도 않는다(magis aut minus)"고 해석한다. 그러나 웨슬리는 사도 바울의 고린도후서 4장 16절을 인용하면서 "우리는 날마다 새롭게 되어야 한다(Renovaamur de die in diem: We are renewed day by day.)"고 주장하고 "은혜 안에서 자라는(crescendum esse in gratia)" 점진적 성화(gradual sanctification)를 말한다.[43] 즉 진젠도르프는 성화가 의인화와 동시에 순간적으로 주어진다고 주장한 반면, 웨슬리는 순간적으로뿐 아니라 점진적으로 성화된다고 하였다.

또한 모라비안 목사로 페터 레인 신도회에 와서 일했던 몰더(Molther)와 웨슬리 사이에 '수동적으로 전가되는 거룩함(imputation)'과 '능동적, 실제적으로 본성이 변화되는 거룩함(impartation)'의 논쟁이 일어나게 되었다. 몰더는 성례전은 믿는 자들만을 위한 성만찬임을 주장하였으나, 웨슬리는 믿는 자뿐 아니라 모든 사람을 위한 은총의 수단(means of grace)이 된다고 강조한다.[44] 또한 몰더는 거룩함은 수동적으로 전가됨(imputation)으로 다가오기에 기다리기만 하면 된다고 주장한 반면, 웨슬리는 전가됨(imputation) 뿐 아니라 본성도 변화되는 것(impartation)이기에 거룩함을 추구해야 한다(pursuit of holiness)고, 다시 말해서 순간적

41) Outler, 370.

42) Outler, 371.

43) Outler, 371.

44) Gunter, 90.

으로 부어질 뿐 아니라 계속적 · 점진적으로 변화되어 간다고 해석한다. 그래서 웨슬리는 성만찬뿐 아니라 기도, 성서 읽기와 듣기 등도 은총의 수단이 됨을 강조한다.[45] 성만찬, 기도, 성서 읽기와 듣기는 믿음으로 의롭다 함을 얻은 다음에 성화의 은혜를 받는 수단이 될 뿐 아니라, 신앙의인화 이전에도 신앙의인화 은총을 받는 수단이 된다. 선재적 은총으로 이런 열심을 낼 수 있다는 것이다. 마치 삭개오가 뽕나무에 올라가는 열심을 내듯이 이런 열심으로 마음의 문을 열기를 힘써야 한다. 하지만 이런 열심이 믿음을 주는 것은 아니다. 웨슬리에게 믿음은 어디까지나 은총으로 다가오는 선물이다. 이 선물인 믿음의 은총이 오기까지 정숙 속에서 가만히 기다리는 것이 아니라 열심히 사모하는 행동을 해야 한다는 것이다. 따라서 이런 믿음 이전의 행동은 구원의 조건은 아니지만(구원의 조건은 오직 믿음) 은총의 수단은 된다는 것이다. 그러나 모라비안주의나 루터신학은 이를 거부한다. 신앙의인화의 은총이나 성화의 은총을 위해서는 가만히 기다려야 한다는 것이다(stillness). 이러한 모라비안주의를 웨슬리는 그의 설교들, “The Means of Grace”, “The Spirit of Bondage and Adoption”에서 공격하였다. 그리하여 결국 뵐러를 중심으로 하는 모라비안들과 함께 시작한 페터 레인 신도회는 분열할 수밖에 없었다. 웨슬리는 감리교도들을 데리고 나와 1740년에 런던에서 감리교 신도회(Methodist Society)를 따로 시작하였다.[46]

독일 경건주의와 영국 경건주의의 차이점을 다시 정리하면 다음과 같다.

---

45) Allan Coppedge, *John Wesley in Theological Debate* (Wilmore, Kentucky: Wesley Heritage Press, 1987), 60.

46) Coppedge, 192.

첫째로, 영국의 경건주의는 독일의 경건주의처럼 루터의 노예의지론에 기초한 수동적, 법적 의로움(passive forensic righteousness)과 수동적으로 전가되고 옷 입혀지는 거룩함(imputed holiness)만을 말하지 않고, 동방교회교부들(Gregory of Nyssa, John Chrysostom, Macarius the Egyptian)과 알미니우스(Jacob Arminius)의 영향으로 자유의지의 역할을 은혜의 역사에 대한 인간의 응답으로 강조하는 복음적 신인협조설(Evangelical Synergism)을 주장한다. 또한 능동적, 본성적 의로움과 거룩함(active imparted righteousness and holiness)까지 언급한다.

둘째로, 독일의 경건주의는 루터의 인간본성의 비관주의(pessimism of nature)에 기초하여 죽기 전에 완전성화(entire sanctification)가 불가능하다고 보지만, 영국의 경건주의는 당시의 영국성공회와 로마가톨릭교회의 신비가들(Jeremy Taylor, William Law, Thomas a Kempis), 동방교부들의 영향으로 죽기 전에 완전성화가 가능하다는 은총의 낙관주의(optimism of grace)를 주장한다.

셋째로, 독일의 경건주의는 루터의 신앙의인화(justification by faith) 사상에 기초하여 신앙제일주의(solafideism)나 정숙주의(quietism)적 경향을 보임으로써 소극적 선행(good works)을 주장하고 사회봉사(social service) 차원에만 머물렀으나, 영국의 경건주의는 적극적 선행을 주장하고 사회봉사뿐 아니라 사회변혁(social transformation) 차원에까지 이르는 사회적 성화(social sanctification)를 전개하였다.[47]

16세기 영국 종교개혁의 폭력적 사건들이 영국교회를 국가적인 프로테스탄트 교회로 확립시키는 결과를 가져왔다. 이후 박해는 사라지

47) 김홍기 지음, 《존 웨슬리신학의 재발견》(서울: 대한기독교서회, 1994)과 김홍기 지음, 《존 웨슬리의 구원론》(서울: 성서연구사, 1996)을 참조하라.

게 되었다. 그럼에도 종교적 분열은 계속 깊은 골을 유지하였다. 세 주요 분파들 영국성공회, 로마가톨릭교회, 그리고 청교도(비국교도)는 서로에 대해 불신감과 극도의 증오심을 가지고 있었다. 영국성공회는 가장 중요한 종교단체로서 대단한 지위를 누렸다. 그것은 영국 헌정체제의 공인된 일부분이었고, 교육과 사회복지에 대한 국가적 대책이 없던 때에 교회는 비공식적이지만 중요한 자선기관의 역할을 해냈다. 예를 들면 교회는 주요 대학의 교수진들을 대부분 공급하였고, 또 국민들은 교회가 여러 가지 구제사업과 의료사업에도 관여해 주기를 희망하였다. 영국성공회는 성격상 매우 다양하였기 때문에 그 성실성이나 효율성을 판단하는 것은 어렵다. 대체로 영국성공회 성직자들은 신앙적 열정이나 신념이 있지는 않다. 일반적인 인상으로는 영국성공회가 그 정력을 상실하였고, 나라의 변혁에 제대로 준비를 갖추지 못하였다. 비국교도라고 알려진 다른 청교도들도 여러 교파들로 나뉘어 18세기 초반에 대략 33만여 명 정도였고, 영국교회에서 분리된 상태를 원하였다. 그 대부분이 16세기 청교도주의에 기원을 두었으며, 장로교회, 회중교회, 침례교회, 퀘이커교회 등이 여기에 속한다. 청교도신앙은 칼빈주의적 신학에 기초하여 신앙고백적이고, 지성적이었기에 노동자와 농민, 광부들의 감성적 심성에는 맞지 않았다. 반면 감리교회는 감성적 체험의 신앙을 강조하였기에 노동자와 농민, 광부들에게 치유와 희망을 줄 수 있었다. 이런 까닭에 감리교운동은 상류층 교회인 영국성공회가 외면한 하층 민중들에게 찾아가는 운동이 되었고, 지성적 신앙고백을 강조하는 청교도운동이 해결해 주지 못하는 감성적, 체험적 신앙을 심어주는 운동이 되었던 것이다.

1700년 무렵에는 완전한 종교적 표현의 자유를 위한 약간의 진전이 이루어졌다. 1689년에 명예혁명으로 윌리엄과 메리가 제임스 2세를 대신하자, '신앙자유령(the Toleration Act)'에 의해 청교도들(로마가톨릭도 마찬가지)은 상당히 엄격한 법적 교리적 조건들을 받아들이는 것을 전제로 자체 건물에서 자신들의 신념에 따라 예배할 권리를 얻게 되었다. 영국성공회 바깥의 종교적 관습들에 관한 다양한 법률들은 실제로는 효과적으로 시행되지 않았고 집행되는 경우도 드물었다. 그럼에도 개신교 비국교도들에게 허용되는 신앙의 자유는 어쨌든 이론적으로는 매우 제한적이고 인색하였다. 이 점은 1711년의 '임시 복종령(the Occasional Conformity Act)'에서도 나타난다. 이것은 비국교도인 청교도들을 난처한 처지에 놓이게 하였다. 그들은 예배는 자신들의 공동체에서 드렸지만 세례와 혼례와 장례는 영국성공회에서만 치를 수 있었다. 이러한 제한된 신앙자유가 법령의 형태를 취하고 있는 것이, 그 법의 실제적인 집행 여부와는 상관없이 여러 가지로 그에 대한 반발을 유발하였다. 이렇게 비국교도들을 자극하는 이런저런 요인들이 끊임없이 계속되었음에도, 영국의 비국교회주의의 현존과 꾸준한 성장은 낡은 사고방식과 새로운 사고방식의 가교 역할을 하였고, 이로 인해 18세기 동안 종교적 극단주의의 발생 가능성을 약화시켰을 것으로 보인다. 하지만 감리교회를 비국교회주의라고 보이지 않게, 웨슬리는 매우 주의 깊게 감리교도들을 비국교도들로부터 구별시켰다. 감리교회가 어떻게 영국성공회와 청교도의 비국교회 중간에 서서 때로는 이쪽으로 때로는 저쪽으로 기울었는지를 역사에서 찾아볼 수 있다.

D. 정치적 상황

1688년 영국은 명예혁명으로, 군주제에서 입헌군주제와 활동적인 의회를 갖는 정치형태로 발전하였다. 완전한 의회 중심의 통치가 아니라 왕이 여전히 권력을 쥐고 있으면서 국회가 어느 정도의 권리를 행사하는 형태였다. 'cujus regio ejus religio(통치자가 그 나라의 신앙고백을 결정할 수 있는 원리)'가 점차적으로 역전되는 방향으로 발전하였다. 다시 말해서 명예혁명은 국회가 잘못된 통치에 저항하는 보다 효과적인 안전장치라는 것을 증명하게 되었다.[48] 이러한 새로운 통치구조는 시련과 실수들에 의해 운영되어 갔다. 새 통치 기술은 영국역사의 창조적인 성취를 위해 점진적으로 발전되어 갔다. 때때로 왕이 임명한 장관들을 국회가 거부하기도 하였다. 1700년부터 1715년 사이에 여덟 번이나 국회의원 선출을 위한 총선이 있었다. 이것은 왕의 세력이 점차 약화되고 국회가 거대해져 가는 계기를 만들었다.[49] 1720년대와 1730년대는 내각제의 시작과 함께 강력한 지도자로서 '수상(prime minister)'이 나타나게 되었고, 18세기가 지나면서 급진적인 정치단체들도 서서히 성장하였다.[50]

하지만 선거권은 아주 적은 일부의 주민에게만 있었다. 여러 선거 방법과 국회의 일 처리 방식도 오늘날과는 전혀 달랐다. 대부분의 공공기관들은 왕가와 귀족의 후원(patronage) 체제 아래에서 통제되고 있었고,

48) Butterfield, 15.

49) J. H. Plumb, "Political Man", *Man Versus Society in Eighteenth-century Britain* (Cambridge: The University Press, 1968), 1~2.

50) 태브러햄 지음, 김희중 역, 김홍기 감수, 《감리교형성사》(서울: 도서출판 감신, 1995), 20.

많은 선거구들은 그 부유한 지주 후원자들의 능력 안에 있었다. 그들은 소작인 선거민들을 통제할 수가 있었다. 1872년에 비밀투표제가 도입될 때까지는 투표가 공개로 이루어졌기 때문이다. 역사가 플럼(J. H. Plumb)은 "어찌되었건 그 시대는 민주주의의 가치를 믿지 않았다. 권력세계는 자산 소유자들에게 속한 것이었지 빼앗긴 자들의 것은 아니었다"[51]고 쓰고 있다.

정당이 있기는 하였지만 우리가 인정할 만한 그런 것은 아니었다. 휘그와 토리당은 대 가문들과 지주들을 대표하였으나, 종종 그 구분이 아주 모호해질 때가 있었다. 정당 간의 대결은 격렬하였다. 1705년 하원(the House of Commons)의 연설에서 두 정당이 날카롭게 대립하기도 하였다. 휘그당의 지지를 받았던 존 스미스(John Smith)와 토리당의 지지를 받았던 윌리엄 브롬리(William Bromley)는 정당의 힘을 과시하는 생동감 있는 논쟁을 하였다.[52] 하지만 실질적으로는 이 시기에 대략 70개의 대가문에 의해서 나라가 경영되었다. 18세기 말에 이르기까지 실제로 진정한 정당 대결의 효과적 근거가 될 만한 큰 정치적 쟁점이 없었다.[53] 휘그당과 토리당의 분열은 정치적 이슈에 의한 것이 아니라, 지배계급 내부의 갈등과 국가의 귀족정치적, 계급주의적 성격 때문이었다. 국회는 영국 모든 백성에게서 형성된 공중의 의견을 수렴하는 기관이 아니었다.[54] 자기 집단의 귀족적 이익을 구현하는 집단이기주의의 정당형태였다. 그래서 1760년에 휘그당의 반대에도 불구하고 왕위에 오른 조지 2

51) J. H. Plumb, *England in the Eighteenth Century* (London: Penguin, 1950), 40.

52) Plumb, 3.

53) Butterfield, 19.

54) Butterfield, 19.

세(George II)가 휘그당과 토리당의 구분을 없애는 노력을 하였으나 실패로 돌아갔고, 그의 측근 부트 백작(the Earl of Bute)을 수상으로 쓰려 한다는 이유로 뉴캐슬의 공작(the Duke of Newcastle)이 이끄는 휘그당의 핵심부와 심각한 갈등을 일으키기도 하였다.[55] 이 휘그당은 미국식민지에 세금 부과하는 것을 반대하기도 하였다.

18세기 말엽 영국은 마침내 사회적으로 가장 낮은 노동계층을 끌어안기 시작함으로써 정치적으로 크게 발전하였다. 노동계층, 특히 시골이나 작은 도시에 있는 노동기술이 서투른 노동계급들은 정치적으로 크게 소외당하였다. 그런데 그들은 정치적 조직과 제도에 의해 자신들의 근로조건과 생활환경이 결정된다는 사실을 깨닫게 되었다. 정치 · 사회적 정의의 혁명적 개념들이 노동자들에게 의식화되기 시작하면서 노동자계급과 중산층계급의 양극화현상을 느끼기 시작하였다. 그러다가 이것이 1800년에 이르러서는 프랑스혁명의 영향으로 혁명적 상황으로까지 발전하였다. 1800~1832년에 노동자들은 그들의 요구를 들고 국회를 과격하게 위협하는 지경에까지 이른다. 그러다가 1832년 정치지도자들은 물가와 임금에서 노동자들과 타협함으로써 위기를 넘기게 되었다.[56] 바로 이 위기 상황에서 웨슬리와 감리교도의 노동조합운동은 고용주와 노동자들을 모두 만족시키는 대화의 길을 만들었다. 고용주에게는 기독교인의 기업정신과 고용인을 학대하지 말 것을 가르쳤고, 노동자들에게는 정당한 임금과 근로조건 개선을 요구하게 하였다. 그래서 프랑스 역사가 토마스 칼라일(Thomas Carlyle)과 엘리 할레비(Elie Halevy)는 웨슬리와 감리교도들의 사회적 영향력으로 영국이 프랑

55) Butterfield, 21.

56) Plumb, 19~20.

스 같은 피의 혁명으로부터 보호받을 수 있었다는 중요한 이론을 전개하였다. 할레비는 자신의 두 권의 책에서 이 문제를 다루었다.[57] 그리고 할레비의 논리를 발전시켜 시카고대학교 역사학 교수였던 셈멜(Bernard Semmel)은 감리교운동을 사회혁명으로 해석하였다. 셈멜은 할레비의 이론을 그의 책 *The Methodist Revolution* (New York: Basic Books, 1973)에서 발전시키고 있다.

한편, 18세기 당시 영국은 해상 주도권 덕분에 경제적 대국이자 식민지국으로 간주되기 시작하였다. 다른 유럽 열강, 특히 프랑스, 스페인과 잇단 전쟁을 치른 결과, 비록 1783년에 미국식민지들을 잃기는 하였지만, 영국은 전 세계에 식민지를 거느린 주요 국가의 하나로 확고하게 자리 잡게 되었다. 영국은 위대한 나라가 되려는 열망을 품은 대국이었다.

---

57) *The Birth of Methodism in England*, tr. and ed. Bernard Semmel (Chicago: University of Chicago Press, 1971)와 *England in 1815*, tr. E. I. Watkin and D. A. Barker (London: Ernest Benn, 1961).

02
웨슬리 형제의 가문과 웨슬리의 생애

비록 적은 분량이었지만 웨슬리의 생애를 심리학 교육학적 시각에서 정리한 파울러(James W. Fowler)의 해석은 상당히 흥미 있다.[1] 그러나 인

1) 존 웨슬리의 신앙교육 발달과정을 파울러는 다음과 같은 단계로 분석하여 해석하였다.
1단계 직관적 신앙단계(intuitive stage, 2~5세) : 의지와 순종을 배우며, 양심의 틀이 형성되고, 어른의 권위를 인정하고, 큰 꿈을 꾸는 것과 무력감의 절망을 느끼는 것 사이를 왕래하는 단계로 해석한다. 어머니에게 철저한 기도생활과 성경 읽기와 주기도문, 사도신경, 십계명 교육을 받은 것 등을 말한다.
2단계 신비적 신앙단계(mystical stage, 6~8세) : 목사관에 불이 나 교인들의 집에 흩어져 살면서 어머니에 의한 신앙교육과 학교교육(하루 6시간)을 받던 시절이다. 알파벳과 성경 읽기, 책 읽기, 히브리어와 희랍어, 라틴어 교육 등 기차시간표 같은 어머니의 교육시간표에 따라 교육받았다. 어머니에게 매주 1시간씩 상담시간을 통한 신앙교육(후에 신학문제나 교회운영문제로 상담하는 관계형성)을 받기도 하였다.
3단계 발전적 신앙단계(developmental stage, 9~15세) : 차터하우스(Charterhouse)에서 공부하면서 자의식을 재조직하고 자기정체성의 위기를 겪으면서 '나는 과연 크리스천인가?'를 질문하였다. 그러자 종교적 신념과 행실이 위기를 맞게 되었다. 이를 위해 하루 두 번 기도하고, 성경을 열심히 읽고, 종교집회에 매번 참석하기도 하였다. 청소년기 동안 엄격한 경건훈련에 몰입하였다.
4단계 관습적 신앙단계(conventional stage, 16~21세) : 옥스퍼드대학교 Christ Church 대학을 5년 동안 다니던 시절이다. 자아상과 신조들을 통합시키면서 영적, 습관적으로 거룩한 삶과 영성을 훈련하던 시기다. 역사와 문학, 철학과 종교에 대해 폭넓게 탐구하기도 하였다.
5단계 개성적 반성적 신앙단계(individuate-reflective stage, 22~35세) : 1725년(22세) 아버지에게서 성직자가 되라는 권고를 받으면서, 토마스 아 켐피스의 《그리스도를 본받아》, 제레미 테일러의 《거룩한 삶과 거룩한 죽음》, 윌리엄 로의 《기독자의 완전》을 읽었다. 이때부터 종교생활에 본격적으로 관심하기 시작하였고, 그의 영성도 이 시기에

웨슬리의 초상화, 미국 드류대학교 역사 박물관에 보관되어 있는 것. 미국에 있는 초상화 중에서 가장 오래된 것이다.

격적 성숙이라는 심리학적 시도에 지나치게 치중한 결과 심리학이 해석해낼 수 없는 영적 성숙, 즉 영성문제를 제대로 다루지 못한 한계를 드러냈다. 이처럼 웨슬리의 신학과 영성발달을 연결시킨 웨슬리 생애에 관한 연구가 아직 없다. 물론 최근에 나온 케넷 콜린스(Kenneth Collins)의 저술 *A Real Christian: John Wesley* (Abingdon Press, 1999)에서 웨슬리의 영적 성숙에

형성되었다. 집을 떠나 살면서 자기성찰과 영적 반성의 시간을 많이 가졌고, 영적으로 결단하는 삶을 훈련하게 되었다. 화, 욕심, 잔인성, 이기심 등을 극복하는 훈련을 통하여 초자아에 따라 인격을 조직적으로 성장시켰다. 참 기독교인이 되려는 노력, 모험적 삶의 추구, 최선을 다해 하나님께 내어 맡김, 바른 인간이 되려는 안간힘 등이 이 시기와 어울리는 단어들이다. 특히 북미 조지아 주에서의 3년간의 선교생활에서 본격적인 영적 반성의 단계에 돌입하였다. 신앙의인화를 모라비안 교도들에게서 배웠다. 당위적으로 강압적으로 사랑을 실천하려고 했던 것에서 벗어나 하나님의 은총에 의해 사랑실천이 가능하다는 사실을 깨닫기 시작한다. 1738년 2~6월 뵐러와 계속적인 신앙상담을 하는 중에 올더스게이트 회심을 체험하게 된다. 그 후 sola fide, sola gratia를 설교하게 된다.

6단계 접속적 신앙단계(conjunctive stage, 중년의 웨슬리) : 신앙의 양차원적 요소들을 접속시키는 신앙단계를 말한다. 여성적인 것과 남성적인 것, 능동적인 면과 수동적인 면, 의식적인 면과 무의식적인 면, 인간의 노예상태와 자유상태, 하나님의 은총과 인간의 책임성, 은총을 통한 신앙의 변화와 두려움과 떨림으로 이루는 구원, 은총과 율법, 신앙과 선행, 의인화와 성화, 객관적 은총과 주관적 은총, 본성의 비관주의와 은총의 낙관주의, 죄인과 하나님의 형상, 성령을 통한 하나님의 사랑과 인간 사랑의 혼합, 개인의 완전과 사회적 완전으로서의 하나님나라 등을 통전적으로 접속시키는 신앙단계에 이른다. 그래서 그의 신앙은 via media적이다.

7단계 보편화시키는 신앙단계(universalizing stage, 말년의 웨슬리) : 모든 사람을 보편적으로 사랑하는 단계다. 이웃, 이방인, 원수까지도 사랑한다. 웨슬리는 완전성화가 죽기 전에 이루어질 수 있다고 믿었는데 그 모습은 그리스도처럼 완전성결을 이루는 것이요, 완전사랑을 실천하는 것이다. 마침내 우주까지도 사랑하는 우주적 성화의 단계에까지 이른다.

관한 면을 다루기는 하였으나, 철저하게 웨슬리의 신학과 영성의 시각에서 그의 신앙발달과 영성발달을 제대로 다루지는 못하였다. 여기에 관하여는 웨슬리의 영성훈련을 영성심리학적(transpersonal psychology) 시각에서 다루면서, 이를 오늘의 한국 감리교회 평신도들이 접하였을 때 어떻게 인격적 성숙과 영적 성숙이 이루어지는지를 박사학위논문(Ph. D. Institute of Transpersonal Psychology, Palo Alto, California)의 주제로 연구한 나의 아내 권희순 목사와 함께 필자가 빠른 시일 내에 영적 성장과 성숙의 차원에서 본 웨슬리의 전기를 저술하고자 한다.

A. 웨슬리 형제의 가문

존과 찰스는 다행스럽게도 지극히 종교적인 집안에서 태어났다. 이것은 당연히 이후 그들의 성장에 매우 중요한 영향을 주었다.[2] 웨슬리가의 본래 가족명은 웨슬리(Wesley)가 아니라 웰슬리(Wellesley)였다.[3] 그의 조상들 이름을 보자. 처음에는 니콜라스 웰슬리(Nicholas Wellesley), 존 웰슬리 경(Sir John de Wellesley), 왈론드 웰슬리(Walrond de Wellesley), 제랄드 웰슬리(Gerald de Wellesley)였다가 후에 아더 웨스틀리(Arthur Westley)로 바뀌었다. 그 후 다시 휴 웰슬리 경(Sir Hugh de Wellesley), 윌리엄 웰슬리(William de Welleseley)가 되었다가, 감리교의 창시자 존 웨슬리의 증조부 바돌로매오 웨슬리의 조부 때 와서는 웨슬리(Wesley)와 웨스틀리

2) 태브러햄, 32.

3) 웰슬리는 보스턴 근교 작은 도시이름이고, 그 도시에 위치한 명문사립여자대학 웰슬리대학(Wellesley College)은 전 미대통령 부인 힐러리 클린턴 여사(Mrs. Hillary Clinton)가 졸업한 미국 최고의 여자대학으로 알려져 있다.

(Westley)를 혼용해서 사용하였다. 그리고 바돌로매오 웨슬리의 아버지 때에 와서 완전히 허버트 웨슬리 경(Sir Herbert Wesley)이 되었다. 그 이후로는 계속 웨슬리로 사용하여 왔다. 허버트 웨슬리는 세 아들을 낳았는데 윌리엄(William), 할팜(Halphame), 그리고 바돌로매오였다. 이 셋째 아들 바돌로매오가 엡웟(Epworth)에 자리 잡은 웨슬리 가문의 머리가 된 것이다.[4]

웨슬리 형제의 증조부 바돌로매오 웨슬리(Bartholomew Wesley)와 외조부 사무엘 아네슬리(Samuel Annesley)는 모두 청교도 목사였다. 그리고 존의 조부 존 웨슬리(John Wesley)도 청교도 목사였다. 이렇게 존과 찰스의 부(Samuel Wesley), 조부(John Wesley), 증조부(Bartholomew Wesley)가 모두 성직자였으므로 존과 찰스는 4대째 성직자가 된 셈이다. 증조부 바돌로매오 웨슬리는 1596년에 출생, 1619년 아일랜드 더블린(Dublin)의 대주교(Archbishop) 아담 로프투스 박사(Adam Loftus, D.D.)의 외증손녀 앤 콜리(Ann Colley)와 결혼하였으며, 옥스퍼드대학교에서 신학과 물리학을 공부하였다. 그 후 커터스톤(Catherston)과 차마우스(Charmouth)의 교구 목사로 봉직하다가 1662년 통일령에 의해 청교도 목사직을 박탈당하고, 84세에 사망하였다.[5] 그의 외아들이자 감리교 창시자 존 웨슬리의 조부 존 웨슬리도 역시 청교도 목사였다. 그는 1636년에 태어났고 역시 옥스퍼드대학교 뉴 칼리지(New College)에서 공부하여 인문학 석사학위(M.A.)를 받았다. 22세에 도체스터(Dorchester)의 족장으로 알려진 존 화이트(Rev. John White) 목사의 딸과 결혼한 후 윈터본-위트처치

---

4) George J. Stevenson, *Memorials of The Wesley Family* (London: S.W. Partridge and Co., 1876), xii-xv.

5) George J. Stevenson, 21.

(Winterborn-whitchurch)의 목사가 되었다. '통일령(the Act of Uniformity)'[6]을 반대하여 영국성공회 감독 아이언 사이드와 침묵을 요청하는 긴 대화를 나누기도 하였고, 한 차례 이상 투옥되기도 하였으며 1662년 증조부와 조부가 모두 영국성공회에 의해 사제직을 박탈당하기도 하였다. 결국 존 웨슬리 목사는 오랜 박해 때문에 1668년, 42세의 젊은 나이로 사망하였다.

그러나 이러한 사실 때문에 영국성공회에 대해 존 웨슬리도 동일한 태도를 취하지는 않았다. 오히려 그의 부모 사무엘과 수잔나는 그들의 자유의사로, 특히 신학적인 탐구 끝에 영국성공회로 돌아왔다. 그래서 사무엘은 1683년 옥스퍼드대학교 엑세스터대학(Oxford University Excester College)에 들어가서 1688년 학사학위를 받고, 같은 해 준회원 사제 안수, 1689년 런던의 감독 콤톤(Dr. Compton)에게 정회원 사제 안수를 받았다. 사무엘은 아버지 존 웨슬리 목사의 셋째 자녀로 1662년 윈터본-위트처치 목사관에서 태어났다. 그는 런던에서 공부하였고, 옥스퍼드대학교 엑세스터대학을 졸업하였으며, 1689년 홀브른 성 안드레스(St. Andrew's, Holborn)에서 성공회 신부 안수를 받았다. 같은 해에 청교도 목사 사무엘 아네슬리 박사(Dr. Samuel Annesley)의 막내이자 스물다섯 번째 자녀인 수잔나 아네슬리(Susanna Annesley)와 결혼하였다. 1691년 사우스 옴스비(South Ormsby)의 교구 목사가 되었다가, 1696년부터 72세를 일기로 사망하던 1735년 4월 25일까지 엡웟교구에서 목회하였다.

수잔나는 청교도 목사였던 그의 아버지 사무엘 아네슬리의 영향으

---

6) 모두 네 번 있었는데, 마지막 것은 1662년이었다. 모든 성직자에게 공동기도서(the Book of Common Prayer)를 공적으로 고수할 것과 왕에 대한 충성을 선언하도록 요구하였다. 존의 조부는 이 명령에 불복종하고 저항하는 청교도적인 신앙 때문에 감옥생활을 하였다.

웨슬리의 어머니 수잔나 웨슬리. 그녀의 신앙과 인격은 웨슬리 평생에 큰 영향을 미쳤다.

로 청교도적인 기질이 강하였다. 사무엘 아네슬리도 '통일령'을 거부하는 2천 명에 가입함으로써 많은 박해를 받았는데, 투옥되지는 않았지만 계속해서 설교를 금지당할 뿐만 아니라 행동을 감시당하였다. 그는 다섯 살 때부터 성경을 하루에 20장씩 읽었는데 그의 성경 읽기는 이후 죽을 때까지 계속되었다. 옥스퍼드대학교를 1644년에 졸업하였고, 문학석사학위(M.A.)와 법학박사학위(LL.D.)를 받았다. 그의 첫 번째 부인은 아이를 낳다가 사망하였다. 다시 결혼한 그는 둘째 부인과의 사이에 24명의 자녀를 두었다. 결국 사무엘 아네슬리 박사는 25명을 자녀로 둔 셈이다.[7] 수잔나는 위에서 언급한 대로 이 25명 중 막내로 태어났다. 그녀가 19명의 자녀를 둘 수 있었던 것도 그녀 어머니의 체질과 기질을 물려받았기 때문일지도 모른다. 그녀는 또한 어머니에게서 뛰어난 인내심과 부지런함과 탁월한 경건성을 배웠다.[8] 그리고 수잔나는 아버지에게서 지적 능력과 두드러진 성격과 적극적이고 공격적인 성품

7) 그들 중 이름이 알려진 아들들은 Samuel, Benjamin이고, 이름이 알려진 딸들은 Judith, Anne, Elizabeth, Sarah, 그리고 Susanna였다. Dallimore, *Susanna Wesley*, 14에서 재인용.

8) Arnold A. Dallimore, *Susanna Wesley* (Grand Rapids, Michigan: Baker Book House, 1996), 13.

과 사랑 넘치는 자비심 – 고아와 과부와 병자와 가난한 사람과 고통당하는 사람을 열심히 돌보는 – 과 고상하고 멋진 인품과 품위 있는 태도와 매력적인 표정과 자제하고 복종하는 삶을 배웠다.[9] 사무엘 아네슬리는 10년 동안 설교를 금지당하였다가 찰스 2세에게서 다시 설교할 기회를 얻게 된 후 리틀 세인트 헬렌스(Little Saint Helen's)에서 목회를 하였다.[10] 그는 죽을 때(1696년)까지 목회하였는데, 마지막 목회지는 런던의 스피탈필즈(Spitalfields)에 있는 장로교회였다.[11]

1682년 사무엘과 수잔나가 처음 만났는데, 사무엘 아네슬리 목사 집에서 모인 신학토론 모임에서 함께 공부하는 중에 수잔나의 잘못된 삼위일체 이해를 사무엘이 바로잡아 주면서 사랑에 빠지게 되었다. 1688년 둘은 결혼하였다. 두 사람 다 지극히 흥미 있는 인물들이다. 신학적으로도 다른 점이 있었고, 정치적으로는 더욱 차이가 있었다. 사무엘의 정치적 입장은 왕당파 토리당(tory)이었고, 수잔나의 정치적 입장은 야당 자코뱅당(Jacobite)이었다. 그래서 사무엘과 수잔나는 정치적으로 일치하지 않는 경우가 종종 있었다. 사무엘은 왕 윌리엄 3세(William III)에게 충성을 바치고 기도한 반면, 그의 아내는 추방된 제임스 왕에게 여전히 충성을 다하였다. 1701년 어느 날 저녁식사 후의 말다툼 끝에 사무엘은 "당신과 나는 서로 떨어져야 해. 우리에게 왕이 둘이라면 침대도 둘이어야 하니까"라고 화를 내고 말았다.[12] 결국 수잔나는 엡웟에서, 사무엘은 런던으로 가서 살았다. 1702년 3월에 윌리엄 3세가 죽고,

---

9) Arnold A. Dallimore, 13~14.

10) Dallimore, 14.

11) Henry Rack, *Reasonable Enthusiast: John Wesley and the Rise of Methodism* (London: Epworth Press, 1989), 51.

12) 태브러햄, 33.

앤 여왕(Queen Anne)이 왕위에 오르면서, 수잔나의 친구의 권유로 수잔나는 사무엘과 화해할 수 있었다.[13] 그 화해의 결과로 존이 태어나게 된 것이다. 하마터면 역사적 인물 존은 세상에 태어나지 못할 수도 있었다.[14] 여러 차례 서로 소원한 시기가 있기는 하였지만, 그들은 열아홉 자녀를[15] 두었고, 그 중 아홉 명은 일찍 사망하고 열 명이 살아남았다.

일곱 자매들은 불행한 생을 살았다. 가난한 아버지 밑에 너무 많은 딸들이 있었기에 그들의 남편감을 선택하는 데 좋은 기회가 주어질 수 없었다. 에밀리아(Emilia)는 가르치는 일이 잘 되지 않자 목사 부인이 되기를 원하였으나 어머니와 오빠 사무엘의 반대로 약제사와 결혼하였다가 후에 과부가 되었다. 마리아(Maria)는 절름발이였는데, 사무엘 웨슬리의 부목사 존 휘트램(John Whitelamb)과 결혼하였으나 아기를 낳다가 죽었다. 수잔나 2세(Susanna Junior)는 거칠고 교양 없는 남자와 결혼하였다가 후에 헤어졌다. 메헤타벨(Mehetabel) 혹은 헤티(Hetty)는 가장 곤혹스러운 운명을 만났다. 그녀에게 어떤 변호사가 구혼을 하였으나 아버지 사무엘이 잘 어울리지 않는다고 강하게 반대함으로써 성사되지 못하였는데, 이름이 알려지지 않은 애인에게 성적으로 모욕을 당하고 그 사실을 은폐하기 위하여 결국 술주정뱅이 연관공 – 납으로 관을 만드는 – 에게 시집을 가기에 이르렀다. 그리고 결혼한 지 넉 달 만에 원치

13) 태브러햄, 34.

14) V. H. Green, *John Wesley* (Lanham, MD: University Press of America, 1987), 10.

15) 매년 혹은 2년에 한 명씩 낳았고, 쌍둥이를 낳기도 하였다. 살아남은 세 아들은 사무엘(Samuel), 존(John), 찰스(Charles)다. 일곱 딸은 에밀리아(Emilia, '에밀리', Emily), 수잔나(Susanna, '수키', Sukey), 마리아(Maria, '몰리', Molly), 메헤타벨(Mehetabel, '헤티', Hetty), 앤(Anne, '낸시', Nancy), 마르다(Martha, '패티', Patty), 케지아(Kezziah, '케지', Kezzy)다. Dr. Maldwyn Edwards는 웨슬리가(家)에 대해 매혹적인 통찰력을 가지고 썼는데, 특히 딸들에 대한 정보를 제공해 준다.

않은 옛 애인의 아기를 낳게 되었다. 마르다(Martha)는 그녀의 여동생 케지아(Kezziah)의 애인이며 옥스퍼드 신성구락부 회원인 웨스틀리 홀(Westley Hall)에게 비밀리에 구애를 받고 결혼을 약속하였다가 다시 그를 버렸으나 홀이 사람들에게 공개함으로써 가족들에게 동생의 애인을 빼앗았다고 창피를 당하고 결혼하였지만 결국 남편을 괴롭히는 아내가 되고 말았다. 케지아는 홀과 헤어진 후 병이 들어 젊은 나이에 죽었다.[16)]

사무엘 2세와 찰스, 존만 사회적 · 교회적 기여를 하였다. 형 사무엘 2세는 존보다 열두 살 위였는데, 1690년 2월 10일에 출생하여 찰스와 함께 웨스트민스터스쿨(Westminster School), 옥스퍼드대학교 크라이스트처치(Christ Church)를 졸업하였다. 존과 찰스와 함께 사무엘 2세까지 삼형제가 모두 크라이스트처치를 졸업한 것이다. 존 베리(Rev. John Berry) 목사의 딸 필리스(Philis)와 1715년 결혼하여 웨스트민스터학교의 보조교사로 있었으며, 데본(Devon)이라는 마을의 티버턴스쿨(Tiverton School)의 교장까지 역임하였고, 마을의 유지였으며, 영국성공회 사제 안수까지 받았으나 종교활동은 별로 하지 않았고 동생들의 감리교회 운동에 동조하지도 않았다. 아버지의 영향을 받아 라틴어와 희랍어, 히브리어로 된 고전에 심취하였다.[17)] 딸 하나를 낳았는데 그녀는 약제사 얼(Mr. Earle)과 결혼하여 두 딸을 낳고 프랑스에서 살았다.

사무엘 웨슬리(Samuel Wesley)는 토리당이자 고교회(high church) 사람이었고, 1697년 링컨셔 주 교구(the parish of Epworth in Lincolnshire) 사제(the Rector)가 되어 1735년 죽을 때까지 목회를 하였다. 그는 대단히 지

---

16) Henry Rack, 51~52.

17) Henry Rack, 51.

조 있는 사람이었으나, 고전연구에 심취한 다소 현학적이고 완고한 성품의 소유자기도 하였다. 그의 고전연구에 대한 관심은 첫째 아들 사무엘 2세가 물려받아 희랍교부들과 라틴교부들의 저술을 많이 연구하였다. 존도 크리소스톰에 대해 완벽하게 연구하라는 아버지의 권유로 크리소스톰, 마카리우스, 닛사의 그레고리와 같은 동방 희랍교부들을 연구하였다. 사무엘의 저작물로는 약간의 시를 제외하고 욥기에 대한 여러 권의 재미없는 주석이 있었는데, 그 책을 읽는 사람은 거의 없었다. 그는 규율을 지키는 데는 엄격하였지만, 대조적으로 돈 문제에는 부주의하였다. 엡윗에서의 생활은 연봉 160파운드에다 근처 루트(Wroot)에서 목사보수로 받는 60파운드를 합해서 220파운드로 하였다. 이는 18세기 당시의 수준으로 볼 때는 적당한 생활수준이었다. 그런데도 사무엘은 수지타산을 맞추어 나가는 데 곤란을 겪었고, 1705년에는 채무자용 감방에서 3개월을 보내다가 나중에 요크의 대주교에 의해 보석으로 풀려나기도 하였다.

열심히 일하는 편이며 격정적이지만 친절하기도 한 사무엘은 그 시대나 혹은 그의 양떼의 요구에 맞출 수가 없었고, 그래서 그들과는 과격할 정도의 관계를 유지하였다. 하지만 사무엘은 신앙이 깊은 사람이었다. 그의 영성이 질적으로 어떤 수준이었는지를 알려주는 것이 있는데, 아들 존이 1748년에 자기 친구에게 쓴 편지에서 그 점을 논평해 놓은 부분을 찾아볼 수 있다.

역사자료 · 1

나의 아버지는 복음의 신앙에 접하고 죽었다(원시기독교인들과 종교개혁가들이 강조한 똑같은 하나님의 은혜, 즉 내가 새롭게 설교하기 시작한).

> 나는 아버지가 전에 무엇을 체험하셨는지는 모른다. 그러나 내가 아는 것은 아버지가 마지막 8개월간 병과 씨름하면서 자신이 하나님께 용납되어졌다는 분명한 확신을 가지셨다는 사실이다. 아버지가 여러 번 그런 확증을 표현하시는 것을 나는 들었다. 그러나 당시에 나는 아버지를 이해하지 못하였다. "내적 증거(inner assurance)다, 얘야, 내적 증거. 그것이 기독교의 증거다. 가장 강한 증거야"라고 내게 말씀하셨다. 또 내가 아버지에게 죽음의 순간이 찾아왔을 때 "아버지, 많이 아프신가요?"라고 묻자, 아버지는 미소를 지으며 소리를 크게 내면서 대답하셨다. "하나님이 나에게 고통을 주시는구나. 온 뼈마디에 통증이 심해. 그러나 무슨 고통이 있어도 나는 하나님께 감사드린다. 이 모든 고통 중에서도 나는 하나님을 찬양하고 있어. 주님을 사랑한다!" 내가 막 그의 영혼을 하나님께 맡기는 말을 마쳤을 때, 그가 마지막으로 하셨던 말은 "그래, 다 끝마쳤구나"였던 것 같다. 그리고 평화롭고 즐거운 표정으로 아버지는 운명하셨다. 한 번도 몸을 흔들거나 탄식하거나 신음하지 않으셨다. 그러므로 나는 하나님의 영이 아버지의 영으로 더불어 그가 하나님의 자녀라는 내적 증거(inner witness)를 주셨다는 것을 확신할 수 있었다.[18]

'내적 증거(inner assurance)'는 성령이 신자의 영혼에 구원을 확신시켜 주는 개인적 체험을 말한다.[19] 웨슬리는 그의 생애 마지막에 그의 아버지 사무엘 같은 내적 증거의 영적 고백을 두 번이나 하고 눈을 감았다: "내 생의 모든 것 중 최선의 것은 하나님이 우리와 함께 계심이다(The best of all is God is with us.)." 존의 영적 · 내적 확증의 신앙은 사도 바울의

18) John Wesley, *The Letters II*, *The Works*, Vol. 26. 288~289.

19) 태브러햄, 34.

로마서 8장의 영향도 받았고, 모라비안의 마음의 종교(religion of heart)의 영향도 받았지만, 아버지 사무엘의 영향도 강하게 받은 것을 여기에서 알 수 있다.

1709년에는 목사관 화재가 일어나 사용할 수 없게 되었다. 1702년에도 한 차례 부분적 화재가 발생한 적이 있는데, 수잔나는 이것을 사무엘의 정치적 입장에 대한 하나님의 심판으로 믿었다. 두 번째 화재의 정확한 원인에 대해 추측들이 난무하였는데, 사무엘이 토리당을 지지한 것에 반대하는 교구민들이 행한 일일 거라고 역사가들이 추측하기도 하였다. 여당인 사무엘이 야당지역에서 목회하느라 어려움이 많았다.[20] 헨리 랙(Henry Rack)은 그것을 종교적, 정치적 입장 때문이라고 해석한다.[21] 할아버지나 아버지와는 다르게 사무엘이 청교도(Dissenter)에서 성공회로 돌아갔기 때문에 청교도지역 사람들의 박해로 화재가 발생하였다고 해석한다. 당시 여섯 살이었던 존은 2층 창문을 통해 구조되었고, 이 일로 인해 이 아이가 어떤 특별한 목적을 위해 보호받게 된 것이라는 확신이 수잔나의 마음에 자라나게 되었다. 이 장(章) 서두를 장식한, 찰스의 유명한 찬송가에서 따온 한 구절은 어머니 수잔나가 존에게 '불에서 꺼낸 타다 남은 나무토막(a brand plucked from the burning)'[22] 이라는 별명을 붙여 주었음을 상기시킨다. 수잔나는 1709년의 화재가 어린 존에 대해 하나님이 주신 섭리와 경륜의 표적이라고 생각하여 그의 영혼에 더욱 특별하게 주의를 기울였고, 마침내 어린 존 웨슬리에게서 장래 그가 위대하게 될 자질들을 찾아내게 되었다. 스가랴 3장 2절

20) 태브러햄, 36.

21) Rack, 46.

22) 스가랴 3장 2절 참조.

에 나오는 대로 타다 남은 불꼬챙이라고 예언하였다. 그 예언대로 웨슬리는 영국의 영혼들에게 개인적 성화의 불을 지르고, 영국사회에 사회적 성화의 불을 지르는 불쏘시개가 되었다.

사제관을 다시 짓는 동안 아이들은 다른 가정들에 맡겨졌고, 이들이 돌아오자 수잔나는 그들을 정상적인 생활로 되돌리기 위해 특별한 노력을 기울였다. 예를 들면 1712년 사무엘이 집에 없는 동안 그녀는 주일 오후예배가 없는 것을 보충하려고 사제관 부엌에서 가정예배 모임을 시작하였다. 이것은 애초에 가족만을 위한 것이었다. 그런데 얼마 지나지 않아 그 시간이 하인들과 교구민들, 그리고 이웃의 마음을 끌게 되었고, 수잔나가 설교할 때 7년 동안 한 번도 교회에 나오지 않던 사람들이 나오게 되었고, 그녀의 부엌에 200명 이상이 몰려와서 함께 주일 오후예배를 드렸다. 이렇게 그녀는 감리교 탄생 이전에 이미 최초의 감리교도였다. 감옥에 있던 남편이 여성은 설교하거나 성경을 가르치지 못하게 되어 있는데 어떻게 설교하였느냐고 편지하였을 때, "이 거룩한 일을 방해하면 당신이 하나님의 심판대 앞에 설 것이다"라고 답변하기도 하였다. 그래서 후에 여성 설교자들을 임명하는 일에 수잔나는 적극적으로 지지하였다. 그녀는 영국성공회 사제의 부인이었지만 청교도식 생활방식을 유지하였다. 그 영향으로 웨슬리도 엄격한 청교도식 감리교 규칙을 주장하였기에 '감리교도(Methodist)'라는 별명을 얻게 되었다.

그녀는 모든 자녀의 행복에 관심을 기울였기에 가정을 엄하게 다스렸다. 그것은 그녀의 타고난 성향의 결과기도 하였지만, 필요에서 나온 것이기도 하였다. 존에 관해서 첫 번째 단계는 그의 의지를 꺾는 것이었는데, 그 목적은 그의 마음에 종교와 덕의 참된 원리들을 주입시키기 위함이었다. 천국과 지옥이 인간의 자유의지에 달려 있음을 알고 부모에게 복종하는 의지적 훈련을 시켰다. 수잔나는 날카로운 지성과 신앙에의 깊은 헌신을 결합하고 있었다. 그녀는 살아남은 자녀들을 오늘날 우리가 보기에는 지나치게 가혹하다고 여겨질 정도로 엄격하게 가르쳤다. 수잔나 웨슬리는 존에게 지대한 영향을 미쳤는데, 아버지 사무엘의 영향보다도 강하였다. 사무엘이 원칙과 용기의 사람이요, 지나치게 과장하거나 격하기 쉬운 기질을 가졌던 것과는 대조적으로, 그녀는 경건하고 냉철하며 합리적인 심성을 소유하였다.[23] 그러한 성품 때문에 개인적 명상기도를 좋아하였고, 사도신경 강해를 유능하게 잘 썼으며, 존의 좋은 상담자가 되었다.[24] 그녀의 자녀교육 시간표는 기차 시간표와 같이 정확하였다. 다섯 살이 넘으면 사도신경과 주기도문, 십계명을 암송하게 하였고, 독서훈련을 시켰으며, 오전과 오후에 신약과 구약을 한 장씩 읽게 하였다. 그리고 사무엘의 도움으로 어려서부터 라틴어와 희랍어와 히브리어와 같은 고대어를 배웠다. 그 당시에는 초등학교가 따로 없어서 가정교사를 두고 배우곤 하였는데, 첫 아들 사무엘 2세를 얼마간 그렇게 가르치다 마음에 들지 않아 중지시키고 수잔나 자신이 자녀들의 초등학교 교육을 모두 집에서 하였다.

1732년 7월에 아들 존에게 보낸 편지를 읽어 보면, 그녀의 자녀교육 방법이 드러난다.

역사자료 · 2

우리 아이들이 말할 줄 알게 되면, 즉시 주기도문을 가르쳐서 일어날 때나 잘 때에 항상 그것을 암송하게 하였다. 아이들이 점점

---

23) Henry Rack, 50.

24) Henry Rack, 50.

성장하면 기억력이 허락하는 한, 부모를 위한 짧은 기도, 몇 가지 대표기도문, 간단한 교리문답, 몇몇 성경 말씀 등을 추가하였다. 아이들은 아주 어렸을 때부터 주일을 다른 날들과 다르게 생각하였다. …… 큰 소리로 떠들거나 노는 일은 절대 허락되지 않았다. 오히려 모든 아이들이 여섯 시간의 수업을 위해 진지하게 공부해야 하였다. 아이가 3개월을 부지런히 공부에 집중할 때 얼마나 많은 것을 알 수 있는지는 거의 믿기가 힘들 정도다. …… 확실한 이유가 있는 경우 외에는 아이들이 자기 자리를 떠나거나 방 밖으로 나가는 것이 허락되지 않았다. 허락 없이 뜰이나 정원이나 길거리로 뛰쳐나가는 것은 중요한 규칙위반으로 여겨졌다. 우리 사이에는 몇 가지 규칙들이 있었다. …… 누구든지 잘못을 저질러서 죄가 인정되더라도 솔직하게 고백하고 바꾸겠다고 약속하면 매를 맞지 않는다는 것 …… 죄악성이 있는 행동은 반드시 벌을 받아야 된다는 것 …… 어떤 아이도 같은 잘못으로 두 번 야단을 듣거나 매를 맞아서는 안 된다는 것 …… 항상 특별히 순종적인 행동을 하면, 항상 칭찬을 받고 또 종종 상도 받는다는 것.[25)]

이처럼 철저한 청교도식 교육은 자녀들에게 많은 영향을 미쳤다. 그 많은 자녀들을 위해 매일 잠자리에 찾아가 안수기도를 하였다. 자녀들은 부모를 위해 기도하게 하였다. 매주 한 번씩 자녀들과 상담하는 시간도 가졌다. 존은 매주 목요일 밤 어머니와 대화하였다. 수잔나는 죽을 때까지 웨슬리의 신학적 · 신앙적 상담자였다. 웨슬리는 일곱 살 때부터 어머니 같은 여인을 만나지 못할까 봐 결혼하기를 두려워하였으

25) Maldwyn Edwards, *Family Circle* (London: Epworth Press, 1949), 58~62.

며, 마마보이(mama's boy)의 기질을 벗어나지 못할 정도로 어머니를 좋아하는 오이디푸스콤플렉스(Oedipus complex)가 있었다.

1742년 7월 23일, 그녀는 74세의 생을 마쳤다. 그녀는 남편이 영국성공회 사제였지만 아들들이 감리교운동을 한다는 이유로 영국성공회 무덤에 묻히지 못하고 비국교도들이 묻히는 무덤에 묻혔다. 그곳은 바로 존 웨슬리가 두 번째로 세운 예배당, 시티 로드(City Road)에 위치한 '웨슬리의 예배당(Wesley's Chapel)' 건너편에 있는 번힐필즈 공원묘지(Bunhill Fields cemetery)였다. 거기에는 《천로역정》을 쓴 존 번연(John Bunyan), 유명한 찬송작사자 아이작 와츠(Isaac Watts) 등도 묻혔다. 존은 1742년 7월 23일(금) 일기에서 이렇게 어머니의 죽음을 묘사하였다.

역사자료 · 3

오후 3시경, 나는 나의 어머니에게 갔다. 나는 그녀의 죽음이 가까이 다가왔음을 느꼈다. 그녀 곁에 앉았다. 그녀는 마지막 진통 속에 있었다. 그녀는 말을 할 수 없었다. 그러나 나는 그녀가 감각이 매우 예민함을 믿는다. 그녀의 모습은 안정되었고 온화하였다. 우리가 그녀의 영혼을 하나님께 부탁하는 동안, 그녀의 눈은 위를 바라보고 있었다. …… 어떤 괴로움도, 탄식도, 신음소리도 없이 그녀의 영혼은 자유로웠다. 우리는 침대 주위에 둘러섰다. 그녀의 마지막 요구를 들어 주려고 하였다. 그녀는 말을 못하기 전에 아주 작은 목소리로 이렇게 말하였다. "얘들아, 내가 숨을 거두자마자 하나님을 찬양하는 시편을 노래해라."[26]

26) John Wesley, *The Journal of John Wesley*, Vol. 3 ed. Nehmiah Curnock (London: Epworth Press, 1938), 29~30. 이하 *Journal*로 표기함.

B. 존 웨슬리의 생애

1703년 6월 17일 존 웨슬리가 사무엘과 수잔나의 열아홉 자녀 중 열다섯째로 출생하였다(1751년 영국국회에서 새로운 달력을 쓰기로 결의하여, 1752년부터는 새로운 달력에 의해 생일을 6월 28일로 계산하여 어떤 책에는 6월 17일로 되어 있고 어떤 책에는 6월 28일로 되어 있음). 1751년 과부 메리 버자일(Mrs. Mary Vazeille)과 결혼하였으나 자녀가 없었다. 존은 87년 9개월을 향유하고 1791년 3월 2일에 사망하였다.

1714년 1월 28일 존이 10세 6개월이 되었을 때 명문 차터하우스(Charterhouse)에서 중고등학교 과정을 시작하였다. 런던에 위치한 기숙사가 있는 학교였다. 그는 가난하였기 때문에 기숙사생활도 상당히 어려웠다. 라틴 시와 문학 공부를 즐겼다. 거기서 이미 그의 종교적 심성이나 지적 능력은 두드러지게 나타났다. 그곳에서의 경험에 대해서는 아주 조금밖에 알려진 것이 없다. 그러나 규율이 엄격하였으므로 차터하우스는 그의 의지를 강인하게 만들어 주었다.

1720년에는 연간 40파운드의 장학금을 얻어 옥스퍼드대학교 크라이스트처치에 들어갔다. 크라이스트처치는 교회이름이 아니라 단과대학(college)의 이름으로, 지금도 옥스퍼드대학교 내에서 가장 크다. 그리고 주로 가장 오래된 학문인 의학과 법학과 신학을 공부하는 대학이다. 그 당시에 옥스퍼드대학교에 들어가려면 중산층 이상이어야 하고, 반드시 영국성공회 교인이어야만 하였다. 존은 중산층은 아니었지만, 그의 부친 사무엘이 영국성공회 사제였기 때문에 가능하였다. 고전문학, 라틴 시, 희랍어 신약성서, 히브리어 구약성서, 신학서적을 탐구하였다. 그 당시에는 신학교가 따로 없었다. 4년간의 대학생활을 무사히 마친 후 1724년 인문학학사(Bachelor of Arts)를 받았다.

옥스퍼드에서의 영적 생활은 아직 하나의 습관이었다. 그곳에서의 영적 생활의 질이 만족스럽지 못하였던 것 같지만, 그의 구원과 진리를 추구하는 영적 생활의 시발점이 되었다. 특히 자신의 영혼이 영원한 형벌에서 용서받을 것에 대한 확신의 추구가 이미 시작되었다. 1725년은 두 가지 이유에서 존의 영적 성장에 매우 중요한 의미를 지닌 해였다. 4월 14일에 존 웨슬리는 사제의 딸인 샐리 커크햄(Sally Kirkham)과 편지 교환을 시작하였다. 존은 그녀와 사랑의 감정을 나누게 되었다. 그녀가 같은 해 12월에 존 채폰 목사(Rev. John Chapone)와 결혼한 후에도 편지를 교환할 만큼 그녀와 가깝게 지냈다. 나중에 밝혀진 바에 따르면, 샐리는 그가 결혼하게 되었을지도 모르는 여러 여자들 중 첫 번째 여자였다. 존이 청혼을 하였으나 거절당하였던 것이다. 웨슬리는 그녀와의 서신교환에서 사이러스(Cyrus)라는 필명을 사용하였다, 샐리와 헤어진 후 그는 신자의 내면적인 영적 삶과 하나님 사랑에 대해 보다 큰 자각에 이르게 되었다.[27] 그래서 그녀와 헤어진 후 1725년 4월부터 매일 영적 상태를 점검하는 일기를 쓰기 시작하였다. 옥스퍼드대학교는 매시간 종을 친다. 종을 칠 때마다 시편을 노래하고 명상기도를 하였다. 하루에 몇 번을 잊어버리고, 몇 번을 기억하고 기도하였는지를 점검하였다. 매일의 삶이 영적으로 몇 점짜리의 삶인지를 반성한 것이다.

다른 두 명의 여자, 메리 글랜빌(Mary Glanville)과 앤 글랜빌(Anne Glanville)이 후에 아스파샤(Aspasia)와 셀리나(Selina)라는 필명으로 친구가 되었다. 그리고 존의 동생 찰스가 서신교환에 참여하여 약간 멋스럽게

27) 태브러햄, 40.

애러스페스(Araspes)라는 이름으로 알려지게 되었다. 여성들과의 이러한 왕래는 지속적인 관계로 발전되지는 않았지만, 청년 존 웨슬리의 영적 지각에 깊이를 더해 주고, 또한 인간적인 부드러움도 가져다주었다.

1725년에 있었던 두 번째 중요한 사건은 그가 9월 19일에 준회원(deacon)으로 사제 안수를 받은 것이었다.[28] 당시 영국성공회에는 두 번의 사제 안수식(deacon과 elder)이 있었다. 한국식으로 말하면 '준회원'과 '정회원'이다. 이것을 미국감리교회도 받아들여 목사 안수식을 두 번 거행하였는데, 최근에 정회원목사 안수만 받는 것으로 바뀌었다. 그의 아버지는 기다리라고 충고하였으나, 수잔나는 그것이 존의 영적 성장을 가속화해 줄 것이라 생각하여 찬성하였다. 이것은 존의 생애에서 멀리까지 영향을 미치게 되는 한 걸음이었는데, 역사가들은 꽤 최근에야 그 중요성을 인정하게 되었다. 지금까지는 1738년 5월의 올더스게이트 사건이 존 웨슬리의 회심을 가리키는 것으로 간주되어 왔고, 1725년은 그저 잠깐 언급하는 정도에 그쳤다. 그러나 웨슬리는 생애 후기에, 옥스퍼드에 있을 때인 1725년부터 그의 신앙과 개인적 헌신을 심화시켜 준 몇 가지 영향력들에 대해 진지하게 언급하였다.

역사자료 · 4

1725년, 내 나이 23세 때 우연히 테일러 주교의 《거룩한 삶과 죽음(*Rules and Exercises of Holy Living and Dying*)》을 읽게 되었다. 이 책의 여러 부분을 읽어 가면서 나는 무척이나 감동을 받았는데, 특별히 '순수한 동기'를 이야기하는 부분에서 그러하였다. 나는 바로 내 삶 전체를, 곧 모든 생각과 말과 행동 하나님께 맡기기로 결

28) 태브러햄, 40.

심하였다. 중간은 없다는 것, 삶 전체가(약간만이 아니라) 하나님께 희생제물이 되든지, 그렇지 않으면 자기 자신에게, 곧 사실상 악마에게 희생제물이 될 수밖에 없다는 것을 확실하게 깨달았기 때문이다. ……

1726년에는 또 토마스 아 켐피스의 《그리스도를 본받아(*Christian Pattern*)》를 읽게 되었다. 내적 종교, 곧 마음의 성결의 본질과 그 폭과 깊이가 과거 어느 때보다도 더 강한 빛 속에서 나에게 드러났다. 하나님께 삶 전체를 바치는 것조차도(그렇게 할 수 있다고 가정하고 더 이상은 나가지 않는 것은) 나의 마음을, 정말 나의 온 마음을 그분께 바치지 않으면, 내게 아무런 도움도 되지 않는다는 것을 깨달았다. 나는 '의도의 단순성과 감정의 순수성(singleness of intention and simpleness of emotion)', 곧 말하고 행동하는 오직 한 가지 동기, 그리고 모든 감정을 이끄는 오직 한 가지 열망, 참으로 이것들만이 영혼의 두 날개라는 것을(그리스도께로 올라가는), 이 두 가지 없이는 영혼이 결코 하나님의 산에(완전성화) 오를 수 없음을 깨달았다. 한두 해 뒤에는 윌리엄 로의 《기독자의 완전(*Christian Perfection*)》과 《거룩한 부르심(*Serious Call*)》을 읽게 되었다. 이 책들은 어중간한 반쪽 그리스도인(a half Christian)이 된다는 것이 절대로 불가능하다는 것을 그 어느 때보다 확실히 깨닫게 해 주었다. 나는 하나님의 은총(절대적으로 필요한)을 통하여 주님께 온전히 순명하기로, 다시 말해서 주님께 나의 온 마음과 몸과 물질을 헌신하기로 결심하였다.[29)]

29) *Works*, Vol. Ⅷ, 366~367. 이렇게 "*The Principle of Methodist*"에서 완전을 향한 웨슬리의 영적 갈망을 밝혔을 뿐 아니라, 그의 완전교리에 대하여 가장 완벽하게 설명한 《기독자의 완전(A Plain Account of Christian Perfection)》에서도 완전성화를 열망하게 된 것이 이 시기였음을 언급한다. John Wesley, *A Plain Account of Christian Perfection* (London: Epworth Press, 1960), 5~6.

이런 표현들을 볼 때, 웨슬리의 완전성화를 향한 순례가 이미 이때부터 시작된 것을 알 수 있다. 결국 사람은 언제 기독교인이 되는가? 웨슬리는 1725년에는 자신이 '종'의 믿음을 가졌던 반면, 1738년 후에는 '아들'의 믿음을 가졌다고 직접 그의 설교에서 표현하기도 하였다. 그러나 그의 후기의 글들에서는 올더스게이트 체험에 대해서 거의 표현하지 않는다. 로버트 터틀(Robert Tuttle)은 1725년에 대해 '종교적 회심(religious conversion)'이라는 견지에서 말하면서, 1738년의 '복음적 회심(evangelical conversion)'과 대비시키고 있다.[30] 그의 가문과 가정의 영향이나 샐리 커크햄 같은 사람들과의 접촉 이외에, 또 다른 요인들이 지금까지 살펴본 두 가지 이외에 한 가지 더 있다. 존 웨슬리가 개인적 성화의 중요성을 예리하게 자각하게 만들었던 것은 성화와 완전성화에 관한 많은 영적 대가들의 서적들을 읽었기 때문이다. 제레미 테일러(Jeremy Tailor), 윌리엄 로(William Law), 토마스 아 켐피스(Thomas a Kempis)와 같은 영성대가들의 책들을 통해서는 영적 실재가 개인적 체험 속에서 발견될 수 있고, 하나님의 생명이 신자의 삶에서 표현될 수 있으며, 단순성과 순수성이 그리스도의 합일을 이루는 데 중요하다는 가르침을 받게 되었다. 토마스 아 켐피스의 《그리스도를 본받아》를 읽기 시작하면서 영적 자아의 죽음, 하나님과의 신비적 합일, 완전을 향한 순례 등 성화와 완전 성화를 열망하는 영적 순례를 사모하게 되었다.[31] 그는 비생산적 영적 활동에 시간을 낭비하는 것, 게으르고 잠을 많이 자는 것, 사랑에 빠지는 것, 거짓말, 분쟁, 분노 등을 없애기 위하여 영적으

30) Robert G. Tuttle Jr., *John Wesley: His Life and Theology* (Grand Rapids: Zondervan, 1978), 75, 227f.

31) 태브러햄, 43.

로 고투하였다.[32] 또한 1725년 6월부터 제레미 테일러의 《거룩한 삶》을 읽기 시작하면서, 크리스천 삶의 완전을 이루기 위하여 거룩한 삶의 규칙을 정하게 되었다. 참되고, 살아있고, 의로운 믿음이 되려면 거룩한 삶을 살아야 한다고 생각하여, 매일 5시에 기상하고, 여섯 시간 일하고, 내적 성결을 위해 기도하고, 1~2시간 종교적 명상을 하고, 매주 수요일 금식하고, 대화를 개혁하고, 독서에 심취하는 규칙적인 생활을 훈련하였다.[33] 또한 1728년 말경 윌리엄 로의 《기독자의 완전》과 《엄숙한 부르심》을 만나면서 경건하고 신비적인 생활에 힘쓰게 되었다.[34] 그는 1731년 5월 주일에 카드놀이를 하였으며, 1733년 7월에는 어떤 여자 친구와 춤을 추었다고 고백한다. 그러면서도 점차 경건생활에 몰두하였다.[35]

---

32) Green, 20~21.

33) Green, 22~23.

34) Rack, 73. 그런데 시기에 관하여 웨슬리 자신의 표현에는 일관성이 없다. 그의 회심일(1738년 5월 24일) 일기에는 토마스 아 켐피스의 글을 1725년(22세)에 읽고 감화를 받았다고 기록하고, 그의 나중 작품인 《감리교도의 원리(*The principle of Methodist*)》나 《크리스천 완전(*A Plain Account of Christian Perfection*)》에서는 1726년에 읽었다고 서술한다. V. H. Green도 1726년으로 기록한다. 그러나 필자는 Henry D. Rack의 견해처럼 1725년으로 보고 싶다. 또한 회심일의 일기에는 제레미 테일러에 관한 언급은 없지만, 《감리교도의 원리》나 《크리스천 완전》에서는 테일러의 글을 토마스 아 켐피스의 글(1726년)보다 일 년 먼저 읽은 것으로 회상하는데(1725년), 필자는 Rack의 견해처럼 켐피스는 1725년 5월, 테일러는 1726년 6월로 생각한다. 그리고 《감리교도의 원리》에서는 윌리엄 로의 글을 읽은 것을 1727년이나 1728년으로 기록하고, 《크리스천 완전》에서는 로의 글을 1728년이나 1729년으로 회상하는데, 그의 회심일 일기에서는 시기에 관한 언급은 없으나 편집자 커녹(Nehemiah Curnock)이 편집자 주를 통해 1726년에 로의 《크리스천 완전》이 출판되었고 그 해 1726년 12월부터 부지런히 읽기 시작하였다고 그의 일기에서 말하고 있음을 밝힌다. 그러나 Rack은 1730년 말로 생각하고, 필자는 1730년 말은 너무 늦은 것 같고 1726년 12월에 읽기 시작하여 1728년에 다 읽은 것이 아닌가 추측하여 본다. 그래서 필자는 윌리엄 로의 글에 영향 받은 시기를 1728년으로 생각한다.

35) V. H. Green, *The Young Mr. Wesley* (Arnold, 1961), 135, 137.

그렇지만 웨슬리가 신비주의자들의 말에 전적으로 동의한 것은 아니었다. 존 웨슬리는 신비주의가 지나치게 비사회적이고 현실도피주의적인 것을 비판한다. 그리고 세상에서 기쁨과 평화와 행복의 하나님나라는 이미 시작한 것이기에 세상과 가정과 교회에서 하나님나라를 확장시켜 가야 하는데 신비주의는 그것을 무시한다는 것이다. 고난에 대한 신비주의적 해석도 여기서 비판한다. 그가 토마스 아 켐피스의 글에서 받은 인상들을 해석하면서 어머니에게 보낸 한 편지에서 볼 수 있다.

역사자료 · 5

나는 하나님이 우리를 세상에 보내실 때, 우리가 거기서 항구적으로 비참하게 살아야만 한다는 변경 불가능한 판결을 내렸다고는 생각할 수 없다. 만약 그렇다면 이 세상에서 행복해지려고 노력하는 것 자체가 죄가 될 것이다. 우리 피조물에 대한 계획 자체에 직접적으로 거슬러서 행동하는 것이 될 테니까. 인생의 모든 악의 없는 안위와 즐거움, 만약 그것들을 결코 즐겨서는 안 된다는 것이 하나님의 뜻이라면, 그것들은 어떻게 되는 건가. 위에서 말한 것으로부터 당연히 따라 나오는 또 다른 그의 신조는, 웃고 떠드는 것은 죄는 아닐지라도 헛되고 무익하다는 것이다. 그렇다면 왜 시편은 우리에게 주 안에서 즐거워하라고 그토록 빈번히 권고하며, 기뻐하는 것이 지당한 일이라고 말하고 있는 것일까?[36)]

특히 웨슬리는 솔로몬의 전도서에 나타난 행복하게 인생을 즐기며 살라는 말씀을 언급하면서 신비주의가 극도의 금욕주의로 나가는 것

36) John Wesley, *Letters, I, The Works*, Vol. 25. 162~63.

을 반대하였다. 신앙과 선행을 무시하고 하나님과의 합일만을 강조하는 영적이고 내적인 성찰에 대해서는 분명하게 반대하였다. 여기서 웨슬리는 신비주의가 심지어 기독교의 가장 위험한 적이라고까지 말한다. 예수 그리스도와 그의 사도들이 가르친 신앙과 다른 것을 가르치는 신비주의의 위험성을 지적하는 것이다. 신비주의는 사회와 세상에서의 선행과 사랑의 실천을 무시하고 정숙주의(quietism)적인 경향에 이를 수 있음을 경고한다. 그리고 신앙과 은총의 주입을 강조하는 바울과 어거스틴과 루터의 수직적 영성(imputation)을 무시할 수 있음을 웨슬리는 지적한다. 뿐만 아니라 웨슬리는 감정적 체험을 강조하는 신비주의의 비지성적 요소, 주관적 체험을 강조함으로써 성서적 신앙을 무시하는 비성서적 요소, 열광주의(enthusiasm)적 요소를 비판한다.

C. 찰스 웨슬리의 생애

1707년 찰스 웨슬리가 열여섯 번째 자녀로 태어났다. 찰스는 1749년 그의 나이 만 41세 5개월에 새러 귀네(Sarah Gwynne)와 결혼하였다. 찰스는 행복하고 안정된 결혼생활을 즐기고 있었다. 그 때문에 그는 형 존보다 여행하는 시간도 적었으며, 처음 신혼살림을 시작한 브리스톨의 생활은 물론, 1771년부터 살게 된 런던생활에도 만족하였다. 존은 자녀가 없었지만 찰스는 3남 1녀(John, Charles, Sarah, Samuel)를 낳았다. 그는 80세에 사망하였으나 그 부인은 96세까지 살았고, 자녀 중 찰스와 사라는 결혼하지 못하고 죽었고 사무엘만 결혼해서 찰스 웨슬리 박사(Charles Wesley D.D.), 존 웨슬리(John Wesley), 음악박사 사무엘 세바스찬 웨슬리(Samuel Sebastian Wesley) 등을 낳았다.[37] 찰스 웨슬리의 손자 사무엘 세바스찬 웨슬리는 작곡가로서 많은 교향곡을 만들었는데, 한국 찬송가에 있는 "교회의 참된 터는 우리 주 예수라"도 그의 작품이다. 찰스는 건강이 좋지 않았지만 만 80세 3개월(1707년 12월 18일~1788년 3월 29일)을 살았다. 형보다는 젊은 나이에 세상을 뜬 것이다.

엡웟교회 목사관과 화재 시 존 웨슬리 구출 장면

찰스 웨슬리에 대해서는 찬송가 작사가로서의 그의 재능을 다룬 여러 책들 외에는 기록이 매우 적은 편이다. 찰스 자신이 쓴 글도 찬송가를 제외하면 그의 형에 비해서 비교적 적다는 점은 이미 언급한 바 있다. 남아 있는 서신들 중 많은 것은 사이사이에 속기로 쓴 것들과 라틴어와 헬라어 구절들이 포함되어 있어서, 비전문적인 독자들이 접근하기는 어렵다. 그에 관한 전기도 별로 없다. 감리교 역사가들은 아주 판이한 그의 영적 여정에 대해서 간과하는 경향이 있었다. 그 두 형제는 평생 서로에게 충실하였고, 두터운 애정과 유대관계를 유지하였지만, 차이점도 있었다.

---

37) George J. Stevenson, ⅩⅩⅢ.

예를 들면 완전의 시기에 관하여서는 그들 사이에 강한 이견이 있었다. 찰스 웨슬리는 순간적 성화를 강조하였지만, 존 웨슬리는 점진적인 성화를 더욱 강조하였다. 또한 찰스는 죽음 직전에 완전이 가능하다고 보았으나, 존은 죽기 5년 전, 10년 전, 아니 거듭난 즉시도 완전을 경험할 수 있다고 보았다. 사실 찰스는 심한 질병으로 고난이 많아서 고난의 신학을 좋아하였다. 병들어 아픈데 어떻게 완전이 가능한지 의심하였던 것이고, 따라서 죽음의 문턱에 이르러서야 완전이 가능하다고 본 것이다. 그래서 찰스가 성화와 완전의 개념으로 찬송을 지으면, 존이 편집과정에서 수정하기도 하였다. 찰스는 1772년에 출판한 *Preparation for Death*에서 그의 고난신학과 완전교리를 표현하였다. 그 당시 그는 심하게 아팠고, 죽음이 그의 마음에 무겁게 찾아오고 있었다. 1747년 연회에서 찰스는 완전의 시기에 대한 그의 견해를 나타냈다. 그 시기의 찬송에 완전의 현실성은 죽음 직전에 나타난다고 표현하였다. 그러나 찬송가 출판의 편집자 권리를 가진 존이 항상 자기의 신학적 관점으로 찰스가 작사한 내용을 고쳤다. 존은 그의 글 "The Character of a Methodist"에서 즉흥적 순간보다는 계속적인 진행으로 묘사하였다. 그는 사도 바울의 말씀, "내가 이미 얻었다 함도 아니요 온전히 이루었다 함도 아니라 …… 푯대를 향하여 …… 달려가노라(빌 3:12~14)"를 강조한다. 그래서 찰스는 형 모르게 따로 자신의 신학을 표현한 찬송 "Short Hymns"를 출판하기도 하였다. 그가 출판하지 못하였던 찬송 "Four Gospels and Acts"에서 더욱 강하게 자신의 신학을 주장하면서 죽기 전에는 완전이 불가능하고 죽음의 문턱에서만 가능하다고 하고, "교만한 완전주의자들(boasters of Perfection)"을 비판함으로써 큰 논쟁거리가 되기도 하였다.

찰스와 존의 또 다른 견해 차이는 미국에 선교사로 가서 일하고 있었던 평신도 설교자들에게 목사 안수를 베푸는 일에 관한 것이었다. 찰스는 안수는 영국성공회와의 분열을 일으키는 중요한 사건이 될 것이라고 극구 반대하였다. 그는 영국성공회라는 '옛 배(old ship)' 안에서 감리교도들이 항해하기를 원한 사람이다.[38] 그래서 감리교도들이 영국성공회 안에 있기를 위해 투쟁하였을 뿐 아니라 영국 모라비안들이 감리교도들과 함께 있게 하기 위해서도 상당히 애쓴 교회일치주의자 에큐메니스트였다. 1784년 형 존이 안수를 베풀었다는 소식을 듣고서 천둥이 치는 것 같은 두려움을 느꼈고, 믿을 수 없었다.[39] 자신의 동의 없이 형이 교회를 분열시킨 것에 상당히 섭섭함을 느꼈다. 그는 "우리의 생명을 위한 변증(Apologia pro Vita Sua)"이라는 글에서 이렇게 섭섭함을 피력하였다: "우리의 유일한 계획은 영국성공회 목회자들로서 우리의 힘으로 모든 선행을 실천하는 것이었다. …… 나의 형은 영국성공회가 세상에서 가장 좋은 국가교회라고 알고 있다."[40] 그는 또 다음과 같이 분열의 위험을 경고하기도 하였다.

역사자료 · 6

우리의 가장 나이 많은 형 사무엘은 우리의 모습에 놀라워하고 경고하였다. 그는 영국성공회에서의 분열을 강하게 두려워하였다. 모든 우리의 적들이 똑같이 예언하였다. …… 나의 형은 감리교도 신도회의 규칙을 만들면서 영국성공회에 계속 출석하여 기도와

38) Frank Baker, *Charles Wesley as Revealed by his Letters* (London: Epworth Press, 1948), 129.

39) Frank Baker, 134.

40) Frank Baker, 135~136.

> 성만찬에 참여할 것을 강조하였다. 우리가 영국성공회 교회 안에서 설교를 금지 당하였을 때에도 우리는 영국성공회 예배시간을 피하여 집에서나 옥외에서 설교를 하였다.[41]

여기서 제일 큰 형 사무엘을 언급한 것은 흥미 있는 대목이다. 찰스는 형 사무엘과 같은 웨스트민스터학교를 다녔고 형에게서 경제적으로 도움을 많이 받았다. 존보다는 찰스가 사무엘과 가까웠다. 그리고 사무엘은 영국성공회 사제 안수를 받았고 감리교운동에 전혀 동참하지 않았다. 이런 이유에서 사무엘과 찰스는 분열을 반대하였던 것이다.

찰스는 어떤 때는 고집을 부렸고 주기적으로 우울증에 빠지기도 하였지만, 사교성도 있었고 따뜻하고 동정심이 많아서 여러 모로 존보다 매력 있는 인품의 소유자였다. 재능 있는 자매 헤티(Hetty)가 오래 고통을 당하였는데, 존은 그녀에게 불친절하였다. 1750년 그녀의 장례식에도 참석하기를 거절하였던 점은 그의 지나친 엄격성을 신랄하게 보여 준다. 그러나 찰스는 그녀와의 관계에서 훨씬 더 참을성 있게 이해해 주는 편이었다. 그는 상대방을 위축시키는 일이 거의 없었다. 존이 어머니 지성적이고, 청교도적이며, 영적인 수잔나를 닮았고, 반면에 찰스는 아버지 사무엘의 격정적이고, 다감한 성격을 물려받았다는 사실이 자주 지적되었다. 찰스는 타고난 지도자는 아니었다. 추진력과 야심이 부족하였다. 그러나 자기 형에 비해 자족할 줄 아는 능력과 인간성에 대해 보다 민감한 이해력을 지니고 있어서 균형이 잡혀 있었다. 찰스는 가족과의 유대를 매우 중요하게 생각하였다. 그래서 개렛 웨슬리

41) Frank Baker, 136.

(Garrett Wesley)라는 먼 부자 친척이 그에게 자신의 상속자로 아일랜드에 가서 살 수 있는 기회를 제공하였을 때, 그는 곰곰이 숙고한 뒤 이를 거절해 버렸다. 만약 그때 그가 개렛 웨슬리를 따라갔더라면 어떻게 되었을까. 게렛 웨슬리는 웨슬리(Wesley)에서 웰슬리(Wellesley)로 바뀌면서 후에 웰링턴(Wellington) 공작의 조부가 되었다고 한다.[42] 찰스가 그를 따라갔더라면 큰 재산을 물려받아서 부자는 되었겠지만, 교회사와 감리교회사에 찬송작사를 통한 큰 공헌은 남기지 못하였을 것이다.

찰스는 작은 형 존이 다녔던 옥스퍼드대학교 크라이스트처치(Oxford University Christ Church)에 가기 전까지 어머니 수잔나에게 8년 동안 엄하면서도 다정다감한 청교도적 가정교육을 받았고, 그 후 1716년에 큰 형 사무엘이 다녔던 런던의 웨스트민스터스쿨(Westminster School)에서 10년간 교육을 받았다. 찰스보다 17세나 나이 많은 형 사무엘 2세는 찰스가 웨스트민스터 생활을 시작한 후, 5년 이상을 상급생으로서 잘 인도해 주고 많은 영향을 미쳤다. 사무엘 2세는 오랫동안 그의 멘토였다. 또한 경제적으로도 동생을 많이 지원해 주었다. 찰스가 평생 제의적이고 전통적인 영국성공회의 고교회(high church)주의를 고집한 것도 형 사무엘의 영향 때문이기도 하다. 찰스는 보통 수준의 학생이었지만, 1726년 6월 13일 작은 형 존을 따라 옥스퍼드대학교의 크라이스트처치대학에 들어갈 수 있을 만큼 탁월하였고, 그곳에서 인기가 좋은 대학생이었다. 1730년 학사학위를 받는 후에 옥스퍼드에서 개인지도교사(tutor)를 하였고, 또한 1733년 작은 형 존처럼 인문학석사학위(M.A.)를 받기도 하였다.[43]

42) 태브러햄, 47.

43) 태브러햄, 48.

스탠리 아일링(Stanley Ayling)은 존 웨슬리 전기에서 다음과 같이 쓰고 있다. 찰스는 20세가 넘을 때까지 비록 기독교의 신조나 의식들을 관습적으로 따르기는 하였지만, 경건심의 분명한 증거를 공식적으로 나타내지는 않았다.[44] 찰스가 갑작스럽게 거룩한 사람이 되는 것을 바랐던 것은 아니었다. 후에 그는 대학 1학년 때 오락을 즐겼다고 쓰기도 하였다. 그는 잠깐 연상의 여인 몰리라는 여성에게 마음을 주기도 하였다. 몰리는 여배우였는데, 그런 여성에게 시선을 집중하였던 것이 그를 여자에 덜 빠지게 만들어 주었다고 고백하기도 한다.[45]

그렇지만 곧 헌신과 경건의 삶을 시작하였다. 그는 성만찬에 참여하여 은혜 받지 못한 날은 그 실망감 때문에 평상시보다 두 시간이나 늦게 일어나기도 하였고, 아무런 준비 없이 성만찬을 받는 데 대한 죄책감에 빠지기도 하였으며, 어떤 날은 큰 뜨거움과 감격으로 성만찬을 받기도 하였다.[46] 1729년 1월부터는 영적 성찰을 위해 작은 형 존처럼 일기를 썼다. 신성클럽(Holy Club)으로 잘 알려진 옥스퍼드대학생 단체를 결성한 사람은 존이 아니라 찰스였고, 따라서 최초의 감리교도라는 자격을 주장할 수 있는 것도 찰스다. 후에 한 편지에서 그는 다음과 같이 회상하였다.

역사자료 · 7

> 나의 첫 일 년의 대학생활은 다양성을 상실하였다. 다음 해에는 공부에 몰두하였다. 나의 부지런함은 나를 진지한 영적 염원에

44) Stanley Ayling, *John Wesley* (Collins, 1979), 44.

45) 태브러햄, 48~49.

46) Frank Baker, 14.

이르게 하였다. 나는 매주 성만찬에 나가면서, 두 세 명의 학생들을 권고해서 나와 함께 참여하게 하였고, 그들에게 대학규칙에 명시된 공부방법을 준수하게 하였다. 그래서 나는 메서디스트(Methodist)라는 해롭지 않은 별명을 얻게 되었다. 6개월이 안 되어 나의 형은 목회를 하기 위해 옥스퍼드캠퍼스를 떠났다. 그러나 우리를 돕기 위해 방문하곤 하였다. 우리는 규칙적으로 우리의 영적 탐구를 진행시켰고, 사람들의 몸과 영혼에 필요한 모든 선행을 실천하였다.[47]

1729년 5월 5일자 편지에서 찰스는 최초의 감리교도를 윌리엄 몰간(William Morgan), 로버트 커크햄(Robert Kirkham), 찰스 웨슬리(Charles Wesley), 이렇게 세 명으로 언급하였다.[48] 찰스가 신앙을 심화시키면서 밟아 온 단계들은 존 없이 독립적으로 이루어졌던 것이다. 여기까지 그들은 다른 길을 걸어왔다. 그러나 이제 '신성클럽'을 계기로 그들의 동지적 활동이 시작된다. 존은 설교가로, 찰스는 찬송 작사자로 감리교회 신앙부흥운동을 일으키는 두 지도자로 등장하게 된다.

47) Frank Baker, 14. 재인용.

48) Frank Baker, 14~15.

03
감리교회 탄생 1기(1725~1735)

1781년 웨슬리는 감리교 탄생 역사를 회상하는 "감리교도라고 불리는 사람들의 약사(A Short History of the People Called Methodists)"에서 3단계 탄생을 말한다. 그래서 교회사가 데이비스(Rupert Davies)는 웨슬리 자신의 글과 함께 감리교회의 탄생을 3단계로 해석한다.[1] 존은 1725년 9월 19일 집사사제(준회원) 안수를 포터(Potter) 감독에게서 받았다. 그리고 토마스 아 켐피스, 제레미 테일러, 윌리엄 로 등의 저서들을 통해 완전성화를 추구하며, 영적 일기를 쓰기 시작하던 때를 존은 감리교회의 시작이라고 언급한다. 1726년 3월 17일 그는 옥스퍼드대학교 링컨칼리지(Lincoln College)의 교수(Fellow)로 선발되었다.[2] 주일은 신학공부, 월요일과 화요일은 고전공부, 수요일은 논리학공부, 목요일은 어학공부, 금요일은 형이상학과 물리학공부, 토요일은 수사학과 시문학 설교와 편지쓰기로 정하였다. 존은 1726년 9월 24일에 문학석사(M.A.)과정을 시작하였고, 1727년 찰스가 크라이스트처치 학생으로 선발되었다.

---

1) *The Works*, Vol. 9, 367~372, 425~503.

2) 흔히 fellow를 연구원이라고 번역한다. 그러나 이것은 교수의 명칭이다. 지금도 옥스퍼드대학교의 교수들 대부분이 fellow들이고 fellow로 은퇴한다. professor는 지극히 제한된 숫자다.

1726년 3월 존은 만장일치로 옥스퍼드대학교 링컨칼리지의 교수로 선정되었다.[3] 옥스퍼드는 교수법이나 학문의 수준에서 다른 대학보다 월등하였다. 헬라어와 논리학 교수로, 나중에는 철학 교수로 그는 열심히 그리고 꼼꼼하게 일하였고, 자신이 받았던 것과 동일한 수준의 훈련 방식을 적용하여 학생들을 가르쳤다. 1727년 고향에서 자신을 도와 달라는 아버지의 요청에 응하면서 가르치는 일을 잠시 중단하였다. 2년 동안 존은 루트(Wroot)에서 아버지 사무엘의 보조목사(curate)로 활동하였고, 1728년 9월 22일 정회원 사제(elder)로 안수를 받았다.[4]

1 옥스퍼드대학교 크라이스트처치, 웨슬리가 공부한 대학이었다.

2 옥스퍼드대학교 링컨칼리지, 웨슬리가 교수로 가르쳤던 대학이었다. 왼쪽 벽에 그의 흉상이 있다.

이 짧은 시기는 두 가지 점에서 주목할 만하다. 첫째로, 가난한 이들을 돌본다든지 죄수를 방문하는 등의 목회활동을 하면서 웨슬리는 깊이 있는 내적 성화의 경건 수련(works

3) 링컨칼리지는 크라이스트처치처럼 하나의 단과대학이다. 링컨칼리지에는 지금도 웨슬리의 연구실이 역사적으로 보존되어 있고, 벽에는 그의 흉상이 있으며, 그 대학 교수식당에는 웨슬리의 교수직 봉직 기간이 기록되어 있다.

4) 태브러햄, 50.

of piety)과 사랑의 수련(works of mercy)의 외적 성화를 결합할 필요성을 깨닫게 되었다.[5] 이것은 후에 그의 신학의 두 기둥, 내면적 인격적 성화(inner personal sanctification)와 외적 사회적 성화(external social sanctification)를 형성시켜 주었다. 둘째로, 이 몇 해는 그가 여성 친구들 때문에 괴로움을 겪었던 시기였다. 그의 어린 시절의 여성상 형성에 어머니 수잔나의 영향이 컸기 때문인지, 단순히 그가 여자 앞에서는 주눅이 드는 남자였던 것인지는 알 수가 없다. 2년간의 부목사 경험을 한 후에 1729년 9월 형 존은 다시 가르치기 위해 옥스퍼드로 돌아왔다. 그리고 동생 찰스가 시작한 소규모 영성생활 공동체 '신성클럽'에 1729년 11월에 가입하면서 사실상 지도자 역할을 하게 되었다.[6]

옥스퍼드대학교 링컨대학 안에 있는 웨슬리의 서재, 여기서 신성클럽의 모임이 이루어졌다.

1729년 11월에 존과 찰스, 몰간과 커크햄, 이렇게 네 명이 옥스퍼드대학교 안에서 경건생활에 힘쓰는 모임을 시작하였다. 그 신성클럽에 존이 자연스레 지도자가 되었고, 찰스는 기꺼이 자기 형에게 지도자 자리를 내주었다. 이 영성운동클럽의 활동은 예배를 위한 정기모임과 기도, 희랍어 원어로 성경 읽기, 라틴어 고전 읽기, 신학적 토론, 매주일 애찬(communion) 나누기, 마을이나 감

5) 태브러햄, 50.

6) 태브러햄, 51

옥 순회와 자선활동 등으로 이루어져 있었다. 다른 학생들이 그들에게 붙여 주었던 별명들 – 규칙쟁이들(Methodists), 성경벌레들(Bible Moths), 열광주의자들(Enthusiasts), 의무 이상으로 일하는 이들(Supereroganists) – 은 모두 그들을 비웃는 것이었다. 그 중에서 '메서디스트(Methodist: 규칙쟁이)'가 가장 늦게까지 남아 있었던 별명이다. 이 모임의 1차적 목적은 자기 영혼의 구원이었지만, 전적으로 내면만을 보고 있지는 않았다. 몇 년 후인 1732년 10월에 신성클럽 회원인 윌리엄 몰간이 원인 모르는 열병으로 죽게 되자, '슬픔의 아들들(men of sorrow)'이라는 별명을 얻게 되었다. 존은 그의 아버지, 리차드 몰간(Richard Morgan)에게 편지를 썼다. 거기서 그는 비판적으로 묘사된, '저 우스꽝스런 모임(that ridiculous Society)'의 활동들을 변호하였다. 존은 자신의 일기에서 과장된 용어로 글을 쓰기도 하였지만, 이때에는 그의 정직성이나 기억을 신뢰하며, 그 단체의 목적과 중요성에 대해 정확한 변호를 하였다.

역사자료 · 8

1729년 11월, 나는 옥스퍼드에 와서 상주하게 되었고, 당신의 아들과 내 동생과 나, 그리고 또 다른 한 사람이 일주일에 서너 차례씩 저녁에 함께 모이기로 뜻을 모았습니다. 우리의 계획은 평일 저녁에는 이전에 개별적으로 읽었던 고전들을 다시 읽고, 주일에는 신학분야 서적을 읽는 것이었습니다. 그 다음 해 여름 몰간 군은 저에게 감옥을 방문하였던 이야기를 해 주었습니다. 그는 아내 살인죄로 판결을 받은 어떤 남자와 채무자들 중 한 사람과 이야기해 본 결과, 만약 누군가가 때때로 그들과 상담을 해 주는 수고를 해 준다면 그들에게 큰 도움이 될 거라고 진심으로 생각한다고 말하였습니다. 그는 이런 일을 자주 반복해서 실천하였고, 1730년

8월에는 나와 내 동생도 그와 함께 성곽 감옥(the Castle)으로 가게 되었습니다. 감옥에서의 대화가 아주 좋았기 때문에 우리는 일주일에 한 두 번씩 감옥에 방문하기로 하였습니다.…… '메서디스트들' 혹은 '의무 이상으로 일하는 이들'이라는 별명들에 대해서는, 주위 사람들이 즐겨 그런 이름으로 우리를 칭찬해 줍니다만, 우리는 그런 말들에 주의를 기울이거나 그것들을 가지고 논쟁을 해야 할 필요는 없다고 생각하고 있습니다.[7]

이 변증에 감화를 받은 몰간의 아버지는 몰간의 동생을 웨슬리에게 맡겼다. 그가 웨슬리와 함께 조지아선교에 동참하기도 하였다. 여기에 당시 신성클럽의 활동들이 잘 나타나 있다. 주중에는 고전, 특히 희랍어 성경을 연구하고, 주일에는 신학서적을 탐구하며 토론하고, 일주일에 한 번씩 감옥을 방문하여 갇힌 자들을 돌보고, 일주일에 한 번씩 가난한 자와 병자들을 돌보았다. 감옥방문은 몰간의 제안으로 이루어졌다. 감옥에 갇힌 죄수들뿐만 아니라 그 아내들을 위해 속회형태의 모임을 갖고 성만찬을 하기도 하였다. 그리고 죄수들의 자녀들을 위해 학교도 시작하였다. 옥스퍼드대학교 크라이스트처치에서 웨슬리의 학생이었던 존 감볼드(John Gambold)의 증언에 따르면, 감옥에 가서 수요일과 금요일에는 기도하였고, 주일에는 설교하였고, 한 달에 한 번씩은 성만찬을 베풀었다.[8] 그 외에 1732년 4월 클레이톤(Mr. Clayton)이 가

---

7) *Letters*, Vol. 1, 124~132.

8) John Gambold, "The Oxford Methodists", *A History of Methodist Church in the Great Britain*, Vol. 4, 9. 이것은 웨슬리가 미국선교를 하는 기간에 존 감볼드가 친구에게 보낸 편지였다.

입하면서, 그의 제안으로 초대교회처럼 일주일에 두 번씩, 매주 수요일과 금요일에 금식하며 기도하게 되었다. 나중에는 금요일만 금식하였다. 오직 성경을 열심히 읽는 성경벌레들이었다. '오직 한 책의 사람(vir uni libri)'이 되기를 열망하였다. 그리고 웨슬리는 영적 성찰을 위하여 끊임없이 일기를 쓰게 하고, 하루에도 몇 번씩 자신을 돌아보는 화살기도(Ejaculatory Prayers)를 강조하였으며,[9] 명상기도를 권면하였다.[10] 웨슬리는 명상기도가 신적 경건을 유지하고, 하나님과 친교하기 위해 필수적임을 가르쳤으며, 인간이 이성적으로 생각하고 행동하는 것보다도 중요하고, 아무런 도움 없이 벌거벗은 마음이 담대하게 영원한 진리를 받아들이게 들어 올리는 영적 힘이 있음을 주장하였다.[11] 흥미롭게도 웨슬리형제는 바로 여기에서 조지 휫필드(George Whitefield)를 만났다. 잉함(Mr. Ingham)의 주선으로 두세 명과 함께 휫필드도 가입하였다.

1734년 사무엘은 엡웟(Epworth)에서 자기 뒤를 이어 목회활동을 하도록 존을 불렀다. 71세에 그는 그 습기 많은 루트(Wroot)교회(엡웟교회에서 약 5마일 떨어져 있는 교회)를 그만두었지만,[12] 자신의 주된 삶의 터전인 엡웟교회만은 존이 맡아서 자신의 노년에 종신토록 일하는 목회자가 되기를, 요즘 말로 말하면 세습하기를 바랐던 것이다. 웨슬리 형제들의 맏형인 사무엘은 당시 데본(Devon)의 티버톤(Tiverton)에 있는 블룬델(Blundell)학교의 교장이었고, 찰스는 아직 성직자가 되지 못한 상태였

9) 화살기도란 순간순간 화살을 쏘듯이 악을 물리치는 기도를 말한다. 눈을 뜨고서 길을 걷다가도, 누구랑 대화를 하다가도, 악한 마음이 생길 때마다 기도하는 것을 말한다.

10) John Gambold, 10.

11) John Gambold, 10~11.

12) 존 웨슬리가 아버지를 도와 목회하던 루트교회는 불행히도 지금은 교회로 모이지 않고 쓸쓸한 공동묘지만 남아 있다. 이 마을 사람들이 대부분 다른 곳으로 이사를 갔기 때문이다. 그러나 지금도 일 년에 몇 차례씩 성만찬을 나누는 일은 하고 있다.

다. 아버지의 초청을 거절하는 1734년 12월의 회신은 그가 쓴 글 중에 가장 흥미 없는 글이었다. 그는 자신의 목적을 애써서 설명하고 있는데, 자기 내면의 성결을 훈련하고 자기의 영적 변혁에 이르고자 한다는 것이었다. 옥스퍼드에 계속 머무르려고 하는 이유로써 그가 제시하는 것들을 보면, 당시 그의 영적 감각과 관심을 잘 알 수 있다.

역사자료 · 6

> 나는 오늘의 모습 속에서 나 자신의 내적 성결을 최대로 성숙시킬 수 있다고 확신합니다. 왜냐하면 지금 나는 거의 이 상황에서만 얻을 수 있는 여러 가지 이점들을 누리고 있기 때문입니다. …… 이곳이 제공해 주는 모든 다른 유익들을 감사하는 마음으로 부지런히 활용하는 데 나를 채찍질하기 위해서, 나는 하루 두 번의 공적인 기도와 매주 영적 만남의 기회를 갖고 있습니다. …… 이 모든 이유에서, 나는 나 자신이 가장 성결해질 수 있는 곳에서 다른 회원들의 성결도 최대로 진보시켜 줄 수 있을 것이라고, 다시 말하면 결국 세상 어느 다른 곳보다도 바로 이곳에서 그렇게 할 수 있을 것이라는 결론에 도달하게 되었습니다. …… 나는 처음에 내린 결론, 즉 어느 곳에서도, 옥스퍼드에서 할 수 있는 만큼의 유익한 영적 활동을 할 수 없으리라는 생각을 버릴 수가 없습니다.[13]

조지아선교를 떠나기 전까지 옥스퍼드 내 감리교운동의 신학은 기본적으로 영국성공회의 영향을 받아서 영국성공회의 신비주의적 완전과 초대교회의 신비주의적 완전을 추구하는 것이었다. 그들은 각자

13) *Letters*, Vol. 1, 168~175.

의 성실성과 선행에 근거한 종교적 희망에 기대를 거는 구원(justification by good works)과 성화된 삶(holy living)에 몰두하였다. 그러나 점차 모라비안들을 통하여 '믿음으로 의롭다 하심(justification by faith)'이 도전받기 시작하고, 성화추구(impartation)의 영적 성장과 성숙(spiritual growth and maturity)은 은혜와 신앙이 수동적, 객관적으로 주입되는 의인화적 영성(imputation)이 전제되지 않으면 불가능하다는 것을 발견하기 시작하게 되었다.

1735년에 존은 제임스 오글도르프(James Oglethorpe) 장군과 접촉하게 되었다. 이 사람은 군(軍)과 자선사업계 쪽에서 흔치 않은 방식으로 성공적 체험을 쌓아 온 탁월한 인물이었다. 그가 가진 큰 꿈은 범죄자들과 채무자들의 사회복귀였다. 그는 1732년 미국에 조지아(Georgia) 식민지를 만들었다. 아버지 사무엘은 이미 오글도르프 장군과 편지 왕래를 하고 있었다. 그 장군은 식민지에 목사가 필요하기에 두 형제를 끌어들이려고 하였다. 그들은 그를 따라가기로 동의하였는데, 존은 식민지 이주민들의 목사로, 찰스는 그 장군의 개인비서 자격으로였다.[14]

그들은 왜 조지아로 갔을까? 찰스는 존으로부터 목회와 선교의 열정을 자극받았다. 물론 그때는 그 모험에 참여하는 것이 도전적이었다 할지라도, 그는 개인적으로는 옥스퍼드에 남아서 목회와 선교 사역을 하기를 더 바라는 편이었다. 찰스는 하나님을 두려워하는 젊은이였고, 강한 책임감이 있었다. 또한 신앙헌신에 엄격하였고, 사회적 정의를 실현하는 것과 동료들의 영적 성숙에 대한 깊은 열정을 가지고 있었다. 찰스는 떠나기 2주 전(1735년 9월 21일)에 옥스퍼드의 감독 존 포터(Dr.

---

14) 태브러햄, 55.

John Potter)로 부터 준회원 사제 안수(deacon)를 받았고, 출발하기 직전 주일(1735년 9월 29일)에는 런던의 감독 에드먼드 깁슨(Dr. Edmond Gibson)으로부터 정회원 사제 안수(elder)를 받았는데, 모든 것이 존이 의지를 갖고 추진한 결과였다. 찰스는 "나는 성직세계에 발을 들여놓는 것을 지극히 두려워하였다. 그러나 그가 나를 좌지우지하였다"고 하였다.[15] 미국선교를 떠날 때 존의 나이는 32세였다. 존이 어떤 이유에서 1735년 10월에 영국을 떠나기로 결정을 내렸는지를 설명하는 데는 세 가지 요인이 도움이 된다. 첫째로, 1735년 그의 아버지가 돌아가시자 당연히 집안에 갑작스런 변동이 왔다. 떠나기에는 때가 좋지 않았을 것이다. 그러나 막 과부신세가 된 어머니 수잔나를 남겨두고 떠나기를 주저하는 존의 마음을 수잔나는 재빨리 불식시켰다. 자매 중 패티와 에밀리는 아버지가 죽고 나서 바로 결혼시켰고, 집안에는 케지아만 미혼으로 남게 되었으므로, 가족에 대한 책임은 장애가 되지 않았다. 둘째로, 1731년 존과 애인 아스파샤(Aspasia는 본래 이름: Mary Pendarvs)의 관계가 나빠졌고, 이것이 그로 하여금 환경의 변화를 찾게 고무시켰을 가능성도 크다. 셋째로, 개인적 성결에 대한 영적 순례는 아직도 그가 염원하는 만큼, 마음의 평화를 얻지 못한 형편이었다. 아메리칸 인디언들을 구원하는 일뿐 아니라, 자신의 구원의 확신을 위하여 조지아로 떠나기로 하였다.[16] 바울이 이방인들에게 복음을 전하였듯이 자신도 원주민들에게 자유롭게 복음을 전하고 싶은 순수한 마음과 자신의 경건과 구원의 확신을 체험하고자 하는 개인적 · 영적 관심이 선교적 동기로 강하게 작용하였음이 1735년 10월 10일 존 버튼(Dr. John Burton)에게 보낸 그의

15) 태브러햄, 55~56.

16) 태브러햄, 56.

편지에 나타난다.

역사자료 · 10

나의 주된 동기는 내 자신의 영혼을 구원시키려는 희망일 뿐 다른 모든 것은 부차적입니다. 이방인들에게 복음을 전함으로 나 자신이 그리스도 복음의 참된 의미가 무엇인지 배우고자 합니다. 그들이야말로 어린아이들처럼 겸손하고, 배우려 하고, 하나님의 뜻을 행하려 하지 않겠습니까? …… 이웃을 내 몸같이 사랑하는 것이 무엇을 의미하는지 깨닫고자 합니다. 나 자신이 온전히 회심할 수 있다면, 하나님께서 형제들을 강건케 하는 일과 그의 이름을 이방인들에게 전하는 일, 모두에 나를 사용하실 것을 확신할 수 있을 것입니다. 그때에 땅 끝까지 임하는 하나님의 구원을 볼 수 있을 것입니다. …… 그러나 이곳에서는 제가 그곳에서 얻을 수 있는 경건을 이룰 수 없다고 생각합니다. 이곳에 있다가는 경건을 조금도 이루지 못할 것만 같습니다.[17]

웨슬리 자신의 표현을 통해 알 수 있듯이 그가 영국을 떠난 이유는 무엇보다 자신의 영적 성장과 성숙에 초점이 맞추어져 있었다. 조지아에 가서 그곳 사람들을 위해 무엇을 할 수 있을지는 이차적 관심이었다. 여기서 우리 감리교도뿐만 아니라 모든 크리스천의 인생목적을 배울 필요가 있다. 크리스천은 성직자든, 평신도든 물질적으로 많이 성취하고 성공하는 것이 생의 목표가 되어서는 안 되고, 그리스도에게까지 성숙해 가는 영적 성장과 성숙, 곧 성화(sanctification)가 참다운 생의 목

17) *Letters*, Vol. 1, 188~191.

표가 되어야 한다. 그러나 조지아에서의 선교가 그의 선교적 동기와 영적인 동기에 충분한 해답을 줄 수는 없었다. 그럼에도 조지아선교는 감리교회 역사에서 중요한 의의가 있고, 웨슬리 자신의 영적 진보에도 커다란 변화를 주는 중요한 계기가 되었다.

04
감리교회 탄생 2기(1735~1738)

미국 조지아선교를 감리교회 탄생 2기라고 웨슬리는 회상하였다. 조지아선교는 웨슬리 자신의 일기뿐만 아니라 그와 관련된 두 형제의 저작물이 다수 전해지기 때문에 감리교역사에서 기록으로 가장 잘 남겨진 기간이다.

웨슬리는 미국으로 가는 길에, 그리고 영국으로 돌아오는 길에 두 번씩이나 풍랑을 만났다. 영국으로 돌아오는 항해에 모라비안 교도들은 없었으나 구원의 확신이 없었기 때문에 죽음에 대한 공포와 불안이 여전하였다. 아메리칸 인디언들을 구원시키러 미국으로 갔지만 자신조차도 구원하지 못하였다고 탄식할 수밖에 없었다. 특히 미국으로 항해하던 중에 만났던 풍랑과 모라비안들의 태도는 그의 영적 진보와 성장에 큰 자극을 주었다. 항해를 하면서 파란만장한 사건을 경험하게 되었다.

존은 시몬스호(the Simmonds) 안에서 일상적인 예배를 인도하였을 뿐 아니라 '작은 경건회'라고 부를 수 있는 소그룹 영성수련 모임을 제안하였다. 선상에서 26명의 모라비안 교도들을 통하여, 존과 찰스는 가장 커다란 영적 충격과 도전을 받게 되었다. 모라비안 이야말로 존과 찰스 모두에게 큰 영적 감동을 주었다. 모라비안은 1727년에 루터교회 안에 공식적인 교파로 자리 잡게 되었다. 루터교(Lutheran Church)의 목사이자 할레대학(Halle University) 교수인 어거스트 고트리프(August Gottlieb)가 식민지 오글도르프(Oglethorpe) 장군의 허락을 받아 삭소니에서 27명의 모라비안 교도들을 이끌고 신대륙에 자리 잡게 되었다. 그들은 독일의 헤른후트에 있는 공동체와 유사한 공동체를 미국 조지아 주 사바나(Savannah) 근처에 설립하고 크릭 인디언(Creek Indians)을 대상으로 선교활동을 전개하였는데, 그것이 성공적이 되자 두 번째 그룹이 그들과 합세하기 위해서 웨슬리 형제들과 같은 배를 타게 된 것이었다.

그런데 시몬스호는 갑자기 대서양 한가운데서 침몰될 정도로 큰 폭풍을 만나게 되었다. 이러한 위기에서 모라비안 교도들이 전혀 죽음에 대한 공포 없이, 흔들림 없이 평안하고 확신에 찬 얼굴로 조용히 찬송을 부르고 있었다. 그러한 모습은 목숨의 위기를 느끼면서, 두려움과 불안에 사로잡혔던 존과 찰스에게 큰 감동과 도전을 주었다.

역사자료 · 11

우리는 기도 후에 오글도르프와 함께 두세 시간을 보냈다. 우리는 지혜로우시고, 거룩하시고, 은혜로우신 하나님의 뜻에 조용히 복종할 것을 서로 확신하면서 이 긴급한 사건에 대해서 대화를 나누었다. 홀로 기적을 행하시고, 그의 백성을 능력 있게 구원하실 수 있는 위로의 하나님은 복되시다. 7시에 나는 독일인들(모라비안)에게로 갔다. 얼마 있지 않아서 나는 그들의 매우 진지한 행동을 발견하였다. 그들은 영국인들 중 어느 누구도 떠맡기 싫어하는 다른 여행객들을 섬기는 일들을 기꺼이 실천하는 겸손함을 보여 주었다. …… 그들이 교만이나 미움이나 복수심을 모두 극복하였듯이, 공포심에서도 해방되었는지 시험할 기회가 왔다. 그들이 예배를 시작해서 시편을 낭독할 때, 바닷물이 뒤덮이고, 큰 돛이 조각조각 찢어졌고, 큰 파도가 우리를 삼켜버릴 듯이 갑판 위로 쏟아졌다. 영국인들 사이에서는 비명소리가 터져 나왔다. 그러나 독일인들은 조용히 찬송을 불렀다. 나는 그 일이 있은 후에 그들 중 한 사람에게 물었다. "당신은 두렵지 않았습니까?" 그는 "아니요, 나는 하나님께 감사드렸습니다"라고 대답하였다. 다시 한 번 "당신의 아내와 아이들도 두려워하지 않았나요?"라고 물었다. 그는 부드럽게 "아니요, 아내와 아이들도 죽는 것을 두려워하지 않습니다"라고 대답하였다. 그들을 떠나서 울부짖고 두려워 떠는 사람들에게로 갔다. 나는 담대하게 하나님을 두려워하는 사람과 하나님을 두려워하지 않는 사람 사이의 차이를 말할 수 있음을 발견하였다. 12시에 바람이 그쳤다. 이 날은 내가 본 가장 영광스러운 날이었다.[1)]

이것이 모라비안의 경건에 대한 존의 첫 번째 경험이었고, 훗날 성령의 내적 확증(inner assurance)에 대한 교리를 강조하게 된 계기가 되었다. 실제로 웨슬리의 일기를 편집하였던 느헤미야 커녹(Nehemiah Curnock)은 그 풍랑이 초기 감리교 역사에서 결정적 사건 중 하나라고 주장하였다. 잉함(Ingham)도 선행을 통한 성화추구의 감리교도에서 구원의 확신에 찬 모라비안으로 전향하는 계기가 되었다고 해석하였다. 선상의 목회자였고, 선원과 여행객의 담당목사였던 존 웨슬리가 그의 일기에서 그 사건을 그토록 심각하게 다룰 수밖에 없었다.

찰스는 항해 중에 지독한 뱃멀미로 고통을 당하였다. 그러나 일기에

1) *The Works*, Vol. 18, Journals and Diaries (1735~1738), 143. (1736년 1월 25일(일))

조지아로 향한 것에 큰 기쁨과 희망을 갖고 있었음을 표현하였다. 비교적 간략하게 기록된 찰스의 일기는 형의 일기와 상당히 다른 형식으로 기록되어 있기에 더욱 흥미롭다. 선교 초기에 찰스는 모든 것이 두려울 뿐이었고, 그의 낭만적인 이상은 산산조각이 났다. 향수병, 식민지의 냉혹한 현실, 병약함, 오글도르프와의 불화, 그리고 서기로서의 부족한 자질 등이 찰스가 처음에 갖고 있던 열정을 약화시켰다. 그렇지만 조지아의 생활은 그에게 인간본성에 대하여 깊이 깨닫게 하였고 더 깊은 헌신을 다짐할 수 있는 기회가 되었다.[2)]

1736년 3월 23일자 그의 일기에서 그의 영성수련을 통하여 영적 진보를 이루어감을 볼 수 있다. 히브리서 11장을 통하여 하나님께서는 시험을 피하게 해 주기도 하시지만 시험을 통해서 자신을 강하게 만드신다는 확신을 말하면서, 그는 영적으로 더욱 순수하고, 지적으로 더욱 성숙하게 되어 1736년 8월 영국으로 돌아오게 되었다.[3)] 오글도르프 장군과도 불화하였고, 장교부인 두 사람을 상담한 것이 스캔들에 빠진 것으로 오해를 받아 돌아오게 된 것이다.

매사추세츠(Massachusetts)에서 귀국하던 찰스는 미국으로 갈 때 시몬스호 선상에서 모라비안의 태도를 목격한 것과 유사한 사건을 경험하게 된다. 그가 탄 배가 큰 폭풍을 만나서 돛을 제거하지 않으면 파선할 지경에 이르게 되었다. 그 위험한 순간에 여행객들을 위로하고 안심시킨 사람이 바로 찰스였다.[4)]

존은 조지아에 있는 동안 찰스보다 더 큰 문제에 봉착하였다. 그는

---

2) 태브러햄, 83~85.

3) 태브러햄, 85.

4) 태브러햄, 85.

자신을 선교사라고 생각하였지만, 실제로는 사바나에서의 그의 두 직무(영국성공회 교구사제와 식민지 사제) 때문에 감당하기가 어려웠다. 또한 찰스가 떠난 후에 찰스가 하던 서기 일을 인수받아 유능하게 수행하였지만, 본래의 임무라고 생각하였던 아메리칸 인디언 선교를 불가능하게 만들었다.[5] 영적인 일보다 사무에 시달리면서 본래 미국에 올 때에 가졌던 영적 성장과 성숙의 꿈이 실현되지 않는 아픔을 겪게 되었다.

조지아 선교를 통해 존은 자신의 신앙의 확신이 미약함을 깨닫게 되었다. 모라비안들에게서 직접 목격한 구원의 확신을 그와 그의 동생이 모두 간절히 흠모하였지만, 그런 확신을 얻지 못하였다. 그가 당시에 얼마나 확신이 희미하였는지는 1736년 초, 모라비안 지도자인 아우구스트 슈팡겐베르크(August Spangenberg)와의 대화에서 발견할 수 있다.[6]

역사자료 · 12

1736년 2월 7일 토, 나는 미스터 슈팡겐베르크에게 나 자신과 나의 행동에 대하여 권면해 주기를 요구하였다. 그는 두세 가지 물음에 응답하기 전에는 아무 것도 말할 수 없다고 하였다. "당신 자신 속에 확증이 있습니까? 하나님의 영이 당신의 영과 더불어 당신이 하나님의 자녀라고 내적으로 확증합니까?"라고 물었다. 아주 놀라서 무슨 답변을 해야 할지 몰랐다. 나의 당황하는 모습을 쳐다보더니 다시 질문하였다. "당신은 예수 그리스도를 누구로 압니까?" 잠시 머뭇거리다가 "나는 그가 세상의 구세주이심을 압니다"라고 대답하였다. "맞습니다. 그렇다면 당신은 그분께서 당신 자신을 구원하셨다는 것을 압니까?" 내가 대답하였다. "그분이

5) 태브러햄, 86.

6) 태브러햄, 87.

나를 구원하시려고 죽으셨기를 희망합니다(I hope)." [7]

존은 슈팡겐베르크가 사용한 성령의 내적 증거라는 말을 듣고 아버지의 유언을 생각하였음에 틀림없다. 그 후로 그의 영적 생활이 상당히 어려웠고, 거듭남과 구원의 확신을 얻기 위해서는 선행의인화(justification by good works)가 아니라 신앙의인화(justification by faith)를 열망해야 함을 점차 깨닫게 되었다. 그러므로 이 당시의 신학적 특징은 영국성공회에 기초한 옥스퍼드 감리교회 경건주의를 견지하면서도 – 의인화와 성화를 위한 선행과 공로 – 모라비안에게서 신앙의인화의 경건주의적 영성에 도전을 받기도 하였다.

조지아에서의 경험 중 흥미로운 것은 훗날 감리교제도로 정착된 것들이 도입되어서 미숙한 상태지만 실천되었다는 사실이다. 평신도들이 목회자의 목회를 돕도록 그들을 집사로 선출하는 제도가 그곳에서 시작되었다. 속회(classes)와 같은 영성수련 모임도 두 형제가 조지아에서부터 시작한 것을 알 수 있다.[8] 웨슬리는 그의 회중 가운데 열심 있는 성도들에게 일주일에 1~2회 모이는 작은 모임을 구성할 것을 제안하였다. 그래서 서로 가르치고, 권면하며, 격려하였다. 이런 조직 안에 더욱 작은 그룹을 다시 만들어서 서로 더욱 친근하게 유대관계를 갖게 하고, 매주일 오후에 웨슬리의 집에 함께 모였다. 웨슬리는 사바나 회중의 강한 도전을 경험하기도 하였다. 그곳에서 만난 대다수의 영국이민자들이 영국사회의 밑바닥 출신이었다. 존은 그의 회중을 신성클럽의 회원

7) *The Works*, Vol. 18, 146.

8) 태브러햄, 89~90.

들과 마찬가지로 다루었는데, 그곳에 있는 영국인들이 받아들이기 힘든 방식이었다. 그가 고교회(high church)주의의 관점에서 엄격하게 신앙을 지도하였기 때문이었다. 심지어 그들은 웨슬리를 교황주의자라고까지 비난하였다. 프레데리카(Frederica)에서 웨슬리는 감리교신도회를 따로 설립하기를 계획하고, 시도하였다.

역사자료 · 13

6월 10일, 우리는 전에 사바나에서 실행하기를 동의하였던 것을 프레데리카에서 수행하기 시작하였다. 우리의 계획은 주일 오후와 매일 공중예배 후에 가장 열심 있는 성도들과 함께 노래하고, 성경을 읽으며, 대화하면서 시간을 보내는 것이었다. 오늘 저녁에 우리는 마크 허드(Mark Hird)와만 함께 시간을 보냈다. 그러나 주일날에는 허드(Mr. Hird) 씨와 둘 이상의 사람들이 참여하기로 되어 있다. 시편을 찬양하고 약간 대화를 나눈 뒤에 윌리엄 로(Mr. Law)의 《기독자의 완전》을 읽었다. 그리고 다른 시편 찬양으로 마무리하였다.[9]

그 다음 주일에 새롭게 참석한 이들의 이름이 그의 일기(journal이 아닌 diary)에 나온다. 마크 허드(Mark Hird), 베티 하셀(Betty Hassel), 푀비 허드(Phoebe Hird) 등이다. 허드(Hird) 씨는 그 다음날 저녁기도회 후에 참석하였다. 그 그룹은 웨슬리가 프레데리카를 떠날 때까지 계속 모였다. 마크는 21세, 베티는 18세, 푀비는 17세였다. 옥스퍼드에서처럼 여기서도

9) *The Works*, Vol. 18, 160.

젊은이들이었다. 8월에 웨슬리가 다시 사바나에서 프레데리카로 돌아왔을 때 9~10명이 정기적으로 이 모임에 참석하였다. 웨슬리가 없는 동안은 리드(Reed) 씨가 평신도 동역자로서 성경을 읽게 하였다.[10] 이 모임을 역사적으로 프레데리카 신도회라고 부른다.

웨슬리는 조지아 주의 아메리칸 인디언 촉타우족(Choctaws)에게 복음 전하기를 희망하였으나 사바나의 지도자 오글도르프가 만류하였다. 프랑스인들에게 살해당할 위험이 있고, 뿐만 아니라 사바나의 영국 이민자들을 위한 목회를 할 사람이 웨슬리밖에는 없다는 이유를 들었다.[11] 정치지도자였던 오글도르프가 자기의 권한으로 웨슬리의 선교적 열정을 막아 버린 셈이다. 저녁에 웨슬리는 모라비안 교도들과 의논하였는데, 그들도 아직은 가서는 안 된다는 견해를 밝혔다.

그 당시 조지아 선교구역에서는 독일어로 예배드리는 회중이 같은 장소를 사용하였다. 그래서 웨슬리가 이끄는 영어 회중은 다른 시간에 모였다. 또한 웨슬리는 독일어 회중과 친해지기 위해 독일어를 열심히 공부하였고, 독일어 예배에 참석하곤 하였다. 아침 5시부터 6시 30분까지 첫 예배를 드리고, 두 번째 영어예배는 설교와 성만찬을 포함하여 10시 30분에서 12시 30분까지, 저녁예배는 오후 3~4시에 드렸다. 웨슬리는 여기서 평신도 지도력을 발휘하게 하였는데, 모든 평신도 지도자는 웨슬리 자신이 임명하였다. 1736년 4월 20~30명이 조지아 주 사바나(Savanah) 시에 있었던 웨슬리의 집에서 모였다고 회상한다. 옥스퍼드에서 14~15명이 모이던 것이 조지아에서는 20~30명으로 늘어났음을

---

10) Richard Heizenrater, *Wesley and people called methodists* (Nashville: Abingdon Press, 1995), 64.

11) Heizenrater, 65.

웨슬리는 "감리교도라고 불리는 사람들의 약사"에서 언급한다.

이 당시 선교활동의 특징은 가난한 사람, 아이들, 그리고 인디언들을 교육하고 구제하는 일에 힘쓴 것이다. 특히 모라비안 교도와의 접촉을 통해서 예배 시 찬송의 중요성에 대하여 존과 찰스 모두 공감하였다. 찬송의 사용에서도 예배의 갱신을 시도한 것을 볼 수 있다. 1737년 영어로 만든 감리교회 최초의 찬송가 "A Collection of Psalms and Hymns"가 미국 땅에서 출판되었다. 물론 모라비안들이 사용하던 독일어 찬송들이 많이 포함되었다. 존과 찰스는 즉흥기도와 즉흥설교를 예배에 도입하였고, 이따금씩 애찬식(the Love-feast)을 행하였다. 또한 성찬식과 목회활동을 위해서 명단을 작성하는 관행도 시작하였다. 성찬식은 매주일과 공휴일에 거행하였다.

조지아 선교에서 좌절도 경험하였지만, 그의 영성과 신학에서 많은 발전을 이룰 수 있었고, 감리교도 더욱 성장하게 되었다. 그가 후대에 문서로 남긴 많은 것들, 즉 신구약 성서주석, 설교와 그가 감리교도들이 필히 읽어야 영성독서들을 편집한 "기독교 문집(the Christian Library)"은 옥스퍼드와 조지아 시절에 착안된 것들이다. 힘겨웠던 식민지생활과 예기치 않았던 사바나 사람들의 반대는 그의 완고한 고집을 수정하는 데 도움이 되었다. 그는 항상 지나칠 만큼 잘 수련된 사람이었다. 그러나 조지아선교 이후 여유를 되찾았고, 인간의 속성에 대해서 더욱 깊이 알게 되었다. 물론 조지아선교가 그의 철저한 성품을 여유 있게 만드는 계기가 되었다. 무엇보다 자신의 영적 상태에 대하여 깊이 반성하게 되었고, 구원의 내적 확증에 대한 질문은 그의 개인적, 영적 성장을 이룩하게 만들었다.

예상과 달리 가장 곤혹스러웠던 문제는 여자들과의 관계였다. 존은 여자들을 악의 없이 단순하게 대해 주었다. 그러나 특별히 호킨스(Hawkins) 부인은 항해 중은 물론, 조지아에서 그에게 큰 상처를 주었다. 매우 순진하였던 존이 그녀를 능수능란하게 다루기는 불가능하였다. 존은 동생 찰스에게 보낸 편지에서 그녀에 대하여 이렇게 표현하였다.

역사자료 · 14

> 내가 호킨스 부인만큼 불쌍히 여긴 사람이 없다. 하지만 그것이 내 자신의 이익을 위한 것이 아니었기에 나에 대한 그녀의 태도는 큰 상처가 되었다. 나는 내가 최선을 다해서 섬겼던 사람들에게서 배신과 모욕을 당하곤 하였다. 그러나 그녀의 상태를 살피고 있노라면 혈관이 터질 정도로 마음이 아프다. 그러나 주님이 누가 성실한 사람인지 선포할 것이다.[12)]

존보다 열여섯 살이나 어린 17세의 소피 홉키(Sophy Hopkey)[13)] 와의 관계 역시 호킨스 부인의 경우와는 달랐지만 골칫거리긴 마찬가지였다. 매력 있고 신앙심도 좋아 보이는 그녀와 사랑에 빠졌지만, 그가 책임의식을 느끼면서 오랫동안 꾸물거리자 그녀는 더 이상 기다려 주지 않았다. 존은 막대기를 세워 놓고 하나님의 뜻이면 막대기가 자기 앞으로 떨어지게 하시고 하나님의 뜻이 아니면 반대쪽으로 떨어지게 해 달라고 기도하였는데, 반대쪽으로 떨어져 하나님의 뜻이 아니라고 판단하였다. 존은 모라비안에게서 이런 식으로 분별하는 것을 배웠다.

---

12) *Letters of John Wesley*, I. *The Works*, Vol. 25, 455~456.

13) Sophia Hopkey라고도 부름.

그녀는 결국 윌리엄 윌리엄슨(Mr. William Williamson)이라는 남자와 결혼하였다. 결혼한 후에 소피와 윌리엄이 성찬식에 참여하려고 왔으나, 웨슬리는 그녀에게 성찬을 베풀지 않는 과오를 범하였다. 존은 신앙이 없는 남편과 결혼한 소피는 신앙이 나태해졌기에 성찬을 받을 수 없다고 하였고, 덧붙여 결혼하기 전에 사바나의 담당사제인 자신에게 통보를 하지 않았다는 이유를 들었다. 슬픈 일화지만 이것은 쓰라린 논쟁으로 이어지게 되었다. 웨슬리는 또 결혼한 소피를 자주 만나서 신앙상담을 하였다. 그녀의 신앙이 결혼 후에 나태해졌기에 신앙을 강화시키기 위한 목적에서였다. 하지만 이것은 곤란한 상황을 불러일으켰다. 사바나에서 소피를 돌보는 삼촌 토마스 코스턴(Thomas Causton)이 사바나의 최고 행정관(Chief Magistrate)이었기에 존은 대배심(grand jury)에 까지 고소당하였다. 웨슬리는 코스턴이 다음과 같은 나쁜 루머까지 만들었다고 고백하였다: "간사한 위선자, 난봉꾼, 나의 신뢰를 저버린 배신자, 지독한 거짓말쟁이, 시치미 떼는 사람, 결혼한 여자들이 남편들의 애정을 외면하게 만들려고 애쓰는 사람, 술주정뱅이, 매춘소굴을 지키는 자, 매춘부와 매춘을 주선하는 뚜쟁이, 성찬 상에 살인자들과 피 흘리는 자들을 받아 주는 자."[14] 이런 지독한 모욕을 당하면서도 웨슬리는 참고 인내한 성자였다. 웨슬리는 결혼한 여자를 자주 만나고 편지를 쓴 것과 성만찬을 주지 않은 것 등 열 가지 죄목으로 고소당하였다. 개인감정이 아니라 신앙적인 문제라고 주장하였으며 배심원들도 그의 입장을 변호하였으나, 상황은 악화되어 재판이 완결되기까지 출국정지까지 당하였다.

---

14) Heizenrater, 70~71.

결국 그는 너무 힘들어서 사바나를 떠나기로 결심하고, 1737년 12월 22일 재판이 모두 끝나기도 전에 사바나를 떠났다. 24일 찰스타운(Charlestown) 항을 떠나 완전히 육지가 보이지 않게 되었다고 그의 일기에 기록하였다. 결국 이런 아픈 과정을 겪고 영국으로 돌아갈 수밖에 없었다.[15] "해야 할 것은 다하지 못하였지만 할 수 있는 한 복음을 전하고 1년 9개월여 만에 발에 먼지를 털어내고 조지아를 떠났다."[16] 이것이 1737년 12월 2일 존이 조지아를 떠나면서 가졌던 생각이다. 웨슬리는 영국을 코앞에 두고 다시 한 번 죽음의 위기를 맞았을 때, 풍랑 속에서 두려워하면서 구원의 확신이 없었던 자신을 이렇게 회상하였다.

역사자료 · 15

> 나는 인디언들을 회심시키기 위해서 아메리카로 갔다. 그러나 오! 누가 나를 회심시킬 것인가? 이 불신앙의 악한 마음에서 나를 구원할 그분은 누구인가? 무엇인가? …… 그러나 죽음이 나에게 얼굴로 다가오고 있다. 나의 영혼은 고통을 당한다. 나는 죽는 것이 얻는 것이라고 말할 수 없다.[17]

그는 1738년 1월 29일 신대륙에서의 경험을 철저하게 뒤돌아보게 된다. 훗날 자신의 영적 상태를 철저히 뒤돌아보면서 기록한 것이라는 점에서 주목할 필요가 있고, 웨슬리의 전반적인 회심 과정과도 관련이 있다.

---

15) Heizenrater, 72.

16) Heizenrater, 73.

17) *Works*, Vol. I, Journal, Vol. I, 74. (1738년 1월 24일).

그의 영적 순례에 큰 변화가 일어났다. 점차 신비주의적 영성추구에서 모라비안적 영성추구로 바뀌어 갔다. 거듭남을 얻기 위한 외적 행위를 이제는 덜 강조하고, 점차 선행 없이 믿음으로만 거듭남을 체험하려는 마음이 강하게 일어났다. 1720년 후반에 테일러, 로, 베버리지(Beveridge), 넬슨(Nelson) 등 영국 신비주의 저서들을 많이 읽었고, 1732년 중반에 윌리엄 로의 소개로 《독일신학(*Theologia Germanica*)》을 읽기 시작하면서 유럽대륙의 가톨릭신비주의 저술들을 많이 접하게 되었다. 1736년 9월에는 초대교회 신비주의에 대한 책들을 읽었다. 배를 타고 영국으로 돌아오는 동안에는 프랑스 신비가의 《거룩한 삶(*The Holy Life*)》을 읽으면서 구원의 확증을 추구하였다. 그러나 무엇보다도 회심에 결정적인 영향을 준 것은 모라비안 교도들의 '마음의 종교(religion of heart)', '마음의 신학(theology of heart)'이었다. 진젠도르프의 찬송가(Collection of Psalms and Hymns)를 영어로 번역하면서 영적인 뜨거움을 더욱 갈망하게 된 것이다.

역사자료 · 16

오, 나의 얼어붙은 가슴 위에 비추소서.
나의 마음을 거룩한 뜨거움으로 감동시키소서.[18)]

18) *Works*, Vol. I, 75. (1738년 1월 29일).

05
감리교회 탄생 3기(1738~1741)

A. 웨슬리 형제의 회심

영국에 돌아온 존은 옥스퍼드에 가기 전에 먼저 헤른후트(Herrnhut)에 있는 모라비안들의 센터를 방문하기로 하였다. 1738년 2월 존은 찰스와 함께 피터 뵐러(Peter Boehler)라는 모라비안을 만났는데, 그는 조지아로 가는 도중에 런던에 잠시 머물렀던 젊은 모라비안 목사였다. 찰스와 존의 회심에 결정적인 역할을 한 영적 멘토였다.[1)]

존이 뵐러에게 자신은 믿음이 없는데 설교할 수 있겠느냐?고 묻자, 그는 믿음이 생길 때까지 설교하라고 권유하였다. 뵐러는 솔직하고 진실한 믿음의 소유자로 웨슬리 형제의 영적 상태에 대하여 언급하는 것을 결코 두려워하지 않았다. 2월을 옥스퍼드에서 보낸 찰스는 건강이 썩 좋지 않았다. 그곳에서 얼마동안 뵐러에게 영어를 가르쳐 주면서 시간을 보냈다. 2월 24일 찰스의 일기를 보면 늑막염과 치통 때문에 굉장히 힘들었을 때였다.

찰스 웨슬리의 복음적 회심은 존 웨슬리보다 3일 먼저인 1738년 5

1) 태브러햄, 92.

월 21일에 일어났다. 그때까지 15개월 동안 찰스는 끊임없이 영적 고투를 하였다. 그에 관한 몇 편 안 되는 전기를 집필한 프레더릭 길(Frederick Gill)은 이 기간의 찰스를 두고 '씨름하는 야곱'[2] 이라는 별명을 붙여 주었다. 이것은 찰스의 손자인 사무엘 세바스찬 웨슬리(Samuel Sebastian Wesley)가 작곡한 찬송가 제목이기도 하였다. 형과 진젠도르프 백작에게 보낸 서한들이나, 심지어 그의 설교문까지도 그가 하나님의 사랑과 용서를 더 깊이 경험하기를 열망하였음을 보여 준다.

당시에 기록한 찰스의 일기에서 내적 고민과 씨름의 정도를 쉽게 발견할 수 있다. 1736년 12월 18일 토요일 일기에서는 그가 어물거리고 만족하지 못한 영혼의 상태에 있었음을, 이듬해 9월 15일자에서는 자기 자신을 전적으로 하나님께 드리고 싶은 진지한 열망을, 10월 9일자에서는 여전히 겸손과 사랑 안에서 자라가는 상태를, 그리고 12월 4일자에서는 성찬식에서 겸손히 자신을 비우는 그의 영적 상태를 발견하게 된다.[3]

그도 형처럼 피터 뵐러를 통하여 영적인 깨우침을 받았고, 로마서에서 통찰력을 얻을 수 있었다. 어쨌든 두 형제의 '회심사건'은 3일이라는 간격을 두고 일어났다. 그러나 두 사람의 회심은 판이하게 구별된다. 존은 이성에 토대를 둔 논리적인 접근을 통해, 영적이며 지적인 씨름에 전념하였다.[4] 반면에 찰스는 날카로운 감수성을 갖고 심적 안정을 추구하는 감성적인 면이 나타난 회심이었다. 피터 뵐러의 주장을 그대로 수용하지는 않았지만, 그 역시 오직 믿음에 의해서만 구원이 가능

---

2) F. C. Gill, *Charles Wesley, the First Methodist* (Lutterworth Press, 1964), 64.

3) 태브러햄, 96.

4) J. E. Rattenbury, *The Conversion of the Wesleys* (London: Epworth Press, 1938), 85.

함을 열망하였다. 루터의 갈라디아서 서문을 읽은 후에 이 새로운 교리를 수용해야 한다는 사실에 놀라지 않을 수 없다고 고백한다. 회심하기 전 몇 주일 동안 늑막염으로 고통을 당하면서도, 기도와 성서 읽기를 그치지 않았다. 평안한 마음으로 기뻐하기도 하였지만, 깊은 좌절에 빠져서 하염없이 눈물을 흘리기도 하였다.[5]

찰스의 회심사건이 올더스게이트에서의 존의 회심만큼 많이 역사가들이 언급하지는 않았으나, 상당히 흥미로운 체험이었다. 찰스는 자신이 묵고 있던 집의 주인인 미스터 브레이(Mr. Bray) 씨의 도움으로 그동안 사모하고 기다렸던 거듭남의 확신을 얻게 된다. 찰스는 예수 그리스도에 대하여 가난하고 무식한 목수 노동꾼으로 아는 것 외에는 예수 그리스도에 대하여 아는 것이 없었지만, 그리스도를 만남으로써 모든 일을 체험적으로 분별하게 되었다. 찰스는 이렇게 평범하지만 경건한 미스터 브레이 씨의 식구들을 통해서 자신이 갈망하였던 확신을 경험하게 되었다.[6]

신성클럽을 먼저 시작한 것도 찰스였고, 최초의 감리교도도 찰스였으며, 회심을 먼저 경험한 것도 찰스였다. 미국에서 영국으로 돌아온 뒤에 찰스는 뵐러와 영적인 상담을 많이 하면서 성령의 강림을 통하여 십자가의 은총을, 믿음으로 거듭남을 체험하기를 간절히 열망하였다. 그러던 중에 형 존보다 3일 앞서 회심을 체험하게 되었다. 찰스는 그의 일기에서 회심의 체험을 이렇게 고백하였다.

5) 태브러햄, 97.

6) 태브러햄, 98.

1738년 5월 21일, 나는 주님의 임재를 간절히 희망하고 열망하였다. 9시에 나의 형과 어떤 친구들이 왔다. 성령께 함께 찬양하였다. 나에게 위로와 희망이 솟아올랐다. 약 30분 후에 그들은 갔다. 나는 기도에 전심전력하였다. 기도의 내용은 다음과 같았다. "오 예수님, 주님은 말씀하셨습니다. '나는 너희에게 다시 올 것이다.' 주님께서 말씀하셨습니다. '내가 너희에게 보혜사 성령을 보낼 것이다.' 주님께서 말씀하셨습니다. '내 아버지와 내가 다시 와서 너희와 함께 거할 것이다.' 주님께서는 거짓말을 하지 않으십니다. 나는 전적으로 주님의 진실 된 약속을 믿습니다. 주님의 시간과 주님의 방법으로 그것을 성취시켜 주옵소서." 이렇게 기도하면서 나는 조용히 평화롭게 잠들었다. 나는 어떤 사람이 들어와서(미시즈 무스그레이브(Mrs. Musgrave)의 음성이라고 느꼈는데) "나사렛 예수의 이름으로 일어나라. 그리고 믿어라. 너는 너의 모든 연약함(all thy infirmities)으로부터 치유 받을 것이다." 나는 어떻게 이런 말씀이 그녀의 머리에 들어가서 이렇게 말할 수 있는지 놀랐다. 그 말씀들은 내 마음을 감동시켰다. 나는 탄식하면서 속으로 말하기를 '오, 그리스도께서 나에게 말씀하셨다.' 나는 벨을 울렸다. 미세스 터너(Mrs. Turner)가 왔다. 나는 그녀에게 미시즈 무스그레이브를 불러오게 하였다. 그녀는 내려갔다가 다시 돌아왔다. "미시즈 무스그레이브는 여기에 없습니다." 그 말에 내 마음은 내 안에서 기쁨을 느끼기 시작하였다. 나는 그렇게 말씀하신 것은 그리스도임에 참으로 틀림없다고 생각하게 되었다. 내 심장이 이상하게 두근거리는 것을 느꼈다. 나는 말하였다. 떨면서 말하였다. "나는 믿는다. 나는 믿는다." 나는 지금 하나님과 함께 평화를 누리게 됨을 발견하였다. 그리스도를 사랑하는 희망 속에서 즐거워하였다. 나는 내가 신뢰하는 믿음으로 서 있음을 보았다. 나를 죄에 빠지는 타락에서 지켜 주는 끊임없는 신앙의 도움으로……. 나는 침대에 누웠다. 나 자신의 연약함을 느끼면서도 그리스도께서 함께하신다는 확신을 가지고…….[7)]

찰스는 그리스도의 속죄의 은총으로 모든 죄에서 해방되는 거듭남의 기쁨과 감격을 신비스러운 음성으로 체험한 것이다. 그 다음날 일기에서도 "오늘 나는 그를 나의 왕으로 보았다. 그를 그의 능력 안에서 발견하였다. 십자가에 못 박히신 그리스도의 사랑을 보았다"고 고백하였다.[8)] 찰스와 존 모두 성령으로의 거듭남을 십자가의 은총으로 의롭다 하심과 동시적으로 체험한 것이다.

그 후 찰스는 형의 회심을 간절히 소원하는 기도를 계속 드렸다. 5월 22일 월요일 일기에서 형의 영적 체험을 위한 애정 어린 기도를 드리는 것을 볼 수 있다.

역사자료 · 18

나의 형이 와서 함께 그를 위한 중보의 기도를 드리게 되었다. 기도 중에 나는 성령이 그에게 강림함을 믿었다. 저녁에 우리는 함께 찬양하고 다시 기도를 드렸다. 나는 내 몸이 연약함을 발견하였으나 나의 친구들을 위해 그들 속에 유일한 제사장이 되시는 그분께 기도하지 않으면 안 되었다. 나는 무릎을 꿇었다. 즉각적으로 마음과 몸이 강하여졌다. 원수는 나를 교만하게 만드는 유혹의

7) Charles Wesley, "Charles Wesley's Conversion",(1738. 5. 21, journal) *A History of the Methodist Church in Great Britain* (ed. Rupert Davies), Vol. 4, (Documents and Source Materials), 11.

8) Charles Wesley, "Charles Wesley's Conversion", 12.

기회를 놓치지 않으려고 하였다. 그러나 나의 강함이 하나님에게서 오는 것을 인하여 하나님께 찬양을 드린다.[9]

드디어 5월 24일, 형 존도 거듭남의 체험을 하게 되었다. 그날 찰스는 형을 거듭나게 하신 하나님께 이렇게 감사를 드렸다.

역사자료 · 19

8시에 홀로 사랑을 간구하는 기도를 드렸다. 어떤 영적 감동을 갖고, 감정의 확증을 가지고서 기도하였다. 10시경에 나의 형은 우리 친구 무리를 데리고 승리의 소식을 전하기 위하여 왔다. 형은 소리쳤다: "나 믿노라!" 우리는 크게 기뻐하면서 함께 찬송을 드리고 간절히 기도한 후에 헤어졌다. 12시경에 나는 자신을 그리스도에게 신뢰하였다. 나는 자든지 깨어 있든지 안전함을 확신하였다. 모든 유혹을 물리치는 그의 능력을 끊임없이 경험하였다. 나는 내가 간구하고 갈망할 수 있는 것보다 더욱 풍성하게 그가 하실 수 있다는 것을 기쁨과 감격으로 고백하였다.[10]

존 역시 뵐러의 질문에서 벗어날 수 없었다. 영국에 돌아와서 약 한 달간 런던에 머물면서 설교를 하거나 친구들을 방문하면서 지냈다. 그러나 자신이 그토록 바라던 마음의 평온을 여전히 추구하고 있었다. 찰스의 경우와 마찬가지로 뵐러는 존에게도 단도직입적인 질문을 던졌

9) Charles Wesley, "Charles Wesley's Conversion", 12.

10) Charles Wesley, "Charles Wesley's Conversion", 13.

다. 존은 그때까지 자연계시에 근거한 자연종교에 반대되는 특수계시로써 십자가복음의 중요성을 깨닫지 못하고 있었다. 즉 영적인 문제들을 인격적이라기보다는 오히려 신비적이고 철학적인 방법으로 해결하려 하였다. 이를 두고 뵐러는 "당신이 취하고 있는 철학을 모두 버려야 합니다"라는 지적과 함께 의심이 생기더라도 계속해서 설교할 것을 권고하였다.

역사자료 · 20

옥스퍼드에서 동생을 만났는데 늑막염에서 치유되었다. 피터 뵐러가 그와 함께 있었다. 5일 일요일, 하나님의 위대한 손길이 임하여서 우리가 신앙의 확신이 없으며 자신들을 구원할 만한 믿음이 없다는 사실을 명확히 깨닫게 해 주었다. 그 순간 즉시 내 마음에서 '당장 설교를 하지 말라'는 생각이 떠올랐다. 확실한 믿음도 없으면서 어떻게 다른 사람들에게 설교를 한단 말인가? 나는 뵐러에게 내가 설교를 그만두어야 할지, 계속해야 할지를 물었다. 그는 "절대로 안 됩니다"라고 대답하였다. 재차 묻기를 "도대체 무엇을 설교한단 말입니까?" "당신에게 믿음을 가질 때까지 믿음에 대해서 설교를 하시오. 그리고 믿음을 갖게 되었기 때문에, 믿음을 설교할 수 있을 것입니다"라고 대답해 주었다. 그래서 6일 월요일에 비록 나의 영혼이 원점으로 돌아갔어도 이 새로운 교리를 설교하기 시작하였다. 신앙으로만 구원에 이른다는 것(salvation by faith alone)을 내가 처음으로 설교한 대상자는 사형수였는데, 그의 이름은 클리포드(Clifford)였다. 피터 뵐러는 여러 번 나에게 그에게 설교하라고 요청하였다. 그러나 나는 죽음 직전에 있는 사람이 회개에 이를 수 있다는 것을 불가능하다고 생각하였기 때문에 나

는 설교할 수 없었다.[11]

클리포드는 웨슬리가 오직 신앙으로만 구원에 이름을 최초로 설교하였을 뿐 아니라 최초로 신앙의인화의 진리로 회심시킨 사람이었다고 웨슬리 일기의 편집자 커녹(Curnock)은 주해를 붙였다.[12] 피터 뵐러는 웨슬리 형제들이 자신들의 불신앙을 깨닫고 인식하게 도와주었다. 물론 신앙은 있었으나, 이들의 지금까지의 신앙은 지적으로 인정하는 신앙(assent)이었다. 하나님께 전 존재를 걸고 신뢰하는 믿음(trust)을 체험하지 못한 것이었다. 이를 두고 존은 우리가 스스로 구원받지 못함은 믿음의 결핍이라고 자신의 말로 설명하였다. 뵐러는 하나님과 화평한 사람들에게서만 가능한 삶의 모습을 그들에게 보여 주었다. 존 웨슬리는 1738년 3월 23일자 그의 일기에 다음과 같이 적고 있다: "다시금 피터 뵐러를 만났는데 그가 믿고 있는 살아있는 신앙의 열매, 즉 성결과 행복에 대한 설명을 듣고 놀라움을 금할 수 없었다." 존의 영혼을 괴롭히던 것이 바로 신앙에 있어서 성결의 추구와 행복의 결여였기 때문이다.

더군다나 이 탁월한 모라비안은 존에게 순간적인 회심(instantaneous conversion)이 성서적이라는 확신을 주었고, 증거를 찾으려고 신약성서를 연구하면서 더욱 놀랄 수밖에 없었다. 1738년 4월 22일자 일기에서 피터 뵐러를 다시 만나서 순간적 거듭남의 진리를 다시 들은 것을 말한다.

---

11) *Journal*, Vol. 1, March 4,5,6, 1738, 442.

12) *Journal*, Vol. I, 442.

토요일 22일, 나는 피터 뵐러를 한 번 더 만났다. 나는 신앙의 본질에 대하여 그가 말한 것에 아무런 반대가 없다. 즉 그리스도의 공로를 통하여 인간의 죄가 용서받고 하나님의 사랑으로 화해하게 되는 확실한 신뢰와 확신 – 인간이 하나님 안에서 가지는 – (우리의 교회의 용어로 표현한다면). 이 산 신앙의 열매로서 그가 표현하는 행복 혹은 성결을 부인할 수 없었다. 성령이 우리의 영으로 더불어 우리가 하나님의 자녀인 것을 내적으로 확증하시고, 믿는 자는 그 자신 안에 확증을 가진다는 것을 나에게 확신시켰다. 그러나 나는 순간적인 성령의 역사(instantaneous work)에 대해서 그가 말한 것을 이해할 수 없었다. 나는 이 신앙이 어떻게 한순간에 주어지는지를 이해할 수가 없었다. 어떻게 한 인간이 어두움에서 빛으로 돌아설 수 있는지? 성령 안에서 죄와 곤경에서 의와 기쁨으로 돌아설 수 있는지? 나는 성경을 다시 찾아보았다. 특별히 사도행전에서 내가 완전히 경탄할 정도로 순간적인 회심으로 가득 차 있는 것을 보고 감동을 받지 않을 수 없었다. 거듭남의 고통에서 사흘을 지낸 사도 바울의 회심이 가장 느리게 일어났다. 나는 단 한 번의 영성수련의 기회만 남았다: "그리하여 하나님이 기독교의 첫 시대에 주신 것을 나에게도 주십시오. 그러나 시간이 변하였습니다. 그런데 지금도 예수께서 동일한 방법으로 역사하신다는 사실을 어떻게 이성적으로 납득할 수 있습니까?"[13)]

존의 올더스게이트 회심체험은 1738년 5월 24일에 일어났다. 존은 피터 뵐러와 대화를 하면서 확신을 추구하게 되었다. 어떻게 그가 마음

13) *Journal*, Vol. I, 454. (1738년 4월 22일).

의 확신을 갖게 되었을까? 선행이 아니라 믿음이 필수조건임을 알고 있었지만 그것이 체험되지 않았기에 갈망하고 있었다. 앞에서 살펴보았듯이 뵐러는 그에게 설교하기를 포기하지 말라고 권고하였지만 그에 대한 존의 반응은 시원치 않았다. 믿음이 값없이 주어지는 선물이라면, 때가 차면 특별한 순간에 얻게 되리라고 열망하였다.[14)]

옥스퍼드대학교 성 마리아 예배당. 웨슬리는 이 곳에서 '마음의 할례'란 제목으로 첫 설교를 하였다. 그리고 거듭남을 체험한 후 '믿음에 의한 구원'이란 설교로 큰 반응을 일으켰다.

1738년 5월 24일 아침, 잠에서 일찍 깼다. 그리고 '너희는 하나님나라에서 멀지 않다'는 베드로후서 1장 4절의 말씀을 읽고 힘을 얻었다. 진리를 체험하는 순간이 저녁에 왔다. 존은 런던의 올더스게이트 거리(Aldersgate Street)에서 모인 모라비안의 작은 집회에 참석하였다. 존 웨슬리는 루터의 《로마서서문》을 모라비안 한 청년(William Holland라고 역사가들은 추측함)이 독일어로 읽는 것을 듣다가 마음이 이상하게 뜨거워졌다. 힐데브란트(Franz Hildebrandt)는 독일어로 웨슬리가 듣다가 회심을 체험하였다고 그의 책 《*From Luther to Wesley*》에서 언급한다: "웨슬리는 독일어를 확실히 알았다. 우리들은 그가 올더스게이트에서 루터의 《로마서서문》을 독일어로 읽는 것을 들었다고 상상한다."[15)]

14) 태브러햄, 99.

15) Franz Hildebrandt, *From Luther to Wesley*, (London: Lutterworth Press, 1951), 13.

저녁에는 나는 기쁘지 않은 마음으로(unwillingly) 올더스게이트 거리에서 열리는 집회에 갔다. 그곳에서 한 사람이 루터의 《로마서서문》을 읽고 있었다. 9시 15분 경, 그리스도에 대한 믿음을 통하여 하나님께서 마음 안에 역사하시는 변화를 루터가 묘사하고 있을 때, 나의 마음이 이상하게도 뜨거워지는 것(My heart was strangely warmed.)을 느꼈다. 구원을 위해서 그리스도를, 오직 그리스도만을 신뢰(trust)하였다고 느꼈다. 그리고 그가 내 죄들을, 심지어 내 자신까지 모두 제거하셨고 죄와 사망의 법에서 나를 구원하셨다는 확신이 나에게 주어졌다(Assurance was given to me). 나를 악의적으로 이용하였거나 핍박하였던 사람들을 위해서 힘을 다하여 기도하기 시작하였다. 그리고 생전 처음으로 내 마음으로 느꼈던 것을 그곳에 있는 사람들에게 공개적으로 간증하였다(testified). 오래지 않아서 원수(사탄)가 이렇게 속삭였다: '이것이 믿음이 아니다. 그렇다면 기쁨은 어디 있느냐?' 그때에 나는 죄로부터 평화와 승리를 얻기 위해서 구원의 대장이신 주님을 믿는 믿음이 필수적이라는 사실을 배웠다. 또한 대부분 처음에 느끼는 놀라운 기쁨, 특히 깊이 애통하는 사람들에게 임하는 기쁨은 하나님의 뜻에 따라 주시기도 하고 주지 않을 수도 있다는 것을 배웠다. 집에 돌아왔을 때 많은 시험으로 몹시 괴로웠다. 그러나 소리를 쳤더니 모두 사라졌다. 그러나 자꾸만 내게 다가왔다. 그때마다 눈을 들어 주님을 바라보았더니, 주께서 '그의 거룩한 곳에서 나를 도와주셨다.' 여기서 현재와 과거의 상태 사이에 중요한 차이가 있음을 발견하게 되었다. 은혜 가운데뿐만 아니라 율법 아래에서 나는 힘을 다해서 투쟁하였었다. 그러나 매번이 아니라 이따금씩 그것을 정복할 수 있었다. 그러나 지금은 늘 승리자

(conqueror)가 되었다.[16)]

웨슬리는 선행의인화(justification by good works)에서 신앙의인화(justification by faith through grace)로 신학의 전환을 가져오게 되었다. 이것은 모라비안을 통하여 루터의 종교개혁의 핵심사상을 발견한 것이라고 볼 수 있다. 그러면서도 의인화에만 머무르지 않고 거듭남을 영성의 중심에 두는 독일의 경건주의(Pietism)적 회심이었다. 웨슬리의 회심이 청교도적인지, 영국성공회적인지, 루터적 경건주의적인지, 로마가톨릭적인지에 대한 논란이 학자들 사이에 많다. 필자는 그의 거듭남의 체험은 모라비안 피터 뵐러를 통해서 루터적 경건주의적 체험을 한 것이라고 해석한다.

그러나 거기에만 그치지 않고 이제 웨슬리는 개인적 믿음에 개인적 성결의 개념을 결합시킬 수 있었다. 그것은 두 날개를 단 것과 같다. 그것은 복음적 개신교의 특징인 하나님의 은총을 통한 신앙적 열정과 순수함이 이제 로마가톨릭이 강조하는 성결과 성화에 대한 관심, 그리고 은총의 수단인 성례전적 삶의 중요성과 통합된 것이었다. 여러 가지 면에서 의인화와 성화의 조화, 믿음과 선행의 조화, 은총과 경건수련의 조화는 로마가톨릭과 감리교인들에게 에큐메니컬적 대화의 근거가 되었고, 미래의 기독교인들에게도 웨슬리가 남겨 준 가장 위대한 유산이다.[17)]

특히 1999년 종교개혁기념일을 기하여 로마가톨릭교회와 독일루터교회가 대 화해의 선언을 하게 된 시점에서 웨슬리신학의 공헌이 더욱

16) *Journal*, Vol. I, 475~476. (1738년 5월 24일). 웨슬리의 일기 편집자 Curnock같은 역사가들은 이 루터의 《로마서서문》을 읽은 청년을 모라비안 교도 윌리엄 홀랜드(William Holland)로 추측한다.

17) 태브러햄, 104.

새롭게 인식될 수 있게 되었다. 다시 말해서 로마가톨릭은 신앙의인화(justification by faith through grace)를 수용하게 되었고, 루터교회는 선행에 의한 성화(sanctification by good works)를 수용하게 되었다. 이러한 신학적 전환은 일찍이 웨슬리에게서 강하게 나타났던 것이다. 2006년 서울 금란교회에서 개최된 세계감리교회대회에서는 가톨릭교회, 루터교회, 감리교회가 공동칭의론 선언을 하는 역사적 사건이 있었다. 그리고 2011년 남아공에서 개최된 세계감리교회대회에서는 가톨릭교회와 감리교회가 공동성화론 선언을 하기도 하였다. 그런 의미에서 웨슬리신학은 가장 에큐메니컬한 영성을 제공하는 신학이다. 웨슬리신학과 영성에서 개신교회와 가톨릭교회가 서로 에큐메니컬 연대를 할 수 있다.

올더스게이트 체험 이후, 웨슬리는 6월 18일 옥스퍼드의 성 마리아 성당에서 "너희는 그 은혜에 의하여 믿음으로 말미암아 구원을 받았으니(엡 2:8)"를 본문으로 삼아 설교하였다. 이 설교가 나중에 출판된 그의 설교집에서 "믿음으로 말미암은 구원(The Salvation of Faith)"이라는 제목으로 No. 1 설교로 편집되었다. 웨슬리는 이 설교에서 여러 가지 유형의 그릇된 믿음, 즉 이교도의 믿음, 악마의 믿음, 심지어는 그리스도께서 이 땅에 계실 때 사도들이 가졌던 믿음에 대하여 설명하였다. 최근에 있었던 그의 개인적인 경험을 확신 있게 언급하면서, 죄의 두려움과 죄의 구속에서 개인을 구원하는 참 믿음을 현세에 살면서도 가질 수 있는 하나님의 선물, 즉흥적인 성령의 역사로 주어지는 믿음임을 강조하였다. 그것이 바로 하나님의 뜻대로 값없이 주시는 선물[18]이라고 보았다.

18) J. Wesley, *Sermons* (London, 1805), Vol. I, 8~20.

B. 브리스톨 감리교회신도회

런던보다 앞서 브리스톨에서 1739년 7월 11일에 웨슬리와 휫필드에 의해 시작된 브리스톨 신도회와 런던 신도회는 런던과 브리스톨 지역에 수십 개의 신도회를 조직해 나갔다. 1743년 이미 500명의 회원들이 각 지역 신도회에서 활동하고 있었는데, 모든 신도회는 함께 연합신도회(the United Society)를 구성하였다. 1743년 지역 연합신도회의 성격, 계획, 일반규례 등을 표현하는 "연합신도회의 규칙(The Nature, Design, and General Rules of the United Societies in London, Bristol, Kingswood, and Newcastle upon Tyne)"을 만들어 출판하였다.[19]

웨슬리가 이끄는 감리교도들은 그 모임을 신도회(society)라고 불렀다. 신도회란 오늘의 한국교회로 말하자면 개체교회(local church)와 같은 것으로, 각 지역마다 지역 단위 모임으로 조직되어 갔다. 그 당시에 웨슬리는 영국성공회에서 분리되지 않으려고 감리교회(Methodist Church)라는 말을 사용하지 않고 대신 감리교신도회(Methodist Society)로 불렀다. 이것은 마치 반동종교개혁의 기치를 들고 일어났던 로마가톨릭교회의 예수회를 'The Society of Jesus'라고 부른 것이라든지 퀘이커 모임을 'The Society of Friend'라고 부른 것과 같다. 그래서 데이비스(Rupert E. Davies)는 트뢸치(Ernst Troelch)가 감리교를 종파(sect)로 분류한 것을 비판하면서 감리교는 종파(sect)도, 교회(church)도 아닌 하나의 신앙운동, 곧 신도회 모임(society)이었다고 해석한다.[20] 마치 모라비안 모임(the Moravian Society

19) Rupert E. Davies, "Introduction", (II. The Origins of the Early Methodist Societies), *The Works*, Vol. 9, 11.

20) Davies, 2~3.

혹은 the Unitas Fratrum)이 루터교(the Lutheran Church) 내의 신앙운동 모임이었듯이, 감리교신도회도 영국성공회 내의 신앙운동 모임이었다.[21] 그래서 처음 감리교도들은 오전에는 영국성공회 예배에 참석하였고, 오후에는 감리교 모임장소를 따로 정해 거기서 예배를 드리면서 영국성공회에서 분리되지 않으려고 노력하였다.

1739년 인원이 60명으로 늘어나게 되자 장소가 너무 협소하였다. 그래서 1739년 4월 1일 휫필드의 옥외설교(outfield preaching) 요청에 따라 많은 망설임 끝에 브리스톨(Bristol)로 내려가게 되었다. 브리스톨은 런던에서 100마일 서쪽으로 떨어진 곳으로 당시 영국에서 두 번째 가는 인구 3만 명의 항구도시였다. 또한 당시의 산업혁명을 지탱해 주던 탄광 중심지기도 하였다. 뿐만 아니라 맥주집이 번성하여 1736년에는 300개가 넘었고, 1742년에는 384개로 늘어났다.[22] 이 지역, 특히 킹스우드에서 소동과 폭동이 일어났는데, 1738년부터 1740년까지 곡식 값이 오르고 새로 형성된 도시노동자 계층이 저임금과 극심한 빈곤을 이기지 못해 일어난 것이었다. 식량난은 언제나 있었지만 감리교회가 등장하던 1739년, 1740년은 특별히 극심하였다. 그리고 킹스우드 광부들이 정기적으로 어려움을 겪었다.[23]

이처럼 불안한 상황에서 킹스우드 광부들에게 휫필드의 설교는 큰 호응을 일으켰다. 미국에서 설교하다가 돌아온 휫필드가 런던설교단의 제약을 받게 되자 브리스톨로 오게 된 것이다. 1739년 2월 17일 킹스우드에서 200명가량의 광부들을 모아 놓고 처음으로 옥외설교를 하였다.

21) Davies, 3.

22) Howard A. Snyder, *The Radical Wesley* (Downers Grove, IL: Intervarsity Press, 1980), 31.

23) Bernard Semmel, *Methodist Revolution* (New York: Basic Books, 1973), 13.

1738년 이전에 웨일스의 선교사들인 해리스(Harris)와 존스(Griffith Jones)가 이미 옥외설교를 하였는데, 휫필드가 그들을 만나서 영향을 받게 된 것이다. 웨슬리는 영국성공회가 옥외설교를 금지하고 항상 정규예배에서만 설교하게 하였기에 상당히 망설였다. 루터는 결단력 있고 진취적인 성격의 소유자였으나, 웨슬리는 결단할 줄 모르고 망설이는 성격의 소유자였다. 특히 동생 찰스의 반대도 있었다. 1739년 3월 31일 일기에서 그의 망설임을 엿볼 수 있다.

웨슬리는 1738년 올더스게이트 회심 체험 이후 그의 아버지 사무엘 웨슬리가 시무하던 엡웟 성공회 예배당을 방문하였고 아버지 교회에서 설교하기를 희망하였으나 거절당하자 이렇게 예배당 밖 아버지 무덤 위에 올라가 설교하였다.

역사자료 · 23

저녁에 나는 브리스톨에 가서 휫필드를 만났다. 옥외에서 설교하는 이상한 방법에 동의하기를 두려워하였다. 그는 나에게 주일 날 한 예를 보여 주었다. 나는 평생(거의 최근까지도) 예절과 질서를 고집해 왔기에 영혼구원이 교회 안에서 행해지지 않으면 거의 죄악이라고(almost a sin) 생각하지 않을 수 없었다.[24]

그러나 예수님도 산상에서 설교하신 것을 깨달으면서 설득되었다.

---

24) *The Works*, Vol. 19, 46. (1739년 3월 31일).

또한 페터 레인 신도회에서 제비를 뽑아 존 웨슬리가 가야 한다고 결정하여 그에 따르기로 하였다. 그래서 웨슬리는 브리스톨에서 산상수훈부터 설교하였다. 그의 기록된 설교 152편에서 산상수훈에 관한 설교가 13편이나 된다. 루터의 종교개혁 교과서가 로마서라면, 웨슬리의 종교개혁 교과서는 산상수훈이라고 할 수 있다.

예수께서 산상에서 산상수훈을 설교하셨듯 웨슬리도 옥외에서 처음 사용한 본문이 산상수훈이었다. 이 옥외설교에서 많은 사람들이 감화를 받고 회개하고 거듭남을 체험하기에 이르렀다. 수천, 수만의 광부와 노동자, 그리고 농부들이 그의 설교를 통해 변화를 받았다. 그래서 감리교회 모임은 이런 민중으로 가득 차는 민중의 교회가 되었다. 4월 1일 주일 저녁, 예수님 당시에도 예배당이 있었지만 예수께서 산상에서 설교하신 사실을 설명하기 시작하였다고 그의 일기에서 기록하고, 4월 2일 월요일 오후 4시 더욱 용기가 생겨 도시 근방의 사람들의 눈에 보이는 하이웨이에서 약 3천 명을 모아 놓고 구원의 복음을 전하였는데, 예수님이 선교를 시작할 때 읽은 이사야의 본문을 웨슬리도 읽고 설교하였다.

역사자료 · 24

주의 성령이 내게 임하셨으니 이는 가난한 자에게 복음을 전하게 하시려고 내게 기름을 부으셨다. 그가 나를 보내신 것은 마음 상한 자를 고치시고 포로에게 자유를 선포하며 눈먼 사람을 다시 보게 하며 짓눌린 사람을 풀어 주며 주의 은혜의 해를 선포하기 위해서다.[25]

---

25) *The Works*, Vol. 19, 46.

웨슬리는 가난한 민중을 대상으로 그들에게 희년의 복음을 전한 것이다. 이 며칠의 감격을 웨슬리는 이렇게 그의 일기에 기록하였다.

역사자료 · 25

4월 1일 주일 저녁에(휫필드 씨가 돌아간 뒤) 나는 니콜라스 거리에서 매주 한두 번씩 모이는 작은 모임에 참석해 주님의 산상설교에 관한 강해를 시작하였다(내가 생각하기에 당시에도 실내 교회들은 있었을 텐데 예수님이 산 위에서 설교한 것은 매우 흥미로운 야외설교의 선례였다). 4월 2일 월요일. 오후 4시에 나는 창피를 무릅쓰고 한길에서 놀라운 구원의 기쁨에 관한 설교를 하였다. 이때 나는 도시에 인접한 지대의 작은 언덕 위에 서서 말씀을 전하였는데 회중은 3천 명 정도였다. ……[26]

그때 영국성공회 감독이 웨슬리를 불러 영국성공회 소속 사제는 옥외에서 설교하지 못하게 되어 있는데 왜 그 법을 어기느냐고 묻자, 웨슬리는 어느 교구에도 소속되지 않은 옥스퍼드대학 교수로 임명받은 사제임을 강조하고, 또한 "세계는 나의 교구다!(The World is My Parish!)"라는 유명한 말을 하였다. 이 말은 예배당 안에서 설교할 수 없게 되자 옥외에서도, 탄광에서도, 빈들에서도, 빈민가에서도, 어디서든지 설교하고 선교할 수 있다는 의미에서 한 말이다. 즉 그가 거창한 세계선교 계획을 세워 놓고 외친 말이 아니다. 그의 세계선교는 1784년 미국선교사들에게 안수를 베풂으로 시작하였다. 그러므로 1739년에 외친 이 말

26) *Journal*, Vol. II, 171~173. (1739년 4월 1일~4월 2일).

은 오히려 한국찬송가 "부름 받아 나선 이 몸"에서 소돔 같은 거리에도, 아골 골짝 빈들에도, 소외되고 다른 사람이 가지 않는 곳에서도 복음을 전하겠다는 정신과 상통하는 슬로건이다.

웨슬리는 1739년부터 런던에서 설교를 금지당하자 브리스톨에 가서 옥외 설교(outfield Preaching)를 하기 시작하였다. 영국성공회 감독이 "영국성공회 교회 법에서 금지하는 옥외설교를 왜 하느냐"고 물을 때 웨슬리는 "세계는 나의 교구다(The World is my parish)"라는 유명한 말을 남겼으며 이 곳이 바로 그 말을 남긴 옥외설교 장소다.

옥외설교를 제안하였던 조지 휫필드(George Whitefield)는 웨슬리 형제와의 만남을 통해 깊은 감화를 받았다. 휫필드의 회심에 주된 영향을 끼친 사람은 존이 아니라 찰스였다. 1735년 휫필드는 옥스퍼드대학교 뒤뜰을 거닐면서 땅에 엎드려 성경말씀을 묵상하는 중에 회심을 체험하였다. 물론 그는 나중에 예정론 논쟁으로 웨슬리 형제와 갈라져 칼빈주의적 감리교도(Calvinistic Methodists)를 이끄는 지도자가 되었다. 성직 안수 후 휫필드는 미국 조지아로 갔으며 그곳에서 타고난 설교가로서의 재능을 발휘하며 전도하는 데 주력하였다. 또 영국으로 귀국 후 대규모 야외집회를 열었는데, 이것들은 존 웨슬리가 겪었던 것 이상의 지지와 반대를 동시에 받았다. 그의 가장 위대하고 성공적인 사역은 스코틀랜드(Scotland)와 남부 웨일스(South Wales)까지 미쳤고, 미국에서는 그

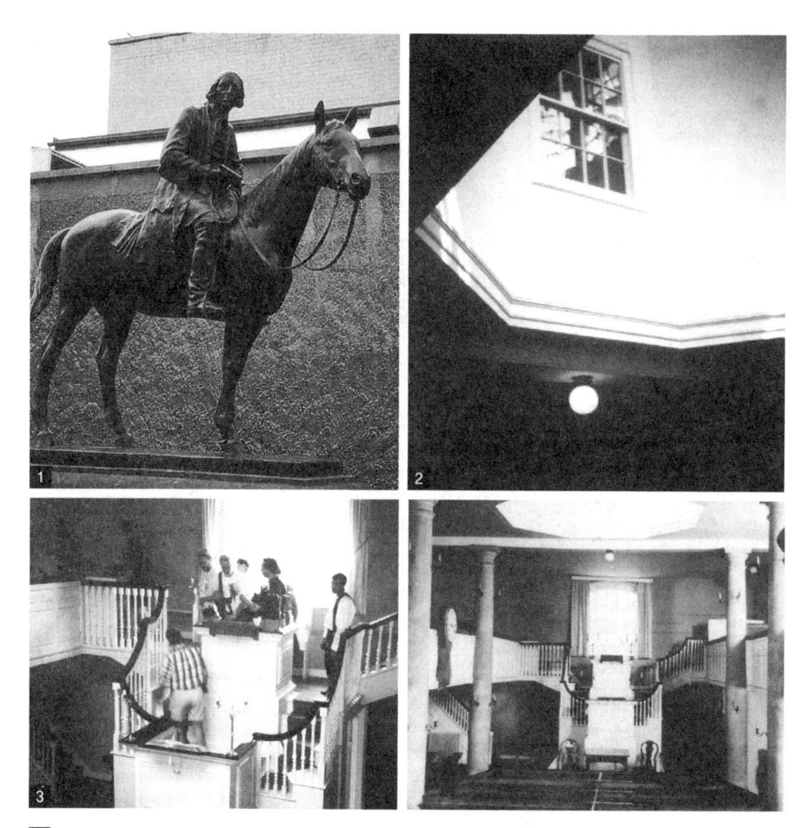

1 웨슬리가 처음 만든 '새 회당(New Room)' 앞에 세워진 말 탄 웨슬리 동상

2 '새 회당' 2층에 있는 창문. 이 창문을 통해 웨슬리가 청중의 예배태도를 내려다 보았고, 반대쪽 창문을 통해 설교가들의 설교자세를 내려다 보았다.

3 1739년에 세운 감리교회 최초의 예배당인 '새 회당' 내부. 2층은 설교강단이고, 1층은 사회강단이다. 이 예배당 건축의 빚을 갚기 위해 속회(class)를 시작하였고, 이는 성화훈련의 소그룹운동이 되었다.

의 설교를 듣고 눈물을 흘린 조나단 에드워즈와 함께 1차대각성운동(The First Great Awakening Movement)을 일으키는 지도자가 되었다. 그가 설교하는 동안 수많은 사람들이 눈물을 흘리며 통회하였으며, 어떤 때는 진동까지 일어났다는 이야기들이 있다. 1741년에 그는 브리스톨에 있는 무어필즈(Moorfields)에 예배당을 세웠다. 그리고 후에 헌팅돈

1 '새 회당' 왼쪽 벽에 걸린 시계로 웨슬리 당시부터 있었던 역사적 시계다. 1층에는 유리창문이 전혀 없다. 너무나 회개의 소리가 커서 동네 청년들이 돌을 던질까 봐 유리창문을 만들지 않았다.

2 '새 회당'의 1층 제단은 사회단, 2층 제단은 설교단으로, 천장에는 설교자와 청중을 웨슬리가 지켜보는 창문이 있었다.

3 웨슬리가 세운 두 번째 예배당인 런던 '웨슬리채플(Wesley's Chapel)' 앞에 세운 웨슬리 동상

(Huntingdon) 백작의 부인인 셀리나(Selina)의 후원으로 런던의 토튼햄 코트 로드(Tottenham Court Road)에 감리교 예배당을 창립하였다. 하지만 그는 과로로 결국 1770년, 비교적 젊은 나이인 56세를 일기로 세상을 떠났다.

의심할 여지없이 휫필드는 가장 뛰어난 부흥전도 설교자였다. 그러나 오랫동안 지속된 그의 영향력은 두 가지 근본적인 이유에서 웨슬리의 영향력에 미치지 못하였다. 첫째로, 그는 웨슬리가 가졌던 조직능력과 행정적 관리능력이 결여되어 있었다. 둘째로, 예정론 교리를 강조하는 그의 지나친 신학적 주장이 만인구원을 메시지로 하는 웨슬리의 알미니안주의보다 지속적인 호소력이 없었다는 점을 들 수 있다. 휫필드와 웨슬리 형제는 그들의 신학적 차이에도 불구하고 굳은 친구로서 남아 있었다. 그리고 웨슬리가 과감히 야외설교를 나설 수 있었던 것도 휫필드의 선례를 보고 용기를 얻은 덕분이었다. 그러나 결국 예정론 이해의 차이로 웨슬리와 갈라서게 되었다. 존 웨슬리는 "값없이 주시는 은혜(Free Grace)"라는 설교를 통해 공격하였고, 찰스 웨슬리는 "보편적 구속(Universal Redemption)"이라는 찬송을 통해 칼빈주의 예정론에 맞섰다.

앞에서 이미 언급한 대로 런던(1739년 12월)보다 브리스톨에서 1739년 7월 11일 먼저 감리교신도회(Methodist Society)가 시작되었다. 그 발전과정을 살펴보면 대략 이러하다. 먼저 밴드모임이 시작되었고, 1738년 12월에 "밴드모임의 규칙(Rules of the Band Societies)"을 만들게 되었다. 브리스톨에 감리교신도회가 형성되기 전인 1738년 말과 1739년 초에 이미 두 개의 밴드가 브리스톨의 볼드윈가(Baldwin Street)와 니콜라스가(Nicholas Street)에 조직되었다. 그리고 1739년 5월 9일에 웨슬리가 브리스톨의 호스페어(Horsefair)에 있는 땅을 사서 '새 회당(New Room)'이라는 이름으로 첫 감리교회 예배당을 지었다.[27]

이 공사는 빚으로 시작하였다. 이 빚을 갚기 위해 논의하던 중 속회

---

27) Davies, 10; Snyder, 33.

를 조직하여 모든 감리교회 속도들이 일주일에 1페니씩 모으자는 제안을 캡틴 포이(Captain Foy)가 하였다.

그리고 1739년 6월 웨슬리는 휫필드와 함께 브리스톨 외곽 지역인 킹스우드(Kingswood)에 학교를 설립하였다. 그 당시 킹스우드 광부들의 자녀들은 고등학교 이상의 교육을 받을 수 없었다. 이처럼 가난한 이들에게 교육의 기회를 부여하는 것은 혁명적인 일이었다. 읽고, 쓰고, 계산하는 교육뿐 아니라 "하나님과 그가 보내신 예수 그리스도를 아는" 신앙교육을 목적으로 하였다.[28] 그리고 하나님의 도움을 통한 지혜와 성결에 이르게 하고, 합리적이고 성서적인 크리스천이 되는 방법을 훈련시키고자 하였다. 웨슬리는 영혼구원에 대한 관심뿐 아니라 인간본

웨슬리와 휫필드가 옥외설교를 했던 Hanam Mount, 여기에 Kingswood School을 세우기도 함.

28) Heizenrater, 106.

성 문제에 대한 근본적인 이해를 바탕으로 이 학교를 설립하였다. 특히 자녀의 의지를 죽이는 연습을 훈련시킨 어머니 수잔나의 교육관을 물려받아 부패하고 잘못된 인간본성에 의한 악한 의지를 오직 교육만이 바로잡을 수 있다고 생각하였다. 그는 1783년 "자녀들을 교육시키는 방법에 관하여(Thoughts on the Manner of Educating Children)"를 썼는데, 여기서 철저한 훈련의 교육방법에 반대하는

웨슬리와 휫필드의 일기 속에 기록된 옥외설교의 감격을 동판으로 새김. 탄광지역 광부들의 자녀들을 위해 세운 무료학교. Kingswood School에 있음.(브리스톨 교외)

사람에게 응답하는 형식으로 논문을 전개하였다. 루소의 《에밀(*Emile*)》을 무신론자가 쓴 가장 공허하고, 단순하고, 경솔한 교육방법이라고 비판하였다.[29] 그리고 아이들을 세상사랑에서 하나님사랑으로 바꿀 수 있는 것은 교육만이 아니라 하나님의 은총에 의해 가능함을 강조하였다. 옥스퍼드에서부터 자선교육운동에 관심하여 왔고, 가난한 아이들을 도덕적 · 영적으로 성장시키고 좋은 생활습관을 훈련시키기 원하였다. 이것은 일찍이 감리교회의 교회학교(Sunday school)운동에서 나왔다. 미스 메리 보산퀘트(Miss Mary Bosanquet), 한나 볼(Hannach Ball) 등이 교회

29) Rack, 354.

학교의 선구자였다. 아래로부터, 지역단위에서부터 교회학교운동이 일어났다. 웨슬리는 교회학교 조직의 구경꾼에 불과하였다. 어린이들을 위한 속회가 있어서 매주 만나서 함께 기도하고, 그들을 가르치고, 그들과 대화하였다. 그래서 어린이들이 회심까지 체험하는 일들이 일어났다. 어린이들의 회심이 1780년 대부흥운동의 큰 특징이었다.

1748년 6월 24일 학교규칙과 커리큘럼을 새롭게 만들었다. 1768년 기록에 의하면 자신이 평생 60년 이상을 4시에 기상하였듯이 학생들도 4시에 기상하고 한 시간 동안 성경 읽기, 노래하기, 명상하기, 기도하기를 훈련하고, 5시에 예배드리고, 6시에 노동과 아침식사를 하고, 7~11시에 공부하고, 11~12시에 걷기 혹은 노동을 하고, 12~1시에 점심식사와 노래 및 노동을 하고, 1~5시에 다시 공부하고, 5시에 개인기도를 드리고, 6시에 저녁식사, 걷기 혹은 운동을 하고, 7시에 저녁예배를 드리고, 8시에 취침하였다. 6세에서 12세 사이의 아이들을 위한 교과내용은 읽기, 글짓기, 수학, 기하학, 영어, 프랑스어, 라틴어, 희랍어, 히브리어, 역사, 지리, 연대, 수사학, 논리학, 윤리, 물리, 음악 등이었다.[30] 놀 수 있는 시간적 여유는 없었다. 웨슬리는 오락을 즐기려는 아이들에게 기도모임을 갖게 하라고 강조하였고, "어려서 노는 아이는 어른이 되어서도 논다"는 독일 잠언을 중요하게 생각하였다.[31] 1760년경 더욱 큰 야망을 가지고 4년 이상의 아카데미 과정을 추가하였다.[32] 3학년생들에게 어거스틴의 《고백록》을, 4학년생들에게 시저(*Caesar*)를 가르쳤으며, 최고 학년인 7학년생들에게는 호머의 《일리아드》, 희랍어 신약성서와

30) 김홍기, 《존 웨슬리신학의 재발견》, (서울: 대한기독교서회, 1996), 62.

31) Rack, 356.

32) Rack, 357.

히브리어 구약성서를 읽게 하였다. 웨슬리는 옥스퍼드를 비롯하여 영국대학의 문제점들을 비판하였다. 그는 옥스퍼드와 케임브리지 졸업생들의 90퍼센트보다 더욱 좋은 학자를 만들기 위해 커리큘럼을 철저히 만들었다.[33] 미스터 시거(Mr. Seager)는 옥스퍼드의 입학을 거절당하자 킹스우드 아카데미 과정에서 1768~1769년에 공부하였다. 조셉 벤슨(Joseph Benson)은 학위를 받기도 하였다.[34] 이렇게 킹스우드학교는 지금으로 말하면 고등학교 3년 과정과 대학 4년 과정을 포함하는 7년 과정이었다.

1749년에는 이 학교 외에 네 개의 학교가 킹스우드에 있었다. 소년들이 기숙할 수 있는 "새 학교(New House)", 소녀들이 기숙할 수 있는 "옛 학교(Old House)", 제임스 하딩(James Harding)이 가르친 "소년학교", 사라 디목(Sarah Dimmock)이 가르친 "소녀학교" 등이었음을 웨슬리는 그의 일기에서 언급하였다.[35] 나중에는 물론 순회 설교가들을 훈련시키는 학교가 되었지만, 이 당시는 모든 가난한 일반 크리스천들에게 공개된 학교였다. 등록금과 기숙사비 없이 전부 무료로 교육시켰다. 웨슬리는 예나(Jena)의 경건주의학교의 모델을 따랐고, 프랑케(Francke)처럼 경건훈련에 목적을 두었으나 그것이 실패로 돌아간 것을 1783년에 쓴 그의 논문 "킹스우드학교의 상태에 대한 언급(Remarks on the state of Kingswood School)"에서 밝히면서, 기독교가족의 이상을 성취하지 못하였음을 시인하였다. 규칙이 제대로 지켜지지 않았고, 학생들이 감독과 지도를 잘 따르지 않았으며, 매일 놀고 친구들과 싸우기를 좋아하였

33) Heizenrater, 168~169.

34) Rack, 357.

35) *Journal*, Vol. III, 392.

고, 선생들은 경건과 운영의 지혜가 부족하였다고 회상하였다.[36]

C. 런던 감리교회신도회

넓은 의미에서는 옥스퍼드 감리교인들의 신성클럽(the Holy Club)도 신도회라고 볼 수 있지만, 본격적인 신도회의 모습은 웨슬리가 미국에서 영국으로 돌아온 뒤였다. 1738년 존 웨슬리와 피터 뵐러는 감리교도와 모라비안 교도를 묶어서 페터 레인 신도회(Fetter Lane Society)를 만들었다. 본래는 1737년 그의 친구 제임스 후턴(James Hutton)이 신도회를 페터 레인(Fetter Lane)에서 구성하는 것을 도와주었다. 처음에는 후턴의 집에서 모였고, 나중에는 페터 레인에서 모였다. 또 다른 모임이 페터 레인에서 떨어져 나가 구성되었는데, 역시 후턴에 의해 올더스게이트 거리(Aldersgate Street)에서 이루어졌다. 이 모임에서 웨슬리가 회심을 경험한 것이다. 그러다가 피터 뵐러와 웨슬리가 회심 후 함께 모라비안과 감리교도를 합쳐서 페터 레인 신도회를 만들었다. 매주 수요일 40~50명이 모여 자유로운 대화를 나누고, 노래와 기도로 시작하고 노래와 기도로 끝맺었다.

올더스게이트 거리(Aldersgate Street)에서의 체험 얼마 후, 웨슬리는 독일의 마린보른(Marienborn)과 헤른후트(Herrnhut)에 있는 모라비안공동체(Moravian communities)를 방문하였다. 그는 이 방문을 오랫동안 고대해 왔으며, 몇 가지 교리적으로 찬성할 수 없는 점들이 있었음에도 불구하고 그들에게서 깊은 감명을 받았다. "나는 나의 여생을 기꺼이 이곳

36) Rack, 359.

에서 보내고 싶다"라고 9월 12일 일기에 적고 있다. 웨슬리는 그들에게서 많은 것을 배웠으며 후에는 모라비안 교도들의 조직유형 중 영성훈련과 찬양을 중심으로 모인 11개의 합창단(Choir)에서 힌트를 얻어 밴드(band) 등 감리교 조직에 활용하기도 하였다. 그는 1738년 9월 17일 새로운 확신을 가지고 영국으로 되돌아왔다.

그러나 웨슬리는 모라비안 센터인 독일 헤른후트(Herrnhut)를 방문한 후에 모라비안들의 정숙주의(quietism)와 신앙제일주의(solafideism)를 비판하게 되었다. 신앙의인화만을 강조한 나머지 행동을 전혀 배제하는 정숙주의적 경건에 문제를 제기하게 된 것이다. 이 모라비안들과의 논쟁에서 대두된 핵심적 신학사상의 차이를 이 책 서론 부분인 'I장 18세기 영국의 역사적 배경', 'C. 부흥운동의 시대(The Age of Revival)'에서 웨슬리와 진젠도르프의 라틴어 논쟁을 중심으로 다루었다.

몰더(Philip Henry Molther)와의 논쟁도 있었다. 그는 1739년 가을 페터레인 신도회에 참 종교가 없다고 말하면서, 모든 은총의 수단(means of grace)과 모든 경건의 선행을 그만두어야 한다고 주장하였다. 대신 시편 46편 10절 말씀에 따라 주님 앞에서 조용히 남아 있어야 한다고 강조하였다.[37] 몰더는 그리스도 안에서 참 신앙을 가질 때까지 그리스도 이외에는 아무런 은총의 수단도 사용해서는 안 된다고 하였다. 웨슬리는 이것이 율법폐기론(antinomianism)에 빠지게 만든다고 공격하였다. 악행을 피하는 것, 선행을 실천하는 것, 은총의 수단을 사용하는 것은 삼중적으로 성도의 영성생활에 필요한 것임을 웨슬리는 힘주어 말하였다. 이것은 모라비안뿐만 아니라 칼빈주의자들과의 끊임없는 논쟁거리가

37) Heizenrater, 106.

되기도 하였다.[38]

결국 이러한 논쟁들 때문에 모라비안과 감리교도가 분리하게 되었다. 1740년 7월 18일 웨슬리는 그의 지지자 75명과 함께 페터 레인 신도회를 떠나게 되었다.[39] 이미 런던에서 1739년 12월에 감리교신도회가 구성되었는데, 이것을 '런던 파운데리 신도회(London Foundery Society)'라고 부른다. 이 신도회는 런던 최초의 감리교회 본부를 지었다. 그러다가 이 건물은 인쇄소가 되었고, '웨슬리예배당(Wesley's Chapel)'이라는 이름으로 새롭게 시티 로드(City Road)에 건물을 짓게 되었다. 1776년에 계획하고 1777년에 기초공사를 하고 1778년 11월에 입당하게 되었다. 오늘날 사실상의 '세계감리교회의 어머니교회(mother church of the world Methodists)'가 세워진 것이다.

이렇게 페테 레인 신도회가 분열되면서 모라비안은 오히려 영국 땅에서 힘을 점점 잃어가고 웨슬리의 감리교회는 점점 세력을 확장하여 가게 된 것을 하버드신학교의 현재 학장(2012년 7월부터)인 데이비드 헴튼(David Hempton)은 그의 저서 《성령의 제국 감리교(*Methodism Empire of the Spirit*)》에서 생물학적 이론을 갖고 개체 종(species)과 서식지(habitat)의 이론으로 흥미롭게 설명한다. 결국 모라비안에 비하여 감리교회라는 개체 종이 영국이라는 서식지의 환경과 밀접하게 잘 어울려서 경쟁관계를 넘어서 더욱 잘 발전하게 되었다는 것이다.

구태여 생물학적 비유를 들자면 새로운 종류의 종교적 개체 종의 유전적 구조(the genetic structure of a new kind of religious species)의 차이였던 것

---

38) Heizenrater, 107.

39) *The Works*, Vol. 9, 10. 그리고 Allan Coppedge, *John Wesley in Theological Debate* (Wilmord, Kentucky: Wesley Heritage Press, 1987), 61를 참조하라.

이다. 여기 새로운 개체 종의 신학적 구성요소는 바로 복음주의적 알미니우스주의, 확증의 교리, 그리고 완전성화의 추구였던 것이다. …… 영국 전역과 참으로 세계로(throughout and the world) 감리교의 성경적 성결(scriptural holiness)이 퍼져 나가기 시작하였다. 여기에서 옥외설교와 순회설교, 감리교신도회연합(society association), 연대구조(connectionalism) 등은 수단이었고, 개인적 확증, 공동체적 영성수련(communal discipline), 그리고 민족적 거듭남(national regeneration)은 그 목적(the ends)이었다.[40]

1 '웨슬리채플' 내부구조. 이 예배당 내부 대리석 기둥은 영국왕 찰스가 기증한 것이다. 감리교 운동은 신앙운동으로 끝난 것이 아니라 영국사회를 구원한 사회운동이었다는 의미에서 기증하였다. 이 웨슬리채플은 세계감리교회의 어머니교회가 되었다. 첫 번째 예배당인 '새 회당'은 칼빈주의 감리교도가 소유해 왔기에 현재는 예배를 드리지 않고 있다.

2 세계감리교회의 어머니교회(mother church)인 '웨슬리교회(Wesley's chapel)' 앞에 세운 웨슬리 동상. 이 교회는 브리스톨의 '새 회당(1739)'에 이어 두 번째로 세웠으나(1777) '새 회당'이 칼빈주의 감리교회 것이 되었으므로 이 교회가 어머니 교회가 됨.

40) David Hempton, *Methodism Empire of the Spirit* (New Haven and London: Yale University Press, 2005), 14.

이 예배당은 '설교하는 예배당(preaching house)'이었고, 이곳에서의 설교는 반드시 안수 받은 성직자들이 하였다. 이 예배당 옆에 함께 지은 웨슬리의 집은 성만찬과 설교와 친교와 사회봉사를 위한 건물이었다. 웨슬리는 이 집에서 15년 이상을 살았는데, 그가 새벽 4시면 일어나서 기도하던 방을 "능력의 방(power house)"이라고 부른다. 런던 파운데리는 하루 두 번, 아침 6시나 7시에 그리고 저녁 6시나 6시 30분에 예배를 드렸다. 개회기도와 찬송으로 시작하여 30분 설교를 하고 다시 찬송과 폐회기도로 예배를 끝냈다.[41]

1 1891년 런던 City Road의 '웨슬리교회(Wesley's Chapel)'를 복원하면서 웨슬리가 죽음의 침상에서 외친 말-"내 생애 가장 좋은 것은 하나님이 우리와 함께 하심이다(The Best of all is Hod is God is with us)!"를 새겼다.

2 '웨슬리의 집' 안에 있는 웨슬리 기도실. 매일 새벽 4시면 일어나 말씀을 읽고 기도하던 방이다. 이 기도실에서의 기도로 세계적인 감리교회를 만들었기에 '능력의 방(power house)'이라고도 불린다.

41) Heizenrater, 111.

1 '웨슬리교회' 옆에 있는 '웨슬리의 집(Wesley's house)'안에 위치한 웨슬리 기도방의 내부 모습. 성경을 읽고 무릎을 대고 손을 책상 위에 놓고 기도하는 웨슬리를 연상케 한다.

2 노년의 웨슬리는 경제적 성화와 경제윤리에 대하여 집중적으로 설교하였다. 돈을 축적하고 돈을 사랑함이 성화의 가장 큰 방해물이었음을 강조하였다. '웨슬리의 집'에는 비밀서랍이 있는데 여기에 몰래 돈을 비축해 두었다가 가난한 사람들에게 나누어 주는 비자금 서랍이었다.

3 평신도 설교가들이 쉬고 묵었던 방. 런던의 '웨슬리교회' 옆 '웨슬리의 집'에 있는 방이며, 웨슬리는 이 집에서 15년을 살았다.

1 '웨슬리채플' 뒤에 만든 웨슬리의 무덤이다.

2 수잔나 웨슬리, 존 번연, 아이작 와츠 등 유명한 비국교도들이 묻혀 있는 무덤. 수잔나는 영국성공회 사제의 사모였으나 영국성공회 무덤에 묻힐 수 없어서(아들의 감리교 운동 때문에) 여기에 묻힘.

3 웨슬리의 키는 160cm. 이 동상은 미국 에르베리 신학교(켄터키 주)에 세워진 것임. 역자(오른쪽)보다 작은 웨슬리 동상(웨슬리의 실제 크기로 제작).

4 웨슬리가 평신도들의 필독서를 모아놓은 '크리스천 영성 문고(Christian Library)', 이 속에는 토마스 아 켐피스의 《그리스도를 본받아》, 윌리엄로의 《기독자의 완전》 등이 들어 있음.

1740년 4월 중순에 페터 레인 신도회 회원들과 함께 더욱 강화된 신도회규칙을 만들었다. 1740년 5월 9일 페터 레인 신도회 회원 중 많은 사람들이 함께 모여 금식하고 기도하였다.[42] 찰스 웨슬리는 1740년 4월에 12명이 모인 '유아신도회(infant society)'가 6월에는 300명의 회원으로 증가하였다고 증언한다.[43] 그러다가 이 런던 파운데리 신도회는 1740년 7월 18일 페터 레인 신도회에서 나온 75명에 의해 더욱 강화되었다. 이것을 웨슬리는 '연합신도회(The United Society)'라고 표현하였다. 1740년 7월 초에 모라비안 후턴(Hutton)이 새 예배당을 구할 필요성을 말하면서 이 새 예배당에서는 웨슬리가 설교할 수 없다고 주장하였다. 이틀 후에 웨슬리는 그의 동지들과 함께 모여 성만찬을 나누고 그 다음 주일 애찬회 후에 그의 신학적 입장을 재천명하고 페터 레인 신도회를 떠나게 되었다. 그러나 모라비안 페터 레인 신도회보다 감리교회 런던 파운데리 신도회가 더욱 커지게 되었다.[44]

찰스 웨슬리

42) Heizenrater, 111.

43) Heizenrater, 112~113. 재인용.

44) Heizenrater, 112.

London
Dec. 30. 1766

My Dear Brother

It is certain, that nothing less than the mighty Power of GOD, can ever effect that Union. However, in one measure we will [illegible]. And I doubt not you are of the same mind.

Begin then. Set upon John Goodwin as soon as you please. You are very capable of the Work. And you have something more leisure than I have. But I would have you [illegible] for room. The Book should be in the Letter wherein my Abridgment of [illegible] Lives [illegible] printed. And of it have three hundred fifty pages, [illegible]

Are you tired with plowing on the sand? Then come away to better Work. It's true, you will have less Money; Only forty pounds a year: But you would have more Comfort, & more Fruit of your Labour. Here is a wide & glorious Field of Action. You might [illegible] help a willing People as well as strengthen the hands of

My Dear Lady

As I have full employment for every hour of my life, & have many more invitations to various parts that I can accept of, there was no manner of danger of my coming to Trevecka without being invited. I had accordingly sent notices to Bristol & Cornwall of the days when they were severally to expect me. However I am glad, that my not spending a night or two at Trevecka, will be no disappointment to any one. I commend your Ladyship to God & am,

My Dear Lady,

Your Ladyship's ever faithful Servant

John Wesley

London
Aug. 10. 1770

John pattern of Preachers, Law & Gospel.

I. The Sin of the world, In its root Original in its fruit Actual — in its quantity Mountains Ocea[n] in its wages: death, temporal & eternal. Stre[am] nothing can stop — and expiate it.

II. A divine person pointed at: ye Lamb of G[od]. Antitipe of Isaak Gen. 22. Paschal Lamb Ex. Daily sacrifice — Patient innocent lamb. Is: 53. Lamb, fleece, flesh, notes Xt, as dove the H. G. Of GOD Appointed of him Rom. 3.25. Accepted mat. 3. ult. Coming from, leading to, being God

III. The act of this div. pers. upon the Sin — He taketh it away. Xt. by his humiliation before his crucifixion expiated, by his prayers tears blood agony death, burial takes away gu[ilt]

웨슬리의 필체

06
감리교회 부흥기(1741~1744)

A. 감리교회 부흥운동의 중요한 사건(1741~1744)

1741년 봄 웨슬리 형제들은 1740년의 모라비안과의 결별과 함께 칼빈주의자들과의 결별이라는 아픔을 경험하였다. 1739년 "값없이 주시는 은총(Free Grace)"이라는 설교를 통해서 휫필드(George Whitefield)의 예정론과 논쟁하기 시작한 이래로 도저히 신학적 합일을 이룰 수가 없었기에 칼빈주의자들과도 나뉠 수밖에 없었다. 찰스 웨슬리는 형을 지지하는 찬송 "만인 속죄(Universal Redemption)"를 작사하였다.

1741년 2월 회원권(tickets)을 나누어 주기 시작하였다. 신도회 안에서 회개하고 경건한 신앙을 유지하는 회원들에게 종이나 카드 위에 성경구절과 함께 이름을 손으로 써서 주었다. 후에는 인쇄하여 나누어 주었다. 회원권을 받지 못하였음에도 신도회를 떠나지 않고 남아 있는 사람들은 근신기간을 갖게 하였다. 이것이 연합신도회 안에서의 영성훈련과 양육의 기본수단이 되는 '참회 밴드(penitential bands)'가 되었다. 일 년에 네 번, 분기마다 시험을 해서 정식 회원권을 다시 부여하였는데, 그들은 앞서 회원권을 받은 사람들보다 더욱 열심 있는 감리교도들이 되었다. 그 중요한 근거는 그리스도에게로 돌아오며, 그리스도 안에서 안식하고, 그리스도 안에서 살려고 애쓰는 것으로 생각하였다.[1]

1741년 4월 9일부터는 매달 보름 경에 모이는 '철야 기도회(watch night services)'를 하였다. 웨슬리가 한 시간 정도 설교를 하였는데, 성령의 역사가 일어나 찬양하고 기도하고 간증하며 감사하는 일들이 일어났다. 자정이 넘어 찬양하면서 집으로 돌아가는 이들이 많을 정도로, 영적 체험을 하는 계기가 되었다.

'새 회당' 뒤뜰에 세운 찰스 웨슬리 동상. 그는 찬송 시 작사로 웨슬리의 신학과 사상을 보급시켰다.

1741년 5월 웨슬리 형제들은 킹스우드 신도회에서 토요일 밤마다 "서로 돌보며 기도하라"는 사도의 가르침을 따라 기도와 찬양과 감사를 나누는 영적 책임성(accountability)을 훈련하는 모임을 시작하였다.

1741년 5월, 12명의 회원들이 병자들을 방문하는 '병자를 위한 방문자들(visitors of the sick)'을 조직하였다.

1741년에는 과거 옥스퍼드 시절에 실천하였던 교도소 방문선교를 부활시켰는데, 런던의 뉴게이트(Newgate)와 마샬시(Marshalsea) 감옥과 옥

1) Heizenrater, 124.

스퍼드의 캐슬(Castle)과 브리스톨의 뉴게이트(Newgate)로 선교를 확장하였다. 주로 사형수들을 상담하고 기도와 설교를 함으로써 영생을 확신하게 해 주었다.

1741년부터 가난한 사람들과 고아들과 과부들을 돕기 위한 모금운동을 전개하는 '자선 설교(charity sermon)'를 하였다. 1744년에는 런던 신도회에서 196파운드를 모아 옷이 없는 360명의 가난한 사람들에게 나누어 주었다.[2)]

1742년 4월 브리스톨에서 선장 포이의 제안으로 첫 속회가 모이기 시작하였고, 1746년 모든 감리교회로 확산되었다.

1742년 5월 30일 웨일스(Wales)를 넘어서 요크셔를 방문하고, 중북부로 확장해 가던 중 뉴캐슬(Newcastle)에 이르러 고아원을 건립하는 등 목회를 시작하였다.

1742년 감리교회를 변증하는 《감리교도의 특징(*The Character of a Methodist*)》을 저술하였다. '진정한 기독교인(real Christians)'과 '순수한 기독교(genuine Christianity)'를 강조하였는데, 그 핵심은 하나님사랑과 이웃사랑을 실천하는 것이었다. "감리교도의 실천신학(Principles of a Methodist)"이라는 논문에서 신앙의인화와 죄 없는 완전을 믿지 않는 것을 비판하면서 감리교회는 신앙의인화와 죄 없는 완전을 믿는 교회임을 변증하였다.

1743년에는 "합리적이며 종교적인 사람들에게 호소함(An Earnest Appeal to Men of Reason and Religion)"이라는 논문을 통하여 역시 감리교회의 특징은 하나님사랑과 인간사랑임을 강조하였다.

---

2) Heizenrater, 128.

1743년 2월 뉴캐슬로 올라가 복음으로 살지 않는 회원 64명을 뉴캐슬신도회에서 제명하였다(남을 저주하는 사람 2명, 안식일을 습관적으로 범하는 사람 2명, 술 취하는 사람 17명, 아내를 때리는 사람 1명, 습관적으로 거짓말하는 사람 3명, 악한 말을 하는 사람 4명, 게으른 사람 1명, 경박하고 주의력 없는 사람 29명).[3] 이틀 후에 "연합신도회의 성격, 계획과 일반적 규칙(The Nature, Design, and General Rules of the United Societies)"을 만들었는데, 다가오는 진노를 피하기 원하는 사람과 구원받기를 열망하는 사람과 악을 행하지 않고 선을 행하며 모든 모임에 열심히 참석하는 사람을 진정한 감리교도로 해석하였다.

1743년 10월 존은 웬즈베리(Wednesbury)에서 100여 명의 폭도들에게 각목으로 폭행을 당하였고, 런던에서는 황소의 습격을 받기도 하였다. 또 찰스는 그가 묵었던 신도회 건물이 파괴되는 어려움을 겪었다. 1744년 3월 웨슬리가 조지 2세에게 감리교도들은 영국성공회에 충성을 다하고, 왕에게 복종하는 무리임을 호소하였다.

1744년 9월 감리교회의 첫 연회(Annual Conference)가 개최되었다. 행정적 업무처리를 위한 것이기도 하였지만, 가장 중요한 이유는 감리교신학과 교리를 가르치고 감리교 목회자들의 영성을 성숙시키고자 함이었다. 이런 이유 때문에 감리교회의 연회록은 매우 신학적이며 영적이어서 연회록 자체가 감리교회의 신학적 자료가 될 정도다.

3) Heizenrater, 138.

B. 평신도 설교가들(Lay Preachers)

웨슬리는 일반적으로 원고 없이 즉석에서 설교를 하였는데, 1시간 이상이나 계속된 경우도 자주 있었다. 그러면서도 설교가들에게 시간을 엄수하여 설교할 것을 가르치기도 하였다. 즉 잘 정리된 설교원고를 토대로 정해진 시간에 짧게 설교하는 것과 성령의 인도대로 즉흥적으로 설교하는 것을 둘 다 활용한 것이다. 그의 목소리는 매우 명확하였으며 필요할 경우에는 매우 큰소리로 말할 수 있었다(한번은 12,000명의 사람들이 콘월(Cornwall)에 있는 궤냅 피트(Gwennap Pit)에 모였다). 그리고 그는 18세기 영국성공회 설교가들의 특징이었던 미사여구를 거의 사용하지 않았다. 웨슬리의 설교들은 1746년 이후부터 인쇄되었다. 오늘날 그것들을 읽기 위해서는 20세기 신앙 저술들을 읽을 때보다 좀 더 신경을 써야 하는데, 표현이 어렵고 상당히 논리적이기 때문이다. 그러나 인내심을 갖고 읽으면, 풍성한 신학적 깨달음을 얻게 된다. 오늘날 루터나 칼빈보다 웨슬리에 대한 연구가 활발하게 일어나서 '웨슬리연구의 르네상스시대'가 된 것도 그의 설교들에 다양하고 풍부한 신학사상이 담겨 있기 때문이다. 예컨대 여성신학적 이슈, 해방신학적 이슈, 경제윤리적 이슈, 사회성화적 이슈, 새 창조론적 이슈, 종교신학적 이슈, 성령론적 이슈, 영성신학적 이슈 등이 웨슬리설교들의 재해석을 통해 나오고 있다. 물론 웨슬리가 글로 적은 설교들이 그 때 모두 설교된 것이 아님을 알아야 한다. 만약 실제로 그가 한 즉흥설교들이 남아 있다면 아주 흥미있는 연구 자료들이 될 수 있을 텐데 불행히도 그런 자료들은 남아 있지 않다. 인쇄되어 전해진 그의 설교들 대부분은 '설교적 논문'들로 실제로 설교된 지 상당 기간이 지난 뒤에 기록되었다. 그러나 그의 기억력은 정확하였다. 웨슬리는 일 년에 4~5천 마일을 여행하며 전도하였는데, 처음에는 말을 타고 다녔으나, 나이가 듦에 따라 특별히 만든 마차를 이용하였다. 평생 웨슬리가 말을 타고 여행한 거리는 대략 25만 마일 정도며, 이것은 세계적인 기록이라 할 수 있다.

웨슬리와 동역하였던 안수 받은 설교가들과 평신도 설교가들에 대한 이야기는 아주 흥미 있는 역사연구 자료다. 설교가들(preachers), 보조설교가들(helpers), 협동설교가들(assistants)이라는 용어를 썼다. 실제로 앞의 두 용어는 처음에는 동일한 의미로 썼다. 존 웨슬리의 보조설교가들은 평신도일 수도, 혹은 영국성공회 사제일 수도 있었다. 일부 평신도들은 자신의 고유한 지역에 머물면서 봉사하였는데, 이들은 오늘날의 지역 평신도 설교가(local preacher)와 같았다. 어떤 이들은 각 나라를 여행하면서 설교를 하였는데, 이들은 매우 오랜 뒤에야 안수를 받았음에도 점차 전임 목회자로서의 성격을 갖게 되었다. 안수 받은 보조설교가들 중 연장자들은 웨슬리의 협동설교가들이라 불리게 되었는데, 이들은 오늘날 감독의 기원이 되었다. 그러나 이들은 모두 설교가로서 통칭되었다. 웨슬리는 감리교 설교가들을 부르신 목적을 첫 연회(1744년)에서 다음과 같이 밝혔다.

역사자료 · 26

질문 : 소위 감리교도라고 불리는 설교가들(preachers)을 일어나게 하신 하나님의 계획이 무엇이라고 우리는 합리적으로 믿는가?

답변 : 민족을 개혁하기 위하여(to reform the nation), 특별히 교회를 개혁하기 위하여, 성서적 성결(scriptural holiness)을 온 땅에 퍼트리기 위하여

질문 : 어떤 신도회를 조직하지 않고 우리가 설교할 수 있는 모든 곳에서 설교만 하는 것이 바람직한가?

답변 : 결코 그렇지 않다. 우리는 여러 곳에서 바람직한 시간을 위하여 시련을 겪었다. 그리고 모든 씨앗은 아주 넓게 떨어졌다. 그러나 열매가 거의 맺혀지질 않았다.

질문 : 신도회가 조직되지 않은 곳에서 어떤 특별한 불편함이 있었는가?

답변 : 많은 어려움 중에 이런 예들을 말할 수 있다. 첫째, 죄를 확신하는 사람들에게 설교가가 적당한 지도와 권면을 줄 수 없는 것. 둘째, 사랑 안에서 서로 지켜볼 수 없는 것. 셋째, 신도들이 서로의 짐을 져 줄 수 없는 것과 신앙과 성결에 있어서 서로 세워 줄 수 없는 것

질문 : 우리는 어디에서 설교하기를 가장 노력해야 하는가?

답변 : 1. 우리(사제들)가 교회 안에서 설교할 수 있는 곳에서 2. 조용히 듣기를 원하는 다수의 청중이 있는 곳에서 3. 가장 열매가 많은 곳에서

질문 : 그러면 옥외설교는 불법적인가?

답변 : 우리는 그렇게 이해하지 않는다. 우리는 어떤 법에도 위배되지 않는다고 안다. 하나님의 법에도 사람의 법에도[4]

여기서 감리교 설교가들을 부르신 목적은 "민족을 개혁하기 위해서

4) Minutes of the Methodist Conference, Vol. I, (London: The Conference Office, 1812), 9~10. (1744년 6월 28일 화요일). 이하 Minutes (1812)로 표기함.

(to reform the nation)"라고 언급하였다. 웨슬리 당시에는 "민족을 개혁하기 위하여"라는 슬로건이 "세계는 나의 교구다"보다 더 많이 사용되었다. 그리고 옥외설교는 불법적이 아니고, 다수의 청중이 복음을 들을 수 있으며 가장 열매를 많이 맺을 수 있는 하나님의 특수한 선교방법임을 강조하였다. 순회설교제도(circuit riders)는 평신도 설교가들을 중심으로 운영되었다. 웨슬리를 도왔던 영국성공회 사제들은 그들의 목회지에 제한되어 일할 수밖에 없었으므로, 평신도 전임 순회설교가들을 두게 되었다. 1738년 웨슬리를 돕기로 한 영국성공회에서 안수 받은 사제가 6명 혹은 8명이었다.[5] 그리고 최초의 옥스퍼드 감리교 동지들은 칼빈주의자, 모라비안, 웨슬리안 등으로 나뉘게 되었다. 그래서 평신도 설교가를 세우게 되었다. 그리고 평신도 설교가에게는 안수를 베풀지 않아도 되기에 영국성공회에서 분열되지 않으려는 의도와도 잘 맞았다. 최초로 감리교 평신도 전임설교가가 된 사람은 토마스 맥스필드(Thomas Maxfield)였고, 파트타임 설교가는 존 세닉(John Cennick), 조셉 험프리즈(Joseph Humphreys) 등이었다. 존 세닉은 1737년 감리교도 존 킨친(John Kinchin)에 의해 옥스퍼드에서 거듭남을 체험하고, 리딩(Reading) 지역의 지도자로 부상하였는데, 웨슬리가 1739년 여름에 브리스톨과 킹스우드로 가게 하였다. 세닉은 거기에서 킹스우드학교 선생으로 일하였다. 볼드윈밴드의 지도자 사무엘 와덴(Samuel Wathen)이 킹스우드 신도회에 늦게 오자 한 여성이 세닉에게 설교하기를 요청하였다. 세닉은 플라타너스 나무 아래 서서 담대하게 설교하기 시작하였다.[6] 또 다른 평신도 설교가는 조셉 험프리즈(Joseph Humphreys)였다. 그는 모라비

5) Heizenrater, 113.

6) Heizenrater, 114.

안 교도였는데, 1738년 6월부터 설교하였다. 1739년 8월에 휫필드의 회심자들을 위해 만든 "뎁포드 비국교도신학교(the Dissenters Academy in Deptford)"에 출석하기도 하였다. 뎁포드(Deptford) 신도회에서 4개월간 설교하였고, 설교가로서 열두 곳 이상의 지역을 다녔으며, 1740년 9월에는 런던 파운데리에서 설교를 시작하였다. 세닉이 칼빈주의에 빠지기 시작하자 브리스톨에 있는 감리교도들을 위해 웨슬리는 험프리즈에게 가기를 요청하였는데, 그는 휫필드와의 친분 때문에 견인(perseverance)과 완전(perfection)에 대항하여 설교할 수 없게 되었다. 초기 감리교 평신도 설교가들 중 가장 영향력 있었던 인물은 토마스 맥스필드(Thomas Maxfield)였다. 그는 1739년 4월 브리스톨에서 웨슬리의 설교를 듣고 신앙체험을 하였다. 그 후 웨슬리의 부재중에 런던 파운데리에서 설교하기 시작하였다. 이 문제에 대하여 웨슬리는 어머니 수잔나의 의견을 듣고자 하였다. 수잔나는 "너는 그 젊은이에게 존경심을 가지고 네가 하는 일에 주의를 기울여라. 왜냐하면 네가 설교하도록 하나님께 소명을 받은 것처럼 그도 확실히 소명을 받았기 때문이다. 그의 설교의 열매들이 무엇인지를 시험하라. 그리고 너 자신도 또한 그에게 들어라"고 충고하였다.[7] 1740년 여름 토마스 리차즈(Thomas Richards)와 토마스 웨스톨(Thomas Westall)이 웨슬리의 저술과 복사를 도왔다. 웨슬리가 '복음 안에서 낳은 아들들(sons in the gospel)'이라고 말할 정도로 아끼는 사람들이었다. 그들은 웨슬리가 요구할 때 어디에나 가서 설교하는 전임 평신도 설교가였다.[8] 이러한 평신도 설교가들이 1745년에 이르러서는 무려 50명에 이르게 되었다. 15명은 협동설교가들이었고, 35명은

7) Heizenrater, 115.

8) Heizenrater, 115.

보조설교가들이었다.

평신도 설교가를 두게 된 이유를 웨슬리는 그의 논문 "A Farther Appeal to Men of Reason and Religion"에서 다음과 같이 언급한다.

역사자료 · 27

아주 특별한 요구가 있는 경우에 무엇을 할 수 있는가? 어디에서 그렇게 많은 영혼들이 위기에 처하여 있는가? 안수 받은 성직자가 그들을 전혀 도울 수 없다. 평신도들 중에 마음이 의롭고, 하나님에 관한 것들에 대해 건전한 판단력이 있고, 할 수 있는 한 자주 만나서 그들에게 성경을 읽어 주고, 기도하며, 권면함으로써 신앙적 확신을 줄 수 있는 자들을 찾을 수 있다. 나는 성경이, 필요할 경우 그런 평신도 설교가들을 세우는 것을 금지하지 않는다고 안다. 평신도들의 목자들이 그들을 돌볼 수 없는 상황에서 가련한 양들을 돌볼 수 있는 이런 도움을 주시는 하나님께 찬양을 드린다. 그러나 성경은 아무나 이런 영광을 얻을 수 있다고 말하지 않는다. 아론처럼 하나님의 부르심을 받은 자라야 한다. 여기서 말하는 영광은 제사장직을 말한다. 그러나 그들은 제사장직 이상의 왕적 영광을 얻는 것을 의미하지 않는다. 그들은 성만찬을 집례하는 영광을 누릴 수는 없다. 성만찬 집례는 특별히 그런 영광을 누리는 하나님의 제사장(안수 받은 성직자)에게만 해당되는 것이다. 오직 그들의 능력에 따라서 하나님의 은혜 안에서 그들의 형제들을 권면하는 것이다.[9]

---

9) John Wesley, "A Farther Appeal to Men of Reason and Religion", 1745, Part III, III. 14~17. *A History of the Methodist Church in Great Britain*, Vol. 4, 81~83.

협동설교가들의 임무는 1749년 연회 후 순회설교제도를 만들면서 정해졌다. 그들의 임무는 다음과 같다.

역사자료 · 28

질문 : 누가 협동설교가인가?

답변 : 각 순회지역(circuit) 안에 있는 설교가, 신도회들을 담임하도록 때때로 임명받은 설교가, 다른 설교가들(보조설교가들)을 돌보는 책임을 맡은 설교가다.

질문 : 협동설교가는 어떻게 이러한 책임을 맡는 사람으로서의 자격을 부여받을 수 있는가?

답변 : 하나님께 가까이 나아감으로써, 마음에서 그의 일을 위대하게 생각함으로써, 교회규칙을 이해하고 사랑함으로써, 특별히 감리교회의 규칙을, 영국성공회를 사랑함으로써, 영국성공회와 분리되는 것을 원하지 않음으로써

질문 : 협동설교가의 업무는 무엇인가?

답변 : 1. 순회구역 안에 있는 설교가들이 잘 행동하도록, 부족함이 없도록 돌보는 것 2. 속회들을 매분기 방문하고, 밴드들을 정기적으로 모이게 하며, 새 회원권을 나누어 주는 것 3. 철야기도회와 애찬회를 하는 것 4. 밴드와 신도회를 받아들이고 내보내는 것 5. 계삭회모임을 분기마다 갖는 것과 각 신도회의 영적 현재 상태를 점검하기 위해 물어 보는 것 6. 각 신도회에 책들이 정기적으로 보급되는 것과 그 책들을 위해 돈이 끊임없이 도는 것을 돌보는 것 7. 각 계삭회에서 모인 돈을 런던으로 보내는 것, 모든 괄목할 만한 대화

를 보고하는 것, 그리고 신앙으로 승리하고 죽은 각 사람에 대해서 보고하는 것 8. 신도회의 명단을 매 부활절에 보고하고 다음 연회에 그들을 데리고 오는 것 9. 분기마다 큰 신도회에 속한 결혼한 남성들, 결혼한 여성들, 결혼하지 않은 남성들, 결혼하지 않은 여성들을 만나는 것 10. 각 신도회가 보조설교가를 위한 도서관과 개인 방을 제공하고 있는지를 돌보는 것 11. 필요하다면 그의 순회교구 안에 있는 신도회들을 모두 나(웨슬리)와 함께 일 년에 한 번씩 여행하는 것 등이다.[10)]

다시 말해서 협동설교가들은 철야기도회와 애찬회를 주관하며, 각 신도회와 밴드(band, 조)와 속회를 방문하여 돌보고, 속회회원권을 나누어 주고, 순회교구에 속한 모든 신도회들을 일 년에 한 번씩 돌아보고, 모든 신도회의 계절분기 모임을 주관하며, 보조설교가들을 돌아보고 지키며, 그들에게 책을 공급하고, 주의 깊게 경제운영을 관리하였다. 이들은 웨슬리에게 협력하는 목회자들이었으나, 웨슬리 사후에는 지방 감리사(district superintendent)라는 명칭으로 바뀌게 되었다. 이를테면 웨슬리는 그 당시 내용상의 감독 역할을, 협동설교가들은 감리사 역할을 한 셈이었다. 웨슬리는 그들의 설교가 진부해지지 않고 반복되는 것을 피하기 위해서 순회교구를 매해 혹은 2년마다 바꾸도록 명령하였다. 순회교구(circuit)는 1749년 연회록에 의하면 총 31개였는데, 영국에 20개, 아일랜드에 7개, 스코틀랜드에 2개, 웨일스(Wales)에 2개였다.[11)]

10) Minutes(1812), Vol. I, 40.

11) Minutes(1812), Vol. I, 40.

신비롭게도 웨슬리의 권위는 그의 대리자의 권위를 통하여 끊임없이 숨 쉬고 있었다.[12)]

웨슬리의 초기 보조설교가(helper)들은 중요한 인물들이었다. 만약 안수 받은 성직자들에게만 일이 맡겨졌다면 감리교운동은 계속해서 확장될 수 없었을 것이다. 하지만 거기에는 몇 가지 규제와 훈련이 있어야만 하였다. 그래서 1744년 설교가들이 균형을 유지하는 지도자들이 되도록 "보조설교가의 열두 가지 규칙(Twelves Rules of a Helper)"이 만들어졌다.

역사자료 · 29

질문 : 우리와 우리의 보조설교가들은 어떤 입장에서 고려되어야 하는가?

답변 : 아마 하나님에 의해 다른 평신도들을 질투하게 자극하도록 선택하여 세우신 특별한 메신저로 고려되어야 한다.

질문 : 보조설교가의 직책이 무엇인가?

답변 : 목회자(minister)가 양떼를 먹이고 지도하는 것. 특별히,

1. 매일 아침과 저녁에 성경을 강해하는 것
2. 연합신도회(united societies), 밴드(bands), 특수신도회(select societies), 참회자반(penitents) 등을 매주 만나는 것
3. 신도회와 밴드를 위해 참회의 훈련기간에 든 자들을 받아들이는 것과 무질서하게 신앙생활하는 사람들에게 참회의 훈련기간을 주는 것
4. 밴드와 속회의 지도자들을 매주 만나는 것과 회계집사

12) *The Works*, Vol. 9, 16.

를 만나서 그들의 회계업무를 감독하는 것

모든 설교가가 특별히 아침설교와 지도자모임을 정확히 하게 하라.

질문 : 보조설교가의 규칙은 무엇인가?

답변 : 1. 근면하라. 절대 한순간도 허비하지 말고 사소한 일에 관여하지 마라. 할 일 없이 시간이 지나도록 방치하지 마라. 어떤 경우에도 아주 필요한 일 외에는 더 시간을 소비하지 마라.

2. 진지하라. '주님을 향한 경건'을 그대의 모토가 되게 하라. 모든 사소한 일들과 농담과 어리석은 대화를 피하라.

3. 여자들과, 특별히 젊은 여자들과 주의 깊고 절제 있게 대화하라.

4. 그대의 계획을 우리에게 먼저 알리지 않고서는 결혼을 향해 발을 내딛지 마라.

5. 누구도 악한 사람이라고 생각지 마라. 만일 그대가 악한 사람이 있다고 믿는다면 과연 그런지 주의 깊게 살펴보라. 매사에 최선을 다하라. 재판관은 항상 죄수의 편에 서야 하는 것을 그대는 안다.

6. 누구에게도 악한 말을 하지 마라. 그렇지 않으면 그대의 말로 인해 그대 입안이 헐어서 구멍이 뚫리게 될 것이다. 그대가 그 일에 관계해야 할 때가 되기 전까지는 그대의 생각을 표현하지 말고 마음에 담고 있으라.

7. 누구든지 잘못이 있다고 생각되면 솔직히, 그리고 가능한 한 빠른 시간 내에 그에게 말하라. 그렇지 않으면 그것이 그대 마음에서 부패한 상처가 되리라. 그러므로 서둘러서 그대 품에 있는 불을 쫓아 버려라.

8. 신사인 체하지 마라. 춤꾼이 점잔만 빼고 있을 수 없듯, 그대 또한 신사처럼 고상한 체하고 있어서는 안 된다. 복음의 설교가는 모든 사람의 종이다.
9. 죄 이외에는 아무것도 부끄러워하지 마라. 시간이 있었는데도 땔감을 모으지 못하였거나 물을 긷지 못하였다고 해서 부끄러워하지 마라. 그리고 그대 자신의 구두나 이웃의 구두를 닦지 못하였다고 해서 부끄러워하지 마라.
10. 시간을 엄수하라. 제 시간에 모든 일을 정확히 하라. 우리의 규칙을 고치려 하지 말고 이행하라. 벌이 무서워서 행하지 말고 양심을 위해서 지키라.
11. 영혼을 구원하는 일 이외에 아무 것도 하지 마라. 그러므로 이 일에 시간을 보내고 돈을 쓰라. 그대를 원하는 자들에게 항상 가되 그대를 가장 원하는 사람들에게로 가라.
12. 매사에 그대 자신의 의지에 따라 행동하지 말고 복음의 아들로서 행동하라. 그러기 위해 그대가 할 일은 우리가 지시한 방식대로 그대의 시간을 사용하는 것이다. 설교하는 것에, 어떤 때는 이집 저집 심방을 하는 일에, 성경 읽기와 기도와 명상에. 무엇보다도 그대가 만일 주님의 포도원에서 우리와 함께 일하게 된다면 그대는 우리가 충고해 준 분량의 일을 해야만 할 것이다. 주님의 영광을 위해 우리가 결정한 장소와 시간에.[13]

이러한 규칙들은 초기 감리교도의 설교가가 어떤 성격이었는지에 대해 많은 점을 시사해 주며, 또한 웨슬리의 특징을 명확하게 보여 준다.

13) Minutes (1812), 14~15. (1744년 6월 29일 (금)).

이 규칙들이 1758년에 발표되었을 때, 몇 단어들이 약간 수정되었다. 다음 지시는 가장 두드러진 수정인데 11번 규칙의 일부분으로 추가되었다.

역사자료 · 30

> 11. 그대는 영혼을 구원하는 일 이외에는 아무 것도 하지 마라. 그러므로 그 사역을 위해 일하고 또 일하게 되어야 한다. 명심하라. 얼마나 여러 번 설교를 하는지가 그대의 할 일이 아니라 가능한 한 얼마나 많은 영혼을 구원하는지가 그대의 일이다. 그러므로 그대는 그대가 가지고 있는 모든 재치와 센스를 활용할 필요가 있을 것이다.

그리고 웨슬리는 감리교 설교의 가장 중요한 4원칙과 11가지 규칙을 말한다.

역사자료 · 31

> 질문 : 설교의 가장 일반적인 방법이 무엇인가?
>
> 답변 : 첫째, 초대하는 것(to invite), 둘째, 확신시키는 것(to convince), 셋째, 그리스도를 제공하는 것(to offer Christ), 넷째, 양육시키는 것(to build up)이다. 그리고 모든 설교에서 이 네 가지를 어느 정도 강조하는 것이다.
>
> 질문 : 우리에게 유용한, 설교와 관련한 더욱 자세한 충고들이 있는가?

답변 : 아마 이러한 것들이다.

1. 지정된 시간에 시작하고 지정된 시간에 끝내라.
2. 회중 앞에서 당신의 모든 처신이 진지하고, 무게 있고, 엄숙하도록 노력하라.
3. 항상 당신의 설교 주제를 청중에게 맞추어라.
4. 당신이 할 수 있는 한 가장 평범한 본문들을 택하라.
5. 본문에서 떠나지 않게 조심하라. 본문 말씀을 항상 가깝게 다루어라. 본문에서 당신의 손을 떼지 마라.
6. 알레고리적으로 해석하거나 영적으로 해석하는 것을 많이 하지 않도록 주의하라.
7. 당신의 용어나 동작이나 발음이 어색하거나 어울리지 않는 것들이 보이지 않게 유의하라.
8. 당신이 이런 것들 중 어떤 것을 발견한다면 서로 말하라.
9. 당신 자신이 만든 찬송들을 부르지 마라.
10. 특별한 이유 없이 쉬지 않고 8분이나 10분 이상 기도하지 마라.
11. 어떤 본문을 택하지 않고 자주 권면하는 것이 모든 젊은 설교가를 위해서 좋다. 《신약성서주해》(웨슬리가 쓴)를 자주 읽어 주고 상세히 말해 주는 것이 모든 젊은 설교가나 늙은 설교가에게 좋다.[14]

이 중에서 1~9번이 1747년 6월 18일(목)에 만든 설교원칙이다. 여기에서는 순서가 조금 바뀌었다. 9번이 2번이 되었고, 8번이 9번이 되었으며, 6번이 7번이 되었고, 7번이 8번이 되었으며, 2번이 3번이 되었고,

14) Minutes (1812), 19~20.

3번이 6번이 되었으며, 4번과 5번은 순서가 바뀌지 않았다.

역사자료 · 32

1. 지정된 시간에 시작하고 지정된 시간에 끝마쳐라.
2. 당신 자신이 만든 찬송들을 부르지 마라.
3. 회중 앞에서 당신의 처신이 항상 진지하고, 무게 있고, 엄숙하도록 노력하라.
4. 당신이 할 수 있는 한 가장 평범한 본문들을 택하라.
5. 본문에서 떠나지 않게 조심하라. 그러나 본문 말씀을 항상 가깝게 다루어라. 본문에서 당신의 손을 떼지 마라.
6. 항상 당신의 설교 주제를 청중에게 맞추어라.
7. 알레고리적으로 해석하거나 영적으로 해석하는 것을 많이 하지 않도록 주의하라.
8. 용어나 동작이나 발음이 어색하거나 어울리지 않는 것들이 보이지 않게 유의하라.
9. 당신이 이런 것들 중 어떤 것을 발견한다면 서로 말하라.[15]

여기에서 웨슬리의 설교학적 통찰력을 볼 수 있다. 자신이 성령의 인도대로 1시간이 넘는 즉흥설교를 하였으면서도 정해진 시간 안에 설교하는 훈련을 강조하기도 하였다. 웨슬리는 항상 통전적이고 종합적인 사고를 한 사람이다. 기도에 대해서도 즉흥기도를 강조하면서도 매일 아침과 저녁에 드리는 기도문을 만들어 그 기도문대로 기도하게 하였

15) Minutes of the Methodist Conferences, Vol. I, (London: John Mason, 1862), 38. 이하 Minutes (1862)로 표기함. 그런데 이 부분이 Minutes (1812)에는 없다. Heizenrater, 164를 참조하라.

다. 웨슬리가 쓴 설교문들이 대부분 제목설교이면서도 그날의 본문을 떠나지 않는 노력을 보이는 본문 중심의 설교였는데, 여기서도 그의 설교가들이 그렇게 설교할 것을 강조하였다. 그리고 그는 성령의 인도대로 설교하는 것을 중요하게 생각하면서도 알레고리적이고 영적인 해석이 빠지기 쉬운 주관적 해석의 위험성을 지적하고 있다.

그리고 감리교 설교의 핵심은 그리스도임을 강조한 것으로 보아 웨슬리 역시 그리스도의 십자가사건의 케리그마를 중요시하였음을 알 수 있다.[16] 그리고 그리스도의 복음뿐만 아니라 율법도 설교해야 함을 강조함으로써, 복음을 믿음으로 의롭다 함을 얻고 거듭나며 율법의 명령을 실천함으로써 성화에 이름을 중요시하였다.[17] 그리고 내적인 성결과 외적인 성결(inward and outward holiness)에 대하여 강하게 자주 설교해야 함을 말하였다.[18]

그리고 1746년 연회에서 새 보조설교가를 받아들이는 다섯 가지 절차를 정하였다. 첫째로, 지원자는 협동설교가의 추천을 받아야 한다. 둘째로, 전 연회록에 기록된 교리와 장정을 읽고 동의해야 한다. 셋째로, 견습생(probationer)으로 받아들임에 있어서 보조설교가는 다음과 같이 명기된 연회록의 사본을 받아야 한다: "죄인들을 회개하게 하도록 부르신 것이 당신의 의무임을 생각하라. 하나님이 설교가로 일하도록 부르신 충분한 증거를 가져라. 그리하면 우리는 당신과 함께 한마음으로 기쁘게 일할 것이다." 넷째로, 일 년간의 견습기간을 거친 후에 보조설교가는 존 웨슬리가 사인한 다음과 같이 기록된 연회록의 사본을 받

16) Minutes, Vol. I, 20. (1744년 연회록).

17) Minutes, Vol. I, 20. (1744).

18) Minutes, Vol. I, 20. (1744).

게 된다: "당신이 감리교규칙에 따라 일하기를 기쁜 마음으로 동의하고 열심히 노력하는 한, 우리는 당신과 함께 손에 손을 잡고 기쁘게 일하기를 계속할 것이다." 다섯째로, 정회원으로 받아들이는 것은 해마다 갱신된다.[19] 그리고 보조설교가로 받아들이는 자격고시의 질문 내용은 다음과 같다.

역사자료 · 33

1. 그들이 믿는 것들을 그들이 아는가?
   그들이 그들의 마음에 하나님의 사랑을 소유하고 있는가?
   그들은 하나님 이외에 어떤 것도 찾거나 열망하지 않는가?
   그들은 모든 대화의 자세에서 거룩한가?
2. 그들은 그들의 사역을 위해 (은혜뿐 아니라) 은사도 갖고 있는가?
   그들은 (참을 수 있을 정도로) 깨끗하고 건전한 이해심을 갖고 있는가?
   그들은 하나님의 일을 위해 올바른 판단력을 갖고 있는가?
   그들은 믿음으로 구원을 받는다는 올바른 생각을 갖고 있는가?
   하나님이 그들에게 어느 정도의 말솜씨의 능력을 주셨는가? 그들은 올바르게, 준비성 있게, 분명하게 말하는가?
3. 그들의 영적인 사역이 성공적인가?
   그들은 입으로 설교할 뿐 아니라 설교한 것들을 청중들에게 확신시켜 주거나 영향력을 미치는가?
   그들의 설교로 죄 사함을 받게 하는 역사가 일어나는가?
   하나님의 사랑에 대해서 분명하고 지속적으로 느끼고 있는가?

---

19) Heizenrater, 175. 1746년 연회 당시 9개 지방에 존과 찰스 웨슬리 이외에 8명의 협동설교가들과 13명의 보조설교가들, 15명의 견습설교가들이 있었다.

이 세 가지 표징들이 확실하게 나타나는 한, 우리는 그를 설교하도록 하나님이 부르신 것을 인정한다(인식한다). 그가 성령에 의해 감동받고 있다는 충분하고 합리적인 증거로서 이러한 표징들을 받아들인다.[20]

이러한 자격고시 내용은 오늘의 한국교회 목사 안수 자격심사과정에도 응용할 필요가 있다고 필자는 생각한다. 왜냐하면 오늘의 목회자들에게 분명한 소명의식이 없고, 구원의 확신이 없으며, 성령의 능력에 사로잡혀서 사역하는 것이 결여된 경우가 많기 때문이다.

웨슬리의 가장 절친하였던 친구 중 하나였던 존 플레처(John Fletcher)는 웨슬리가 가장 이상적인 감리교 설교가라고 생각하여 그의 후계자로 삼고 싶어 하였다. 그는 그의 생애의 대부분을 슈롭셔(Shropshire)에 있는 매들리(Madeley)교구 사제로서 보냈는데, 헌신적이고 성스러운 모습으로 회중을 돌보고 설교하였다. 그러나 그가 일찍 죽게 되어 웨슬리는 꿈을 이룰 수 없었다. 그리고 그의 부인 메리 플레처(Mary Bosanquet Fletcher)가 대신 설교하고 성경을 가르치기 시작하였다. 그녀는 웨슬리가 여성 설교가를 공식적으로 임명하는 데 신학적으로 중요한 상담자 역할을 하기도 하였다. 그 밖에 브리컨(Brecon) 출신의 하우웰 해리스(Howell Harris) 같은 사람들도 평신도 설교가로서 명성을 떨쳤다. 벳포드셔(Bedfordshire)에 있는 에버톤(Everton)에서 놀라운 부흥운동을 시작한 존 베릿지(John Berridge)라든지, 켄트(Kent)에 있는 쇼어햄(Shoreham)에서 학자적인 목회를 하였던 빈센트 페로넷(Vincent Perronet), 요크셔 하워드

20) Minutes, Vol. I, 30~31. (1746).

(Haworth)의 교구목사였던 윌리엄 그림쇼(William Grimshaw) 등이 중요한 설교가들이었다.

또한 웨슬리는 1786년 8월 1일 브리스톨에서 개최된 연회에서 감리교회 모든 설교가들에게 다음과 같은 충고를 하였다.

역사자료 · 34

나는 설교가들에게 몇 가지 충고를 추가하고 싶다.

협동설교가(감리사)들에게 충고한다.

1. 적어도 큰 도시에 아침설교를 재건하라.
2. 밴드를 부활시키기 위하여 노력하라.
3. 특수신도회도 부활시키기 위하여 노력하라.
4. 각 지방의 일반 재정집사와 특수 재정집사를 모두 바꾸어라.

모든 설교가들에게 충고한다.

1. 항상 한 시간 안에 예배를 끝마치도록 하라.
2. 소리 지르지 마라.
3. 성경에 몸을 기대거나 성경을 치지 마라.
4. 그대가 설교하는 곳은 어디든 그곳에 있는 신도회를 만나라.
5. 아주 필연적인 경우 이외에는 밤에 집에 가지 마라.
6. 협동설교가(감리사)에게 대항하여 분열하지 마라.
7. 분명히 거룩하게 살았던 사람을 위한 장례설교 이외에는 협동설교가(감리사)와 의논하지 않고 장례설교를 하지 마라. 임금을 위하여 설교하지 마라. 특별히 런던에서 칭찬받는 것을 조심하라.
8. 더욱 많은 곳에서 애찬회를 가져라.
9. 새로운 곡을 소개하지 마라. 너무 천천히 부르게 하지 말고, 여성

들은 파트별로 부르게 하라. 모든 사람이 찬양하게 권면하라. 기도할 때 모두 무릎을 꿇게 하고, 찬양할 때 모두 서서 하게 하라.

10. 설교가가 하지 않으면 마지막 절을 다시 부르지 않게 하라.
11. 모든 협동설교가(감리사)가 그가 좋다고 느낄 때 집사들과 지도자들(속회와 밴드)을 바꿀 수 있다는 것을 지도자들에게 알려 주라. 그리고 지도자는 어떤 사람을 신도회에 넣거나 내보낼 수 있는 권한이 없음을 알게 하라.[21]

웨슬리는 연회 때마다 평신도 설교가들에게 대화 형태로 감리교 교리인 의인화, 성화, 완전 등을 가르치는 일에 심혈을 기울여 건전한 설교를 할 수 있게 설교가들을 훈련시켰다. 그리고 설교의 방법론에 대해서도 이렇게 여러 번 설교가들에게 가르쳤다. 그러한 가르침은 오늘의 감리교회 설교가들에게 매우 유익한 교훈이라고 생각한다. 그리고 이러한 웨슬리 당시의 신학적 훈련과 교육 중심의 연회는 오늘날 정치·행정적 사무 중심의 한국 연회가 배워야 할 중요한 모델이라고 본다.

C. 여성 설교가들(Preachers)

1. 감리교 개척의 주역을 감당한 여성 지도자

우리가 또 한 가지 주목해야 할 것은 웨슬리가 그의 가족을 포함해

21) Minutes, Vol. I, 193~194. 그리고 Heizenrater, 297을 참조하라.

서 많은 여성 동역자를 두었다는 것이다. 그녀들의 이야기는 상당히 최근에 이르러서야 역사가들에게 주목을 받기 시작하였다.[22] 그 당시에는 여성 설교가들이 거의 없었다. 그러나 웨슬리는 여성 설교가들을 세워서 설교하게 함으로써 감리교회가 여성 지위 향상에 크게 기여하게 되었다. 여성들은 웨슬리의 죽음 이전이나 이후에 수년간 감리교운동에서 중심적인 역할을 담당하였다.

영국의 초기 감리교회는 여성들에 의해 발전하였다. 여성, 특히 과부들의 열심과 헌신이 없었더라면 감리교회는 성장할 수 없었다. 영국 전역에 새로운 감리교신도회(Methodist Society)를 개척하고 예배당을 짓거나 사는 일에 충성한 사람이 여성들이었고, 그 중에 과부들이 많았다. 죽은 남편의 유산을 감리교 발전을 위해 헌납한 것이다.

여성 중에는 종살이하는 소녀들, 방적기 돌리는 여인들, 가난한 집안의 주부들이 용감하고 과감한 사회개혁의 중요한 임무들을 맡았다. 열성껏 일한 여인들 중에 라이트클리프(Lightcliffe)의 대장간을 웨슬리 초청 설교 장소로 바친 홀메스 여사(Mrs. Holmes)가 있었다. 이 대장간은 후에 감리교부흥운동의 센터가 되었다. 가난한 과부 고다드(Goddard)의 제안에 따라 친리(Chinley)를 순회설교의 휴식처로 만들었다. 엘리자베스 블로(Elizabeth Blow)는 훌(Hull)에 감리교 모임을 개척하였고, 마르타 톰슨(Martha Thompson)은 프레스톤(Preston)과 요크(York)에 감리교를 개

---

22) 아주 최근의 연구를 몇 가지 볼 수 있다. Kent Brown의 《*Mr. Wesley and Women*》은 여성 설교가들의 역사적 자료들을 수집한 책이고, Paul W. Chilcote의 "She Offered Them Christ: The Legacy of Women Preachers in Early Methodism" (Nashville: Abingdon Press, 1993)은 그의 Ph. D.학위 논문으로서 시대적으로 여성 설교가들이 어떻게 감리교운동에서 등장하게 되었는지를 잘 해석해 주고 있다. 한국말로는 권희순, "여성 설교가 연구", 《존 웨슬리신학의 역사적 조명》, (서울: 감리교신학대학교출판부, 1995) 등이 있다.

척하였다. 엘리자베스 클로(Elizabeth Clow)는 맥클레스필드(Macclesfield)에 큰 교회건물을 사서 감리교 모임을 갖도록 헌납하였다. 헨리에타 게이어 여사(Mrs. Henrietta Gayer)는 리즈번(Lisburn)에, 하레이 양(Miss Harrey)은 힌스워드(Hinxworth)에 각각 예배당을 세웠다. 웨슬리의 설교를 듣고 회심한 도로시 피셔 여사(Mrs. Dorothy Fisher)는 런던(London)과 링컨셔(Lincolnshire)에 있던 그녀의 집을 감리교 예배당(preaching house)으로 헌납하였다.[23)]

2. 감리교회 내에서 여성 지위의 발전과정

공중기도, 간증, 권면, 속회지도, 설교 등이 평신도 여성들의 역할이었다. 초기 감리교회 여성 설교가들은 모두 속장 출신이었다. 사라 크로스비(Sarah Crosby)는 비공식적으로 - 연회 차원이 아닌 웨슬리 개인 차원에서 - 설교를 허용한 최초의 여성 평신도 설교가였다. 그녀는 1752년에 속장이 되었는데, 웨슬리에게 설교할 수 있게 허락해 달라고 편지를 보냈다. 그런데 재미있는 사실은 웨슬리의 답장이 도착하기도 전에 이미 설교를 하기 시작하였다는 것이다. 편지 보낸 지 5일 후인 부활절 저녁에 그녀는 200명이 넘는 청중에게 설교하였다.[24)] 입신상태에서 "내 양을 먹이라"는 주님의 음성을 듣고 설교하지 않을 수 없는 충동을 느꼈다. 그녀의 소명에 대한 내적 확신은 웨슬리가 보낸 답신으로 더욱 강

23) Paul Wesley Chilcote, "John Wesley and the Women Preachers & Early Methodism", Duke University Ph. D. Dissertation, 1984, 64~82.

24) Earl Kent Brown, *Women of Mr. Wesley's Methodism* (Lewiston, New York: The Edwin Mellen Press, 1983), 171.

화되었다. 웨슬리는 심각하게 망설인 후에 그 편지를 보냈다.[25)]

메리 보산퀘트(Mary Bosanquet)는 그의 남편 존 플레처(John Fletcher)가 죽은 후에 남편이 목회하였던 매들리(Madeley) 교구에서 설교하기 시작하였다. 매들리교회 남자신도들은 고린도전서 14장과 디모데전서 2장을 근거로 그녀를 비판하였다. 그녀의 일차적인 방어는 하나님의 부르심이었다. "나는 후더스필드(Huddersfield) 거리에서 하나님의 능력을 알게 되었다." 그녀는 바울이 여성들은 교회 안에서 잠잠해야 한다고 말한 것이 고린도의 특수한 상황에 해당하는 것이라고 해석하였다. 그리고 고린도전서 11장 5절은 여성 선지자를 말한다고 해석하였다. 말씀을 선포하는 것 없이 어떻게 여성이 예언할 수 있었겠는지 질문하였다. 그녀는 여성도 그리스도의 제자가 되는 결단을 할 수 있다고 강조하였다. 1771년에 그녀는 웨슬리에게 편지를 써 달라고 요청하였다. 후에 그녀는 웨슬리가 여성들의 지위를 향상시키도록 신학적인 상담자 역할을 하였다. 웨슬리는 그녀의 소명을 하나의 특수한 부르심(extraordinary call)이라고 받아들였다. 성경에 그러한 특수한 경우들이 있었다고 주장한다.[26)]

존 플레처

마침내 여성 설교가의 공식적 인정은 속장 사라 말렛(Sarah Mallet)의 경우에서 시작되었다.

25) Paul Wesley Chilcote, 148~152.

26) Earl Kent Brown, 150.

사라는 입신상태에서 청각과 시각을 잃어버리고, 말하는 능력만 남아 있었다. 200명 이상의 무리가 이 특이한 광경을 보기 위하여, 그리고 그녀의 속회에서의 설교를 듣기 위하여 몰려들었다. 사라는 하나님이 그녀의 입을 여셨다고 말하였다. 그리하여 모든 사람이 그녀의 능력 있고 영적인 설교에 감동을 받았다. 웨슬리는 맨체스터(Manchester) 연회에서 그녀를 전적으로 지지하고 공식적인 여성 설교가로 인정하게 되었다(1787). 하나님과 형제들 눈앞에서 위엄 있고 명예롭게 여성 평신도 설교가로 공식 임명받게 된 것이다.

메리 플레처

웨슬리는 여성 지도력에 대하여 어떤 문제를 느끼고 의문이 있었으나, 결국 감리교 내에서의 여성 지도력을 허락하였다. 이렇게 평범한 사람들과 여성의 존엄성을 인정한 확신은 웨슬리의 가장 위대한 업적 중 하나였다. 그것은 성령이 여성들을 해방케 하시는 것에 웨슬리가 순종한 것이요, 노동자와 농민과 광부들을 전도하고, 그들의 친구가 되려고 애썼던 정신이 여성도 해방시키는 운동으로 이어진 것이다.

07
감리교회 정착기(1744~1758)

1744년 첫 번째 감리교 연회가 개최되었다. 이로써 감리교회가 안정되게 정착하는 제도화와 조직화가 무르익고, 감리교회의 연대구조(connectional system)를 만들어 가는 기틀이 되었다. 감리교회의 초기 연회는 행정적인 문제도 다루었지만, 감리교 평신도 설교가들을 교리적 · 신학적 · 영적으로 성숙시키고 훈련시키는 것이 가장 중요한 목적이었다. 선재적 은총, 의인화의 은총, 성화의 은총, 완전의 은총을 대화형식으로 가르쳤고, 감리교 설교가들의 자세와 원칙을 훈련시키는 가장 중요한 기회였다. 그래서 웨슬리의 설교와 함께 초기 연회록은 감리교교리의 근거와 표준이 되었던 것이다.

1744년 첫 연회는 존 웨슬리, 찰스 웨슬리, 존 핫지스(John Hodges), 헨리 피어스(Henry Piers), 사무엘 테일러(Samuel Taylor), 존 메리톤(John Meriton) 등 6명의 영국성공회에서 성직 안수를 받은 목회자를 중심으로 이루어졌다. 평신도 연회회원을 받아들일 것인지, 몇 명을 받아들일 것인지를 의논한 끝에 평신도 회원 4명을 연회회원으로 받아들이기로 합의하였다. 토마스 리차즈(Thomas Richards), 토마스 맥스필드(Thomas Maxfield), 존 베네트(John Bennet), 그리고 존 다운즈(John Downes)가 평신

도 연회원으로 선출되었다.[1]

연회에서는 감리교신학과 교리를 가르치는 교육적인 목적이 가장 컸다. 감리교회 연회의 네 가지 목적을 밝힌다: 1. 무엇을 가르칠 것인가? 2. 어떻게 가르칠 것인가? 3. 무엇을 행할 것인가? 4. 우리의 교리와 장정(discipline)과 실천을 어떻게 규정화할 것인가? 등이다. 오늘날 한국감리교회 연회가 너무나 비신학적이고, 지극히 행정적, 정치적 연회로 변모된 것에 안타까움을 느끼면서, 웨슬리에 의해 시작된 첫 연회의 신학적 대화내용을 한국교회에 소개하고자 한다. 먼저 웨슬리는 1744년 6월 25일(월)에 칭의(justification)에 관한 신학적 내용을 대화형식으로 풀이하였다.

역사자료 · 35

질문 1 : 무엇이 의롭다 하심을 얻는 것인가?

답 변 : 죄를 용서함을 받는 것, 하나님의 사랑을 받는 자녀로 용납되는 것, 만일 우리가 그 의롭다 하심을 계속 유지하면 마침내 구원을 받는 것을 의미한다.

질문 2 : 의롭다 하심의 조건은 믿음인가?

답 변 : 예, 믿는 모든 자들에게는 정죄함이 없다. 믿는 모든 자들은 의롭다 하심을 얻는다.

질문 3 : 회개와 선행(good works)은 믿음 이전에 회개를 위해 필요한가?

1) "The First Methodist Conference", *A History of Methodist Church in Great Britain*, Vol. IV, 67.

답 변 : 의심 없이 그렇다. 만일 회개로 죄를 깨닫게 된다면, 하나님께 복종하고 우리의 형제자매들을 용서하며 악행에서 떠나고(leaving off from evil) 선행을 실천하며(doing good) 우리가 받은 능력에 따라 하나님의 명령들을 사용하는 선행(good works)들을 통하여 회개에 이르게 된다.[2)]

여기에서 웨슬리는 올더스게이트 체험을 계기로 선행의인화(justification by good works)에서 루터적 · 칼빈적 종교개혁의 전통인 신앙의인화(justification by faith)로 돌아섰음을 확실히 표현한다. 그러면서도 1739년 이후로 루터주의자들(모라비안), 칼빈주의자들과 끊임없이 논쟁하게 된, 회개를 위해 회개에 합당한 열매로서의 선행의 필요성을 강조한다. 곧 하나님께 복종하는 행위, 형제자매들과 화해하는 행위, 악행들을 버리는 회개의 열매들, 선행을 실천하는 행위, 주일을 지키고 각종 예배에 참석하고 헌금을 하는 행위들이 회개를 위해 필요하다는 것이다. 그러나 웨슬리 당시의 루터주의자들이나 칼빈주의자들은 회개에 이르는 선행의 필요성을 부정하였다. 그들은 정숙주의, 신앙제일주의, 율법폐기론을 주장함으로써 웨슬리와 논쟁하게 되었던 것이다.

그리고 이어서 웨슬리는 믿음이란 하나님의 선물, 곧 성령의 은총으로 주어지는 것임을 강조한다. 이 점에서는 루터나 칼빈과 똑같은 주장을 하는 것이다.

2) "Minute of the Methodist Conference(1744)", Minutes of The Methodist Conferences, From The First, Held in London, By The Late Rev. John Wesley, M. A., In The Year 1744, (London: Published by John Mason, 1862), 1.

질문 4 : 무엇이 믿음인가?

답 변 : 일반적으로 믿음이란 신적이고 초자연적이고 보이지 않는 것에 대한 확신, 다시 말해서 과거, 미래, 혹은 영적인 것에 대한 확신이다. 그것은 하나님에 대한 영적인 통찰이고 하나님의 것이다. 첫째로, 성령에 의해서 "그리스도가 나를 사랑하셨고, 나를 위해 자신을 주셨다"고 확신시키는 것이다. 그러한 확증을 받는 순간 의롭다 함을 얻고 용서함을 받는 것이 신앙이다. 즉시 같은 성령이 이렇게 증거하신다: "너는 용서함을 받았고, 그의 피로 구속함을 받았다." 그리고 이것은 하나님의 사랑이 성도의 마음에 부어지는 믿음이라고 일컬어진다.

질문 5 : 모든 크리스천은 이러한 믿음을 갖고 있는가? 믿음 없이는 어떤 인간도 의롭다 함을 얻을 수 없고, 의롭다 함을 알 수도 없는가?

답 변 : 모든 참 크리스천은 그러한 믿음을 갖고 있다고 하나님 사랑의 확증의 표징으로 성경은 말하고 있다: 롬 8:15; 엡 4:32; 고후 13:5; 히 8:10; 요1서 4:10, 5:19. 믿음이 없이는 어떤 인간도 의롭다 함을 얻을 수 없고, 의롭다 함을 알 수도 없다. 왜냐하면 회개 이후에 믿음은 고통 후의 안식이고, 아픔 후의 평안함이며, 어두움 후의 빛이기 때문이다. 그것은 즉시 나타난다. 그리고 서서히 열매들이 나타난다.

질문 6 : 그것 없이 사람은 천국에 갈 수 없는가?

답 변 : 성경은 그렇게 말한다. 어떤 사람(막 16:16)도, 이방인도 믿

음이 없이는 천국에 갈 수 없다(롬 2:14).

질문 7 : 무엇이 의롭다 하시는 믿음의 직접적인 결과인가?
답　변 : 평화, 기쁨, 사랑, 모든 외적 죄악 행위를 이기는 능력, 내적 죄악성을 이기는 능력 등이다.[3]

이렇게 믿음이 하나님의 선물임을 강조하는 것에서는 웨슬리가 루터나 칼빈과 똑같이 주장하지만, 다시 타락하지 않기 위한, 믿음을 계속 지속시키기 위한 선행(good works)실천을 말함에 있어서 웨슬리는 그들과 다르게 주장한다. 루터와 칼빈은 선행이 필요하지만 믿음이 있는 자에게서 저절로 선행이 나온다고 말하지만, 웨슬리는 적극적으로 은총과 믿음의 역사에 자유의지가 참여함으로 선행이 나올 수 있다고 해석한다. 그리고 칼빈은 성도의 견인(perseveration)의 은총으로 다시 타락하지 않는다고 강조하지만, 웨슬리는 두렵고 떨림으로 선행을 추구하며 성결을 추구하지 않으면 다시 타락할 가능성이 있다고 강조한다. 이것이 연회록에서 다음과 같이 나타난다.

역사자료 · 37

질문 10 : 모든 신자가 의심의 상태나, 두려움의 상태나, 어두움의 상태에 빠질 수 있는가? 무지와 불신앙에 이르지 않으면 다시 타락하지 않는가? 그렇지 않으면 하나님이 신자를 떠날 수도 있는가?
답　변 : 확실히 신자는 다시 정죄에 이를 수 없다. 의심의 상태나,

3) Minutes, 2.

두려움의 상태나, 어두움의 상태에 빠질 수 없는 것처럼 보인다. 불신앙과 무지함에 빠지지 않는 한 신자는 타락하지 않는다. 그러나 첫 기쁨이 오랫동안 지속되지 않는 것이 사실이다. 그 기쁨이 의심과 두려움으로 쉽게 바뀔 수 있다. 하나님은 자신을 크게 계시하기 전에 큰 어려움을 자주 허용하기도 한다.

질문 11 : 믿음을 지속시키기 위해서 선행이 필요한가?
답 변 : 의심 없이 그렇다. 왜냐하면 인간은 하나님의 값없이 주시는 은총을 거부하거나 무시하는 죄를 범할 수도 있기 때문이다.

질문 12 : 믿음이 선행의 결핍 때문에 상실될 수도 있는가?
답 변 : 상실될 수 없다. 그러나 불복종할 때 상실될 수도 있다.

질문 13 : 어떻게 믿음이 선행에 의해 완전해질 수 있는가?
답 변 : 우리의 신앙이 자랄수록 선행도 더욱 많아지게 된다. 가진 자에게 더욱 주실 것이다.[4]

질문 14 : 사도 바울은 아브라함이 행함으로 의롭다 함을 얻지 않았다고 말하고, 사도 야고보는 아브라함이 행함으로 의롭다 함을 얻었다고 말한다. 그들의 주장은 서로 대립하고 있지 않은가?
답 변 : 아니다. 첫째로, 그들은 똑같은 의롭다 하심을 말하고 있지 않기 때문이다. 사도 바울은 아브라함이 75세 때,

4) Minutes, 2.

즉 이삭을 낳기 20년 전의 의롭다 하심을 말하고, 사도 야고보는 아브라함이 이삭을 제단에 바쳤을 때의 의롭다 하심을 말한다. 둘째로, 그들은 똑같은 선행을 말하고 있지 않다. 사도 바울은 믿음보다 앞서는 선행에 대해서 말하고, 사도 야고보는 믿음에서 나오는 선행을 말한다.[5)]

여기에 웨슬리의 탁월하고도 독특한 해석이 나온다. 루터나 칼빈이 미처 다루지 못한 위대한 종교개혁신학의 발전과 완성을 웨슬리가 이룬 셈이다. 루터는 야고보의 해석을 지푸라기 복음의 해석으로 평가 절하하였고, 칼빈도 적극적으로 해석해 내지 못하였다. 그러나 웨슬리는 바울의 의롭다 하심은 객관적으로 전가되고 옷 입혀지는 의롭다 하심(imputed righteousness), 곧 의인화(義認化)를 해석한 것으로, 야고보의 의롭다 하심은 주관적 · 실제적 · 본성적으로 변화되는 의롭다 하심(imparted righteousness), 곧 의인화(義人化)를 해석한 것으로 분석한다. 그리고 바울이 비판한 선행은 유대적 바리새주의나 로마가톨릭이 말하는 믿음보다 앞서는 선행으로 의롭다 하심을 추구하는 것이고, 야고보가 말하는 선행은 믿음을 전제로, 믿음에서 나오는 선행으로 우리의 본성마저도 그리스도의 성품으로 변화되어 가는 의인화(義人化)를 위한 선행임을 총체적이고 통전적으로 훌륭하게 해석한 것이다. 그래서 웨슬리는 그리스도를 믿는 믿음에서 나오는 선행과 그리스도의 믿음에서 나오지 않는 율법적, 도덕적 선행을 질문 23에서 구분하였다: "무엇

5) Minutes, 3

이 갈라디아서 2장 16절이 말하는 율법의 행위인가?" "그리스도를 믿는 믿음에서 나오지 않는 모든 선행이다."[6)]

계속하여 웨슬리는 연회의 신학적 대화를 전개하여 간다. 그리스도의 의(righteousness of Christ)가 모든 신도에게 전가되며(imputation), 또한 그리스도의 의를 본받아 의로운 성품으로 변화되어 가는(impartation) 양면성을 해석한다. 이렇게 그리스도의 의를 본받는 성화를 위해서는 선행실천이 계속되어야 하고, 성화를 위한 선행의 무용성을 말하는 율법 폐기론(Antinomianism)의 위험성을 지적한다.

역사자료 · 38

질문 16 : 어떤 의미에서 그리스도의 의가 모든 인간에게 혹은 신자들에게 전가되는가?

답 변 : 우리는 그리스도의 의를 어떤 사람들에게만 하나님이 부어 주신다고 확신하는 표현을 성경에서 발견할 수 없다. 우리가 발견한다 할지라도 그 믿음이 우리에게 우리의 의를 위해 주어지는 것이다. "한 사람의 불복종으로 모든 사람이 죄인이 된 것같이, 한 사람의 복종으로 모든 사람이 의롭다 함을 얻게 되었다"는 것이 바로 그 본문이다. 그리스도의 공로로 모든 사람이 아담의 외적 죄(actual sin)의 죄의식에서 깨끗하여진다. 우리는 그리스도의 복종과 죽음을 통하여 다음과 같이 이해를 더욱 넓혀갈 수 있다. 1. 모든 사람의 몸이 죽음 후에 영생하게 된다. 2. 그들의 영혼들이 영적 생명의 가능성을 받게 된다. 3. 실제적인 스파크(spark)와 씨앗이 자라게 된다. 4.

6) Minutes, 4.

모든 신자가 하나님과 화해하여 은혜의 자녀가 된다. 5. 신적 본성의 동참자가 된다.

질문 17 : 우리는 칼빈주의에 대하여 얼마나 많이 경계하는가?
답 변 : 우리는 칼빈주의에 대하여 경계해야 한다.

질문 18 : 우리는 율법폐기론(Antinomianism)을 두려워하고 있는가?
답 변 : 우리는 율법폐기론을 두려워한다.

질문 19 : 무엇이 율법폐기론인가?
답 변 : 믿음을 통하여 율법을 공허하게 만드는 교리다.

질문 20 : 무엇이 율법폐기론의 핵심요소인가?
답 변 : 1. 그리스도가 도덕법을 폐기하였다는 것 2. 그러므로 크리스천들은 율법을 지킬 의무가 없다는 것 3. 크리스천의 자유는 하나님의 계명을 복종하는 것에서 해방되는 것 4. 율법은 명령된 것이기 때문에 율법을 지키는 것은 노예 신세가 되는 것, 혹은 율법은 금지사항을 말하는 것이기에 짐이 되는 것 5. 신자는 하나님의 계율을 사용하거나 선행을 행할 의무가 없다는 것 6. 설교가는 선행을 권면하는 설교를 해서는 안 된다는 것, 그 이유는 선행의 설교가 불신자들에게는 상처를 주기 때문이고, 선행의 설교가 신자들에게는 불필요하기 때문이라고 하는 것[7]

7) Minutes, 3.

한국교회가 선행을 무시하고 설교하지 않는 율법폐기론적 경향이 있고, 오직 신앙만을 강조함으로 비도덕적인 신앙양태를 만드는 신앙제일주의(solafideism)적 흐름이 심한데 웨슬리가 첫 감리교회의 연회에서 강조한 이러한 가르침에 귀를 기울이면서 선행을 열심히 설교하고 선행의 실천을 열심히 추구해야 한다.

6월 26일 화요일 아침에는 성화의 교리에 대하여 역시 대화형식으로 다음과 같이 해설하였다.

역사자료 · 39

질문 1 : 성화된다(be sanctified)는 것은 무엇을 의미하는가?

답 변 : 의로움과 참 거룩함(righteous and true holiness)의 하나님의 형상(image of God)으로 갱신되는 것을 의미한다.[8)]

질문 2 : 믿음이 성화의 조건인가, 도구인가?

답 변 : 믿음은 성화의 조건이며 도구다. 우리가 믿기 시작할 때 성화는 시작된다. 믿음이 커질 때, 우리가 새롭게 창조될 때까지 성결도 증가한다.

질문 3 : 완전한 크리스천(a perfect Christian)이 된다는 것은 무엇을 의미하는가?

답 변 : 주 우리 하나님을 우리의 마음과 정신과 영혼과 힘을 다하여 사랑하는 것이다. 신 6:5, 30:6; 겔 36:25~29.

질문 4 : 이것은 모든 내적 죄악성(all inward sin)이 제거되는 것을

8) 웨슬리는 엡 4:24의 본문을 인용해서 이렇게 해석한다: "하나님을 따라 의와 진리의 거룩함으로 지으심을 받은 새 사람을 입으라."

의미하는가?

답　변 : 의심 없이 그렇다. 혹은 성도의 모든 불결함(all his un-cleannesses)에서 구원받게 된다고 말할 수 있다. 겔 36:29.

질문 5 : 그리하여 누가 구원받은 사람인지 우리는 알 수 있는가? 그것에 대한 합리적인 증거는 무엇인가?

답　변 : 특별한 영적인 분별력 없이 우리는 누가 구원받은 사람인지 확실히 알 수 없다. 그러나 우리는 다음과 같은 것들이 가장 좋은 증거라고 이해한다.

1. 만일 의롭다 함을 얻은 순간부터 적어도 비난받지 않을 충분한 증거를 우리가 가진다면 2. 만일 그들이 비난받지 않을 건전한 말을 하면서 그들이 죄에서 구원받은 시간과 방법의 확실한 증거가 있고, 환경적인 증거가 있다면 3. 만일 엄격한 질문에 따라 2~3년 후에도 그들의 모든 성격과 말과 행동이 거룩하고 흠 없는 것으로 인정을 받는다면

질문 6 : 이런 구원의 경지에 이르렀다고 생각하는 사람들을 우리는 어떻게 대해야 하는가?

답　변 : 뒤에 있는 것들은 잊어버리고, 하나님이 그들의 심연(the ground of hearts)에 찾아오시도록 항상 깨어서 기도하게 그들을 권면하라.[9]

오늘 한국감리교회 교인들은 이러한 성화와 완전의 교리를 너무나

9) Minutes, 5.

모르고 이를 열망하지도 않는다. 오늘의 한국교회 위기는 예수를 믿는 믿음은 있으나 그 믿음이 세상에서 빛과 소금으로 나타나는 사랑과 선행의 실천을 통해 작은 예수가 되어 가는 성화의 모습을 보이지 않는데 있다. 이러한 위기를 극복하기 위해 오늘의 한국감리교회 연회들도 성화와 완전을 가르치고 배우는 교육의 장으로 변화하는 운동을 해야 한다.

6월 28일 목요일 연회에서는 다음과 같은 장정(discipline)에 관한 사항들을 토론하였다: 연합신도회(the United Societies), 밴드(the Bands), 특수신도회(the Select Societies), 참회자반(the Penitents). 연합신도회는 가장 큰 조직이라고 규정하였다. 그리고 밴드는 연합신도회 회원들 중에서 죄에서의 성결을 위해 더 가까이 연합하려는 사람들이 가입한 조직이었다. 그리고 밴드회원들 중에서 더욱 하나님의 빛 가운데서 살기를 원하는 사람들이 특수신도회를 조직하였다. 또한 참회자반은 신앙생활에서 파선된 사람들이 신앙생활을 회복하기 위하여 모이는 조직이었다.[10] 그런데 이 참회자반 회원들이 나중에는 더욱 앞서가는 성도들이 되었다고 웨슬리는 증언한다.

역사자료 · 40

1745년 7월 팔머스(Falmouth)에서는 군중과 충돌하는 큰 저항과 도전을 받았다.

나는 팔머스로 말을 타고 갔다. 오후 3시쯤 되어 나는 오랫동안 몸이 불편한 점잖은 부인을 위문하였다. 집에 도착해 앉자마자

10) "The First Methodist Conference", *A History of Methodist Church*, Vol. IV, 69.

집 주위를 무수한 사람들이 사방으로 에워쌌다. 그때의 소동은 폭풍우보다도 더 소란스러웠다. 처음에는 부인과 그녀의 딸이 그들을 진정시키려고 하였으나 허사였다. 차라리 노한 바다를 달래는 것이 더 나았을 것이다. 그 패거리들이 목청이 터져라 외쳐댔다. "Canorum을 내놓아라! Canorum은 어디에 있느냐?(Canorum은 의미 없는 말로써 일반적으로 감리교도를 대신하여 쓰였다.)" 아무 대답도 없자 그들은 순식간에 바깥문을 열고 통로 가득히 밀고 들어왔다. 그들 중에는 항구에 늦게 도착한 선원들도 있었다. 몇몇이 꾸물거리는 다른 동료들에게 화를 내더니 그들을 밀치면서 함께 들이닥쳤다. 그리고는 집 안쪽 문에 자신들의 어깨들을 대고 소리를 질러댔다. "기다리라고 친구들, 그대로 있어." 그러자 경첩들이 모두 떨어져 나가고 문짝이 방안으로 넘어졌다. 나는 곧바로 그들을 향해 걸어 나갔다. 그리고 말하였다. "내가 여기 있소. 나에게 할 말이 있는 사람은 누구입니까? 내가 당신들에게 무슨 잘못이라도 했습니까?" [11]

웨슬리는 그가 위험을 당하였던 수많은 다른 장소에서 그랬던 것처럼 팔머스에서도 침착함과 용기를 보여 주었다. 그러한 특별한 상황에서도 그는 아무런 주저 없이 군중에게 말할 수 있었고 평화롭게 자신의 전도여행을 계속할 수 있었다. 심지어 육체적인 질병과 낯선 여행길도 마다하지 않고 전도여행을 강행하였다. 그러나 1750년 초에 이르자 폭력적인 적대행위들은 사실상 자취를 감추게 되었다.

1746년 가난한 병자들을 돕기 위하여 영국에 무료진료소를 시작하

11) 존 웨슬리 일기, (1745년 7월 4일).

였는데, 외과의사, 마취과의사가 도왔고 특별히 설교가면서 의사인 화이트헤드(Dr. Whitehead)가 도와주었다. 1746년 12월 5일 처음 시작할 때 30명이 왔는데 석 달도 못 되어 500명으로 늘어났고, 8년 동안 계속 환자 수가 늘어났다. 결국 경제적으로 감당할 수 없게 되자 1754년 문을 닫았다.

1747년 《원시의학(*Primitive Physic*)》을 저술하였다. 이 책은 그의 비신학서적 중 아마 가장 널리 알려진 책일 것이다. 실례로 그는 이 책에서 어떤 병의 치료를 위해 새로운 전기기계를 사용해야 한다고 주장하였다. 병, 증상, 상처를 알파벳 순서에 따라 명시하고 289가지 표제들로 정리하였는데, 829문단으로 이루어졌다. 1828년까지 23판이나 출판되었으며, 미국에서도 1764년부터 1839년까지 7판이나 인쇄되었다. 그는 정치, 노예문제, 결혼, 음악, 교육 등 일일이 다 열거할 수 없을 만큼 다양한 주제들에 대하여 글을 썼는데, 이것들은 오늘날과 같이 전문지식이 발달한 사회에서도 놀랄 만큼 폭넓은 지식과 정확함을 갖추고 있다.

1746년 신용조합 운영을 통하여 웨슬리는 그의 백성을 괴롭히는 경제문제에 대한 더 장기적인 해결책을 모색하였다. 그는 신용조합을 설립하여 이자 없이 돈을 빌려 주는 제도를 만들었는데, 이것은 1747년에 시작하여 여러 해 동안 계속되었다. 20페니 이상을 3개월 안에 무이자로 갚게 하였는데, 일 년 안에 250여 명이 도움을 받았다. 1772년부터는 대여한도액을 5파운드로 하였다. 구두수선공 제임스 랙킹톤(James Lackington)이 1775년에 5파운드를 빌려가서 중고책방을 시작하였는데, 나중에는 런던에서 두 번째로 큰 중고책방이 되었다. 웨슬리가 죽던 해인 1791년 그의 수입이 무려 5,000파운드까지 되었다.

1748년 구역(circuit)들이 연대하여 분기마다 모이는 첫 번째 계삭회

모임(Quarterly meeting)을 시작하였다. 지방회(District meeting)는 보다 큰 지역모임으로 일 년에 1회 정기회의를 가졌다.

1748년 킹스우드학교(Kingswood School)를 다시 개교하였다. 당시 중산층이 아닌 아이들은 중·고등학교 과정은 다닐 수 없었는데, 광부촌 킹스우드에 기숙사가 있는 학교를 세워 가난한 집 자녀들이 교육비에 대한 부담 없이 교육을 받을 수 있게 하였다. "새 집(New House)"이라는 이름으로 설립되었는데 1749년에는 두 개의 탁아소(day school), 소녀들을 위한 고아원도 세워졌다. 이 학교의 목적은 하나님의 도움을 통한 지혜와 성결에 이르게 하며, 합리적이고 성서적인 크리스천이 되는 방법으로 훈련시키고자 함이었다.

1748년 웨슬리는 "나는 나의 영혼이 육체에서 떠나지 않는 한 영국성공회에서 떠나지 않을 것을 믿는다"라고 말하였다. 그 후 3년 뒤에는 "감리교도들이 영국성공회를 버리면 하나님께서도 감리교회를 버리실 것이다"라고 재차 강조하였다. 그의 인생 말년까지 웨슬리는 영국성공회에 대한 충성을 확언하였다. 그러나 영국성공회의 감리교에 대한 비판 - 다른 모든 '열광주의'자들처럼 감리교도들은 불충성하고, 교회의 분리를 꾀하며, 심지어 이단 같은 행동을 한다 - 은 감리교도들이 영국성공회와 더욱 이질감을 느끼게 부채질하였다. 아마도 분열의 감정들은 그러한 부당한 고발들에 의해 고양되었을 것이다. 이러한 정황으로 볼 때, 우리는 감리교가 더 이상 영국성공회 소속의 '열심파'로 남아 있기란 거의 불가능하였으리라는 추측을 할 수 있다. 아마 웨슬리 자신도 언젠가는 감리교가 영국성공회에서 분리되리라는 사실을 알고 있었을 것이다. 그러나 분리를 주장하는 측과 거부하는 측의 입장은 팽팽하여 물러섬이 없었다. 1766년 웨슬리는 자신의 설교가들에게 한 달에 두 번 이상 영국성공회 예배에 불참해서는 안 될 것과 성만찬이 행해지는 감리교 예배를 중단해서는 안 될 것을 경고하였다.

1749년 《기독교인의 도서(*Christian Library*)》를 출간하였다. 웨슬리의 관심은 아이들의 교육에만 국한되지 않았다. 그는 자신의 설교가들이 삶의 모든 분야에 대해 교육받아야 할 필요성을 인식하고 있었다. 그들의 설교가 더욱 효과적이 되게 하기 위해서였다. 이 점은 웨슬리의 유명한 이 책을 포함하여 엄청난 저술들에 부분적으로 드러나 있다. 이 책은 초대교부들의 글로부터 로마가톨릭의 신학자들, 그리고 영국과 유럽 신학자들과 신비가들의 저술들을 두루 포함하고 있는데, 발췌는 웨슬리 자신의 주의 깊은 작업을 통해 이루어졌다. 이 책은 1749년에서 1755년 사이에 출판되었으며 그의 설교가들에게 유용한 자료들을 제공해 주었다. 이것은 후에 감리교회 설교가들만이 아니라 감리교회 평신도들도 신학적, 영적 성숙을 위해 읽어야 할 필독서가 되었다.

1754년 1월 4일 《신약성서주해(*Explanatory Notes Upon the New Testament*)》를 쓰기 시작하였다. 이것도 감리교 교리의 표준으로, 웨슬리는 평신도 설교가들 뿐만 아니라 감리교도들도 읽어야 할 필독서로 생각하였다. 그는 특히 요한네스 벵겔(Johannes Bengel)의 *Gnomen Novi Testament*를 읽고, 벵겔의 본문비평의 원리를 그의 성서해석의 원리로 활용하였다. 그리고 감리교회의 신학과 교리의 표준이 될 중요한 신학적 설명들을 붙였다.

1755년 《기독교인의 도서(*Christian Library*)》를 완성하였고, 《신약성서주해》도 759페이지로 완성하였다.

1755년 8월 1,800명의 감리교도들이 함께 공동의 계약을 고백하는 계약갱신예배(Covenant Renewal Service)를 드렸는데, 웨슬리는 이것은 또 하나의 중요한 은총의 수단이 된다고 생각하였다. 이 예배를 위한 예문도 만들었다. 이것은 청교도적인 계약신학의 전통을 이어받은 것이라고 할 수 있다. 1757년까지 1,236파운드를 빚져 가면서 153개의 출판물을 출판하였다.[12]

12) Heizenrater, 197.

08
감리교회 성숙기(1758~1775)

이 시기에는 웨슬리의 영성과 신학의 극치라고 볼 수 있는 《기독자의 완전(*A Plain Account of Christian Perfection*)》이 완성되었고, 웨슬리 구원론이 잘 정리된 "성서적 구원의 길(The Scripture Way of Salvation)", 경제윤리의 완성작인 "돈의 사용에 관하여(On the Use of Money)"라는 설교가 만들어지고, 노예제도를 반대하는 논문 "노예제도에 관하여 논함(Treatise on Slavery)"이 탄생하였다. 그래서 이 시기를 감리교운동의 성숙기라고 감히 말할 수 있다. 신학적으로나, 영적으로나, 경제 윤리적으로나, 사회적 성화운동적으로 볼 때 성숙한 경지에 이른 시기였다.

1760년 "돈의 사용에 대하여(On the Use of Money)"라는 설교에서 '할 수 있는 한 많이 벌어라(Gain all you can)', '할 수 있는 한 많이 저축하라(Save all you can)', '할 수 있는 한 많이 주어라(Give all you can)'의 3대 경제원리를 제시하였는데, 이것은 자본의 사유화를 인정하면서도 모든 소유는 하나님의 것이라는 청지기의식에 입각하여 가장 필수적인 것만을 자신과 가정을 위해 사용하고, 나머지는 모두 가난한 이웃을 위해 나누어 주어야 함을 강조하는 것이었다.

1763년 여성 설교가 사라 크로스비(Sarah Crosby), 사라 라이언(Sarah

Ryan), 그리고 메리 보산퀘트 플레처(Mary Bosanquet Fletcher) 등의 여성그룹이 에식스(Essex)의 레이톤스톤(Leytonestone)에 학교와 고아원을 설립하였다. 5년 후에는 요크셔의 크로스 홀(Cross Hall in Yorkshire)로 옮겼다.

1765년 "성서적 구원의 길(The Scripture Way of Salvation)"이라는 설교를 출판함으로써 맥스필드(Maxfield), 벨(Bell)을 비롯한 칼빈주의자들에게 자신의 구원론신학의 입장을 밝히게 되었다. 똑같은 본문 에베소서 2장 8절을 가지고 "신앙에 의한 구원(Salvation by Faith)"을 설교할 때는 루터적 모라비안의 신학적 영향을 받아 믿음에 의한 의인화만을 강조하였지만, 이 설교에서는 선재적 은총, 확신의 은총(convincing grace, 회개), 의인화, 성화를 언급하였는데, 특별히 성화의 과정에서 선행의 필요성을 힘주어 말하였다. 이러한 선행과 사랑의 실천을 통한 성화는 그의 설교 "마음의 할례(The Circumcision of Heart)"에서 강조하였는데, 이 설교 "성서적 구원의 길"에서 "신앙에 의한 구원"과 "마음의 할례"에서 나타난 구원론의 양면성을 잘 종합하였다.

1765년 8월 맨체스터 연회에서 그 동안의 연회록을 "Minutes of Some Late Conversations Between the Rev. Mr. Wesleys and Others"라는 이름으로 출판하였다. 이 연회록은 웨슬리의 '설교, 일기, 신약성서주해'와 함께 감리교신학과 교리 연구의 중요한 요소가 되었다.

1765년 11월 칼빈주의자 존 굿윈(John Goodwin)의 "칭의에 관한 논문(A Treatise on Justification, 1765)"에 대한 답변의 형식으로 "주 우리의 의(The Lord Our Righteousness)"라는 설교를 런던의 웨스트 스트리트 채플(West Street Chapel, London)에서 선포하였다. 모라비안주의자들과 칼빈주의자들이 수동적, 객관적이고, 주입되는 그리스도의 의(imputed righteousness)만을 강조하는 것을 비판하면서 능동적 · 주관적이며 본성마저도 의롭게 변화되는 그리스도의 의(imparted righteousness)를 동시에 강조해야 함을 주장하였다. 그래서 객관적이며 동시에 주관적인 의(imputed and imparted righteousness)를 그리스도에게서 찾고 그것을 성도들에게 적용하여 설명하였다.

1766년 "기독자의 완전에 관한 평이한 해설(A Plain Account of Christian Perfection)"이라는 이름으로 그 동안에 발전시켜 왔던 기독자의 완전론에 관한 논문을 발표하였다. 이 완전성화에 관한 논문은 웨슬리가 평생에 걸쳐 개정하여 왔던 것을 완성시킨 것이다.

1766년 신대륙에서의 최초 감리교 모임을 시작하였고, 뉴욕의 존 스트리트(John Street)에 감리교 예배당까지 지었다.

1769년 "동의강령(Article of Agreement)"에 대해 리즈 연회(Leeds Conference)에서 모든 감리교 설교가들이 동의하는 서명을 하게 되었다. 그것은 세 가지 결의에 대한 동의였다: 1. 하나님께 전적으로 자신을 헌신하는 것, 자신을 부정하는 것, 날마다 십자가를 지는 것, 오직 자신의 영혼을 구원하는 것과 설교를 듣는 영혼들을 구원하는 것에만 집중하는 것 2. 감리교 연회록에 포함되어 있는 옛 감리교회 교리를 설교하는 것 3. 감리교회 연회록에 기록되어 있는 모든 장정을 지키고 준수하는 것. 1744년에는 72명이, 1775년에는 81명이 서명하였다.

1770년 조지 휫필드가 사망하였다. 그의 장례식 설교에서 웨슬리는 휫필드를 훌륭한 복음 설교가로 칭찬하였다. 그러나 웨슬리 설교의 본문이 발람 선지자 이야기였기에 휫필드를 지지하였던 칼빈주의자들에게서 강한 도전을 받기도 하였다.

1771년 연회에서 미국 선교사로 네 명이 자원하였는데, 웨슬리는 프랜시스 애즈베리(Francis Asbury)와 리차드 라이트(Richard Wright)를 선출하여 미국으로 보냈다.

1772년 "파운데리(Foundery)"라는 크리스천 공동체를 런던에 설립하였다. 이 공동체는 1748년에 만든 'Old Foundery'가 발전한 형태였다. 1748년 아홉 명의 가난한 과부, 한 명의 가난한 맹인, 두 명의 아이들, 두 남녀 종들이 함께 살았다. 1772년에는 가난한 사람들의 도덕적 · 사회적 조건을 개선, 증진시키는 일을 하게 되었는데, 파운데리 안에 가난한 자를 위한 집(poor house)을 만들어 과부들을 위한 집, 설교가들을 위한 집, 소년들을 위한 학교, 병자들을 위한 진료소, 직장을 알선해 주는 직업소개소, 은행, 도서관, 그리고 신용조합의 역할까지 하게 하였다. 물론 가장 기본적으로는 예배센터였으나 이러한 다양한 사회복지센터의 역할까지 하였던 것이다.

1774년 "노예제도를 논박함(Thoughts Upon Slavery)"을 써서 본격적으로 노예제도를 공격하였다. 그의 논문은 사실상 필라델피아 퀘이커교도 안토니 베네제트(Anthony Benezet)의 저서 《기네아의 역사적 사건(*Some Historical Account of Guinea*)》을 1차 자료로 썼다. 논문의 3/4 정도가 베네제트의 글을 인용하는 것으로 구성되었고, 나머지 1/4이 자신의 높은 논리적, 법적, 자연적 인권이해에서 나온 그의 주장이었다. 웨슬리는 이 논문에서 노예제도를 정당화하는 성서 인용을 의도적으로 거부한다. 미국 남북전쟁 당시에 정치적 · 사회적으로 노예제도를 찬성하는 사람들은 웨슬리의 이 논문을 지지하지 않았다. 웨슬리는 이 논문에서 목적론적 윤리(teleological ethics)를 주장한다. 윤리적 목표에 이르는 노력을 좌절시키는 인간적 · 사회적 · 정치적 장애물과 싸우면서 그 목표에 이르기 위해 계속적으로 노력하는 과정을 보여 준다. 노예제도를 합법화하는 수단들이 기독교화, 식민지 확장, 무지에서의 개화, 경제적 이득 등임을 지적하면서 이런 것들의 부당함을 강조한다. 우주와 인간의 목적론적 윤리의 목표는 본성적, 자연적 권리의 회복이다. 이러한 회복은 하나님 형상의 회복이다. 하나님의 자연계시적 은총 아래에 있는 피조물들은 자유하기를 원한다. 만일 활동의 자유, 공간의 자유, 예배의 자유를 주지 않으면 노예들이 주인의 목구멍을 자를 것이라고 경고한다. 흑인 노예도 똑같이 하나님의 형상대로 지음 받았음을 선포하는 것은 그 당시 상황에서는 상상도 할 수 없는 일들이었다. 자유는 모든 인간이 생명의 호흡을 시작할 때부터 누리는 자연법적 권리로서 어떠한 인간의 법도 자연법이 보장하는 자유를 빼앗을 수 없다고 주장한다. 이런 이유에서 버나드 셈멜(Bernard Semmel)은 웨슬리가 자연법의 완전한 대변인이라고 해석한다. 18세기에 통용된 자연법 권위에 호소하는 웨슬리의 외침은 그가 그 시대의 사람임을 잘 말해 준다. 그는 인류에 대한 형제애의 차원에서 노예해방을 부르짖었다. 그런데 웨슬리는 자연법을 신적법, 신율적 윤리(theonomous ethics)와 동일시한다. 웨슬리는 자연법을 그의 신적 명령의 윤리, 혹은 신적 기대의 윤리의 진보 속으로 더욱 전개한다. 그는 자연적 · 본성적 권리와 하나님 형상의 신학적 인간론을 종합시킨다. 생명과 자유, 행복의 꿈이 가득 찬 인류를 위해 웨슬리는 하나님의 영과 인간의 영이 합류하는 것을 시도하였다. 하나님 생명의 끊임없는 유출로 영양을 공급받지 아니하면, 하나님의 창조로 합법화된 자연법의 인간권리는 잘린 꽃과 같다. 노예의 경제적 가치를 말하는 상대적 윤리를 신율적 윤리로 대체한다. 어떠한 환경에서도 인간은 비인간적이 될 수 없고, 인간을 늑대화 할 수 없다. 노예제도는 노예와 노예주인 모두를 비인간화하는 것임을 지적한다. 웨슬리는 늑대가 되지 말고 인간이 되기를 호소한다. 노예제도는 인간의 정의, 자비와 전혀 화해할 수 없는 비인도적 제도임을 지적한다. 동료 피조물의 눈물과 땀과 피에 의한 부유함보다도 차라리 정직한 가난이 낫다고 강조한다. 노예제도는 폭력과 복수 외에 기대할 것이 없다고 말한다. 인간이 구원의 성화를 이루기 위해 자유를 누려야 하는 것이 아니라, 하나님 형상으로 회복되는 창조적 존재론과 연결되는 구원론의 관점에서 노예제도 철폐를 주장한 것이다. 하나님을 찾고 따르기 위해서 인간이 해방되어야 하는 게 아니라 창조질서대로 하나님의 형상을 회복하기 위해서 노예가 해방되어야 한다는 것이다. 창조주는 그분의 가장 고상한 피조물이 이 세상에서 이처럼 대우받는 것을 결코 원하지 않으신다고 강조한다. 제임스 콘(James Cone)은 웨슬리가 '뜨거운 가슴(Warm-Heart)'에 관심을 보였으나, 흑인들은 정치적 · 사회적 · 경제적 자유를 찾는다고 비판하였다. 그러나 웨슬리는 그 뜨거운 가슴이 사회적 구조악에서의 인간적 해방을 이루어야 한다고 강조한다.

노예제도의 개혁을 주장하는 웨슬리의 외침은 가히 혁명적이었다. 셈멜은 그것을 "감리교 혁명"이라고 부르며 그의 책 이름도 《감리교 혁명(*Methodist Revolution*)》이라고 하였다. 이 혁명은 수천의 남녀들에게 새로운 동기를 불러일으키는 혁명이었다. 질서 상황에서의 혁명, 안정 한복판에서의 변화의 필연성을 가르쳤다.

노예운동을 반대한 웨슬리를 통하여, 하버드신학교의 데이비드 헴튼 학장은 웨슬리와 감리교운동을 계몽주의와 열광주의의 긴장 속에서 이것을 잘 조화롭게 변증법적으로 종합한 것으로 해석한다.

웨슬리의 이러한 노예제에 대한 반대사상은 경제적 실용주의의 바탕의 입장에서 한 것이 아니라 모든 인간은 자유와 성결(holiness), 그리고 행복을 추구할 천부인권을 지녔다고 하는 데에서 기인한 담대한 주장이었던 것이다. …… 이것은 이성주의는 아니더라도, 이성적인 것에 뿌리를 두고 있는 것이었다. 그렇다고 문제의 쟁점이 감리교가 계몽주의적 이성주의의 모델(paragon)로 오해되어 묘사되었다는 것을 의미하지 않는다. …… 칼빈주의(예정론)에 반대하고, 노예제를 반대하는 성격을 가진 감리교를 말하는 것이다. 자아수련을 통한 자기향상, 그리고 신의 섭리에 대한 자발적인 헌신의 강조는 18~19세기의 영국과 북미 지역에 감리교가 정착하고 뻗어 가는데, 큰 기여를 한 것이다. 감리교 안에서 계몽주의와 열광주의의 상호관계는 최근의 자료들이 인정하는 것보다 더욱 복잡하였다.[1)]

1775년 웨슬리의 후계자로 지목되었다가 일찍 사망하게 되는 존 플레처(John Fletcher)가 조셉 벤슨(Joseph Benson)의 아이디어를 가지고서 감리교회의 미래를 위한 제안을 만들었다. 플레처와 벤슨의 이름으로 만들어진 14개항은 감리교회 역사에 길이 남을 훌륭한 제안이었다. 감리교회를 독립교단으로 만들려는 것이 아니라, 영국성공회 안에서 영국성공회를 개혁하고, 감리교회가 어떻게 역동적인 교회갱신의 주체가 될 것인지를 고민하는 제안들이었다.

역사자료 · 41

1. 영국, 아일랜드, 미국에서 성장하여 가고 있는 감리교회가 거룩한 어머니 교회(영국성공회를 말함)의 딸 교회(감리교회를 뜻함: a daughter church)로서 보편적 신도회(a general society)로 체계화되는 것

1) Hempton, 42.

2. 감리교 신도회가 명백한 결점, 곧 교리, 장정, 비복음적인 계급체제에 관한 것 이외에는 모든 영국성공회 문제에서 물러나는 것

3. 감리교 신도회는 영국성공회의 감리교회가 되어서, 비국교회의 모든 부당한 공격에 대항하여 아직 조직화되지 않은 교회로서 방어할 준비가 되어 있어야 한다는 것, 성서적인 모든 것, 즉 영국성공회의 사제 안수를 받아들이는 것, 영국성공회의 성찬식에 참여하는 것, 그리고 모든 가능한 기회에 영국성공회의 예배에 참여하는 것 등 영국성공회의 규칙에 복종하기를 기뻐하는 것

4. 복음의 순수성에 따라 수정된 영국성공회의 39개조 종교강령을 포함한 팸플릿을 출판하는 것, 아타나시우스 신경 등에서 정죄된 구절들을 삭제하고, 예배문이나 설교들 중에서 수정해야 할 것들을 포함하여 출판하는 것

5. 존과 찰스 웨슬리, 평신도 설교가들, 런던에서 가장 신실한 감리교도, 감리교신도회 이름으로 영국 전역에 흩어져 있는 감리교도들은 이 청원서를 작성하여 캔터베리 대주교에게 제출할 수 있으며, 캔터베리 대주교에 의해서 이 청원서를 모든 감독에게 줄 수 있는 것, 그리고 종교강령을 개정하기를 제안하는 것, 영국성공회를 방어하는 것을 요청하는 것, 이 제안이 영국성공회에서의 분리를 의미하지 않고 영국 사람으로서의 자유를 표현하는 시도라는 것을 간청하는 것, 프로테스탄트들이 복음의 순수성과 초대교회적 장정의 엄격함과 영국성공회의 본래적 디자인에 따라 하나님을 섬기는 것, 그리고 시대와 환경의 요구에 따라 개혁되어야 할 제안이라는 것

6. 이 청원은 감독들에게, 영국성공회의 장정이 필수적으로 요구하는 시험에 합격할 수 있는 감리교 설교가들을 안수하게 요구하는 것을 포함시키는 것, 평범한 추천장들 대신에 성직자가 되기를 지원하는 사람들의 도덕과 원칙을 묻는 것을 사명으로 생각하는 웨슬리 형제와 더 많은 성직자들이 서명한 추천장을 받아들여야 한다는 것, 영국성공회 지도자들이 직함 대신에 성직 지원자가 소명의식을 갖고 있음을 증명하는 감리교회신도회 12집사들의 서명 의지를 받아들여야 한다는 것. 만일 그들이 이 요구를 받아들이지 않는다면, 웨슬리 형제가 복음적이고 규칙에 따른 단계를 취할 의무가 있게 될 것이다. 웨슬리 형제가 영국성공회에서 독립하여 그러한 평신도 설교가들에게 안수 베푸는 일을 해야 할 것이다.

7. 그렇게 안수 받은 설교가들이 그들의 구역(circuit)에서 협동설교가(assistant)들이 되는 것, 준회원 안수를 받은 사람들은 보조설교가(helper)가 되는 것과 의심스러운 지망자들은 시험기간을 갖게 하는 것

8. 연회에 소집된 감리교회 설교가들은 안수 받은 감리교회 설교가나 안수 받지 않은 설교가를 막론하고 누가 발람처럼, 데마처럼 행동하는지를 의심하고 점검하는 자유를 누리는 것

9. 웨슬리 형제가 죽을 때에 웨슬리 형제들이 지금 행하는 것처럼 다른 설교가들과 교인들을 돌볼 감리교회 목회자의 대표 회장(moderator)을 3명 내지 5명 두는 것

10. 공동기도서(common prayer)의 가장 영적인 부분이 39개 강령과 함께 발췌되어 출판되는 것, 감리교회 연회록이 성경 다음가는 감리교회 설교가들의 휴대용 참고서로 출판되는 것

11. 안수례의 중요한 직책은 존 웨슬리 혹은 회장들이 극도의 엄격함 속에서 집행할 것과 확신을 가진 자 혹은 확신을 가질 자 이외에는 아무도 성만찬에 참여할 수 없는 것

12. 감리교회 설교가들이 소시니안주의자(Socinians)에 대항하여 은총의 교리를 설교하고, 칼빈주의자들에 대항하여 의롭다 하심의 교리를 설교하며, 모든 세계에 대항하여 성결의 교리를 설교하는 위대한 계획을 수립하는 것, 즉 안수식에서 지원자들에게 이 세 가지 질문에 대하여 설명하여 주는 것

1) 당신은 온 힘을 다하여 은총의 성서적 교리를 강조할 것입니까? 특별히 그리스도의 보혈의 공로를 믿는 산 믿음으로 죄인들을 값없이 의롭다 하시는 교리를 강조할 것입니까?
2) 당신은 온 힘을 다해 의롭다 하심의 성서적 교리를 강조할 것입니까? 특별히 당신은 의롭다 하시는 믿음에서 나오는 선행으로 성도가 보답하는 의롭다 하심(remunerative justification)을 얻는 교리를 강조할 것입니까?
3) 당신은 크리스천의 완전을 설교할 것입니까? 혹은 모든 시대의 율법폐기론자들에 대항하여 그리스도의 율법의 성취를 설교할 것입니까? 당신은 겸손한 사랑으로 완전해질 때까지 결코 만족하지 않고 강렬하게 완전을 사모할 것입니까?

아마 교회 안에서의 사역을 이루기 위해서 다음 사항이 추가 될 것이다.

4) 당신은 영국성공회의 아들이라고 자신을 생각하십니까? 가능한 한 영국성공회에서 떠나지 않으려고 하십니까? 영국성공회 성직자를 결코 비난하지 않겠습니까? 만약 영국성공회의 어떤 감독들이 당신과 상의한다면, 영국성공회의 성직 안수를 받아들일 준비가 되어 있습니까?

13. 마지막으로 킹스우드학교는 전적으로 다음과 같은 사항에서 타당하다. 첫째, 감리교회 성직지원자를 받아들이고 성숙시키는 것. 둘째, 감리교회 설교가들의 자녀들을 교육시키는 것. 셋째, 오래된 감리교회 설교가들의 신앙정신과 초대교회 정신을 유지시키는 것, 곧 성화된 교육을 유지시키는 유일한 수단이 되는 것[2)]

2) "The Benson/Fletcher Plan", *A History of the Methodist Church in Great Britain*, Vol. 4, 181~184.

09

감리교회 분열기(1775~1791)

A. 영국성공회와의 갈등

웨슬리는 "에큐메니컬 정신(Catholic Spirit)"에서 영국성공회와의 에큐메니컬적인 화해와 일치의 노력을 보였다. 그는 교리적 차이와 예배형식의 차이를 넘어 성실하고 진실한 그리스도의 사랑으로 함께 손잡을 수 있음을 다음과 같이 그의 설교 "에큐메니컬 정신"에서 강조하였다(1740년, 1755년, 1770년에 출판됨).

역사자료 · 42

'내 손을 잡으라'는 말로 내가 의미하는 마지막 말은, 말로만이 아니라 "행함과 진실함으로" (요1 3:18) 사랑해 달라는 것입니다. 당신이 할 수 있는 한(당신의 주장들과 예배방식들을 그대로 간직한 채) 하나님의 일을 위해 저와 손을 잡고 함께 나아갑시다. 당신은 분명히 나아갈 수 있습니다. 당신이 어디 있든지, 하나님께서 누구를 통해서 일하시든지, 하나님의 사역을 위해 보냄을 받은 자들에 대해 자랑스럽게 말씀하십시오. 만일 당신이 할 수 있거든, 고통 중에 있는 사람들과 마음을 나눌 뿐 아니라, 그들에게 힘 있고 활기찬 지원을 아끼지 마십시오. 당신으로 인해 그들이 하나님께 영광을 돌릴 것입니다. 이 마지막으로 드린 말씀 중 두 가지를 주목해 주시기 바랍니다. 첫 번째는, 제가 '제게 온전한 마음을 가진 사람에게' 요구하였던 그 어떤 주장이라도, 그 어떤 사랑이나, 그 어떤 영적인 혹은 일시적인 도움이라도, 저 역시 하나님의 은총에 의해 수행할 각오가 되어 있다는 것입니다. 두 번째는, 제가 저 자신을 위해 이런 요구를 하지 않았다 해도, 여러분의 마음이 하나님과 사람을 향해 온전하다면, 그리스도가 우리를 사랑하셨던 것처럼 그렇게 사랑할 수 있다는 것입니다(요 13:34). ……

여기에서 우리가 배울 수 있는 것은 먼저 에큐메니컬 정신이 '이론적인 절충주의'가 아니라는 것입니다. 에큐메니컬 정신은 다른 모든 견해에 대해 무관심한 것이 아닙니다. 만일 그렇다면 이것은 천국의 열매가 아니라, 지옥의 열매입니다. 정착되지 못한 사상이나 '교리의 바람에 따라 이리저리 흔들리는 것은' 그 자체로 저주며 복이 아닙니다. ……

그는 이미 태양이 확고한 것처럼 기독교 교리의 중요한 원리에 대해 확고한 주장이 있습니다. ……

두 번째로 에큐메니컬 정신이 결코 어떤 종류의 '실용적 자유주의'가 아니라는 것을 말씀드립니다. 그것은 결코 공적 예배에 대해, 그리고 예배를 수행하는 자세에 대해 무관심하지 않습니다. 만일 그렇다면 이것 역시 복이 아니라 저주일 것입니다. 그리고 일치의 정신은 우리에게 도움이 되기는커녕 하나님을 신령과 진정으로 예배하는 데 말할 수 없는 장애가 될 겁니다. ……

그러나 그가 자기 신앙의 원칙과 예수 안에서 진리라고 믿는 것을 확고히 세우고, 그의 눈에 보기에 가장 적합하다고 생각되는 예배의식을 확고히 준수하며, 한 특정한 회중과 가깝고 정감 있는 관계를 유지하는 한편, 그의 마음은 모든 인류와 그가 알지 못하는 모든 사람을 향해 넓게 열려 있습니다. 그는 뜨겁고 친절한 사랑으로 이웃과 낯선 자와 친구들과 원수들을 감싸 안을 것입니다. 이러한 사람을 에큐메니컬 정신을 가진 사람이라고 할 수 있습니다. 사랑만이 유일하게 사람을 이런 자리에까지 이르게 할 수 있습니다. 에큐메니컬 사랑은 에큐메니컬 정신과 통합니다. 만일 우리가 이 말을 엄숙하게 받아들인다면, 에큐메니컬 정신을 가진 사람은 위에서 언급한 태도를 지닌 사람이며, 누구든지 다른 사람들의 마음이 그와 합하다면 손을 내미는 사람입니다. 그는 하나님에 대한 지식과 자신이 누리는 은총을 인해 하나님을 찬양하며 높일 줄 아는 사람이고, 성경적인 방법으로 하나님을 예배하며 하나님을 두려워하는 회중과 연합하여 하나님의 의를 위해 힘쓰는 사람입니다.[1)]

웨슬리는 그리스도에 대한 신앙이 확고하고, 하나님과 이웃에 대한 사랑이 진실한 크리스천이라면 에큐메니컬적 화해와 일치를 이룰 수 있음을 강조한다. 또한 이러한 에큐메니컬 정신은 단순한 절충주의나 혼합주의, 실용주의가 아니라고 한다. 자신의 신학과 교리와 예배방식이 분명하면서도, 그리스도의 신앙과 사랑 안에서 연대하고 손을 잡을 수 있음을 말하는 것이다.

1744년 4월 런던의 시티 로드(City Road)에 새 예배당 머릿돌이 놓여졌을 때도 웨슬리는 영국성공회와의 분리를 절대 부정하였다. 그러나 이 '웨슬리 예배당(Wesley's Chapel)'은 독립된 감리교 모임의 공인을 예고하는 예배처였고, 묘지도 갖추고 있었다. 그 묘지에는 그의 어머니

1) Wesley, "Catholic Spirit", *The Works*, Vol. 2, 81~95.

수잔나가 묻히기도 하였다. 이러한 정황으로 볼 때, 피할 수 없는 당시의 분리현상은 어느 누구라도 인식할 수 있었다.

1784년에 있었던 세 가지 사건은 영국성공회와의 분리를 재촉하였다. 첫 번째 사건은, 1784년 2월 28일의 '포고령(Deed of Declaration)' 선언이었다: "감리교회에 법적으로 독립된 지위를 부여하라. 이미 12신도회들은 나름의 행정체계와 교리적 지침, 연대조직과 규율, 사역, 예전양식을 모두 갖춘 단체로 독립된 교회가 되는 데 필요한 모든 준비가 갖추어졌다." 공식적인 회의 이름으로 명명된 '법적 100인 위원회(Legal Hundred)'의 제정은 웨슬리 죽음 이후 감리교의 합법적인 분리를 사실상 보증하는 셈이 되었다. 이 선언에 따라 총회의 회원들이 죽게 되면 후속 연회(subsequent Conferences)에서 그들의 권한을 합법적으로 물려받았다. '법적 100인 위원회'의 구성에 따라 감리교회는 총회의 법적인 공신력을 계속 유지할 수 있었다.

두 번째 사건은, 1784년 9월 1일과 2일에 있었던 미국 선교를 위한 성직 임명식이었다. 1776년 독립을 선언하였던 13개의 미국식민지들은 1783년 마침내 영국의 통치에서 벗어나게 되었다. 많은 영국 사람들처럼 웨슬리도 미국식민지의 독립을 섭섭하게 여겼다. 왜냐하면 그는 영국의 왕당파인 토리당을 지지하였을 뿐만 아니라, 독립전쟁은 부동산을 가진 중산층이 투표권을 달라고 주장함으로써 시작된 부유층의 배부른 요구로 생각하였던 것이다. 그리고 그는 독립전쟁이 야기한 분열로 이미 미국대륙에서 감리교회가 직면하였던 문제들이 악화된 점을 인식하고 있었다. 예를 들면 평신도 설교가들의 성례전 집례와 같은 것들이다.

1784년 웨슬리는 마음의 결정을 내렸다. 9월 10일 그의 편지 "미국에 있는 우리 형제들이여!"는 이러한 결심의 동기를 설명해 준다. 웨슬리가 미국의 성직안수에 대해 찬성한 이유는 그것의 분명한 필요성 때문만이 아니라, 이미 초대교회에 관한 연구를 통해 성직 안수에 대한 신학적 이해를 새롭게 하고 있었기 때문이었다. 로드 킹(Lord Peter King)의 《초대교회의 헌법, 규칙, 일치와 예배에 관한 질문(*An Enquiry into the Constitution, Discipline, Unity and Worship of the Primitive Church*)》에서 웨슬리는 다음과 같은 내용을 배울 수 있었다. 1) 장로(Presbyters, 정회원, 안수 받은 목사)들은 감독들의 부목사와 조력자들이었다. 그들은 실제적 실천에 있어서 감독들보다 낮은 계급이었다. 2) 그러나 그들은 감독들과 똑같은 권리를 가졌다. 감독들에게서 분리된 특별한 직제가 아니었다. 초대교회에 있어서 정회원 목사들(장로들)의 성직 안수는 성만찬을 집례하는 것에 대한 것만큼이나 분명한 증거들이 있었음을 웨슬리는 킹에게서 배웠다. 정회원 사제들은 감독들의 모든 직무를 수행하였다. 그것은 자연히 입교식을 거행하는 것, 세례를 베푸는 것, 안수하는 것을 동반하였다. 왜냐하면 그것들은 보편적인 직무 중의 특수 직무들이기 때문이다. 그러한 직무 중에서 성직 안수는 원활하게 집행되지 않았다. 웨슬리는 이 결정을 환영할 수도 거부할 수도 없었다. 그는 편지에서 "만약 누구든지 광야에서 이 가엾은 양떼를 양육하고 인도할 수 있는 보다 합리적이고 성서적인 방법을 찾아낸다면 나는 기꺼이 그 방법을 수용하겠다. 현재로서 나는 내가 택한 그 이상의 방법을 발견하지 못하였다"라고 말함으로써 결론을 맺고 있다. 이미 영국성공회의 정회원 목사였던 콕을 감리사로 다시 안수하는 일은, 콕의 안수요청 편지를 먼저 받고 웨슬리가 안수를 베푸는 형식으로 이루어졌다. 콕은 1784년 8월 9일 편지에서 다음과 같이 요청하였다.

다른 사람들에게 안수하는 권한은 당신의 손으로 내게 안수함으로 당신에게서 나에게 주어져야 합니다. 그리고 당신은 형제 와트코트(Whatcoat)와 베이지(Vasey)에게도 다음과 같은 이유에서 안수하셔야 합니다. 1) 그것은 가장 성서적인 방법으로, 그리고 가장 초대교회의 관행에 맞는 방법으로 내게는 보입니다. 2) 나는 당신이 나의 능력으로 할 수 있는 모든 영향력을 미국에서 발휘하기를 당신에게 요구할 것입니다. 미스터 브라킨베리(Mr. Brackinbury)가 런던에서 본 미스터 애즈베리(Mr. Asbury)의 편지를 리즈(Leeds)에서 나에게 전해 주었습니다. 그 편지에서 그는 당신에 의해서 감리사로 임명받지 않은 사람은 누구도 받아들일 수 없다고 하였습니다. 당신에게서 제도적으로 받은 권위는 사람들에게 충분히 받아들여질 것입니다. 제도적인 권위 없이는 나의 안수직무 수행은, 어떤 다른 이유에서 이의를 제기한다면 논쟁의 대상이 될 것입니다. 그러므로 나는 당신이 이 순간에 그 힘을 발휘하시기를 열심히 요청합니다. 나는 하나님이 당신을 이 선한 연대행위(connection)를 위해 사용하시는 것에 대하여 아무런 의심도 없습니다. 요약한다면, 모든 것이 준비되고 모든 것이 적당하게 이루어진 것으로 나는 확신합니다.

토마스 콕도 웨슬리처럼 이미 영국성공회 정회원 안수(elder)를 받았으므로 웨슬리처럼 직접 애즈베리나 다른 미국 평신도 설교가들에게 안수를 베풀 수 있었다. 그러나 여기에 나타난 것처럼 웨슬리에게 감리사 안수를 다시 받아야 그 사무적인 권위를 애즈베리나 미국 평신도 설교가들이 인정할 것이라는 콕의 간절한 호소를 느낄 수 있다. 그래서 결국 웨슬리는 1784년 9월 2일 콕에게 감리사로 안수를 베풀게 된 것이다. 콕의 감리사 안수 증서는 다음과 같이 되어 있다.

역사자료 · 44

여기 모인 모든 이들에게 옥스퍼드대학교 링컨대학 노교수(late Fellow), 영국성공회 장로(정회원 사제, presbyter) 존 웨슬리는 인사를 보냅니다. 나의 목회적 돌봄을 계속적으로 열망하고, 영국성공회의 교리와 장정을 준수하기를 열망하는 북미 남부 주에 있는 많은 사람들이 세례와 성만찬의 성례전을 집행하는 목사들을 간절히 열망하고 있습니다. 나 존 웨슬리는 이러한 미국의 목회사역을 위해 하나님의 섭리에 의해 보냄을 받도록 부름 받았다고 생각하는 것을 모든 사람들에게 알립니다. 그러므로 전능하신 하나님의 보호 아래, 그리고 오직 하나님께만 영광을 돌리는 순수한 마음으로 나는 오늘 시민법의 박사(Doctor of Civil Law)요, 영국성공회의 장로(정회원 사제)며, 이 위대한 사역에 적임자로 판단하는 사람인 토마스 콕을 나의 안수와 기도로(다른 안수 받은 목사들의 보좌로) 감리사로 보냅니다. 그리고 그를 그리스도의 양떼를 돌보는 적임자로 생각하는 모든 사람들에게 추천합니다. 1784년 9월 2일 안수하고 서명함으로 증명합니다.

존 웨슬리

여기에서 웨슬리는 이미 감독으로서 목사 안수를 행한 것이나 다름없다. 와트코트와 베이지를 정회원 목사로 안수하고, 영국성공회 정회원 목사로 안수 받았던 토마스 콕을 감리사로 안수한 것은 엄연하게 감

To all to whom these Presents shall come, John Wesley, late Fellow of Lincoln College in Oxford, Presbyter of the Church of England, sendeth greeting.

Whereas many of the People in the Southern Provinces of North-America, who desire to continue under my care, and still adhere to the Doctrines and Discipline of the Church of England, are greatly distrest for want of Ministers to administer the Sacraments of Baptism and the Lord's Supper, according to the usage of the said Church: And whereas there does not appear to be any other way of supplying them with Ministers:

Know all men, that I John Wesley think myself to be providentially called at this time to set apart some persons for the work of the ministry in America. And therefore under the Protection of Almighty God, and with a single eye to his Glory, I have this day set apart as a Superintendent, by the imposition of my hands and prayer, (being assisted by other ordained Ministers) Thomas Coke, Doctor of Civil Law, a Presbyter of the Church of England, & a man whom I judge to be well qualified for that great work. And I do hereby recommend him to all whom it may concern as a fit person to preside over the Flock of Christ. In testimony whereof I have hereunto set my hand and seal this second day of September in the year of our Lord one thousand seven hundred and eighty four.

John Wesley

웨슬리가 서명하고 토마스 콕에게 증정한 감리사 안수증서

독노릇을 한 셈이다. 그럼에도 미국감리교도들이 감독제도를 채택하였을 때, 웨슬리가 찬동하지 않겠다고 분명한 의사를 표명한 것은 흥미로운 일이다.

영국성공회와 감리교회의 분리를 가속화시킨 세 번째 사건은, 1784년 웨슬리가 《공동기도문(*Common Prayer*)》이라는 책을 개정한 것이었다. 이 책은 《다른 특별한 예배에 따른 북아메리카 감리교회의 주일예배(*The Sunday Service of the Methodists in North America, with other occasional service*)》라는 제목으로 출판되었다. 웨슬리는 몇 년 전부터 영국성공회의 예전이 바뀌길 원하는 몇몇 추종자들과 뜻을 같이하고 있었다. 결국 웨슬리가 가져온 변화들은 여러 가지 논쟁거리를 제공하면서 파장을 몰고 왔다.

1788년부터 감리교 설교 예배당(Preaching House)에서의 주일 아침예배가 공식적으로 허용되었다. 결국 이러한 세 가지 사건들은 1780년대

에 이르러 불가피하게 되었던 분리과정을 더욱 가속화하였다. 1791년 웨슬리가 세상을 떠나던 해에는 영국성공회와의 결별은 오직 시간문제였다. 웨슬리 자신은 마땅히 해야 할 일을 한 것뿐이라는 신념을 늘 갖고 있었다. 이 점은 1788년 감리교 연회에서 웨슬리가 내린 명령들에 잘 나타나 있다.

역사자료 · 45

이 회의에서 논의되었던 가장 중요한 의제 중 하나는 영국성공회를 떠나는 문제였다. 오랜 토의의 결과를 요약하면: 1) 지난 50년 동안 교리 혹은 신앙원칙에 대해 우리는 계획적으로든, 자발적으로든 어떠한 변경도 가하지 않았었다. 2) 우리는 교리상 어느 부분에서도 벗어났던 바를 알지 못한다. 3) 우리는 지난 몇 년 동안 옥외설교, 즉흥기도, 평신도 설교가 운영, 속회의 구성과 관리, 그리고 연회의 개최 등을 통해 선택이 아닌 필요에 따라 점진적이고도 조심스러운 변화를 시도해 왔다. 그러나 이 모든 일은 어떠한 영혼의 역경이 따르더라도 감행하지 않으면 안 된다는 확신이 선 이후에만 시행되었다.

1791년 웨슬리가 세상을 떠나던 해에 감리교 총회는 윌리엄 톰슨(William Thompson)을 회장으로, 토마스 콕(Thomas Coke)을 서기(Secretary)로 선출하였다. 2년 후 총회는 영국성공회 소속으로 여전히 남으려는 사람들에게 감리교회를 떠날 수 있게 문을 열어 주었다. 또 만약 신도회들이 원하기만 한다면 감리교 설교가들도 성례전을 집행할 수 있게 하였다. 그때까지도 합의하지 못한 여러 가지 의견들이 분분하였으며,

1795년의 '평화안(The Plan of Pacification)'은 이러한 분열을 중재하려는 시도였다. 만약 구역 지도자들이 지지하고 연회의 동의만 있다면 감리교 신도회들은 성례전을 집행할 수 있게 되었다.

1791년 웨슬리는 세상을 떠났다. 그는 "가장 좋은 것은 하나님이 우리와 함께하심이라(The best of all is God is with us!)"고 두 번씩이나 확신 있게 말하면서 운명하였다. 실제로 그가 죽기 전 맨 마지막으로 남긴 말은 아이작 와츠(Isaac Watts)의 유명한 노래 가사 첫 줄이었다: "나는 찬양하리, 나의 창조주를 내가 숨 쉬는 동안(I'll praise my Maker, while I've breath)." 그가 세상을 떠나기 전에 마지막으로 참석한 1790년 연회록을 보면 미국과 영국을 포함하여 설교가가 511명, 순회구역(circuits: 지방보다 더욱 작은 행정단위)이 216개, 감리교회 신도가 미국과 영국을 포함하여 120,233명이었다. 그리고 그가 세상을 떠나던 1791년 연회록을 보면 115개 지방의 신도회에 등록된 영국의 감리교회 신도가 72,476명, 미국의 감리교회 신도가 64,146명, 합계 136,662명이었다. 웨슬리가 회심한 지 30년 후인 1768년에 감리교회는 40개 지방에 신도수가 27,341명이었고, 회심한 지 40년 후인 1778년에는 60개 지방에 신도수가 40,089명이었으며, 회심한 지 50년 후인 1788년에는 99개 지방에 66,375명으로 늘어났던 것이, 웨슬리가 죽은 후 7년째(회심한 지 60년 후)가 되는 1798년에는 149개 지방에 영국감리교회 신도수가 101,712명이 되었다. 그리고 회심 후 100년이 지나자 영국의 성인 30명 중의 한 사람은 감리교인이었다. 이것은 세계교회사에서 그 유례를 찾아볼 수 없는 급성장이다.

B. 감리교회 새 연대조직(The Methodist New Connexion, 1797)

최초의 감리교 분파의 창립자는 다른 곳도 아닌 엡웟(Epworth)에서 태어났던 알렉산더 길함(Alexander Kilham)이었다. 1785년에 그는 웨슬리를 대신하여 설교자가 되었고, 1792년에 임명받았다. 1795년 '평화안(Plan of Pacification)'은 그에게 큰 실망을 안겨 주었다. 왜냐하면 그것은 교회당국에 평신도 참여와 힘이 더 이상 확대되는 것을 금지하는 듯하였기 때문이다. 길함의 관심은 감리교회의 민주화, 곧 평신도의 목소리가 결코 낮아져서는 안 된다는 것이었기 때문에 오늘을 사는 세계감리교인들에게는 매우 설득력이 있어 보인다. 길함은 개개인의 입회나 제명이 속회 지도자의 임명 이전에 구성원의 동의가 있어야 한다고 제안하였다. 그리고 평신도 설교가는 지도자회의나 순회교구회의(circuit meetings)에서 심사하고 승인해야 한다고 하였다. 어떠한 순회 설교목사라도 순회교구회의에 의해 승인되어야 하고, 평신도 대의원은 순회교구회의에 의해 지방회의(district meetings)로, 그리고 지방회의에서 연회(Conference)로 승인되어야 한다고 제안하였다. 이 모든 요구는, 그 당시에는 연회에서 거부되었다고 해도, 결과적으로 채택될 수밖에 없었다.

길함은 1796년 7월 제명되었다. 그의 생각이나 주장은 감리교회 체제 자체를 거부하는 것이라고 생각되었다. 그리고 같은 생각을 가진 세 명의 설교자들과 함께 '새로운 순회 설교조직(The New Itinerancy)'를 형성하고 "Methodist New Connection"이라는 교단을 조직하였다. 웨슬리안 회원 중의 5퍼센트만이 동조하였다.[2] 길함의 과격한 생각을 보

---

2) David Hempton, *Methodism and Politics in British Society 1750~1850*, (Stanford, California: Stanford University Press, 1984), 74.

다 부드럽게 온건한 방향으로 자리잡아준 것에 기여한 사람들이 마터(Mather)와 포즌(Pawson)이었다.[3)]

1822년에 26개의 순회교구에 10,856명의 교인들이 동참하였다. 그러나 그것은 19세기를 동안 과격한 모임으로 남아 있다가, 1907년 다시 연합 감리교회(the United Methodist Church)로 통합되었다.[4)]

이 길함의 도전으로 인한 분열은 영국감리교회로 하여금 많은 반성과 자각을 하게 만들어 주었다. 결국 교리장정에서 분열되어 나간 사람들을 용서해 주고 받아주는 너그러움을 통하여 다시 끌어 들이는 노력을 한 것이다. 결국 길함 사건은 영국감리교회의 역사에 약점이기도 하지만 장점이기도 하다고 헴튼은 해석한다.[5)]

C. 독립감리교회(The Independent Methodist, 1806)

이 그룹은 1796년 워링톤(Warrington)에서 원래 퀘이커 풍습을 많이 빌려왔다 하여 '퀘이커 감리교인들(Quaker Methodists)'로 일컬어진 일종의 '천막 집회(cottage meetings)'에서 시작되었다. 그들이 '독립감리교회'라는 이름을 채택한 것은 1806년 매클스필드(Macclesfield)에서 열린 그들의 1차 연회에서였다. 지역 개체교회의 자유와 독립, 구성 교인 자신의 권위에 강조점을 두었다. 그들은 결과적으로 조직형태상 '회중교회적'(congregational) 유형이었다. 영국감리교회가 미국감리교회처럼 감독

3) Hempton, *Methodism and Politics*, 74.

4) 태브러햄, 216.

5) Hempton, *Methodism and Politics*, 75.

체제를 받아들이지는 않았으나 웨슬리가 직접 순회설교가들을 임명하고, 속장까지도 임명하는 등 권위주의적인 중앙집권적 조직이기에 여기에 대한 도전과 반발이라고 볼 수 있다. 이러한 도전을 받아가면서 영국과 미국감리교회는 감독체제의 고교회(high church)적 유형을 살려가면서도, 회중의 자유로운 의사와 주장이 반영되도록 하는 저교회(low church) 유형을 상당히 받아들여 온 역사적 노력을 볼 수 있다. 영국과 미국감리교회가 연대구조(connectional system)를 강조하면서 교회 내의 다양한 부서조직들을 통하여 교회 회중들의 다양한 목소리들이 반영되도록 진보되어 갔다. 한국감리교회 경우에는 목사 청빙도 감독과 감리사가 임명하지 않고 구역인사위원회의 2/3의 결정으로 청빙하는 모습도 이러한 회중주의의 영향이라고 볼 수 있다.

지금도 그들은 영국감리교회에 합류하지 않고 분리되어 있다. '독립감리교회'는 봉급을 안 받는 자원봉사 목사들과 충성스러운 동조자들의 협력을 받고 있지만 크게 발전되지 않았다. 하지만 브리스톨 지역과 영국의 북서부 지역에서 여전히 활동하고 있다.[6]

D. 원시감리교회(The Primitive Methodists, 1811)

휴 본(Hugh Bourne)과 윌리엄 클로우스(William Clowes)가 함께 기초하고, 스토크(Stoke)와 버슬렘(Burslem)이 개별적으로 참가한 이 분파는 '천막 집회(camp meetings)'에서 발전하였다. 미국에서는 야외 천막에서 대규모 군중들이 모여서 놀라운 은사체험을 하였다. 비록 가장 잘 알려

6) 태브러햄, 216.

진 집회는 1807년 7월에 모우 컵(Mow Cop)에서 열렸던 두 번째 집회였지만, 첫 번째 집회는 같은 해 5월에 이미 개최되었다. 본이나 클로우스 모두 '감리교회 새 연대조직'을 떠나고 싶어 하지 않았지만, 천막 집회가 감리교 질서와 규율에 어긋난다는 이유로 둘 다 제명되었다. 이 시기가 영국의 전반적인 사회적 불안정 시대의 시작이었기에 본과 클로우스의 활동이 감리교회 조직질서에 비우호적이라 보인 것이다. 사실 그 시대에 정부나 교회당국 안의 보수세력은 폭동의 위험을 예의주시하고 있었다. 1807년 리버풀(Liverpool) 연회는 천막 집회가 '몹시 부적절하고, 상당히 불온해 보이는' 단체라고 규정하였다.

'원시감리교회'는 여러 분파들 중에서 최대의 운동이었다. 따라서 매우 관심이 집중된 운동이었다. 그들은 연회의 권위적 영향력에서 벗어나기를 희망하였으며, 또한 자유로운 실험예배를 드리기 원하였다. 때때로 '고함지르는 자들(ranters)'이라는 별명으로 알려졌는데, 이것은 벨퍼(Belper) 거리에서 크게 찬양하는 그들의 습관에서 기인한 것이다. 그들의 교회에서의 찬양은 주목할 만하였다. 다른 분열그룹들과 마찬가지로, '원시감리교회'도 평신도의 역할에 대해 남녀 가릴 것 없이 대단히 강조하였다. 1820년 그들의 첫째 연회에는 두 명의 평신도와 한 명의 순회교구에서 파견된 순회 설교자가 참석하였다. '원시감리교회'의 꽤 많은 부분을 차지한 이들이 그 당시 주류 감리교인들보다 사회 신분상 낮은 계급의 사람들이었다.[7]

스테판(Joseph Rayner Stephens)은 이 운동의 지도자로서 정치적으로는 강하고 높은 이데올로기를 갖지 않고, 도덕적으로는 부자와 가난한 사

7) 태브러햄, 217.

람의 상호의무감을 높이 강조하는 차티스트운동(Chartist movement)을 일으켰다. 상류층의 정신적 거듭남이 빈부격차의 문제를 해결하고, 도덕으로 책임적 사회를 만들 수 있다는 주장이다. 스테판은 감리교회 내에서 이 차티스트운동의 많은 동조자들을 이끌어 냈다.[8]

E. 성서 크리스천(The Bible Christian, 1815)

'성서 크리스천'은 주로 영국 서부 지역에서 발전하였다. '성서 크리스천'이란, 모든 문제가 성경(Bible)에 의하여 풀릴 수 있다는 그들의 믿음에서 유래되었다. 설립자 윌리엄 오브라이언(William O'Bryan)은 두 번이나 감리교 목회직에 지원하였지만 실패하였다. 그럼에도 그는 독립적인 설교사역을 개발하였는데, 이것이 결과적으로 콘월(Cornwall)과 데본(Devon)에서 소종파를 만들게 되었다.

그들은 감리교인들과 논쟁할 의도가 없었을 뿐 아니라 때때로 감리교인들과 잘 어울렸다. 성서 크리스천은 그들이 영국감리교회와 유사하여 감리교 전통의 일부분으로 여겨지기도 한다. 그리고 그들의 신학적 강조점과 예배형태는 원시감리교회와 유사한 데, 놀라운 일은 그들이 원시감리교회와 거의 만난 사실이 없었다는 것이다. 평신도가 조직을 관리하는 데 현저하게 참여하는 것, 1819년 그들의 연회에 여성 순회 설교자들을 입회시킨 것, 놀랄 만한 선교사역을 이룩한 것, 그리고 절제운동에 주도적으로 참여한 것 등이다.[9]

---

8) Hempton, *Methodism and Politics*, 212.

9) 태브러햄, 221.

헴튼은 지적하기를 '성서 크리스천' 교인들도 대부분 저소득층(low class) 사람들이었다고 지적한다. 노동자계층의 삶들이 이 운동에 참여하여 뜨거운 부흥운동을 일으켰다는 것이다. 영국감리교회가 처음에는 노동자와 광부와 농민들로 가득 찼는데, 점점 경제적으로 부유해 지면서 영적 열정이 식는 가운데 이런 그룹들이 도전적인 자극을 주었던 것이다.[10)]

F. 자유 연합 감리교회(The United Methodist Free Churches, 1857)

19세기 중반에 주류 영국 감리교회 기구에서 탈퇴한 수많은 소규모 그룹들이 모여 '자유 연합 감리교회'를 결성하였다. 그 근원적 발생이 복잡하다.

분열그룹인 "프로테스탄트 감리교회(Protestant Methodists)"는 1827년 리즈(Leeds) 논쟁의 결과로 독립하였다. 이것은 "리즈 조직 논쟁(Leeds Organ Controversy)"으로 알려졌다. 리즈에서 부유하고 영향력 있는 이사들(trustee)이 지방 교인 등이나 순회구역 설교자들의 희망을 거절하고 브런즈윅(Brunswick) 예배당에서 어떤 조직을 만들었다. 그 부유계층 이사들은 '무신론적 기구'라 생각하였던 조직을 제명하는 데 찬성하였다. 이사들의 청원이 연회에서 확정되었는데, 그것으로 인해 교인들은 더욱 혼란스러워졌다. 그것은 웨슬리안 목사들의 계급질서에 기초한 비성서적 권위를 주장하는 것이었다.

연회의 회장인 자베즈 번팅(Jabez Bunting)은 이 문제를 중대하게 다

10) Hempton, *Methodism and Politics*, 14.

루었다. 1837년 "프로테스탄트 감리교회(the Protestant Methodists)"는 다른 두 집단들, 즉 1831년 제명되었던 헨리 브리든(Henry Breedon)의 지도 아래 있던 "알미니안 감리교회(the Arminian Methodists)"와 1835년에 만들어진 사무엘 워렌(Samuel Warren) 박사의 "웨슬리안 감리교회 연합(the Wesleyan Methodist Association)"과 통합하였다. 맨체스터 순회교구의 감리사였던 워렌(Warren)은 감리교신학연구소(Methodist Theological Institute)를 세워야 한다는 자베즈 번팅의 제안을 단번에 거절하였다. 그러한 연구소는 '소수 개인에게 이로운 조직이 될 것'이라고 확신하였기 때문이었다. 다른 많은 설교자들과 함께 그는 1835년 연회에서 제명되었고, 같은 해 8월에 "웨슬리안 감리교회 연합(the Wesleyan Methodist Association)"의 초대 회장이 되었다. 1849년 이 기구에, 영국감리교회 교도 10만 명을 희생시켰다고 평가되는 심각한 분쟁의 와중에서 또 다른 분파 "웨슬리안 개혁 신도회(the Wesleyan Reform Society)"가 참여하였다.

"웨슬리안 개혁 신도회(the Wesleyan Reform Society)"는 1849년 독립된 연대조직이 되었다. "웨슬리안 개혁 신도회"는 "웨슬리안 감리교회 연합(the Wesleyan Methodist Association)"과 충분한 공통분모를 찾을 수 있었다. 이것이 "프로테스탄트 감리교회"와 "알미니안 감리교회"를 포함하여 1857년 '자유 연합 감리교회(the United Methodist Free Churches)'를 이루게 된다.[11]

헴튼은 기존의 영국감리교회 내의 권위주의적 계급체제와 부유한 평신도 세력이 연대하여 자베즈 번팅의 설교가 교육을 위한 신학연구소 설립을 반대하게 된 이유는 벤팅의 능력과 영향에 견제를 가하려는 것 뿐

11) 태브러햄, 221~226.

아니라, 부유해지고 권력을 갖게 된 영국감리교회가 낮은 계층의 목소리를 무시하게 된 사건으로 해석한다. 이것은 리즈 지역에서 발생하였으나, 리버풀(Liverpool), 셰필드(Sheffield), 런던 남부(South London)로까지 확산되어 갔다고 지적한다.[12] 제도적이고 신학적인 문제로 발생하였으나, 헴튼은 사회적 정치적 차원이 더욱 중요하다고 지적한다. 과격한 감리교도들은 교회학교와 별장기도모임과 순회교구조직의 영국감리교회 정책을 문제 삼았고, 낮은 계층의 감리교도들은 부유층으로 형성된 브런즈윅 이사회의 결정을 용납할 수 없었다고 헴튼은 해석한다.[13]

12) Hempton, *Methodism and Politics*, 199.

13) Hempton, *Methodism and Politics*, 198.

10
감리교회의 부흥운동(1739~1790)

웨슬리는 회심한 지 3주 후에 런던에서 폭동들의 희생물이 될 위기에 처하였다. 그럼에도 그들은 큰 기쁨을 함께 경험하고 그 기쁨을 서로 나누는 감격을 맛보았다. 그들은 마치 천국에서 대화하는 것 같은 그리스도의 마음을 소유하였으며, 그리스도께서 걸으신 것처럼 걷고 있었다. 휫필드의 설교는 웨슬리의 설교보다 더욱 감성적이었다. 1739년 2월 그의 원수들이 그의 무질서한 예배 때문에 불평하였다. 1739년 2월 18일 토요일 오후에 Hanham Mount에서 5~ 6천명이 모였다. 저녁에도 반마일 떨어진 곳에서 모였다. 마차로, 말로, 혹은 걸어서 모여들었다. 약 2만 명이 3에이커나 되는 땅을 뒤덮었다. 그는 다시 미국으로 돌아가는 준비를 하고 있었기에 옥외설교는 대신 존 웨슬리가 맡아 줄 것을 요구하였다. 웨슬리의 건강이 좋지 않았고 옥외설교에 대하여 망설였기에 결국 당시의 습관대로 제비를 뽑았다. 결국 제비에 뽑힌 웨슬리는 휫필드와 함께 브리스톨로 내려갔다. 3월 29일에 웨슬리는 이틀 동안 말을 타고 브리스톨에 당도하였다. 3월 31일 토요일 8시에 휫필드는 실 짜는 가게 언덕(Weaver's Hill)에서 설교하였다. 그리고 나서 가게 뒤 작은 방에 들어가 12시까지 대화하고 기도하고, 다시 대화하고 기도

하였다. 휫필드보다 웨슬리는 열세 살이 많았다. 광부들은 그의 마지막 설교를 듣기 원하였다. 설교를 거부하는 것은 불가능하였다. 4월 1일 주일 아침에 웨슬리는 휫필드의 설교를 듣게 되었다. 휫필드와 웨슬리가 함께 산에 올라가는데 엄청난 무리가 그들의 길을 열어 주었다. 그들은 모두 찬양을 하면서 올라가게 되었다. 부자와 가난한 사람들이 모두 은혜를 사모하면서 모였다. 휫필드의 고별설교는 전보다 더욱 웨슬리에게 강한 도전을 주었다. 웨슬리는 어떻게 이런 굶주린 무리를 먹이지 않고 떠날 수 있는지 의심하였다. 휫필드는 볼드윈 거리(Baldwin Street)의 신도회에서도 설교를 하기 위해 갔다. 미국 항해 전 마지막 설교임을 휫필드는 말하면서 다음 날에는 웨슬리가 설교할 것을 미리 광고하였다. 돌아가는 길에 볼드윈 거리와 함께 처음 감리교회 밴드모임이 있었던 니콜라스 거리(Nicholas Street)에 모인 작은 무리에게도 설교를 하였다. 그곳은 가장 안전한 곳이었다. 웨슬리는 속으로 '왜 폭동이 일어나는 광야로 가야 하는가?' 하나님의 인도하심이 의심스러웠다. 휫필드는 떠나고 안 갈 수 없는 상황이었다. 웨슬리는 여러 해 동안 가장 미워하고 싫어하던 설교방법을 운명적으로 선택할 수밖에 없음을 깨닫게 되었다. 그리고 예수님의 산상수훈이 옥외설교에 가장 알맞은 예라고 생각하였다. 밤 11시에 데샴프스(Mr. Deschamps) 집에 모여서 함께 기도하고 찬양한 후 집으로 돌아갔다. 다음날 휫필드는 글로스터(Gloucester)로 돌아가고 웨슬리는 혼자 남아서 그 도전에 직면하게 되었다.[1)]

그 후 휫필드와 예정론 논쟁을 하면서 결국 칼빈주의적 감리교도들(Calvinistic Methodists)과 웨슬리를 중심으로 하는 알미니안 감리교도들

1) Leslie F. Church, *Knight of the Burning Heart-The Story of John Wesley* (Nashville: Abingdon-Cokesbury Press, 1960), 99~109.

이 나뉘게 되었다. 신학 발전에 있어서도, 부흥운동에 있어서도 각자의 길을 걷게 된 것이다. 1739년 휫필드가 먼저 예정론에 관한 논문을 썼고, 거기에 대하여 웨슬리는 1739년 8월 29일 "값없이 주시는 은총(Free Grace)"이라는 설교를 하게 됨으로써 복음주의 부흥운동에 큰 분열이 일어나게 되었다. 웨슬리의 옥스퍼드대학교 제자였으나 휫필드의 예정론적 입장을 받아들임으로써 1755년부터 1766년까지 신학논쟁을 하게 된 제임스 허비(James Hervey)는 1739년 데본(Devon)에서 회심을 체험하였다. 웨슬리처럼 허비도 복음적 신앙에 낯선 사람이었다. 허비는 휫필드의 지도 아래 오랫동안 함께 지내면서 영적인 변화가 일어났다. 바울의 로마서에 나타난 신앙의인화(justification by faith)교리와 야고보서에 나타난 행함 사이에 화해할 수 없는 요소가 있음을 발견하면서 신학적 고민을 하기도 하였다. 허비는 1739년 에그제터(Exeter)에서 성직안수를 받고 매주일 두 번씩 설교하였고, 화요일과 금요일에 성경 읽기에 힘썼으며, 문학적 영역에서 부흥운동에 크게 영향을 미쳤다. 허비는 그 자신의 의가 아니라, 그리스도의 의에 자신을 충분히 내어 던지게 되었다.[2)]

1739년 4월 1일, 성 필립 플레인(St. Philip Plain)의 진흙언덕에서 3천 명의 무리가 웨슬리를 기다리고 있었다. 그는 누가복음 4장 16~19절 말씀을 읽고서 주의 영이 임하시니 가난한 자들에게 복음을 전하고, 포로 된 자들을 자유케 하며, 주의 은혜의 해를 선포함을 설교하였다. 이 은혜의 해를 웨슬리는 희년이라고 그의 《신약성서주해(*Explanatory Notes Upon the New Testament*)》에서 풀이하였다. 노동자, 농부, 광부들에게 복음 안에서 자유와 해방을 누리는 희년을 선포하였던 것이다. 옥외설교의 결단이

2) A. Kevington Wood, *The Inextinguishable Blaze* (Devon: The Paternoster Press, 1967), 137.

놀라운 결과를 낳았음을 발견하게 되었다. 다음날 오전 7시에 불붙는 가슴이 되어 찬양하면서 일어났다. 옥외설교를 싫어하였으나 이제는 하나님의 뜻을 실현하게 됨을 확신하게 되었다. 킹스우드 안에 있는 밥티스트 밀스(Baptist Mills), 핸엄 산(Hanham Mount), 그리고 로즈 그린에 모인 수천 명에게 웨슬리는 옥외에서 설교하였다. 바스(Bath)로 말을 타고 가서 도시 가까운 언덕에서 설교하였다. 그레이셔스 거리(Gracious Street)의 한 집 계단에 서서 죄 사함에 관하여 설교하기도 하였다.

1739년 4월 2일은 "불붙는 가슴의 기사(Knight of Burning Heart)"의 이야기 중 가장 중요한 날이었다고 레슬리 처치(Leslie Church)는 해석한다.[3] 그날이 바로 전 세계가 나의 교구가 되리라고 생각하였던 날이기 때문이다. 그의 설교강단은 시장, 배의 갑판, 거름더미, 혹은 해변 같은 곳이었다. 그의 강단의 지붕은 푸른 하늘이었고 하나님이 만드셨다. 그가 옥외설교에서 사용한 성경은 작고 찢어진 포켓용이었다.[4] 그의 설교는 단순히 한 시간 기뻐하고 즐기는 설교가 아니라, 청중의 미래를 생각하는 진지한 설교였다. 그래서 웨슬리가 그들을 떠났을 때 거듭남의 사건이 일어났던 것이다. 제임스 휴톤(James Hutton)이 런던 신도회를 다시 조직할 수 있게 웨슬리를 도왔다. 그리고 볼드윈 가와 니콜라스 가의 신도회 모임이 성장하도록 웨슬리는 용기를 북돋아 주었다. 그들은 은혜 안에서 성장하였고, 방에 여유 공간이 없을 정도로 많이 모였다.[5]

1739년 5월 볼드윈 가와 니콜라스 가의 밴드모임을 더욱 활성화하기 위해서 호스페어(Horsefair)와 브로드만(Broadman) 사이에 있는 땅을

3) Church, 110.

4) Church, 110~111.

5) Church, 111.

사서 감리교회 최초의 예배당인 '새 회당(New Room)'을 짓게 되었다. 6월 3일 감리교도들은 예배당을 봉헌하였다. 그날 아침 6천 명에게 핸엄 산에서 설교하였고, 오후에는 로즈 그린(Rose Green)에서 8천 명에게 설교하였다. 그날의 일기는 이렇게 끝난다: "하나님, 우리의 하나님, 당신의 복을 우리에게 주셨습니다."[6] '새 회당'의 계획은 헤른후트의 모라비안 공동체 건물을 기억하면서 이루어졌다. 신도회 방 이외에 웨슬리와 사람들이 만나는 방, 웨슬리가 잠자는 방, 그리고 구유가 있었다. 그가 세운 또 하나의 선교센터는 바스(Bath)에 있었다. 가장 멋있는 리조트였으며 굉장한 무리가 운집하였다. 바스의 왕으로 인정받는 뷰 나시(Beau Nash)가 웨슬리에게 바스에서 설교하면 큰 어려움을 당할 것이라고 경고하였다. 하지만 그 때문에 웨슬리는 오히려 바스에 머물고자 하였다. 큰 무리가 모여들었다. 상류층과 하류층, 부자와 가난한 사람이 모두 모였다. 뷰 나시는 아주 비싼 레이스를 목에 두르고 구두에 다이아몬드를 붙이고 흰 모자를 썼다. 그가 "누구의 권위로 당신은 설교합니까?"라고 묻자 웨슬리는 설교를 중단하고 이렇게 대답하였다. "캔터베리 대주교에 의해 나에게 부여된 예수 그리스도의 권위로 설교합니다. 캔터베리 대주교가 나에게 안수할 때 복음을 설교할 권위를 당신에게 주노라고 하였습니다."[7] 그 순간 나시는 놀랐다. 그러고는 "이것은 영국 국회법에 어긋납니다"라고 말하였다. 웨슬리는 대답하였다. "어긋나지 않습니다. 당신은 나의 설교를 들어 보지도 않고, 당신이 사람들에게서 들은 것을 가지고 판단하십니까? 나는 사람들이 당신에 대해 말하는 루머를 가지고 당신을 판단하지 않습니다." 나시는 자신에

6) Church, 112.

7) Church, 115.

대한 루머를 알고 있었다. 한 늙은 여인이 무리 중에 서서 소리쳤다. "나시 씨, 당신은 당신의 몸을 돌보십시오. 우리는 우리의 영혼을 돌봅니다. 우리 영혼의 양식을 위해 우리는 여기에 왔습니다." 나시는 고개를 숙인 채 가버렸다. 마음이 뜨거워진 한 늙은 여인에 의해서 웨슬리는 기대하지 않은 승리를 거둘 수 있었다.[8] 웨슬리는 이렇게 옥외설교를 위해 처음으로 브리스톨을 방문한 후에 런던으로 돌아갔다.

런던에서 약 1만 3천에서 1만 4천의 무리들이 웨슬리의 설교를 듣기 위해서 모여들었다. 웨슬리는 예수 그리스도는 하나님으로부터 우리에게 지혜와 의롭다 하심과 성화와 구속을 주신 분임을 설교하였다. 주일에 웨슬리는 어퍼 무어필즈(Upper Moorfields)로 설교하러 갔다. 런던 사람들이 최고의 옷을 입고 행복함을 만끽하는 곳이었다. 오전 7시에 그의 설교를 듣기 위해서 그곳으로 7천 명이 모여들었다. 그리고 오후 5시에는 케닝톤 공원(Kennington)에 1만 5천 명이 모여서 설교를 들었다. 무어필즈와는 대조적인 곳으로서 주중에 죄인들이 교수형을 당하는 곳이었다. 웨슬리는 종말론적인 설교를 하였다: "나를 보라. 이 생의 마지막 날에 당신은 구원을 받을 것이다." 그는 정죄나 비판의 메시지를 전하지 않았다. 주의 깊은 말씀, 아주 긴박한 주님의 초청의 말씀을 선포하였다. 무리는 그의 설교를 들을 때, 그를 바라볼 때, 진지하고 성실한 모습을 발견할 수 있었다.[9] 웨슬리의 교구는 그러므로 온 세계였다. 가장 고상한 곳도, 가장 추한 곳도, 돌계단도, 사형장도 모두 그의 설교장소가 되었다. 그는 그를 가장 필요로 하는 사람들에게 가장 먼저 갔다.[10]

---

8) Church, 116.

9) Church, 118.

10) Church, 119.

1739년 6월 17일(일) 노동 갱 속의 한 사람이 런던 거리에 있었다. 그 광부는 오전 6시 45분에 무어필즈에 웨슬리의 설교를 듣기 위해 서 있었다. 그 광부는 7천 명의 무리 중 한 사람이었다. 그는 소외된 사람, 고독한 영혼이었다. 갑자기 웨슬리가 그 광부의 머리를 때리고, 그의 얼굴을 그 사람이 서 있는 곳을 향하여 돌리는 것을 느꼈다. 그 사람은 웨슬리의 눈이 그를 향하여 고정된 것을 느꼈다. 그 순간 웨슬리의 설교를 듣기도 전에 그의 마음은 터질 듯이 고동치기 시작하였다. 그러면서 그는 웨슬리가 자신의 마음의 비밀을 말할 수 있다고 생각하였다. 웨슬리는 거기에 자신을 내버려두지 않고 예수의 피로 치유할 것이라고 믿었다.[11] 그 광부의 거부감은 사라져 버렸고, 예수님을 환영하였다. 광부는 얼굴과 얼굴로 예수님을 바라 볼 수 있는 믿음이 생겼다.

웨슬리는 1739년 6월 21일 목요일 밤부터 토요일 아침까지 내내 금식하였다. 성찬을 위해서 성 바울 성당(St. Paul)에 들어가려는데, 성령이 가까이 계심을 이상하게 느꼈다. 웨슬리 마음에서 "당신의 뜻이 이루어지십시오. 당신의 뜻이 이루어지십시오"라고 작은 소리가 솟아나오면서 요크셔(Yorkshire)로 돌아가도록 명령하는 것처럼 들렸다. 거부할 수가 없었다. 웨슬리는 더 이상 런던에만 머무를 수가 없었다. 서쪽으로, 옥스퍼드로, 브리스톨로, 콘월(Cornwall)로 가기를 희망하였다. 몇 주 동안 웨슬리는 코트를 베개 삼아 잠을 잤고 제대로 먹지도 못하였다. 어떤 집에 들어갔는데 그곳에 음식과 옷이 준비되어 있었다. 함께 무릎을 꿇고 기도하는데, 승리하신 그리스도, 하나님의 아들이 서 있었다. 놀라운 사랑을 그들은 체험하였다. 떠날 때 그들은 이상하게 마음이

11) Church, 158.

뜨거워짐에 기뻐하였다. 그래서 불길이 퍼져 나갔다. 회심의 경험은 순간적인 것이 아니었다. 어려움과 박해를 견디었다. 물질적으로 그들은 많은 것을 잃었으나 영적으로는 많은 것을 얻었다.

충성스러운 감리교도 넬슨 부인(Mrs. Nelson)은 폭도들 때문에 고통을 당하였다. 그들은 그녀를 때리고 그녀의 아이를 죽였다. 그러나 그녀의 신앙은 흔들리지 않았다. 그녀의 남편 미스터 넬슨(Mr. Nelson)은 평신도 설교가로서 아침 5시부터 저녁 6시까지 노동하고 저녁에 설교하러 갔다. 이웃이 경고하였다. 그러나 그는 두려워하지 않았다. 자신은 설교할 권리가 있다고 소리쳤다. 넬슨은 핼리팍스(Halifax)로, 브래드포드(Bradford)로 일하러 갔다. 결국 존 넬슨은 사방 3피트도 안 되는 작은 방에 갇히게 되었다. 앉을 자리도 없었다. 그러나 그는 외쳤다. "내 영혼은 하나님의 사랑으로 가득 차 있다. 나에게 그것도 천국이다." 문구멍으로 음식과 물이 들어왔다. 존 넬슨은 하나님께 감사하였다. 개인 집에서나 도시의 조용한 곳에서 설교하면 문제 삼지 않겠다면서 옥외설교만은 금하라고 하였다. 옥외설교를 안 하면 폭동도 일으키지 않겠다는 것이다. 그러나 존 넬슨은 모든 기회에 설교하였다. 그의 청중은 항상 있었다. 그는 헌팅돈 부인의 친구의 도움으로 석방될 수 있었다.[12)]

웨슬리의 선교센터는 런던, 브리스톨에 이어서 뉴캐슬(Newcastle)에도 세워졌다. 옥외설교는 순회설교 교구를 만들었고, 웨슬리는 성령의 인도하심을 따라 어디에서든지 설교하였다. 1739년부터 1740년에는 겨울이 몹시 추웠다. 무리를 위한 은신처가 절실히 필요하였다. 그래서 감리교도들은 빌딩을 세우기로 결심하였다. 어느 날 두 사람이 무

12) Church, 164.

어필즈 근처 군 기지였던 빌딩에서 설교하여 주기를 요청하였다. 파운데리(Foundery)라고 불리는 윈드밀 힐(Windmill Hill)에서 폭탄이 터져 많은 노동자가 죽었다. 그래서 왕국 군부대가 윈드밀 힐에서 우드위치(Woodwich)로 이사하게 되었다. 웨슬리는 그 빌딩을 115파운드에 구입하였다. 이것이 런던 최초의 감리교회 선교센터가 되었다. 1739년 11월 11일 주일에 웨슬리는 수천 명의 무리에게 설교하게 되었다. 인간의 평화와 주님의 평화가 기초를 이루는 영적 전쟁의 전진기지가 될 것임을 선포하였다. 이 건물에 하나의 예배당, 설교가들의 방, 학교와 밴드 모임 방을 만들었다. 새벽 5시에 새벽예배를 드리고, 오후 9시에 가족예배를 드렸는데, 의자가 없어 그냥 마룻바닥에 앉았다. 초대교회처럼 초기에는 남자와 여자가 나뉘어 앉았다. 그러나 부자나 가난한 사람이나 한곳에 앉아 예배를 드렸다. 밴드 모임 방보다 더 작은 방이 하나 있었는데, 웨슬리가 런던에 오면 사용하는 방이 되었다. 이 올드 파운데리(the Old Foundery)가 웨슬리의 런던 선교와 설교센터로 사용된 것이다.

그리고 제3의 영구적 선교센터는 뉴캐슬에 세워졌다. 1742년 웨슬리는 북쪽으로 설교여행을 하였다. 5월 말에 존 테일러(John Taylor)와 함께 말을 타고 게이츠헤드(Gateshead)로 갔다가 다음날 뉴캐슬로 갔다. 뉴캐슬은 술 취함과 욕설과 저주가 심각한 상황이었다. 심지어 아이들까지 저주와 욕설을 함부로 하였다. 주일 아침 웨슬리는 존 테일러와 함께 그 도시에서 가장 가난한 사람들의 지역인 산드게이트(Sandgate)에 가서 설교하였다. 포켓용 성경을 꺼내서 설교하기 시작하였다. 상처받으신 예수님, 그러나 사람들의 죄를 위해 고난당하시고 상처받으셨음을 설교하였다. 설교가 끝난 다음 그들은 흩어지지 않았다. 메시지와 메시지 선포자들이 그들을 놀라게 하였던 것이다. 오후 5시에 다시 설교하였다. 설교가 끝난 다음 무리는 웨슬리의 코트를 붙잡고 자기들과 함께 있어 주기를 간청하였다. 설교가 끝난 다음에 필그림 가 게이트(Pilgrim Street Gate) 부근의 땅을 사고, 1742년 12월 20일에 주춧돌을 놓았다. 3개월 후에 부분적으로 완성되자 설교를 시작하였다. 아래층은 예배실로, 밴드 모임과 속회 모임 장소로 썼다. 2층에는 설교가들과 그들의 가족을 위한 방을 만들었다. 지붕 바로 아래에 있는 11피트 정사각형 방이 웨슬리를 위한 서재로 꾸며졌다. 결국 웨슬리는 브리스톨과 런던, 런던과 뉴캐슬, 뉴캐슬과 브리스톨을 다니는 삼각형 전도 여행길을 만든 셈이다. 이 세 곳에 웨슬리와 감리교도들의 선교센터를 형성하였던 것이다.[13] 그리고 세 도시에 신도회센터를 만들었다.[14] 감리교신도회(united society) 안에는 밴드(band), 속회(class)가 있었다. 그리고 순회설교가들이 순회하면서 설교하는 순회교구(circuit)가 조직되었다. 이 순회교구는 1748년부터 지방회보다 작은 구역으로 나뉘어져 설교가들이 분기마다 모여 영적 문제에 대하여 토론하고 영성훈련을 도모하였다. 그리고 순회교구보다 큰 조직으로 1년마다 모임을 가지면서 신학적 · 행정적 토론과 결의를 하는 지방회(district)도 있었다. 이 순회설교가들을 보조설교가(helper)라고 불렀고 웨슬리가 직접 임명하였다. 그리고 보조설교가들을 돌보는 감리사격의 지도자들을 협동설교가(assistant)라고 불렀다. 1741년에는 연합신도회(united society)가 900개나 있었고, 1743년에는 2,200개나 되었다.[15] 특히 모든 영국이 순회교구(circuit)로 나뉘어 평신도 설교가들이 순회하면서 설교하게 되었다.[16]

13) Wood, 164.

14) Church, 122~123.

15) Wood, 167.

16) Wood, 170.

웨슬리는 또한 정기적으로 설교가들의 강단교류가 필요함을 강조하였다: "우리는 오랫동안 끊임없이 경험한 바에 따라 설교가들의 강단교류가 최선임을 발견하였다. 한 설교가는 한 가지 재능이 있지만 다른 설교가는 다른 재능이 있다."[17] 순회설교가 존 베네트(John Bennett)는 체셔(Cheshire)에 감리교신도회를 세웠는데, 그는 다음과 같이 그의 순회설교에 대하여 증언하였다: "나의 순회교구는 150마일인데, 2주 동안에 34번이나 설교해야 하였다. 병자방문과 신도회 모임 이외에 말이다."[18] 그러니까 일주일에 17번이나 설교해야 한다는 말이 된다. 엄청난 목회를 감당해야만 하였던 것이다.

1746년 순회교구는 7개 도시에 다음과 같이 확산되었다: 1. 런던(Surrey, Kent, Essex, Brenford, Egham, Windsor, Wycombe). 2. 브리스톨(Somersetshire, Portland, Wiltshire, Oxfordshire, Gloucestershire). 3. 콘월(Cornwall). 4. 이브셤(Evesham: Shrewsbury, Leominster, Hereford, Stroud, Wednesbury). 5. 요크셔(Yorkshire: Cheshire, Lancashire, Derbyshire, Nottingham, Rutlandshire, Lincolnshire). 6. 뉴캐슬(Newcastle). 7. 웨일스(Wales).[19] 순회 평신도 설교가들 중에는 파트타임 설교가들, 하프타임 설교가들, 전임 설교가들(fulltime)이 있었다. 순회 평신도 설교가들을 임명하는 기준은 다음과 같았다:

역사자료 · 46

1. 그들이 믿는 것을 아는가? 마음으로 하나님을 사랑하는가? 하나님 이외에 아무 것도 찾지 않는가?

17) Wood, 171.
18) Wood, 170.
19) Wood, 170.

2. 복음사역을 위해서 은혜뿐만 아니라 은사(gift)도 갖고 있는가?
3. 그들이 성공적으로 복음을 전하고 있는가? 그들이 일반적으로 마음에 확신을 심어 주거나 마음에 감동을 주도록 말할 뿐만 아니라, 설교에 의해서 죄 사함을 받았는가? 하나님 사랑에 대한 분명하고도 확실한 감각이 있는가?[20]

신도회의 회원이 되는 필수적 자격은 복음적 경험이었다. 놀라운 것은 거기에는 지성적, 교리적 테스트가 없었다는 것이다. 신학적 확신이 무엇이든지 간에 그가 복음을 통한 구원의 확신을 갖고, 성실한 구도자로서 선을 행하고 악행을 피하며 은총의 수단을 사용함으로써 종교의 사회적 성격을 인식하는 사람은 누구나 신도회 회원이 될 수 있었다. 교리가 아니고 신앙의 확신과 실천이 중요하였다. 감리교도들은 소시니안주의자들(Socinians)이나 아리안주의자들(Arians)과 다르게 기독론에 관한 분명한 확신을 고백하였으며, 천주교인들과 다르게 자기의 공로나 의를 자랑하는 선행을 추구하는 것이 아니라 성령으로 말미암아 하나님의 사랑이 부어진 사람, 그래서 하나님을 마음과 뜻과 정성을 다해서 사랑하고, 또한 형제와 자매를 자신의 몸과 같이 사랑하는 사람들이었다. 다시 말해서 성령의 역사로 선행을 실천하는 사람들이었다.[21] 그리고 감리교 연합신도회의 규칙은 구원받은 사람에게는 도전이 되고, 구원을 받지 못한 사람들에게는 자기점검의 척도가 되었다.[22]

웨슬리는 50년 이상 말을 이용하여 여행을 다녔다. 윈저(Windsor)에

20) Wood, 170.
21) Wood, 169.
22) Wood, 169.

서 펫웟(Petworth)까지는 40마일인데, 말을 타고는 14시간이나 걸렸다. 켄싱턴(Kensington)과 런던 사이에는 건널 수 없는 진흙길만이 있었다. 런던에서 옥스퍼드로 가는 길은 너무 좁아 마차를 끌 수 없는 길이었다. 돌들과 구멍들이 말의 목을 부러뜨릴 위험이 컸다. 어떤 여인은 이 길을 여섯 마리의 황소가 끄는 마차도 잘 갈 수 없는 가파르고 좁은 길이라고 증언하였다.[23] 그런 어렵고 힘든 길을 다니면서 복음을 전한 웨슬리는 대단한 하나님의 사람이었다.

웨슬리의 부흥운동은 영국인의 삶의 패턴을 바꾸었다. 어거스틴 비넬(Augustine Binell)은 "아무도 웨슬리처럼 살 수 없다. 영국인들의 생활에서 그를 뺄 수 없다. 아무도 웨슬리만큼 많은 사람에게 영향을 미칠 수 없다. 아무도 웨슬리만큼 사람의 마음을 움직일 수 없다. 아무도 영국을 위해 그런 삶을 살 수 없었다"라고 하였다. 영국은 영적 혁명 때문에 정치적 혁명을 피할 수 있었다. 민족의 영적 혁명은 웨슬리의 이상한 뜨거움에 의해 시작되었다. 중산층과 하류층은 하나님이 돌보시는 놀라운 확신에서 나오는 열광주의로 불붙여졌다. 인격적, 사회적, 지성적, 도덕적 변혁의 단계들은 영적 변혁의 결과였다. 개인의 마음의 혁명은 확산되었다. 그래서 인격적 성결의 새로운 감각이 일어났다. 사람들이 하나님과의 새로운 인격적 만남을 발견하였기 때문이었다. 감옥제도 개혁, 노예제도 폐지, 부의 바른 사용을 웨슬리는 호소하였다. 가난한 여성들이 실 짜기를 할 수 있었고, 정직한 생계유지를 이룰 수 있었다. 그의 부흥운동은 학교와 고아원과 의료소(가난한 사람들을 위한)들을 만들었다. 웨슬리는 하나님의 은혜로 영국을 변혁시켰다. 혁명은 개인의

23) Church, 128.

삶에서 나타났고, 결국 도덕과 영적 생활에, 민족의 행동에 영적 혁명의 결과들이 나타났다.

웨슬리와 감리교도들은 1744년 2월 1일부터 말로 할 수 없는 박해를 받게 되었다. 그러나 강한 사탄의 방해에도 불구하고 성령의 역사는 더욱 강하게 나타났다. 웨슬리는 런던 웨스트 스트리트 예배당(West Street Chapel)에서 설교하였는데, 그가 평생 겪어 보지 못한 통증에 시달리게 되었다. 그러나 시편 18편 1절 "나의 힘이신 여호와여 내가 주를 사랑하나이다"를 읽자마자 더 이상 통증을 느끼지 않게 되었다. 같은 해 3월 15일(목)에도 웨슬리는 같은 본문으로 설교하였다. 웨슬리는 1744년 2월 2일 직업군인 존 하이메(John Haime)에게서 편지를 받았다.

역사자료 · 47

나는 1743년 2월 18일부터 나의 영혼이 눈물을 주체할 수 없게 되었는데, 3주 이상을 계속해서 울었습니다. 그리고 나서 1743년 4월 24일까지 다시 영적으로 굉장히 시달리게 되었고, 죽음의 두려움에서 해방되지 못하였음을 고백합니다. 영혼과 육체의 고통 중에서 대단히 아프고 연약하게 되었습니다. 그러나 나는 예수 그리스도를 믿는 나에게 더 이상 정죄함이 없다는 것을 알게 되었습니다. 6월 16일 프랑스군과 전쟁하게 될 때 "주님, 내가 당신을 믿습니다. 나로 하여금 더 이상 흔들리지 않게 하옵소서!"라고 기도하게 되었습니다. 기쁨이 나의 영혼을 사로잡았고, 확신을 가지고 "오늘 내가 죽는다 할지라도 나는 영원한 그리스도의 품에 안겨 안식할 것입니다"라고 나의 상관에게 말할 수 있었습니다. 그리고 하나님이 나의 입이 되셔서 나의 입술의 증거로 몇 명의 영혼을 구원할 수 있었습니다. 모든 찬양과 영광과 존귀를 어린양 예수님에

게 영원히 돌립니다.[24]

웨슬리는 이 군인의 아름다운 전기를 "Arminian Magazine 3(1780)"에 실었다. 1744년 2월 18일(토) 웨슬리는 제임스 존스(James Jones)에게서 감리교도들을 박해하는 폭동에 대하여 보고를 들었다. 1744년 1월 23일(월)에 웬즈베리(Wednesbury)에서 1마일 떨어진 달라스톤(Darlaston)에 굉장한 폭도들이 모였는데, 대여섯 명이 조슈아 콘스타블(Joshua Constable)의 집에 들어가 그의 부인을 넘어뜨려 누르고 때리기 시작하였다. 그러나 그녀가 계속 저항하자 폭력을 그치고 가버렸다는 것이다. 1월 30일(월)에 다시 폭도들이 모여 조슈아 콘스타블의 집을 부수고, 물건들을 산산조각내고, 그의 가게에서 값나가는 상품들을 모두 가져가 버렸다. 그리고 콘스타블 부부를 찾아서 그들의 머리를 때리고 아이들을 바닥으로 던졌다. 1월 31일(화)에는 100여 명의 폭도들이 웬즈베리의 처치힐(Church Hill)에 모였다. 2월 1일(수)에 찰스 웨슬리가 버밍엄(Birmingham)에 가서 그 다음날 웬즈베리에서 설교를 하였는데, 아무런 저항이나 방해도 없이 모든 청중이 조용히 집중해서 설교를 들었다. 2월 6일(월), 웬즈베리에서 폭도들이 모든 감리교도를 습격하였다. 그러나 감리교도들은 그날 밤에 모여 기도하고, 그 다음날 아침 8시에도 모였다. 큰 폭도들이 월요일 밤에 다시 모여 화요일 아침에 난동을 부렸다. 그들은 감리교도라고 불리는 모든 사람의 집을 습격하였다. 창문을 모두 부수고, 유리잔이나 사진틀을 남김없이 부수어 버렸다. 책상, 의자, 옷장 등 모든 가구를 못 쓰게 만들었다. 침대처럼 부술 수 없

24) *The Works*, Vol. 20. 8~9. (Journal : Jan. 27, 1744).

는 것은 잘라 버렸다. 윌리엄 시치(William Sitch)의 부인이 아이를 막 낳아서 누워 있었는데, 그녀의 침대도 잡아당겨서 조각조각 잘라 버렸다.[25] 입고 있던 값나가는 옷들과 팔기 쉬운 물건들은 다 가져갔다. 또 어떤 감리교도 광부들은 끌어내서 그 지역에서 설교를 하지 못하도록 서명하게 하였다. 폭도들은 두세 그룹으로 나뉘어 한 그룹은 올드리지(Aldridge)로 가서 많은 집들을 부숴 버렸다. 모든 종류의 옷과 물건들을 가져갔다. 월살(Walsall), 달라스톤, 그리고 웬즈베리에서 폭도들은 물건들을 부수고, 감리교도들의 몸에 상처를 내고, 생명을 위협하며, 그들의 아내들을 말로 표현할 수 없는 방법으로 폭행하였다(abuse). 그들은 공공연하게 모든 감리교도를 나라에서 없애겠다고 선포하였다.[26] 1744년 2월 25일(토) 밤에는 웨슬리 일행 다섯 명이 탄 마차가 굴러 창문이 완전히 부서지고 바퀴축도 두 동강이 나버렸으나 다행히 사람은 다치지 않았다.[27] 드디어 웨슬리는 영국 왕에게 1744년 3월 5일(월) 호소하기에 이르렀다. 자신들은 왕을 위해 기도하며, 충성스럽게 믿음을 가지려는 종파(sect)로 처음부터 박해를 받아왔다고 하면서 왕의 보호를 간청하였다.[28] 그러나 이런 극심한 사탄의 방해와 박해가 무색하게 부흥의 열기는 더욱 불붙어 갔다. 감리교도들과 웨슬리는 성령의 위로와 능력으로 이런 극심한 상황에서도 복음을 강하고 담대하게 전할 수 있었다.

존 랑카스터(John Lancaster)는 촛대와 벨벳을 훔쳐 사형선고를 받았다. 뉴게이트(Newgate)에서 천사 같은 평신도 목회자로 알려진 사라 피

25) *The Works*, Vol. 20, 10~11. (Journal : Feb. 18, 1744).

26) *The Works*, Vol. 10, 13~14. (Journal : Feb. 18, 1744).

27) *The Works*, Vol. 10, 15. (Journal : Feb. 25, 1744).

28) *The Works*, Vol. 10, 16.

터스(Sarah Peters)가 존에게 생명과 희망을 주었다. 그는 마지막 날 밤 자신을 위해 기도하지 않고 세계의 구원을 위해 기도하였다. 세례 요한처럼 회개하라고 소리쳤다. 노래를 부르기 시작하였다. 찰스 웨슬리가 지은 노래를 부르면서 형장으로 끌려갔다: "당신을 생각하는 우리를 생각하소서. 모든 고통당하는 영혼을 자유하게 하소서. 갈보리를 기억하라. 우리를 평화롭게 가게 하소서." 개인들이 변화하면서 영국이 변화하였다. 무지한 사람이 개화되어 지성인이 되었다. 시골 목수의 아들 토마스 월시(Thomas Walsh)는 웨슬리가 아는 최고의 성서학자가 되었다.

웨슬리 형제들은 1747년 아일랜드, 1751년 스코틀랜드, 웨일스, 그리고 1760년 미국까지 복음전도를 확장시켜 나갔다. 그가 꿈꾸던 세계교구를 형성하여 간 것이다.[29] 웨슬리는 40번 이상 아이리시 바다를 건너다녔다. 어려운 환경에 처한 작은 신도회들을 돌보기 위해서 스코틀랜드에 14번이나 갔다. 2만 명이 모인 에딘버러에서 부흥운동을 일으켰다. 개인영혼의 변화는 영국민족의 변혁을 일으켰다. 다양한 결과들이 사회적으로 나타났다. 교회학교의 성장, 군대의 도덕적 변혁, 대학교의 변혁, 문학의 청결운동, 병원의 개혁, 가난한 자들의 해방, 범죄의 감소, 정치적 부패에 대한 점진적인 깨달음 등이 일어났다. 퀘이커 철학자 루푸스 존스(Rufus Jones)는 다음과 같이 웨슬리의 부흥운동을 평하였다: "물이 포도주로 변하고, 탕자가 집으로 돌아오며, 죽음에서 생명으로 옮겨졌다. 부흥운동은 변혁의 기적을 일으켰고 괄목할 만한 것은 사회적 변화다. 감옥은 개혁되고, 노예무역은 중지되며, 노예해방운동이 나타나고, 사회조건은 개선되며, 선교사들은 병원 짓는 일에 보내지

29) Wood, 164.

고, 지구 모든 곳의 무지를 정복하게 하였다. 창조적 샘물은 새 생명 탄생으로 나타났다."[30]

웨슬리는 1761년 영국성공회 복음주의 부흥운동가의 리더 사무엘 워커(Samuel Walker)를 만나게 되었다. 워커는 철저히 영국성공회의 규칙을 따르는 복음전도자였기에 그의 교구 영역을 넘어서기를 망설였고, 교회의 권위 거부하기를 원치 않았다. 하지만 감리교회의 부흥운동은 교구의 영역을 넘어서서 세계를 교구로 생각하고, 예배당 안에서의 설교를 넘어서서 옥외설교를 함으로써 더욱 확산되고, 성령의 바람이 부는 대로 역사하는 부흥운동이 되었다. 감리교회는 지구적 교회로 그 지평을 넓혀 갔다.[31] 1767년에는 2만 5천 명이, 1790년에는 7만 1천 명이 감리교도로 등록하였다.[32] 웨슬리는 82세에 자신의 부흥운동을 다음과 같이 회상하였다.

역사자료 · 48

> 52년 전에 겨자씨 한 알을 심은 것이 자라났다. 영국, 아일랜드, 위트의 아일(the Isle of Wight)과 맨의 아일(the Isle of Man), 그리고 신대륙 미국과 캐나다에까지. 많은 무리가 죄를 철저히 고백하였다. 기쁨과 사랑으로 가득 찼다. 몸 안에 있었는지, 몸 밖에 있었는지 그들은 말할 수 없었다.[33]

30) Church, 169.

31) Wood, 163.

32) Wood, 164.

33) Wood, 171.

성결과 사랑의 모든 열매들을 맺었다. 깊은 회개, 강한 믿음, 뜨거운 사랑, 흠 없는 성결, 짧은 시간 안에 많은 사람들에게 이런 역사가 나타났다. 성경을 통해 하나님은 무지한 자들을 깨우치시고, 악한 자들을 갱신시키며, 덕스러운 사람들에게 구원의 확신을 주셨다. 영적 부흥운동이 웨슬리의 설교와 가르침 아래서 반세기 동안에 확장된 것은 놀라운 일이었다. 몇몇 안수 받은 교역자들이 부흥운동을 도왔고 이끌고 갔으나, 대부분 평신도들에 의해 발전한 운동이 감리교회부흥운동이었다.[34] 1784년 9월 2일 웨슬리가 콕과 와트코트와 베이지에게 안수함으로 루비콘 강(Rubicon)을 건넜다고 스케빙톤 우드는 증언하였다.

34) Wood, 173.

11
속회 중심의 교회론과 성화적 영성수련

A. 웨슬리의 교회론

웨슬리의 교회관을 먼저 살펴볼 필요가 있다. 웨슬리는 감리교도를 부르신 하나님의 목적은 "어떤 새로운 종파를 만들려는 것이 아니라, 민족을 개혁하는 것(to reform the nation), 특히 교회를 개혁하기 위함이며, 성서적 성결을 이 땅에 널리 전파하기 위함"임을 역설한다.[1]

영국성공회 안에서 영국성공회를 개혁하고 갱신하는 것이 메서디스트운동의 목적이라는 것이다. 그래서 웨슬리는 영국성공회(The Church of England) 안에 있는 감리교신도회(Methodist Society)라는 이름을 붙였지, 감리교회(Methodist Church)라고 하지 않았다. 그리고 그의 개혁운동은 교회개혁만 아니라 사회개혁과 민족개혁까지도 강조하였다.

스나이더(Howard A. Snyder) 교수도 웨슬리의 교회론은 오늘날 우리에게 다음과 같이 교회갱신의 교훈을 준다고 지적한다.

---

1) *Works*, Vol. VIII, 299.

> 역사자료 · 49
>
> 아마도 오늘의 교회는 존 웨슬리에게서 새로운 것을 배울 수가 있을 것이다. 심지어 거듭난 사람들이라도 함께 속해 있는 파라독스, 곧 영적인 말씀, 개인과 사회, 또는 옛것과 새것이 함께 속해 있는 파라독스를 파악하는 데는 아주 약하였다. 그러나 교회 안에서의 진정한 갱신은 항상 새로운 통찰력과 사상과 방법을 역사로부터 배운 가장 좋은 요소들과 결합시켜야 한다. 그리고 진정한 갱신은 항상 가장 근본적인 차원에서 성경이 제시한 대로의 이상적인 교회로 돌아가며, 역사를 통하여 충실하거나 불충실하게 모자이크를 이루며 살아나온 교회의 이상으로 돌아간다. 존 웨슬리는 옛것과 새것, 보수적인 것과 혁신적인 것, 전통과 변혁의 창의적인 종합을 만들었다. 이 종합은 급진적으로 기독교인이 되고자 하는 오늘의 새로운 요구에 분명한 빛을 던질 수 있을 것이다.[2)]

스나이더가 지적한 대로 웨슬리는 역사적인 것과 새것을 잘 종합하는 지혜가 있었다. 보수와 진보, 성서적인 것과 전통적인 것, 이성적인 것과 체험적인 것을 지혜롭게 통합하였다. 여러 다양한 교회사적 전통들을 종합하는 취사선택(eclectic)의 방법으로 새로운 신학의 갱신과 교회의 갱신을 도모한 종교개혁가(reformer)였다. 루터나 칼빈보다 200년 뒤에 온 개혁가였지만, 그들 못지않은 교회의 개혁운동을 전개하였다. 그것은 그들의 지혜를 에큐메니컬하게 종합할 수 있었기 때문이다.

웨슬리가 전개한 교회나 사회의 구조적 개혁(structual reformation)을 바

2) 하워드 스나이더 저, 조종남 역, 《혁신적 교회갱신과 웨슬리》 (서울: 대한기독교출판사, 1993), 15.

로 이해하기 위해서 본 연구는 웨슬리가 강조한 교회의 본질, 경건주의적 교회관, 감리교회의 구조와 조직을 단계적으로 서술하고자 한다.

1. 교회의 본질

초대교회사를 보면, 예수를 단순히 인간 예수로 이해하지 않고, 그를 우리의 속죄주 하나님(The Redeemer)으로, 나의 삶의 주인이신 주님(Kurios)으로, 단순히 우리의 모범(example)이나 해방자(liberator)만 되시는 것이 아니라 우리의 신앙과 예배의 대상이신 그리스도(The Christ)로 고백하는 신앙이 교회를 교회답게 만드는 힘이었다. 그래서 교회를 예배당, 곧 건물(building)이 아니라, 예수를 그리스도로 고백하는 무리의 공동체(ecclesia)라고 부른다. 초대교회는 로마황제가 주님이 아니라 예수가 주님이라는 고백 때문에 순교의 형장으로 끌려가는 무서운 박해를 받았고, 카타콤 지하 무덤동굴 속에서도 위대한 전도의 능력을 발휘할 수 있었다.

이러한 신앙고백의 공동체 이해가 웨슬리의 사상에도 강하게 나타난다. 웨슬리는 사도행전 5장 11절을 근거로 교회를 다음과 같이 정의한다.

역사자료 · 50

> 여기에 신약교회의 원시적 표본이 있다. 그것은 복음으로 부름을 받은 사람들의 모임이며, 세례로 그리스도에게 접붙여졌고, 사랑으로 생동하며, 모든 종류의 친교로 연합하여 아나니아와 삽비라의 죽음으로 훈련받은 사람들의 모임(ecclesia)이다. [3]

3) John Wesley, *Explanatory Notes upon the New Testament* (London: Epworth Press, 1976), 411.

또 "신자들의 총체(행 9:31)", "그리스도를 믿는 성도들(갈 1:13)", "지상에서나 낙원에서나 참 신자들의 총체(히 12:23)"라고 정의를 내린다(Wesley, 430, 680, 850).

다시 말해서 교회의 본질은 예수를 그리스도로 고백하는 무리의 공동체다. 그는 "이성과 종교를 가진 사람들에게 고하는 진정한 호소"에서 교회의 본질이 신앙고백에 있음을 말하였다.

역사자료 · 51

가시적 교회란 '믿는 사람들의 공동체'입니다. 이것이 교회의 본질이며, 교회의 특성은 그 안에서 하나님의 순수한 말씀이 선포되며, 성례전이 올바르게 집행되는 것입니다. 그렇다면 영국교회는 무엇입니까? 참으로 영국의 '신실한 사람들, 참된 신자들'이 아니고 무엇이겠습니까? 그것은 사실입니다. 그들이 해외에 흩어져 있다면 다른 설명이 필요합니다. 그러나 그들이 하나님의 순수한 말씀이 선포되는 것을 듣기 위해, 그리고 한 떡을 먹고 한 잔을 마시기 위해 가시적으로 함께 모일 때, 바로 그들이 가시적인 영국교회입니다.[4]

여기에서 웨슬리는 교회의 본질을 세 가지, 곧 믿음과 그 믿음을 가능케 하는 말씀선포와 성례전이 일어나는 공동체로 이해한다. 이러한 믿음이 있는 성도가 참 크리스천(altogether Christian)이요, 믿음이 없으면 90퍼센트 크리스천(almost Christian)이라고 웨슬리는 그의 설교 "90퍼센

4) Outler ed. *John Wesley*, 412~413.

트 크리스천(Almost Christian)"에서 해석한다.

아우틀러는 그의 논문 "감리교도들은 교회론을 가지고 있는가?(Do the Methodists have the Doctrine of the Church?)"에서 웨슬리의 본질이해를, 예수를 그리스도라고 믿는 믿음을 반석으로 하는 교회의 통일성, 보편성, 사도성, 거룩성으로 요약한다.

1) 교회의 통일성(unity) : 교회의 통일성은 성령 안에서 그리스도인의 친교(koinonia)를 기초로 한다. 교회는 하나다. 한 성령, 한 희망, 한 주님, 한 믿음, 한 세례, 그리고 한 하나님 안에 있기 때문이다. 웨슬리는 새로운 종파를 만들고자 하지 않았고, 오히려 항상 영국교회 안에 머물고자 하였다. 이것은 그가 영국성공회를 가장 성서적인 교회라고 믿었기 때문만이 아니라, 교회로부터 분열되는 것을 죄라고 여겼기 때문이다. 웨슬리는 그의 설교 "분열에 대해서(On Schism)"에서 다음과 같이 분열을 경고한다.

역사자료 · 52

> 우리가 이전에 하나였던 살아있는 그리스도인들의 몸에서 분리하는 것은 사랑의 법의 비통한 괴리다. 우리를 하나 되게 하는 것이 사랑의 본성이다. 사랑이 크면 클수록 하나 됨은 더욱 강해진다. 우리 형제들에게서 분리하려는 생각을 할 수 있는 것은 우리의 사랑이 점점 식어 가기 때문이다.[5]

그래서 웨슬리는 많은 경건한 사람들이 교회를 떠나서 사막의 은둔

5) "On Schism", *The Works*, Vol. 3, 64.

자가 되고, 수도원을 만든 결과 더 부패하게 되었다고 지적한다.[6]

2) 교회의 거룩성(holiness) : 교회의 거룩성은 믿음으로 의롭게 됨으로부터 온전한 성화에 이르기까지 신자들의 생활을 지도하고 성숙시키는 은총의 훈련에 근거한다. 교회는 그들을 부르신 하나님이 거룩하신 것처럼 교회 구성원들이 거룩하기 때문에 거룩하다고 불린다. 그러나 웨슬리는 "죄의 신비(The Mystery of Iniquity)"라는 설교에서 교회가 처음 3세기 동안 박해받을 때 진정한 기독교의 모습을 가지고 있다가, 콘스탄틴의 기독교 공인 이후 타락의 길을 걷기 시작하였다고 비판한다. "박해의 두려움이 사라지고 부와 명예가 기독교인들이 하는 일에 주어졌을 때, 기독교인들은 점차 가라앉는 정도가 아니라 모든 종교의 악에 정신없이 빠져 버렸다."[7] 그러나 성령께서 교회를 새롭게 하실 것이다. 하나님의 새롭게 하시는 은총에 의지하여 교회도 변화의 능력을 가지고 지금 여기에서 그 사명을 다해야 한다. 이것이 하나님께서 감리교도를 부르신 목적이다.

3) 교회의 보편성(catholicity) : 교회의 보편성은 구속과 모든 참 신자들의 본질적인 공동체를 우주적으로 확장시킴으로써 명확해진다. 웨슬리에 의하면, 보편적인 교회는 하나님의 부르심을 받은 모든 세계에 있는 그리스도인들을 의미한다. 따라서 개체교회들은 그 나름의 독립성을 유지하면서도 동시에 교회의 보편성을 유지하고 있는 것이다. 개체교회들은 이미 보편적인 교회의 작은 부분이기 때문이다. 웨슬리는 그의 설교 "에큐메니컬 정신(Catholic Spirit)"에서 이러한 보편적이고 우주적이고 에큐메니컬적인 정신을 강조한다. 특히 영국성공회의 주장과

6) "On Attending the Church Service", *The Works*, Vol. 3, 474.

7) "The Mystery of Iniquity", *Works*, Vol. 2, 462~463.

감리교의 교리적 유사성을 강조하면서 둘이 서로 연대하는 에큐메니컬 정신을 공유하기를 희망한다.

4) 교회의 사도성(apostolicity) : 교회의 사도성은 사도적 증언에 충실하였던 사람들에게서 사도적 교리가 계승되는 것으로 측정된다. 웨슬리는 가톨릭교회가 강조하는 교황의 사도 베드로의 사도직 계승은 허망한 일이라고 비판하면서, 참된 사도직 계승은 기독교공동체에 있어서 사도적 증언과 사도적 정신의 계속성을 의미하는 것이라고 하였다. 즉 교회의 사도성은 교회가 사도들이 전해 준 복음을 가르치며 후대에 전달하는 것을 의미한다고 이해할 수 있다.

2. 경건주의적 교회관

1) 교회 안의 작은 교회(ecclesiola in ecclesia) : 경건주의운동을 시작한 슈페너, 프랑케, 진젠도르프로 이어지는 '작은 교회(collegia pietatis, ecclesiola in ecclesia)' 운동에 영향을 받은 웨슬리는 영국성공회의 타락을 막고 마치 로마가톨릭교회 내의 예수회(Society of Jesus)처럼 교회갱신운동을 시도하였으므로 감리교회(Methodist Church)라고 하지 않고, 감리교신도회(Methodist Society)라고 명명하였다. 모라비안들에게서 속회조직, 조모임, 애찬회, 야성회, 노방전도, 즉흥기도와 즉흥설교, 평신도 설교 등을 영향 받았다.

2) 성도의 교제(communio sanctorum) : 믿는 이들의 사랑의 친교가 존재하는 공동체를 교회라고 이해하였다. 성령으로 결합된 하나의 몸으로 교회를 이해하였다. 이는 제도적 교회를 부정하는 것이 아니라, 가시적 교회와 불가시적 교회의 균형을 유지하고자 하였던 것이다. 즉 가시

적 교회는 역사적 제도로서의 교회, 말씀이 선포되고 성례전이 행해지는 교회를 말하는 것이며, 불가시적 교회는 성도의 교제로서의 교회를 말하는 것이다. 모라비안 조직 속에서 영국성공회가 상실한 초대교회의 예배요소를 보았고, 성도의 교제의 중요성을 인식하였다.

3) 성령 충만한 공동체 : 예수를 그리스도로 고백하고, 예수의 십자가 복음을 선포하고, 예수를 그리스도라고 가르치고, 예수의 생명을 나누고, 예수의 생명으로 섬기고, 예수의 십자가로 자유하고 하나 되는 공동체의 원동력은 바로 성령 충만이다. 오순절 마가다락방에 임하신 성령이 임재할 때에만 교회가 교회다워지는 것을 교회사가 증언한다. 그리고 이러한 성령 충만의 공동체 개념을 웨슬리는 모라비안 공동체 운동에서 배웠다. 모라비안 경건주의와 웨슬리의 감리교운동의 공통점은 마음의 종교(religion of heart)에 있다. 웨슬리의 감리교회가 생명력 있는 선교와 봉사의 역사를 이룰 수 있었던 가장 큰 원동력은 성령 충만이었다. 웨슬리는 그가 죽고 난 다음 성령 떠난 감리교회가 될까봐 가장 염려하였다.

B. 초기 감리교회의 조직화

1. 조(Band)

조(Band)는 신도회(Society)의 친교 안에 더욱 작은 규모로 구성되었다. 각 지역 신도회의 내적 모임 혹은 핵심 모임으로 형성된 것이다. 1741년 브리스톨에서 모인 조 모임에서 웨슬리는 모든 회원을 호명하였는데, 40명이 제외되고 몇 명은 근신에 처하게 되었다. 조는 본래 신도회가 조직되기 전부터 구성된 것으로 그 역사가 깊다. 그리고 이는 모라비안의 조직에서 배운 것이다. 모라비안들은 11개의 합창단들(choirs)로 구성되었다. 결혼한 남자들, 홀아비들, 독신 형제들, 청년들, 소년들, 결혼한 여자들, 과부들, 독신 자매들, 젊은 처녀들, 소녀들, 유아들로 나뉘어졌다. 그리고 조는 합창단 구성에 구애받지 않고 자발적으로 영적 성장을 위해 구성된 것으로 5명에서 10명으로 조직되었다.

웨슬리는 조지아 주에서 이미 일주일에 세 번씩 조 유형의 모임을 가졌다. 그리고 1738년에 모라비안 교도들의 신앙 중심지인 독일의 헤른후트를 방문하여 조의 가치를 확신하기에 이르렀다. 물론 그들의 행동하지 않는 신앙제일주의와 정숙주의에 신학적으로는 실망하였으나, 신앙운동의 구조적인 면에서는 많은 영향을 받은 셈이다. 그래서 1738년 12월 "조 모임의 규칙(Rules of the Band Societies)"을 만들게 되었다. 브리스톨에 감리교신도회가 형성되기 전인 1738년 말과 1739년 초에 이미 두 개의 조가 브리스톨의 볼드윈 가(Baldwin Street)와 니콜라스 가(Nicholas Street)에 조직되었다. 그리고 1739년 5월 9일에 브리스톨의 호스페어(Horsefair)에 있는 땅을 사서 '새 회당(New Room)'을 짓고 두 조를 위한 모임장소로 제공하는 한편, 감리교의 집회 중심지로 삼았다. 밴드(조) 모임의 규칙과 지침을 소개하면 다음과 같다.

역사자료 · 53

- **조 모임의 규칙(Rules of the Band Societies, 1738년 12월 25일)**

조 모임은 "죄를 서로 고백하며 병이 낫기를 위하여 서로 기도하라(약 5:16)"는 말씀에 근거하여 하나님의 명령에 복종하기 위하여 만들었다. 이 목적을 위하여 다음과 같이 할 것을 결정하였다:

1. 적어도 일주일에 한 번씩 만난다.
2. 특별한 이유를 제외하고는 반드시 시간을 지킨다.
3. 시간이 되면 먼저 온 사람들끼리 찬양과 기도로 정시에 시작한다.
4. 지난 모임 이후 말과 생각과 행동으로 지은 잘못과 유혹이 있었는지 자유롭게 서로 나눈다.
5. 각자의 형편에 맞는 기도로 모임을 끝낸다.
6. 누가 자신에 대해 먼저 말하기를 원하면 회원들에게 물어서 할 것이며, 또한 순서를 따라서 진행한다.

조 모임에 가입하기 위하여 다음과 같은 질문에 답해야 하였다:

1. 당신은 죄를 용서받았습니까?
2. 당신은 주 예수 그리스도로 말미암아 하나님으로 더불어 화평을 누리고 있습니까?(롬 5:1)
3. 당신은 성령이 친히 당신의 영으로 더불어 당신이 하나님의 자녀인 것을 증거하신 것을 경험하였습니까?(롬 8:16)
4. 하나님의 사랑이 당신의 마음에 부은바 된 것을 경험하고 있습니까?(롬 5:5)
5. 내적 혹은 외적인 죄가 당신을 주관하지 않습니까?(롬 6:14)
6. 당신의 잘못을 지적받기를 바랍니까?
7. 당신의 모든 잘못을 항상 지적받고 충고받길 원합니까?
8. 당신은 이 모임의 회원들 중 누구든지 당신에 대해서 염려하는 것을 솔직하게 당신에게 말해 주길 원합니까?
9. 당신은 우리가 생각하는 것, 염려하는 것 등 무엇이든지 말해주어도 괜찮다고 생각합니까? 잘 생각해 보십시오.
10. 이와 같이 마음 저 밑바닥까지 함께 내려가서 함께 자라는 진

실로 가까운 교제를 원합니까?

11. 당신은 항상 당신을 다른 사람에게 전적으로 열어 보이며 예외나 거짓이나 숨김이 없이 정직하게 말하기를 원합니까?

서로의 죄를 고백(조에 가입하면 서로의 죄를 고백하라는 야고보서 5장 16절에 근거하여 다음과 같은 다섯 가지 영적 질문에 대하여 모일 때마다 고백하였다):

1. 지난 모임 이후 당신은 어떤 죄들을 범하였습니까?
2. 당신은 어떤 유혹을 받았습니까?
3. 어떻게 그 유혹에서 벗어났습니까?
4. 죄인지, 아닌지 확실치 않은 어떤 생각과 말과 행동이 있었습니까?
5. 당신은 숨기기를 원하는 어떤 비밀도 없습니까?

• **조 모임의 지침**(Directions given to the Band Societies, Dec. 25, 1744)

조심스럽게 악을 행하는 일을 피하라. 특히,

1. 주일에 어떤 것도 전혀 사거나 팔지 말 것
2. 의사의 처방이 아니면 어떤 술이든 먹지도 말고, 맛보지도 말 것
3. 물건을 사고파는 데 있어서 여러 말을 하지 말 것
4. 아무 것으로도 맹세하지 말 것, 그런 것들 중 아무 것도 생명을 구할 수는 없다.
5. 본인이 없는 자리에서 남의 흠을 말하지 말 것, 그런 사람을 보면 즉시 중지하게 하라.
6. 옷차림에 지나친 신경을 쓰지 말고, 화려한 옷과 장신구를 피할 것
7. 의사의 처방 없이는 마약이나 담배를 피우지 말 것

8. 공공질서와 공중도덕을 지키는 데 최선을 다할 것

열심히 선한 일을 도모하라. 특히,

1. 당신이 가진 소유로 자선을 베풀라. 그리고 힘이 닿는 데까지 최선을 다하라.
2. 당신 면전에서 죄를 짓는 사람은 누구나 책망하라. 그러나 사랑과 지혜의 온유함으로 하라.
3. 병든 자, 가난한 자, 나그네, 소외된 자, 고아, 과부, 신체 장애인을 방문하거나 돕는 일을 하라.

끊임없이 하나님의 모든 계명을 지키라. 특히,

1. 매주 교회에 출석하고 성만찬에 참여하라. 모든 공적인 교회 모임에 참여하라.
2. 원거리, 사업, 또는 질병의 이유가 아니라면 속회나 성경공부반에 매주 참여하라.
3. 매일 개인 기도를 드리고, 가족 기도회를 가져라.
4. 틈나는 대로 성경을 읽고, 그 안에서 묵상하라.
5. 매주 금요일은 금식 또는 절제의 날로 지키라.

결국 조의 목적은 야고보서 5장에 따라 서로의 잘못된 행동과 말과 마음을 고백하고 회개하며, 서로를 위하여 기도하고, 성화은총의 수단인 악행을 피하고 선행을 추구하며 계명을 지키며, 자유롭고 솔직하게 성화의 훈련을 위한 나눔의 시간을 갖는 데 있었다. 이 모임을 통하여 죄와 성화에 대한 상세한 질문들이 반복적으로 제기되었다. 이러한 성화훈련을 통하여 영적으로 성장하고 성숙해 가는 것을 추구하였다.

이 조는 속회(class)의 중요성이 커지면서 웨슬리 말년에는 거의 사라지고 큰 지역 감리교 모임(society)에서만 계속 유지되었다. 그러나 웨슬리는 조 조직을 항상 격려하였기 때문에 영국과 미국에 19세기까지 남아 있었다. 이렇게 조가 속회보다 활발하게 움직이지 못한 것은 일주일에 두세 번 모일 정도로 빈번하였고, 연령별, 성별로 너무 제한된 조직이었을 뿐 아니라, 너무나 철저한 영적 생활을 강요하므로 현실성이 없었기 때문이다. 그러나 속회모임은 연령, 성별, 결혼 상태를 초월하여 가족적인 분위기로 조직되었다. 또한 조처럼 빈번하게 모이지 않고 일주일에 한 번씩 모였다. 조의 지도자는 조 회원들의 선거로 선출하였지만, 속회의 지도자(속장)는 웨슬리가 임명하였다. 조는 자발적으로 구성된 모임이지만, 속회는 모든 감리교인이 의무적으로 참여하도록 조직되었다. 대략 12명이 하나의 속회를 구성하였는데 한 명의 지도자가 있었다. 물론 어떤 속회는 12명도 안 되었고, 어떤 속회는 20명이 넘기도 하였다. 그리고 속회는 조와는 다르게 거주 지역별로 조직되었다.

웨슬리는 모라비안의 센터인 헤른후트를 방문함으로써 보다 소규모 영성훈련을 도모하는 조(Band)를 발전시키게 되었다. 속회는 지역단위로 모든 감리교인이 의무적으로 참여하였으나, 조 모임은 자발적이었고 성별과 결혼 상태와 연령별로 구분되었다. 조는 속회보다 작은 단위였으며 널리 확산되지는 않았지만 엘리트 조직으로서 특별한 구성원 의식과 훈련을 공유한 집단이었다. 이 모임을 통하여 죄와 성화에 대한 상세한 질문에 답하는 과정에서 오늘날 감리교 교리의 기초가 상당부분 형성되었음은 당연한 일이었다.

2. 특별신도회(Select Society)

속회와 조 모임 이외에 소규모의 또 다른 조직, 조보다 더 철저한 완전의 교리를 훈련하고 실천하는 특별신도회가 있었다. 웨슬리는 이 특별신도회 회원들을 "앞서 달리는(outrunning)" 회원, 더 훌륭한 회원, 하나님의 빛 가운데 걷고 성부와 성자와의 친교를 긴밀히 유지하고 남김없이 속마음을 털어놓을 수 있었던 사람들, 사랑, 성결, 선행의 모범을 보인 사람들로서 모든 형제자매들 앞에 내어 놓을 수 있는 사람들이라고 생각하였다. 지도자나 규칙도 따로 없이 그들의 마음에 최고의 규칙을 갖고 있었으며, 다만 세 가지 기본적인 지침이 있었을 뿐이었다. 첫째, 특별신도회 모임에서 말한 어떤 것도 밖에 나가서 다시 이야기하지 않을 것, 둘째, 모든 회원은 모든 사소한 것도 목사에게 순종하기를 동의할 것, 셋째, 모든 회원은 공동의 재산을 위해 할 수 있는 모든 것을 일주일에 한 번씩 가져올 것 등이다. 모든 회원은 동등하게 말할 수 있었고, 다른 사람보다 더 위대한 사람도, 더 낮은 사람도 없었다. 웨슬리는 그들이 모였을 때 자유롭게 말하고, 고린도전서 14장 31절처럼 모든 회원이 각각 예언할 수 있게 함으로써 서로 배우고 서로 위로받게 하였다. 웨슬리는 이런 자유스러운 대화의 유익과 의인의 간구하는 힘이 큰 것을 발견하게 되었다(약 5:10). 이 모임은 1743년 12월 25일에 런던에서 처음 모인 것으로 보인다. 웨슬리는 매주 월요일 한 시간씩 이들과 함께 시간을 보냈다. 이 특별신도회는 각 신도회에 하나씩 두게 되었는데, 조의 내적 모임이라고 볼 수 있다.

C. 초기 감리교회의 속회운동(Class Movement)

1. 속회 탄생의 동기

흥미롭게도 속회(Classes)는 재정적인 문제 때문에 생겨나게 되었다. 웨슬리는 조(Band)에서 모이는 소수의 사람들을 제외한 대부분의 신도회 회원들이 일주일에 단 한 번밖에 모임을 갖지 못하자 어떻게 하면 그들을 잘 양육할 수 있을지 고심하였다. 이러한 이유로 '새 회당(New Room)'의 경비를 부담하게 하는 조직체제를 구상하게 되었고, 결국 12명을 단위로 하는 속회모임이 시작되었다. 그러나 단지 기금을 조성하는 것이 웨슬리의 목적은 아니었다. 이 점은 1742년 런던과 브리스톨에서 쓴 웨슬리의 글 속에 잘 드러난다.

역사자료 · 54

2월 5일 월요일. 많은 사람이 우리가 안고 있는 공동의 빚을 해결하기 위한 방안을 의논하기 위해 모였다. 그리고 마침내 다음과 같이 의견이 모아졌다: 1. 속회의 모든 구성원은 가능하다면 한 주일에 1페니씩 부담한다. 2. 모든 신도회는 소규모의 모임이나 속회마다 대략 12페니씩 내기로 결정한다. 3. 속회마다 한 사람의 대표자가 그것을 모아 매주 담당간사에게 제출한다.

3월 25일 목요일. 나는 가장 성실하고 분별력 있는 사람들 몇 명을 선택해서 만났다. 그리고 내가 일일이 돌볼 수 없는 사람들 - 그들은 내가 돌보아 주길 몹시 바라고 있었다 - 로 인해 겪어 왔던 나의 고충을 털어 놓았다. 많은 이야기 후 우리는 브리스톨에서처럼 내가 가장 신임하는 사람들에게 속회를 맡도록 나누어 주는 방안에 찬동하였다. 이것이 런던에서의 속회의 시작이다. 이 일로 나는 하나님께 더없는 감사를 드렸다. 속회 설립이 가져온 말할 수 없는 유익함은 갈수록 더욱 분명히 드러났다.[8]

속회는 1742년 4월 런던의 파운데리 신도회에 처음 설립되었는데, 1746년에는 전 영국의 감리교회 패턴이 되었다. 그 이후 감리교신도회가 각 지역에 조직될 때마다 속회도 함께 구성되었다.[9]

2. 속회의 목적 : 구원의 확신과 성화의 훈련

처음부터 속회의 목적은 단지 행정적인 조직이나 양적 성장(growth)을 위한 것이 아니라, 오히려 성화훈련이라는 질적 성숙(maturity)을 도모하는 목회적이고 신앙적인 동기에 있었다. 모든 속도들은 자신의 영적 상태를 간증형식으로 고백하고 나눔(sharing)으로써 서로 권면하고, 돌보며, 격려하고, 위로하는 책임의식(accountability)을 가졌다. 이러한 성화의 책임의식과 연대의식인 'accountability'를 직고(直告)라고 번역한 것은 잘못이다. 속회를 통하여 소규모 단위의 성경공부, 기도회, 그리고 신앙적 담화를 위한 좋은 장이 마련되었다. 이 속회활동을 통하여 그들의 신앙이 파선되지 아니하고 하나님의 은혜가 그들의 삶을 통해 움직이게 하는 것, 또한 은혜를 받은 것으로 끝나지 아니하고 생활

8) *Journal*, 1742년 3월 15일, 25일

9) David Watson, *The Early Methodist Class Meeting* (Nashville: Discipleship Resources, 1987), 94~95.

에서 그리스도의 명령에 복종하는 사랑의 선행을 실천하는 그리스도의 제자가 되게 하는 것, 다시 말해서 속도들이 속회공동체를 통해 공동의 성화를 이루어가는 것이다. 강제로 고백하는 것이 아니라 서로 협조하고, 서로 응답하며, 서로 격려하게 하는 것이다.

웨슬리는 속회를 통한 공동체적 성화생활을 강조한 반면, 개인적·수도원적·신비주의적·은둔적 성화생활을 비판하였다. 고독하고 은둔적인 종교를 만들려는 것은 기독교를 파괴하는 행위라고 웨슬리는 못 박아 이야기한다. 특히 그는 신비주의가 현실도피적일 뿐 아니라 성서보다 주관적 체험을 강조하는 위험성이 있음을 문제 삼는다. 웨슬리도 체험을 강조하였으나 체험보다 성서에 더욱 강조점을 두었고, 성서를 떠난 주관적 체험의 위험성을 지적하였다. 웨슬리는 기독교를 본질적으로 사회적 종교로 보기에, 속회의 영성운동은 내면적이면서도 외향적이고, 개인적이면서도 사회적이다. 따라서 그들의 성화생활 실천은 속회 공동체에서뿐 아니라, 사회적 상황에 결정적 충격과 영향을 주었다. 복음을 그들의 신앙공동체에만 가두어 두지 않고 세계에 전하게 되었다. 하나님께 대한 성실한 복종 때문에 어떤 역사가보다 세계를 더욱 잘 이해하게 되었고, 세계에 그들의 증거를 나타낼 수 있었다. 따라서 하워드 스나이더(Howard Snyder)가 지적하였듯이 감리교회는 당시 부패한 문화에 대한 반동문화적 공동체였고, 세계와 제도적 교회에 대한 예언자적 역할을 감당한 것이다.

속회는 안식처, 영적 기쁨의 장소, 성도의 영적교제 속에서 영적 능력을 소유하는 곳, 내적 생활의 거룩한 신비를 발견하고 상호 신뢰하는 사랑의 고백 속에서 기쁨을 체험하는 곳이 되었다. 무엇보다 자발적인 기쁨으로, 충성심을 갖고 성실하게, 순수한 신앙심을 갖고 참여하는 것이 열쇠였다. 성화훈련의 중요한 세 가지 요소는 첫째로, 내면적 개인적 경건(personal piety)을 힘쓰는 것이다. 이를 위해 기도와 금식과 성경 읽기와 일기 쓰기 등 경건의 선행(good works of piety)을 힘쓴다. 둘째로, 상호 협동적 영성훈련(mutual corporate discipline)을 힘쓴다. 이를 위해 서로가 권면하고 격려하며 충고하고 상담하는 크리스천 컨퍼런스(Christian conference)를 갖는다. 셋째로, 악행을 금지하고 선행을 실천하는 자비의 선행(good works of mercy)을 힘쓴다. 가난한 자와 병든 자와 갇힌 자와 나그네와 신체장애인과 소외된 자를 돌보는 선행이 여기에 포함된다. 이것은 자연스럽게 사회에서 빛과 소금의 사명을 다하는 사회적 성화의 행동으로 이어진다.

3. 엄격한 속회운영 방법

웨슬리는 지역 속회들을 방문할 때, 때때로 매우 냉정한 태도를 보였다. 그리고 감리교 모임의 예배와 교제에 제대로 참여하지 않는 회원들은 '만나기를 멈춘 자들(ceased to meet)'이라 하여 제명해 버렸다. 세 번 이상 무단결석한 회원들을 제명하였다. 1741년 브리스톨에서 모인 모임에서 40명이 제명되었다. 며칠 후에 킹스우드에서도 같은 일이 있었다. 1747년 게이트헤드(Gatehead)를 방문하여 회원들을 심사하였을 때 800명에서 400명으로 교인들이 줄어들었다. 이러한 철저한 영성훈련으로 절반 정도로 회원이 줄어들었으나 다음 해에는 두 배 이상으로 증가하였다. 그런데 1751년 화이트헤븐(Whiteheaven)에서는 근신해야 할 회원을 한 사람도 발견할 수 없었다. 약 240명의 속도들이 한 번도 결석하는 일이 없었다. 한 회원이 단 한 번 결석하였을 뿐이었다. 이러한 심사의 기준, 영적 분별의 방법은 간단하였다. 웨슬리는 속장들에게 각 회원의 영적 상태를 물을 때 속회와 신도회의 출석 여부, 술 취한 적이 없었는지, 가정의 불화가 없었는지, 구원을 열망하는지 등 지극히 간단한 것들을 물었다. 격식에 매임 없이 친밀한 교제가 이루어질 수 있었던 속회의 성격은 새 회원들을 돌보는 데 더할 나위 없이 이상적이었다. 웨슬리의 여생 동안 새 신자들이 끊이지 않았다.

4. 속장의 사명

속장은 항상 일주일에 한 번씩 속도들을 방문하여 그들의 신앙생활을 돌아보고 권면하고 위로하며 충고할 뿐 아니라, 가난한 사람을 위해 기부하는 헌금을 받기도 하였다. 또한 주 1회 재정관리 집사를 만나서 지난 주 속회 모금액을 전해 주었고, 주 1회 신도회의 목사를 만났다. 속장은 영적 상태에 문제가 있는 속도들이나 병든 속도들이나 신앙생활이 흐트러진 속도들에게 작은 목사의 역할을 한 셈이다. 속장과 속도들은 긴밀한 사랑과 신뢰의 관계에 있었는데, 속장이었던 밴덤(Elizabeth Vandome)은 임종 시에 모든 속도들을 불러 모아 가족에게 하는 것처럼 최후의 유언을 남기기도 하였다. 속도들은 그들 속장의 모범을 항상 의심 없이 따랐다. 그들은 건전하고 풍성한 속회를 만들기 위해서 경건하고, 지혜 있고, 활동적인 속장이 되기를 힘썼다. 속장은 깨끗하고 건강한 종교경험을 유지하도록 힘쓰고, 하나님의 자녀로 양자 되었음을 성령으로 확증하며, 끊임없이 죄를 정복하고, 은혜 안에서 끊임없이 성장해야 하였다. 또 항상 성경을 가르치기 위해서 성경에 능통하고, 교리적 진리에 대한 바른 식견이 있으며, 도덕적 · 종교적 의무를 바로 알아야 하였다. 또한 각 속도의 특성과 개성을 파악하고, 그들의 특수한 경험을 이해하며, 속도에게 속회발전을 위해 열심을 다하게 권고하며, 그들이 영적 생활의 진보를 이루게 권면해야 하였다.

5. 속도의 자격과 회원증

감리교 연합신도회(United Society)에 소속된 모든 회원은 속회에 소속되었고, 감리교신도회는 속회의 속도들로 구성된 것으로 보아야 한다. 왜냐하면 감리교신도회에 가입하기 전에 소규모 모임인 한 속회의 속도로서 보다 친밀한 교제를 나누는 것이 소속감을 더하여 주기 때문이다. 속회에 소속된 모든 회원에게는 회원증(ticket)을 주었다. 조 모임(Band) 회원증도 별도로 배부되었는데, B자가 새겨져 있었다. 속회 회원증이 없는 사람들은 감리교신도회나 애찬회(love-feast)에 참여할 수 없었다.

회원증은 일 년에 네 번 분기마다 새로운 디자인으로 바뀌었다. 회원증이 갱신될 때마다 1실링씩 감사헌금을 바쳤는데, 그것을 회원증 기부금이라고 부른다. 처음 회원증을 얻으려면 3개월간의 시험기간을 거쳐야 한다. 1780년부터는 2개월로 줄어들었다. 3개월 동안 속장이 감리교신도회에 참석할 수 있도록 추천해야 하고 감리교신도회가 받아들이는 증서를 받아야 한다. 그리고 시험기간 마지막에 한 번 더 상담하도록 되어 있다. 웨슬리는 "하나님의 포도원(On the God's Vineyard)"이란 설교에서 속회의 중요성을 잘 묘사하였다.

역사자료 · 55

누구든지 구원받고자 희망하는 사람은(이것만이 필수적인 조건이다.) 그들, 즉 감리교도들과 연합할 수 있을 것이다. 그러나 이러한 희망은 세 가지 증거에 의해 입증되어야 한다. 그리고 하나님의 모든 계명을 준수해야 한다. 그러면 그는 그에게 적절한 속회에 소속된다. 거기서 일주일에 한 시간 정도 보낸다. 그리고 난 다음에 심사모임(quarter meeting) - 3개월에 한 번씩 모이는 - 에서 아무도 반대하지 않으면 그는 신도회(society)에 소속된다. 그리고 거기서 형제들을 만나는 동안 계속 관계가 지속되고, 자신의 신앙고백에 따라 걸어간다.

6. 속회의 진행순서

속회는 속장의 인도에 따라 기도와 찬양으로 시작하고, 속장이 지난 일주일 동안의 자신의 영적 생활경험을 고백하는 간증의 시간을 가졌다. 그리고 속도들의 영적 생활에 대해 다섯 가지 질문을 하였는데, 일주일 동안 무슨 죄를 지었는지, 무슨 유혹을 받았는지, 어떻게 물리쳤는지 등으로, 이 질문에 따라 각자 영적 자기점검의 간증을 하게 하였다. 그리고 나서 속장이 충고하고, 권면하고, 훈계하고, 위로하고, 격려하였다. 그리고 함께 간절히 기도하고 구속의 은혜를 위해 통회자복한 후, 속장이 각 속도들을 위해 목회기도를 한 후 마쳤다.

7. 근신회원반

웨슬리는 성화훈련에 힘쓰지 않는 근신회원(penitents)들을 따로 모아서 그들을 위해 하나님께 간절히 부르짖고, 위대한 목자에게로 다시 돌아오게 힘썼다. 3번 이상 무단으로 결석하는 사람들 뿐 아니라 가난한 사람들을 돕지 않는 사람 등 은총의 수단을 활용하지 않는 사람들을 근신회원으로 생각하였다. 출석신자(believer)와 근신자(penitents)를 따로 구분하여, 근신자들을 위해 특별히 봉사하게 하였다. 이들 중 많은 사람들이 잃어버렸던 영적 근거를 곧 다시 회복하였다. 그들은 전보다 더욱 높이 일어났으며, 전보다 더욱 자신의 영적 상태를 돌아보게 되었다. 사랑으로 역사하는 믿음 안에서 더욱 강하여졌을 뿐 아니라, 더욱 온유하고 겸손해졌다. 그래서 이들은 다시 회원증을 받고 정상적인 감리교인이 되었다.

8. 속회와 노동운동

또한 속회운동은 영국의 산업혁명 과정에서 소외된 노동자들을 위한 최초의 노동조합조직에 영향을 미쳤다. 인류 역사 최초의 노동조합이 영국에서 감리교도들에 의해 구성된 것이다. 수천의 노조 지도자들이 감리교인들이었고, 감리교 설교가들이 노동운동에 앞장섰다. 감리교 연회에서 정치적 문제에 개입하기를 원하지 않자 진보적 설교가들과 갈등이 생기기도 하였다. 1831년 감리교도들이 감리교 조직 방법으로 전국노동조합(The National Union of Working Classes)을 결성한 후 노조 속장을 지역마다 조직하였는데, 노동자 25명에 1명씩의 노조 속장을 두어 1,000명 노조 회원에 40명의 노조 속장들을 구성하기에 이르렀다. 로버트 웨어마우스(Robert F. Wearmouth)도 그의 저서 《감리교와 영국의 노동조합운동(*Methodism and the Working-class Movements of England*)》에서 1834년 "영국과 아일랜드의 대통합노동조합(The Grand Consolidated

Trade Union of the Great Britain and Ireland)"과 1842년 "영국과 아일랜드의 광부 노동조합(Miners' Association of Great Britain and Ireland)", 1872년 "농업노동조합(Agricultural Trade Union)"이 감리교도들에 의해 이루어졌음을 강조한다.

감리교 속회조직처럼 12명 정도의 노동자들과 1명의 노조 속장이 노조 속회(union class)로 구성되어 일주일에 1페니씩 헌납하게 하였고, 속장을 중심으로 한 자기점검의 시간도 있었다. 또한 월 1회 전체 모임(general meeting)이 있었는데, 여기에서 노조 속장들이 계속 일하느냐, 다른 사람으로 바꾸느냐를 결정하기도 하였다. 많은 평신도 설교가들과 감리교인들이 노동운동에 앞장섰다가 투옥되고 박해를 받았다. 이것 때문에 잠시 감리교인의 수가 줄어들기도 하였으나 그 후 광부, 노동자, 농민들로 가득 차게 됨으로써 1850년에는 1800년보다 여섯 배나 증가하게 되었다. 사실 칼 마르크스는 그의 《자본론(*Das Kapital*)》을 쓰는 영국에서의 3년 동안 감리교 속회조직과 노동조합조직에서 세포조직과 자아비판을 배웠다.

토마스 칼라일(Thomas Carlyle)과 엘리 할레비(Elie Halevy) 등은 청교도 혁명이 실패한 영국을 웨슬리의 감리교운동이 구원하였고, 프랑스혁명 같은 역사적 위기에서 영국을 구원하였다고 해석한다. 특히 할레비의 이론은 현재까지도 논란의 대상이 되고 있다. 그는 그의 저서 *England in 1815, The Birth of Methodism in England, A History of the English People in the Nineteenth Century* 등에서 웨슬리의 감리교운동이 프랑스혁명과 같은 대 격동에서 영국을 구원하였을 뿐 아니라, 1730년 경제위기와 웨슬리 부흥운동은 뗄 수 없는 관계를 가졌고, 19세기 영국의 과격한 경제개혁운동 – 노동조합운동 – 은 감리교도들에 의해 주도되었다고 해석한다. 이런 할레비의 견해를 긍정적으로 받아들인 버나드 셈멜(Bernard Semmel)은 그의 저서에서 노동조합이 감리교 지도자들 - 설교가들 - 에 의해 발전되었고, 감리교 조직이 노동조합 조직의 원리로 받아들여졌음을 강조한다.

9. 속회의 쇠퇴 원인

1) 감리교도의 중산층화 : 19세기 후반에 들어 감리교도들이 급격하게 중산층화하면서 영적 신앙생활에 무관심하게 되었다. 웨슬리는 감리교도들의 중산층화의 위험성을 다음과 같이 지적하였다: "하나님의 전 사역에 가장 무관심하게 되는 모든 유혹 중에서 부자들의 교활함이 가장 크다. 지난 50년 동안 내가 본 수천의 증거가 그것을 말해 준다. 부자들은 교활하다. 그들은 그들이 가난하였을 때보다 훨씬 거룩한 성화생활에 힘쓰지 않고 있다."[10] 그리고 "부에 관하여(On Rich)"라는 설교에서 부의 증가는 일만 악의 뿌리로서 신경질과 우상숭배와 교만과 육신의 정욕과 안목의 정욕과 악한 성질을 가져옴으로써 성화생활의 방해물이 됨을 지적하였다. 1873년에 크리스토퍼스(S. W. Christophers)는 "(감리교회 안에서) 종교적 교리는 지나간 시대의 패션이 되어 버리고, 성화의 개념은 골동품이 되어 가며, 회의적이고 경박하고 불경스러운 시대정신이 이미 교회에 영향을 미치고 있다"고 해석하였다.[11] 그래서 19세기 후반의 웨슬리와 애즈베리의 후손들은 영적으로 속도들을 감독하고, 성도

---

10) David Holsclaw, "The Demise of Disciplined Christian Fellowship : The Methodist Class Meeting in Nineteenth-Century America", *UMI Dissertation Services* (Michigan : A Bell & Howell Company, 1998), 174.

11) David Holsclaw, 174.

끼리의 영적 친교와 교제를 훈련하며, 인격적 성숙을 도모하는 속회활동에 무관심하게 되었다. 1740년대의 영국 감리교인들에게 인기 있었던 속회가 1840년대의 미국 감리교인들에게는 무의미하였다.

2) 합리적 과학적 성서비평학의 영향 : 합리적 과학적 성서비평학의 발전과 함께 감리교 설교가들의 설교들은 학문적이 되고, 예배형태가 생명력을 상실하고 형식적이 되어 버렸다. 속회도 자연히 감성적 체험적 분위기보다는 지성적 학문적 분위기로 바뀌면서 생명력을 상실하였다.

3) 영적 책임의식(accountability)의 상실 : 19세기 후반에 들어서면서 속회 안에서의 내적 경건으로의 몰입은 상호간의 영적 성장을 위한 돌봄에 무관심하고, 은총의 수단(means of grace)을 활용하는 것도 등한시하며, 실제적 선행생활도 관심 밖으로 내몰게 만들었다. 내적 영적 성숙은 상호간의 영적 성장(interpersonal dynamics)에도 관심하는 초기 감리교회 속회의 모습이었다. 서로가 영적으로 권면하고 충고하며 돌보는 중에 내면적 영적 성숙이 이루어지는 것이 초기 감리교도의 특징이었다. 크리스천 친교(Christian conference)를 통한 상호간의 영적 책임의식이 감리교도를 영적으로 성장시켰다. 하지만 후기로 갈수록 자기 성취적 이기주의에 빠지게 되었다. 속회는 은둔적 신비주의적 성화훈련의 모임이 아니라, 사회적 공동체적 성화훈련의 모임이라는 의식을 후대로 갈수록 상실하였던 것이다. 그리고 사회와 세상에서 변화를 일으키는 사회적 성화에도 무관심하게 되었다. 사회의식과 역사의식을 상실한 채 영적, 내면적 자기경건에만 몰입하는 것이 속회를 약화시키는 원인이 되었다. 가난과 억압에서 인간을 해방시키는 사회적 선교가 상호간의 영적 책임의식과 깊이 연결되어 있는 것이 초기 감리교도들의 정신이었는데, 그러한 의식이 점점 사라지면서 속회가 약화되었던 것이다. 한 마

디로 신앙과 선행의 조화를 통한 성화의 완성이라는 웨슬리의 본래적 정신을 상실한 것이다.

4) 속회 지도자의 훈련부족 : 19세기 감리교도들의 급격한 양적 증가는 질적 영성훈련을 약화시켰다. 전도의 성공이 속회의 실패를 가져온 것이다.[12] 대형화한 교회와 성화된 감리교인, 둘 모두를 가질 수 없었다. 미국 감리교회사가 노우드(Frederick Norwood)도 미국에서의 성공적인 전도는 거대한 제도를 만들고 수의 증가와 조직화의 결실을 가져왔지만, 성화훈련의 알곡보다 제도의 쭉정이를 만들었다고 해석한다.[13] 1784년에는 미국에 1만 5천 명의 감리교도에 83명의 순회설교가들이 있었는데, 1870년에는 300만 신도에 1만 8천 설교가들로 증가하였다. 순회설교는 양적 성장에 영향을 미쳤고, 국가적 발전도 감리교회의 증대를 이루었다.

하지만 그 모든 교인을 지도할 만한 속회 지도자들이 절대 부족하였고, 기존의 속회 지도자들의 영적 상태도 속도들을 제대로 돌보기엔 충분하지 않았다. 결국 턱없이 부족한 속회 지도자의 수와 그들의 훈련부족이 속회를 약화시키는 원인이 되었다. 양적 성장에 관심하는 전도가 웨슬리의 본래 목적은 아니었다. 옥외설교를 통하여 전도된 교인들을 질적으로, 영적으로 철저히 훈련시키고 돌보는 것이 목적이었다. 그 철저한 질적 영적 성화훈련이 자연스럽게 양적 성장의 결과를 가져오기도 하였으나, 후대에 갈수록 질적 성화훈련을 통해 영적으로 성숙시키는 지도력이 상실됨으로써 속회는 쇠퇴의 길을 걷게 된 것이다. 성도의 영적 성장을 책임지는 "책임적 제자직(accountable discipleship)"을 가진 지도

---

12) David Holsclaw, 175.

13) David Holsclaw, 176.

자들이 절대적으로 부족하게 된 것이다.

1848년 미국 감리교회 총회는 속회 지도자들을 위한 다섯 가지 질문을 만들었다.

역사자료 · 56

1. 어떻게 속회 지도자들을 더욱 유용하게 만들 수 있는가?
2. 어떤 것이 속회 모임을 생동감 있고 유익하게 만들 수 있는가?
3. 부적당한 사람들이 교묘하게 교회에 침투하는 것을 어떻게 방어할 수 있는가?
4. 어떻게 더욱 정확하게 속도를 받거나 거부할 수 있는가?
5. 교인들이 의도적, 계속적으로 속회 모임에 출석하는 것을 게을리 하지 않도록 하기 위해 우리는 무엇을 할 것인가?[14)]

지도자의 영적 신학적 자질 부족이 속회 쇠퇴의 원인이 됨을 여기서 여실히 볼 수 있다. 속회모임을 보다 알차게 만드는 지도자의 능력 개발이 절실하였다. 1864년 총회에서는 보다 자세하게 속회운영에 관하여 장정을 개정하였다.

역사자료 · 57

질문1 : 어떻게 속회 지도자들을 더욱 유용하게 만들 수 있는가?
답변1 : 각 속회 지도자가 부지런히 그의 속회 모임방법에 관하여 스스로 점검하게 하라. 가능하면 정확하게, 적어도 각 분기마다 1회씩 점검하게 하라. 그것을 위하여 충분한 시간

14) Journal of the General Conference (New York : Lane and Tippert, 1848), Vol. II, 172.

을 갖게 하라.

답변2 : 각 속회 지도자가 그의 속회의 모든 영혼이 영적으로 풍성한지를 주의 깊게 묻게 하라. 각 사람이 외적인 규칙들을 어떻게 지키는지, 뿐만 아니라 어떻게 그가 하나님의 지식과 사랑 안에서 자라가고 있는지를 묻게 하라.

답변3 : 속회 지도자들이 그들의 구역을 관할하는 목사들과 빈번하고 자유롭게 대화하게 하라.

질문2 : 어떤 것이 속회 모임을 보다 유용하게 만들 수 있을까?

답변1 : 부적당한 지도자들을 바꾸라.

답변2 : 속회 지도자들이 다른 속회들도 부지런히 만나서 배우게 하라.

답변3 : 우리로 하여금 지도자들이 가장 적절한 사람인지를 관찰하게 하라.

답변4 : 모든 지도자들이 건전하게 판단할 뿐만 아니라 진실로 하나님께 헌신하는지를 보라.

답변5 : 속회 지도자들이 그들의 사역에 합당한 연수과정을 갖게 하라. 특별히 성경지식을 쌓을 수 있는 책들을 읽게 권면하라. 기독교 진리의 핵심이 되는 성경구절에 친근하게 하라. 기회 있을 때마다 목회자가 속회 지도자들을 교육시킴으로 점검하게 하라.[15]

결국 속회 지도자의 훈련부족은 웨슬리가 추구한 질적 영성훈련과 성도의 교제를 양적 성장과 함께 사교적 친교로 전락하게 만들었다. 웨

15) Journal of the General Conference (New York : Carlong and Porter, 1864), 415~416.

슬리의 성화된 속도들의 속회가 중산층 사교클럽의 속회로 바뀌게 된 것이다.[16] 은총의 수단으로서의 선행실천을 바리새적인 것으로 오해하고, 성서연구를 등한시하며, 세상적 향락을 즐기는 것에 관심하면서 일상생활의 종교가 사라져 버리게 되었다.

1852년 교리장정에서 엘리야 헤딩(Elijah Hedding) 감독은 속도들의 두 가지 경향을 다음과 같이 말하였다.

역사자료 · 58

두 가지 어려움이 속회 안에 있다. 첫째로, 일반적인 것은 많은 사람들이 종교에 대해서 냉정한 것이다. 그들은 속회에 가기를 원하지 않고, 지루한 이야기를 하기 원치 않는다. 둘째로, 직업생활의 다양한 논쟁거리들을 말하며 말과 행동이 다른 사람들의 간증 듣기를 역겨워하는 어떤 좋은 사람들이 있다. 정직하고 의식 있는 사람들은 이러한 모순을 식별하고, 성가신 속회출석을 원하지 않게 된다.[17]

큰 교단이 되면서 전통적 감리교회의 가치관이 위협받게 되고, 속회의 가치도 떨어지게 되었다. 북감리교회 1864년 총회와 남감리교회 1866년 총회에서 속회출석을 의무화하는 규정을 없애고 자발적으로 참여하게 하였다.

5) 속회의 교회갱신적 사명 상실 : 시간과 상황의 변화가 존월의 주

---

16) David Holsclaw, 182.

17) Elmer Clark, *Life and Times of Elijah Hedding* (New York: Cralton and Phillips, 1855), 633~634.

석광부들과 킹스우드의 석탄광부들과 드루리 래인(Durury Lane)의 매춘부들을 변화시키던 때와는 달리, 속회를 제도로 생각하게 만들었다. 속회는 본래 제도적 교회의 영적 무기력을 쇄신시키고 갱신시키는 "ecclesiola in ecclesia(교회 안의 작은 교회)"였는데, 제도적 교회의 대형화와 함께 속회도 또 하나의 교회제도가 되어 버리고 말았다. 속회가 작은 교회로서 제도적 교회를 긴장시키고 깨우는 영적 활력소가 되어야 하는데, 그러한 기능을 후대에 갈수록 상실한 것이다. 성령의 능력을 통하여 그리스도의 구원의 메시지를 선포하고 영적 성장을 도모해야 하는데, 그러한 영적 에너지를 발산하지 못하게 되었다.[18]

---

18) 필자는 논문 "초기 감리교회의 조직화와 속회 중심의 영성훈련", 〈신학과 세계〉 (2000년 봄호)에서 다음과 같이 21세기를 위한 바람직한 속회모델을 제시하였다.
1. 속장과 속회 인도자들은 월 1~2회, 혹은 주 1회 담임목사의 인도로 속회공과 공부와 함께 영성훈련을 한다. 분기마다 특별영성훈련의 시간을 담임목사의 인도로 갖는다.
2. 가급적이면 모든 속도들이 돌아가면서 공과를 연구하여 15~20분 정도로 발제하게 하고, 속회 인도자가 추가로 보충설명하며, 속도들이 질문과 토론을 하게 한다.
3. 공과공부 전에 그날 주제와 관련한 찬송가와 복음성가를 2~3곡씩 부른다.
4. 공과공부 후에 모든 속도들이 돌아가면서, 속회 인도자가 미리 준비한 그날의 공과 내용과 관련한 질문에 따라 일주일의 생활을 돌아보면서 2~3분가량 영적 고백을 나눈다. 이 나눔의 시간에는 자신의 영적 성숙과 신앙적 성장에만 집중하고, 교회의 제도적 성장과 행정적 문제에 대해서는 표현하지 않기로 한다. 특히 감리교회사에서 속회가 쇠퇴한 원인처럼 사교적 친교클럽이 되지 않게 노력한다. 즉 세상적 문제에 대해서는 속회의 나눔 시간에 말하지 않기로 한다.
5. 속장은 속회가 교회 안의 작은 가정교회(ecclesiola in ecclesia)라는 의식과 함께 자신이 그 교회의 목자요, 목사라는 의식을 가져야 한다. 그래서 모든 속도의 가정사정과 영적 상태를 항상 파악하여 속회 마지막 시간에 모든 속도들을 위해 목회기도를 드린다. 그리고 모든 속도들을 위해 매일 기도하며, 모든 속도들을 주 1회 5분 이상 전화로 심방한다.
6. 전 교인이 속도가 되게 하되, 남성교우들의 특수한 직업상황과 환경에 따라, 신앙적 신학적 관심이 비슷한 사람끼리 모아 밴드형태의 특수속회들을 운영한다(예, 감성적 체험을 통한 성화훈련에 관심하는 경건주의 유형의 모임 혹은 지성적 신학훈련을 통한 성화훈련을 중요하게 생각하는 모임 등).
7. 초기 감리교회의 밴드규칙처럼 너무 엄격하지 않고 21세기 상황에 맞는 성화훈련의 규칙을 만들어 모든 속도들이 공동 영성훈련을 도모하게 한다(예, 모임을 정시에

D. 영성수련을 위한 은총의 수단(means of grace)

웨슬리는 속회를 중심으로 은총의 수단을 활용하여 그리스도에게까지 자라가는 성화의 영성수련을 이루게 하였다. 웨슬리는 교회사적 전통에서 사용하여 온 불변하고 영구적인 은총의 수단을 "instituted means of grace"라고 표현하는데, 이것은 기도, 말씀, 성만찬, 금식, 그리고 각종 영성훈련 모임이라고 언급하였다. 그리고 상황에 따라 구체적으로 변경시킬 수 있는 은총의 수단을 "prudential means of grace"라고 표현하였는데, 그것은 선행을 실천하는 것(to do good)과 악행을 피하는 것(to do no harm)이라고 설명하였다. 그리고 웨슬리가 직접 은총의 수단이라고는 언급하지 않았지만 초기 감리교회에서 실제로 은총의 수단으로 활용되었던 기독교 고전 읽기와 찬양을 헨리 나이트(Henry H. Knight III)는 그의 저서 *The Presence of God in the Christian Life: John Wesley and the Means of Grace*에서 은총의 수단에 추가하였다. 그리고 필자는 웨슬리의 생애와 초기 감리교운동에서 발견되는 또 다른 은총의 수단인 영적 일기 쓰기, 경제적 나눔, 시간의 선용, 애찬회, 찬송, 계약갱신예배, 은총의 낙관주의 등을 추가하였다.

시작한다. 매주 금요일에 한 끼 혹은 두 끼를 금식한다. 북한동포를 돕기 위해 매주 1,000원씩 헌금한다. 산상수훈에 나타난 8복을 매일 암송하면서 실천한다. 매일 10분간 예수님의 생애를 생각하면서 예수님을 닮기 위한 명상기도를 드린다. 매일 10분간 자신의 생활을 영적으로 점검하는 일기를 쓴다 등).

8. 속도들의 출석을 부르되, 세 번 이상 결석한 속도들을 목회자와 함께 속장이 심방한다.

9. 모든 속도들을 2~3명씩 단위로 기도동지를 만들어 월 1회 함께 모여 기도하고 공동의 기도제목을 나누고, 영성훈련에 도움이 되는 책을 읽고 그 소감을 나누며(예, 토마스 아 켐피스의 《그리스도를 본받아》 혹은 존 웨슬리의 《기독자의 완전》 등), 영적 삶을 나누는 크리스천 컨퍼런스(Christian conference)를 갖는다.

1. 기도

웨슬리 영성생활의 핵심은 기도생활이다. 웨슬리는 "기도는 확실히 하나님께 가까이 나아가는 가장 중요한 수단이다. 따라서 그 밖의 다른 모든 것은 이것과 병행하거나 또는 이것을 도울 때에만 도움이 된다"고 하였다.[19] 그래서 그는 "기도가 부족한 것은 다른 어떤 규례로도 보충할 수 없다"고 강조하였다. 그는 기도를 성도의 삶의 총체적인 것으로 보았다. 즉 기도를 통해 죄에 대해 각성하고(회개와 고백), 우리 속에 하나님의 약속이 성취되기를 열망하며(청원), 이웃의 요구를 위해 대신 요청하고(중보), 하나님의 선하심과 인자하심에 대하여 감사하게 된다고(감사) 주장하였다. 기도의 종류는 개인기도, 가족기도, 공중기도로 구분하였다. 즉흥적으로 성령의 인도하심을 받는 기도를 강조하기도 하였고, 기록된 기도문을 따라 기도하는 것도 중요시하였다.

웨슬리는 새벽 4시에 일어나서 새벽기도하는 생활을 습관화하였다. 그가 15년 이상을 살았던 집(Wesley's House, 영국 런던의 City Road에 있는 웨슬리 예배당(Wesley's Chapel) 옆에 있는 건물)에 그가 매일 새벽기도를 하였던 방이 있다. 그 방을 '능력의 방(Power House)'이라고 부른다. 그가 기도의 능력으로 세계적인 감리교회를 만들었다는 의미다. 그가 이렇게 할 수 있었던 것은 어머니 수잔나의 철저한 교육 때문이다. 어머니는 매일 밤 8시에 자고 4시에 일어나는 훈련을 시켰다. 특히 잠자기 전과 잠에서 깰 때에 주기도문을 외우게 하였고, 좀 더 성장한 후에는 짧은 기도문을 외우게 하였다. 그녀는 자녀를 위해 매일 안수기도 하였고 자녀들

19) Colin W. Williams, *John Wesley's Theology Today* (Nashville: Abingdon Press, 1960), 132.

은 어머니를 위해 기도하게 하였다.

그리고 옥스퍼드대학교의 신성클럽 시절에는 매시간 캠퍼스 종을 칠 때마다 기도하고 시편을 묵상하였다. 또한 클레이톤(Mr. Clayton)의 제안에 따라 일주일에 두 번씩, 수요일과 금요일에 금식을 실천하였다. 후에 웨슬리는 감리교도들에게 금식의 날을 지키도록 요구하였다. 또한 많은 사람들이 금식하지 못하는 것을 염려하였다. 특히 부자가 된 후에 금식하기를 싫어하고 영성생활이 나약해지는 것을 두려워하면서 경고하는 설교를 그의 말년에 빈번히 하였다. 금식의 목적은 세상일에 집착한 영혼을 돌이키고, 영적인 목표인 완전성화를 이루며, 하나님 앞에서 그리스도를 본받는 생활을 하게 하기 위함이라고 강조한다. 그는 금식기도의 유익성과 중요성을 인식하였다. 그래서 "당신이 기도와 함께 금식으로 하나님을 찾을 때에 그 일은 결코 헛되지 않을 것"이라고 하였다.

또한 철야기도를 중요한 은총의 수단으로 생각하였다. 1742년 3월 12일 금요일 많은 사람이 몰려와서 웨슬리는 12시간을 설교하였는데, 성령이 임하여 자정이 넘을 때까지 100여 명이 기도와 찬양을 계속하였다. 집으로 돌아가면서도 기도와 찬양은 끊이지 않았다. 이것이 계기가 되어 매월 1회 정기적으로 런던과 브리스톨과 뉴캐슬에서 철야기도회(Watch Night Service)를 하게 되었다. 매년 마지막 날에도 철야기도회를 하였는데, 이것이 매해 첫 주일에 드리는 계약갱신예배(Covenant Service)로 정착되었다. 그래서 그가 만든 계약갱신예배 예문을 철야기도회(Watch Night Service)에서, 그리고 계약갱신예배에서 사용하였다.

웨슬리의 기도신학의 중심은 욕망의 성취가 아니라 성화의 성취였다. 즉 웨슬리의 기도의 목적은 궁극적으로 성화를 이루는 것이었다. 기도는 우리의 신앙과 사랑을 증진시켜 주고, 하나님과 더욱 깊은 교제를 갖게 하며, 영적 성장에로 초대한다. 한국교회는 하나님께 간절히 요구하는 active prayer에 치중하여 많은 것을 요구하는 기도를 강조해 왔는데, 이제는 하나님과의 친교와 사귐과 대화로 이끄는 contemplative prayer를 통하여 성화를 훈련하는 기도를 더욱 강조하여야 할 것이다.

2. 말씀

웨슬리에게는 성경이 영성훈련의 가장 원천적이고 중요한 표준과 자료가 되었다. 왜냐하면 성경이 구원에 관하여 가장 확실한 가르침을 제공하기 때문이다. 성경이 신학의 기초가 될 뿐 아니라 신학의 최고의 권위였다. 그는 스스로 성경이 말하는 성경적 성결(scriptural holiness)을 추구하였고 감리교도들에게도 가르쳤다. 하나님이 감리교 설교가들을 부르신 이유는 어떤 종파를 만들려는 것이 아니라 성경적 성결을 온 누리에 퍼뜨리기 위함이라고 강조하였다. 그의 구원론의 질서를 순서에 따라 가장 잘 요약한 설교가 "성경적 구원의 길(Scripture Way of Salvation)"인데, 성경을 근거로 하여 선재적 은총, 회개, 의인화, 거듭남, 성화, 완전, 영화를 체계적으로 설명하였다.

성경말씀을 읽고, 명상하고, 듣고, 특히 속회나 신도회 모임에서 말씀해석이나 설교를 통해 은혜 받는 것을 강조하였다. 그의 삶의 표준이 성경이었고 그의 목회의 표준이 성경이었기에 그는 성경을 매일 히브리어와 희랍어로 몇 시간씩 읽으면서 진지하게 연구하였다. 그래서 그는 성경에 능통하였고, 편지든 논설이든 많은 성경구절을 인용하였다. 항상 성경에 대한 이야기로 채워져 있었다. 또한 웨슬리 설교의 기초들도 성경이었고, 성경이 바로 설교의 내용이었다. 그의 설교문들은 간접적으로 혹은 직접적으로 성경 인용으로 가득 차 있다.

그는 1765년 자신의 생애를 회고하면서, 자신은 1730년에 '한 책의 사람(vir uni libri)'이 된 이래로 성경 이외에는 비교적 다른 책을 연구하지 않았다고 하였다. 물론 그가 1~5세기에 이르는 동 · 서방 교부들의 책이나 어거스틴, 루터, 칼빈, 윌리엄 로(William Law), 제레미 테일러(Jeremy Taylor), 토마스 아 켐피스(Thomas a Kempis) 등 역사신학 책들을 많이 읽음으로써 역사신학적 전통(tradition)에 능통하였으나 성경을 전통보다 더욱 귀중한 신학자료로 생각하였다. 이성(reason)과 체험(experience)도 신학의 4대 원리에 속하나 그것들은 보조자료요, 성경이 가장 원천적인 자료(prominent source)라고 하였다.

웨슬리는 속회를 통한 성경연구의 목적도 성화에 두었다. 성경을 통하여 자신의 영적 생활을 반성하고 나누는 간증을 통하여 서로 권면하고 충고하고 위로를 받음으로써 더욱 성화된 삶을 추구할 수 있었다.

3. 금식

웨슬리는 기도와 함께 금식을 중요한 은총의 수단으로 강조하였다. 그는 수요일과 금요일에 금식하였는데, 후기에는 금요일만 하였다. 여러 날 금식하는 것, 하루 금식하는 것, 반나절 금식하는 것, 음식을 전혀 안 먹는 금식, 조금 먹는 금식, 즐겨하는 음식을 먹지 않는 금식 등 상황에 따라 변경할 수 있는 것(prudential)으로 강조하였으나, 금식 자체는 제도화된 수단임을 주장하였다.

금식의 목적은 첫째, 죄에 대해 슬퍼하는 것과 하나님의 진노를 두려워하는 것, 둘째, 어리석고 경건치 못한 욕망과 불결한 감정에서 벗어나는 금욕적인 것, 셋째, 하나님이 사랑하시는 가난한 이웃의 필요를 따라 나누어 줌으로써 서로의 연대의식과 책임감을 갖는 것으로서 궁극적으로는 성화를 추구함에 있다.

4. 성만찬

웨슬리는 루터와 칼빈처럼 교회란 설교가 선포되고 성례전이 집행되는 곳임을 강조하였다. 그리고 성례전은 회개와 거듭남과 성화를 체험하는 은총의 수단(means of grace)임을 주장하였다. 성례전 중에서도 특히 성만찬은 선재적 은총, 의인화의 은총, 성결의 은총을 전달하는 수단으로 이해한다. 또한 거듭남을 재촉하고 신앙을 견고케 하는 예전이라고 말한다. 그래서 웨슬리는 성만찬을 회심케 하는 의식(converting ordinance)이라고 하였다.

그는 상징과 은혜의 이중적 의미를 살린다. 츠빙글리의 단순한 상징도 거부하고 루터의 신체적 임재도 거부한다. 칼빈적인 영적 임재(spiritual presence)와 효험주의(virtualism)에 가깝다. 성만찬의 떡과 포도주는 거룩한 상징이면서도 이 상징을 하나님이 은총의 수단으로 만드신다는 것이다. 이는 떡과 포도주가 본질적으로 변화되는 은혜가 아니라, 성도가 그리스도의 형상으로 변화되는 은혜다.

성만찬은 하나님사랑의 표시며, 성만찬을 통하여 성령의 은사가 성도들의 마음에 내려온다고 해석한다. 웨슬리는 성만찬이 그리스도의 대속적 죽음의 표적, 현재적 은혜의 표적, 천국의 표적, 그리고 성도의

교제의 표적이 된다고 하였다.[20]

이렇게 성만찬을 은총과 영성훈련의 중요한 수단으로 보았기에 모든 사람에게, 세례를 받지 않은 사람들에게도 주었다. 왜냐하면 그들에게도 이 은총의 수단을 통하여 각종 은총, 선재적 은총, 의롭다 하심의 은총, 성화의 은총을 받을 수 있는 기회가 주어지기 때문이다: "사람들에게 선재적 은총, 의롭다 하심의 은총, 성화케 하는 은총을 부여하는 평범한 채널이 되기 위해 외적 상징과 말씀과 행동으로 하나님에 의해 제정된 것이다."[21] 그래서 루터주의 모라비안들과 이 은총의 수단에 대하여, 그리고 믿음을 갖고 세례 받은 성도들에게만 베푸는 성만찬에 대하여 논쟁을 하게 된 것이다.

또한 웨슬리는 세례도 은총의 수단이 됨을 주장하였다. 세례를 통해 첫째, 그리스도의 죽음의 공로로 원죄의 죄책을 씻어 버리는 것이요, 둘째, 새 마음과 새 영을 주시기로 한 하나님과의 영원한 계약의 관계에 들어가는 것이요, 셋째, 세례를 받음으로 교회에 입교하게 됨으로 교회의 머리이신 그리스도의 지체가 되는 것이요, 넷째, 본질상 진노의 자식들이었으나 하나님의 자녀가 되는 것이요, 다섯째, 하나님나라의 시민이 되는 것이다. 그러나 그는 "신생(New Birth)"이라는 설교에서 세례는 상징(sign)이요, 성령세례인 영적 거듭남이 참 세례임을 주장한다. 물세례는 몸을 정결케 하는 것이요, 거듭남은 영혼을 정결케 하는 것임을 강조한다.

또한 웨슬리와 초대 감리교신도들은 애찬회를 가졌다. 처음에는 조 모임의 새 회원을 받아들이는 기회가 되었는데, 점차 속회 회원증을 가

---

20) *Letters*, VII, 10~11.

21) "Means of Grace", *The Works*, Vol. 1, 381.

진 자들이 3개월에 한 번씩 참석하게 되었다. 성만찬과 다르게 케이크, 비스킷과 물을 나누면서 기도와 찬양과 친교를 하였고 특히 간증과 감사의 시간을 가졌다. 초대교회 아가페의 형태를 본받은 것으로 감리교도들의 영성훈련에 큰 자극이 되었다.

5. 각종 영성훈련 모임을 통한 크리스천 컨퍼런스(Christian conference)

웨슬리는 성도가 고립되면 신앙생활의 발전이 없다고 강조하면서 영적 교제와 사귐과 대화를 통하여, 서로 돌보고 양육하는 책임감(accountability)을 통하여 성장하게 하였다. 이를 위해 속회와 조를 비롯한 각종 소규모 영성훈련 모임을 통하여 서로의 영적 성장을 도모하는 영적 책임의식의 크리스천 컨퍼런스가 매우 중요하였다.

6. 선행실천

고아에게 아버지가 되어 주고, 과부에게 남편이 되어 주며(물질적, 정신적 차원에서), 눈 없는 자에게 눈이 되어 주고, 발이 없는 자에게 발이 되어 주며, 병자를 방문하고, 가난한 사람에게 나누어 주며, 갇힌 자를 돌보는 등 각종 사랑의 실천을 이루는 자비의 선행(works of piety)이다. 죄악에서 떠나 성결하게 되기를 힘쓰는 것은 소극적 · 부정적 · 낮은 방법(lower way)의 성화의 길이지만, 자비의 선행을 실천하는 것은 적극적 · 긍정적 · 높은 방법(higher way)의 성화의 길이다.

7. 악행을 피하는 것

악행에는 지나치게 사치하는 것, 화려한 장식으로 치장하는 것, 값비싼 그림을 사는 것, 값비싼 음식을 먹는 것, 건강을 해치는 주초를 하는 것 등과 하나님의 계명이 금하는 것들을 하는 것이다. "On Dress(1786)"라는 설교에서 웨슬리는 검소하고 단정한 옷을 입으라고 권면한다. 값비싼 옷을 입으면 교만과 허영심이 생기고, 가난한 사람을 섬기는 사역에 해가 된다고 주장한다.

8. 기독교 고전 읽기

웨슬리는 감리교신학의 4대 원리와 규범과 자료를 '성경, 체험, 전통, 이성'이라고 해석하였다. 전통은 웨슬리의 신학형성에서 매우 중요한 역할을 하였다. 전통 중에서도 니케아회의 이전과 이후 5세기까지의 희랍교부들과 라틴교부들의 사상이 예수 그리스도의 가르침을 가장 잘 설명해 주는 것으로 이해하였다. 또한 루터를 비롯한 종교개혁적 가르침을 매우 중요하게 생각하였다. 영국성공회의 39개조 종교강령(미국 감리교도들을 위해 25개조로 고치기는 하였지만)도 중요시하였다. 실제로 그의 신학은 많은 신학전통의 영향을 받았다. 동방교부 크리소스톰(John Chrysostom), 마카리우스(Macarius the Egyptian), 닛사의 그레고리(Gregory of Nyssa) 등의 성화사상과 완전이해가 영향을 주었고, 서방교부 어거스틴의 자유의지론과 은총이해, 루터의 신앙의인화론이 중요한 영향을 미쳤고, 알미니우스의 복음적 신인협조설, 토마스 아 켐피스, 제레미 테일러, 윌리엄 로 등의 신비주의적 완전이해가 큰 몫을 하였다. 그래서 웨슬리는 그의 성화와 완전에 이르는 영성훈련에 많은 영향을 준 기독교 영성대가들의 책을 모아 "기독교문고(Christian Library)"를 만들었다.

모범적인 영성대가들의 경건생활을 위한 다양한 영성훈련 방법을 읽는 것이 성화와 완전에 이르는 은총의 수단임을 웨슬리는 강조하였다. 웨슬리는 그의 평신도 설교가들에게 이 책들을 기도하면서 열심히, 오전 6시부터 12시까지 읽을 것을 권면하였다.[22]

9. 영적 일기 쓰기

웨슬리는 1725년에 일기를 쓰기 시작하였다. 그는 두 종류의 일기(diary와 journal)를 통하여 자신을 영적으로 돌보는 영적 성찰을 도모하였는데, 'diary'는 객관적 사실을 서술 중심으로 썼고, 'journal'은 해석 중심으로 썼다. 오늘날의 QT 같은 방법도 그와 비슷한 영적 성찰과 성화 은총의 수단이라고 생각한다.

10. 경제적 나눔

웨슬리는 경제적 나눔을 매우 중요한 성화의 수단으로 보았다. 웨슬리가 말한 돈 사용의 3대 원리, 곧 할 수 있는 대로 많이 버는 것(gain all you can), 할 수 있는 대로 많이 저축하는 것(save all you can), 그리고 할 수 있는 대로 많이 나누어 주는 것(give all you can) 중에 세 번째 원리가 가장 중요하다. 나누지 못하는 성도는 성화생활에 큰 방해를 받게 된다고 강조한다. 물질의 올바른 사용이 성화생활의 중요한 요소가 된다. IMF

22) "Large Minutes", *Works*, Vol. VIII, 314.

와 통일시대를 살아가는 오늘의 우리에게 경제적 나눔은 웨슬리 당시 만큼이나 중요한 과제다.

11. 시간의 선용

웨슬리는 그의 설교 "On Redeeming Time(1782)"에서 하루 7시간 이상 잠을 자면 안 된다고 경고한다. 7시간 이상을 자면 건강을 해친다고 한다. 시간을 잘 활용하여 의미 있게 선용하는 것이 성화생활의 중요한 요소임을 주장한다.

12. 애찬회(the Love-feast)

초대교회 시대에 말씀예배, 성만찬예배와 함께 중요하게 생각하였던 예배의식이 애찬회(agape)였다. 모라비안 교도들이 이것을 받아들였고, 영국에서 복음주의 부흥운동(the Evangelical Revival)의 일반적인 특징이 되었다. 감리교회의 애찬식은 분기마다 1회, 어느 지역에서는 심지어 매달, 주로 일요일 저녁에 하였다. 떡을 떼었고, '사랑의 잔(Loving Cup)'은 포도주 대신 물을 사용하였다. 가난한 자들을 위해 헌금을 하였고, 영적 삶을 나누는 간증의 시간(personal testimony)을 가졌으며, 찬송가를 불렀다. 몇몇 찬송가는 이 목적을 위해 특별히 작곡되었다. "감리교 사람들에 관한 평이한 해설(A Plain Account of the People Called Methodists)"에서 웨슬리는 신도회에서의 애찬회 제도에 대해서 언급하였다. 1744년 최초의 감리교회 연회(the first Conference)에서 애찬회가 열렸고, 1748년까지 오직 조(Band) 구성원들만이 참여할 수 있었다. 그러나 1759년의 일기에서 웨슬리는 애찬식이 전체 신도회, 즉 연 4회 속회 회원증을 제출하도록 요구받은 구성원들에게도 허용되었다는 사실을 기록하였다.

13. 철야기도회(the Watch-night service)

이것 역시 초대교회에서 그 근원을 찾았으며, 모라비안 공동체에게서도 배웠다. 웨슬리는 1738년 독일에서 모라비안들을 방문하였을 때, 이것의 가치를 알게 되었다. 감리교의 첫 번째 철야기도회는 1742년 3월 12일에 있었다. 웨슬리는 "감리교 사람들에 관한 평이한 해설"에서 다음과 같이 설명하였다.

역사자료 · 59

> 나는 킹스우드(Kingswood)에서 몇 사람이 학교에 자주 모였다는 정보를 얻었다. 그들은 함께 밤을 지새우며 기도하고 찬송하고 감사드렸다. 어떤 이는 나에게 그 모임을 피하라고 충고하였다. 그러나 이 모임을 철저하게 살펴보고, 초대 기독교인들의 실천과 비교해 본 후, 나는 이것을 금해야 할 이유를 찾을 수 없었다. 오히려 적극 권장될 필요가 있다고 믿었다. 그래서 나는 편지를 보냈는데, 보름이 가장 가까운 금요일에 나는 그것을 지켜 볼 계획이었고, 그 뒤에 불을 붙일 것이라고 생각하였다. 이에 앞서 주일에 이것을 공표하였고, 동시에 설교할 마음을 먹고 있었다. 자신의 일이나 가족에 대한 편견 없이 그것을 할 수 있는 사람들, 오직 그런 사람들만이 그곳에서 나를 만날 것을 기대하였다. 금요일에 많은 사람들이 왔다. 나는 8시에서 9시 사이에 설교하기 시작하였다. 우리는

자정이 약간 지나도록 계속해서 찬송하고, 기도하며, 하나님을 찬양하였다. 그 후로 우리는 킹스우드에서뿐만 아니라 브리스톨, 런던, 뉴캐슬에서도 한 달에 한 번 이 모임을 계속하였다. 그곳에서 우리는 커다란 은혜를 발견하였다. 그것은 점차 매우 중요한 시간이 되었다. 그때까지 전혀 하나님을 알지 못하였던 사람들에게조차 하나님의 말씀이 영혼 깊숙이 스며들었다.[23]

14. 계약갱신예배(the Covenant service)

이것은 모라비안과 전혀 관계가 없다. 학자들은 계약갱신예배가 1662년 왕정복고 후 영국청교도에서 유래하였다는 사실에 동의한다. 웨슬리는 일기에서 계약갱신예배의 제도화에 대해 언급하였다. 이 계약예배의 근거를 웨슬리는 성서에서 찾았다. 성서에는 하나님과의 계약을 갱신하려는 관행이 주요 특징으로 나타난다. 감리교인들이 하나님에 대한 자신의 사명을 구체적으로 재확인하는 영광스러운 기회로서 웨슬리는 이 계약갱신예배를 규정하였다. 1762년부터 계약예배는 새해 첫날 열렸고, 1778년부터는 새해 첫 주일에 개최되었다.

역사자료 · 60

8월 6일 수요일. 나는 성도들에게 우리 조상들이 자주 실행하였고, 분명한 축복과 함께 참석하였던, 진지한 신앙(serious religion)을 증진시키는 다른 수단에 대해 이야기하였다. 그러니까 열과 성을 다하여 하나님을 경배하는 계약에 참여하는 것! 나는 이것을 여

23) Works, Vol. VIII, 246~247.

러 날 아침에 설명하였다. 그리고 금요일에 많은 사람이 하나님을 그리며 금식하였고, 우리에게 지혜와 힘을 달라고, 주 하나님께로 우리를 인도해 주시사 우리를 지켜 달라고 간절히 기도하였다.

8월 11일 월요일. 나는 다시 한 번 그러한 계약(engagement)의 본성과 하나님이 그것을 받아들이시게 하는 방식에 대해 설명하였다. 저녁 6시에 우리는 이 목적으로, 스피탈필즈(Spitalfields)에 있는 프랑스교회(the French church)에서 만났다. 축복받은 사람, 리차드 알레인(Richard Alleine)의 말로 제안된 계약의 취지를 내가 되풀이한 후에, 모든 사람이 일어나서 800명 가까이 되는 목소리로 동의를 표하였다. 그날 같은 밤을 나는 그 전이나 후에 본 적이 없다. 틀림없이 그날의 열매는 영원히 남아 있을 것이다.[24)]

여기서 언급된 리차드 알레인(Richard Alleine)은 1662년의 '통일령(국교회의 기도방식, the Act of Uniformity)'에 따라 교회에서 추방된 장로교 목사였다. 1663년에 그는 청교도를 옹호하는 글을 썼는데, 그 결론부분에서 그의 신도들에게 하나님과 형식을 갖춘 계약을 맺으라고 권면하였다.

15. 영성수련을 위한 자기점검(self-examination)과 기도문

웨슬리는 매일 아침과 저녁의 기도문을 만들어 감리교도들이 일주일 동안(주일에서 토요일까지) 매일 기도하게 하였다. 그리고 아침과 저녁에 기도하기 전에 자신의 영적 상태를 점검하고 반성하며 명상기도하게

24) Journal, 1755년 8월 6일, 11일.

하는 질문을 만들었다. 주일부터 토요일까지 매일 아침에는 똑같은 질문으로 자신을 성찰하게 하였다.

1) 나는 하나님을 궁극적으로 사랑하고 생각하는가?
2) 나는 어제 저녁 이후에 어떻게 말하고 생각하고 행동하였는지 성찰하였는가?
3) 나는 오늘 하루 최선을 다하여 선행을 실천하며, 나에게 맡겨진 소명에 충성을 다할 결심을 하고 있는가?

일주일의 아침과 저녁 14개의 기도문 중에 금요일 아침과 저녁 기도문만을 여기에 소개한다.[25)]

역사자료 · 61

(금요일 아침)

전능하시고 영원하신 하나님, 나의 심령이 당신을 송축하나이다. 지난밤에도 나를 보호하시고, 당신의 섭리의 은총으로 사탄의 권세와 음모에서 나를 지켜 주심을 송축하나이다. 나를 떠나지 마옵소서. 내가 겸손히 당신께 간구하나이다. 오늘도 당신의 자비의 눈길로 나를 보호하소서. 나의 영혼과 몸을 당신의 뜻대로 인도하시며, 나의 심령을 성령으로 채우셔서 오늘도, 아니 내 전 생애를 당신의 영광을 위해 살아가게 하소서.

---

25) 다른 기도문들을 자세히 읽어 보려면 웨슬리 지음, 김홍기 옮김, 《존 웨슬리의 설교》(서울: 땅에 쓰신 글씨, 2001), 484~521쪽을 참조하라. 이하 《존 웨슬리의 설교》로 표기함.

오! 세상의 구세주시며, 왕 중 왕이시고, 빛의 빛이 되시는 당신은 아버지의 영광의 빛이 되시며 그분 인격의 형상을 가지신 분입니다. 사탄의 권세를 멸하시고 죽음을 이기신 당신은 아버지의 우편에 앉아 계십니다. 당신은 아버지의 영광 중에 공적에 따라 모든 사람들을 심판하기 위해 오실 것입니다: 당신은 나의 빛이시며, 나의 평화가 되소서. 내 안에 사탄의 권세를 물리치시고, 새로운 피조물로 만드소서. 막달라 마리아에게서 일곱 귀신을 내쫓으신 주님이여, 나의 심령의 더러운 것들을 쫓아내소서. 죽은 나사로를 살리신 당신이여, 나를 죄의 죽음에서 일으키소서. 문둥병자를 깨끗하게 하신 주님, 나의 영혼의 질병을 고치소서. 나의 눈을 여시고, 일심으로 나의 고귀한 소명의 상급만을 바라보게 하소서. 나의 마음을 모든 욕망에서 씻어 주시고 당신의 영광만을 위해 나아가게 하소서. 비참하게 멸시 당하셨던 예수여, 나를 불쌍히 여기소서. 멸시와 모욕과 박해를 받으셨던 예수님, 나로 하여금 당신을 따르는 것을 부끄러워하지 않게 하시며, 자비를 베푸셔서 부끄러움 없이 당신을 따르게 하소서. 배반당하시고, 은전 몇 푼에 팔리신 예수여, 나를 불쌍히 여기셔서 당신을 나의 주인으로 만족케 하소서. 참람하게 고소당하시고 비참하게 죽임을 당하신 예수여, 나를 불쌍히 여기셔서 죄인들의 반대에도 참게 하소서. 부끄러움과 수치로 옷 입혀졌던 예수여, 나를 불쌍히 여기셔서 나의 영광을 좇지 않게 하소서. 모욕과 침 뱉음을 당하셨던 예수여, 나를 불쌍히 여기셔서 내 앞에 달려갈 길을 인내를 가지고 달려가게 하옵소서. 골고다에까지 끌려가시고, 채찍질을 당하시며, 피로 온몸을 적시셨던 예수여, 나를 불쌍히 여기셔서 불같은 시험에도 넘어지지 않게 하소서. 가시관을 쓰시고, 욕을 당하셨던 예수여, 우리의 죄를 담당하시고 사람들의 저주를 받으셨던 예수여, 해와 슬픔과 수치를 온 몸에 받으셨던 예수여, 저주받은 나무에 달리시고 고개를 떨구시고, 영혼을 포기하셨던 예수여, 나를 불쌍히 여기시고 나의 온 영혼이 당신의 거룩하시고 겸손한 고난의 영혼을 따라가게 하소서. 나를 사랑하시는 당신은 말할 수 없는 고통과 수치를 당하셨습니다. 예수여, 나를 전적으로 비우게 하셔서 매일 나의 십자가를 지고 당신을 따르게 하소서. 나 역시 고통을 참으며 부끄러워하지 않게 하소서. 당신의 뜻이라면, 피 흘리는 것조차도 거절하지 않게 하소서. 거룩 거룩 거룩 전능하신 하나님, 비참한 죄인인 나는 내 힘으로는 기도조차 할 수 없음을 겸손히 고백합니다. 당신이 나에게 모든 이들을 위해 중보기도 하라 명령하셨기 때문에, 당신의 명령에 순종하며, 당신의 무한한 선하심을 신뢰하며 기도를 드립니다. 인류의 궁핍함을 불쌍히 여기소서. 주님, 당신의 교회에 초대교회의 평화와 순결을 회복시키셔서 당신의 기쁨을 충만케 하소서. 죄에 빠진 국가들에게 당신의 자비를 베푸셔서 마침내 죄의 끈을 회개함으로 끊게 하소서. 우리 교회를 분파와 이교와 신성모독의 공격에서 보호하소서. 모든 감독들과 목사님들을 사도의 은총으로 복 주소서. 모든 영적, 육적인 적들에게서 대통령을 보호하셔서 당신의 기쁨을 더하소서. 대통령 가족들에게 복 주소서. 국회의원들에게 지혜를, 장관들에게는 열심과 성실성을, 이방인들과 서민들에게는 경건과 충성을 더하소서. 주님, 대학들 위에 당신의 은총을 내리셔서, 그것이 당신의 기쁨이 되게 하소서. 내가 상처를 준 이들에게 복 주시고, 나에게 상처 준 이들을 용서하소서. 슬퍼하는 이들을 위로하시며, 아프고 고통 받는 자들에게 건강과 인내를 허락하소서. 당신을 경외하는 나의 어머니, 아버지에게 복 주셔서, 그들의 모든 대화가 거룩하게 하소서. 나의 부모님들이 그들에게 남은 시간이 얼마나 짧은지를 기억하게 하시며, 매순간 신중하게 거룩함을 완성시켜 나가게 하옵소서. 나의 부모님을 젊어서부터 지금까지 지켜 주셨던 하나님,

그들을 이제 노년에도 버리지 마옵시고, 모든 선한 언행으로 그들을 완전케 하시며, 그들을 죽음에까지 인도하소서. 당신이 은혜롭게 그리스도의 복음을 가르쳐 주셨던 나의 형제자매들에게 복 주소서. 그들을 더욱 조명하셔서 완전한 심령과 뜻으로 당신을 섬기게 하소서. 나의 친구들과 나를 돕는 이들, 나의 기도 중에 있는 모든 이들에게 복 주소서. 우리의 모든 형편과 소원, 필요를 잘 아시는 주님, 당신의 은총과 복으로 우리의 필요들을 채우소서. 오! 자비하신 아버지여, 나의 간구함을 당신의 아들 예수로 말미암아 들으소서. 창조 때부터 당신을 기쁘게 하였던 모든 이들과 더불어 당신 아들 나라의 영광에 이르게 하소서. 성부, 성자, 성령께 영원히 찬양할지어다.

(금요일 저녁)

나를 단지 죽게 하기 위해 창조하셨다고 생각할 수 없는 성부 하나님이시여, 나를 불쌍히 여기소서. 아버지의 뜻을 아시고 나를 구원하시기 위해 세상에 오신 성자 하나님이시여, 나를 불쌍히 여기소서. 같은 목적을 위해 내 안에 거룩한 생각을 불어넣어 주시는 성령 하나님이시여, 나를 불쌍히 여기소서. 오! 거룩하시고 은혜와 영광의 삼위일체이신 하나님이시여, 나를 불쌍히 여기소서. 당신은 내가 멸망하지 않기를 원하십니까? 당신은 모든 사람이 멸망당하지 않기를 원하십니까? 당신은 지금 벌레 같고, 풀잎 같은 존재, 당신 앞에서 사라질 수증기 같은 존재를 향해 진노하시기를 원하십니까? 나의 날이 얼마나 짧은지를 기억하시고 나의 영혼을 음부의 권세로 이끌지 마소서. 내 핏속에 무슨 유익이 있으리오. 음부에서 누가 당신께 감사를 드리리까? 나를 당신 눈앞에서 살게 하소서. 오! 나의 하나님, 나를 살리셔서 나의 영혼이 당신을 찬양케 하소서. 당신께 불순종하여 당신을 진노케 하였던 것을 기억하지 마소서. 내가 고통 중에서 당신께 도움을 간구하는 것을 살피소서. 나를 죄인으로 여기지 마옵시고, 나를 당신의 피조물로 여기소서. 나는 죄인임을 고백합니다. 오! 나의 하나님, 그러나 이것이 당신을 막지 않게 하소서. 나는 당신께 가장 큰 영광을 돌릴 죄인이기 때문입니다. 당신 아버지의 품을 떠나, 당신의 여종에게서 태어나신 것이 누구를 위해서였는지를 기억하소서. 당신의 거룩한 몸이, 침 뱉음을 당하고, 십자가에 못 박힌 것이 누구를 위한 것이었는지 기억하소서. 온 세상의 죄 때문이 아닙니까? 당신이 나를 제거하실 만큼 내가 당신의 영광에 해가 됩니까? 당신은 단지 가벼운 죄인들을 위해서만 죽으셨습니까? 그리고 치유할 수 없는 나 같은 죄인은 남겨 두셨습니까? 예루살렘을 피로 물들게 하였던 이들은 어떻게 되는 겁니까? 죄와 교통하며 산 이들은 어떻게 되는 겁니까? 당신께 맹세하고도 당신을 세 번이나 부인한 당신의 제자는 어떻게 되는 겁니까? 당신은 용서하시기가 얼마나 쉽습니까? 용서는 당신의 본성이시기 때문입니다. 당신은 구원하시기에 얼마나 합당하신 분입니까? 당신의 이름은 구원자이시기 때문입니다. 당신이 세상에 오신 것은 얼마나 마땅한 일입니까? 그것이 당신의 일이었기 때문입니다. 내가 죄인 중에 괴수임을 생각할 때, 나는 당신을 아버지라 부를 수 없습니다. 그렇다고 해서 당신의 주된 임무를 행치 않으시렵니까? 나를 불쌍히 여기소서. 나는 당신께 이 세상의 것들을 간구하지 않습니다. 그것들을 당신이 기뻐하시는 이들에게 주시고, 나를 불쌍히 여기소서. 나의 영혼에게 말하소서. "기뻐하라, 너의 죄가 용서받았다." 더 이상 당신께 죄 짓지 않게 하소서! 나의 양심이 나를 혹독하게 비난할 때조차도, 당신은 나를 가장 불쌍히 여기소서. 오! 하나님, 불에서 건져낸 막대기인 나를 구원하소서. 오! 나의 구원자시여, 길 잃은 양인 나를 받아 주시고, 나의 영혼의 위대한 목자시며, 감독이

신 당신께 지금 돌아가게 하소서.

16. 은총의 낙관주의

우리는 또한 웨슬리의 성화추구의 중요한 자세를 생각해 볼 수 있다. 자신의 허물과 실수만을 보고 죄악성만을 느끼면 좌절하게 된다. 그래서 웨슬리가 가장 강조하는 것은 은총의 낙관주의였다. 나의 죄악성의 깊이보다 은총의 높이가 더욱 위대함을 의지할 때, 성화를 이룰 수 있다는 것이다. 그리스도 십자가의 구속의 은총으로 죄 사함 받은 확신과 성령의 내주하시는 능력을 의지할 때 우리는 성화를 이룰 수 있다. 웨슬리가 강조한 이 모든 은총의 수단이 크나큰 율법의 짐이 될 수 있다. 그러나 항상 은총의 위대하심을 의지할 때 절망과 좌절을 딛고 다시 일어설 수 있는 용기를 얻을 수 있다.

12
감리교회의 사회적 성화운동(1738~1851)

A. 초기 감리교회 사회봉사적 성화운동(social service)

웨슬리와 초대 감리교인들이 보여 준 사회봉사활동과 사회적 성화운동을 초대 감리교역사에서 빼놓을 수 없다. 복음적 열심이 사회개혁을 자극하는 중요한 역할을 하였다. 가난한 사람과 고통당하는 자의 친구가 되는 웨슬리의 감리교였다. 가난한 사람의 처지에 맞게 자신을 낮추어 "하나님이 너에게 대접하여 주듯이 너도 남을 대접하라"고 가르쳤다. 사실 웨슬리의 가난한 사람과 사회에 대한 관심은 올더스게이트 회심을 훨씬 앞서서 옥스퍼드대학교 신성클럽(Holy Club) 시절부터라고 할 수 있다. 이미 언급한 바와 같이 미스터 몰간(Mr. Morgan)의 제안에 따라 감옥과 병원을 방문하고, 죄수들의 자녀를 위한 학교를 세우고, 죄수들의 부인을 위한 기도회 모임을 운영하였다.

웨슬리의 개인적 경제생활에서도 그의 이타적, 헌신적, 이웃사랑의 모습을 볼 수 있다. 그는 링컨대학(Lincoln College)의 선생(fellow)으로 매해 수입이 늘어났으나, 매해 28파운드로만 살고 그 나머지는 모두 나누어 주는 데 사용하였다. 그는 평생을 통해 3만 파운드를 벌었으나, 수입의

10분의 9를 선교헌금과 구제사업에 사용하였다. 그가 죽을 때 남은 재산은 오직 은수저 한 벌과 몇 페니 정도였다. 그의 호주머니는 항상 열심히 나누어 주느라고 텅텅 비었다. 그는 가난한 사람을 먹이기 위해 자신의 옷을 팔았고, 노예소녀를 돕기 위하여 값비싼 그림을 팔았으며, 80세 노구를 이끌고 가난한 사람을 돕기 위하여 직접 구걸에 나서기도 하였다.

1) 병자방문제도 : 웨슬리는 1741년부터 병자방문을 하였다. 4천 명의 런던 감리교인들을 모아 놓고 누가 병자를 방문하는 일에 기쁨으로 나설 것인지 묻자, 그 다음 날 아침에 많은 사람들이 지원하였으나 웨슬리는 46명만을 선출하여 런던 시를 23개 지역으로 나누어 일주일에 세 번씩 각 지역 병자들을 방문하게 하였다. 방문자들은 네 가지 규칙을 지켜야 했다. 첫째, 그들 영혼을 만나기 위하여 소탈하고 열린 마음을 가지라! 둘째, 부드럽고 인내하라! 셋째, 병자를 위해 할 수 있는 모든 것을 분명히 하라! 넷째, 친절하게만 대하지 마라! 그리고 병자들에게 근면과 청결을 가르치게 하였다. 청결은 성결 다음으로 중요한 것이요, 부지런하지 않은 자는 이 세상이나 오는 세상에도 맞지 않는다고 강조하였다.[1]

2) 국민건강계몽운동 : 웨슬리는 아마추어 의사노릇을 하였다. 1747년 《원시 의학(*Primitive Physic*)》"을 저술하였는데, 병, 증상, 상처를 알파벳 순서에 따라 명시하고 289가지 표제들로 정리하여 설명하였으며, 829문단으로 이루어졌다. 1828년까지 23판이나 출판되었으며, 미국에서도 1764년부터 1839년까지 7판까지 인쇄되었다.[2]

---

1) Oscar Sherwin, *Friend of People* (New York : Twayne Publishers, 1961), 131.

2) Sherwin, 135.

웨슬리는 건강을 위해 첫째, 풍부하고 신선한 공기를 마시고, 둘째, 소박한 음식을 먹고, 셋째, 매일 운동에 힘쓰며, 넷째, 정신적으로 기뻐하고 만족한 생활을 영위하기를 강조하였다. 1740년에서 1820년 사이에 런던의 5세 이하의 어린이들 사망률이 74.5퍼센트에서 31.8퍼센트로 줄어들었는데, 웨슬리의 영향이 크게 작용하였다. 웨슬리는 미친개에게 6번이나 물렸는데, 그때마다 소금 탄 물로 씻어 내었다. 또한 변비치료를 위해 자두를 사용하도록 권하기도 하였다. 그리고 냉수목욕이 건강에 좋다고 권하였는데, 물을 머리에 먼저 끼얹고 들어가든지 머리를 점프해 들어가는 것이 좋다고 하였다. 6번 정도 냉수목욕 하는 것이 효과적이라고 하였다. 웨슬리는 정신적인 문제가 육체적 이상으로 나타나는 증상(psychosomatic)도 찾아냈다. 여러 의사에게 찾아갔으나 복통을 치료하지 못한 한 여인이 웨슬리와의 상담을 통해 아들의 죽음으로 인한 슬픔 때문에 복통이 생긴 것을 발견하고 심리치료를 통해 치료받게 되었다.[3)]

3) 무료진료소 운영 : 웨슬리는 무료진료소도 만들었다. 1746년 가난한 병자들을 돕기 위하여 영국에 무료진료소를 시작하였는데, 외과의사, 마취과의사가 도왔고 특별히 설교가면서 의사인 화이트헤드(Dr. Whitehead)가 도와주었다. 1746년 12월 5일 처음 시작할 때 30명이 왔는데 세 달도 못 되어 500명으로 늘어났고, 8년 동안 계속 환자수가 늘어났다. 결국 경제적으로 감당할 수 없게 되자 1754년에 문을 닫게 되었다.[4)]

4) 공동체운동 : 초대 감리교회는 1772년 'Foundery'라는 크리스

---

3) Sherwin, 138~139.

4) Sherwin, 132.

천 공동체를 런던에 설립하였다. 이 공동체는 1748년에 만든 'Old Foundery'가 발전한 형태다. 1748년 아홉 명의 과부, 한 명의 맹인, 두 명의 가난한 아이들, 두 남녀 종들이 함께 살았다. 1772년에는 가난한 사람들의 도덕적 · 사회적 조건을 개선, 증진시키는 일을 하게 되었는데, 파운데리 안에 가난한 자를 위한 집(poorhouse)을 건립하고, 과부들을 위한 집, 설교가들을 위한 집, 소년들을 위한 학교, 병자들을 위한 진료소, 직장을 알선해 주는 직업소개소, 은행, 도서관, 교회, 그리고 신용조합의 역할까지 하였다.

5) 나그네친구회 : 웨슬리가 시도한 또 다른 인도주의적 행동은 나그네친구회(Strangers' Friendly Society)로 나타났다. 이 기구는 1785년 런던에서 감리교도에 의해 조직되었고 웨슬리의 협조를 얻게 되었다. 초대 감리교회는 집 없는 나그네들을 위해 이 기구를 조직하였다. 친구 없는 나그네, 병자, 가난한 사람을 위해 조직되었는데, 영국 전역에 감리교신도회가 설립되는 곳마다 이 봉사센터도 세워졌다. 맨체스터만 해도 이 봉사센터를 통해 6천 4백 3파운드로 12년 내 6만 명 이상을 도와주었다.[5] 이 기구는 감리교회가 설립되는 곳마다 신속하게 퍼져 나갔다. 감리교신도회 예배당(chapel 혹은 preaching house라고 불림)과 함께 나그네친구회라는 사회복지센터를 동시에 만든 것이다.

6) 킹스우드학교 운영 : 웨슬리는 교육에 대한 관심이 컸는데, 특히 가난한 사람을 교육시키는 일에 크게 관심하였다. 성서, 이성, 경험에 비추어 볼 때 인간본성은 부패하고 악하기 때문에, 악한 의지가 선을 실천하기 위해서는 교육이 필요하다고 보았다. 특히 아이들을 세상사랑에서

5) Sherwin, 133.

하나님사랑으로 바꾸려면, 일반교육만으로는 부족하고 하나님에 의해 각성되게 하는 기독교교육이 반드시 필요하다고 생각하였다.

그래서 1748년 킹스우드(Kingswood)에 학교를 세웠다. 그 당시 중산층이 아닌 아이들은 초등학교 이상을 다닐 수 없었는데 가난한 광부촌 킹스우드에 기숙사가 있는 학교를 세워 교육비에 대한 부담 없이 학교에 다닐 수 있게 하였다. '새 집(New House)'이라는 이름으로 설립되었는데, 1749년에는 두 개의 탁아소(day school), 소녀들을 위한 고아원도 세워졌다.

이 학교의 목적은 하나님의 도움을 통한 지혜와 성결에 이르게 함이며, 합리적이고 성서적 크리스천이 되는 방법으로 훈련시키고자 하였다. 1768년 기록에 따르면, 자신이 평생 60년 이상을 4시에 기상하였듯이 학생들은 4시에 기상하고 1시간 동안 성경 읽기, 노래하기, 명상하기, 기도하기를 훈련하며, 5시에 예배드리고, 6시에 노동과 아침식사를 하고, 7~11시에 공부하고, 11~12시에 걷기 혹은 노동을 하고, 12~1시에 점심식사와 노래 및 노동을 하고, 1~5시에 다시 공부하고, 5시에 개인기도를 드리고, 6시에 저녁식사, 걷기 혹은 운동을 하고, 7시에 저녁예배를 드리고, 8시에 취침하였다. 그들의 교과내용은 읽기, 글짓기, 수학, 영어, 불어, 라틴어, 희랍어, 히브리어, 역사, 지리, 연대, 수사학, 논리학, 윤리, 물리, 음악 등이었다.

7) 신용조합 운영 : 웨슬리는 그의 백성들을 괴롭히는 경제문제에 대한 더 장기적인 해결책을 모색하였다. 그는 신용조합을 설립하여 이자 없이 돈을 빌려 주는 제도를 만들었는데, 이것은 1747년에 시작하여 여러 해 동안 계속되었다. 1746년 시작한 신용조합은 20페니 이상을 3개월 안에 무이자로 갚게 하였는데, 일 년 안에 250여 명이 도움을 받았다.

1772년부터는 대여한도액을 5파운드로 하였다. 구두수선공 제임스 랙킹톤(James Lackington)이 1775년에 5파운드를 빌려 가서 중고책방을 시작하였는데, 나중에는 런던에서 두 번째로 큰 중고책방이 되었다. 웨슬리가 죽던 해인 1791년 그의 수입이 무려 5,000파운드까지 되었다.[6]

8) 절제운동 : 감리교는 다른 것들보다 도박에 좀 더 철저한 자세를 취하였는데, 이것은 사회의 모든 계급에서 발견되는 악(지금도 여전한)이었기 때문이다. 빅토리아 시대의 풍부함 때문에 도박은 해롭지 않은 오락으로 여겨졌다. 그러나 가난한 이들에게는 파산을 의미하였다. 술도 또한 그러한 것으로 감리교의 적이었다. 시대는 변하였지만, 한 감리교 목사가 자베즈 번팅에게 1848년에 쓴 편지가 보여 주듯, 지난 세기에 이 문제에 관해 사람들이 얼마나 심각하게 생각하였는지를 기억하는 것은 의미 있다. 리차드 태브러햄(Richard Tabraham)은 클리데로이(Clitheroe) 순회교구의 감리사(superintendent)였고, 당시 금주운동을 강하게 이끌었던 옹호자였다. 그는 다음과 같이 금주운동에 대해서 언급하였다.

역사자료 · 62

몇 해 동안 나의 생각과 기도의 주제는 특별한 도덕적 움직임, 즉 금주운동에 참여하고 있는 감리교의 위치였습니다. …… 나는 술맛을 들인 목회자와 그들의 가족, 공무원, 교인 등이 보여 주었던 끔찍한 모습을 경험하였습니다. 그리고 목회자나 다른 사람들이 술 마시는 것을, 음주를 권장하는 것이라고 주장하는 사람들이 많습니다. 이는 많은 사람들이 술에 취하게 되는 결과를 낳고, 이 타락한 악 때문에 그리스도께로 인도해야 할 영혼들을 구할 수

6) Sherwin, 132~133.

없게 되며, 우리의 목회자와 일반인들이 감리교로부터 많은 돈을 다른 데 쓰고, 특별히 우리의 영광스런 사명에 써야 할 많은 돈을 음주에 썼습니다. 이러한 사실들로 인해 나는 금주에 대해 깊이 생각하지 않을 수 없었습니다.
친애하는 박사님, 나를 믿어 주십시오. 나는 우리의 많은 목회자들과 관원들 중에 금주에 대해 무감각할 뿐 아니라 적대감을 갖고 있지 않음을 보고 여러 해 동안 슬퍼하였습니다. …… 하나님은 당신에게 당신의 재능과 나이와 신분에 맞는 영향력을 주셨습니다. 당신의 형제들은 당연히 당신을 사랑하고 당신의 선견지명이 있는 제안들을 들으려고 할 것입니다. 우리에 의해 우리의 학교, 회중, 사회에서, 그리고 설교가들 사이에서 평화적으로, 연대적으로 금주가 증진되는 시기는 오지 않을까요? 박사님, 당신은 하나님이 명령한 것을 가장 지속적이고 효과적인 방법으로 반대자들을 침묵하게 하고, 많은 동조하는 이들을 기쁘게 하며, 수천 영혼을 구원할 수 있는 몇몇의 거대한 연대조직의 계획된 제안 속에서 과연 누가 감리교를 돕는 도구인지를 아십니까? 우리는 모든 자금으로 돕겠으며, 그리고 무한히 선을 행하고 해악을 없애겠으며, 감리교가 이 세상에서 기적을 증진시키도록 노력할 것입니다.[7]

B. 영국사회 구조변혁의 성화운동(social transformation)

1) 노동운동 : 웨슬리 당시에 희년운동이 구체적, 조직적 운동으로 발

7) W. R. Ward. ed. *Early Victorian Methodism: The Correspondence of Jabez Bunting 1830~1858* (Royal Historical Society, 1976), 362~364.

전한 것은 노동조합운동이라고 볼 수 있다. 인류 최초로 산업혁명이 영국에서 일어났고, 그로 인해 노동자들의 인권문제를 해결하기 위한 노동조합도 영국에서 최초로 발생하였다. 그런데 이 인류 최초로 형성된 노동운동이 감리교도들에 의해 시작된 것이었다. 산업혁명 이전과 이후에 생긴 큰 차이는 작은 가족 유형의 사회단위로부터 분화되지 않은 거대한 사회로의 전이였다. 이 과정에서 감리교도의 열광주의는 내면적 거듭남을 사회적 거듭남으로 발전시켰다. 감리교가 1800~1850년 과격한 정치운동에 기여할 수 있었던 것은, 속회와 속회지도력을 통해 발산한 힘 때문이었다.

웨슬리의 종교적 영향으로 감리교는 어두움 속에 빛을 던져 주었다. 1799년 정부는 산업노조 결성을 반대하였다. 고용주의 대부분이 지방관리들이었기에, "종은 주인에게 복종해야 하고, 더욱 높은 권세에 복종해야 한다"고 성서의 표현을 인용하면서 산업노동자들의 권리를 묵살하였다. 그러나 직공(織工) 노조, 목수 노조, 대장장이 노조, 건축자 노조, 봉제노동자 노조 등이 1801~1818년 사이에 서서히 조직되어 감리교 속회처럼 매주 1페니씩 노조기금을 모았다.[8)]

광부노동운동이 감리교도들에 의해 조직되었다. 세 명의 감리교 설교가들이 광부노동쟁의에 가담하여 더럼(Durham)에서 체포되었다. 그 중에 미스터 존 일리(Mr. John Iley)가 감옥 합창단을 조직하여 매일 합창을 하였는데, 그 감옥을 담당하던 성공회 목사가 주일예배 때 합창하도록 허용하였다. 광부노동운동 런던 모임의 대표 12명 중 9명이 감리교 설교가들이었다.[9)] 초기 광부노동운동에 가담한 지도자들 중에 감리

8) Sherwin, 196.

9) Wearmouth, 186~187.

교인은 토마스 헵번(Thomas Hepburn), 벤자민 엠블톤(Benjamin Embleton), 찰스 파킨슨(Charles Parkinson), 랄프 아친슨(Ralf Atchinson), 윌리엄 하몬드(William Hammond), 랄프 헤론(Ralf Heron), 존 일리(John Iley), 조지 찰톤(George Charlton), 제임스 윌슨(James Wilson), 그리고 존 리차드슨(John Richardson)이었다. 감리교도들은 감리교의 깃발을 포기함 없이 노동조합운동의 깃발을 들었다.[10] 드디어 1842년 11월 7일 웨이크필드(Wakefield)에서 '영국과 아일랜드의 광부 노동조합(Miners' Association of Great Britain and Ireland)'을 구성하기에 이르렀다. 단결, 평화, 법, 질서를 강조하고, "뭉치면 서고(stand), 흩어지면 쓰러진다(fall)"는 모토를 만들었다.[11]

이런 박해 때문에 더럼 지방(Durham district)에 소속된 감리교인이 1843년 1,500명에서 1844년에는 520명으로 줄어들었다. 시튼 딜라발 탄광(Seaton Delaval Colliery)의 노동운동을 이끈 세 명의 지도자들은 모두 감리교 설교가들이었다. 윌리엄 도슨(William Dawson), 윌리엄 리차드슨(William Richardson), 존 니콜슨(John Nicholson)이다.[12] 감리교 설교가들은 파업을 위해 연설하기도 하였고, 파업의 성공을 위해 그 기간 동안 100~400여 명을 길에 모아 놓고 혹은 탄광 골짜기 예배당에서 매주 1회 기도회를 가졌다. 바로와 같은 고용주와 폭력을 규탄하고 해방을 얻기 위해 기도하였다. 또한 그들은 매일 저녁식사 후 갱 안에서 설교와 기도 중심의 기도 모임을 가졌는데, 13년간 무임금으로 노동을 강요당한 에드워드 오클리(Edward Oakley) 등이 위로와 용기를 얻기도 하였다.

10) Sherwin, 204.

11) Wearmouth, 193.

12) Wearmouth, 189.

1826년에 광부와 직공 연합 노조가 올덤(Oldham)에서 결성되기도 하였다. 파업에 가담한 노동자들의 자녀들과 부인이 일거리를 얻지 못하도록 고용주들이 횡포를 부리기도 하였다. 마침내 1831년 산업노동자 중심으로 '전국노동조합(National Union of Working Classes)'이 런던을 본부로 결성되어 처음에는 산업노조(trade union)로 시작하였으나, 나중에는 정치노조(political union)로 발전하였다. 1831년 '영국과 아일랜드의 대 연합 산업노동조합(The Grand Consolidated Trade Union of Great Britain & Ireland)'이 결성되었다. 같은 해 2만여 명이 참여한 대대적인 저임금 항의파업이 일어났는데, 52명의 고용주들이 노동보호 전국조직의 세력결성을 분쇄하기 위해 단합하였다. 또한 노동자들의 신문인 〈The Pioneer〉 〈Trade Union〉 등이 출판되기도 하였다. 광부노조처럼 산업노조도 감리교 속회 지도자들 - 속장들 - 과 지역 설교가들이 노조조직에 적극 참여하였고, 속회처럼 모든 회원이 매주 1페니씩 모아 그들의 정치적 자유와 권리를 위해 사용하였다.

농부노동조합의 경우도 감리교 설교가와 지도자인 제임스 러브리스(James Loveless), 조지 러브리스(George Loveless), 조지 로메인(George Romaine) 등이 농부들을 의식화하고 조직화하였다. 농부노조도 역시 감리교처럼 가입비 1실링과 매주 회비 1페니씩을 냈다.[13] 감리교 설교가들 제임스 러브리스(James Loveless), 조지 러브리스(George Loveless) 등이 1830년 농부 폭동에 적극 참여하였다. 이들이 몇몇 동료들과 함께 감옥에 투옥되었다. 그들이 감옥에서 석방되어 나오자 농부들의 연합체인 런던 커미티(London Committee)가 그들에게 농장과 함께 1,200파운드를 주었다. 톨

---

13) Sherwin, 216~217.

퍼들(Tolpuddle)의 농부노동조합 서기 조지 로메인(George Romaine)은 개체교회 설교가요, 감리교 건물재산 관리자였다. 감리교는 정신적 · 도덕적 힘을 일깨워 주었고, 농부노조활동을 죄악시하지 않고 실천해야 할 의무라고 가르쳤다. 이렇게 유명한 톨퍼들의 순교자들(Tolpuddle Martyrs)은 모두 웨슬리안이었다.[14] 감리교와 노동자 그룹 간에는 오래된 유대가 있었다. 그리하여 마침내 고난 끝에 최고의 절정기에 160,000명의 회원이 있었던 '국가농업노동조합(the National Agricultural Labourers' Union)'을 1872년 설립한 사람은 초기 감리교도인 조셉 아크(Joseph Arch)였다.

이런 격동과 전환의 시대에 감리교가 적극적으로 광부, 노동자, 농민의 사회에 참여함으로써 처음에는 박해를 받아 신도들이 줄어들기도 하였으나, 결국 1800년보다 1850년 교인수가 여섯 배로 증가하였다. 감리교 예배당은 광부, 노동자, 농민들로 가득 차게 되었다. 그들은 조직화의 기술, 협동행동의 중요성, 친교의 기쁨 등을 가르쳐 주었다.[15] 당시의 웨슬리와 감리교는 영국인들에게 희년의 꿈과 이상을 심어 주었고 희년운동을 몸으로 프랙시스하였다. 초기 노동조합은 속회구조와 똑같이 12명의 회원과 1명의 지도자로 이루어졌다. 속회처럼 각 회원은 매주 1페니씩 지도자에게 지불하였고, 그 돈은 그들의 정치적 자유와 보편적 자유를 얻는 목적에 사용되었다.[16] 노동조합의 이름이 노동속회(working-class)였다. 감리교 속회가 노동현장으로 연장된 것이었다. 그들

---

14) 잘 알려진 대로 그들 톨퍼들의 순교자들은 6명의 도싯 주 노동자들이었다. 그들은 1834년에 불법적인 선서를 시킨 죄로 적발되었다. 즉 불법 무역연합회를 결성하는 시도를 한 것이다. 비록 1836년에 사면되어 집으로 돌아오긴 하였지만 그들은 7년 동안 오스트레일리아로 이송되어 복역하였다.

15) Sherwin, 220~221.

16) Wearmouth, 95~96.

은 일주일에 한 번씩 만났다. 데이비드 왓슨(David Watson)은 그의 저서 *The Early Methodist Class Meeting*에서 "노동자들은 감리교 속회모임과 비슷한 작은 노동자 속회모임을 갖기로 결정하였다"고 강조한다.[17] 감리교도는 노동자 조직과 성장에 깊이 관계하였다. 실제로 수천 명의 노조지도자들이 모두 감리교도들이었다. 새로운 감리교부흥운동은 그 당시 영국사회에서 심각하게 소외당한 노동자 계층과 고용주 계층 사이에 바람직한 협조를 이룩하는 천년왕국설적 이상을 제공하였다.

감리교회는 산업부르주아(중산층) 사이에서나, 프롤레타리아(무산대중) - 광부, 공장노동자, 어부, 농부, 면직물 직공, 토기장이 등 - 사이에서나 놀랍도록 인기를 끄는 종교였다. 감리교는 양쪽 계층을 이중적으로 섬기는 데 성공적이었다. 공장구조는 노동자가 기계에 익숙하도록 훈련될 때까지 노동자의 성격변화를 요구한다. 감리교회는 청교도보다 노동자를 훈련시키는 데 더욱 영향력이 있었다. 감리교회는 마음의 종교다. 그것은 청교도 종파들과 분명히 다르다. 감리교는 노동자들에게 은혜를 끼치는 세 가지 분명한 수단들을 제시하였다. 첫째로, 설교가 혹은 속회지도자로서 교회에 봉사함으로써, 둘째로, 종교적 훈련을 통한 자기 영혼의 개발을 이룩함으로써, 셋째로, 노동을 포함하여 모든 생활영역에서의 영적인 훈련을 함으로써 노동자들에게 은혜로운 생활을 유지시켜 주었다. 톰슨(E. P. Thompson)은 어떻게 감리교가 고용주와 노동자 모두에게 종교적 이중역할을 수행하였는지 그의 논문 "Methodism and English Working Class"에서 해석한다.[18]

---

17) David Watson, *The Early Methodist Class Meeting* (Nashville: Discipleship Resources, 1987), 140.

18) E. P. Thompson, "Methodism and English Working Class", *Religion and Revolution Early Industrial England*, ed. Gerald Wayne Olsen (Lanham, MD: University Press of

첫째로, 복음적 교회학교 교육을 통하여 주입시켰고, 둘째로, 감리교는 공동체의 사회적 문제에 관련된 요구에 응하는 인도주의적 운동이었다. 감리교회는 속회활동에서 제도적 공동체보다는 경제를 활성화하는 핵심적 그룹으로 체형화하였다. 셋째로, 감리교는 나폴레옹 전쟁 동안 많은 노동자들에게 위로를 주는 종교였다. 감리교 부흥운동은 노동자들의 감정적 폭발 - 기절, 신음, 통곡, 울부짖음, 정신착란 등 - 을 극복하는 힘으로 나타났다. 감리교회는 혁명가들의 천년왕국설적 유토피아로 하여금 종교적, 보수적 태도형성의 길을 열어 주었다.[19]

종교적 부흥운동은 정치적 열망이 힘없이 시들어 버린 곳에서 중요한 역할을 하기 시작하였다. 가난에 대한 웨슬리의 특별한 관심은 실업자들에게 일거리를 찾아주는 것으로 나타났다. 일거리 주선이 불가능해졌을 때, 웨슬리는 다양한 형태의 가내공업과 노동 프로젝트를 세웠다. 예를 들면 그는 면직물 제품 만드는 일에 노동자들을 취직시키고 훈련시켰다. 또한 작은 편물공장을 세워 주었다.[20] 그러한 훈련 때문에 수천 명에 이르는 많은 무역노조 지도자들이 나왔다. Oscar Sherwin은 "감리교는 산업혁명의 자녀였다"고 해석하였다.[21]

당시 감리교 지도자를 세우는 일에 웨슬리는 사회적 직위를 문제 삼지 않았고, 다만 긍정적인 종교경험이 있고 상식(common sense)에 어긋나지 않는 사람이면 누구나 자격이 있다고 생각하였다. 적어도 천 명의 감리교 지도자들이 가난한 민중 출신이었고, 8천 명의 노동조합 지도자들

America, 1990), 156~157.

19) Thompson, 157~158.

20) Sherwin, 37.

21) Sherwin, 38.

이 감리교인들이었다.[22] 감리교 속장과 평신도 설교가들과 감리교모임(Methodist Society)을 지역마다 개척한 사람들이 목수들, 제대한 군인들, 술집 종사자들, 면직 노동자들, 가죽세공업자들, 깡통 만드는 노동자들, 그릇 만드는 노동자들, 빵 굽는 노동자들, 산업노동자들이었다.

감리교와 영국 노동운동과의 관계는 글로도 많이 다루어진 아주 흥미로운 주제며, 세속 역사학자와 종교적 역사학자 사이의 끊임없는 논쟁거리다. 19세기에 영국에서 종교적 삶을 고려할 때 노동운동이 전반적으로 종교적 색채로 물들었다는 것은 의심할 바 없는 사실이다. 19세기 후반에 사회주의자들은 그들만의 주일학교를 운영하기까지 하였다. 그 당시 가장 뛰어난 사회주의자인 필립 스노덴(Philip Snowden)이 사람들에게 독립노동당의 회원으로 등록하도록 호소한 것은 일반적으로 '빌립의 예수께로 가기(Philip's Come to Jesus)'라고 부른다. 1891년에 '노동자 교회'가 맨체스터에 유니테리언 목사인 존 트레버(John Trevor)에 의해 세워졌다. 이렇게 의심스럽게 이름 붙여진 단체는 비국교도와 사회주의 간의 차이를 연결해 보려는 시도였다. 하지만 설교들은 기본적으로 정치적 강의였다. 그리고 얼마 안 되는 종교적 특징들도 곧 사라졌다. 어찌되었든 30개가량의 노동자교회가 있었고 그들 중 대부분은 1914년을 전후로 문을 닫았다. 1906년에 의회노동당을 만들기 위해 연합하였던 노동자계급은 직접적으로 종교를 부인하는 그룹뿐만 아니라 종교를 승인하거나 종교에 충성을 다하는 그룹까지 다양하였다. 실망스럽게도 원칙적으로 교회에 대해 공감을 느끼고 있던 노동자계급이 많은 비국교도가 덜 과격한 자유당원 쪽으로 기울고 있음을 발견하였다는 것은 주목할

---

22) Sherwin, 35.

만하다. 분리된 정당인 보다 더 과격한 노동당의 특별한 이익에 웨슬리안들이 헌신적인 태도를 보이지 않았음은 놀랍지 않다. 많은 사람들은 웨슬리가 지지하였던 토리당에 대한 충성을 잃어갔고, 점차 자신의 정체성을 자유당원과 동일시하였다. 감리교운동은 부랑자, 매춘부, 포주, 도둑들을 모두 끌어안을 팔을 넓게 펼쳤다. 웨슬리와 감리교도들을 통해서 그리스도의 은총이 죄인들을 영접하였다. 잃어버린 자를 찾으시고 구원하시러 이 땅에 오신 예수의 복음을 웨슬리와 감리교도들은 노동자들을 비롯한 당시의 민중계층에게 가장 잘 전하였다.

13
웨슬리와 감리교신학

A. 웨슬리의 신학방법론 - 신학적 규범의 사변형(quadrilateral)

웨슬리의 신학을 말하려면 먼저, 웨슬리의 종교적, 신학적 사상들이 나오게 된 원천(elements), 원리(principles), 자료(sources), 규범(standards), 그리고 방법론(methodology)으로 돌아가 볼 필요가 있다. 비록 존 웨슬리가 18세기에 살았지만, 그는 오늘날에도 여전히 적용할 수 있는 신학적 방법론으로 그의 신학을 전개하였다. 우리 시대는 18세기와는 다르지만 신학과 신앙의 근본 물음들은 오늘날과 아주 유사하다는 것을 우리는 발견하게 된다.

웨슬리는 그의 선교적 목회적 상황에 따라 자신의 견해를 수정하고 발전시켰다. 그는 칼빈과 같이 조직적이고 체계적인 신학을 전개하지는 않았다. 그는 무척 바빴고 여행을 많이 한 사람이었다. 헤아릴 수 없이 많은 문제들에 대해 그의 저술들은 언급한다. 그의 신학은 해를 거듭해서 발전되어 나가는 역동성을 지니고 있었다. 또한 다양한 문제들에 대하여 재해석할 수 있는 가능성도 풍부하다. 특히 현대신학적 상황에서 웨슬리의 신학에는 새롭게 재해석될 요소가 아주 많다. 그리고 웨슬리는 특별한 교리들에 집중하였다. 그는 신앙과 신학의 모든 측면을 하나하나 다루는 데 관심이 있는 것이 아니었다. 예를 들면 그의 저작은 삼위일체나 신론이나 기독론이나 성령론을 주제별로 체계적으로 다루지는 않았다. 그는 실제적인 사람이었기에, 다른 사람이 이미 잘 다져 놓은 신학적 주제들에 대하여는 다시 점검해 보지 않았다. 오히려 그는 개인이 실제적으로 구원을 체험할 수 있는 길에 대한, 구원론의 철저하고 새로운 통찰력을 보여 주었다. 그래서 구원론에서만은 2천 년 기독교역사상 가장 철저하게 해석한 신학적 대가라고 말할 수 있다.

웨슬리는 자신의 신학 전체를 설명해 주는 네 가지 권위의 원천이 있다고 생각하였다. 그것은 성서, 전통, 이성, 그리고 경험이다. 우리의 행동이나 사상이나 주장이 본래적 크리스천적인 행동이나 사상인지를 판단할 수 있는 중요한 네 가지 규범이라고 할 수 있다. 특별히 교리적 확신을 결정하는 데 있어서 이 네 가지 요소가 중요한 작용을 한다는 것이다. 웨슬리 자신은 '사변형'이란 용어를 사용한 적이 없었다. 그리고 신학을 전개함에 있어서 이 네 가지 규범을 복합적으로 종합해서 사용한 흔적도 없다. 웨슬리가 신학과 교리의 표준으로 네 가지를 사용하였다고 해석하고 사변형이란 용어로 설명하기 시작한 학자는 앨버트 아우틀러(Albert Outler)였다.[1)]

웨슬리 자신은 두 요소 혹은 세 요소를 함께 다루면서 신학적 주제들을 논하였다. 그는 본래적 기독교의 진리를 추구함에 있어서 한 가지 신학적 규범을 갖고 논의하기도 하고, 자주 성서적이고(scriptural) 이성적

1) Randy L. Maddox, *Responsible Grace, John Wesley's Practical Theology* (Nashville: Abingdon, 1994), 36.

인(rational) 두 규범으로 논의하곤 하였다.[2] 성서와 전통의 두 규범에서 호소하는 표현을 하기도 하였다.[3] 그리고 성서와 경험을 가지고 기독교 진리를 논의하는 표현도 나타난다.[4] 성서, 이성, 전통의 세 가지 규범을 갖고 논의하는 것도 나타난다.[5] 마지막으로 성서, 이성, 경험의 세 규범에서 논의하는 것도 있다.[6] 즉 두 규범 혹은 세 규범을 함께 사용할 때에 반드시 성서가 빠지는 법이 없었다. 이런 근거로 성서는 가장 원천적인 자료고 권위며 규범이라고 할 수 있다. 그리고 세 가지 권위는 성서를 보충해 주는 것이다. 그러나 성서가 바르게 해석되는 데에는 반드시 전통과 이성과 경험이 수반되지 않으면 안 된다. 한 가지의 요소가 다른 세 가지와의 연관 속에서 해석될 때 풍성한 신학적 통찰을 창출하여 낼 수 있다. 웨슬리에게는 영국성공회의 세 가지 신학적 규범인 성서와 전통과 이성이 영향을 미쳤으며, 그 위에 경험을 추가하게 된 것은 그가 독일 경건주의의 영향을 받았기 때문이다. 이제 이 네 가지 신학규범과 자료들이 각각 어떻게 웨슬리의 신학에 영향을 미쳤는지를 살펴보자.

---

2) 예를 들면, 그의 편지 "A Letter to the Author of 'The Enthusiasm of Methodists and Papists Compared'",(1750) *The Works*, Vol. 11, 370; 그리고 "Advice to the People Called Methodists with Regard to Dress", Letters(Telford), Works, Vol. XI, 475; 그리고 그의 설교 "The General Spread of Gospel",(설교 63번) *The Works*, Vol. 2, 487 등.

3) "A Short History of Methodism", *The Works*, Vol. 9, 368; "Farther Thoughts on Separation from the Church", *The Works*, Vol. 9, 538.

4) "Letter to Dr. John Robertson", *The Works*, Vol. 26, 519.

5) "A Farther Appeal to Men of Reason and Religion", *The Works*, Vol. 11, 310; "A Pain Account People Called Methodists", *The Works*, Vol. 9, 254.

6) 원죄에 관하여 아주 긴 논문을 썼는데 그 제목이 흥미롭다. 주제 "the Doctrine of Original Sin"에 붙인 부제가 "According to Scripture, Reason, and Experience"로 되어 있다. 신자들도 그의 원죄, 죄의 능력, 내적 죄, 죄의 뿌리에서 해방되기 위해서는 계속 회개해야 한다고 주장한 설교 "The Repentance of Believers", *The Works*, Vol. 1, 336에서도 성서, 이성, 경험의 빛에 대해서 설교하였다.

1. 성서(Scripture)

웨슬리의 신학은 성서에 집중되었다. 그는 성서가 크리스천 신앙과 실천의 가장 기본적인 권위라고 강조하였다. 또 오직 하나밖에 없는 유일한 권위라고 선포하였다. 왜냐하면 그는 자신이 말하였듯이 '한 책의 사람(homo unius libri)'이었기 때문이다. 그는 영국성공회가 루터의 '오직 성서로만(sola Scriptura)'을 받아들인 것에 전적으로 동의하면서 성서를 가장 기본적이고 일차적인(primary) 자료와 권위로 생각하였다. 성서가 모든 신학적 진리의 가장 값지고 가장 견고한 체제를 담고 있으므로 모든 교리와 신학을 결정하는 중요한 규범으로서의 성서의 가치를 인정하였다.[7] 그러나 그것은 다른 자료와 권위들을 배타하지(exclusive) 않는 의미에서 그러하다. 특히 그가 성서를 강조한 것은 성서가 구원에 대하여 가장 잘 말씀하여 주고 있다는 생각에서 기인한다. 그의 선재적 은총이해나 성화이해나 완전이해와 같은 구원론적 해석은 동방교회나 서방교회의 역사신학적 뿌리를 갖고 언급하지만 가장 근원적인 것은 성서 속에서 그러한 구원의 주제들을 해석한다는 점이다. 그의 신학의 중심인 구원론을 가장 기본적으로 성서 속에서 찾으려고 하였던 것이다. 구원에 관한 그의 설교들과 신학논문들 속에서 성서적 자료들과 예증들을 아주 풍부하게 사용하는 것을 볼 수 있다. 특별히 웨슬리는 성서를 통하여 그의 구원론의 핵심적 주제 네 가지를 설명하였다: 죄악의 부패성, 믿음으로 의롭다 하심, 거듭남, 그리고 현재적 내면적 외향적 성결.[8]

---

7) Note on New Testaments, Preface, 제 10절

8) Note on New Testaments, 롬 12:6 주석. 그리고 그의 설교 122번 "기독교의 효능을 상실하는 원인들"(Causes of inefficacy of Christianity), *The Works*, Vol. 4, 89.

특별히 성서에 나타난 하나님의 은총과 인간의 책임성에 근거하여 예정론을 비판하였다.

역사자료 · 63

> 예정의 교리는 하나님의 모든 속성을 단번에 파괴한다. 그것은 그의 정의, 자비, 그리고 진리를 뒤집어 놓는다. 그렇다, 그것은 가장 거룩한 하나님을 악마보다 더 악한 자로 표현한다. …… 그러나 당신은 그것을 성서적으로 증명할 것이라고 말한다. 잠깐 참아라! 당신은 성서적으로 무엇을 증명할 것인가? 그 하나님은 악마보다 더 악한가? 그럴 수 없다. 성서가 증명하는 그 무엇이라도 예정의 교리를 증명할 수 없다. …… 많은 성서말씀들의 참 의미는 당신이나 내가 죽을 때까지 알 수 없는 것들이 많다. 그러나 성서는 하나님이 사랑이 아니라고 말할 수 없고, 그의 자비가 모든 그의 역사 위에 있지 않다고 말할 수 없다.[9]

그는 성서가 우리의 모든 성질들(all our tempers), 우리의 모든 말들(all our words), 그리고 우리의 모든 행동들(all our actions)을 끊임없이 지배해야 한다고 생각하였다.[10] 성서가 우리의 모든 성질들을 지배해야 한다는 것은 인간의 영적 부패를 일깨워 주고, 인간을 영적으로 변혁시키도록 이끌어 주는 은총의 수단이 되어야 한다는 것이다. 경건과 성결, 곧 성화훈련의 수단 중 가장 중요한 수단이 성서다. 성서가 우리의 모든 말들을 지배해야 한다는 것은 세속적인 말들을 하지 않는 소극적인 상태

---

9) "값없이 주시는 은총"(Free Grace), (웨슬리설교 110번), *The Works*, Vol. 3, 555~556.

10) "Dives and Lazarus,"(부자와 나사로), *The Works*, Vol. 4, 18.

만을 의미하지 않고, 보다 적극적으로 성서의 언어를 우리의 일상생활의 모든 대화에서 사용해야 한다는 의미다.[11] 성서가 우리의 모든 행동의 지침이 되어야 한다는 것은 단순히 도덕적인 차원을 넘어서, 어떤 사람의 행동이 성령의 이끄심인지를 분별하는 것과 예배행위의 모든 문제들을 결정하는 것에서도 성서가 그 지침이 되어야 한다는 것이다.

그는 성서의 문자적 영감을 인정하였다. 그래서 성서가 하나님의 말씀을 담고 있다고 이해하였다. 그렇지만 그가 성서에 있는 모든 것을 '내가 그것을 이해하는 한에서' 믿는다고 말하였을 때, 그런 견해는 근본주의자들처럼 축자영감설을 믿은 것이 아님을 의미한다. 그는 소위 현대적 성서비평학을 몰랐지만, 성서에 대한 비판적 연구가 시작하던 시기에 살았다. 그래서 그는 옥스퍼드대학교에서 그러한 비판적 연구방법에 대하여 훈련받았다.[12] 웨슬리는 어떻게 성령이 기독교인을 도와서 성서를 사용하고 이해하도록 해 주는지를 다음과 같이 설명한다;

역사자료 · 64

'하지만 성서는 모든 진리와 지식의 주요한 근거가 아니며 또한 신앙과 예절에 대한 적합하고 일차적인 규범(rule)도 아니다. 그렇다 하더라도 그것은 하나의 제2차적인 규범이며, 성령에 종속되어 있다. 그분에 의해서 성도들은 모든 진리에로 인도된다. 그러므로 성령이 첫째가는 주요한 안내자(guide)다.' 만약 이 말들이 …… 단지 '성령이 우리의 첫째가는 중요한 안내자다'라는 것만을 의미하고

11) Wesley, New Testaments Notes, James 1:23 주석에서 성서가 그 영혼의 얼굴을 보여 주는 거울과 같음을 강조하였다. 말과 성질과 행동을 통하여 경건과 성결의 모습을 보여 주어야 함을 뜻하는 것이다.

12) Maddox, 37.

있다면, 이 점에서는 퀘이커교도와 기독교 사이에 아무런 차이가 없습니다. 그러나 표현상으로 대단히 부적당한 점이 있습니다. 성령이 우리의 중요한 안내자기는 하지만, 절대로 그분이 우리의 규범은 아니기 때문입니다. 성서는 성령께서 우리를 모든 진리에로 인도할 때 그 규범이 됩니다. 그러므로 다만 언어를 잘 사용합시다. 성령을 우리의 '안내자'라고 부릅시다. 그것은 지성적 존재를 의미합니다. 그리고 성서를 우리의 '규범'이라고 부릅시다. 그것은 지성적 존재가 사용하는 어떤 것입니다. 이렇게 하면 모든 것이 분명하고 명확합니다.[13]

이상에서 그는 퀘이커교도와 감리교도 사이에 어떤 차이점이 있는지를 분명하게 지적하였다. 웨슬리는 극단을 피하기 위해서 '규범(rule)'이라는 말과 '안내(guide)'라는 말 사이에 구별을 지으려고 노력하였다. 퀘이커교도는 문자와 영의 관계에서 영을 더욱 중요시하여 성령의 내적 빛(inner light)을 성서해석과 신앙해석의 핵심으로 보지만, 감리교도는 아무리 성령의 안내를 통한 계시가 중요하더라도 성서의 문자적 규범과 함께 해석해야 한다는 것이다. 바로 이 점에서 웨슬리는 루터나 칼빈의 관점을 따른다고 할 수 있다. 곧 성서의 가장 좋은 주석가는 성령이지만, 성령의 주석은 퀘이커교도처럼 성서의 문자를 떠난 신비주의적 체험 중심의 주관적 해석으로가 아니라 성서의 객관적 말씀을 통하여 나타남을 강조한다. 그래서 웨슬리는 루터나 칼빈과 함께 성서의 알레고리칼 해석과 영적 해석의 위험성을 항상 지적하였다. 그는 그의 설교

13) *Letters*, Vol. 2, 117.

가들에게 연회에서 설교지침을 전할 때, 성서본문을 떠난 영적 해석의 위험성을 항상 주지시켰다. 곧 말씀과 함께(with the Word), 말씀을 통하여(through the Word), 말씀 안에서(in the Word) 성령은 역사한다는 것이다.

그렇지만 웨슬리는 문자주의는 아니다. 웨슬리는 성서에 약간 부정확한 것들, 곧 전승된 본문에서의 언어적 와전들이 있을 수밖에 없다는 점을 인정하였다. 그가 생각한 올바른 성서연구는 단순히 있는 그대로의 본문을 이해하는 것 이상이었다. 만약 어떤 구절이 한 가지 이상의 의미를 지닐 수도 있다는 점이 인정된다면, 그 특수한 본문이 기록된 당시의 상황을 연구하는 것이 중요함을 강조하였다. 바로 이런 점에서 그는 문자주의자가 아니라 현대의 성서비평학에서 중요하게 취급하는 성서 저자의 삶의 자리와 역사적 상황을 중요하게 생각한 것이다. 그리고 그는 성서가 성령의 영감으로 쓰였기에 믿을 만하다고 강조하면서도, 그것이 오늘의 현대적 상황에서 어떻게 해석되어야 하는지를 의심해 보아야 한다고 생각하였다.[14)]

이렇게 웨슬리의 성서해석 방법은 양면적이었다. 첫째는, 본문의 문자적 의미다. 기록된 당시의 역사적 상황 속에서 명확한 뜻을 해석하여야 한다는 것이다. 둘째는, 본문의 영적 의미다. 웨슬리는 어떻게 해서 성서가 신앙과 실천의 온전한 규범으로서 매우 중요한 권위가 된다고 생각하는지를 분명하게 말한다.

역사자료 · 65

당신은 계속해서 말하였지요: "성서가 '완전한' 규범이 되면 교부들은 안내자로서, 혹은 더 분명하게 해석자로서 필요치 않다. 교부

14) Maddox, 38.

들을 존중하는 것이 많은 사람들을 위험한 오류에 빠뜨려 왔다. 그들을 무시하면 어떤 나쁜 결과도 가져오지 않을 수 있다(p. 97)."

나의 대답은 이러합니다: (1) 성서는 신앙과 실천의 완전한 규범입니다. 그리고 성서는 필요한 모든 항목들에 있어서 명확합니다. 하지만 성서의 명확성이 그것이 설명될 필요가 없다는 것을 증명하지는 않으며, 또한 성서의 완전성이 그것이 실행되어야 할 필요가 없다는 것을 증명하지도 않습니다. (2) 처음 3세기 동안의 교부 저술들을 성서와 동등하게가 아니라 그 다음으로 중요시하는 것이 지금까지 사람들을 위험한 오류에 빠지지 않도록 해왔고 아마 앞으로도 틀림없이 그럴 것입니다. 오히려 그렇게 하는 것이 많은 사람들을 위험한 오류에서 이끌어냈으며, 특히 로마가톨릭교회의 오류들에서 끌어내 주었습니다. (3) 당신이 말하는 의미에서 초기 교부들을 무시하는 것 - 즉 그들이 바보들이요, 무뢰한들이라고 생각하는 것 - 은 다음과 같은 당연한 귀결을 가져옵니다(당신의 원칙에 따라서 전혀 나쁜 귀결은 아니라고 나는 인정합니다). 즉 진정한 기독교인이 아닌 모든 사람들로 하여금 나사렛 예수와 그의 사도들이 자신들처럼 정직하고 지혜롭다고 생각하게 만드는 것입니다.[15]

웨슬리는 위에서 언급한 것처럼 문자주의자나 근본주의자는 아니면서도 성서의 문자에 관심하였다. 이는 성서본문의 뜻을 가장 잘 이해하기 위해서는 성서의 원어로 성서를 읽고 본문을 비판적으로 분석할 수 있어야 함을 아는 비판적 태도에서 나왔다. 그래서 그는 요하네스 벵겔

15) Letters, Vol. 2, 325. 이것은 웨슬리가 1749년 1월에 코니어스 미들톤 박사(Dr. Conyers Middleton)에게 썼던 편지다. 미들톤 박사는 케임브리지(Cambridge) 트리니티칼리지(Trinity College)의 특별연구원으로 교회의 가르침의 여러 측면들을 비판하면서, 특별히 교회의 가르침은 성서의 권위에 의존하고 있다는 점을 내세우는 책을 썼다.

(Johannes Bengel)의 희랍어 원본을 읽었다. 웨슬리가 얼마나 희랍어와 히브리어로 신 · 구약성서를 읽으려고 힘썼는지를 "목회자들에게 보내는 연설(Address to Clergy)"에서 말하였다.

역사자료 · 66

> 내가 희랍어와 히브리어를 이해하고 있는가? 그렇지 않으면, 어떻게 (모든 선생님이 하는 것처럼) 성서에 기록된 말씀들을 설명할 뿐 아니라 모든 논적들에게 대항하여 말씀들을 방어할 수 있겠는가? 원어말씀을 이해하는 사람과 이해하는 체하는 사람에게 내가 모두 자비로울 수 있겠는가? 어떤 방법으로 아는 체한다는 것을 내가 증명할 수 있겠는가? 내가 구약의 언어를 이해하고 있는가? 비판적으로? 전적으로? 내가 다윗의 시편 하나를 히브리어에서 영어로 번역할 수 있는가? 창세기 1장만이라도 히브리어에서 영어로 번역할 수 있는가? 내가 신약의 언어를 이해하고 있는가? 내가 신약에 대한 비판적인 선생인가? 내가 누가복음 1장을 희랍어에서 영어로 번역할 수 있는가? 만일 그렇지 못하다면, 얼마나 많은 시간을 학교에서 낭비하였는가? 대학교에서 얼마나 많은 시간을 낭비하였는가? 이 모든 기간 동안 내가 무엇을 하였는가? 부끄러워서 내 얼굴을 가려야 하지 않겠는가?[16]

옥스퍼드대학교 안에서 시작된 신성클럽은 신약성서를 희랍어 원본으로 읽는 운동이었다. 그것이 그로 하여금 *Explanatory Note Upon the Old Testament*와 *Explanatory Note Upon the New Testament*를 쓰게

16) "Address to Clergy", *Works*, Vol. X, 491.

하였다. 웨슬리는 얼마나 철저하게 원어성경으로 성서를 비판적으로 연구하고, 그것을 주야로 일어날 때나 누울 때나 명상함으로써 소경된 지도자가 되지 않으려고 노력하였는지를 다음과 같이 말한다.

역사자료 · 67

내가 만일 희랍어와 히브리어에 능통하기 위해 시간을 보내지 않았다면, 나는 성경에 대해 무식한 사람이 되었을 것이다. …… 나는 성서말씀 속에서 주야로 명상하고 있는가? '내가 집에 있을 때나, 길을 걸을 때나, 누울 때나, 일어날 때, 말씀을 명상해야 한다'고 생각하고 끊임없이 말하고 있는가? 이런 의미에서 나는 성서본문에 대한 철저한 연구와 그것의 문자적 의미와 영적 의미를 찾기 위해 많은 시간을 보냈다. 그렇지 않으면, 어떻게 내가 성서 속에 있는 말씀을 다른 사람들에게 가르치기를 시도할 수 있을까? 이것 없이는 참으로 나는 소경된 지도자가 될 수밖에 없다. 내가 배우지 않은 것을 나의 양떼에게 절대 가르칠 수 없을 것이다. 내가 세상을 통치하는 것보다 하나님께 영혼들을 인도하는 것이 더욱 합당하지 않을 것이다.[17]

2. 이성(Reason)

웨슬리의 종교적 권위와 신학적 원리가 되는 두 번째 원천은 이성이다. 이성은 성서 다음으로 본래적인 기독교신앙과 실천을 변호하는 기

17) "Address to Clergy", 491.

준으로 웨슬리는 생각하였다.[18] 특히 사도신경 형성과정에서 이성의 역할을 중요하게 생각하였다. 사도신경은 성서적 신앙을 이성적으로 조직화하고 체계화한 신앙적, 신학적 선언이라는 것이다. 성서로만이 아니라 성서와 이성을 종합한 것은 특이하다. 이 점에서 웨슬리는 종교개혁가 루터와 칼빈을 넘어서고 있다. 루터와 칼빈에게는 성서와 전통만이 중요한 신학적 규범과 권위다. 교회의 권위는 전통, 곧 교황의 해석에 있음을 신랄하게 비판하고 성서만이 교회의 권위라고 주장한 것이 루터와 칼빈의 교회관이다. 특히 루터는 로마가톨릭교회의 전통과 대립하는 과정에서 더욱 과격하게 전통을 비판하였다. 하지만 루터와 칼빈은 전통 중에서 종교개혁을 뒷받침해 주는 초대교회 교부의 전통, 그 중에서도 어거스틴 같은 신학자의 사상을 중요한 성서해석의 보조적 가르침으로 생각하였다. 그러나 이성에 대해서는 루터와 칼빈 모두 부정적이었다.

이성은 18세기에 두드러졌던 두 극단적 사상의 배경에서 웨슬리가 중도적인 방법을 택함으로 발전시켜 간 것이다. 하나는 열광주의(Enthusiasm)다. 신비적 열광주의는 감성적, 현실 도피적, 비사회적, 비성서적, 비이성적 신앙으로 치달렸다. 모든 이성적, 합리적, 과학적 사고를 배제하는 것이다. 또 다른 극단은 합리주의(Rationalism)였다. 이것은 계몽주의(Enlightenment)에서 전개되어 온 것이다. 이는 이미 이 책 서론에서 다룬 18세기의 역사적인 배경에서도 소개하였다. 독일 합리주의는 영국에 와서 이신론(Deism)의 모습으로 발전하였다. 18세기 합리주의자들과 이신론자들은 계시의 본질에 대해 묻고, 특수계시에는 무관심하

18) Donald A. D. Thorsen, *The Wesleyan Quadrilateral* (Grand Rapids, MI: Zondervan, 1990), 127, 276.

고 자연계시만을 중요하게 생각하고, 영감과 영적 체험에 대하여 비판하였다. 그리고 전통적 권위에 대하여 강하게 도전하고, 합리적이고 경험적인 지식만을 신학의 방법으로 받아들이려고 하였다. 이러한 흐름이 19세기 자유주의신학을 형성시킨 사상적 배경이 된다.

웨슬리는 이 양극단을 모두 비판하였다. 비이성적 크리스천 열광주의와 비초자연적 계몽주의적 합리주의를 모두 거절하였다. 웨슬리에게서 이성의 사용은 이 두 가지 극단을 피하는 것이어야만 하였다. 그의 생애를 저술한 헨리 랙(Henry Rack)은 웨슬리를 "합리적인 열광주의자(Reasonable Enthusiast)"로 묘사하였다. 극단적인 열광주의와 합리주의를 배제하고 중용적 종합을 이룬 것이 웨슬리의 사상이다. 그는 계몽주의 정신(Enlightenment Spirit)에 강하게 영향을 받으면서도 기독교의 특수계시를 고수하였다. 옥스퍼드에서 훈련받은 아리스토텔레스 철학과 계몽주의의 이성제일주의를 넘어서는 제 3의 대안을 웨슬리는 제안한 것이다. 또 한편 뜨거운 부흥운동을 강조하면서도 반지성적 열광적 체험의 위험을 항상 지적하였다.

선재적 은총은 타락한 이성을 자극하는 성령의 활동적인 은총이다. 웨슬리는 "당신의 이해의 눈이 열릴 때까지 당신은 영적인 것을 깨달을 수 없고 또 전혀 알 수 없다. 따라서 당신은 그 전까지는 영적인 것을 판단할 수도 없고 또 바르게 생각할 수도 없다. 왜냐하면 당신의 이성은 서야 할 토대를 가지고 있지 않기 때문이다"라고 강조한다. 웨슬리는 그의 설교 "이성에 대해서 올바른 재고를 해야 하는 이유(The Case of Reason Impartially Considered)"라는 설교에서 신앙과 신학에 있어서 이성의 중요성을 다음과 같이 논한다.

옛날에도 또한 그러하였습니다. 심지어 그때에는 사고력이 깊은 사람이 필요치 않았습니다. 그들 자신의 사고 능력이 약하였고 또한 종교에 있어서 이성능력이란 아무런 소용이 없다고 생각하였기 때문입니다. 그리고 이성은 감추어져야 하는 것이기도 하였습니다. 그러나 위와 같은 것들을 믿고 이러한 주장을 하는 사람들을 따르는 맹신자들이 현재는 별로 없습니다. 더군다나 기독교에는 결코 그러한 사람들이 많지 않습니다. 적어도 영국에서는 그렇습니다. 이성을 경멸하고 욕하는 사람들 중에서, 당신은 그들 자신의 꿈이 하나님께 받은 계시라고 생각하는 열성파들을 발견할 수도 있습니다. 그런 사람들이 이성에 많은 관심을 기울였다고 생각하기는 극히 힘듭니다. 흠 없는 인도에 따르는 사람들인 그들은 잘못을 저지를 수 있는 인간들의 이성에 거의 영향을 받지 않습니다. 이런 사람들 중 극단론자들은 보통 도덕 초월론자의 집단에서 발견됩니다. 그런 사람들도 비록 다른 면에서는 다르기도 하지만 믿음을 통한 율법의 무효화에는 모두 동의합니다. 그들이 불합리와 신성모독으로 가득 찬 명제들을 주장할 때 만일 당신이 이것에 대해 이성적으로 반대한다면 그들은 아마도 '오, 이것은 당신의 이성적 생각입니다' 또는 '당신의 세속적 생각이죠'라고 말하는 것으로 충분하다 생각할 것입니다. 이런 논리 아래에서는 모든 논쟁이 필요 없게 됩니다. 그들에게 논쟁들은 잘려진 나무 또는 썩은 나무 같은 것일 뿐입니다.[19]

그리고 웨슬리는 이성을 흔히 상식(common sense)으로 해석하곤 하였

19) "The Case of Reason Impartially Considered", *The Works*, Vol. 2, 587~588.

다.[20] 인간지식에 있어서 절대적 확실성의 결핍에 대한 응답을 상식이라고 보는 견해가 17세기 영국성공회에서 나타났고, 철학자 존 로크(John Locke)에게서도 나타났다. 웨슬리는 이런 시대적 분위기에 영향을 받았다.[21] 또한 웨슬리는 케임브리지 플라톤주의자(Cambridge Platonist)의 영향을 받아 초기 저술에서는 이성을 "영원한 이성(eternal reason)", 후기 저술에서는 "영혼의 기능(faculty of the soul)"이라고 하였다. 영원한 이성은 또한 하나님의 속성이기도 하고, 인간의 속성이기도 하며, 하나님과 인간의 상호관계를 갖게 하는 기능이기도 하다. 이성을 통해서 하나님을 아는 일이 시작되고, 그를 섬기게 되며, 그의 뜻을 행하게 되며, 우리가 사랑하고 아는 하나님께 복종하게 되기 때문이다. 이러한 해석이 그의 논문 "이성적 종교적 사람들에게 주는 정직한 호소(An Earnest Appeal to Men Reason and Religion)"에 잘 나타나 있다.

역사자료 · 69

28. 우리는 이성에 기초한 종교와 거기에 동의할 수 있는 모든 방법을 당신과 함께 열망하기를 원한다. 그러나 하나의 질문이 계속해서 남는다: '이성이란 무엇을 의미하는가?' 나는 당신이 영원한 이성 혹은 사물의 본성, 하나님의 본성과 인간의 본성, 그 둘 사이에 필연적으로 존립하는 관계를 의미하고 있다고 생각한다. 왜냐하면 이것이 우리가 설교하는 참 종교고, 분명하게 거기에 기초한 종교며, 동의할 수 있는 모든 방법이고, 영원한 이성이며, 사물의 기본적 본성이기 때문이다. 이성의 기초는 하나님의 본성과 인간

20) "On God's Vineyard", *The Works*, Vol. 3, 511; "A Plain Account People Called Methodists", *The Works*, Vol. 9, 254.

21) Maddox, 41.

의 본성 위에 서 있다. 하나님과 인간의 상호관계와 함께 서 있다. 그리고 이성은 거기에 합당한 모든 방법이다. 이성이 하나님의 본성 위에 서 있다 함은 이성이 하나님을 인식하는 것을 시작하기 때문이다. 당신은 하나님을 참으로 인식할 수 있는 이성 이외에 어디에서 하나님 인식을 시작할 수 있는가? 이성은 하나님 사랑과 인류를 사랑하는 것을 계속한다. 왜냐하면 당신은 당신이 사랑하는 분을 본받는 것 이외에는 아무 것도 할 수 없기 때문이다. 이성은 하나님을 섬기는 것, 그의 뜻을 행하는 것, 우리가 알고 사랑하는 그분에게 복종하는 것을 목적한다.[22)]

그는 이성이라는 용어를 조심스럽게 정의하면서, 그것을 세 가지 약간 다른 의미들로 사용하였다. 첫 번째로, 종교적 신학적 진리를 추구하기 위한 신학함의 방법론으로서 '논리적'이라는 의미에서 사용한다. 이성은 기독교 계시를 이해하는 주님의 촛불, 곧 사도신경의 아름다운 요약, 하나님의 속성과 본성의 아름다운 해석, 복음과 율법의 분명한 가르침, 거듭남과 의롭다 하심과 성화를 이해시켜 주는 것이라고 생각한다.[23)] 다시 말해서 하나님의 은혜로운 계시에 대한 인간의 응답을 제공해 주는 능력으로 이성을 이해한다. 하나님의 성서적 계시의 매개변수(parameter)로 생각한다. 이성적 신학함의 논리는 옥스퍼드대학교 시절 피터 라무스(Peter Ramus)에게서 배웠다.[24)] 그리고 웨슬리는 기독교신앙의 합리성에 대해 다음과 같이 명확하게 진술한다. 신앙의 신빙성과 정

---

22) "The Earnest Appeal to Men of Reason and Religion", *The Works*, Vol. 11, 55.

23) "The Case of Calmly Considered Reason", *The Works*, Vol. 2, 592.

24) Maddox, 41.

확성을 위해서는 사도 바울처럼 이성을 사용해야 함을 주장한다.

역사자료 · 70

30. 그러나 아마도 이성에 의해 당신은 추론의 능력, 곧 어떤 것에서 다른 어떤 것을 논리적으로 이끌어내는 것을 의미할 것이다. …… 우리가 관찰해 본 바 가장 강력한 추론자는 (오직 나사렛 예수만 제외하고) 다소의 바울이었다. 모든 기독교인의 저 분명한 방향성을 남겨 놓은 바로 그 인물이다: '악(혹은 사악함)에는 어린아이가 되라. 그러나 이해(혹은 추론)에는 어른이 되라'(고전 14:20 참조).
31. 그러므로 우리는 참된 종교를 찾는 모든 사람이 하나님의 일들을 자세히 살피는 일에 하나님이 주신 그 모든 이성을 사용하도록 허용할 뿐만 아니라 열심히 권고하여야 한다.[25]

모든 기독교인들은 실제적인 신학적 윤리적 질문에 부딪히게 된다. 그러나 그것들에 대한 해답이 성서에서 충분히 주어지지 않을 때가 많다. 그래서 웨슬리는 노예제도를 인정하는 성서적 표현을 자연법과 양심과 사회윤리에 근거하여 합리적이고 논리적으로 해석, 노예제도의 부당성을 주장한다. 여성은 교회에서 잠잠해야 한다는 성서적 문자적 표현에 얽매이지 않고 웨슬리는 합리적 이성적 판단에 의하여 남성과 똑같은 하나님의 형상으로 지음 받은 여성도 설교가가 될 수 있다는 신학적 윤리적 결론에 이르게 되었다.

두 번째로, 그는 이성으로 정통적 신앙과 실천에 일치하는 신앙에의

25) "An Earnest Appeal to Men of Reason and Religion", *The Works*, Vol. 11, 55~56.

접근을 추구하였다. 다시 말해서 신앙을 신학의 출발로 하고, 그 신앙을 합리적 이해를 추구하는 과정에서 더욱 풍성하게 성숙시키려고 하였다. 그의 책 《이성적이고 종교적인 사람들에게 더 간절하게 호소함(*A Farther Appeal to Men of Reason and Religion*)》에서 웨슬리는 자신이 가르친 교리들을 자세히 검토하면서, 그것들이 합리적인지를 묻고 매 경우 그것들이 합리적이라는 것, 그리고 그것들이 함께 하나의 합리적이고 일관된 믿음의 체계를 구성한다는 결론을 내렸다.

기독교역사상 세 가지 이성에 대한 태도가 있다. 첫째로, 서방 라틴신학의 아버지 터툴리아누스(Tertullianus)나 종교개혁가 루터(Martin Luther)처럼 불합리하기 때문에 오히려 나는 믿는다고 주장하는 반이성적 입장이 있다. 둘째로, 아벨라드(Peter Abelard)나 아퀴나스(Thomas Aquinas)처럼 이성을 출발로 신앙에 이르려는 입장이 있다. "나는 이해한다. 그러므로 나는 믿을 수 있다(intellego ut credam : I understand so that I may believe.)"는 주장이다. 셋째로, 어거스틴(Augustine)이나 안셀름(Anselm)처럼 신앙을 출발로 이해에 이르는 입장이 있다. "나는 믿는다. 그러므로 나는 이해할 수 있다(I believe so that I may understand.)"는 입장이다. 이해를 추구하는 신앙이다. 웨슬리는 이 세 번째 입장을 따르고 있다.

이성을 파괴하거나 무시하는 것을 떠나서 종교경험과 신앙이 실제로 기본적 이해를 제공하고 이성의 활동을 제공한다는 것이다. 종교체험을 통해서 창조된 신앙이 곧 이성의 신학추구의 출발점이다. 그리고 체험과 신앙이 이성의 판단을 분명하게 해 준다. 또한 이성의 추론적 능력, 토론의 능력을 강화시켜 준다. 반감리교운동을 펼치고, 웨슬리를 여우 혹은 수달이라고 혹평하는 영국성공회 성 미카엘 교구 신부 도운즈의 편지에 대한 답장, "도운즈 신부에게 보내는 편지(A Letter to Rev.

Mr. Downes)"에서 웨슬리는 다음과 같이 강조한다:

역사자료 · 71

9. 당신이 발전시킨 두 번째 비난은 우리가 모든 사람을 하나님의 주권적 의지와 기쁨에 운명적으로 매어달리는 것, 즉 우리가 인간을 단순한 기계로 생각하고 신자들은 은혜에서 떨어질 수 없다고 생각한다는 것입니다. 그러나 그렇지 않습니다. 나는 이런 것들의 어떤 것도 상상하지 않습니다. 그렇게 생각하는 사람들이 스스로 대답하게 하십시오. 나는 정반대로 생각한다는 것을 이미 십 년 전에 출판한 《예정에 관한 조용한 숙고(*Pedestination Calmly Considered*)》에서 밝혔습니다.

10. 당신의 세 번째 비난은 다음과 같습니다: "그들(감리교도)은 신앙을 판단과 이성을 배제하고 내적 증거들로 분별되는 초자연적 원리로서 말한다. 이성의 증거에 기초한 확고한 추구로서가 아니다. 그리고 그러한 이성적 추구의 생활과 예절을 받아들임으로써 인식하는 것을 거부한다." 우리는 이성적 판단과 이해를 전적으로 혹은 전혀 배제하는 신앙을 말하지 않습니다. 도리어 이성적 이해를 계몽시켜 주고 강화시켜 주는 신앙, 이성적 판단을 분명히 해 주고, 증가시켜 주는 신앙을 말합니다. 우리는 신앙을 하나님의 선물(엡 2:8)이라고, 초자연적 은사라고 믿습니다. 그러나 신앙은 이성의 증거를 배제하지 않습니다. 물론 신앙이 이성의 모든 기초는 아니지만. 이성적 추구의 삶과 예절을 본받는 것, 즉 그리스도께서 나를 사랑하시고 나를 위해 그 자신을 주신 것은 의심 없이 이성에 의해 분별된 하나의 표식입니다. 그러나 오직 유일한 표식은 아닙니다. 이것은 성령의 증거와 성령의 열매를 통한 내적 증

거에 의해서도 분별됩니다.[26)]

웨슬리는 계속해서 이성에 배치되는 반이성적 열광주의도 결코 감리교운동이 아님을 이 편지에서 강조한다.

역사자료 · 72

당신은 "이성은, 이성과 함께 아무 것도 하지 않으려는 것을 제일 원리로 강조하는 열광주의자와 많은 것을 함께할 수 없다. 그러나 열광주의자들은 모든 종교적 견해나 주장을 즉흥적 영감으로 해결하려고 한다"라고 말합니다. 그러나 나는 당신의 설명과 같은 열광주의자가 아닙니다. 왜냐하면 나는 나의 모든 사상을 즉흥적 영감으로 풀어가려고 하지 않기 때문입니다. 나는 이성과 함께 어떤 것을 해결하려고 합니다. 나는 내가 조용하고 분명한 이성에 의해 방어할 수 없는 모든 견해를 포기하려고 준비합니다. 당신이 논증으로 할 수 있는 무언가를 시도하려고 할 때마다, 당신이 아직 하지 않은 것을 나는 기다릴 것입니다. 나는 당신이 이끄는 모든 방법을 차츰 따라갈 것입니다.[27)]

웨슬리는 항상 자신이 가르치는 신앙이 이성에 일치한다는 것을 주장하였다. 그래서 그는 두 가지 종류의 난점들을 피하고 싶어 하였다. 한편으로는 열광주의자들의 반지성적 요소와 함께 루터적 모라비안

26) "Letter to Rev. Mr. Downes", *The Works*, Vol. 9, 359.

27) "Letter to Rev. Mr, Downes", 361.

교도들(Lutheran Moravians)이 추구하는 정숙주의(Quietism)에 의한 난점들이다. 그것은 이성을 평가 절하하고, 하나님이 우리 영혼을 건드리시는 것을 느끼려고 가만히 기다리는 데서 초래되는 것들이다. 다른 한편으로 이신론(Deism)에 의해 생기는 난점들이다. 그것은 이성을 과대평가하고 영감과 계시의 가능성을 배제하는 데서 생기는 것들이다. 1768년 3월 러더포드(Dr. Rutherforth)에게 보낸 편지에서 웨슬리는 그의 주장을 간결하게 요약하였다: "우리가 생각하는 근본적인 원리는 다음과 같다. 이성을 폐기하는 것은 종교를 폐기하는 것이라는 것, 종교와 이성은 병행한다는 것, 비합리적인 종교는 모두 거짓된 종교라는 것, 열정적일 수는 있겠지만 결코 흐리멍덩한 감정주의자(woolly emotionalist)는 되지 말라는 것!"

세 번째로, 웨슬리는 이성을 신앙과 대조되는 하나의 인간능력을 기술하는 데 사용하기도 하였다. 그는 인간의 이성에는 한계가 있으며, 하나님과의 친밀한 관계를 통해 신앙생활에서 발전되는 영적 감각들, 영적 청각과 영적 시각에 의해 보완되어야 할 필요가 있다는 것을 인정하였다.

역사자료 · 73

32. 당신이 하나님의 것들에 대해서 진실한 분별을 하는 것이 가능하기 전에 하나님의 것들에 대해서 분명한 이해를 가지는 것이 절대적으로 필요하다는 것을 당신은 알고 있다. 그리고 당신의 이성적 개념들은 모두 고정되어 있고, 결정되어 있으며, 특별하다는 것을 당신은 알고 있다. 그리고 우리의 이성적 개념들은 타고난 것이 아니라, 본래 우리의 감각들에서 나오는 것을 보면서, 당신이

이런 영적인 하나님의 일들을 분별할 수 있는 감각들을 가지는 것이 확실히 필요하다. 이 감각들은 영적인 것들을 전혀 분별할 수 없는 '자연적 감각들'이라고 불리는 것이 아니라, 영적인 선과 악을 분별하도록 훈련된 영적인 감각들이다. 영적인 것을 듣는 귀와 보는 눈을 당신이 가져야 하는 것은 필연적이다. 육과 피의 조직들에 의존하지 않는 당신의 영혼 속에 열려진 새로운 차원의 감각들을 갖는 것이다. 당신의 육체적인 감각들이 보이는 것들에 속하여 있는 것처럼 이 새로운 감각은 보지 못하는 것들의 증거가 되고, 보이지 않는 세계에 대한 길이 되며, 영적인 것들을 분별하고, 외적인 '눈은 보지 못하고, 귀는 듣지 못하는' 것에 대한 개념을 가지고 당신에게 공급하는 것이다.[28]

그러므로 마치 독수리가 날개를 달 때에 하늘로 올라가듯이 이성이 성령으로 계몽될 때에 계몽된 이성이 하나님의 깊은 것이라도 탐험해 갈 수 있을 것이라고 주장한다.[29] 그리고 제한된 기능으로서 이성의 역할을 강조하였다. 즉 단순한 이해, 판단, 토론 등이다.[30]

웨슬리는 극단적인 이성 찬양을 비판한다. 그들은 쉽게 이성을 과대평가하고, 하나님이 주신 최고의 선물로 의심 없이 여기며, 가장 좋은 색깔로 색칠하고, 공중에까지 높이 평가 절상한다고 비판한다. 모든 진리로 이끌어 주며 선함으로 그들을 이끄는 것이 이성이라고 간주한다고 논박한다. 기독교적 계시에 대한 배타적 편견을 갖고 있거나 성경을

28) "An Earnest Appeal to Men of Reason and Religion", 56~57.

29) "An Earnest Appeal to Men of Reason and Religion", 57.

30) "The Case of Reason Calmy Considered", *The Works*, Vol. 2, 590.

하나님의 말씀으로 받아들이지 않는 이들은 거의 보통 이러한 극단으로 빠진다고 분석한다. 그들은 그리스도의 신격을 부인하는 사람들이라고 공격한다. 이런 모든 자들은 이성을 그들의 틀림없는 안내인으로 열렬하게 추앙한다고 웨슬리는 해석한다.

'이성에 대한 과대, 혹은 과소평가라는 두 극단의 중용은 과연 존재하는가?'를 질문하면서 웨슬리는 분명히 존재한다고 생각한다. 그는 이성에 대한 권위자인 로크(Mr. Locke)는 이성에 대해 외면적인 적용만을 하였다고 비판하면서, 와츠(Dr. Watts)가 이성과 믿음에 관하여 두 방면 모두 훌륭히 써냈다고 칭찬한다. 그러나 역시 그가 쓴 어떤 것도 이성에 대한 과대평가와 과소평가의 적절한 타협점을 지적하지 못하였다고 평가한다.

웨슬리 자신이 중도적 해석을 시도해 본다. 이성은 농부에게 어떤 시간에 어떤 방법으로 그의 경작지를 경작할지 지시해 주고, 화가, 조각가, 음악가가 신의 섭리로 그들에게 지정해 준 어느 장소에서든지 최선을 다하게 할 수 있으며, 사람이 몇 천 년 동안 발명해 온 어떤 기술과 산업에 가르침을 줄 수 있고, 현 세계에 관련된 모든 일들에서 놀랄 만한 역할을 한다는 것을 의심치 않는다고 한다.

웨슬리는 '이성이 종교에서 무슨 일을 할 수 있는가?'를 질문한다. 그는 진실한 종교의 기초는 하나님 말씀이지만, 이성은 살아있는 말씀으로 우리 자신을 이해하고 타인에게 설명하는 데 놀랍게 사용될 수 있으며, 이성 없이 그곳에 담겨 있는 근본적인 믿음들을 이해할 수 없다고 강조한다. 하나님 말씀에 대한 아름다운 정리가 바로 사도신경인데, 그것은 성령께서 사람들과 함께하고, 하나님을 찬미하게 함을 이해하도록 해 주는 이성의 역할로 이루어졌다고 해석한다. 이성을 통해 우리가 무엇에 대해 회개해야 할지를 알려주지는 않지만 무엇이 회개인지 이해하게 하고, 우리가 구원받은 믿음이란 무엇인지, 정당화의 근원과 조건은 무엇인지, 그것의 즉각적이고 차후적인 열매는 무엇인지를 이해하게 하며, 이성을 통해 거듭남이 무엇인지 알아 그것이 없으면 가지 못할 천국에 들어가게 된다고 해석한다. 다른 말로 하자면, 그리스도께서 가지셨던 마음과 그리스도께서 걸어가신 그 길을 걷는 것이 무엇인지 이성을 통해서 알게 된다는 것이다. 즉 믿음의 정확성과 신빙성을 이성이 제시해 준다는 것이다. 믿음의 심부름꾼과 시녀의 역할로서 웨슬리는 이성을 중요하게 생각한다. 그러나 이성이 계시에 대립하거나 계시를 능가하거나, 넘어서며, 초월하려는 독립된 인식을 가지려고 할 때 더 이상 이성은 존재할 수 없다고 생각한다.[31] 또한 웨슬리는 이성의 지시에 따라 행동함으로써 우리는 하나님께서 주신 모든 이해력을 사용하여 하나님과 사람 앞에 양심에 거리낌이 없이 살 수 있다는 것을 강조한다. 이성과 양심의 불가분리의 관계를 주장한다.

그리고 웨슬리는 이성의 한계를 네 가지 측면에서 지적한다.

첫째로, 이성은 믿음을 생산해 낼 수 없다. 비록 그것이 항상 이성과 부합하지만 이성은 그 언어의 성서적 차원에서 믿음을 생산해 낼 수 없다. 믿음이란 성경에 따르면 보지 못한 것에 대한 명백한 확신이다. 그것은 보이지 않는 영원한 세계에 대한 완전한 확신에서 오는, 신이 주신 명백함이다. 이성의 열렬한 숭배자 홉스도 보이지 않는 영적 세계에 대한 명백하고 만족할 만한 증거를 제공하지 못하였다는 것이다.

둘째로, 이성은 사람의 어떤 아이들에게도 소망을 샘솟게 할 수 없

31) Maddox, 40.

다. 성서적인 소망이다. 이러한 소망은 기독교의 믿음에서만 솟아날 수 있다. 그러므로 믿음 없는 곳에는 소망이 있을 수가 없다. 결과적으로 믿음을 생산해 낼 수 없는 이성은 마찬가지로 소망도 생산해 낼 수 없는 것이다.

셋째로, 이성은 아무리 개발되고 발달된다 하더라도 하나님의 사랑을 생산해 낼 수는 없다. 이성은 믿음과 소망을 생산해 낼 수 없는데, 사랑은 바로 그 믿음과 소망에서 흘러나올 수 있기 때문이다. 이성이 하나님의 사랑을 생산해 낼 수 없는 까닭에 그것은 또한 이웃에 대한 사랑이나 모든 사람의 후예들에 대한 관대하고 고요한, 사심 없는 자비심을 생산해 낼 수 없다.

넷째로, 이성은 선한 의지(good-will)를 만들 수 없다. 선은 하나님의 사랑에서 솟아나지 않으면 존재할 수도 없다. 이성은 이러한 사랑을 생산할 수 없기에 또한 그것은 선도 생산할 수 없다.

이와 같이 이성은 믿음, 소망, 사랑, 그리고 선을 생산할 수 없기에 또한 행복을 줄 수도 없다. 왜냐하면 믿음, 소망, 사랑과 동떨어져서는 지적인 생명체에 어떤 행복도 줄 수 없기 때문이다. 모든 종류의 선을 소유하지 못한 사람들도 즐거울 수는 있겠지만 행복할 수는 없다.[32)]

그런가 하면 웨슬리는 이성을 과소평가하는 이들에게 절대로 그런 야만적이고 무례한 방식으로 하나님의 값진 선물을 깎아 내리지 말라고 경고한다. 그는 이성을 하나님의 촛불, 하나님이 훌륭한 목적을 위해서 우리의 영에 주신 은혜임을 강조한다. 이성을 경멸하고 평가 절하하면서 하나님의 일을 하고 있다고 생각해서는 안 된다는 것이다. 특히

32) "The Case of Reason Impartially Considered", 593~599.

종교에서 이성을 배제시키려고 노력한다면 하나님에게서 연유된 것을 향상시키고 있는 것은 아니라고 한다. 진실한 종교의 기초와 성령의 보호 아래 있는 모든 기본적인 것을 세우는 데 이성이 역할을 한다는 것이다. 그것이 믿음과 행함 모든 부분에서 우리를 지시한다. 우리 종교의 모든 의식은 합리적이다. 그리고 이성의 모든 부분이 바르게 수행될 때, 우리는 이성의 최고 실현을 성취하게 되는 것이라고 웨슬리는 강조한다. 확실히 웨슬리에게서 이성은 선재적 은총, 그 이상의 것도 그 이하의 것도 아니다.

3. 전통(Tradition)

전통은 웨슬리신학에 있어서 또 하나의 중요한 규범이다. 이는 그의 교육과 신앙의 양육과정을 반영하기도 하고, 그에게 영향을 준 아버지와 어머니 양가의 신앙배경을 반영하는 것이기도 하다. 웨슬리는 한편으로 저교회(low church)의 복음주의적 교회상을 받아들여서 즉흥기도와 즉흥설교와 옥외설교 등을 강조하는가 하면, 다른 한편으로는 고교회(high church)적인 의식과 예전을 중요하게 생각하고 신학적 전통을 항상 중요한 신학적 규범으로 생각하기도 하였다. 1775년 6월에 식민지 국무장관인 다트마우스(Dartmouth) 백작에게 편지하면서, 웨슬리는 "나는 고교회(high church) 교인이며, 고교회 교인의 아들이다"라고 주장한 적이 있다. 그는 그의 모든 글에서 교회 전통의 중요성을 강조하였다.

존 웨슬리는 몇 가지 교리적 사항들에 대해 그에게 질문하였던 윌리엄 다드 목사(Rev. William Dodd)에게 다음과 같은 편지로 답변하였다.

역사자료 · 73

당신은 글 마지막 문단에서 "그대는 고대와 현대의 모든 권위들을 배제시키고 있군요"라고 하였습니다. 선생님, 누가 그렇게 말하였습니까? 나는 그렇게 말한 적이 없습니다. 그런 것은 전혀 나의 생각 속에 없었습니다. 당신에게 누가 그런 규범을 주었는지 모르겠습니다만, 나의 경우는 나의 아버지가 30년 전에 그것(고대 교회와 우리 교회에 대한 존경)을 나에게 주었고, 오늘날까지 그것에 의해 살아가려고 노력해 왔습니다. 그러나 나는 모든 교회, 모든 교리를 성서로 시험해 봅니다. 이것은 그날에 우리가 심판받게 될 기준이 되는 바로 그 말씀입니다. 오, 우리가 우리 자신의 설명을 기꺼이 포기해 버린다면 얼마나 좋을까요! 당신은 그 이상의 생각들을 대화하기를 좋아하지만, 그것이 어떤 것이든 심각하게 고려될 것입니다.[33]

이 글은 성서와 전통의 관계를 잘 말해 준다. 교회사의 전통을 무시하지 않는 자신의 주장을 말하면서도 그 역사적 전통도 성서에 의해 시험받고 판단되어야 함을 강조한다. 성서적 신앙유비의 빛에서 웨슬리는 전통에 대하여 해석한다. 전통은 성서를 이해하는 데 도움을 주고 성서를 응용하는 것을 돕는다고 생각하였다. 성서를 해석함에 있어서 여러 신앙의 선배들이 해석한 것들을 배울 때 우리의 해석이 주관적 독단에 빠지지 않고 객관성을 유지할 수 있기 때문이다. 그리고 아무리 전통이 중요하지만 전통도 성서에 의해 시험받아야 한다고 생각하였다. 또한 성서가 전통적 신학적 판단의 합법성을 질문하였다. 왜냐하면 성

33) Letters, Vol. 3, 172~173.

서가 신학의 최고 규범이기 때문이다. 그리고 성서에도 이미 여러 가지 전통, 즉 히브리적인 전통과 헬라적인 전통이 있음을 강조한다.

전통이 정확할 때만 그것을 수용하지, 만약 그렇지 못할 때는 전통에 대하여 의심하여 보는 것이 또한 웨슬리의 견해다. 예를 들면 몬타너스(Montanus), 노바티안(Novatian), 펠라기우스(Pelagius) 등은 지혜롭고 경건한 지도자들이고 특히 은총에 대한 인간의 책임성을 강조한 인물들인데 이단으로 정죄 받은 것에 대하여 문제를 제기하기도 하였다.[34)]

프랑크 베이커(Frank Baker)는 《존 웨슬리와 영국교회(*John Wesley and the Church of England*)》라는 괄목할 만한 연구서에서, 웨슬리의 견해가 점차로 발전해 가는 중요한 변화를 보인다고 주장하였다. 웨슬리는 교회를 전통적 규범과 함께 보존되어야 할 하나의 제도로서 보는 견해에서 출발해서, 나중에는 세계선교적 사명을 가진 신실한 성도들의 모임으로 보기에 이르렀다고 해석한다. 다시 말하면 웨슬리는 교회에 대한 존경과 지지를 유지하면서도 전통을 변형시켜갈 필요성을 인정하였다는 것이다. 영국성공회의 경우는 제도로서의 교회 쪽으로 지나치게 기울어져 있다고 생각하였다.

웨슬리가 전통을 강조하는 이유는 부모에게서 받은 가정교육, 옥스퍼드에서의 경험, 초기 기독교 교부전통의 상속자인 교회에 대한 강한 믿음 때문이었다. 아버지 사무엘은 교회전통, 특히 동방교부 신학까지도 중요하게 생각하였다. 웨슬리는 그 중에서도 니케아회의(A.D. 325) 이전의 교부들, 그리고 콘스탄티노플회의 이전의 교부들을 중요하게 생각하였다.

34) Maddox, 44.

또한 무엇보다도 5세기 교부시대까지 형성된 서방과 동방의 교부신학이 사도들의 가르침에 시기적으로 매우 가깝기 때문에, 그들의 해석이 탁월하기 때문에, 그리고 그들이 성령의 충만함을 체험하였기 때문에 중요하게 받아들여야 하는 전통이라고 생각하기도 하였다.[35] 그래서 그는 동방교부 크리소스톰(Chrysostom), 바실(Basil), 닛사의 그레고리(Gregory of Nyssa), 마카리우스(Macarius) 등을 많이 연구하였다. 그리고 서방교부 중에는 터툴리안(Tertullian), 키프리안(Cyprian), 어거스틴(Augustine) 등을 중요하게 생각하였다. 웨슬리가 그의 목회자들에게 행한 연설에서 다음과 같이 초대교회 교부신학을 언급하였다.

역사자료 · 74

> 만일 어떤 사람들이 언어, 과학, 그리고 교부신학에 대하여 연구하지 않았다면 그를 몇 년 동안 공부에 전념하였다고 말할 수 있겠는가? 성서에 관한 가장 본래적인 주석가들, 모든 성서가 주어졌던 성령으로 우수하게 영감 받았고 성서의 원천에 가장 가까운 시대에 살았던 분들이 바로 교부들이다. 나는 주로 니케아회의 이전에 신학저술들을 남겼던 교부들에 대하여 말한다. 그러나 니케아 이전의 교부들과 친근하였던 교부들이 누구인가? 크리소스톰(Chrysostom), 바실(Basil), 제롬(Jerome), 어거스틴(Augustine), 그리고 무엇보다도 비탄에 잠겼던 에프라임 시러스(Ephraim Syrus) 등이 아닌가?[36]

35) "Address to Clergy", 484.

36) "Address to Clergy", 484.

역사자료 · 75

> 내가 교부들과 친분이 두텁지 않은가? 적어도 초대교회 시절에 살았던 가장 존경스러운 분들과 친근하다. 내가 읽고 또 읽고 하였던 신학저술들은 대체로 로마의 클레멘스(Clemens Romanus), 이그나티우스(Ignatius of Antioch), 폴리캅(Polycarp) 등의 작품들이다. 그리고 적어도 한 번은 읽은 신학작품들은 순교자 저스틴(Justin Martyr), 터툴리안(Tertullian), 오리겐(Origen), 알렉산드리아의 클레멘스(Clemens Alexandrinus), 그리고 키프리안(Cyprian)이 아닌가?[37)]

이렇게 웨슬리는 다양한 교부들의 신학을 중요하게 생각하였다. 그리고 루터와 칼빈을 비롯한 종교개혁 전통도 매우 중요한 전통이라고 생각하였다. 그의 신앙의인화론(justification by faith)은 루터의 영향을 강하게 받았고, 율법의 중요성을 강조한 것은 칼빈의 율법의 제3 용법 해석의 영향을 강하게 받은 것이었다.

또한 웨슬리는 다양한 교파의 기독교인들이 서로 다른 견해를 가질 수도 있다는 것을 인정하였다. 기독교인들은 서로 다르게 생각하고 예배하고 행동할 수밖에 없음을 받아들인 것이다. 웨슬리는 그의 설교 "에큐메니컬 정신(The Catholic Spirit)"에서 여러 교리와 예배형식의 차이에도 불구하고 서로 연대할 수 있음을 강조하였다. 여기서 그는 "내 마음이 네 마음을 향하여 진실함과 같이 네 마음도 진실하냐 하니 여호나답이 대답하되 그러하니이다 이르되 그러면 나와 손을 잡자(왕하 10:15)"라는 본문에 대해 설교하면서, 그리스도에 대한 믿음과 하나님

37) "Address to Clergy", 492.

과 이웃에 대한 사랑이 있다면 서로 항상 화해하고 일치할 수 있음을 주장한다. 웨슬리는 기독교인이 한마음이 되기 위해 믿고 행하여야 할 것이 무엇인지를 말한다.

역사자료 · 76

당신의 마음이 하나님을 향하여 진실합니까? 당신은 하나님의 존재와 하나님의 완전함을 믿습니까? 그분의 영원하심, 광대하심, 지혜, 능력을? 그분의 정의, 자비, 진리를? …… 당신은 주 예수 그리스도를, '모든 것 위에 계시며 영원히 찬양받으실 하나님'을 믿습니까? 그분이 당신 마음에 계시됩니까? 당신은 예수 그리스도와 그분이 십자가에 달리신 것을 아십니까? …… 당신의 신앙은 …… 사랑의 능력으로 충만합니까? 당신은 하나님을 '마음을 다하고 뜻을 다하고 영혼을 다하고 힘을 다하여' 사랑합니까? …… 당신은 자신의 뜻뿐 아니라 당신을 보내신 그분의 뜻을 행하는 데 힘쓰고 있습니까? 당신의 마음은 당신의 이웃을 향하여 진실합니까? …… 당신은 당신의 일을 통하여 사랑을 나타내십니까? …… '그러면 나와 손을 잡읍시다.' '나와 견해를 같이 하자'는 것을 의미하는 것이 아닙니다. …… 당신이 나에게로 넘어오려고 애쓸 필요도, 나를 당신에게로 데리고 갈 필요도 없습니다. …… '나의 예배방식들을 받아들이라'는 의미가 아닙니다. …… 우리는 둘 다 각자가 충분히 확신하는 대로 행하여야 합니다. …… 첫 번째로 나를 …… 그리스도 안에서 형제로서 사랑해 달라는 것입니다. …… 두 번째로 당신의 모든 기도에서 나를 하나님께 맡겨 달라는 것입니다. …… 세 번째로 나를 일깨워서 사랑하고 선행을 행하도록 하게 해 달라는 것입니다. …… 마지막으로 나를 말로만 사랑하지 말고 행함과 진실함으로 사랑하라는 것입니다. …… 만약 우리가 이

> 말을 가장 엄격한 의미에서 받아들인다면, 에큐메니컬 정신을 가진 사람은 위에 언급한 방식으로 진실한 마음을 가진 모든 사람에게 그의 마음을 향하여 손을 내미는 사람입니다.[38]

그는 기독교인들 사이의 전통에 대한 신학적 견해와 실천의 다양성이 불가피함을 받아들인 다음, 놀랄 정도로 현대적인 에큐메니컬 정신을 갖자고 한다. 기본적인 신앙과 사랑만 있다면 서로의 다양한 전통을 이해하면서 에큐메니컬적으로 하나 됨을 추구할 수 있다는 것이다.

4. 경험(Experience)

경험 혹은 체험에 관한 것은 웨슬리의 신학함에 있어서 성서, 전통, 이성보다 덜 다루어졌던 것이 사실이다. 이것은 사실 후대 웨슬리 신학자들에 의해서 그 중요성이 더욱 인식되었다고 할 수 있다. 웨슬리는 경건주의의 영향으로 이 종교적 체험과 삶의 경험을 신학의 규범으로 받아들였다. 그는 객관적 기독교의 진리를 포함하여 모든 진리를 주관적 경험에 의하여 검증하였다. 실존적으로 '내가' 체험한 진리가 참 진리가 될 수 있다는 것이다. 이것은 그가 단순한 감성적 느낌들을 지나치게 강조하였다는 것을 의미하지는 않았다. 17세기에는 잘못 인도된 종교적 열광이 초래한 비극적 실례들이 너무나 많아서, 웨슬리는 종교적 체험에만 의존하는 것이 갖는 위험에 대해 예민하였다. 그는 사람이 열심으로 충분히 몰두하기만 하면 거의 무엇에 대해서든 스스로를 확

38) "Catholic Spirit", *The Works*, Vol. 2, 89~92.

신시킬 수가 있다는 사실을 너무나 잘 알고 있었다. 오히려 그가 이해한 경험이나 체험은 개인의 전인적 인격을 향해 말씀하시는 하나님의 의지와 목적에 대한 내면적, 주관적 깨달음이었다.

웨슬리가 말하는 체험은 두 가지로 나눌 수 있다. 첫째는 체험의 유형(type)이다. 웨슬리 자신과 그의 감리교도들의 경험에서 그 경험의 유형이 어떤 것인지를 관찰한 체험이다. 그리고 둘째는 체험의 목적이다. 교리적 문제를 풀기 위한 체험인지 혹은 성서에서 나온 교리를 확신하기 위한 체험인지 하는 문제다. 이 두 가지 체험은 다시 두 상황에서 논의된다. 첫째, 성령이 우리 속에서 확증시켜 주시는 증거를 체험하는 상황이다. 둘째, 성령의 증거에 대한 교리를 논하는 상황이다. 웨슬리는 개개의 크리스천은 하나님의 용납하심에 대한 개인적 확증을 가지고 있다고 믿었다. 그리고 어떤 근거에서 그런 확증이 가능한지를 질문하는 방향으로 웨슬리는 발전시켰다. 그것을 성서적 보증이라고 웨슬리는 그의 두 설교 "성령의 증거 I(The Witness of the Holy Spirit I: 설교 제 10번)"과 "성령의 증거 II(The Witness of the Holy Spirit II: 설교 제 11번)"에서 강조하였다.

성서에 이미 나타나 있는 교리를 경험이 확증해 준다는 것, 즉 교리의 진리는 신앙이 실제적으로 우리의 삶 속에서 완성되어 가는 데서 볼 수 있다는 것이다. 성서가 선포한 교리가 곧 체험임을 주장한다. 성서가 선포한 것을 체험과 연결시키는 가장 좋은 웨슬리의 표현을 다음의 글에서 살펴볼 수 있다.

역사자료 · 77

그리고 여기 이 성서적인 교리를 확인하기 위하여 하나님의 자녀들의 체험을 말씀드리는 것이 좋겠습니다. 이것은 두세 사람이나 소수의 체험이 아니라, 셀 수 없는 많은 무리의 체험입니다. 이 교리는 이 시대에서뿐만 아니라 온 세대에서, 구름 떼와 같은 현재나 과거의 증인에 의하여 확인되고 있는 것입니다. 더 나아가 이것은 여러분이나 나의 체험에 의하여 확인되고 있습니다. 성령은 나의 영에게 "너는 하나님의 자녀다"라고 증거하시고 이에 대한 증거를 주셨습니다. 그리하여 나는 곧이어 "아바 아버지여!"라고 외쳤습니다. 이것은 내가 (여러분들이 그랬듯이) 어떤 성령의 열매를 생각하고 의식하기 전에 행한 것입니다. 이 증거를 받은 데서부터 사랑, 희락, 화평 등 성령의 모든 열매가 넘쳐 흘렀습니다.

처음으로 나는 들었습니다. "너의 죄는 사하여졌느니라! 너는 용납되었노라! 나는 들었노라, 내 마음에선 천국이 솟아올랐도다."

그러나 이것은 먼저 하나님의 자녀들의 체험에 의하여 직접적인 증거가 되기 전에는 그들이 하나님의 사랑 안에 있다는 것을 결코 몰랐노라고 언명하고 있습니다. 뿐만 아니라, 그것은 또한 죄를 깨닫고 그들에게 머물러 있는 하나님의 진노를 느끼는 자들에 의하여서도 확증되었습니다. 이들은 하나님 영의 직접 증거 - 하나님은 불의한 자에게도 자비하셔서 그들의 죄와 허물을 더 이상 기억하지 않으신다는 성령으로부터의 직접적인 증언 - 가 아니고서는 만족할 수 없는 것입니다. 이들 중 어떤 이에게 "당신은 하나님께서 당신에게 사랑, 희락, 화평을 가져오신 것을 돌이켜 생각함으로써 당신이 하나님의 자녀임을 알 수 있을 것입니다"라고 말해 보십시오. 그러면 그는 곧 "이 모든 것에 의한다면 내가 알기로 나는 마귀의 자녀가 아닐까요? 마귀가 하나님을 사랑하는 사랑보다도 나에게는 하나님을 사랑하는 것이 없습니다. 즉 나의 육에 속한 마음은 하나님과 원수입니다. 나는 성령 안에서 희락이 없습니다. 내 영혼은 슬퍼 죽을 지경입니다. 나에게는 화평이 없습니다. 내 마음은 흉흉한 바다, 폭풍우를 만난 바다 같습니다. 이런 영혼이 하나님의 증거, 곧 (저들의 그 마음이나 생활에 있어서 선하다든지 진실하다든지 성경에 일치한다든지 하는 증거가 아니라) '하나님께서는 경건하지 아니한 자를 의롭다 하시느니라(롬 4:5)' 하시는 그 증거에 의지하지 않고서 그 외의 어떤 방법으로 위로를 받을 수 있겠습니까? 사람은 그가 의롭다 하심을 얻는 순간까지는 전부가 경건치 못한 것이요, 참다운 성결에 거리끼는 존재입니다. 또한 사람은 자기가 행한 어떤 의로운 행실 때문이 아니라, 그저 하나님께서 값없이 주시는 긍휼에 의하여, 즉 전적으로 오직 하나님께 받아들여졌다고 의식할 때까지는 참으로 선한 것은 행하지 않으며 그런 것은 아무 것도 행하지 못하는 존재입니다.[39]

그의 구원확신의 중요한 근거가 성령의 신비적 · 영적 · 내적 체험임을 강조한다. 그리고 성령의 내적 증거는 하나님의 사랑으로 이어진다. 하나님의 사랑에 대한 내적 감각을 느끼는 것이 구원을 확신하는 가장 확고한 내적 근거다. 하나님 사랑의 극치는 그가 우리를 먼저 사랑하셔서 의롭다고 인정하신 사건이다. 하나님의 사랑에 대한 영적 감각을 갖는 체험도 성서가 우리에게 말해 주고 있다는 것이다.

웨슬리는 이어서 성경에 의해 지지되지 않는 교리를 체험으로 증명하기에는 부족하고, 성경에 근거하지 않을 때 광신주의에 빠질 위험이 있다고 지적하였다. 체험은 성경이 말하는 대로 그 열매로 보아 알 수 있다고 강조하고, 성경에 근거한 교리를 증거하기에 충분함을 다음과 같이 주장한다.

39) "The Witness of the Spirit II", *The Works*, Vol. 1, 290~291.

여기에 반하여 이 교리를 다음과 같은 것으로 반대하는 사람도 있었습니다. 성경에 의하여 지지되지 않는 교리를 증명하기에는 체험만으론 충분하지 않습니다.

'미친 사람이나 여러 광신주의자들이 이런 증거를 상상한다. 성령의 증거의 목적은 우리의 고백이 순수하다고 증명하는 데 있다. 하지만 그 증거는 그 목적과 합치하지 않는다. 성경은 "열매로 나무를 알지니"라고 하였고, 또 "너희 자신을 시험하고 …… 너희 자신을 확증하라" 하였다. 이 직접적인 증거는 하나님의 모든 책에는 결코 언급된 바가 없다. 이것은 우리가 가장 큰 망상에 빠지는 것을 막지 않는다. 그리고 마침내는 그리스도께서 홀로 당하신 그런 시련의 경우가 아닌 한, 우리 속에 이루어진 변화가 넉넉한 증거가 된다.'

우리는 이에 답변합니다.

① 체험이라는 것은 성경에 근거한 교리를 확증하기에 넉넉합니다.

② 많은 사람들이 자기네들이 경험하지 못한 것을 경험한 듯이 상상하지만, 이것이 참 체험에 대한 편견은 될 수가 없습니다.

③ 이 증거의 목적은 우리가 하나님의 자녀임을 확신케 하는 데 있는데, 이 증거는 그 목적을 이룹니다.

④ 성령의 참된 증거는 그 열매, 곧 사랑, 희락, 화평 등에 의하여 알려집니다. 그러나 열매들이 앞서는 것이 아니요, 열매는 그 뒤에 따르는 것입니다.

⑤ 바로 "너는 …… 예수 그리스도가 네 안에 있는 줄 알지 못하느냐?" 한 성경말씀에 간접적인 증거가 언급되어 있지 않다는 것은 증명될 수 없는 것입니다.

⑥ 하나님의 영이 우리 영과 더불어 증거하심으로써 우리를 모든 미혹에 빠지는 것에서 보호하여 주십니다. 그리고 마침내 우

> 리가 시험 속에 있을 때에 그 속에 우리 영들의 증거가 불충분하거나 또는 그때에 우리가 하나님의 자녀라는 것을 하나님의 영의 직접적인 증거로서 확인해 주는 것이 없다면 우리는 모두 그 시험에 빠져 버리고 말 것입니다.[40)]

위의 두 설교들 이외에 "우리 자신의 영의 증거(The Witness of Our Own Spirit)"에서도 성서적 영적 체험을 중요하게 강조한다.

또한 웨슬리는 성서적 확신 속에서 인간의 보편적 죄악성을 모든 인간의 경험과 연결시켜서 말한다. 매일의 죄 된 경험이 성서적 인간론을 확신시켜 준다는 것이다. 물론 자연인은 별로 분별하지 못하지만, 그것은 다만 분별하지 못할 뿐이지 인간의 현실성(reality)은 성서가 말하는 대로 악한 죄악성임을 보여 준다. 원죄에 대해서 별로 의식하지 않는 사람들 속에서도 원죄의 보편적 요소가 나타남을 웨슬리는 다음과 같이 창세기의 노아 홍수 이야기를 통하여 강조한다.

역사자료 · 79

> 우리는 모세의 저술들 이외에 홍수 이전 시대의 인류의 상태에 대한 본래적 해설을 가지고 있지 않다. 이 본문들에 의하면 그 당시 인간의 상태가 어떠하였는가? 모세는 우리에게 정확하고 충분한 해설을 한다: "하나님께서 인간의 사악함이 크고, 모든 마음의 생각의 상상력이 오직 계속적으로 사악함을 보셨다(창 6:5, 12, 13)." 그리고 이것이 인류의 일부분의 경우가 아니라, 모든 육체가

40) "The Witness of the Holy Spirit II", *The Works*, Vol. 1, 297.

부패하였다.[41]

그러므로 웨슬리는 경험이 성서적인 근거에서 신학적으로 반성되어야 함을 주장한다. 그는 경험이 성서를 확증시켜 주어야 함을 강조한다. 그리고 경험은 성서에서 제안된 해석을 시험해 주는 역할을 하기도 한다. 성서가 말하는 의인화(의롭다 하심)가 확증을 얻으려면 체험에서 시험되어야 한다. 신자가 죄에 떨어지지 않기 위해서 두렵고 떨림으로 달려가는 것을 성서가 말하고 우리의 체험이 그것을 확증시켜 준다. 그리고 웨슬리는 어떤 신앙적 신학적 문제에 대한 개인의 감각적 느낌이 중요하지 않고, 크리스천들의 공동적 · 객관적 체험의 현실성을 분석하는 것을 중요하게 생각한다.[42]

그런가 하면 성서가 대답해 주지 않고 침묵하는 신학적 윤리적 문제들을 인간경험과 신앙체험 속에서 해석하기도 한다. 예를 들면 노예제도 반대에 있어 성서는 그 해답을 주지 않는다. 아니, 오히려 그 제도를 인정한다. 그러나 웨슬리는 자연법과 인간경험에 근거하여 그 제도를 악마시하였다. 그리고 여성 설교가의 인정에 있어서도 성서적 근거보다는 여성 속장들과 여성 신자들의 성령체험에 근거하여 해석한다. 그리고 완전이 점진적으로 다가오는지 혹은 즉흥적으로 다가오는지, 죽기 전에 성취되는지 혹은 죽은 이후에 성취되는지 하는, 성서가 대답해 주지 못하는 문제들을 웨슬리는 성도들의 영적 체험으로 해석한다. 영적 체험이 이 문제를 해석하는 기본적인 기준이 된다. 이러한 신학적 문제

41) "The Doctrine of Original Sin", *Works*, Vol. IX, 196.

42) Maddox, 46.

에서 웨슬리는 성령이 교리적 진리를 확증시켜 줌에 관심하기보다 성령이 크리스천의 체험적 삶 속에서 참된 것임을 증거하는 것에 관심한다. 그리고 직접적인 성령의 영적 감각이 아니라, 체험적 생활을 통하여 얻어진 지혜가 교리적 결단을 위해 가치가 있다고 이해한다. 그의 삶, 감리교도들의 삶, 일반인들의 삶에 대한 관찰에서 외적, 공동체적, 장기적 현실성에 대한 경험을 신학적 해석에 사용한다. 그래서 웨슬리의 경험 이해는 현대신학적 방법론, 실천신학적 방법론에 많이 이용되고 있다. 현대신학에서 흑인해방신학, 남미해방신학, 여성해방신학, 민중신학을 전개함에 있어서 억눌린 민중의 사회적 생활체험이 중요한 신학적 소재와 주제로 다루어지고 있다. 실천신학의 방법론에서 인간경험과 신앙체험을 무시하고서 신학함을 전개할 수 없는 것이다.

그리고 웨슬리는 경험을 단순히 연륜의 지혜와 동등하게 생각하지 않으려고 조심하였다. 이 점은 그가 70세가 훨씬 넘어서 썼던 한 편지에서 엿볼 수 있다. 그것은 미스 마치(Miss March)에게 보냈던 것이다.

역사자료 · 08

아시다시피 나 같은 사람이 연륜에 의한 지혜와 선을 존중하고, 가장 오랜 경험이 가장 좋은 것이라고 생각하는 것은 당연한 것입니다. 그러나 오랜 경험에 많은 이점이 있고 신참 군인보다 노병이 더 신뢰받는 법이라고 할지라도, 하나님은 여전히 그 어떤 규범에도 매이지 않으십니다. 그분은 종종 짧은 시간에 큰일을 이루십니다. 그분은 젊은 남녀를 노인보다 더 지혜롭게 하십니다. 그리고 많은 이들에게 다른 사람들이 수년에 걸쳐 도달하는 것보다 더

친밀하고 깊은 그분과의 교제를 허락해 주십니다.[43)]

여기서 말하는 경험은 확실히 연륜적 경험이 아니라 영적 계시와 은혜의 체험이다. 교리의 진리를 확증하는 것은 경험이었다. 그러나 웨슬리는 경험만 가지고 어떤 것이든 증명할 수 있다고는 결코 말하지 않았다. 신비적 종교적 체험만을 갖고 모든 것을 증명하려는 종교의 위험을 항상 말하였다. 그는 경험을 종교적 권위의 다른 세 가지 주요 원천들과 연결시킴으로써 18세기 감리교도들이 받았던 부당한 비난, 곧 열광주의 혹은 순전한 감정적인 종교라는 편견에 강하게 대항하였다. 앞에서도 보았듯이 비지성적 · 비사회적 · 비성서적 신비주의의 위험성을 웨슬리는 항상 지적하였다.

웨슬리가 결코 간과하지 않았던 중요한 일은 네 가지 규범들을 서로 연결하는 것이었다. 그는 이 중의 어느 하나만을 믿음과 실천의 근거로 삼음으로써 생길 수 있는 문제들을 너무나 잘 알고 있었다. 다른 요소들을 배제하고 성서에만 의존하는 것은 독단적이고 열매 없는 근본주의로 갈 수 있다. 경험만을 우리 행위의 유일한 안내자로 삼으면, 우리가 그때그때 옳다고 느끼게 되는 것이 무엇인지만을 단순히 문제 삼는 영적 관점에 빠져 버린다. 이것은 실용적이고 즉흥적인 접근 방법일 뿐 충분한 것이 아니다. 오로지 이성만을 근거로 하는 신앙은 대조적으로 하나님의 사랑과 현존에 대한 진정한 체험의 열기가 없는, 냉랭하고 형식적이며 지적인 신념체계로 되어 버릴 수 있다. 전통에 대한 지나친 강조는 교회에서 화석화된 태도들을 불러올 수 있다. 웨슬리는 이 네 가지

43) *Letters*, Vol. 6, 132.

요소들이 서로를 보완하게 허용함으로써 동시대인들에게 도움을 주고, 그의 상속자들에게 진리와 의미 추구의 유익한 도구를 제공하는 살아있고 균형 잡힌 신앙 접근 방법을 향해 나아가는 길을 보여 주었다.

B. 존 웨슬리 신학의 발전과정 : 구원론에 있어서 믿음과 사랑/ 선행의 관계를 중심으로

여기서는 웨슬리신학이 루터신학에 근거한 모라비안 경건주의자들과 휫필드를 비롯한 칼빈주의자들과의 신학논쟁을 통하여 발전해 갔음을 밝히고자 한다. 사랑과 선행의 실천을 무시하고 믿음만을 강조한 루터적 모라비안들과 칼빈주의자들의 신앙지상주의(solafideism), 정숙주의(quietism), 율법폐기론(antinomianism)을 웨슬리가 심각하게 논박한 역사적 사건들을 근거로 웨슬리의 구원론에서 믿음과 사랑 혹은 선행의 관계를 논하여 봄으로써 웨슬리신학의 독특성을 제시하고자 한다. 그리고 그의 신학이 어떻게 그의 후계자들에 의하여 계속 발전하여 갔는지를 살펴보고자 한다.

1. 믿음과 사랑/ 선행의 관계에 관한 신학 논쟁의 역사적 전개과정

존 웨슬리는 1738년 올더스게이트 체험을 한 후 같은 해에 "믿음으로 말미암는 구원(Salvation by Faith)"이라는 유명한 설교를 세상에 내놓았다. "선행의인화(justification by good works)"의 신학에서 "신앙의인화(justification by faith)"의 신학으로 신학적 전환을 하기에 이른 것이다. 그러나 그가 같은 해 독일 헤른후트(Herrnhut)의 모라비안 센터를 방문한 후에 신앙의인화의 신학이 의롭다 하심과 거듭남을 얻은 이후에 사랑과 선행의 실천을 무시하는 신앙제일주의(solafideism), 정숙주의(stillness), 율법폐기론(antinomianism)에 빠진 것을 보고서 모라비안과 신학논쟁을 하기 시작하였다. 그래서 1738년 10월 29일 야고보서를 재해석하면서 선행이 아니라 믿음으로 의롭다 하심을 얻고 거듭나지만, 성화의 과정에서 선행으로 신앙이 온전하여진다는 새로운 해석을 시도하기 시작하였다. 그리고 1738년부터 1739년까지 영적 성장을 위한 자기점검(self-examination)을 만들어서 부지런히 자신의 영성수련과 선행실천에 힘씀으로써 성화에 이르기를 추구하였다. 그리고 1739년 1월 "형식적 크리스천(Almost Christian)"이라는 설교를 쓰면서, 참 크리스천은 믿음으로 의롭다 하심만을 확신하지 않고 사랑과 선행의 실천으로 성화를 추구하는 양면이 있어야 함을 강조하기에 이른다.[44]

슈테펜 군터(Stephen Gunter)는 은총의 수단으로서의 선행을 무시하는 루터적 모라비안들과의 율법폐기론적 논쟁을 중점적으로 다룬 책 《하나님 사랑의 제한(*The Limits of 'Love Divine'*)》을 저술하였다. 그 책에서 군터는 웨슬리가 '오직 믿음으로(sola fide)'의 '오직(sola)'을 너무 강조하는 정숙주의나 신앙제일주의나 율법폐기론은 건강하지 못함을 지적하고, '오직(sola)'이란 '유일하게(soly)'라는 뜻이 아니라 '제일차적으로(primarily)'라는 뜻으로 이해하였다고 해석한다. 그리고 아우틀러가 이러한 웨슬리의 이해를 흥미 있게 분석하였다고 강조한다: "신앙은 크리스천 경험에 있어서 제일차적인 현실성이지 총체적인 현실성은 아니다"

44) Heizenrater, 89~91.

(Faith is the primary reality in Christian experience but not its totality.).[45)]

선행을 무시하는 모라비안 정숙주의와의 첫 논쟁은 미국 펜실베이니아 선교사로 있다가 영국 런던으로 1738년 10월 18일에 돌아온 몰더(Molther)와의 논쟁이었다. 웨슬리가 10월 한 달을 영국 서부와 웨일스에서 전도활동을 하고 런던에 돌아와 보니, 몰더가 페터 레인 신도회(Fetter Lane Society)를 혼돈에 빠트리고 있었다. 페터 레인 신도회는 웨슬리가 미국에서 돌아온 후에 모라비안 지도자 피터 뵐러(Peter Boehler)와 함께 시작한 신도회였다. 몰더가 미세스 터너(Mrs. Turner)에게 신앙을 성령의 선물로 체험할 때까지 아무런 외적 선행(outward works)도 하지 말고 조용히 기다려야 함(still)을 강조하였다는 것이다. 미세스 터너는 웨슬리의 영적 지도로 신앙의 강한 확신과 함께 선행을 추구하던(strong faith and zealous of good works) 여성이었다. 웨슬리는 성화의 추구를 위해서 핵심적으로 강조하였던 은총의 수단을 무시하는 몰더의 율법폐기론적 견해를 거절하였다. 1738년 11월 4일(일) 오전 9시에 모인 페터 레인 신도회에서 한 시간 가량의 침묵명상 후에 모라비안 스팡겐버그(Spangenberg)가 예수님을 바라보면서 그의 손 안에서 조용히 기다릴 것을 모두에게 말하였다. 참 신앙이 임할 때까지 모든 은총의 수단(means of grace)을 금하고 특히 성찬을 받지 말아야 한다고 하였다. 그리스도 이외에는 어떠한 은총의 수단도 사용하지 말아야 함을 주장한 것이다.[46)]

웨슬리는 신앙이 임할 때까지 기다려야 하며, 성만찬이나 모든 은총의 수단을 금해야 한다는 그들의 주장을 거부할 수밖에 없었다. 그는 “인간의 모든 참여를 배제하고 신앙만을 강조하며 특히 성만찬을 금지

45) Gunter, 69.

46) Gunter, 85~86.

하는 것을 이해할 수 없다"고 하였다.[47] 웨슬리는 이러한 정숙주의는 곧 율법폐기론(antinomianism), 곧 의롭다 하심을 얻고 거듭난 성도들은 율법이 요구하는 선행을 실천할 필요가 없다는 잘못된 결론에 이르게 됨을 지적하였다. 웨슬리는 하나님의 내적 은총(inner grace)이 임하고 믿음이 다가오기 위해서는 이런 외적 은총의 수단(outward means of grace), 특히 성찬을 부지런히 받아야 함을 강조하였다.[48]

1740년 7월 초에 갈등이 악화되어 제임스 후톤(James Hutton)이 웨슬리가 페터 레인 신도회에서 설교하지 못하도록 금지하였다. 그래서 결국 웨슬리는 그를 따르는 무리와 함께 신도회를 떠날 수밖에 없었다. 이미 감리교회신도회로 모였던 런던 파운데리 신도회(Foundery Society)와 페터 레인 신도회에서 나온 사람들이 합쳐서 연합신도회(the United Society)를 구성하게 되니 남자 25명, 여자 48명, 합계 73명이 되어서 모라비안들만 남게 된 페터 레인 신도회보다 더욱 큰 신도회가 되었다.[49]

웨슬리가 1741년 9월 3일(목) 모라비안 지도자 진젠도르프(Zinzendorf)와 그레이즈 인(Gray's Inn)에서 라틴어로 논쟁할 때 이 문제가 더욱 분명하게 드러났다. 웨슬리는 영어는 잘하지만 독일어를 못하고, 진젠도르프는 독일어는 잘하는데 영어를 잘 못하므로 라틴어로 논쟁을 하게 된 것이다. 진젠도르프는 믿음으로만 성화가 이루어진다고 강조한 반면에, 웨슬리는 믿음만 아니라 사랑과 선행으로 성화가 이루어짐을 강조하였다. 이미 이 논쟁 이전에 1741년 6월 15일(월) 일기에서 웨슬리는 루터의 《갈라디아서 강해(*Comment on the Epistle to Galatians*)》를 읽었을 때 이러한

47) Gunter, 87.

48) Gunter, 88.

49) Heizenrater, 112.

문제를 느꼈다고 언급하였다:

역사자료 · 81

> 여기가 모라비안들의 커다란 오류가 일어나는 근원이라고 이해한다. 그들(모라비안들)은 더 좋을 때든지, 더 나쁠 때든지 루터를 따른다. 여기서부터 그들은 "선행을, 율법을, 계명을 거부한다. 당신들이 율법을 악하게 말하는 자들이 아닌가? 율법을 판단하는 자들이 아닌가?"
>
> (Here (I apprehend) is the real spring of the grand error of the Moravians. They follow Luther, for better, for worse. Hence their "no works, no law, no commandments." But who are thou that "speak evil of the law, and judge the law."[50]

진젠도르프는 오직 신앙만이 복음적인 성화라고 강조한다(Sanctitas evangelica est fides). 그는 사랑을 더 많이 한다고 더욱 거룩해지는 것도 아니고, 덜 사랑한다고 덜 거룩하여지는 것도 아니라고 주장한다(Non magis sanctitas est, si magis amat, neque minus sanctus, si minus amat).[51] 그러나 웨슬리는 사랑 안에서 성장하는 한편, 또한 거룩함 안에서 성장한다고 해석한다(Dum crescit in amore, crescit pariter in sanctitas). "참 성도는 하나님 사랑 안에서 매일 자라야 하지 않는가?(Nonne vero credens crescit indies amore Dei?)"라고 강조한다.[52] 즉 웨슬리는 믿음과 함께 사랑도 성화를 이루

50) ed. Albert Outler, "The Rift with Moravians", *John Wesley*, 366.

51) ed. Outler, "The Rift with Moravians", 370.

52) Outler, "The Rift with Moravians", 370.

는 중요한 원동력임을 강조한다. 그는 이 논쟁에서 종교개혁전통인 신앙으로만을 강조하면서도, 그 신앙을 유지시키고 강화하고 성숙시켜 주는 선행의 필요성도 강조하였던 것이다.

칼빈주의자 조지 휫필드(George Whitefield)와의 예정론 논쟁은 1739년 8월 29일에 쓴 "값없이 주시는 은혜(Free Grace)"에서 출발하였다. 이 논쟁에서는 "만인 안에서 임하시는 은총(grace in the all)"으로 만인의 구원을 원하시고, "만인을 위해 임하시는 은총(grace for the all)"으로 만인의 속죄를 위해서 그리스도가 죽으셨다는 것을 주장하면서 인간의 자유의지적 책임성을 강조하였다. 이 자유의지적 책임성은 성화의 과정에서 역시 선행의 실천으로 나타나는 것이다. 본격적인 칼빈주의자들과의 논쟁의 핵심 이슈도 구원의 과정, 특히 성화의 과정에서의 선행의 역할에 관한 논쟁으로 이어졌다. 칼빈주의자들과의 논쟁을 중점적으로 다룬 책이 알랜 카페지(Allan Coppedge)의 《신학적 논쟁에 있어서의 존 웨슬리(*John Wesley in Theological Debate*)》다. 웨슬리가 예정론을 거부하면서 구원의 은총에 응답하는 인간의 자유의지적 책임성을 강조할 뿐 아니라, 예정은 성화를 추구하는 선행의 실천에 무관심한 율법폐기론적 경향에 이르게 됨을 발견하였다고 카페지는 해석한다.[53]

여기서 주목해야 하는 것은 그리스도를 영접하는 자유의지적 책임성도, 그리스도를 본받아 성화를 이루어 가는 선행실천의 책임성도 모두 먼저 하나님이 선재적으로 역사하시는 은총으로 시작됨을 웨슬리는 누누이 강조한다는 것이다. 은총 없이는 인간의 의지는 아무런 결단도, 아무런 선행실천도 할 수 없다. 그러나 그 은총은 예정의 은총이 아니

53) Allan Coppedge, *John Wesley in Theological Debate* (Nashville: Abingdon Press, 1980), 62.

라 선재적 은총이다. 그래서 결국 휫필드를 비롯한 칼빈주의자들과 웨슬리는 1741년 봄에 결별하게 되었다. 웨슬리의 충실한 평신도 설교가들 존 세닉(John Cennick)과 조셉 험프리즈(Joseph Humphreys)가 웨슬리를 공격하는 설교를 하면서 떠났다. 웨슬리는 율법폐기론과 신앙제일주의로 인한 선행에 대한 무관심이 루터적 모라비안주의자들과 칼빈주의자들 모두에게서 나타나는 현상임을 절실히 체험하였다.[54)]

1745년 초에 웨슬리는 진젠도르프와의 신학논쟁에 대하여 더욱 상세한 신학적 전개를 시도하는 논문 "율법폐기론자와 그의 친구의 대화(A Dialogue between an Antinomian and His Friend)"를 썼다. 웨슬리는 진젠도르프의 견해에 대하여 신학논쟁 때보다 더욱 깊고 상세한 반론을 제기하였다. 그는 본성마저도 실제로 변화하는 의로움(inherent and imparted righteousness)에 대하여 더욱 강조하였다. 성령으로 말미암아 의롭다고 인정(imputed righteousness)받은 모든 성도 속에서 그리스도는 본성마저도 변화시키신다고 해석하였다. 웨슬리는 그리스도가 우리 밖에서 외적으로, 객관적으로 전가하시는 의로움을 주의 깊게 강조하면서도, 성도들 안에서 마음과 생활의 성결을 일으키시는 변화를 또한 강조하였다. 그는 거듭남으로써 나오는 선행들은 인간의 공로가 아님을 알고 있었다. 그러한 공로는 어떠한 죄라도 사할 수 없다. 오직 그리스도의 공로만이 인간의 죄악을 사할 수 있다.[55)]

1745년 8월 웨슬리는 "율법폐기론자와 그의 친구의 두 번째 대화(A Second Dialogue between an Antinomian and His Friend)"에서 다시 한 번 그의 본성적 의로움(inherent and imparted righteousness)을 강조하였다. 그리고 영

---

54) Coppedge, 62.

55) Gunter, 105.

국성공회 신비가 제레미 테일러(Jeremy Taylor), 윌리엄 칠링워스(William Chillingworth), 조지 불(George Bull) 등의 거룩한 삶의 전통을 강조하였다. 그리하여 그는 거룩한 인격과 거룩한 삶의 변화를 말하면서도 그의 영국성공회 청중에게 자신이 선행의인화(work righteousness)를 주장하지 않음을 잘 보이려고 애썼다.[56]

웨슬리는 영국성공회 존 스미스(John Smith)의 편지에 응답하기 위해서 "간절한 호소(An Earnest Appeal)"와 "더욱 더 간절한 호소(A Farther Appeal)"를 썼다. 영국성공회 교인들에게 응답하는 이 두 편의 호소에서 웨슬리는 신앙과 선행의 관계와, 선행은 참 신앙의 결과로서 체험되는 종교적 경험의 성격임을 논리적으로 잘 설명하였다.[57]

웨슬리는 1746년 모라비안들에게 대답하는 중요한 두 편의 설교들을 썼다.[58] 첫째는 "은총의 수단(Means of Grace)"으로, 성찬이 은총의 수단임을 무시하는 모라비안들에게 성찬도 은총의 수단이라고 강조하고 다양한 은총의 수단을 사용하는 선행실천이 있어야 성화를 이룰 수 있다고 하였다.

그리고 둘째는 "노예의 영과 양자의 영(The Spirit of Bondage and of Adoption)"이라는 설교인데, 믿음으로 의롭다 하심을 얻는 복음적 인간(evangelical being)의 특권을 강조함으로써 그가 신앙의인화(justification by faith)와 구원의 확신에 서 있음을 잘 보여 주었다. 다시 말해서 그는 한편으로는 선행실천을 통한 성화론이 약한 모라비안을 공격하면서, 또 한편으로

56) Gunter, 105~106.

57) Gunter, 106~107.

58) Coppedge, 60~61.

는 루터적 모라비안적 신앙의인화가 강하게 살아있음을 보여 주었다.[59]

그는 계속해서 1748년의 설교 "하나님께로부터 태어난 자들의 특권(The Great Privilege of Those that are Born of God)"에서 그리스도의 십자가 은총만이 우리의 속죄와 의롭다 하심의 공로적 원인(meritorious cause)이 됨을 강조하였다. 웨슬리는 선재적 은총, 자유의지, 인간의 책임성으로서의 선행, 구원이 만인에게 제공된다는 주장을 하면서도, 이 공로적 원인을 강조함으로써 하나님의 주권에 의한 속죄와 구원을 말하려고 하였다. 그리고 이러한 공로적 원인이 1765년에 쓴 설교 "성서적 구원의 길(The Scripture Way of Salvation)", 1765년에 쓴 논문 "의롭다 하심에 관한 논문(Treatise on Justification)", 1767년에 쓴 설교 "주 우리의 의(The Lord Our Righteousness)"에서도 계속해서 강조되었다.

1755년부터 1766년 사이에 옥스퍼드대학교의 웨슬리 제자였으나 칼빈주의자가 된 제임스 허비(James Hervey)와의 성화론 논쟁이 벌어졌다. 허비는 칼빈주의 신학에 근거하여 의롭다 하심이 객관적이고 수동적으로 전가되는 사상(imputed righteousness)을 강조함으로써, 믿음과 함께 선행의 실천을 통해 본성마저도 변화하는 능동적이고 주관적이고 본성적인 의로움(imparted righteousness)도 강조하는 웨슬리와 논쟁을 하기에 이르렀다. 허비는 웨슬리에게 그의 본성적 의로움에 반대하는 11개의 편지들(Eleven Letters From Mr. Hervey, to the Rev. Mr. John Wesley; Containing An Answer to Gentleman's Remarks Upon Theron and Aspasio)을 보냈다. 1758년에 웨슬리는 이에 응답하는 편지(A Letter to a Gentleman at Bristol)를 보냈고, 이어서 1762년 4월에 "그리스도의 전가되는 의로움에 관한

59) Wesley, *John Wesley's Sermons: Anthology*, ed. Albert Outler (Nashville: Abingdon Press, 1991), 133. 이하 Anthology(ed. Outler)로 표기함.

논문(Thoughts Upon the Imputed Righteousness of Christ)"을 썼다.

그리고 1765년 칼빈주의자들에게 성화론을 변증하는 그 유명한 설교 "주 우리의 의(The Lord Our Righteousness)"를 썼다. 이 설교에서 그는 예수 그리스도의 신적 의로움(Divine righteousness)과 인간적 의로움(human righteousness), 내적 의로움과 외적 의로움(internal and external righteousness), 수동적인 의로움(passive and imputed righteousness)과 능동적인 의로움(active and imparted righteousness)을 말하면서, 우리 성도들도 본받아서 의롭다 하심을 수동적으로 전가 받을(passive and imputed righteousness) 뿐 아니라 의로운 사람으로(active, real, inherent and imparted righteousness) 살아야 함을 강조하였다.[60] 그 본성적, 실제적 의로움의 변화는 하나님과 화해하고, 하나님에게 용납 받으며, 의롭다 함을 전가 받는 은총의 전제조건이 아니라 그 수동적, 객관적 의로움의 열매와 결과로써 나타나는 것이다. 이것이 바로 웨슬리가 말하는 성화, 곧 성도의 본성과 인격 안의 실제적 변화(real change in believers)와 연결된다. 관계만 변하는 것이 아니라 실제로 하나님의 형상으로, 그리스도의 성품으로 변화하는 것이다.[61] 그리고 의로운 사람으로 살기 위해서는 사랑과 선행을 실천해야 함을 주장하였다.[62]

1782년에 쓴 "타락한 인간을 향하신 하나님의 사랑(God's Love to Fallen Man)"이라는 설교에서 웨슬리는 성도의 성결과 행복을 증가시켜 주는 모든 수동적 은총의 수단을 수련해야 하며(exercising), 다양한 선행으로(in various good works) 성도들 자신을 수련해야 함(exercising)을 강조

---

60) Coppedge, 151~152.

61) Coppedge, 152.

62) Gunter, 114~116.

한다.[63] 설교 중에 이런 기도문을 쓰고 있다: "탄식하는 사람이 울부짖을 때, 과부와 고아가 고통당할 때, 나의 삶을 통해서 당신의 마음이 보이기를 원합니다. 자비의 날개로 빠르게 날아가서 가난한 사람들과 도움을 필요로 하는 사람들을 해방시키게 하옵소서. 나 자신 모두를 그들을 위해 드리게 하옵소서. 친절을 베푸는 기쁨에 비하면 모든 세상적 즐거움은 아무 것도 아닙니다."[64] 웨슬리는 계속해서 다음과 같이 선행 실천을 강조한다: "시간이 있을 때마다 모든 사람에게 모든 종류의 선행을, 모든 차원의 선행을 베푸십시오. 더 많이 선을 행할 때 우리는 더욱 행복해질 것입니다. 가난한 사람에게 더 많이 빵을 나눠 주고, 헐벗은 사람에게 더 많이 옷을 나눠 줄수록 우리는 나그네를 더 많이 대접할 수 있으며, 갇힌 자와 병든 자를 더 많이 방문할수록 우리는 악에서 고통당하는 자들을 더욱 더 해방시킬 수 있으며, 우리는 현재 세상에서조차 더욱 더 위로를 받고, 우리 가슴에 더욱 큰 사랑이 깃들게 됩니다. …… 우리가 더욱 거룩해질 때에 우리는 더욱 행복해집니다. 성화와 행복(holiness and happiness)은 나누어질 수 없습니다. 우리가 다른 사람들에게 더 많은 사랑을 베풀 때에 우리 자신도 현재적 상급을 더 많이 누리게 됩니다. 하나님을 위해 당하는 고난조차도 말할 수 없는 기쁨을 줍니다. 그러므로 아담의 타락은 첫째로, 더욱 거룩한 존재가 되는 기회를 우리에게 제공하였고, 둘째로, 말할 수 없는 많은 선행을 실천할 수 있는 기회를 우리에게 주었으며, 셋째로, 하나님을 위해 고난당하는 힘을 우리에게 제공해 주었습니다."[65]

63) Wesley, "God's Love to Fallen Man", *Anthology*(ed. Outler), 480.

64) *Anthology*(ed. Outler), 481.

65) *Anthology*(ed. Outler), 481.

1769년부터 1775년까지 웨슬리는 토프라디(Augustus Montague Toplady)와 자유의지 논쟁을 벌였다. 토프라디는 영국성공회 찬송작사자로 처음에는 알미니안이었다가 칼빈주의자로 돌아서면서 웨슬리를 공격하기 시작하였다. 1769년에 그는 *The Church of England Vindicated from the Charge of Arminianism*을 쓰면서 영국성공회의 교리는 칼빈주의적 예정론임을 주장하고 어떻게 영국성공회 안에 알미니우스적인 가르침이 들어왔는지 논박하였다. 같은 해에 그는 *The Doctrine of Absolute Predestination Stated and Asserted*를 출판하였는데, 이것은 제롬 잔치우스(Jerome Zanchius)의 라틴어 논문을 영어로 번역한 것이다.[66] 여기에서 토프라디는 철저한 칼빈주의적(hyper-Calvinism) 견해를 고수하였다. 이 논쟁에서 웨슬리는 월터 셀론(Walter Sellon)의 도움을 받았다. 셀론은 헌팅돈 부인(Lady Huntingdon)의 아들에 의해서 요크셔 레드스톤(Ledstone, Yorkshire) 구역에서 안수 받은 설교가였다. 셀론은 1769년에 "Arguments against the Doctrine of General Redemption Considered"라는 논문을 썼는데, 이것은 존 굿윈(John Goodwin)의 알미니우스주의 논문 "Redemption Redeemed"를 발전시킨 것이었다.[67] 그리고 웨슬리의 후계자로 지목된 존 플레처(John Fletcher)도 논쟁에 참여하였다. 토프라디가 칼빈주의는 선택된 자의 예정된 구원의 필연적 수단으로 선택된 자의 성결을 보증하였다고 강조하였지만, 이 입장은 멸망으로 예정된 자의 필연적 수단으로 유기된 자의 사악함도 보증하였다고 플레처는 날카롭게 지적하였다.[68] 토프라디는 1778년 런던에서

66) Coppedge, 177.

67) Coppedge, 177.

68) Coppedge, 182.

38세의 젊은 나이로 죽음을 앞두게 되었는데, 그가 자신의 칼빈주의적 입장을 바꾸고 웨슬리에게 과격한 표현을 한 것을 사과하려고 한다는 소문이 돌게 되었다. 그러자 토프라디는 의사의 만류에도 불구하고 죽어가는 몸을 이끌고 강단에 가서 웨슬리와 알미니안 논쟁에 관계된 그의 모든 주장들, 죽어가는 침대에서 펜과 잉크로 쓴 모든 주장들에 대해서 아주 확신하고 만족해한다고 강조하였다.[69] 웨슬리는 이 문제에 관한 논문 "Predestination Calmly Considered"에서 영원한 선택, 유기, 제한된 속죄론, 불가항력적 은총, 그리고 마지막 견인의 은총에 대하여 집중적으로 공격하였다.[70] 하나님의 주권과 인간의 자유의지는 논쟁의 중심을 차지하였다. 이러한 이슈들이 부흥운동의 두 신학적 캠프 사이에 영원한 긴장을 만들었다. 웨슬리는 인간의 자유는 도덕적 책임의식(moral accountability)을 유지하고 운명적 율법폐기론을 피하기 위해 필연적이라고 느꼈다.[71] 그는 1739년 휫필드와 논쟁한 이래로 토프라디 논쟁에 이르기까지 계속해서 무조건적 예정(unconditional election)과 최종적 견인(final perseverance)은 율법폐기론임을 강조하였다. 사랑의 율법이 요구하는 성화추구를 위한 선행을 무시하는 율법무용론임을 재차 주장하였다.[72] 성결을 위한 열심 있는 선행실천을 무의미하게 만든다는 것이다.

1770년부터 1778년까지는 헌팅돈 공작부인(the Countess of Huntingdon)과의 감리교 연회록 논쟁(The Minutes Controversy)을 벌였다. 헌팅돈 공작

69) Coppedge, 187.

70) Coppedge, 187.

71) Coppedge, 187.

72) Coppedge, 188.

부인의 본명은 셀리나 셜리(Selina Shirley)로, 1728년 6월 헌팅돈의 공작 데오필루스(Theophilus, the ninth Earl of Huntingdon)와 결혼하였는데, 1707년에서 1792년까지 웨슬리처럼 거의 18세기 전체를 산 여인으로서 반평생을 칼빈주의 감리교회(Calvinistic Methodists)의 지도자로 몸 바쳤다. 그녀는 모라비안 논쟁으로 감리교도들이 페터 레인 신도회를 떠날 때 웨슬리를 따라 나왔다. 그녀는 완전성화까지 믿었다. 자신의 아파트를 예배장소로 제공하였다. 그녀는 감리교 설교가들을 훈련시키는 대학을 트레베카(Treveca in Talgarth, South Wales)에 세우고 이 대학의 지도자로 존 플레처(John Fletcher)를 세우기도 하였다. 그녀는 계속해서 칼빈주의 신학에 근거하여 내심으로 웨슬리신학에 불만이 있었으나 그것이 표면화된 것은 1770년 감리교회 연회록에 '선행에 의한 구원(salvation by good works)'이 언급된 것에서 비롯되었다: "(4) Is not this salvation by works? Not by the merit of works, but by works as a condition." 선행에 의한 구원은 인간의 선행의 공로로 구원받는다는 말이 아니라, 구원은 어디까지나 그리스도의 십자가 공로로 시작되는데 그 십자가의 공로로 의롭다 하심을 얻은 결과로서 선행과 사랑의 실천을 통해 구원의 완성, 곧 성화를 이룰 수 있음을 강조한 것이다. 헌팅돈 부인은 웨슬리가 선행에 의한 구원을 교리로 강조하였다고 생각한 것이다.[73] 플레처가 웨슬리를 대변하여 자기를 부인하며, 십자가를 지고, 은총의 수단을 활용하여 열심히 선행을 실천함으로 더욱 풍성한 생명을 얻는 것(to receive more abundant life)을 열망하는 것이라고 주장하였다.[74] 웨슬리도 깊이 생각한 후에 1771년 5월 27일에 다음과 같이 헌팅돈 부인에게 편지를 보냈다:

---

73) Coppedge, 203~204.

74) Coppedge, 207.

"깊이 생각할수록 그 교리들을 더욱 좋아하게 되고 더욱 충분히 확신하게 됩니다. 그 교리들이 성서에 일치하고 건전한 경험에 일치할 뿐 아니라 가장 깊은 중요한 진리들을 포함하고 있습니다."[75] 그리고 1771년 7월 19일 편지에서는 "휫필드를 비롯하여 칼빈주의자들의 일반적인 주장은 그(웨슬리)가 건전하지 못한 신앙을 갖고 있고, 그는 다른 복음을 설교한다는 것입니다. 그러나 그들이 설교하는 것과 내가 설교하는 것이 같은지 다른지 나는 모르지만 나는 30년 이상을 똑같은 진리를 설교하였습니다."[76] 헌팅돈 부인은 웨슬리는 프로테스탄트가 아니고 가톨릭적이라고 비난하였다.[77] 심지어 그녀는 감리교회 연회록은 "마스크를 벗은 가톨릭신앙(Popery Unmasked)" 혹은 "무서운 이단(dreadful heresy)"이라고까지 하였다.[78]

이렇게 웨슬리는 칼빈주의자들과도 성화의 과정에서 사랑과 선행 실천의 중요성을 논쟁하였던 것이다. 이러한 웨슬리의 논쟁사를 무시하고 웨슬리는 단순히 신앙제일주의(solafideism) 신봉자라고 해석할 수 없다. 카페지는 칼빈주의자들과의 논쟁사를 마무리하면서 웨슬리는 펠라기우스주의자(Pelagian)도 반펠라기우스주의자(semi-Pelagian)도 아니고, 하나님의 주권과 인간의 책임성을 종합적으로 이해하였고, 성결(holiness) 혹은 성화는 주어지는 것이 아니라(not a given), 추구되어야 하는 것(something to be pursued)이며, 선행(good works)과 은총의 수단(means of grace)과 함께 긴밀히 연결되어 있음을 강조하였다고 해석하며, 이는

75) Coppedge, 209.

76) Coppedge, 209.

77) Coppedge, 210.

78) Coppedge, 210.

웨슬리가 히브리서 12장 14절 "성결함이 없이는 아무도 주를 보지 못하리라"는 말씀을 충실히 따른 것이었다고 해석하였다. 웨슬리는 도덕주의신학(moralistic theology)에도 예정론(Predestination)에도 모두 대항하여 싸우면서 인격적 영적 성숙(personal and spiritual growth)인 완전성화가 신앙의 목표였음을 보여 주었다고 카페지는 해석하였다.[79] 도덕신학의 문제는 바리새주의에서 나타난 대로 율법주의(legalism)의 문제다. 은총과 복음은 없고 율법주의적 선행만을 강요한다. 중세 천주교회의 도덕신학의 문제는 자유의지의 타락을 인정하지 않고 인간의 선한 본성을 계발하는 선행을 주장한다는 것이었다. 19세기 자유주의신학의 도덕신학도 인간본성의 타락을 인정하지 않고 자유의지적 노력으로 도덕적 선행을 실천하려고 한다. 예수의 신성, 곧 속죄주 되심을 인정하지 않고 예수의 삶의 모범을 실천하려고 하였다. 곧 인간본성의 낙관주의였다. 그러나 웨슬리는 이러한 인간본성의 낙관주의(optimism of human nature)를 비판한다. 선재적 은총으로 다가오시는 성령의 역사를 통하여 자유의지의 책임성이 나타남을 강조하며, 믿음으로 의롭다 하심을 얻은 후에 성령의 역사에 동참하는 자유의지의 참여로 선행이 실천되는 성화를 말한다. 그러므로 웨슬리의 성화는 도덕과 다르며, 도덕을 능가하는 것이다. 다시 말해서 인간본성의 낙관주의가 아니라, 은총의 낙관주의(optimism of grace)를 의미한다. 한편 예정론은 하나님의 주권만을 강조하기에 인간의지의 무력만을 강조하는 인간본성의 비관주의(pessimism of human nature)로 일관한다. 그래서 선행실천의 불가능성만을 강조함으로 성화를 추구하지 못하게 만든다고 웨슬리는 생각한 것이다. 웨슬리

79) Coppedge, 269~271.

도 역시 인간본성의 비관주의에 근거하여 인간의 죄악성으로는 선행실천이 불가능하지만, 은총의 낙관주의에 근거하여 성령이 우리 안에서 역사하실 때 우리의 자유의지가 책임적으로 응답함으로 선행을 통한 성화의 추구가 가능해진다고 주장한다. 이렇게 웨슬리에게서 인간본성의 비관주의와 은총의 낙관주의가 조화를 이루게 된다.

1785년 웨슬리의 믿음과 선행의 관계, 수동적 의로움과 능동적 의로움의 관계가 가장 절묘하게 해석됨으로써 루터주의자들과 칼빈주의자들의 신앙제일주의를 가장 분명하게 공격한 설교가 "우리 자신의 구원을 이룸에 관하여(On Working Out Our Own Salvation)"였다. 웨슬리는 빌립보서 2장 12~13절에 근거하여 하나님이 그리스도의 십자가를 통하여 우리를 구원하시는 공로적 원인과 속죄의 능력을 믿음으로 구원받음을 강하게 강조하면서도 능동적 의로움(active righteousness)은 우리 자신의 능동적 선행참여로 이루어짐을 주장하였다. 이 능동적 · 본성적 의로움의 변화(active, inherent and imparted righteousness)는 하나님과 화해하며 그분에게 용납 받고 의롭다 하심을 얻는 원인적 근거가 아니라 수동적 · 관계적 의로움(passive and imputed righteousness)의 열매와 결과로 따라옴을 강조한다. 모든 믿는 자들을 의롭다 하실 뿐 아니라 성화시킨다는 것이다. 그리스도의 의가 수동적으로 전가된 자들은 성령의 역사로 거룩하고 의로운 본성으로 변화되는 성화를 체험한다는 것이다(엡 4:24). 그리고 이러한 성화체험은 먼저 선재적 은총으로 일하시는 하나님의 역사에 내가 동참함으로 이룰 수 있고(can), 이루지 않으면 안 된다(must).[80]

80) Gunter, 116~117.

2. 루터와 칼빈의 한계를 극복한 웨슬리의 구원론

1) 루터의 한계를 극복한 웨슬리

루터와 칼빈, 웨슬리는 신앙의인화론(믿음으로 의롭다 하심을 얻음, justification by faith)에서는 동일하다. 왜냐하면 올더스게이트 사건 이전까지는 선행으로 의롭다 하심을 얻는 것(justification by good works)을 추구하였으나 루터의 《로마서서문》을 듣다가 뜨거움을 체험하였기 때문이다. 그래서 의롭다 하심이나 거듭남의 체험은 오직 믿음으로만 가능함을 웨슬리는 강조하게 되었다. 이 점에서 웨슬리는 루터나 칼빈과 같은 종교개혁 전통에 서 있다. 거슬러 올라가서 어거스틴과 바울과도 같은 견해다. 그래서 웨슬리는 "믿음으로 의롭다 하심(justification by faith)"이나 "믿음으로 말미암은 구원(salvation by faith)" 등의 설교를 강하게 외쳤고, "거듭남(New Birth)"이란 설교는 무려 60번이나 계속하였다.

그러나 웨슬리는 성화론으로 들어가면서 루터와 루터주의자 모라비안들을 강하게 비판하였다. 루터도 선행이나 성화를 그의 저서 《기독자의 자유》에서 강조한다. 그리고 "두 종류의 의(Two Kinds of Righteousness)"라는 설교에서 우리의 죄를 용서하기 위해 전가되는 의(imputed righteousness)만 아니라, 우리의 본성도 변화하는 실제적 의(real righteousness)도 강조하였다. 또한 그의 "선행론", "십계명해설", "대교리문답", "소교리문답" 등에서 성화와 선행을 강조하였다. 그리고 그의 제자 아그리콜라(Agricola)가 의롭다 하심을 얻고 거듭나서 구원받은 성도에게는 율법이 필요 없다고 주장한 율법폐기론(antinomianism)을 강하게 비판하였다. 성화의 과정에서도 율법의 역할이 있다는 것이다.

그러나 그의 성화론은 웨슬리만큼 강하지 않다. 웨슬리는 죽기 전에 완전성화가 가능하다고 믿었지만, 루터는 완전성화가 인간의 욕망(concupiscentia) 때문에 불가능하다고 보았다. 또한 웨슬리는 선재적 은총으로 회복되는 자유의지를 말하지만, 루터는 노예의지(servum arbitrium)를 말하기에 적극적인 인간의 참여가 성화의 과정에서 배제된다(Luther, "노예의지론(De Servun Arbitrium)"). 루터의 선행론은 성령의 노예가 된 선행이다. 반면 웨슬리의 선행론은 요한복음 5장 17절, "아버지께서 일하시니 나도 일한다"를 인용하면서 성령이 일하시기에(성령 100퍼센트: 여리고 성에 삭개오를 만나러 찾아오셨던 예수님처럼), 나도 열심히 일할 수 있고(can), 열심히 일해야 하는(must) 선행(인간 100퍼센트: 뽕나무에 올라갔던 삭개오처럼)을 강조한다(Wesley, "우리 자신의 구원을 이룸에 관하여(On Working Out Our Own Salvation)"). 그리고 루터는 야고보서를 지푸라기 서신으로 평가 절하였지만, 웨슬리는 로마서와 야고보서를 종합하였다. 야고보서가 말하는 선행은 루터가 비판한 믿음 이전의 선행이 아니라, 믿음 이후의 선행이라고 해석하였다. 또한 웨슬리가 로마가톨릭교회는 사랑과 선행에 의한 성화는 강조하였지만 신앙의인화에 무관심하였고, 루터는 신앙의인화를 강조한 나머지 사랑과 선행에 의한 성화에 무관심하였다고 비판하였다.[81] 그리고 루터는 죄를 깨닫게 하는 율법의 제1 용법과 공공질서를 유지하는 율법의 제2 용법만 말하지, 성화의 채찍질로서의 율법의 제3 용법을 강조하지 않는다. 웨슬리는 산상수훈을 율법의 제3 용법, 곧 사랑의 율법으로 해석한다. 산상수훈은 거듭나지 못한 초신자를 위한 것이 아니라, 이미 거듭난 신자들을 성화케

81) "On the God's Vineyard", Works, Vol. Ⅶ. 204.

하기 위해서 필요한 말씀이라는 것이다. 이렇게 웨슬리는 루터 이후의 18세기 루터주의자 모라비안만 비판한 것이 아니라, 16세기의 루터의 해석도 비판하였다.

웨슬리는 성화의 출발점에 대해서는 루터의 해석을 받아들인다. 루터는 신도가 의인화의 은총을 받는 것을, 의인이 된 것이 아니라 용서받은 죄인, 의롭다고 인정을 받았으나 아직도 죄지을 가능성이 남아 있는 상태(simul justus et peccator)로 해석한다. 웨슬리 역시 거듭난 성도라도 죄지을 가능성이 계속 남아 있다고 생각한다. 그러나 웨슬리가 루터와 다른 점은 죽기 전에 완전한 의인화와 성화의 회복이 가능하다고 믿는 것이다. 하지만 루터는 죽는 날까지 완전해질 수 없다고 생각한다.

루터의 의인화신학에 영향을 받은 모라비안 교도들은 순간적인 성화, 곧 거듭나는 순간에 순간적으로 성화가 주어짐(imputation)을 믿었으나, 웨슬리는 순간적으로 부어지는 성화가 성화의 출발점이지만, 그 후 점진적으로 성장하고 변화하는 과정(impartation)이 있어야 함을 강조한다. 모라비안 교도와의 분열이 생기게 된 결정적 논쟁에서 바로 이러한 순간적 성화가 의인화의 순간과 동시에 전가됨을 웨슬리는 비판하게 되었다. 또한 그는 모라비안의 조용함(stillness)을 비판한다. 모라비안들은 의인화의 은총을 얻기 위해서는 아무런 노력이나 행동도, 은총의 수단(means of grace)도 필요 없고 조용히 기다리기만 하면 된다고 생각하였으나, 웨슬리는 의인화가 믿음으로만 얻어지는 은총이기는 해도 그 은총을 사모하는 마음으로 열심히 은총의 수단들 - 기도, 금식, 성경 읽기, 집회 출석, 성만찬 참여 등 - 을 활용하고 행동해야 한다고 생각하였다.[82]

82) Outler, 353~376.

2) 칼빈의 한계를 극복한 웨슬리

칼빈의 의인화론과 웨슬리의 의인화론이 같은 것이 사실이다. 그의 《기독교강요》에서 강조하는 의인화론이 웨슬리의 설교들 속에서 강조되는 의인화론과 지극히 일치한다. 그리고 칼빈은 자기부정을 통하여 성화를 이룸을 또한 강조한다. 그는 성화의 채찍질을 강하게 강조한다. 칼빈은 게으른 사람을 가장 싫어한다. 예정된 자인지를 확신하기 위해서는 부지런히 경건생활을 힘써야 하고, 세속직업이 하나님께서 부여하신 소명이라고 생각하여 열심히 직장생활을 하여 돈을 벌어야 한다는 것이다. 그래서 자본주의가 발전한 나라들을 보면 칼빈의 금욕주의적인 성화윤리가 강조되었기 때문이라고 막스 베버(Max Weber)는 해석하였다. 그러므로 칼빈신학의 중심은 예정이 아니라 오히려 성화라고 제베르크(Reinhold Seeberg), 워커(Williston Walker), 맥그래스(Alister McGrath) 등이 해석한다. 칼빈은 그의 《기독교강요》에서 루터보다 성화와 선행을 더 많이 강조하였다.

그럼에도 칼빈도 루터처럼 인간의지의 노예신세를 강조하였기에 웨슬리처럼 적극적인 인간의 책임성이나 열심 있는 응답으로서의 사랑과 선행을 말하지 않았다. 그리고 루터처럼 인간본성의 욕망 때문에 죽기 전에 완전성화가 불가능하다고 보았다. 그리고 그의 《기독교강요》에서 인간본성이 변화하여 하나님의 성품에 참여하는 성화론(impartation)을 강조하는 오시안더(Osiander)를 강하게 비판하였다. 그러나 웨슬리는 동방교회 전통을 수용하면서 인간이 은총의 낙관주의(optimism of grace)에 근거하여 하나님의 형상을 회복하는 인격적 변혁의 성화와 완전성화가 가능함을 주장하였다. 더욱이 웨슬리 평생에 휫필드를 비롯하여 칼빈주의자들과 이중예정에 맞서서 만인속죄론과 본성적 인격적 성화론을 말하기 위해서 앞에서 살펴본 대로 "값없이 주시는 은총(Free Grace)", "우리의 의 그리스도(Christ Our Righteousness)" 등의 설교를 썼다.

웨슬리는 모든 사람에게, 심지어 타종교인들이나 불신자들에게도 선재적 은총은 일반계시적으로 임하지만, 그들이 다가오는 은혜를 잊어버리거나 무시하거나 억누르거나 부인하기 때문에 구원에 이르지 못한다고 하였다. 성도들은 이 선재적 은총의 역사에 자유의지적으로 마음의 문을 열고 응답함으로써 구원에 이르게 되는 것이다. 이 선재적 은총을 활용함으로써 구원의 여명이 열리게 된다. 선재적 은총은 하나님을 기쁘시게 하려는 첫 소원(the first wish)을 포함하여, 그의 뜻을 깨달아 아는 영적 빛이 비치는 첫 여명(the first dawn)이고, 구원과 생명에 이른 어떤 경향성(some tendency toward life, some degree from salvation)이다.[83] 따라서 먼저 성령의 은총의 주도권과 인간의 자유의지적 응답과 참여에 의해 구원이 완성된다. 이 순서가 바뀌면 안 된다고 웨슬리는 그의 설교 "우리 자신의 구원을 이룸에 관하여"에서 힘주어 강조한다. 그러므로 이것은 인신협조설(human-Divine cooperation)이 아니라 신인협조설(Divine-human cooperation)이다. 이를 가리켜 복음적 신인협조설(evangelical synergism)이라고도 한다. 펠라기우스주의나 반펠라기우스주의는 그냥 신인협조설(synergism)이라고도 한다.

루터는 성화의 은총을 말하기는 하였지만 의인화의 은총을 중심으로 하였고, 칼빈은 그리스도의 십자가 사건이 주는 의인화와 성화의 두 차원적 은총을 말하였다. 웨슬리는 칼빈이 이해한 성화의 교리를 더욱

83) 웨슬리 저, 김홍기 역,《존 웨슬리의 설교》, 169~170쪽.

발전시킨다. 칼빈은 성화도 그리스도의 십자가가 주는 은혜라고 해석하였지만, 웨슬리는 의인화는 그리스도의 은혜요, 성화는 성령의 은혜라고 해석하였다. 칼빈의 성화론은 성령의 역사로서의 선행, 곧 하나님 100퍼센트, 인간 0퍼센트를 강조함으로 인간의지의 노예신세를 주장하나, 웨슬리의 성화론은 하나님 100퍼센트, 인간 100퍼센트의 복음적 신인협조설을 주장한다.

위에서 고찰한 것처럼 웨슬리는 루터주의자들과만 성화론 논쟁을 벌인 것이 아니라, 칼빈주의자들과도 평생 논쟁하였다. 앞서 살펴본 대로 칼빈은 성화의 채찍질로서의 율법의 제3 용법을 강조하였는데, 웨슬리와 함께 감리교운동을 시작하였으나 나중에 갈라서게 된 조지 휫필드를 비롯한 칼빈주의자들은 행동을 배격하는 예정신앙을 성화신앙보다 더욱 강조하였다. 인간의 의지는 노예 상태며 한순간에 예정된 자에게 부어지는 의인화와 성화를 믿었던 칼빈주의자들은 자유의지의 참여에 의한 점진적인 성화의 과정과 점진적으로 그리스도의 의로움과 거룩함의 본성으로 변화한다는 웨슬리의 성화론을 비판하였다. 결국 루터주의자들과 칼빈주의자들의 하나님의 즉흥적 행위로서의 성화사상은 웨슬리의 점진적 신인협조의 성화사상과 논쟁할 수밖에 없었다. 루터와 칼빈은 죽기 전에 완전한 성화가 불가능하다고 보았지만, 웨슬리는 가능하다고 해석한다.[84] 또한 루터나 칼빈은 하나님의 의로움과 거룩함의 본성으로 바꾸기가 불가능하다고 보았지만, 웨슬리는 이러한 본성에 동참하는 동반자가 된다고 이해한다.

84) "Christian Perfection"(1741), *Works*, Vol. Ⅵ, 1.

3. 믿음에 의한 의인화와 믿음과 사랑/선행에 의한 성화

웨슬리는 구원의 출발(initial salvation)은 믿음으로 이루어지지만, 구원의 완성(final salvation)은 믿음과 사랑으로 가능하다고 보았다. 웨슬리의 구원론의 완성은 성화와 완전성화다. 회개는 종교의 현관(porch)이요, 믿음은 종교의 문(door)이라면 성결과 사랑으로 이루어지는 성화는 종교 자체(religion itself)다.[85] 오직 신앙의인화만을 강조하면 웨슬리 구원론의 절반만 이야기하는 결과를 초래하고, 구원 자체를 즐기기보다는 구원의 문에만 머무는 미성숙한 성도의 상태에 거하게 된다. 웨슬리는 이를 간파하고 영적 성숙을 말하게 된 것이다.

웨슬리의 행동주의 신학은 루터의 신앙제일주의(solafideism)와 정숙주의(quietism, stillness)를 비판하면서 형성된다. 웨슬리의 올더스게이트 체험은 마르틴 루터와 강한 연속성이 있다. 왜냐하면 웨슬리가 루터주의 경건운동파인 모라비안 교도들의 올더스게이트 거리 집회에 갔다가 모라비안 청년 – 홀랜드(William Holland)였을 것으로 역사가들이 추측함 – 이 읽는 마르틴 루터의 《로마서서문》을 듣다가 마음이 이상하게 뜨겁게(strangely warmed) 되었기 때문이다. 그의 회심이 다양하게 해석되지만, 루터적 신앙의인화(justification by faith)신학에 의해 일어났다고 보는 것이 가장 타당하다. 그의 동생 찰스(Charles Wesley)도 모라비안 목사 피터 뵐러(Peter Boehler)에 의해 그보다 먼저 회심하였고, 뵐러와 가장 많은 신앙상담을 존 웨슬리도 하고 있었다. 또한 회심하자마자 뵐러와 함께 페터 레인 신도회(Fetter Lane Society)를 조직하기도 하였다.

그러나 웨슬리는 그의 설교 "하나님에 관하여(On God's Vineyard)"에

85) *Works*, Vol. Ⅷ, 472.

서 루터의 구원론을 비판한다. 또 루터가《갈라디아서 강해》에서 성화에 무관심하였다고 지적한다. 루터는 의인화만을 강조하다가 성화에 관심하지 않았으나, 로마가톨릭교는 성화를 강조하다가 의인화에 무관심하였다고 웨슬리는 지적한다.[86] 특히 웨슬리는 루터주의 경건운동파인 모라비안 교도들의 센터 헤른후트(Herrnhut)를 방문한 후에 루터적 모라비안주의의 신앙제일주의(solafideism), 정숙주의(quietism), 법적 의인화(imputed justification), 율법폐기론적 경향(antinominianism)을 비판하기 시작하였다. 루터에게서 선행은 의로워진 크리스천의 자동적 결과다. 좋은 나무에서 좋은 열매가 저절로 맺히듯이, 신앙으로 의롭다 함을 얻으면 선행의 열매는 저절로 맺힌다고 루터는 해석한다.[87] 그래서 그는 로마서를 강조한 나머지 야고보서를 지푸라기 복음이라고 평가 절하하였다.

그러나 웨슬리는 로마서의 신앙과 함께 야고보서의 선행을 동등하게 중요시한다. 웨슬리는 로마서가 말하는 아브라함의 믿음은 75세 때 갈대아 우르를 떠날 때의 믿음이요, 야고보서가 말하는 아브라함의 행함은 25년 후에 낳은 아들 이삭을 제물로 바칠 때의 행함을 뜻한다고 해석한다.[88] 그리고 야고보서가 말하는 의인화는 로마서가 말하는 의인화와 다르다고 설명한다. 로마서의 의인화는 의롭다고 인정함을 받는 것, 곧 객관적으로, 수동적으로, 법적으로 전가되는 의인화(義認化, imputation)를 말하고, 야고보서의 의인화는 실제로, 본성적으로, 주관적으로, 의로운 사람으로 변화되는 의인화(義人化, impartation)를 말한다고

86) "On the God's Vineyard", *Works*, Vol. Ⅶ, 204.

87) Martin Luther, "The Freedom of a Christian", ed. J. M. Porter (Philadelphia: Fortress Press, 1974), 34~35.

88) *Works*, Vol. Ⅷ, 277.

야고보서 2장 주석에서 웨슬리는 분명하게 강조한다.

역사자료 · 82

그러므로 바울의 의미에서는 아브라함은 그의 선행에 앞서는 믿음으로 의롭다 함을 얻은 것이다(즉, 의롭다고 인정함을 받는, accounted righteousness). 야고보의 의미에서는 아브라함은 그의 믿음에 뒤따르는 선행에 의해서 의롭다 함을 얻은 것이다(즉, 의인(義人)이 되는, made righteous).[89]

다시 말해서 로마서의 믿음과 야고보서의 믿음이 똑같은 믿음이 아니라는 것이다. 바울이 말하는 믿음은 산 믿음을 말하고, 야고보가 비판하는 믿음은 죽은 믿음을 말한다는 것이다. 그리고 로마서의 선행과 야고보서의 선행도 똑같은 선행이 아니라는 것이다. 바울이 비판한 선행은 믿음보다 앞서는 선행이고, 야고보가 강조하는 선행은 믿음에 뒤따라오는 선행을 말한다고 웨슬리는 해석한다. 그리고 선행은 믿음에 생명을 주지 못하나, 믿음은 선행을 낳고 선행으로 완성된다고 강조한다.[90]

그러므로 구원의 출발인 의롭다 하심과 거듭남의 조건은 믿음만이지만, 구원의 완성인 성화와 완전성화에는 사랑과 선행이 필요하다. 웨슬리는 구원의 완성을 의롭다 하심의 완성(final justification)이라고도 표현하는데, 그 의롭다 하심의 완성에는 선행이 필요함을 1744년 연회록(the Conference Minutes of 1744)에서 강조한다: "기회 있는 대로 모든 선

89) John Wesley, "James Chapter 2", *John Wesley's Commentary on the Bible* (Grand Rapids, Michigan: Zondervan Publishing House, 1990), 574.

90) Wesley's Commentary, 574.

행을 행하지 않는 사람은 아무도 마지막으로 구원받지 못할 것이다." 1745년에 쓴 "더욱 간절한 호소(Farther Appeal)"에서 "내적 성결과 외적 성결은 믿음으로 의롭다 하심에 뒤따라오는 결과로서, 이는 의롭다 하심의 완성(final justification)의 조건이다"라고 강조한다. 그러므로 웨슬리는 선행은 의롭다 하심의 출발을 일으키지 못함(initial justification)을 강조하는 한편, 의롭다 하심의 완성(final justification)과 구원의 완성(final salvation)에서는 필요함을 역설한다. 사랑으로 역사하는 선행은 분명히 말과 기질과 생각의 전적인 변화를, 그리스도를 본받는 성화의 모습을 보여 주기 위해서 필요하다는 것이다. 마태복음 25장에 나오는 양의 편에 든 무리들이 병들고, 굶주리고, 갇히고, 나그네 된 지극히 작은 소자를 돌보는 선행이 마지막 구원의 조건이 됨을 그의 《신약성서주해(*Explanatory Notes Upon the New Testament*)》에서 강조한다. 내적 선행으로서 하나님사랑과 이웃사랑, 그리고 외적인 선행으로서 하나님의 계명을 준수하는 것이 구원의 완성(final salvation)의 조건임을 강조한다. 웨슬리는 미스터 힐스(Mr. Hills)와의 대화에서 "구원의 완성은 조건으로서의 선행에 의해 이루어진다(Final salvation is by works as a condition)"고 강조한다. 마태복음 25장이 그것이 사실임을 증명해 준다고 강조한다.[91] 그리고 미스터 처치(Mr. Church)와의 대화에서 "선행은 의롭다 하심을 얻기 전에는 구원의 조건이 못 된다. 그러나 구원의 완성의 조건(conditions of final salvation)은 된다. 누가 감히 우리가 마지막으로 구원받기 위해서 선행을 행하는 것이 불가능하다고 말할 것인가?"라고 하였다.[92] 1741년 8월 1일 일기에 미스터 잉함(Mr. Ingham)과의 대화에서 두 가지 합의를

91) *Works*, Vol. X, 432.

92) *Works*, Vol. VIII, 388.

하였음을 기록하였다: "우리 두 사람은 다음의 두 가지를 기나긴 대화를 통해 합의하였다. 첫째로, 기회가 있는 대로 모든 선행들을 행하지 않는 사람은 아무도 마지막으로 구원받지 못할 것이다. 둘째로, 의롭다 하심을 얻은 사람이 기회가 있는 대로 선을 행하지 않으면 그는 그가 받은 은혜를 잃어버릴 것이다. 만약 그가 회개하지 않고 선행을 하지 않으면 영원히 멸망할 것이다."[93] 웨슬리는 히브리서 12장 14절, "모든 사람과 더불어 화평함과 거룩함을 따르라 이것(거룩함)이 없이는 아무도 구원받지 못할 것이다"라는 말씀을 설교한 것이 문제가 되어 런던에서 설교하는 것을 영국성공회로부터 금지당하여 브리스톨에 가서 옥외설교를 시작하였던 것이다. 그러므로 웨슬리에게 있어서 그리스도를 믿는 것뿐 아니라 그리스도를 본받는 것, 곧 모든 죄악성에서 성별되는 거룩함과 사랑의 온전한 실천이 절실히 요청되는 것이다.

웨슬리는 또한 "형식적 크리스천(Almost Christian)"이란 설교에서 "경건의 모양은 있으나 경건의 능력은 부인하는(딤후 3:5)" 사람들을 비판하면서, 참 크리스천은 믿음을 통한 은총의 신학에 서서 구원의 확신을 가진 사람이면서 동시에 하나님사랑과 이웃사랑의 윤리에 서서 사는 "사랑으로 역사하는 믿음(faith working with love)"을 가진 사람을 의미한다고 하였다. 즉 단순히 구원받은 믿음만을 가진 사람이 아니라, 그 믿음을 갖고 사랑으로 행동하는 사람을 참 크리스천으로 보았다.[94] 웨슬리는 할 수 있는 대로 모든 사람에게 모든 곳에서 언제나 최선의 방법을 동원하여 최선을 다하여 선행을 실천할 것을 다음과 같이 강조한다.

---

93) *The Works*, Vol. 19, (Nashville: Abingdon Press, 1990), 208.

94) 《존 웨슬리의 설교》, 27, 35.

역사자료 · 83

Rules for Christian Living(크리스천 삶의 원칙)

Do all the good you can(네가 할 수 있는 모든 선을 행하라).
By all means you can(네가 할 수 있는 모든 수단을 동원하여),
In all the ways you can(네가 할 수 있는 모든 방법으로),
In all the places you can(네가 할 수 있는 모든 곳에서),
At all the times you can(네가 할 수 있는 모든 시간에),
To all the people you can(네가 할 수 있는 모든 사람에게),
As long as ever you can!(네가 할 수 있는 한 오랫동안)

4. 믿음과 선행의 영성수련을 통한 인격적 영적 성숙 (personal and spiritual growth)

오늘날 영성신학이나 영성수련은 천주교회적 발상이라고 규정짓는 학자들이 있다. 필자가 생각하기에 천주교에는 믿음으로 의롭다 하심과 거듭남을 체험하는 영적 각성운동이 더욱 일어나야 한다. 왜냐하면 거듭나지도 않았는데 영적으로 성장할 수 없기 때문이다. 그러나 거듭난 개신교 성도들이 그리스도에게까지 자라나는 영적 성장과 성숙을 위해서는 영성수련이 절대적으로 필요하다고 필자는 생각한다. 그런 의미에서 웨슬리가 그토록 속회를 통한 영성수련을 강조한 것은 교회사적으로 큰 공헌이라고 볼 수 있다. 웨슬리는 철저히 신앙의인화를 전제로 하는 종교개혁의 전통에 서서 그 위에 사랑과 선행의 실천을 통한 성화훈련을 강조함으로써 종교개혁신학의 발전을 도모하였다.

웨슬리의 속회의 목적도 단지 행정적인 조직이나 교인수만을 증가시키는 양적 성장(growth)을 위한 것이 아니라, 오히려 성화훈련이라는 질적 성숙(maturity)을 도모하는 목회적이고 신앙적인 동기에 있었다. 모든 속도들은 자신의 영적 상태를 간증형식으로 고백하고 나눔(sharing)으로써 서로 권면하고, 돌보며, 격려하고, 위로하는 영적 책임의식(accountability)을 가졌다. 이러한 성화의 책임의식과 연대의식인 'accountability'를 직고(直告)라고 번역한 것은 잘못이다. 속회를 통하여 소규모 단위의 성경공부, 기도회, 그리고 신앙적 담화를 위한 좋은 장이 마련되었다. 이 속회활동을 통하여 그들의 신앙이 파선되지 아니하고 하나님의 은혜가 그들의 삶을 통해 움직이도록 하고, 또한 은혜를 받은 것으로 끝나지 아니하고 생활에서 그리스도의 명령에 복종하는 사랑의 선행을 실천하는 그리스도의 제자가 되게 하는 것, 다시 말해서 속도들이 속회공동체를 통해 공동의 성화를 이루어 가는 것이다. 강제로 고백하는 것이 아니라 서로 협조하고, 서로 응답하며, 서로 격려하게 하는 것이다. 이렇게 웨슬리는 속회를 통한 공동체적 성화생활을 강조한 반면, 개인적 · 수도원적 · 신비주의적 · 은둔적 성화생활을 비판하였다. 고독하고 은둔적인 종교를 만들려는 것은 기독교를 파괴하는 행위라고 웨슬리는 단호히 말한다.

성화훈련의 중요한 세 가지 요소는 첫째, 내면적 개인적 경건(personal piety)을 힘쓰는 것이다. 이를 위해 기도와 금식과 성경 읽기와 일기 쓰기 등 경건의 선행(good works of piety)을 힘쓴다. 둘째, 상호협동적 영성훈련(mutual corporate discipline)을 힘쓴다. 이를 위해 서로가 권면하고 격려하고 충고하고 상담하는 크리스천 컨퍼런스(Christian conference)를 가진다. 셋째, 악행을 금하고 선행을 실천하는 자비의 선행(good works of mercy)

을 힘쓴다. 가난한 자와 병든 자와 갇힌 자와 나그네 된 자와 신체장애인과 소외된 자를 돌보는 선행이 여기에 포함된다. 이것은 자연스럽게 사회에서 빛과 소금의 사명을 다하는 사회적 성화의 행동으로 이어진다. 속회의 영성수련에서도 이렇게 세속성에서 분리되는 경건의 선행과 함께 세상 속으로 성육신화해 가는 자비의 선행을 동시에 강조하였다.

웨슬리는 오직 믿음만이 성화의 유일한 조건이라고 인용한 "성서적 구원의 길(The Way of Scripture Salvation)"이란 설교 후반부에서 "선행이 성화를 위해 필요한가(necessary to sanctification)?"라고 질문하면서 경건의 선행(good works of piety)과 자비의 선행(good works of mercy)이 성화의 수련을 위해 동시에 필요함을 강조한다. 믿음으로 성화가 시작되지만 믿음의 증가와 계속성을 위해서 선행의 열매가 계속 필요하다는 것이다.[95] 그래서 믿음만이 성화의 조건이 아니라 믿음과 선행(경건의 선행과 자비의 선행)이 함께 성화의 조건임을 강조한다. 이러한 속회의 본래의 목적을 한국감리교회가 회복해야 한다. 성화훈련을 집중시킬 수 있는 지도자의 영성수련이 무엇보다도 시급하다. 지도자 훈련이 이루어지지 않았을 때 영국과 미국의 감리교회의 속회가 죽어가게 되었다. 한국감리교회는 철저한 지도자 훈련에 의한 성화 중심의 속회로 돌아가야 한다.

영성수련을 위해서 웨슬리는 은총의 수단(means of grace)을 연회 때마다 강조하였다. 다양한 은총의 수단을 활용하여야 인격적으로, 영적으로 성숙하여 그리스도를 닮아갈 수 있다는 것이다. 그리고 믿음이 은혜의 선물로 다가오지만, 그 은혜가 임할 때까지 선재적 은총으로 일하는 자유의지를 통하여 은총의 수단(means of grace), 곧 성경 읽기, 금식, 기

95) "Scripture Way of Salvation", *An Anthology*(ed. Outler), 378~379.

도, 선행실천 등을 사용할 것을 강조한다: "그리고 행동하기를 배우십시오. 선행을 사모하십시오. 자비의 선행뿐만 아니라 경건의 선행도 열심히 하십시오. 가족기도와 은밀히 하나님께 부르짖는 기도도 노력하십시오. 은밀히 금식하십시오. 성경을 연구하십시오. 성경말씀을 우리와 함께 들으며, 또 홀로 읽으며, 그리고 그 읽은 말씀을 명상하십시오. 기회가 있을 때마다 성찬에 참석하십시오."[96] 이것을 오해한 모라비안 교도들은 웨슬리와 1740년경 논쟁을 벌이게 되었다. 모라비안 지도자 몰더(Philip Molther)는 신앙이라는 선물이 다가오기까지 기다려야 하고 모든 외적 선행을 실천할 필요가 없다고 강조하였다. 웨슬리는 이러한 정숙주의(stillness)를 비판하면서 한 여인이 아직 의롭다 함을 얻기 전에 - 거듭나기 전에 - 성찬을 받다가 거듭남을 체험한 사실을 강조하면서, 선재적 은총으로 회복된 자유의지를 통하여 이러한 은총의 수단을 사용해야 함을 강조하였다.[97] 한국교회가 이 은총의 수단을 바로 활용하여 그리스도에게까지 자라가는 영적인 성숙을 이루어야 한다. 일반적으로 성도가 준수해야 할 일반적 은총의 수단(general means of grace)[98], 성경과 교회사의 전통에서 변할 수 없는 제도적 은총의 수단(instituted means of grace)[99], 상황에 따라 변경시킬 수 있는 상황적 은총의 수단(prudential means of grace)[100] 등이 있다.

96) "On Working Out Our Own Salvation", *The Works*, Vol. 3, 205.

97) Henry Rack, *Reasonable Enthusiast* (Philadelphia: Trinity Press International, 1989), 203~204.

98) 하나님의 현존을 경험하는 것, 계명을 준수하는 것, 십자가를 지는 것, 자기를 부인하는 것 등이다.

99) 기도, 성경 읽기, 금식, 성찬, 크리스천 컨퍼런스(Christian conference) 등이다.

100) 찬양, 선행실천, 악행금지, 가난한 사람과 병자를 방문하는 것, 돈을 가난한 사람에게 나누어 주는 것, 영적 일기 쓰기, 기독교 고전 읽기 등이다.

웨슬리구원론의 핵심은 성화다. 특히 웨슬리의 성화론은 믿음과 선행을 통하여 성화를 추구해 가는 것이고, 그래서 하나님의 성품에 참여해 가는 것(벧후 1:4), 곧 인격의 변혁(impartation)을 의미한다. 다시 말해서 의로움과 거룩함을 추구해야 한다(엡 4:24). 웨슬리는 히브리서 12장 14절을 근거로 거룩함이 없이는 구원의 완성(final salvation)을 이룰 수 없음을 강조한다. 루터신학에 기초한 모라비안들의 독일 경건주의와 웨슬리 경건주의의 수동적 영성(imputation)과 본성적 영성(impartation)의 차이점을 정리하면 다음과 같다.

첫째로, 웨슬리의 경건주의는 독일 경건주의처럼 루터의 노예의지론에 기초한 수동적 · 법적 의로움(passive forensic righteousness)과 수동적으로 전가되고 옷 입혀지는 거룩함(imputed holiness)만을 말하지 않고, 동방교회 교부들(Gregory of Nyssa, John Chrysostom, Macarius the Egyptian)과 알미니우스(Jacob Arminius)의 영향으로 거룩하게 하시는 성령의 은혜의 역사에 대한 인간의 응답으로서의 자유의지의 역할을 강조하는 복음적 신인협조설(Evangelical Synergism)을 주장한다. 또한 능동적 · 본성적 의로움과 거룩함(active imparted righteousness and holiness)까지 말한다.

둘째로, 독일의 경건주의는 루터의 인간본성의 비관주의(pessimism of nature)에 기초하여 죽기 전에 완전성화(entire sanctification)가 불가능하다고 보지만, 웨슬리의 경건주의는 당시 영국성공회와 로마가톨릭교회의 신비가들(Jeremy Taylor, William Law, Thomas a Kempis), 동방교부들의 영향으로 죽기 전에 완전성화가 가능하다는 은총의 낙관주의(optimism of grace)를 주장한다.

셋째로, 독일의 경건주의는 루터의 신앙의인화(justification by faith)사상에 기초하여 신앙제일주의(solafideism)나 정숙주의(quietism)적 경향을 보임으로써 소극적 선행(good works)을 주장하고 사회봉사(social service) 차원에만 머물렀으나, 웨슬리의 경건주의는 적극적 선행을 주장하고 사회봉사뿐 아니라 사회변혁(social transformation)의 차원에까지 이르는 사회적 성화(social sanctification)를 전개하였다.

한국교회는 그 동안 독일 경건주의처럼 수동적 의인화와 거듭남의 영성을 많이 체험하여 왔고, 성령의 능력을 은사체험운동으로 많이 경험하였으나, 성령의 인격 안에서 인격적으로 성숙해 가는 성화는 많이 체험하지 못하였기에 이러한 웨슬리적 성화운동을 한국교회의 21세기 영성운동으로 발전시켜 가야 한다.

거듭남의 순간에 겸손하나 온전히 겸손하지 못하며 성도의 겸손은 자만과 섞여 있다. 거듭난 성도는 온유하나 때때로 분노가 그의 온유를 부숴 버린다. 그의 의지는 하나님의 뜻에 전적으로 용해되지 못한 것이라고 해석한다. 거듭남이 순간적 탄생이라면, 성화는 태어난 아기가 계속 자라는 것과 같다.[101] 그리스도에게 이르기까지 계속 성장하고 성숙하지 아니하면 온전한 겸손, 온전한 온유, 온전한 순종은 불가능하다. 웨슬리는 거듭남과 성화의 관계를 다음과 같이 설명한다.

역사자료 · 84

감리교인들은 인간이 의로워지는 동시에 성화가 시작된다는 것을 참으로 알고 있었습니다. 왜냐하면 사람이 의롭다 인정받을 때, 그는 '거듭나고'[102], '위로부터 태어나며'[103], '성령으로 나는

101) "New Birth", Works, Vol. V, 74~75.

102) 요 3:3, 7.

103) 요 3:3.

것'[104]인데, 그것이 (어떤 이들이 생각하듯) 성화의 전 과정이라고 할 수는 없지만, 그것이 성화의 입구임은 의심할 수 없기 때문입니다. 이와 마찬가지로 하나님께서는 그들에게 충분한 견해를 주셨습니다. 그들은 신생(new birth)이 영혼의 큰 변화를 의미한다는 것을 알고 있었는데, 그것은 사람이 여인에게서 태어날 때 몸을 입고 만들어지듯이, 성령으로 태어난 자 안에서 이루어지는 것으로, 단지 외적인 변화, 술 취함에서 깨어 있는 상태로, 강도짓이나 절도로부터 정직함으로 바뀌는 것(이는 참된 종교를 알지 못하는 사람들의 불쌍하고도 메마르고 가련한 생각입니다.)만이 아니고, 내적인 변화, 즉 모든 불경건함에서 모든 경건한 기질로, 교만함에서 겸손함으로, 급한 성미로부터 온유함으로, 투정과 불만으로부터 인내와 자기포기로 바뀌는 것 ...... 한 마디로, 속세의 음란한 악마 같은[105] 마음으로부터 그리스도 예수의 마음으로 바뀌는 것[106]을 말합니다. 고인이 된 아주 유명한 작가가, 신생(regeneration)에 관한 그의 비상한 논문에서, 신생이란 온전하고도 점진적인 성화의 과정이라고 가정한 것은 사실입니다. 하지만 그렇지 않습니다. 그것은 단지 성화의 문턱에 불과합니다. ...... 즉 입구에 해당될 뿐입니다. 자연적인 출생에서 인간이 단번에 태어나서 점차 키가 자라고 힘이 세어지는 것과 마찬가지로, 영적인 출생에서도 인간은 단번에 태어나서, 그 후에 영적인 크기와 힘이 점차 증가하는 것입니다. 그러므로 신생이란 성화의 첫 지점이 되는 것이며, 완전한 날이 이르기까지 점점 더 증가하는 것입니다.[107]

104) 요 3:6, 8.

105) 약 3:15.

106) 빌 2:5.

107) "On God's Vineyard", *The Works*, Vol. 3, 506~507.

여기서 웨슬리가 어떻게 의인화와 성화의 관계를 해석하는지 몇 가지로 분석 연구해 볼 필요가 있다. 웨슬리는 감리교 역사와 교리를 요약적으로 설명하는 "하나님의 포도원에 관하여"에서 다음과 같이 의인화와 성화를 비교하여 설명한다.

> 역사자료 · 85
>
> 그런데 이 사람들에게 주어진 큰 복이란, 그들이 칭의에 대해서 그것이 성화를 대신하는 것으로 생각하거나 말하지 않는 것처럼, 성화에 대해서도 그것이 칭의를 대신하는 것으로 생각하거나 말하지 않은 점입니다. 감리교인들은 전자와 후자를 똑같이 강조하면서 각각에 그 위치를 유지시키는 데 유의합니다. 그들은 하나님께서 이 둘을 함께 맺어 주셨지만, 인간이 그것들을 떼어 놓을 수가 없다는 사실을 알고 있습니다.[108] 그러므로 감리교인들은 동등한 열성과 부지런함을 품고, 한편에서는 자유롭고, 충분하며, 즉각적인 칭의의 교리를 옹호함과 아울러, 다른 한편에서는 마음과 삶에 있어서의 전적인 성화의 교리를 옹호하고 있습니다. …… 신비주의자처럼 내적인 성결(inner holiness)을 고집하면서도 바리새인처럼 외적인 성결(external holiness)도 중시하는 것입니다.[109]

첫째, 의인화는 우리를 위해 객관적으로 그리스도의 십자가의 은총에 의해 주어지는 은총이지만, 성화는 우리 안에서 주관적으로 갱신케 하고 성화케 하는 성령의 은총으로 우리의 본성이 변화 받는 은총

108) 마 19:6.

109) "On God's Vineyard", *The Works*, Vol. 3, 507.

이다.[110] 다시 말해서 의인화란 십자가에 달리신 그리스도의 은혜로서 제1 아담의 죄로 진노와 심판의 자녀가 된 모든 인간이 제2 아담 그리스도의 십자가의 희생으로 값없이 의롭다 함을 얻게 된 은총이라면, 성화란 의인화와 동시에 일어나는 거듭남을 계기로 새롭게 태어난 영혼이 내주하시는 성령을 통하여 날마다 성장하고 성숙하여 성화하는 은총이다. 곧 의인화는 상대적 변화요, 성화는 실제적 변화다.[111] 의인화가 우리 밖에서(extra nos) 우리에게 주어지고 전가되는 은총(imputation)이라면, 성화는 우리 안에서(in nos) 우리의 본성이 변화하는 은총(impartation)이다. 의인화가 의롭다고 인정하는 법적 의인화라면, 성화는 의인이 되어 가는 것이다. 바리새인처럼 내적 성결의 능력은 없으면서 외적 형식적 성결만 있어서도 안 되고, 신비주의자처럼 외적 성결의 행동은 없으면서 내적 성결만을 주장해서도 안 된다는 것이다.

둘째, 의인화가 용서함 받는 것이라면, 성화는 사랑이 우리 마음에 성령으로 부어지는 것이다.[112] 의인화는 용서와 사죄의 다른 표현이다. 영적으로 병든 인간들이 치유 받고 용서함 받도록 영적 의사, 예수 그리스도의 십자가를 통하여 과거의 죄와 허물을 용서하시고, 하나님의 사랑과 의를 보여 주시는 사건이 의인화다. 반면에 성화는 의롭다 함을 얻는 순간부터 시작되는 것으로, 성령을 통하여 하나님의 사랑이 부어져서 은혜에서 은혜로 날마다 성장하여 완전한 사랑에 이르기까지 자라는 것이다. 의인화의 은혜를 위해서는 사랑이 필요 없지만, 성화의 과정에서는 사랑이 필요하다. 사랑의 에너지로 채워지는 믿음, 사랑으

110) Wesley, "Justification by Faith", *Works*, Vol. Ⅳ, 56.

111) Wesley, "The Scriptural Way of Salvation", *Nature of Salvation*, 26.

112) Wesley, "The Scriptural Way of Salvation", 26.

로 역사하는 믿음(faith working by love)이 성화의 단계에서는 필요하다.

셋째, 의인화가 하나님과의 관계를 회복하는 것이라면, 성화는 하나님의 형상을 회복하는 것이다. 의인화는 하나님과 원수 된 관계에서 화해하여 하나님의 자녀로 용납되어 양자와 양녀가 되는 것이다. 성화는 거기에서 한 걸음 더 나아가 하나님의 성도, 곧 죄악 된 본성이 변하여 하나님의 도덕적 형상을 회복하는 것이다.[113] 잃어버린 하나님의 도덕적 형상이란 의로움과 참 거룩함(righteousness and true holiness)이다. 성화케 하시는 성령의 역사로 이것이 가능하다. 앞에서도 언급한 것처럼 의인화가 관계적 · 객관적 변화라면, 성화는 실제적 · 주관적 · 내면적 변화다.

넷째, 의인화가 행위의 죄들을 사함 받는 것이라면, 성화는 내면적 죄를 사함 받는 것이다. 의인화의 순간 과거에 지은 모든 행위의 죄들은 사함 받지만, 죄의 뿌리 혹은 원죄라고 일컬어지는 내면적 죄는 남아서 신자들을 괴롭힌다. 그런데 이 남아 있는 내적 죄악성을 날마다 십자가에 못 박는 경건의 훈련이 없으면 다시 행위의 죄를 범할 수도 있다. 마치 베드로나 다윗이 실수한 것처럼 타락할 수도 있기에 두려움과 떨림으로 구원을 이루어야 한다. 따라서 성화의 과정에서 모든 교만, 자기의지, 분노, 불신앙, 욕망 등의 내적 죄악성이 뿌리째 뽑혀야 한다. 죽기 전에 모든 내적 죄악성이 뿌리 뽑힐 수 있고, 제거될 수 있다고 웨슬리는 믿는다.[114]

다섯째, 의인화는 오직 믿음으로만(sola fide) 가능하고, 성화는 믿음과 선행으로 가능하다. 믿음만이 의인화의 유일한 조건이다. 이 믿음은 인

113) Wesley, “Minutes of Some Late Conversations between The Rev. Mr. Wesley and Others”, *Works*, Vol. Ⅷ, 278~279.

114) Wesley, “Minutes of Some Late Conversations between The Rev. Mr. Wesley and Others”, 279.

간적 노력에서 나온 것이 아니고 하나님이 주신 선물이다. 웨슬리는 올더스게이트 이전에는 영국성공회의 교리대로 믿음과 선행에 의하여 구원 얻기 – 의인화하고 거듭나기 – 를 열망하였다. 그러나 신비주의적 노력과 공적으로는 불가능함을 발견하기에 이르렀다. 루터적 신앙의인화를 받아들임으로써 회심을 경험하게 되었다. 또한 율법을 지키는 행위를 통하여 의인화할 수 없음을 확신하였다. 전적으로 그리스도의 십자가의 공로만을 믿음으로 의롭다 함을 얻는다. 그러나 신앙의인화를 얻기 위한 행위 – 기도와 성경 읽기 등 – 를 무시할 수 없음을 웨슬리는 또한 강조한다. 그러나 그러한 열망과 공로가 구원의 조건이 될 수는 없음을 말한다.

그러나 성화는 믿음뿐 아니라 행위로 이루어진다. 성화는 믿음으로 시작한다. 그러나 성화의 완성에는 인간의 참여, 곧 선행이 있어야 한다. 따라서 성화의 완성인 마지막 구원은 믿음과 선행으로 성취된다. 그리하여 웨슬리는 의인화의 순간에 그리스도의 의(iustitia Christ)가 주어지고, 전가되는 은총이 다가오지만, 믿음과 선행에 의하여 그리스도의 의가 우리의 본성으로 화하는 은총(impartation), 곧 성화를 받는다고 한다. 이 의로움뿐 아니라 거룩함이 성화의 과정에서 전가되고 우리의 본성으로 화하는데 이는 믿음과 선행으로 된다. 바로 이 점에서 웨슬리의 성화개념과 모라비안의 성화개념이 나뉜다. 루터의 신앙제일주의에 기초한 모라비안주의는 의인화를 받는 순간 성화도 함께 받는다고 주장한다. 그리고 칼빈은 점진적 성화를 강조하였지만, 웨슬리 당시의 칼빈주의자들은 즉흥적 성화의 개입으로 이해함으로써 웨슬리와 역시 나뉘게 되었다. 그리고 칼빈이 말하는 성화도 서서히 점진적으로 이루어지지만 인간의 자유의지적 참여의 선행이 아닌 성령의 역사로서의 선행 – 인간은 노예의지 – 이기에 서서히 전가되는 성화이지 본성이 변하는 성화의 개념은 없다.

웨슬리에게 경건의 선행(works of piety)과 자비의 선행(works of mercy)은 믿음의 연속성과 믿음의 증가를 위해 필요하다. 웨슬리는 루터주의자들 혹은 칼빈주의자들과 더욱 큰 믿음, 더욱 깊은 믿음에 대해서 항상 논쟁하였다. 루터주의자들과 칼빈주의자들은 믿음이 의인화의 순간에 한 번 주어지기 때문에 그것이 자라거나 깊어진다는 것이 불가능하다고 보았으나 웨슬리는 의인화 이후에도 선행에 의하여 계속 자라고 계속 깊어질 수 있다고 생각하였다. 또한 선행은 구원의 확신을 위해 필요하다. 선행은 믿음의 증거다. 믿음의 본질은 내면적이지만, 믿음의 증거는 사회적이라고 웨슬리는 이해한다.[115] 선행은 믿음의 증거일 뿐 아니라, 믿음의 열매다. 참 믿음은 선한 생활로 나타나야 한다. 그러나 웨슬리는 믿음을 근거로 일어나지 아니하는 선행 – 인간본성의 노력으로 행해지는 펠라기우스적, 반펠라기우스적 선행 – 을 거부한다. 그러한 도덕적 선행은 구원에 아무런 영향을 미치지 못한다고 해석한다.

그러나 웨슬리에게 선행과 사랑은 저절로 맺히는 열매가 아니라, 인간의 자유의지적 참여에 의해 신인협조적으로 이루어지는 행위다. 따라서 웨슬리는 도덕적 행동을 강조하는 산상수훈도 야고보서처럼 중요한 설교본문으로 택하였다. 산상수훈 설교는 그의 성화신학을 잘 표현해 준다. 그의 기록된 설교 152편 중 무려 13편이 산상수훈 해설설교다. 그가 브리스톨에서 제일 처음 옥외설교를 할 때(1739년), 예수님도 예배당 밖 옥외산상에서 설교하였듯이 자신도 옥외에서 설교한다는 것

115) Albert Outler, *Evangelism in Wesleyan Spirit* (Nashville: Tidings, 1968), 25.

을 강조하기 위해 산상수훈을 본문으로 선택하여 설교하였다. 특히 그는 산상수훈 강해에서 사회적 성화개념과 지상의 하나님나라 실현을 매우 강하게 주장하였다.

5. 자유의지와 선행성화의 관계:복음적 신인협조설 (evangelical synergism : Divine-human cooperation)

웨슬리는 루터나 칼빈의 신앙의인화(justification by faith)신학에 철저히 근거하면서도 성화신학을 그들보다 더욱 발전시켰다. 그의 성화신학이 루터나 칼빈의 성화신학보다 더욱 행동주의를 강조하는 이유는 복음적 신인협조설(evangelical synergism)에서 나타난다.

루터나 칼빈에게 성화는 하나님이 성령을 통하여 인간 속에 전권적으로 행하시는 일이기 때문에, 인간은 노예신세다. 그에 반하여, 웨슬리의 성화는 하나님의 성령이 먼저 역사(役事)하지만 거기에 인간이 자유의지로 응답함으로써, 곧 신인협조로 이루어진다. 신앙의인화는 그리스도의 십자가 은총으로만 이루어지고 그와 동시에 일어나는 거듭남도 성령의 내재적 은총으로 되지만, 성화는 믿음(하나님의 선물)과 사랑(인간의 선행적 참여)으로 이루어진다고 웨슬리는 생각한다.

그러나 인간의 선행을 가능케 하는 자유의지는 본성적으로 - 자연적으로 - 갖고 태어나는 것이 아니라 선재적(先在的) 은총(prevenient grace)으로 주어지는 것이다. 그렇기에 펠라기우스(Pelagius)나 중세 가톨릭의 반펠라기우스주의(semi-pelagianism)의 자유의지론[116] - 본성적으로 자유

116) 펠라기우스주의와 반펠라기우스주의의 차이는 다음과 같다. 펠라기우스주의는 인간의 타락과 원죄와 유아세례의 필요성을 전혀 인정하지 않는 성선설인 데 비하여,

의지를 갖고 태어남 - 과 다르다. 웨슬리에게 있어서 인간은 모두 원죄를 갖고 태어났다. 그런데 성령의 선재적 은총으로 믿는 성도나 안 믿는 자연인들 속에도 부분적인 자유의지의 회복이 이루어졌다. 이 선재적 은총은 자유의지뿐 아니라 양심과 이성으로도 나타난다.[117] 하지만 이 선재적 은총으로 구원받는 것은 아니다. 구원의 여명으로서 구원을 향해 - 은총을 향해 - 마음의 문을 열 수 있는 것을 뜻한다.[118] 또한 구원

중세 천주교회를 지배한 반펠라기우스주의는 인간의 타락과 원죄를 인정하고 유아세례의 필요성도 강조하는 점에서 다르다. 그러나 자유의지가 아담의 타락 이후에도 초자연적 은총으로 인간본성에 남아 있다고 이해하는 점에서는 같다. 그래서 구원에 있어서 인간본성으로 갖고 있는 자유의지가 먼저 선행을 실천하고 일하면, 은총이 다가온다는 동일한 주장을 한다. 유명한 기독교회사 사전인 ed. F. L. Cross, Oxford Dictionary of the Christian Church (London : Oxford University Press, 1974), 1258쪽에서 다음과 같이 반펠라기우스주의자들을 정의한다: "구원을 위한 은총의 필요성을 부인하지 않으면서 먼저 크리스천 삶을 향한 첫 단계가 인간의 자유의지에 의해서 이루어지고, 오직 그 후에만 은총이 개입된다는 신학자들의 그룹" (a group of theologians who, while not denying the necessity of grace for salvation, maintained that the first steps toward Christian life were ordinally taken by human will and that grace supervened only later). 이것은 그러므로 인신협조설(human-Divine cooperation)이다.

117) Wesley, "On Conscience", *The Works*, Vol. 3, 481~482. 이러한 것들이 세상에 태어난 모든 사람에게서 발견된다는 사실을 부정할 수 있겠습니까? 지각이 깨어나면서 양심이 드러나지 않습니까? 이성이 깨어나기 시작하면서 양심이 드러나지 않습니까? 비록 선악에 대해 인식하게 하는 상황이 여러 가지로 불완전하기는 하겠지만, 선악에 대한 차이를 인식하게 되는 때는 이때쯤 되지 않겠습니까? 예를 들어 모든 사람이 교육의 침해로 문맹이 되지 않았다면, (희망봉의 주민들같이) 그들의 부모를 공경하는 것이 좋다는 것을 알지 못하겠는가? …… '타고난 양심'이 맞는 말 같지만, 엄격하게 말하자면 이 말은 올바른 표현이 아닙니다. 양심은 모든 사람에게서 발견되기 때문에, 어떤 의미에서는 '타고난' 것이라고 말할 수도 있습니다. 그러나 '타고났다'고 말하기에는 적절하지가 않습니다. 오히려 그것은 사람의 모든 선천적 자질 우위에 있는 인간의 모든 선천적 자질들을 부여해 주신 하나님의 초자연적인 은사입니다. 중요한 것은 타고난 본성이 아니라 하나님의 아들입니다. 그분은 세상에 오셔서 모든 사람을 밝혀 주는 '참 빛'이십니다. 그리고 그의 성령은 여러분이 그분이 주신 빛의 길에서 벗어나 걸어갈 때 거리낌을 느낄 수 있도록 마음을 점검하게 하십니다.

118) 그래서 필자는 선행적 은총이란 용어보다 선재적 은총이란 용어를 선호한다. 선행(善行)과 혼동하기 쉬운 이유도 있다.

의 은총을 열망하는 열심과 사모하는 마음도 의미한다.

웨슬리는 선재적 은총이 하나님이 인간을 사랑하시는 하나님의 열심 100퍼센트요, 인간이 하나님을 사모하는 인간의 열심 100퍼센트임을 그의 설교 "성서적 구원의 길(Scripture Way of Salvation)"에서 강조한다.

역사자료 · 98

> 본성적 양심이라고 일컬어지는데 보다 적당하게는 선재적 은총입니다. 그것은 하나님께서 이끄시는 모든 이끄심이요, 하나님을 따르고자 하는 인간의 열망입니다. 곧 우리가 열망하면 할수록 그 열망은 더욱 증가하는 것입니다. 또한 선재적 은총이란 하나님의 아들이 세상에 오는 모든 사람을 계몽시키는 참 빛을 말합니다. 곧 모든 사람들이 정의를 행하고, 자비를 사랑하고, 겸손히 하나님과 함께 걷도록 하시는 것입니다(미 6:8). 또한 이 선재적 은총은 성령도 때때로 모든 사람 속에서 역사하시어 깨닫게 하시는 모든 확신입니다. 비록 대부분의 사람들은 성령의 역사를 가능한 한 억누르거나(stifle), 후에 잊어버리거나(forget), 부인하기(deny)까지 하지만, 선재적 은총은 언제나 모든 사람들에게 주어졌던 것입니다.[119)]

그러므로 모든 사람들에게, 심지어 타종교인들이나 불신자들에게도 선재적 은총은 일반계시적으로 임하지만, 그들이 이 다가오는 은혜를 잊어버리거나 무시하거나 억누르거나 부인하기 때문에 구원에 이르지 못한다는 것이다. 성도들은 이 선재적 은총에 자유의지적으로 마음의 문을 열고 응답함으로써 구원에 이르게 된다. 이 선재적 은총을 활용

119) "The Scripture Way of Salvation", *The Works*, Vol. 2, 156~157.

함으로써 구원의 여명이 열리게 된다. 웨슬리는 선재적 은총이 모든 사람에게 임하는 일반계시적 성령의 역사며, 선행을 열망하는 양심적 열심임을 다음과 같이 설명한다.

역사자료 · 87

> 왜냐하면 단순히 자연상태에 머물러 있는 인간이란 하나도 없습니다. 인간이 하나님의 영을 꺼버리지 않는 한 하나님의 은총의 역사 밖에 홀로 있는 사람은 아무도 없기 때문입니다. 살아있는 사람치고 보통으로 말하는 자연적 양심을 안 가지고 있는 사람은 없습니다. 그러나 양심이란 것은 자연적인 것이 아닙니다. 이것을 좀 더 정확히 말하면 그것은 선재적 은총입니다. 모든 사람이 많건 적건 이 선재적 은총을 지니고 있습니다. 인간의 차이는 있지만 인간은 누구든지 선행의 열망을 가지고 있습니다. 그리고 좋은 열매 맺기를 원하지 않는 사람이 많다고 하여도 이 선행의 열망이 모든 인간에게 있는 것은 움직일 수 없는 사실입니다. …… 그러므로 사람이 은총이 없어서 범죄하는 것이 아니라 그가 가지고 있는 은총을 활용하지 않는 까닭에 범죄하는 것입니다.[120]

그러므로 선재적 은총은 하나님을 기쁘시게 하려는 첫 소원(the first wish)을 포함하여, 그의 뜻을 깨달아 아는 영적 빛이 비치는 첫 여명(the first dawn)이고, 구원과 생명에 이른 어떤 경향성(some tendency toward life, some degree from salvation)이다.[121]

120) "우리 자신의 구원을 이룸에 관하여", 《존 웨슬리의 설교》, 174.

121) 《존 웨슬리의 설교》, 169~170.

따라서 먼저 성령의 은총의 주도권과 인간의 자유의지적 응답과 참여에 의해 구원이 완성된다. 이 순서가 바뀌면 안 된다고 웨슬리는 그의 설교 "우리 자신의 구원을 이룸에 관하여"에서 힘주어 강조한다.[122] 그러므로 이것은 인신협조설(human-Divine cooperation)이 아니라 신인협조설(Divine-human cooperation)이다. 이를 가리켜 복음적 신인협조설(evangelical synergism)이라고도 한다. 펠라기우스주의나 반펠라기우스주의는 그냥 신인협조설(synergism)이라고 한다.

이러한 웨슬리의 복음적 신인협조설은 동방교회의 닛사의 그레고리(Gregory of Nyssa)와 크리소스톰(John Chrysostom)의 영향, 서방교회의 어거스틴(Augustine)의 영향, 그리고 알미니우스(James Arminius)의 영향 등에 의해 형성된 것이다.[123] 그러나 차이점도 있다. 동방교회에서는 자유의지의 양면성이 회개와 믿음으로 나타나는 반면, 웨슬리에게서는 회개는 자유의지의 결단으로 일어나지만, 믿음은 어디까지나 성령의 역사로, 은혜로, 주어지는 하나님의 선물로 이해되기 때문이다.

셀(Croft Cell)은 그의 저서 《존 웨슬리의 재발견(*Rediscovery of Wesley*)》에서 웨슬리를 칼빈적 관점(하나님 100퍼센트, 인간 0퍼센트: monergism)에서 해석하였다. 인간의지의 노예신세(Servum Arbitrium)를 강조한다. 이러한 셀의 해석을 강하게 비판한 것이 알랜 카페지(Allan Coppedge)다. 카페지는

122) "On Working Out Our Own Salvation", *The Works*, Vol. 3, 206.

123) 동방교부 John Chrysostom이 웨슬리에게 미친 영향을 보려면 Kelly Steve McCormick, "John Wesley's Use of John Chrysostom on the Christian Life: Faith Filled with the Energy of Love", Drew University Ph.D. dissertation (Madison, New Jersey: 1983)을 보라. 어거스틴의 영향은 웨슬리의 설교 "On Working Out Our Own Salvation", *The Works*, Vol. 3, 208. 알미니우스의 복음적 신인협조설(evangelical synergism)의 입장에서 칼빈주의와 논쟁한 것은 W. Stephen Gunter, *The Limits of Love Divine* (Nashville: Kingswood Books, 1989)을 보라.

캐논(Cannon)과 린드스트롬(Lindstrom)은 신인협조적으로(synergistic) 해석하지만, 셀(Cell)과 어슨(Ireson)은 하나님만의 에너지(monergistic)로 해석한다고 지적하면서, 신론적으로 해석한다면 하나님만의 에너지로 해석할 수 있고 인간론적으로 해석한다면 신인협조적으로 해석할 수 있다고 설명한다. 그러면서 카페지는 셀이 하나님의 주권과 예정의 관점에서만 웨슬리의 선재적 은총과 완전론을 이해하려고 한 것은 잘못임을 지적하면서, 하나님이 이미 선택의 가능성으로 자유의지를 부여하는 은총을 역사하셨기 때문에 인간은 자유를 가지고 책임적으로 응답할 수 있다는 하나님의 주권과 인간의 자유 사이의 의미심장한 종합적 상관관계로 이해해야 함을 주장한다.[124]

매독스(Randy Maddox)도 그의 저서 《응답하는 은총(*Responsible Grace*)》에서 웨슬리를 셀(Cell)이 하나님만의 에너지에 의한 구원을 강조한 사람(monergist)으로 해석한 것, 캐논이 웨슬리를 신인협조설자(synergist)로 해석한 것을 소개하면서 자신은 응답하는 은총(Responsible Grace)을 강조한 웨슬리로 이해한다고 한다. 하나님이 먼저 선재적 은총으로 다가오신 이유는 의지하고(to will), 행동하도록(to do) 하시기 위함이며, 하나님이 일하시니 우리도 일하지 않으면 안 된다고, 하나님이 일하시니 일할 수 있다고 해석한다. 결국 스타키(Starkey)의 복음적 신인협조설(evangelical synergism)적으로 해석한다.[125]

하버드대신학교 학장 데이비드 헴튼도 그의 저서 《성령의 제국 감리교》에서 매독스와 같은 입장을 갖고 해석한다.

---

124) Allan Coppedge, *John Wesley in Theological Debate* (Wilmore, Kentucky: Wesley Heritage Press, 1987), 266~269.

125) Maddox, 91~92.

역사자료 · 88

확실히 웨슬리는 선행적 은총, 칭의, 성화, 성례전을 은혜의 통로로 여기며, 인간의 의지를 강조하였다. 감리교영성의 특징은 성서적 성결과 인간의 의지를 강조하는 것으로 성서적 성결과 인간 스스로의 운명을 개척하는 의지를 강조하는 데 있다. 그것은 하나님의 강철 같은 의지에 수동적으로 반응하는 것이 아니라 우리 자신의 구원의 완성을 위해 적극적으로 일하는 수행자처럼 혹은 어떤 학자(매독스, Maddox)가 말하는 "응답하는 은총(responsible grce)"이라고 말한 것처럼 반응하는 것이다.[126]

그러나 믿음이 은혜의 선물로 다가오지만, 그 은혜가 임할 때까지 선재적 은총으로 일하는 자유의지를 통하여 은총의 수단(means of grace), 곧 성경읽기, 금식, 기도, 선행의 실천 등을 사용할 것을 강조한다.[127] 이것을 오해한 모라비안 교도들은 웨슬리와 1740년경 논쟁을 벌이게 되었다. 모라비안 지도자 몰더(Philip Molther)는 신앙이라는 선물이 다가오기까지 기다려야 하고 모든 외적 선행을 실천할 필요가 없다고 강조하였다. 웨슬리는 이러한 정숙주의(stillness)를 비판하면서 한 여인이 아직

126) 데이비드 헴튼, 이은재 역, 《성령의 제국 감리교》, (서울: 기독교문화사, 2009), 95.

127) "On Working Out Our Own Salvation", *The Works*, Vol. 3, 205.
"그리고 행동하기를 배우십시오. 선행을 사모하십시오. 자비의 선행뿐만 아니라 경건의 선행도 열심히 하십시오. 가족기도와 은밀히 하나님께 부르짖는 기도도 노력하십시오. 은밀히 금식하십시오. …… 성경을 연구하십시오. 성경말씀을 우리들과 함께 들으며, 또 홀로 읽으며 그리고 그 읽은 말씀을 명상하십시오. 기회가 있을 때마다 성찬에 참석하십시오(And learn to do; be zealous of good works, of works of piety, as well as works of mercy. Use your prayer, and cry to God in secret. Fast in secret, …… Search the Scriptures; hear them in public, read them in private, and meditate therein, At every opportunity be a partaker of the Lord's supper)."

의롭다함을 얻기 전에 – 거듭나기 전에 – 성찬을 받다가 거듭남을 체험한 사실을 강조하면서 선재적 은총으로 회복된 자유의지를 통하여 이러한 은총의 수단을 사용해야 함을 강조한다.[128]

웨슬리는 펠라기우스주의자나 반펠라기우스주의자로 오해를 받았다. 하지만 그는 펠라기우스주의나 반펠라기우스적 인신협조설(human–Divine cooperation)을 철저히 반대한다. 오히려 그의 설교 "우리 자신의 구원을 이룸에 관하여(On Working Out Our Own Salvation)"에서 이러한 인신협조설(인간 50퍼센트, 하나님 50퍼센트)을 비판하면서, 어거스틴의 글을 인용하여 신인협조설(하나님 100퍼센트, 인간 100퍼센트)을 말한다: "우리 없이 우리를 만드신 하나님은 우리 없이 우리를 구원하지 않으실 것이다(Qui fecit nos sine nobis, non salvabit nos sine nobis.)."[129] 필자는 웨슬리처럼 어거스틴주의자이지 펠라기우스주의자나 반펠라기우스주의자가 아니다. 창조는 전적으로 하나님의 의지대로 이루셨지만, 구원은 하나님이 우선적으로 역사하시지만 우리와 더불어 이루어 가신다는 것이다. 우리가 먼저 일하는 것이 아니라 하나님이 먼저 일하시면서 우리와 더불어 우리의 구원을 이루어 가신다는 것은 절대로 배제해서는 안 된다. 똑같은 설교 "우리 자신의 구원을 이룸에 관하여"에서 웨슬리가 아주 좋아하는 성경구절 요한복음 5장 17절, "아버지께서 일하시니 나도 일한다"를[130] 잘 기억해야 한다. 그리고 그 설교 마지막 부분에서 웨슬리가 힘주어 강조하기를 "우리가 신앙의 선한 싸움을 싸우지 않으면,

128) Henry Rack, *Reasonable Enthusiast* (Philadelphia: Trinity Press International, 1989), 203~204.

129) "우리 자신의 구원을 이룸에 관하여", 《존 웨슬리의 설교》, 176.

130) "우리 자신의 구원을 이룸에 관하여", 《존 웨슬리의 설교》, 176.

날마다 자기를 부인하고 자기 십자가를 지지 않으면, 하나님도 우리를 구원하지 않으실 것이다"[131]라고 하였다. 우리의 의지가 응답해야 함을 주장하는 것이다.

선재적 은총을 하나님의 열심으로만 이해해서는 안 된다. 하나님이 인간을 찾아오는 열심 100퍼센트뿐만 아니라, 인간이 하나님을 찾아가는 열심 100퍼센트도 선재적 은총은 포함한다. 하나님이 먼저 일하시는 이유는 우리로 하여금 의지하도록(to will), 일하도록(to do) 하기 위함이라고 웨슬리는 강조한다. 먼저 일하셔서 우리도 일할 수 있게 되고(can), 일하지 않으면 안 된다(must)고 역설한다.[132]

헐만 훈트의 성화 '문 두드리는 예수님'에는 문고리가 없다. 주님이 열심히 문을 두드리지만 나의 자유의지가 안에서 마음의 문을 열어야 하기 때문이다. 이 성화는 웨슬리의 선재적 은총을 잘 말해 주는 그림이다. 한국교회가 부흥회에서 자유의지의 결단을 통하여 은혜를 갈망하는 열심을 강조하고, 다양한 은총의 수단을 사용하도록 주장하는 것은 루터나 칼빈보다 웨슬리적 영향을 강하게 받았기 때문이다. 부흥운동 역사에서도 에드워즈(J. Edwards), 피니(C. Finney) 등이 칼빈주의자들이면서도 모두 웨슬리적 결단을 촉구하는 부흥운동을 강조하였다. 그래서 한국교회 부흥운동도 웨슬리적 결단을 촉구하는 운동으로 발전하여 왔다.

어쨌든 웨슬리는 신자의 자유의지를 강조하면서 어거스틴이나 칼빈의 견인의 은총론을 부정한다. 아무리 의인화와 거듭남의 은총을 받은 성도라도 자유의지에 의하여 떨어질 수도 있다고 해석한다. 웨슬리는

---

131) "우리 자신의 구원을 이룸에 관하여", 《존 웨슬리의 설교》, 176.

132) 《존 웨슬리의 설교》, 165, 173.

그의 설교 "우리 자신의 구원을 이룸에 대하여"에서 두려움과 떨림으로 구원을 이루어야 함을 강조한다(빌 2:12~13).[133] 하나님이 먼저 일하시니 우리도 일할 수 있고(can), 하나님이 먼저 일하시니 우리도 일하지 아니하면 안 된다(must).[134] 그 때문에 스스로 섰다고 하는 자는 넘어질까 조심해야 하고, 푯대를 향하여 뒤돌아보지 아니하고 계속 달려가야 한다.

또한 웨슬리는 그의 설교, "하나님께로서 태어난 자들의 특권(The Great Privilege of Those Who are Born of God)"에서 타락의 가능성을 더욱 강조한다. 죽음과 지옥보다 우리를 넘어지게 하고 타락케 하는 죄를 더욱 무서워해야 한다는 것이다. 그는 권면한다: "높은 데 마음을 두지 아니하고 두려워하라."[135] 우리 영혼이 하나님께 반응을 보이지 아니하면 하나님도 우리 영혼 속에서 계속 행동하지 않으신다(God does not continue to act upon the soul unless the soul reacts to God).[136] 우리 영혼이 하나님을 향하여 호흡하지 아니하면, 그분께 우리의 사랑과 감사와 기도를 돌리지 아니하면, 하나님도 우리 영혼을 향하여 계속 호흡하지 아니하실 것이라고 경고한다.[137] 성령의 인도하심과 경고하심에 따라 끊임없이 기도하고, 찬양하고, 감사하고, 사랑하여야 한다. 예를 들면 베드로가 세 번이나 예수님을 모른다고 한 것, 바나바가 성령의 뜻을 거스르

133) *Works*, Vol. Ⅵ, 508~510.

134) *Works*, Vol. Ⅵ, 508~510.

135) *Works*, Vol. Ⅵ, 513.

136) *Works*, Vol. Ⅴ(웨슬리 설교 19번), 233. 그리고 John Wesley, "The Great Privilege of Those Who are Born of God", *The Nature of Salvation* (Minneapolis: Bethany House Publishers, 1987), 84.

137) Wesley, "The Great Privilege of Those Who are Born of God", 83.

고 조카, 마가 요한을 데리고 가려 함으로 바울과 나뉜 것처럼, 성도도 타락할 수 있다는 것이다.[138] 사랑으로 역사하는 믿음과 기도로 말미암아 우리가 모든 외적 죄악과 내적 죄악을 배제할 수 있다. 성령의 경고와 탄식을 외면할 때 점점 내적 죄악에 빠져들고 신앙도, 사랑도 상실하게 되고, 급기야 외적 행위의 죄들까지도 범할 수 있다고 웨슬리는 경고한다. 그 예로 베드로가 이방인과 함께 식사하다가 바울을 비롯한 유대인들이 들어오자 일어난 경우를 든다.[139] 가장 적절한 예로 다윗을 또한 언급한다. 다윗이 밧세바와 간음죄를 범한 것과 그녀의 남편을 살해한 죄를 범한 것을 지적한다.[140]

웨슬리는 은혜에서 행위의 죄로 떨어지고 타락하는 여덟 가지 단계를 말한다. 1) 죄를 범하지 않는 은혜의 생활, 2) 유혹이 일어나기 시작함, 3) 하나님의 성령이 죄가 가까이 있다고 경고함, 4) 유혹에 넘어가기 시작함, 5) 성령이 탄식하지만, 신앙이 약해지고 하나님에 대한 사랑이 어두워짐, 6) 성령이 "이것이 바른 길이다. 그 속에서 걸어라"라고 날카롭게 질책함, 7) 성령을 통한 하나님의 성화훈련의 음성을 듣지 아니하고, 유혹자의 즐거운 음성에 귀를 기울임, 8) 신앙과 사랑이 완전히 떠날 때까지 악한 욕망이 그의 영혼에 들어오고 퍼져서, 마침내 외적 행위의 죄들을 범하게 되고 주님의 능력이 완전히 그를 떠나게 됨.[141] 웨슬리는 스스로 섰다고 하는 자는 넘어질까 조심해야 하며, 우리의 품에 누워 있는 들릴라에 대항하여, 악한 본성에 대항하여, 항상 깨어 있

138) Wesley, "The Great Privilege of Those Who are Born of God", 84.

139) Wesley, "The Great Privilege of Those Who are Born of God", 80.

140) Wesley, "The Great Privilege of Those Who are Born of God", 79.

141) "The Great Privilege of those that are Born of God", *The Works*, Vol. 1, 440.

어야 한다고 하였다. 하나님의 전신갑주를 입어야 한다.[142] 오직 그리스도의 십자가를 통해서만 우리 마음에 남아 있는 모든 죄악성에서, 우리의 말과 행동이 모든 불의에서 깨끗하게 된다. 인간으로는 불가능하나 오직 그리스도 – 참 인간이며 참 하나님이신 – 만이 모든 것을 가능케 한다. 우리 영혼을 사랑하시는 위대한 의사 그리스도만이 우리를 깨끗하게 하실 수 있다. 때문에 그리스도의 삶과 죽음과 부활을 믿는 우리의 믿음과 회개를 통해서만 성결을 받는다. 회개와 신앙이 우리 구원의 출발일 뿐 아니라 구원의 계속적인 성장으로, 하나님나라에 이르게 한다.[143] 그러므로 오직 그리스도 안에서 구원이 시작되고, 계속 성장하고, 완성된다. 이 때문에 온전한 성화를 죽기 전에 이루었다고 할지라도 계속 그리스도의 속죄의 보혈을 필요로 한다. 그리스도의 의로움과 거룩함의 형상을 이루기까지 계속 회개가 요청되는 것이다.[144]

웨슬리는 로마서 7장을 주석하면서, 사도 바울처럼 의롭다 함을 얻은 신자에게도 은총과 본성, 육체와 영, 성령의 소욕과 육체의 소욕 사이의 갈등이 있음을 지적한다. 속사람으로는 원하지 않지만, 겉사람이 악을 행하게 됨을 탄식한다고 보았다. 즉 의로워진 사람도 범죄 가능성(posse peccare)이 남아 있다고 해석하는 것이다. 은혜 받기 전에 갇혀 있던 자유의지(liberum arbitrium captivatum)가 해방되어 범죄 가능성과 죄짓지 않을 가능성(posse non peccare)을 동시에 갖게 된다고 어거스틴이 본 것처럼, 웨슬리도 자유의지의 회복을 해석한다. 그러나 루터와 칼빈은 은총 받기 전에는 악령의 노예의지요, 은총 받은 이후에는 성령의 노예의지

142) Wesley, *Works*, Vol. Ⅴ, 156.

143) Wesley, Works, Vol. Ⅴ, 166~168.

144) Wesley, Works, Vol. Ⅴ, 168.

라고 해석하기에 자유의지를 인정치 않는 점에서 마니교적 혹은 스토아적 운명론의 경향을 띤다는 비판을 받기도 한다.

로마서 7장의 인간실존의 갈등에 대한 웨슬리의 해석은 흥미롭다. 이 본문을 성령으로 거듭나기 전의 상태라고 해석하는가? 아니면 거듭난 이후의 상태라고 해석하는가? 그리스도의 십자가 사건으로 의롭다 하심의 은총을 받기 이전의 상태인가? 의롭다 하심을 받은 이후의 상태인가? 본문은 역사적으로 논쟁의 대상이 된 부분이다. 바르트와 불트만의 논쟁 이슈가 되기도 하였다. 웨슬리는 본문을 양면적으로 해석한다. 의롭다 하심을 얻고 거듭나기 전의 인간의 실존상태를 묘사할 때는 '율법 아래 있는 인간(man under the law)'이라고 표현한다. 율법을 깨닫기 전의 '본성적 인간(natural man)'으로 살 때는 자신의 욕망을 따라 살다가 율법을 통해 자신의 죄를 깨달으면, 하나님이 두렵고 떨리는 심판주로 등장하기 시작하여 죄의식을 깊이 느끼며 탄식하게 된다. 그러나 죄에서 해방되지 못하고 죄의 노예가 되고 죄의 종이 될 뿐이다. 그래서 "오호라, 나는 곤고한 사람이로다"라고 괴로워하는 공포와 전율이 찾아온다.

이것은 키에르케고르의 '도덕적 실존'과도 유사한 해석이다. 그도 역시 '미적 실존' 속에서는 돈판처럼 욕망과 향락을 즐기다가 도덕적 실존이 되면서 도덕적, 율법적 명령에 의해 자신의 추악함을 발견하면서 죽음에 이르는 병, 곧 절망에 빠지게 된다고 해석한다. 이 사망의 몸에서 구할 자가 아무도 없음을 깨닫게 된다. 그래서 웨슬리와 키에르케고르는 '은혜 아래 있는 인간(man under the grace)'과 '종교적 실존' 속에서 해방을 선언한다. 오직 믿음의 도약으로만 죄와 사망의 법에서 해방되어 성령의 충만함을 받아 성령의 내적 확증을 통해 양자와 양녀 되었음을 확신하게 되고, 생명의 성령의 법의 요구에 따라 성화된 삶을 살게 된다. 그러나 십자가의 은총을 믿음으로 의롭다 함을 얻고 성령의 능력으로 거듭났다 할지라도, 본문과 같은 실존적 상황이 또다시 찾아올 수 있다. 의롭다 함을 얻는 순간, 모든 말과 행위의 자범죄(actual sins)에서 해방되었고 죄의식(guilt)에서 자유함을 얻었다 할지라도, 거듭나는 순간 내적 죄악성(inner sin, roots of sin, original sin)이 파괴되기 시작하므로 이제는 더 이상 죄의 능력(power of sin)이 나를 지배하지도 않고 다스리지도 않고 조종하지도 않을지라도, 죄악성(inner sin)이 계속 남아서(remain) 내 속에서 나를 괴롭힌다는 것이다.

두렵고 떨림으로 구원을 이루지 않으면, 스스로 섰다고 하는 자는 넘어질까 조심하지 않으면, 천국을 침노하지 않으면, 날마다 십자가를 지고 자기를 부인하지 않으면, 하나님의 손을 굳게 붙들지 아니하면, 항상 내적 죄악성이 다시 자범죄(actual sin)를 저지르도록 실수할 수 있고 심지어 다윗처럼, 가룟 유다처럼, 베드로처럼 타락할 수도 있다고 웨슬리는 경고한다. 이런 까닭에 날마다 자신의 욕심을 비우고, 자신의 교만을 비우고, 자신의 거짓을 비우고 예수님처럼 빈 마음(singleness and simpleness)을 만들지 않으면 우리의 영적 생활이 진보할 수도, 성장할 수도 없다.

웨슬리는 분명히 칼빈의 한계를 넘어선다. 성화의 행동은 칼빈처럼 하나님 100퍼센트, 인간 0퍼센트로 되는 게 아니라, 하나님 100퍼센트, 인간 100퍼센트로 됨을 강조한다. 요한복음 5장에 근거하여 하나님이 일하시니 나도 일한다, 성령이 100퍼센트 일하면 나도 100퍼센트 일할 수 있다(can), 성령이 100퍼센트 일하시니 나도 100퍼센트 일하지 않으면 안 된다(must)고 해석한다. 그리고 행함은 우리의 상급을 위해서만 필요한 것이 아니라 우리의 구원을 위해서도 필요하다고 강조한다. 구원의 출발(initial salvation)은 믿음으로 되지만, 구원의 완성(final salvation)은 믿음과 행함으로 된다고 역설한다. 다시 말해서 우리의 믿음이 성숙해지고 완전해지기 위해서 행함이 필요하다는 것이다. 까닭에 보다 풍성한 영성, 보다 성숙한 영성, 보다 완성된 영성을 위해서는 행함 있는 믿음이 요청된다.

6. 성화의 사회적 요소 : 사회적 성화(social sanctification)운동을 통한 민족개혁(to reform the nation)

웨슬리의 성화는 개인적일 뿐 아니라 사회적이다. 웨슬리는 "사회적 성화 아닌 성화를 모른다, 사회적 종교 아닌 기독교를 모른다"고 말한다.[145] 산상수훈의 빛과 소금에 대해 강해할 때에도, "기독교는 기본적으로 사회적 종교다. 기독교를 고독한 종교로 바꾸는 것은 참으로 기독교를 파괴시키는 것"이라고 말하였다.[146] 웨슬리는 내면적 경건과 사회적 개혁, 인격적 성결과 사회적 성결의 생동감 있는 조화를 그의 "찬송가 서문(Hymns and Sacred Poems[published in 1739])"에서 다음과 같이 밝힌다:

역사자료 · 68

> 고독한 종교는 복음서에서 발견되지 않는다. 거룩한 고독은 '거룩한 간음행위' 이상이 아님을 복음은 강조한다. 그리스도의 복음은 사회적 종교(social religion) 아닌 종교를 모른다. 사회적 성결

145) *Works*, Vol. XIV. 321.

146) *Works*, Vol. V, 296.

(social holiness) 아닌 성결을 모른다. 사랑으로 역사하는 믿음은 크리스천 완전의 길이와 넓이와 깊이와 높이를 더하여 준다. 참으로 그의 형제들을 말로만 아니라 그리스도께서 사랑하신 것처럼 사랑하는 자는 선행을 열망하지 않을 수 없다. 그는 그의 영혼 속에서 선행을 실천하기 위해 타오르는 끊임없는 갈망이 이글거리고 있음을 느낀다. 그의 주님처럼 매사에 선을 행하려고 노력한다.[147]

그러므로 감리교회는 어떤 새로운 종파를 만들기 위해서 하나님의 부르심을 받은 것이 아니라 '교회를 개혁하기 위해서(to reform the church)', '민족을 개혁하기 위해서(to reform the nation)'라고 웨슬리는 역설한다.[148] 교회개혁과 민족개혁이 감리교정신이다. 기독교를 은둔자의 종교, 기도하고 명상하는 종교로만 만드는 것은 기독교를 파괴하는 행위라고 본다. 웨슬리는 사회적 성화운동을 통하여 영국 민족을 개혁하는 것이 감리교회를 부르신 하나님의 목적임을 연회 때마다 강조하였다.

그래서 웨슬리 신학자 아우틀러(Albert Outler)는 수직적이고, 내면적인 구원만을 말하고 개인적 성화만을 강조하는 것은 불건전한 복음주의(Unhealthy Evangelism)이며, 개인적 성화와 함께 사회적, 수평적, 외향적 성화를 모두 강조하는 것이 건전한 복음주의(Healthy Evangelism)라고 해석하면서 웨슬리의 사상은 바로 건전한 복음주의라고 풀이한다.[149] 웨슬리에게 있어서 신앙의 본질(essence of faith)은 내면적(inward)이지만, 신

147) Rupert Davies & Gordon Rupp, "Preface of Hymn and Sacred Poems, 1739", *A History of the Methodist Church in the Great Britain*, Vol. 5 (London: Epworth Press, 1965), 33.

148) *Works*, Vol. Ⅷ, 299.

149) Albert Outler, *Evangelism in Wesleyan Spirit* (Nashville: Tidings, 1971), 25.

앙의 증거(evidence of faith)는 사회적이라고 아우틀러는 해석한다.[150] 웨슬리에게는 마음의 성결과 생활의 성결(holiness of heart and life), 내적 성결과 외적 성결(inner and outward holiness) 모두가 중요하다. 마음의 성결과 내적 성결은 인격적 성결을 말하고, 생활의 성결과 외적 성결은 사회적 성결로 연결된다.

웨슬리의 개인적 성화는 성결적 요소(holistic factor)로서, 히브리어 카도쉬(kadosh)와 희랍어 하기오스(αγιοσ)로 표현된다. 곧 세속성과 죄악성에서의 분리(separation)와 성별을 뜻한다. 그것은 외적 행위죄들(actual sins)뿐 아니라 내적 죄(inner sin)까지도 사함 받는 죄 없음(sinlessness)의 경지에 이르는 것이다. 또한 그의 사회적 성화는 성육신적 요소(incarnational factor)로서 세속성에서 분리된 성별의 힘으로 세속을 찾아가는 성육신의 참여, 곧 사랑의 적극적 행위를 세상에서 실천하여 세상의 빛과 소금이 되는 것이다. 즉 성결은 소극적 성화의 방법이고, 사랑은 적극적 성화의 방법이다. 행함이 없는 믿음은 죽은 것이요, 사랑의 에너지로 채워지는 믿음 - 사랑으로 역사하는 믿음 - 이 산 믿음이다.

사회적 성화를 마치 사회도 인격체처럼 회개하고 항상 기뻐하는 성화를 경험하는 것으로 오해하여 기괴한 상상에 지나지 않는 것으로 풀이하는 학자들이 있다. 그러나 사회적 성화라 함은 사회를 인격체로 보고 구원시키겠다는 것이 아니다. 의로움과 거룩함이 인간 안에 이루어졌다면, 그는 사회 안에서 의로운 사회, 거룩한 사회를 만드는 사회적 성화의 사람이 되어야 하고, 그리스도가 그의 내면에서 통치하시는 하나님나라를 경험하게 되었다면 그리스도가 사회 속에서도 통치하시는

150) Outler, *Evangelism in Wesleyan Spirit*, 26.

사회적 성화를 이루기 위해 힘써야 함을 의미한다. 그래서 주기도문대로 하나님나라가, 그리고 그분의 뜻이 사회와 국가 안에 임하도록 사회적 성화운동을 일으킴을 의미한다. 그러나 19세기 자유주의나 사회복음처럼 지상의 유토피아만을 꿈꾸는 것이 웨슬리의 사회적 성화가 아니다. 겨자씨 한 알 같은 마음과 사회 속에서 자라는 하나님나라가 초월적으로, 미래적으로 완성되어 감을 믿는 것이다.

18세기 웨슬리 시대의 사회적 성화가 어떤 배경에서 어떻게 일어났는지 그 역사상황을 모르고 조직신학적 개념으로만 웨슬리신학을 설명하려고 할 때 웨슬리와 감리교도들의 사회적 성화운동을 오해할 수 있다. 사회적 성화는 후대학자들의 해석이 아니라 웨슬리 자신이 강조하였음을 그의 저술들을 통해 알 수 있다. 이는 또한 그 당시에 사회적 성화운동이 어떻게 일어났는지를 살펴볼 때 더욱 분명해진다. 1738년 올더스게이트 체험을 한 웨슬리는 1739년 브리스톨 탄광지역의 광부들, 농부들, 노동자들, 곧 민중들을 찾아가 다양한 사회적 성화운동을 전개하였다.

7. 웨슬리 구원론의 에큐메니컬적 공헌[151)]

1999년 10월 31일에 루터교회와 로마가톨릭교회가 공동발표한 "칭의론에 대한 공동선언(이하 "공동선언"이라고 표기함)"은 칭의, 성화, 믿음,

151) 이 장은 필자가 2002년 5월 한국교회사학회 주최 심포지엄에서 개신교측 이형기 박사의 발제와 천주교측 김성제 박사의 발제에 대한 웨슬리적 입장의 논찬의 주요내용이다. 이 논찬을 2백여 명의 장신대생들이 적극적으로 지지하였으며, 한국교회사학회 소속 23명의 교회사 교수들이 모두 웨슬리적 해석을 긍정적으로 받아들였다. 이 논찬에서 필자는 웨슬리적 구원론이 앞으로 천주교회와 개신교회가 에큐메니컬적인 구원론을 모색함에 크게 기여할 것으로 확신하기에 이르렀다.

그리고 선행에 관한 해석에 있어서 매우 웨슬리적이다. 18세기에 웨슬리가 이미 해석한 믿음과 칭의의 관계, 선행과 성화의 관계를 이 선언도 표현한다. "공동선언" 제19조(4장 칭의에 대한 공동이해의 진술, 1절 칭의에 직면한 인간의 불가능성과 죄)에서 다음과 같이 공동으로 고백한다.

역사자료 · 90

> 인간은 구원하는 하나님의 은혜에 전적으로 의존되어 있다는 것을 우리는 함께 고백한다. …… 즉 죄인으로서의 인간은 하나님의 심판 아래 놓여 있으며, 따라서 어떤 공로도 치를 수 없으며, 자기 고유의 능력으로 구원에 이를 수도 없다. 칭의는 은혜로만 일어난다.[152)]

인간의 공로를 배제시키는 "오직 은총으로만(sola gratia)"의 사상은 웨슬리가 그의 의롭다 하심에 관한 설교 "믿음으로 말미암은 구원", "믿음으로 의롭다 하심" 등에서 누누이 강조하는 것이다. 이것은 일찍이 루터가 강조한 것이고, 칼빈이 발전시켜 프로테스탄트신학의 중심을 형성한 사상이다. 이러한 프로테스탄트의 신학적 입장을 로마가톨릭교회가 공동으로 고백하게 되었다는 것은 역사적인 사건이다.

그리고 더 나아가서 로마가톨릭교회가 루터의 "오직 믿음으로만(sola fide)"의 사상을 수용한 것도 괄목할 만하다. 웨슬리도 바로 이 점에서 루터가 강조하였던 신뢰하는 믿음(fiducia)에 의한 의롭다 하심을 의인화

152) "칭의론에 대한 공동선언 1997/1999" (루터교회세계연맹과 그리스도인의 일치촉진을 위한 교황청평의회), 〈기독교사상〉 (2000년 1월호), 224.

의 핵심으로 수용한다. 그러한 내용이 잘 나타나는 "공동선언" 제25조(4장 3절 믿음을 통한, 은혜로 말미암은 칭의)를 소개하면 다음과 같다.

역사자료 · 91

> 우리는 죄인이 그리스도 안에 있는 하나님의 구원의 행위에 대한 믿음을 통하여 의롭게 된다고 하는 것을 함께 고백한다: 이 구원은 그 죄인에게 세례 가운데서 성령에 의해 그의 전 그리스도교적 삶의 기반으로서 주어진다. 하나님을 향한 소망과 하나님을 향한 사랑이 그 안에 포괄되어 있는, 곧 의롭게 하는 믿음 안에서 하나님의 은혜로운 약속을 신뢰한다. 이 의롭게 하는 믿음이 사랑 안에서 역사한다: 따라서 행위 없는 그리스도인이란 있을 수도 없고 있어서도 안 된다. 인간 안에서 믿음의 자유로운 선물에 앞서가고 뒤따르는 모든 것은 칭의에 대한 근거가 아님은 물론이거니와 칭의라고 하는 것, 그 자체가 아예 공로를 치르고 획득할 수 있는 것도 아니다.[153]

공로가 아닌 믿음에 의한 칭의를 강조하면서도 이 25조에서도 믿음은 사랑 안에서 역사함을 강조한다. 행위 없는 그리스도인이란 있을 수 없음을 주장한다. 즉 로마가톨릭적 요소가 강조되었음을 알 수 있다. 물론 루터도 "기독자의 자유"나 "선행론"에서 믿음으로 의롭다 하심을 얻은 그리스도인에게 선행이 열매로서 따라옴을 강조한다. 그러나 행함을 강조한 야고보서를 지푸라기 복음이라고 주장하였다. 오히려 웨슬리가 야고보서를 적극적으로 해석하면서 사랑으로 역사하는 믿음,

153) "공동선언", 226.

행함으로 성숙하는 믿음을 더욱 강조하였다. 앞에서도 언급한 것처럼, 그의 설교 "하나님의 포도원에 관하여"에서 루터는 신앙의인화를 강조한 반면 선행에 의한 성화에는 무관심하고, 로마가톨릭교회는 선행에 의한 성화를 강조한 반면 신앙에 의한 의인화에는 무관심하였다고 비판하면서 감리교도들이 이 둘을 가장 잘 조화시킴으로 하나님을 기쁘게 해 드렸다고 주장한다. 그런 의미에서 이 "공동선언"은 웨슬리적이다.

선행에 관하여는 "공동선언" 제37조(4장 7절 의롭게 된 자의 선행)에서도 계속 언급한다. 곧 선행은 칭의를 뒤따르는 칭의 열매라고 본다. 동시에 선행은 칭의를 얻은 성도들의 평생의 의무라고 고백한다.[154] 그럼에도 가톨릭의 이해가 표현된 제38조에서는 "공로성(die Verdienstichkeit)"을 강조하고, 루터교회의 이해가 표현된 제39조에서는 부정한다. 믿은 자들에게 주어진 하나님의 약속의 성취라고만 표현한다.[155] 그러나 신자의 성장과 그리스도의 의로의 본성적 참여를 위해서 선행이 필요함을 강조한다: "루터교 교인들도 은혜의 보존과 은혜와 믿음에 있어서의 성장이라는 생각을 갖고 있다. 하나님에 의한 받아들임으로서의 의와 그리스도 의에의 참여로서의 의라고 하는 것은 항상 완전하다는 것을 그들은 강조한다."[156] 그런데 이러한 프로테스탄트와 가톨릭의 차이는 웨슬리 안에서 극복될 수 있다. 웨슬리는 단순히 하나님의 약속의 명령이기에 선행을 실천할 뿐만 아니라, 인간행위에 대한 자유의지의 책임임을 강조한다. 그러나 그 책임적 행위는 어디까지나

154) "공동선언", 231.

155) "공동선언", 232.

156) "공동선언", 232.

성령의 역사에 대한 인간의 응답이다. 가톨릭적 이해를 표현한 "공동선언" 제38조 마지막 부분에 이러한 웨슬리적 요소를 언급한다.

역사자료 · 92

> 가톨릭 교인들이 선행이 갖고 있는 "공로성"을 고수한다면 그것은 이 행위가 성서적 증언에 따라 하늘에서의 보상이 약속되었다는 것을 말하고자 함에 있다. 이것은 다만 가톨릭 교인들은 인간의 행위에 대한 책임을 명시하고자 함인 것으로서, 그들은 선행이 갖고 있는 은사적 성격을 문제시하거나 칭의 그 자체가 항상 공로의 대가를 치르고 획득할 수 없는 은사로 있다는 것을 부정하는 것은 더구나 있을 수 없는 일이다.[157)]

이러한 '하나님의 용납의 의(imputation)'와 '그리스도 의에의 참여(impartation)'는 "공동선언" 제 28조에서 계속 강조된다. 객관적으로, 법정적으로 전가되는 의로움(objective, forensic and imputed righteousness)을 넘어서서 "공동선언"은 주관적, 실제적으로 변화되는 의로움(subjective, real and imparted righteousness)도 고백한다. 이것은 루터교회가 로마가톨릭교회의 주장을 수용한 것이다. 물론 루터도 그의 설교 "두 종류의 의"에서 법정적 의와 실제적 의의 양면성을 말하지만 그래도 법정적 의를 더욱 강조하였다. 이 양면적 의로움을 강조한 학자가 프로테스탄트에서는 역시 웨슬리다. 칼빈도 그의 《기독교강요》에서 실제적 의를 말하기는 하지만 웨슬리만큼 철저히 말하지 않는다. 앞에서 웨슬리 당시의

157) "공동선언", 232.

칼빈주의자들과 루터주의자들과의 논쟁에서 이 양면적 의로움을 웨슬리가 얼마나 강조하였는지 이미 소개하였다. 웨슬리에게는 의인화(義認化, imputation)와 의인화(義人化, impartation)의 총체적 이해가 강조된다. 이러한 총체적 이해가 "공동선언" 제28조(4장 4절 의롭게 된 자로서의 죄인인 존재)에서 다음과 같이 나타난다.

역사자료 · 93

성령은 세례 가운데서 인간을 그리스도와 결합시키고 의롭게 하며 그 인간을 실제로 새롭게 한다는 것을 우리는 함께 고백한다. 그렇지만 의롭게 된 자는 아무런 조건 없이 의롭게 하는 하나님의 은혜에 평생 끊임없이 의존되어 있다. …… 그에게 거듭 용서가 보장되어 있다.[158)]

이러한 루터교회와 로마가톨릭교회의 신학적 합의는 트렌트공회의 신학적 심판 이후 처음으로 화해와 일치를 추구하는 선언으로서 역사적 의미와 의의가 있다. 그런데 아직도 남아 있는 차이를 극복하려면 성화론을 칭의론과 함께 다루어야 하며, 이를 총체적으로 가장 잘 종합한 웨슬리신학에 근거하여 대화를 계속 추진하여 갈 때 신교와 구교의 에큐메니컬적 합의를 도출하여 낼 수 있을 것이다.

158) "공동선언", 228.

C. 웨슬리 이후의 감리교신학

1. 웨슬리 이후의 영국감리교회 신학

플레처(John Fletcher, 1729~1785)는 웨슬리의 후계자로 지목될 만큼 웨슬리신학을 충실히 계승 발전시킨 신학자였다. 1770년에서 1780년 사이에 칼빈주의자들과의 신학논쟁이 활발할 때 플레처는 신학적으로 웨슬리를 강하게 지지하였다. 성화의 과정에서 선행의 필요성을 요구하는 도덕법(moral law)이 필요 없다는 율법폐기론(antinomianism)을 주장하는 칼빈주의자들을 비판하였다. 1770년 감리교회 연회에서 이 문제를 토론하였다. 웨슬리는 선재적 은총에 의해 인간은 은혜를 받아들일 수 있고, 선재적 은총에 의해서 의롭다 하심(justification)의 결과들을 유지할 수 있다고 주장하였다. 그리고 구원의 완성(final salvation)을 위해서, 의롭다 하심의 완성을 위해서(final justification), 선행(good works)이 요청된다고 하였다. 이 감리교회 연회록이 칼빈주의자들의 즉각적인 반응을 불러일으켰다. 플레처는 그의 저술들을 통하여 웨슬리의 주장을 조직화하고 대변하는 신학적 대변자가 되었다.[159] 웨슬리가 신앙과 선행의 관계를 더욱 분명하게 신학적으로 정립하는 데 플레처가 신학적으로 많은 도움을 주었다. 거듭난 성도들이 도덕적으로 책임적으로 성숙한 크리스천으로 성장해 가는 것을 위해 웨슬리의 신학적 입장을 도와주게 되었다.[160] 그리고 웨슬리가 부흥운동(the Revival)을 놀라운, 기적적

159) Thomas A. Langford, *Practical Divinity-Theology in the Wesleyan Tradition* (Nashville: Abingdon Press, 1983), 51.

160) ed. Thomas A. Langford, *Practical Divinity*, Vol. 2(Readings In Wesleyan Theology) (Nashville: Abingdon Press, 1999), 10. 이하 *Practical Divinity*, Vol. 2로 표기함.

인, 영광스러운 하나님의 역사라고, 인간의 전략이 아니라 하나님의 섭리적인 사역에 인간이 적극적으로 응답한 결과라고 해석하는데 그러한 해석을 가장 잘 계승한 사람이 플레처라고 볼 수 있다.[161] 초기 감리교회의 신학적 교리적 표준은 첫째, 존 웨슬리의 저술들, 둘째, 찰스 웨슬리의 찬송시들, 셋째, 플레처의 저술들이라고 말할 수 있다.[162]

플레처는 그의 논문 "First Check to Antinomianism(율법폐기론에 대한 첫 반론)"에서 성화과정에서 선행의 중요성을 주장하였다. 칼빈주의자들이 웨슬리를 하나님의 은혜와 영광을 무시하고 인간의 능력을 지나치게 강조하는 펠라기우스주의자로 오해하였다고 지적하면서, 웨슬리는 그리스도만이 유일한 구원의 길임을 강조하였고 신앙만이 그리스도를 받아들이는 유일한 수단임을 주장하였다고 해석하였다. 그는 또 그의 논문에서 다음과 같이 웨슬리를 변호하였다: "웨슬리가 원죄를 부인하고 타락한 인간의 능력을 강조하며 하나님의 성령의 역사를 무시한다고 생각하는 사람들은 현대판 바리새인들이다.[163] 웨슬리는 그의 설교, '원죄(Original Sin)', '신앙에 의한 구원(Salvation by Faith)', 그리고 연회록에서도 인간의 타락과 그리스도의 십자가의 구속을 강조하였다.[164] 또한 죄를 사하시는 그리스도의 능력과 함께 하나님의 본성에 동참케 하시는 성령의 능력, 곧 우리의 영과 더불어 우리가 하나님의 자녀인 것을 증거하시는 성령의 능력을 동시에 강조하였다.[165] 마음과 생

161) Robert E. Chiles, *Theological Transition in American Methodism: 1790~1935* (Nashville: Abingdon Press, 1965), 37.

162) Chiles, 38.

163) John Fletcher, "First Check to Antinomianism", *Practical Divinity*, Vol. 2, 12.

164) Fletcher, 13.

165) Fletcher, 13.

활의 성결을 추구함에 있어서 율법이 요구하는 선행을 무시하는 율법폐기론적 사변적 신앙을 웨슬리는 비판하였다. 그리고 그는 그리스도를 죄를 사해 주시는 목회자로(as the minister of sin)만 묘사한 것이 아니라, 죄에서 완전히 해방시키는 구세주로(as a complete Saviour from sin) 묘사하였다.[166] 웨슬리에게 그리스도는 성화를 시작하게 하실 뿐 아니라 성화를 완성케 하시는 분이다.[167] 웨슬리는 그리스도의 피가 원죄적 부패와 행위적 부패(original and actual corruption)의 모든 죄에서 우리를 깨끗케 하신다고 강조하였다. 그리고 그는 에스겔서에서 모든 부정함과 모든 우상에서(from all your filthiness and from all your idols) 깨끗케 하시는 완전성화를 찾아냈다.[168] 우리의 몸과 혼과 영을 전적으로 성결케 하시는 완전성화, 항상 기뻐하게 하시고, 쉬지 않고 기도하게 하시며, 범사에 감사하게 하시는 완전성화를 강조하였다.[169] 칼빈주의자들은 웨슬리가 완전성화를 말하였다고 그를 바리새인, 교황주의자, 혹은 적그리스도라고까지 비난하였다.[170] 알미니우스와 웨슬리는 서로 동의하지만, 은총의 도움 없이도 인간의 자유의지로 인간이 하나님께로 돌아갈 수 있다고 알미니우스가 주장한다면 웨슬리는 알미니우스주의자가 아니다."[171] 16년 동안이나 웨슬리를 관찰한 플레처는 인간의 타락, 그리스도의 공로로 의롭다 하심을 얻는 것, 성령의 역사에 의한 인간의 선행적 참여로 성화를 추구하는 것, 성부와 성자와 성령의 신비적 구분 속에서 한 하나

166) Fletcher, 13.

167) Fletcher, 13.

168) Fletcher, 14.

169) Fletcher, 14.

170) Fletcher, 14.

171) Fletcher, 17.

님을 예배하는 것을 웨슬리가 주장하였다고 신학적으로 평가한다. 웨슬리가 그의 교리를 바꾸었다고 칼빈주의자들이 상상한다면 그들은 크게 잘못 생각한 것임을 강하게 지적한다.[172]

플레처는 구원에 있어서 하나님의 주권과 인간의 자유라는 관점에서 역사의 이해를 발전시켰다. 삼위일체 하나님의 시대적 섭리론(dispensation of Trinity)이었다. 성부 하나님의 시대적 섭리는 구약시대에 이스라엘 백성에게 계시하는 모습으로 나타났고, 성자 하나님의 역사 섭리는 신약시대에 그리스도의 성육신 사건에서 시작하여 그리스도를 통하여 하나님을 알게 하는 모습으로 나타났으며, 성령 하나님의 역사 섭리는 오순절 사건 때부터 성령의 강림으로 하나님의 현존을 알게 하는 모습으로 나타났다고 해석하였다. 각 시대는 역사 속에서의 하나님의 행위와 하나님의 계시에 대한 인간의 응답으로 이루어졌다는 것이다. 그는 예정에 반대하여 지상의 역사적 시대는 하나님과 인간의 관계로 그 의미를 유지하지 않으면 안 된다고 주장하였다. 결국 플레처는 궁극적인 주권은 하나님께 속한다는 분명한 의식과 함께 하나님과 인간존재의 변증법적 관계를 주장하였다.[173] 플레처는 첫째, 인간이 받아들여야 하는 하나님의 거저 주시는 구원의 은혜에 의존할 수밖에 없고, 둘째, 기독교는 인간의 능력과 인간의 책임성을 무시하지 않고 윤리적 응답을 요청하는 인격적 도덕적 성격의 종교임을 주장하였다.[174]

웨슬리는 플레처가 은총과 자유의지에 관하여 해석한 것을 아주 기쁘게 받아들였다. 그의 공헌은 웨슬리의 입장을 주의 깊고 분명하게 해

---

172) Fletcher, 20~21.

173) Langford, 52.

174) Langford, 53.

석하며, 동시에 새로운 신학적 제안을 한 것이다. 그 새로운 해석은 세 가지다. 첫째로 오순절 제자들의 성령체험을 성화론과 연결시킨 것이고, 둘째로 성화의 즉흥적 사건에 강조점을 둔 것이며, 셋째로 시대섭리적 범주를 사용한 것이다. 즉 그는 웨슬리의 신학적 작업을 재강조하며 더욱 발전시켰다.[175] 그러나 플레처는 안타깝게도 웨슬리보다 먼저 죽고 말았다. 그는 성자 타입의 신학자였고, 웨슬리를 본받기를 힘쓰면서, 은혜에 그의 삶과 신학을 집중시켰다. 하나님의 자비로운 주권은 신앙의 응답을 가능케 하고, 은혜는 크리스천의 생활을 창조하고 지속시키며 완성케 한다고 플레처는 생각하였다. 영성수련의 생활, 성실한 학문활동, 복음적 열정, 그리고 봉사의 실천을 겸비한 웨슬리와 같은 웨슬리의 제자였다. 성실한 존재로 옷 입게 하는 성화를 플레처는 강조하였다. 웨슬리는 플레처가 죽은 후에 그의 전기를 쓰면서 이렇게 극찬하였다: "나는 마음과 생활의 성결을 추구하는 많은 훌륭한 사람들을 알지만, 플레처와 같은 사람을 만나 본 적이 없다. 하나님께 깊이 일관되게 헌신하였고, 모든 면에서 비난할 게 없는 사람이었다. 나는 이런 사람을 유럽이나 미국에서 발견한 적이 없다."[176]

웨슬리의 죽음 이후에 웨슬리와 감리교신학을 발전시킨 학자들이 계속 이어졌다. 2세대 감리교 신학자들은 웨슬리가 반대하였던 이신론적(Deism) 합리주의의 방법을 보다 더 수용하는 경향을 보이기 시작한다. 비판적 이신론으로 기독교신앙을 해석하려고 시도한다. 자연과 계시를 총체적으로 종합하는 종교적 해석을 받아들인다. 그 중에 대표적인 신학자가 조셉 버틀러(Joseph Burtler, 1692~1752)였다. 버틀러는 그의

175) Langford, 53.

176) Langford, 74. 재인용.

저서 *Analogy*에서 새롭게 형성되어 가고 있는 자연신학(natural theology)과 웨슬리신학을 동시에 변증하려고 시도하였다. 그리고 조셉 벤슨(Joseph Benson, 1749~1821)도 있다. 벤슨은 웨슬리 밑에서 봉사하였고, 플레처의 가까운 친구였는데 그의 가장 중요한 저술은 *Notes, Critical, Explanatory and Practical*(1811~1818)이다. 이것은 5권으로 저술되었고 미국에서도 1820년에 출판되면서 감리교도들이 널리 사용하였다. 그리고 2세대들 중에 가장 두각을 나타낸 신학자가 아담 클라크였다. 1810년에서 1840년에 이르기까지 미국감리교회에서도 그의 책은 가장 중요한 저서로 애용되었다.[177]

아담 클라크(Adam Clarke, 1760~1832)는 성서해석학적 차원에서 감리교신학을 발전시켰다. 그는 웨슬리 사전에 감리교회 순회설교가가 되었고, 감리교회운동 속에서 그의 신학적 사고를 더욱 발전시켰다. 11개월 동안 568개의 설교를 하였다. 많은 영적 권면을 하였고, 수백 마일을 여행하면서 순회설교와 권면의 시간을 가졌다. 그는 학교도 설립하였고, 감리교회 은퇴목회자들과 목회자와 사별한 사모들을 위한 집도 계획하였다. 그리고 영국감리교회 회장으로 3번이나 봉직하였다. 성서공회에서 일하면서 성서를 여러 나라 언어로 번역하고, 신약성서를 그 당시의 영어로 번역하기도 하였으며, 신·구약성서주해를 쓰기도 하였다. 특히 그의 《성서주석(*Commentary on the Bible*)》은 40년에 걸쳐서 쓴 대작이다. 《신앙에 의한 구원(*Salvation by Faith*, 1816)》《기독교신학(*Christian Theology*, 1835)》 등 신학 저술들을 남기기도 하였다.

클라크는 웨슬리의 성서해석의 입장을 따랐고, 중요한 신학적 관점

---

177) Chiles, 40~41.

에서 웨슬리에게 가까이 있었다. 예를 들면 하나님 은총의 해석, 하나님 주권의 성격, 모든 인간에게 제공되는 구원, 개인구원의 기본적 중요성, 의인화와 성화의 가르침, 구원확증의 수단 등에 있어서 지극히 웨슬리적이었다. 그는 완전이란 그리스도를 따르는 것이라고 보았다. 요한계시록 19장 8절에 나오는 성도의 흰옷은 그리스도의 의를 의미하지 않고, 성도의 의를 의미한다고 보았다. 그리스도의 십자가 공로와 성령의 능력에 의해서 성도들이 본성적으로 의로운 사람이 되는 것을 의미한다. 그리스도의 십자가 공로를 믿는 성도들은 성령의 성화사역에 동참하게 된다. 클라크는 "성령론(The Holy Spirit)"이란 논문을 통하여 웨슬리신학을 잘 지지하는 신학적 모습을 보여 주었다. 창문이 태양 빛을 집 안으로 들어오게 하는 중개역할을 하듯이 말씀과 성령이 우리가 양자되었음을 증거한다고 웨슬리는 이해하였다고 클라크는 해석한다. 성령이 우리의 영과 더불어 우리가 하나님의 자녀가 되었음을 증거한다는 것이다.[178] 성령은 신자의 영혼 속에 역사하는 하나님의 도장이다. 하나님의 소유임을 증거한다. 하나님만을 위해 봉사하도록 증거한다. 그리스도가 하나님의 대사인 것처럼, 성령도 하나님의 대사다. 성령에 의해 우리가 하나님 안에 거하는 것을 알고, 성령에 의해 그리스도의 뜻을 깨닫는다. 성도는 계속적인 성령의 내주 속에서, 사랑으로 역사하는 믿음 속에서 성령의 전이 된다. 성령의 능력으로 성도가 일하고, 성령의 빛으로 성도가 성령의 역사를 안다. 양심의 평화와 영적 기쁨은 성령의 내주를 통하여 이루어진다.[179]

그러나 어떤 면에서는 웨슬리와 달랐다. 예수 그리스도의 영원한 아

178) Adam Clark, "The Holy Spirit", *Practical Divinity*, Vol. 2, 27.

179) Clarke, 31.

들 되심(the eternal sonship of Jesus Christ)에 관한 것이었다. 이것은 논쟁의 원인이 되었다. 20세까지 클라크는 예수 그리스도의 영원한 아들 되심을 확신하는 것은 불가능한 것이었다. 성육신 이전에 예수는 이미 온전한 하나님으로 영원하고 성부로부터 발현되지 않는 본성(eternal and unoriginated nature)이라고 이해하였다. 만일 예수가 성부로부터 나왔고 성부에게 복종해야 한다면, 그의 참 영원성과 신성은 파괴되었다는 것이다. 그리고 만일 이러한 신성이 파괴되었다면, 속죄는 무력해진다는 것이다. 클라크의 핵심 이슈는 속죄의 본래성, 즉 삼위일체 하나님의 구속을 인간의 삶에 제공할 수 있었는지 하는 문제였다. 그의 동료들, 특히 리차드 트레프리(Richard Treffry, Jr.), 리차드 왓슨(Richard Watson) 등이 이 이해에 강하게 반대하였다. 성부에게서 성자가 영원히 탄생하셨다(eternal begotten)는 것을 부인해서는 안 된다는 것이다. 그렇게 되면 성부의 신성의 근원과 성자의 신성의 근원이 둘로 나뉘게 된다는 생각에서였다.[180]

리차드 왓슨(Richard Watson, 1781~1833)은 영국과 미국 모두에서 1825~1875년 사이에 감리교회의 가장 영향력 있는 신학자였다. 그는 웨슬리 사상을 처음으로 조직화하였다. 그의 주요저서는 《신학강요(*Theological Institutes*)》였는데 감리교신학사에서 중요한 위치를 차지하는 책이 되었다. 웨슬리의 세계와 왓슨의 세계는 굉장히 달랐다. 웨슬리의 세계는 열려 있었고, 많은 거듭남의 체험들이 일어났으며, 굉장한 폭동의 도전을 받았다. 웨슬리는 종교적 폭풍우 한가운데 있었기에 위험, 흥분, 두려움, 그리고 희망이 있었다. 그러나 왓슨의 세계는 내면화된 세계였

180) Langford, 57.

다. 그는 설교가였지만, 신학자였고, 신앙의 변증가였다. 합리적 해석을 시도한 이신론자들이 그의 논적이었다.[181] 왓슨은 칼빈주의자도, 펠라기우스주의자도 아니었고, 웨슬리신앙 따르기를 의도한 학자였다. 그는 자신의 저서에서 웨슬리의 설교들을 거의 인용하였다. 웨슬리의 주장에 충실하기를 시도하였다. 1831년 웨슬리의 전기를 깊은 감사의 마음으로 쓰기도 하였다. 알미니안 저술가들과 유사한 교리를 강조하기는 하였지만, 모라비안과 칼빈주의자들이 가르친 은혜에 대한 더욱 강렬한 열망을 가지고 웨슬리의 전기를 썼다. 그러면서도 그는 칼빈주의자들에게 강하게 대항하였다. 웨슬리가 예수 그리스도 안에 있는 하나님의 복음에 초점을 두고 성서적 기초에서 교리를 강조하였다고 왓슨은 해석하였다. 그리고 웨슬리신학은 영적 거듭남과 영적 성장을 위한 설교에 기여하였음을 왓슨은 신학적으로 변호하였다. 그리고 플레처의 저술들도 인용하면서 웨슬리와 플레처의 신학적 동기를 조직신학적으로 체계화함으로써 30년간(1840~1870) 영국감리교회와 미국감리교회에 큰 신학적 영향을 미치게 되었다.[182] 마음의 신학(theology of heart)을 강조하는 웨슬리의 복음주의적 진리를 조직신학적으로 적당하고 알맞게 체계화하였기에 자연히 스콜라주의적 작업을 시도하였다. 그러나 왓슨은 결코 자신의 선생인 웨슬리의 사상을 비판하지도 않았고, 수정하지도 않았다. 그리고 성서는 웨슬리적 복음적 경험의 살아있는 권위로 생각하였다.[183]

그리고 왓슨은 자연계시의 자연종교를 강하게 반대하고, 선재적 은

181) Langford, 59.

182) Chiles, 47.

183) Chiles, 48.

총으로 회복되는 이성에 의해서 특수계시의 은총에 응답해야 함을 강조하였다. 부적당한 이성은 하나님의 계시에 의해 도움을 받고, 하나님의 계시는 하나님의 진리를 이해하고 받아들이는 이성이 되도록 한다.[184] 신앙은 하나님의 선물이라고 강조함으로써 펠라기우스주의를 반대하였고, 반면에 은총은 불가항력적이 아님을 강조함으로써 칼빈주의를 또한 반대하였다. 왓슨은 그의 저서 《도덕적 수행자 인간(*Man Moral Agent*)》에서 하나님의 은총과 인간의 책임적 응답, 곧 하나님의 주권과 함께 인간이 받아들이고 활용하는 능력의 은혜가 있음을 강조하였다. 선재적 은총은 인간이 응답하게 만드는 도덕적 수행자가 되게 한다는 것이다. 도덕적 악과 도덕적 선 사이에서 자유의지가 자발적으로 응답할 수 있음을 강조하였다.[185] 도덕적 악이란 분노, 복수, 신경질 등이고, 도덕적 선이란 인간성, 자기절제, 성실성 등이라고 하였다. 그리고 이러한 개인적 도덕적 행동들이 사회에 영향을 미친다고 말하였다. 도덕적 행동들은 사회적 질서와 이익뿐만 아니라 개인적 행복에도 큰 영향을 미친다. 그리고 지혜롭고 선하신 창조주 하나님의 뜻에 따라 선악 간에 심판을 받을 뿐만 아니라, 인간행복과 연결된 인간사회의 헌법과 자연법에 의해서도 심판을 받는다고 왓슨은 이해하였다.[186] 결국 클라크와 왓슨은 내면적 신앙을 기본적으로 강조하였고, 도덕적 책임성도 역설하였는데 일차적으로는 교회공동체에서, 이차적으로는 사회에서 도덕적 책임적 행동이 나타나야 함을 주장하였다고 볼 수 있다. 그리고 왓슨은 또 다른 저서 《정의와 하나님의 은혜(*The Justice and Grace of*

184) Langford, 62.

185) Richard Watson, "Man a Moral Agent", *Practical Divinity*, Vol. 2, 44~45.

186) Watson, "Man a Moral Agent", 47.

God)》에서 모든 인간이 하나님께 대하여 책임적으로 살아가기에 하나님의 정의로 심판을 받을 수도 있으며, 하나님의 은혜로 구원을 받을 수도 있다고 강조한다. 그런데 인간이 도덕적인 존재가 되는 것은 자연적 본성에 의해서가 아니다. 자연적 인간은 하나님께 돌아갈 능력이 없다. 아무도 구원받을 가능성이 있다고 생각할 수 없다. 하나님의 성령의 역사 없이는 아무도 회개할 수도, 참으로 믿을 수도 없다. 우리의 구원의 모든 영광은 하나님 은혜의 거저 주심과 풍성함의 결과다. 이러한 하나님의 은혜가 성령의 역사로 선재적 은총으로 다가온다는 것이다. 성령의 선재적 은총의 찾아오심은 모든 사람에게 자유롭게 허락된다. 성령이 우리 속에서 역사하여 "구원받기 위해서 우리는 무엇을 해야 합니까?"라고 부르짖게 하신다는 것이다.[187] 그러므로 하나님의 정의가 심판의 모습으로 나타나고, 하나님의 은혜가 구원의 모습으로 나타나는 것은 불가항력적 칼빈적 개념이 아니다. 성령이 인간 안에서 역사하심에 응답하는 자는 은혜의 구원을 받게 되고, 성령의 역사를 거부하는 자는 정의의 심판을 받게 되는 것이다. 그 자신의 자연적 본성에 의해서가 아니라 성령의 역사에 응답함에 의해서 은혜를 거부할 수도, 은혜를 받아들일 수도 있다. 하나님을 위해 의지하고(to will) 행동할 수도(to do) 있고, 하나님을 위해 의지하지 않고(not to will) 행동하지 않을 수도(not to do) 있다. 만약 사람들이 전적으로 하나님의 능력 아래에서 항상 수동적이라면(단순히 받기만 하면), 하나님의 행동 이외에 의로운 사람이나 악한 사람의 차이가 없게 된다. 하나님의 뜻에 복종할 것인지 복종하지 않을 것인지, 하나님의 구원의 은혜를 기뻐할 것인지 기뻐하지 않을 것

---

187) Watson, "The Justice and Grace of God", *Practical Divinity*, Vol. 2, 51.

인지는 전적으로 인간의 결단에 달렸다는 것이다.[188)]

윌리엄 버트 포프(William Burt Pope, 1822~1903)는 왓슨보다 반세기 이후에 감리교신학의 발전에 기여한 신학자였다. 그의 아버지는 상업인이었고 감리교 평신도 설교가였다. 포프 자신도 감리교 목사로 안수 받았다. 포프는 성서학자요, 동시에 조직신학자였다. 그는 매일 2시간은 히브리어, 희랍어, 라틴어를 공부하였고, 3시간은 신학공부에 주력하였으며, 1시간은 수학, 독일어, 역사, 지리 등을 연구하였다. 보수적 성격이어서 전통적 견해를 기본적으로 재강조하였다. 감리교 교리에 관한 그의 논문은 감리교정신과 내용을 서술함에 결정적인 역할을 하였다. 포프는 기독교회의 복음적 가톨릭적 전통에 의하여 해석된 성서 전체의 메시지가 감리교회 신학의 본질과 핵심임을 주장하려고 노력하였다. 어거스틴 이전의 복음적 가톨릭적 전통과 웨슬리에게서 발견되는 복음적 가톨릭적 전통을 강조하였다. 하나님의 은혜가 성령에 의해서 인간상황에 임재한다는 것, 먼저는 의인화의 은총이요, 그 후에 성화의 은총이라는 것을 포프는 강조하였다.[189)]

포프의 기본주장은 다음과 같다. 첫째로, 하나님은 신학의 자료, 주제, 그리고 목적이 된다. 둘째로, 하나님은 계시에 의해서 알려진다. 셋째로, 그럼에도 하나님의 진리를 받아들이는 인간의 가능성이 있다. 넷째로, 계시의 결정적인 핵심은 예수 그리스도다. 다섯째로, 일반적 합리적 조직적 질서를 만들어 가야 하기 때문에, 신학은 과학적이다. 그리고 신학은 성서적 역사적 해석으로 표현되어야 한다.[190)] 포프는 웨슬리, 클

188) Watson, "The Justice and Grace of God", 52.

189) Langford, 68.

190) Langford, 68.

라크, 왓슨과 같은 주제를 토론하였으나 다른 결론을 내렸다.

그러나 포프는 근본적으로 웨슬리의 해석을 재강조하였다. 하나님의 은혜롭고 구속적인 행위의 보편성은 모든 사람을 위해(free for all), 모든 사람 안에서(free in all), 모든 사람에게(free to all) 나타남을 강조하였다. 이 점에서는 지극히 웨슬리적인 만인속죄론을 주장하였다.[191] 그는 성서 비평학이나 다윈의 진화론도 수용하지 않았고, 슐라이어마허 신학과 친근해 보이면서도 새로운 토론 주제를 다루지 않고 근본적으로 웨슬리의 증거에 충실하려고 하는 고백적 신학을 하였다. 기본적으로 그리스도 안에서의 하나님의 구속적 은총을 강조하면서, 새로운 미래적 기대보다는 옛 것을 고수하고 옛 것을 상속하는 입장이었다.[192] 포프는 건전한 신학과 경건이 함께 가야 한다고 생각하였다. 그리고 생명력 있는 하나님사랑과 이웃사랑을 실천해야 함을 강조하였다. 포프는 도덕적 명령은 약화시키고, 내적 생활의 질을 중요시하였으며, 복음적 부흥운동을 중점적으로 강조하였다고 볼 수 있다.

휴 프라이스 휴즈(Hugh Price Hughes)는 지금까지의 웨슬리 신학자들보다 더 사회적 시각에서 새로운 웨슬리신학을 발전시킨 학자였다. 그는 웰시(Welsh) 감리교회 설교가의 손자였고, 그 자신도 뛰어난 복음설교가였다. 1884년 “감리교회 타임스(Methodist Times)”를 설립하였다.

휴즈 안에서 웨슬리신학은 강렬한 사회적 양심과 결혼하였다. 그는 웨슬리신학을 교육, 절제, 평화, 노동, 경제생활과 연결시켰다. 복음적 메시지를 사회적 상황에 응용함으로 역사 속에 살아있는 복음이 되게 하려고 애썼다. 교회가 너무나 개인경험에만 집착하였음을 지적하면

191) Langford, 69.

192) Langford, 70.

서, 사업과 정치에도 관심해야 함을 강조하였다. 그러한 사회적 관심의 결과로 1887년 "서부런던선교회(The West London Mission)"를 조직하기에 이른다. 신학은 그리스도뿐만 아니라 인류를 떠나서는 안 된다고 주장하였다. 신학은 사회적 관심을 바탕으로 한 끊임없는 행동을 일으켜야 하고, 하나님나라를 구체적인 국가정치 상황에 실현하도록 선포하고, 그 하나님나라 운동에 동참해야 함을 강조하였다. 그리고 하나님나라는 수도원적 공동체에 임하는 것도, 미래에 다음 세상에서 이루어지는 것도 아니라 현재의 역사적 상황에서 실현된다고 힘주어 강조하였다.[193] 그의 부인 메리 캐더린 휴즈(Mary Catherine Hughes)도 자매동지회를 조직하여 그 이름을 "민중의 자매들(Sisters of People)"이라고 하였다. 그녀는 여성도 재능을 개발하여 사회에 헌신해야 함을 강조하였다.

휴즈는 신학의 시작은 개인적으로 구세주 그리스도를 신뢰하는 것이지만, 더욱 더 사랑으로, 역사하는 믿음으로 나아가야 한다고 하였다. 종족주의, 군사주의, 여성차별주의, 계급주의, 무책임한 부의 축적, 아편무역, 동물학대, 미개한 사람들에게 화약을 판매하는 것 등을 비판하였다. 휴즈는 이렇게 결론을 말하였다: "그리스도에게 우리를 복종하게 하자. 오직 단순하고 순수한 마음으로 그리스도께 우리 자신을 드리자. 그리스도가 우리 안에서 우리를 통하여 우리와 함께 그가 원하시는 것을 행하도록 그리스도에게 우리 자신을 드리자."[194] 결국 휴즈는 웨슬리신학운동의 새 장을 연 신학자였다. 포프는 상대적으로 사회윤리적 요소가 약한 반면에 휴즈는 개인구원을 강조하면서도 사회윤리적 차원을 발전시킨 공로를 인정해야 한다. 휴즈는 사회적 행동의 세

193) Langford, 73.

194) Langford, 73.

계를 강조하면서 사회악을 만드는 구조악의 체계를 협동적인 조직화를 통하여 공격해야 함을 주장하였다. 그러면서도 항상 개인적 윤리의 바탕에서 사회윤리적 행동이 비롯되어야 함을 강조하였다.

약간의 강조점 차이가 있기는 하였으나 기본적으로 웨슬리 이후의 영국감리교회 신학자들이 신앙과 사랑으로 역사하는 믿음, 구원하는 믿음과 그 구속적 사랑으로 사회 안에서 섬기는 양 차원을 함께 붙들었다고 해석할 수 있다.

2. 웨슬리 이후의 미국감리교회 신학

미국감리교운동은 부흥운동 정신의 영향 아래에서 태어났고, 양육되었으며, 자라났다. 미국감리교회 부흥운동의 지도자 애즈베리(Francis Asbury, 1745~1816)는 웨슬리의 영적 지도력을 계승 발전시킨 감독이요, 모범이며, 중요한 변호자였으나, 웨슬리의 중요한 신학적 주제를 보존하고, 유지하며, 그것을 넘어서는 신학적 공헌을 하지는 못하였다. 애즈베리의 영향 아래 미국감리교신학은 웨슬리신학에 경험적이고 실용주의적이며, 주관적이고 감성적인 부흥신학적인 단순화작업을 시도하였다고 볼 수 있다.[195]

미국감리교회의 초기 신학자는 아사 신(Asa Shinn, 1781~1865)이었다. 그는 1813년에 중요한 에세이를 출판하는데 제목은 "An Essay on the Plan of Salvation: in Which the Several Sources of Evidence are Examined, and Applied to the Interesting Doctrine of Redemption, in its Relation to the Government and Moral Attributes of Deity"이었다. 여기

195) Chiles, 43.

에서 구원이 경험에 있어서처럼 신학에서도 핵심적인 주제임을 주장하였다. 특별히 그는 하나님과 인간의 관계에 관심을 가졌다. 상속 계승된 웨슬리사상과 특별한 문화에 대한 응답 사이의 긴장을 보여 주었다. 성서가 신학의 일차적인 자료와 주석적 자료가 됨을 주장하였다. 인간타락, 구속의 은혜, 성화가 그의 핵심적인 신학적 주제였다. 그리고 미국 신학이 미국 문화의 지성적 · 도덕적 감각에 맞게 시도되어야 함을 주장하였다. 그러므로 미국에서의 웨슬리신학도 토착적인 성격을 가져야 한다고 생각하였다.[196)]

영국에서 1770~1780년 사이에 일어난 칼빈주의자들과의 율법폐기론 논쟁처럼 미국에서도 칼빈주의자들과 감리교 신학자들의 만남은 신학적 토론의 장을 여는 계기가 되었다. 조나단 에드워즈(Jonathan Edwards, 1703~1758)나 그의 제자 사무엘 홉킨스(Samuel Hopkins, 1721~1803)는 하나님의 절대적 주권을 말하면서도 인간의 자유의지적 응답을 강조하였다. 그러나 강한 반대에 부딪히게 되었다. 나다니엘 윌리엄 테일러(Nathaniel William Taylor, 1786~1858)는 "Man, A Free Agent Without the Aide of Divine Grace"를 출판하였다. 그는 이 글에서 인간의 자유의지, 양심, 그리고 이성이 전적으로 타락하지 않았음을 주장하였다. 테일러는 홉킨스보다 더욱 웨슬리적이었다. 홉킨스는 전적타락과 전적예정을 전제한 인간의 책임성을 문제 삼았지만, 테일러는 전적타락에 문제를 제기한 것이다.

감리교 신학자인 나단 뱅스(Nathan Bangs, 1778~1862)는 미국 최초 웨슬리신학자로 알려진 학자였다. 특히 칼빈적 홉킨스주의(Hopkinsianism)

196) Langford, 82.

에 저항한 최초의 지도자가 되었다. 그는 도덕적 대행자로서의 인간과 보편적 속죄와 선재적 은총을 강조함으로써 칼빈적 홉킨스적 예정론에 강하게 저항하였다.[197] 1815년에 출판한 《홉킨스주의의 오류(*The Errors of Hopkinsianism*)》에서 홉킨스와 그의 추종자들은 하나님의 일차적이고 효과적인 원인과 인간의 자유로운 응답에 대한 종합 시도에서 실패하였다고 주장하였다. 이러한 뱅스의 주장에 대해 홉킨스의 동료인 윌리스톤(Seth Williston)은 뱅스가 전적인 타락을 인식함에 실패하였다고 지적하였다. 뱅스는 이에 대한 응답에서 인간타락의 사실을 받아들이고 선재적 은총을 강조하면서 선재적 은총에 근거한 도덕적 행위의 인간능력을 변호하였다.[198] 하나님의 은혜를 통한 이 의무이행의 수단과 도덕적 의미를 인간이 소유함을, 선재적 은총은 인간의 자유와 책임성을 회복시키는 것임을 뱅스는 강조하였다.[199] 뱅스는 칼빈주의자들이 그리스도의 구속을 믿는 믿음의 결단 이전에 이미 하나님의 주권에 의해 예정된다고 강조함으로써 그리스도의 속죄능력을 무시한다고 해석하였다. 그리스도는 세상의 빛으로 오셨고, 진리의 영이 세상에 보내졌으며, 예수 그리스도를 통하여 하나님께 대한 인간응답의 능력이 갱신된다고 뱅스는 주장하였다. 칼빈주의자들이 하나님의 주권과 인간능력을 강조하기를 원하였으나, 인간존재의 능력을 다르게 해석하였다고 그는 비판하였다.

뱅스는 그의 논문 "선택예정에 관하여(On Election)"에서 칼빈주의자들의 이중예정을 비판하면서 참된 구원의 예정이 무엇인지를 말하려

---

197) Chiles, 44.

198) Langford, 84.

199) Chiles, 45.

고 하였다. 어떤 사람에게는 무조건적으로 영벌이 임하고 어떤 사람에게는 무조건적으로 영생이 임하는 예정을 의심한 그는 그리스도를 믿는 것이 의롭다 하심의 조건이라고 주장하였다.[200] 믿는 것이 구원의 조건, 의롭다 하심의 조건이기에 칼빈주의자들이 무조건 선택을 말하는 것, 반대로 무조건적인 영벌을 말하는 것은 잘못이라고 뱅스는 지적하였다.[201] 그리고 영원한 구원에 이르는 예정은 인간의 공로 없는 하나님의 순수한 사랑의 역사지만, 구원의 역사는 인간의 자유로운 결단의 협동 없이는 나타나지 않는다고 하였다. 하나님이 먼저 우리 안에서 일하신다면 행위에 의해서가 아니라 믿음에 의해서 의롭다 하심을 얻고, 믿고 세례를 받는 자는 구원을 받을 것이며, 그러나 하나님이 먼저 역사하시지만 두렵고 떨림으로 구원을 이루지 않으면 안 된다고 강조함으로 인간의 책임성과 책임성에 의한 선행실천으로 성화를 이룸을 강조한다.

뱅스는 또 다른 논문 "크리스천 완전에 관하여(On Christian Perfection)"에서 칼빈주의자들이 완전성화의 불가능성을 주장하는 것을 비판하였다. 그는 요한1서 1장 7절을 언급하면서 예수의 피가 우리를 모든 죄에서 깨끗케 하시는 완전성결을 강조하였다. 그러나 웨슬리처럼 그 완전성결은 무의식적인 죄(involuntary sin)에서마저 자유롭다는 말은 아니라고 해석한다. 그리고 무지와 실수는 숙명성과는 분리될 수 없기에 완전성화를 이룬 사람도 무지와 실수의 가능성은 있다고 하였다. 이것도 웨슬리와 같은 해석이다. 하나님의 사랑으로 가득 찬 사람도 무의식적인 죄의 가능성이 남아 있다는 것이다. 그러므로 우리는 계속적으로 우리

200) Nathan Bangs, "On Election", *Practical Divinity*, Vol. 2, 34.

201) Bangs, 34.

를 깨끗케 하시는 그리스도의 속죄의 공로를 필요로 한다. 그리고 성령도 우리의 연약함을 도우신다고 뱅스는 강조하였다.[202] 그는 여러 성경 구절을 인용하면서 크리스천의 완전이 죽기 전에 이루어짐을 주장하였다. 시편 103편 12절처럼 동이 서에서 먼 것같이 모든 불의에서 우리를 깨끗케 하신다고 주장하였다. 요한1서 5장 7절처럼 빛 가운데 거하고 서로 친교가 있다면, 예수 그리스도의 피가 우리를 모든 죄에서 깨끗케 하신다고 강조한다. 로마서 6장 1~2절의 더 이상 죄의 종이 아니요, 하나님의 종이라는 말씀이나 로마서 6장 18~22절의 죄로부터 해방된 사람은 하나님의 종이라는 말씀을 완전성결과 연결시킨다. 로마서 7장 1절의 죄에 대하여 죽어서, 죄가 더 이상 죽을 몸을 지배하지 못하고 죄에 대하여 자유한 사람이 된 것은 죄의 전적 파괴인 완전성결을 의미한다고 뱅스는 해석한다. 우리 안에서 그의 선한 기쁨을 의지하게 하시고 일하시는 하나님은 충분하고 풍부하며 완전한 신앙, 완전한 희망, 완전한 사랑, 완전한 겸손, 완전한 인내, 완전한 온유, 완전한 절제, 완전한 양선을 이루신다는 것이다.[203]

미국감리교회의 두 번째 신학자 윌버 피스크(Wilbur Fisk, 1792~1839)는 그의 저서 《칼빈주의자 논쟁(*Calvinist Controversy*)》에서 주요 논쟁대상을 홉킨스로 지적하면서 그를 공격하였다. 예정은 죄의 창시자를 하나님으로 만드는 오류를 범하는 교리임을 지적하고, 인간의 능력과 함께 하나님의 도덕적 속성이 파괴된다고 지적하였다. 영원한 멸망과 영원한 생명의 예정선택은 인간의 응답을 배제시켜 버린다고 공격하였다. 예정은 인간에게는 선택의 능력이 전혀 부여되지 않고 다만 하나님께 수

202) Nathan Bangs, "On Perfection", *Practical Divinity*, Vol. 2, 38~39.

203) Bangs, 43.

동적으로 이끌려지는 것밖에는 말하지 않는다는 것이다. 피스크는 자유로운 응답을 일으키는 선재적 은총이 대답이라고 강조하였다.[204] 결국 뱅스와 피스크 등 감리교 신학자들은 선재적 은총과 인간의 자유의 종합을 시도하였다. 하나님의 주권에 의한 구원의 시작과 하나님의 은혜 안에 뿌리내려지는 인간생활의 성실성에 관심한 것이다. 하나님의 본성과 인간의 본성, 하나님의 선택과 인간의 자유, 하나님의 도덕적 성격과 인간의 도덕적 성격의 기본적인 중요성에 뱅스와 피스크는 관심하였다. 결국 이것은 선재적 은총(prevenient grace)에 집중적인 관심을 보인 것이라고 할 수 있다.[205]

1760년에 미국의 감리교인이 600명이었으나, 1805년에는 12만 명으로 늘어났으며, 1865년에는 1백 38만 명이 되었다. 그래서 19세기는 감리교시대로 묘사된다. 뜨거운 가슴, 평신도 지도력의 증가, 비형식적 예배, 크리스천 성결의 추구 등을 통해 감리교회는 미국인 생활에 큰 영향을 미쳤다. 1835년에 뉴욕 시에서 미시즈 푀비 파머(Mrs. Phoebe Palmer, 1807~1874)와 그녀의 언니 사라 랑크포드(Sarah A. Lankford)가 완전성화(entire sanctification)의 경험에 대한 신선한 관심을 갖는 화요일집회(Tuesday meeting)를 시작하였다. 파머는 완전성결이 성도들에게 실현된다는 분명한 확신이 있었다. 그것은 성서에서 약속된 것이라고 파머는 생각하였다. 완전성화는 성서의 말씀대로 하나님의 뜻을 충분히 따르는 것이라고 믿었다. 하나님이 약속하신 완전성화이기에 그것이 이루어질 것을 확신한 것이다. 이 진리를 받아들이는 것은 신자들에게 달려있다. 그것을 사모하는 사람에게는 주어지고, 사모하지 않는 사람에게

204) Langford, 85.

205) Langford, 97.

는 주어지지 않는다는 것이다. 하나님의 은혜롭고 확실한 약속과 성도들이 하나님께 그들의 삶을 내어 맡기는 응답에 완전성화의 실현이 달려 있다는 것이다. 성서적 약속을 받아들이면 하나님이 성서적 약속을 성취시킬 것이다. 거룩하고 하나님이 받으실 희생의 제물이 된다는 것을 믿으면 완전성화가 이루어진다는 것이다. 완전성화는 성령의 역사에 의해 실현되는 것이므로, 성령의 주도권적 역사에 대해 확신을 갖고 응답할 때 이루어진다는 것을 파머는 믿었다. 파머의 완전성화 열망운동은 확장되어 나갔으며 성공적으로 불붙게 되었다. 완전성화 되는 경험은 성령의 은혜로운 현존에 의해서만 발생한다. 아무리 성서에서 약속했다 할지라도 성령의 역사가 없으면 완전성화는 실현될 수 없다고 그녀는 믿었다.[206] 특히 파머는 아주 흥미로운 서술방식으로 그녀의 성결 논문 "성결의 길: 거기에 지름길이 있는가?(The Way of Holiness: Is There Not a Shorter Way?)"를 썼다. 남자 형제가 성결의 길에 지름길이 있는지를 묻고, 여자 성도가 지름길이 있다고 답변하는 형식으로 글을 쓰고 있는 점에서, 여성신학적으로도 상당히 흥미 있는 전개방법이다. 파머는 지름길이 있다고 전제하고 그 지름길은 한 길 밖에 없음을 말한다. 그것은 하나님이 "너희는 거룩하라(Be Ye Holy!)"고 현재적 성결(present holiness)을 요구하심을 믿고서 완전성결을 받으려는 확실한 기대와 함께 은혜의 보좌 앞에 담대히 나아가는 것이다.[207] 은혜의 높은 경지, 곧 완전성결은 성서에 약속한 대로 하나님의 뜻에 전적으로 따르는 것임을 파머는 강조한다. 성서에 기록된 약속이란 우리는 우리 자신의 것이

206) Langford, 94.

207) Phoebe Palmer, "The Way of Holiness: Is There Not a Shorter Way?", *Practical Divinity*, Vol. 2, 57~58.

아니라 하나님이 피로 값을 지불하고 사신 것임을 알고 하나님의 소유가 된 몸과 마음으로 하나님께 영광을 돌리기 위해서 자신을 산제물로 드리는 것이다. 하나님께서 피로 값 주시고 사신 모든 것에 전적으로 복종하면서(in the entire surrender) 산다면 그녀는 무익한 종, 무익한 종보다 더 악함을 고백하게 된다는 것이다. 그리고 썩어질 은과 금으로 사는 것이 아니라, 예수님의 피로 값 주고 구속하신 능력의 전적 성결의 힘으로 살아야 함을 힘주어 강조한다.[208] 그리고 무엇보다도 과거의 불성실함을 깊이 인식하면서, 합당한 봉사를 하지 않았음을 의식하면서, 은혜를 통하여 하나님께 전적으로 헌신할 수 있어야 한다고 말한다. 그의 성령의 증거에 의해서 우리에게 그의 사랑이 값없이 주어지는 것임을 알게 되고, 우리가 하나님의 것임을 알게 된다. 또한 우리가 하나님께 전적으로 헌신하는지, 하나님이 우리의 헌신을 받으시는지 우리는 세상에 속한 영을 받지 않고 하나님께 속한 영을 받았기에 그의 영의 증거로 안다. 하나님께 우리를 자유롭게 드릴 수 있는 근거가 그의 영이 우리 안에서 우리의 영으로 더불어 증거하시기 때문이다.[209]

특별히 파머는 사도 바울의 약속의 말씀에 근거하여 완전성결과 완전사랑을 열망하여야 함을 강조한다: “나의 형제들이여, 흔들리지 말고 확고히 서서 주님의 일에 항상 거하라. 당신의 수고가 주님 안에서 헛되지 않은 것을 알라.” 성령의 능력 안에서 행하였기 때문에 그들의 수고가 주님 안에서 공허하지 않음을 확신하라고 권면한다. 그들의 수고가 주님 안에서 이루어졌기 때문에 그 수고가 완성될 것을 알 특권이 있다는 것이다. 그녀는 처음에 완전성결의 필연성을 알았고, 순수한 의

208) Palmer, 59.

209) Palmer, 59.

도로만 그것을 이룰 수 있음을 알았다. 하나님께 대한 그녀의 완전성결의 청원에 있어서 모든 동기가 솟아나오는 샘이 순수하다는 성령의 증거가 있기에 그녀는 자신의 사랑의 수고, 곧 완전성결과 완전사랑의 성취를 열망하는 수고가 헛되지 않음과 반드시 성공할 것임을 확신하는 용기를 가졌다. 그리고 모든 동기의 샘이 순수하다는 증거를 얻을 때까지 은혜의 보좌 앞에 담대히 나아가야 한다고 하였다. 마지막으로 파머는 이렇게 완전성화를 사모할 것을 권한다: "너희는 가만히 서서 하나님의 구원을 보라!"[210]

성결운동은 문화적 동화에 대한 강한 거부운동이라고 할 수 있다.[211] 그래서 뱅스는 파머의 집에서 모이는 모임에 출석하였다가 파머의 주장에 반대할 필요를 느꼈다. 뱅스는 성결의 가르침을 지지하지 않게 되었다. 뱅스는 파머와 그녀의 추종자들은 신학적으로 표현하는 것 이상을 체험하였을지도 모른다고 믿었다. 결국 비신학적 감상적 영적 열광일 수 있다고 생각하였던 것이다. 그러나 보스턴대학교 신학교수 랜돌프 포스터(Randolph S. Foster)는 성결운동을 적극적으로 지지하였다. 1869년에 쓴 《기독교인의 순결(*Christian Purity*)》에서 웨슬리, 플레처, 왓슨, 메리트(Timothy Merritt), 펙(George Peck), 뱅스를 언급하면서 거룩한 교회가 거룩한 세계를 만든다고 해석하였다.[212]

19세기 후반으로 들어서면서 감리교신학은 실용주의적으로 적응하고 동화하려고 하였다. 자기전통의 정체성을 유지하면서 새로운 종교발전을 시도하려고 한 것이다. 여기에는 감리교회 유산을 유지하는 것

---

210) Palmer, 60.

211) Langford, 98.

212) Langford, 94~95.

과 도전하는 사회변화의 흐름을 수용하는 양면적 요소가 있다. 뱅스 이후로 웨슬리신학은 뉴잉글랜드 초월주의에 영향을 받았다. 앨버트 블레드소우(Albert T. Bledsoe, 1809~1877)와 대니얼 웨던(Daniel D. Whedon, 1808~1885)은 조나단 에드워즈(Jonathan Edwards)를 주요 논적으로 이해하면서 하나님의 역사와 인간의 책임을 강조하였다. 두 학자 모두 법을 연구하였고, 다른 교파에서 감리교회로 개종한 점이 공통적이었다. 블레드소우는 불가항력적 외적 강요를 주장하는 칼빈주의에 대항하여 인간의 자유의지의 중요성을 주장하였다. 그는 피스크처럼 도덕성과 인간응답에 관하여 에드워즈를 비판하였다. 1845년 에드워즈에 대한 반박논문을 출판하였다. 에드워즈는 인간의 욕망, 감정, 느낌, 의지의 행위를 혼동한다고 블레드소우는 비판하였다. 그는 하나님의 주권적 통치와 인간의 자유의 상관관계를 문제 삼았다. 하나님의 인간창조의 목적은 도덕적 선을 성취하는 것이고, 인간실존의 궁극적 목적은 인간 자유와 하나님의 도덕적 주권을 요구하는 것이라고 보았다. 양심에 따라서 노예제도에 대하여 반대하는 신학적 입장 때문에 그는 미시간대학교 교수직을 얻게 되었다. 웨던은 웨슬리신학의 모든 전통적 주장을 다루면서 인간본성 해석에 더욱 집중하였다. 사회 속에서의 도덕적 책임성을 중요시하였고, 계몽주의의 영향으로 인간자유에 대하여 강조하였다. 이렇게 신학적 의미에서 에드워즈에게 응답할 필요를 발견하였다. 곧 에드워즈의 하나님 중심 신학에 강하게 반대하면서 인간경험의 근거에서 논쟁에 개입하였다. 에드워즈가 하나님의 심판을 강조한 것에 반발하면서, 인간의 자유와 책임감이 그의 신학의 중심을 이루고 있음을 주장하였다. 그런데 이 인간의 능력과 자유는 선재적 은총의 개입으로 인간에게 주어진다고 보았다. 이 선재적 은총의 시각에서 웨던은 하나님의 주권, 예지, 죄 구속, 신앙의인화, 거듭남, 성령의 증거, 완전성화 등을 관련시켜 해석하였다.

세 사람의 감리교 조직신학자들이 등장하였다. 헨리 비들맨 배스컴(Henry Bidleman Bascom, 1796~1850), 토마스 랄스톤(Thomas Ralston, 1806~1891), 토마스 오 섬머스(Thomas O. Summers, 1812~1882) 등이다. 배스컴은 테네시 주에서 순회설교를 하였다. 1860년에 감리교회 〈Quarterly Review〉의 편집자가 되었다. 미국 국회의 목사가 되기도 하였으며, 그 후 감리교회 감독이 되었다. 랄스톤은 켄터키 출신으로 루이스빌에 있는 여성을 위한 감리교학교의 교장이 되었다. 그는 첫 웨슬리안 미국 조직신학 책인 *Element of Divinity*(1847)를 저술하였다. 섬머스는 영국에서 미국으로 이민 왔고, 밴더빌트의 첫 신학교수가 되었다. 이 세 조직신학 교수들의 공헌은 기독교신앙을 그 신학적 근거와 교리적 내용에서 철저하게 해석하였다는 점이다. 그들은 조직신학이 문화적인 차원에서 기독교신앙을 경멸하는 자들에게 기독교신앙의 타당성과 비전을 분명하게 확신시켜 주는 것이라고 생각하였다. 철학이 하나님의 실존을 이해하는 인식론을 제공해 주고, 하나님의 본성에 대한 자연적 합리적 추구를 제공해 준다고 생각하였다. 자연적 이성이 어둡게 하나님을 인식하는 것을 성서적 계시가 완전케 한다는 확신이 있었다. 자연적 이성과 계시가 하나님 인식의 통일성을 제공하여 준다고 그들은 생각하였다. 이 기초 위에 하나님, 세계, 인간존재에 대한 총체적 종합이 이루어질 수 있다고 그들은 생각하였다. 그들은 하나님과의 관계를 이루는 구원의 지식을 주는 예수 그리스도 안에 있는 하나님의 계시를 확신하였다. 섬머스는 리차드 왓슨의 《신학강요(*Theological Institute*)》를 읽고서 그것을 더욱 확신시키는 *Systematic Theology*를 썼다. 아주 중요한 관점에서 왓슨의 논증과 결론을 기본적으로 보여 주었다. 섬머스는 충실한 웨슬리의 계승자로서 웨슬리사상을 추종하면서 새로운 개념을 창조하지는 않았으나 조직적인 인내를 가지고 중요사상을 재서술하였다. 마이너 레이몬드(Miner Raymond, 1811~1897)는 독학을 추구하였고, 수사학과 수학을 가르치면서 순회설교가로 봉사하였다. 그의 학문적 열정은 마침내 그를 개렛신학교(Garrett Bible Institute)에서 가르치는 신학교수가 되게 하였다. 레이몬드는 이성과 계시를 총체적으로 신뢰하였다. 하나님의 현존을 강조하면서도, 인간능력을 묘사하는 심리학과 도덕연구에 몰두하였다. 레이몬드는 하나님과 인간의 협동적 상호관계를 강조하였고, 하나님이 세계를 도덕적 질서 위에서 창조하셨으며, 그 창조를 만족시키기 위해서 구속사업을 이루신다고 생각하였다. 윌리엄 워렌(William F. Warren, 1833~1929)은 1866년까지 독일에서 연구하고 가르친 미국인이었다. 그는 1866년 미국으로 돌아와서 보스턴대학교 초대 총장이 되었다. 그의 지성적 감각은 인간생활과 종교경험의 기계적 해석보다 더욱 역동적인 해석을 추구하였다. 그는 슐라이어마허(Schleiermacher)의 영향을 받았고, 역사적 비평적으로 성서를 읽는 방법을 과학적 확신의 방법이라고 표현하였다.

19세기 후반으로 들어서면서 문화적 상황에 접근하는 신학적 노력이 나타났고, 성서의 고등비평을 수용하였으며, 철학적 해석에서 자연적 물질주의를 받아들이기도 하였다. 이러한 신학적 경향을 가장 잘 체계화한 신학자가 존 밀리(John Miley, 1813~1895)였다. 존 밀리는 성서적 자유주의와 합리주의를 수용하였다. 그는 신학은 과학이라고 보았다. 그러나 한편으로는 과학에 대항하여 인간경험의 중요성을 거부하면서 성서적 계시를 옹호하기도 하였다. 밀리는 그의 신학적 견해를 윤리적 알미니우스주의(ethical Arminianism)라고 불렀다. 뱅스, 피스크, 웨던의 시대로부터 내려온 알미니우스주의를 보편화하고, 총정리한 조직신학자였다.[213] 알미니우스주의에 근거하여 인간을 자유로운 인격적인 대행자로 묘사하고, 그러한 해석을 총체적으로 조직화하였다.[214] 밀리의 첫 저서는 속회에 관한 내용을 담은 *Class Meetings*(1851)였다. 그는 1873년에 랜돌프 포스터(Randolph S. Foster)가 감독으로 피택되자 드류신학교의 조직신학 교수가 되었다. 그가 신학교수로 있으면서 출판한 가장 의미 깊은 저술은 *Atonement in Christ*(1879)였고, 1892년과 1894년에 각각 출판한 두 권의 *Systematic Theology*가 가장 심혈을 기울인 작품이라고 할 수 있다. 밀리의 가장 큰 신학적 공헌은 미국의 토착적 상황에서 논의되어 온 인간의 도덕적 책임성에 관한 철학적 해석을 16세기 네덜란드의 신학자 제임스 알미니우스(James Arminius)와 연결시킨 점이다. 그 이전까지는 웨슬리의 1차 자료를 미국적 철학적 용어를 빌어서 인간의 책임성을 재해석하였지만, 밀리는 18세기 웨슬리의 자료와 함께 16세기 알미니우스의 자료를 다룸으로써 19세기 미국감리교신학을 완성시켰다고 말할 수 있다. 그는 복음적 상황으로부터 인간론적 강조로 초점을 옮겨놓았다. 밀리의 윤리적 알미니우스주의의 핵심원리는 인간을 자유로운 인격적 대행자(free personal agency)로 해석한 것이다. 그러나 인간론에 강조점을 두는 경향성에도 불구하고 그는 인간의 연약함과 본성적 죄인으로서의 도덕적 무기력을 무시하지 않으면서, 선을 추구하는 모든 운동을 위해 은총에 의존해야 함을 주장하였다.[215] 여기서 밀리는

213) Langford, 111~113.

214) Chiles, 49.

215) Chiles, 58~60.

감리교신학의 대가 왓슨과 다르게 웨슬리를 비롯한 영국감리교회 신학적 자료들을 계속적으로 수정하였다. 왓슨은 웨슬리를 조금도 비판하거나 수정하지 않고 그의 신학사상을 계승 발전시켰다면, 밀리는 웨슬리를 미국적 철학적 과학적 상황에서 수정하는 전환기적(transitional) 해석의 완성자라고 할 수 있다.[216)]

19세기로 들어오면서 완전을 간절히 열망하는 성결운동이 활발하게 전개되었다. 웨슬리의 사망 이후 하나님을 향한 완전사랑에 대한 열망이 간절하였던 것이다. 그리고 크리스천의 완전에 관한 다양한 해석들이 나왔다. 특히 1830년경에 마음과 생활의 성결(holiness of heart and life)에 대한 강한 관심들이 나타났다. 또한 1850년경에는 목사들과 평신도들이 내면적 성결을 추구하는 것에 강하게 사로잡히게 되었다. 이 시기의 성화운동은 사회 속에 사랑을 실천하여 세상의 문화를 변화시키려는 사회적 성화운동을 포함하는 성화운동이라기보다는 대체로 세상문화로부터 구별되려는 반문화적인 성격이 강하고 내면적 인격적 성결, 곧 죄악성의 해방에 대해 강한 관심을 보인 시기라고 할 수 있다. 물론 사회적 성결과 성화운동을 강하게 실천한 푀비 파머(Phoebe Palmer) 같은 예외가 있기는 하다. 이러한 성결운동이 초교파적이긴 하여도 주로 감리교회가 주도적으로 이끌어갔고 미국에서 일어났다. 물론 나중에는 대서양을 건너가 영국과 유럽으로도 확산되었다. 1867년에는 천막 집회(camp meetings) 협회가 구성되었다. 이 협회가 초교파적으로 구성되고 발전하였어도 지도력은 여전히 감리교회에게 있었다. 그러나 과격파성결운동은 감리교회에서 떠나가는 현상이 생기게 되었다. 교리보다는

216) Chiles, 60.

장정에 대한 불복종으로 분리되었다고 볼 수 있다. 기본적으로 신학적 차이가 있었다. 성화경험의 수단에 있어서였다. 점진적인 성화냐, 즉각적인 성화냐의 차이다. 과격한 성결운동주의자들은 성령세례를 완전성화의 사인(sign)으로 강조하였다. 감리교회의 신학자들은 기독론적인 구조를 가지고 있어서 오순절적 용어를 사용하지 않았으나, 과격한 성결운동주의자들은 즉흥적 성결과 즉흥적 은사체험을 강조하였다. 아티쿠스 헤이구드(Atticus Haygood)는 즉흥적 성결을 공격하였다. 1894년 남감리교회 총회가 구원의 두 경험을 강조하고 즉흥적이고 점진적인 성결체험을 주장하였다. 그래서 결국 많은 성결운동주의자들이 감리교회를 떠났다. 1971년까지 150개 이상의 성결교단과 그룹들이 크리스천 성결회의 회원이 되었다. 그들은 천막 집회의 계승자들이 되었다. 예를 들면 구세군, 나사렛교회, 웨슬리안교회, 자유감리교회 등이다.

성결운동과 오순절운동 연구의 대가로 알려진 도날드 데이튼(Donald Dayton)은 1850년경에 완전성화의 묘사 속에 오순절적 용어가 상용되었다고 강조하였다. 첫째, 그리스도 중심에서 성령운동 중심으로 신학적 전환을 가져왔다. 둘째, 시대구분적 해석이 등장하였다. 성령의 시대로 오순절적 성결운동시대를 묘사하였다. 셋째, 사도행전이 크리스천 성결이해의 신약 교과서로 받아들여졌다. 넷째, 성령의 능력, 은사, 예언 등 은사체험이 성령론적 주제가 되었다. 다섯째, 크리스천 완전의 목표는 제2의 축복사건으로 이해하였다. 여섯째, 오순절 세례를 받는 확증과 증거에 대한 강조가 증가하게 되었다. 이는 본래적인 웨슬리의 해석과 많은 차이를 보인다. 본래 웨슬리는 성령세례를 거듭남의 경험으로 해석하였고, 성령 충만을 성화로 해석하였다. 웨슬리는 제자들이 예수를 따를 때 거듭남을 체험하였으나 오순절을 계기로 성령 충만, 곧 성화를 체험하게 되었음을 말하였다. 그러나 오순절의 경험이 곧 완전성화는 아니라고 보았다. 그리고 웨슬리 당시에는 은사적인 체험도 많이 일어났으나 은사체험보다는 성령 안에서 인격적으로 성숙해 가는 성화를 더욱 중요하게 생각하였다. 성결신학의 오순절적 요소는 기독론에 연결되는 선재적 은총을 빼버렸다.[217]

파머에 이르러 성결운동은 성화를 죄의 해방뿐만 아니라 사회 속에서 사랑을 실천하는 봉사로 보았다. 파머는 슬럼지역에서 프로테스탄트선교를 활발하게 전개하였고, 여성해방운동을 일으키기도 하였다. 그는 1850년에 "다섯 가지 선교정책(Five Points Mission)"을 발표하였다. 뛰어난 나사렛교회 역사가 티모시 스미스(Timothy L. Smith)는 크리스천 성결운동 옹호자들은 사회적 관심과 사회적 행동에 많은 참여를 하였다고 말하였다.[218] 성결운동의 역동성은 성결운동가들 속에서 나온 엘리슨(E. P. Ellyson, 1869~1954)의 신학저술 *Theological Compend*에서 나타났다. 엘리슨의 저술은 the Holiness Church of Christ와 the Church of Nazarene을 합쳐서 현재의 나사렛교회(The Church of Nazarene)로 만드는 중요한 역할을 하였다. 그 후에 두 명의 나사렛 신학자들이 중요한 두 권의 책을 썼다. 힐스(A. M. Hills, 1848~1935)가 *Fundamental Christian Theology: A Systematic Theology*(1931)를, 윌리(H. Orton Wiley, 1877~1962)가 *Christian Theology*(1940)를 저술하였다. 힐스와 윌리는 모두 감리교 신학자들의 영향과 동시에 개혁교회 부흥사였던 찰스 피니(Charles G. Finney)와 사무엘 해리스(Samuel Harris)의 영향을 받기도 하였다. 그래서 이 두 성결운동 조직신학자들에 의하여 웨슬리신학과 칼빈

217) Langford, 134~135.

218) Langford, 135.

신학의 휴전 작업이 이루어졌던 것이다. 이들은 복음적 부흥운동과 성결사상을 잘 결합시켰다. 하나님의 주권과 은총의 중요성을 강조하는 칼빈적 요소가 있으면서도, 인간의지의 행위 안에서 신앙과 성화가 뿌리내리도록 주장하는 19세기 감리교신학의 경향에 가까웠다.[219]

219) Langford, 136~137.

14

감리교운동의 동력 : 설교, 찬양, 간증이야기

A. 설교

물론 웨슬리 자신의 설교가 감리교운동을 활성화시키는 핵심 동력이었다. 그의 4천여 설교들을 기록으로 남겼더라면 얼마나 좋은 역사자료가 되었을까? 설교집으로 남아있는 151권의 설교는 그야말로 신학논문이다. 물론 그중에는 많이 설교에 활용한 것들도 많지만 어떤 것은 설교에 사용하기보다 감리교 목사들과 평신도들에게 신학적 가르침으로 쓴 것들도 많다. 그의 기록된 설교들은 아주 논리적이고 아주 이성적, 조직적 틀이 잡힌 설교들이었다. 그러면서도 영적인 감동과 감화를 주는 설교들이었다. 그가 60여회 실제로 설교한 것으로 알려진 "신생(New Birth)"도 아주 뜨거우면서 머리에 정리가 잘되는 설교다. 그야말로 헨리 랙(Henry Rack)의 책 제목대로 "합리적 열광주의자(reasonable enthusiast)"였다. 현재 목회하고 있는 한국과 세계의 감리교 목회자들이 웨슬리설교들을 읽고 그것을 활용하여 자신의 설교강단에서 설교한다면 큰 영적 감동이 살아날 것이다. 실제로 필자는 미국에서 목회할 때 4년 이상 웨슬리 설교들을 영어원문으로 읽고 다시 오늘의 상황에서 재

편집하여 강단에서 설교하였을 때 나 자신 큰 은혜를 받았고, 교인들도 은혜를 크게 받는 모습을 보았다.

그리고 18~19세기에 감리교순회설교자들(itinerants)과 지역설교자들(local preachers)과 권면자들(exhorters)은 영국과 미국에서 수백만 번의 설교들을 선포하였는데, 그 설교들은 선택된 성경본문 중심으로 선포되었고, 그 설교들은 회심(conversion), 성화(sanctification), 뜨거운 영성(warmed-spirituality)을 불러일으키도록 디자인되었다.[1]

좋은 설교라고 평가하는 것은 유창한 웅변적 설교가 아니라, 설교자와 회중들이 그 설교대로 사는 삶의 열매를 기준으로 삼았다. 마음과 마음의 소통을 중요하게 생각하였다.[2] 감리교설교자들의 수백 편의 설교들을 검토한 데이비드 헴튼의 결론은 "불신앙의 저주보다 신실한 믿음의 축복"이었다고 조지 엘리엇의 해석을 인용하여 말하였다.[3] 감리교설교가들의 설교들은 지옥불과 심판을 선포하기보다 대부분 은혜와 하나님의 신성, 회개, 현재적이며 영원한 기쁨, 오래 참음, 담대함, 확증 같은 것들이었다.[4]

데이비드 헴튼은 그의 책 《성령의 제국 감리교》에서 영국의 토마스 마시(Thomas Marcy), 미국의 다니엘 웹(Daniel Webb), 로렌조 다우(Lorenzo Dow), 아일랜드의 기드온 오셀리(Gideon Ouseley) 등 순회설교자들을 소개하면서 그들의 설교들은 경건한 성화적 삶의 요건들을 강조하고, 성화를 약화시키는 이중예정을 믿는 칼빈주의자들과 합리적 이성을 강

1) Hempton, 74.
2) 헴튼, 119.
3) 헴튼, 121.
4) Hempton, 75.

조하는 이신론자들을 공격하는 힘이 있었음을 강조하여 해석하였다.[5] 특히 헴튼은 티모시 메리트(Timothy Merritt)에 대한 파니 바틀렛(Fanny Bartlett)의 해석을 흥미 있게 소개하고 있다.

역사자료 · 94

> 성결(holiness)은 티모시가 더욱 성숙하기를 열망하는 위대한 과제다. …… 이 집에서 저 집을 방문하며 사람들에게 속회와 기도회 모임에 함께할 것을 권면하였다고 회상하였다. 구원에 목말라하는 영혼들의 유익케 하는 희망을 위해, 마음이 불안한 교수들에게 구원을 강조하기 위해 티모시는 모임시간을 주선하여 한방 가득히 채우곤 하였다. …… 빈번히 모임에서 완전한 사랑의 확증(the witness of perfect love)을 받기도 하였다. 한 명의 성화된 그리스도인은 성화되지 않은 10명의 그리스도인보다 더 많은 선한 일을 할 수 있는 것이다. 이것은 분명히 죄악이 관영한 도시에서 그의 경건실천(pious work)의 결과로 나타나기 때문이다.[6]

B. 찬양

초기 감리교회는 찬양하는 것을 중요한 은총의 수단으로 생각하였다. 찬양은 하나님과의 아름다운 영적 관계를 형성시켜 주고, 영적 성장과 성숙을 불러일으키는 중요한 도구였다. 또 감리교신학과 교리를 시

5) 헴튼, 120~123.

6) Hempton, 79.

(詩)를 통해 설명해 주는 가장 좋은 수단이었다. 찬양은 은총의 수단으로 하나님과의 새롭고 건전한 관계를 형성하려는 거룩한 감정을 불러일으키고, 계속해서 하나님 안에서 영적으로 성장하려는 마음을 부어준다. 웨슬리 형제는 50년 동안 60여권의 찬송가를 출판하였다. 찰스는 작사와 리듬과 언어재능을 가진 천재적 찬송시인으로 9천여 편의 찬송과 성시(hymns and sacred poems)를 썼다. 요한은 수집가와 편집으로 역할을 담당하였다.

감리교도들은 찬송을 통하여 그들의 성화와 완전과 만인속죄의 교리를 배웠고, 그것을 마음으로 확신하는 신앙의식화를 체험하였다. 감리교 설교와 찬양은 신학적 분위기를 바꾸어 놓았다. 심지어 감리교 설교는 1마일을 퍼져 나갔고, 감리교 찬양은 2마일을 퍼져 나갔다는 말이 생기기도 하였다. 가사는 찰스가 썼으나 곡들은 그 당시 영국에서 유행하던 가요와 민요들을 사용하였기에 대중도 쉽게 받아들일 수 있었다.

1737년의 첫 찬송시 모음집(Collection of Psalms and Hymns)은 대략 70여 곡들로 대부분 아이작 와츠(Isaac Watts)의 곡들이며, 모라비안의 영향과 시편 찬양을 하던 어머니와 성가대를 하였던 아버지의 영향을 받았다. 첫 번째 감리교 찬송가요, 첫 번째 영국성공회 찬송가며(아직 웨슬리가 영국성공회와 분리되지 않음), 공중예배를 위해서 미국에서 최초로 출판된 찬송가다. 웨슬리가 조지아 선교를 할 당시로, 네덜란드에서 미국 찰스턴(Charleston)으로 이민 온 루이스 티모시(Lewis Timothy)가 인쇄하였다.[7]

1780년에 《감리교도라 불리는 사람들의 사용을 위한 찬송 모음(*Collection of Hymns for the Use of the People Called Methodists*)》을 출판하게 되

7) 햄튼, 110.

었다. 감리교의 핵심 신학과 영성을 담은 찬송가다. 이 찬송가는 너무 작지도 않고 너무 크지도 않아 휴대하기 좋고 저렴하다고 웨슬리가 서문에 썼다. 웨슬리는 이 찬송가는 감리교회의 실천신학(practical Divinity)을 담고 있다고 하였으며, 찬송은 "경건의 심부름꾼"(handmaid of piety)[8] 이라고 말하였다. 이 찬송가에는 1장은 주로 인생의 죽음, 심판, 천국과 지옥, 기독교의 참된 기쁨 등을 묘사하면서 하나님께로 돌아갈 것을 권면하는 것이 핵심이었다. 2장은 주로 기독교의 구원의 기쁨과 하나님의 선하심을 노래하는 것이었다. 3장은 신앙생활의 나태함에서 회복되기를 촉구하는 것을 담고 있었다. 4장은 완전 구속과 영적 싸움과 기도가 들어 있었다. 5장은 주로 협력하는 공동체 영성을 담고 있었다. 이 찬송가는 교리(삼위일체, 교회론 등)를 다루고 있어도 교리는 약하고 하늘의 축복을 향하여 순례하는 그리스도인의 삶을 다루고 있다.[9]

감정적 황폐함으로 절망하는 모임에서도 놀라운 생명력을 주는 감리교찬송이었다. 찬송가는 마음의 종교(religion of heart)에 마음을 울리는 시적 선율을 제공한 셈이다. 당시의 찬송가는 감리교라는 인기 있는 종교의 심장과 중심(the heart and center of Methodist popular religion)에 가까이 있었고, 찬송가 부르기는 개인과 공동체 간의 유대관계를 만들어 주었으며, 성경을 암송케 하였고, 종교적 감정과 영적 정체성의 창조자(creator of spiritual identity) 역할을 하였으니 실로 찬송은 곡조 붙은 복음의 메시지였다.[10]

---

8) 헴튼, 111.

9) 헴튼, 112.

10) Hempton, 74.

C. 간증이야기

감리교운동의 또 다른 동력은 간증이다. 감리교운동은 간증하는 영성운동이다. 매주 한 번씩 모이는 속회모임에서도 서로의 일주일의 영적 삶을 간증하고 고백하는 모임이었다. 어떻게 지난 한 주간 동안 말씀과 기도와 성찬과 금식 등 경건수련(works of piety)에 썼는지 간증하고 고백하였고, 어떻게 지난 한 주간 동안 소외된 사람, 가난한 사람, 나그네 된 자, 병자, 신체장애인, 정신장애인, 고아와 과부 등을 사랑으로 섬겼는지 사랑의 실천(works of mercy)을 간증하고 고백하는 모임이었다. 밴드 모임에서도 무슨 죄를 지었는지, 무슨 유혹을 받았는지, 그것을 어떻게 극복하였는지, 남에게 이야기할 수 없는 비밀이 무엇이 있었는지 등을 간증 고백하는 모임이었다. 애찬회도 간증모임이었다.

그런데 특별히 성도들의 회심간증이야기들은 많은 사람들을 회개시키고, 그리스도에게로 돌아오게 하며, 성화생활을 힘쓰게 하는 도전이 되었다. 1793년 메인 주 케네백에서 출생한 파니 뉴엘(Fanny Newell)의 어린 시절은 죽음, 격리, 고통의 연속이었다. 지옥의 실체를 이야기하는 광신적 부모 때문에 더욱 그러하였다. 그녀가 15살에 이르렀을 때, 감리교의 설교들과 성경읽기와 morbid introspection은 그녀에게 큰 슬픔을 안겨 주었다. 밤마다 신음하며 지냈다. 그러다가 감리교모임에 나오게 되었고, 많은 사람들은 그녀를 위해 기도하였다. 그때에 한줄기 빛을 체험하였고, 그 빛 가운데서 예수님을 보게 되었다. 회개가 터져 나왔고, 절망에서부터 해방되는 환희와 기쁨을 체험하게 되었다. 그 후 천막 집회에서 삼층천에 올라가 완전성화의 극적 체험을 하게 되었다. 그 후 순회설교자와 결혼하여 평생 동역자로 감리교회의 부흥을 위해 사

역하게 되었다. 십대 시절에 경험한 영적 체험의 간증이야기를 죽기까지 계속 나누게 되었다.[11]

한나 번팅(Hanna Bunting)은 19세기 초 필라델피아에서 태어났다. 그녀는 16세에 그녀의 부모에 의해 감리교인이 되었다. 십대에 마음의 문을 열고 주님을 영접하게 되었고, 엄청난 죄의 각성을 체험하였다. 또한 감리교회 집회, 기도회, 애찬회에서 굉장한 기쁨과 감격을 체험하였다. 죄의 회개와 은혜의 체험이 교차되는 경험을 하면서, 감리교설교자들의 설교대로 완전성화에 이르기를 열망하였다. 웨슬리와 존 플레처가 쓴 《기독자의 완전》에 대한 글들을 읽곤 하였다. 어떤 때는 완전을 체험하였다고 생각하기도 하였다. 회심 한지 6년 후에 그녀는 고백하기를 순수한 영혼에 대한 강한 열망을 느꼈고, 나의 삶의 성결은 더욱 성숙해 갔다고 고백하였다. 성화에 대한 기대는 너무 높아서 도저히 완전에 이를 수 없음을 느꼈다고 고백하였다. 완전한 사랑(perfect love)에 대한 간절한 소원과 마지막 투쟁은 어느 감리교집회에서 절정을 이루게 되었다. 하늘에서 내려오는 듯한 평화와 사랑이 자신의 마음을 사로잡는 것을 느꼈다는 간증이야기를 일기에서 말한다. 우울증, 질병과 죽음을 왔다 갔다 하는 눈물겨운 영적 씨름의 8년이었음을 증언하였다. 가장 우울하고, 가장 비통한 순간에 하나님의 위로와 도움이 임한다는 것이다.[12]

1820년 코네티컷 미들타운(Middletown, Connecticut)에서 회심을 체험한 존 에드워드 리슬리(John Edward Risley)는 철저한 회개로 그의 영성순례가 시작됨을 알 수 있다. 감리교설교가들에 의해 외쳐진 설교에 따라 주일 범하기, 선술집 드나들기, 소설읽기를 회개하면서 그녀의 삶이 기도와 신

11) 햄튼, 102.

12) 햄튼, 104~105.

앙, 성경읽기로 변하여 갔음을 고백한다. 그녀에게 다가오는 위협과 고통이 오히려 더욱 큰 헌신을 하는 계기가 되었다. 세상의 낙을 누리고 싶은 욕구가 그리스도의 완전이라는 축복보다 앞서는 것을 괴로워할 때도 있었다. 오히려 이런 괴로움은 영적 승리를 이루고 싶은 열망으로 이어졌다. 그녀가 청소년 시절에 지속시켰던 영적 순례여정의 체험을 갖고, 3만 명 이상의 사람들에게 복음을 전하고, 수백 명에 달하는 사람들이 회개하게 하였다. 그녀가 십대 후반에 거듭남을 체험한 후 그 영적 진보를 향한 진행이 계속되었고 그것이 많은 사람들을 감동시켰다. 단지 몇 주 안에 그의 간증이야기를 다섯 번이나 들려주기도 하였다.[13)]

많은 회심의 체험이 십대 청소년 시절에 일어난다는 것, 잘못된 심리적 고통에서 벗어남으로써 일어난다는 것, 회심은 죽음과 종말적 심판에 대하여 경각심을 불러일으킨다는 것, 사회적으로 격리되어 있는 곳이나 급격히 부흥의 역사가 많이 일어나는 집회에서 일어난다는 것이다.[14)]

13) 헴튼, 100~101.

14) 헴튼, 103.

2부

미국감리교회사
(1784~1885)

애즈베리 안수장면

01
크리스마스연회까지의 미국감리교회사 (1735~1784)

A. 미국선교 개척기(1735~1772)

감리교회의 첫 미국선교는 1735년 존과 찰스 웨슬리 형제가 아메리칸 인디언들을 회심시키기 위해 미국으로 오면서 시작되었다. 두 형제의 선교는 20~30명으로 감리교도를 증가시켰고, 속회형태의 소그룹 영성운동을 시작하였으며, 첫 번째 찬송가를 출판하기도 하였지만, 구원의 확신이 없었던 존 웨슬리의 영적 상태 때문에 성공을 거둘 수 없었다. 찰스 웨슬리도 공군장교 부인과의 신앙상담이 오해를 받게 되어 1736년 영국으로 돌아갈 수밖에 없었다. 존 웨슬리도 여성과의 관계 때문에 큰 시련을 겪었다. 소피 홉키(Sophy Hopkey)와의 사랑이 이루어지지 않고 그녀가 다른 남자와 결혼을 한 후 성만찬에 참여하였는데, 웨슬리는 그녀에게 성만찬을 주지 않았다. 이 일로 홉키의 삼촌인 사바나 시의 행정책임자(chief magistrate)에 의해서 체포당하고 법정에 자주 불려 다니게 되었다. 결국 1737년 조지아 주 사바나 시에서 밤에 도망치듯 영국으로 돌아갈 수밖에 없었다.

웨슬리는 미국으로 갈 때도 풍랑을 만나 불안해하면서 모라비안들의 평안하고 기뻐하는 믿음의 자세에서 큰 도전을 받았었는데, 돌아올 때도 풍랑 때문에 두려움에 휩싸이게 되자 아메리칸 인디언들을 회심시키러 갔다가 자신도 회심하지 못하였다고 탄식할 수밖에 없었다. 이렇게 1차 미국선교는 실패로 끝날 수밖에 없었다.

1 미국지도 2 사바나의 선교지역 3 웨슬리는 아메리칸 인디언을 구원하기 위해 미국선교를 떠났지만 제대로 선교할 수 없었고 자신도 구원할 수 없었다고 탄식하였다.

물에 빠져 가면서 열심히 선교한 조지 휫필드

그 후 1739~1742년 사이에 옥스퍼드 감리교도였던 휫필드(George Whitefield)가 열세 차례나 미국을 오가면서 에드워즈(Jonathan Edwards)와 함께 미국의 제1차 대각성 운동을 일으키기도 하였다. 그러나 그는 후에 웨슬리와 예정론 논쟁을 벌이면서 칼빈주의적 감리교도(Calvinistic Methodist)로 나뉘어졌다.

그 후 미국에 감리교회를 조직화한 것은 영국에서 미국으로 이민 간 평신도들이었다. 농부인 스트로브리지(Robert Strawbridge)가 1760년 메릴랜드에 감리교신도회를 조직하였다. 그리고 목수요, 선생인 엠베리(Philip Embury)가 1766년 뉴욕에서 신도회를 시작하였고, 1767년 영국 육군 예비역 대위 웹(Thomas Webb)이 필라델피아와 다른 지역에서 이 모임을 조직하였다. 1766년까지 리즈버그(Leesburg), 버지니아(Virginia) 등에도 감리교신도회가 설립되었다. 1768년 감리교를 위해 예배당이 세워지기도 하였다.[1)]

미국 땅에 평신도 설교가(lay preacher)가 들어가게 된 것은 메릴랜드에서 스트로브리지에 의해 개종한 사람들과 뉴욕 신도회의 이사 토마스 테일러(Thomas Taylor)가 웨슬리에게 편지로 요청한 일이 계기가 되었다. 웨슬리는 미국선교 봉사자로 자원할 사람들을 찾았고, 그래서 리차드 보드만(Richard Boardman)과 조셉 필모어(Josph Pilmore)가 헌신하기로 결

1) John G. McEllhenney and Kenneth E. Rowe, *Proclaiming Grace & Freedom: The Story of United Methodism in America* (Nashville: Abingdon Press, 1982), 19.

단하였다. 보드만과 필모어는 1769년 10월 필라델피아에 도착하였다. 이들은 메릴랜드와 뉴욕에서만 설교활동을 시작할 줄 알았는데, 이미 웹 대위에 의해 조직된 필라델피아 감리교신도회에 100여 명 이상의 회원이 있음을 알게 되어 필모어는 필라델피아에 남아서 이 그룹을 인도하는 설교자가 되었다. 그리고 보드만은 미국의 웨슬리 최고 동역자(chief assistant)로 일하기 위해 뉴욕으로 갔다.[2)]

1770년 필모어는 웨슬리에게 두 명의 설교가가 더 필요하다고 요청하기에 이르렀다. 5명이 자원하였는데 웨슬리가 선택한 프랜시스 애즈

1 1760년경 아일랜드와 영국으로 감리교도들이 이민오면서부터 뉴욕, 메릴랜드, 버지니아 등지에 자리잡게 된다. 초기 감리교 선교회 지도자들(Barbara Heck, Philip Embury, Robert Strawbridge 등)

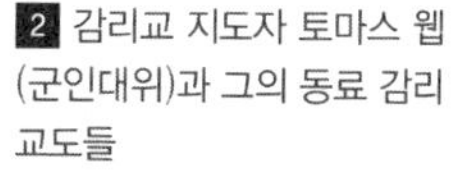

2 감리교 지도자 토마스 웹(군인대위)과 그의 동료 감리교도들

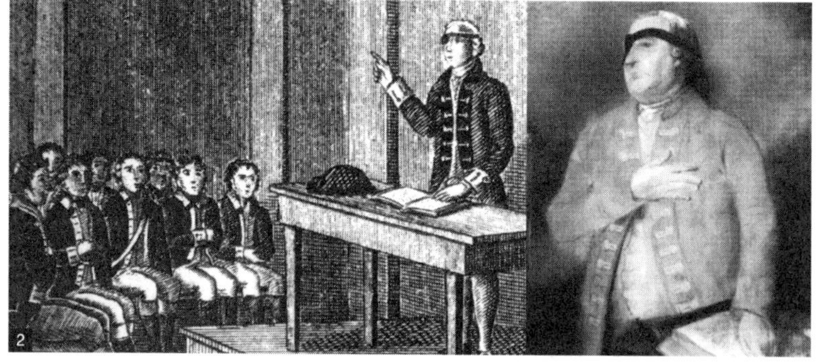

2) McEllhenney and Rowe, 19.

베리(Francis Asbury)와 리차드 라이트(Richard Wright)는 미국으로 건너가 성공적인 설교가들이 되었다. 특별히 26세의 애즈베리는 곧 보드만의 뒤를 이어 미국 내의 웨슬리 동역자(assistant)가 되었다. 필모어는 감리교회를 위해 장기적이고 중요한 선교여행을 떠나게 되었다. 펜실베이니아, 메릴랜드, 버지니아, 노스캐롤라이나와 사우스캐롤라이나, 그리고 조지아를 여행하였다. 그는 1772년 5월 26일 남부로 향하는 여행을 시작하여 1775년 6월까지 계속 여행하였다. 이 여행을 통해 필모어는 많은 업적을 남기게 되었다. 첫째로, 미국감리교회를 웨슬리의 지도력 아래 하나로(oneness) 묶었고, 둘째로, 감리교운동을 위한 많은 친구들을 만들었으며, 셋째로, 볼티모어와 노퍽에 새 신도회들을 조직하였고, 넷째로, 교회 밖 옥외에서, 즉 연극장에서, 나무 아래에서, 법정에서, 술집에서도 설교를 하였다.[3)]

B. 미국감리교회 형성기(1773~1784)

1. 역사적 상황

당시는 독립전쟁의 소용돌이가 미국을 뒤덮고 있을 때였다. 당시 토리당을 지지하였던 웨슬리는 미국독립전쟁을 지지할 수 없었다. 독립을 요구하는 것은 세금을 낼 수 있는 중산층들의 교만한 요구라고 생각하였다. 그래서 미국 식민지인들은 마땅히 영국정부에 세금을 내야 한다는 영국국회의 결의를 지지하였다. 많은 감리교 설교가들은 단지

3) McEllhenney and Rowe, 20.

감리교도라는 이유 때문에 많은 박해를 받아야만 하였다. 그래서 웨슬리는 모든 감리교회 설교가들에게 영국으로 돌아올 것을 명령하였다. 그러나 애즈베리(Francis Asbury)와 뎀스터(James Dempster)는 돌아오지 않았다. 뎀스터는 후에 장로교로 가버렸다. 애즈베리는 이 중요한 역사적 시기에 미국에 남아 있었고 독립전쟁을 지지하였기에 후에 미국감리교회 지도자로 부상할 수 있었다. 1777년 애즈베리는 랭킨(Rankin)에게 보낸 편지에서 미국은 자유로운 독립국가가 되어야 함을 강조하였다.

독립전쟁이 끝나고 1783년 9월 3일 파리조약(Treaty of Paris)에서 미국이 독립국가임을 인정하고, 1787년 9월 17일 미국에 새 헌법이 만들어지게 되었다. 이러한 급변하는 역사적 상황에서 미국감리교회가 탄생하게 되었다.[4]

2. 미국감리교 설교가들의 첫 연회

1773년 필라델피아에서 모든 감리교 설교가들이 함께 모이는 연회가 개최되었는데, 여기서 10명의 평신도 설교가들(lay preachers)이 모여 네 가지 중요한 결정을 하게 되었다. 첫째로, 미국 내의 모든 감리교도는 존 웨슬리의 영적 지도력 아래 연합할 것을 결의하였다. 둘째로, 평신도 설교가들이 성례전을 집례하는 것을 금지시켰다. 그들은 성직안수를 받지 않았기 때문이었다. 셋째로, 웨슬리의 허락 없이는 아무도 웨슬리의 저술들이나 찬송가를 복사할 수 없다는 것도 결의하였다. 넷째로, 감리교회의 교리와 장정을 준수할 것을 결의하였다. 모든 감리교

4) Frederick A. Norwood, *The Story of American Methodism* (Nashville: Abingdon, 1974), 95.

회의 교인은 신도회모임과 애찬회(love feast)모임에 출석해야 하고, 모든 목회자는 6개월마다 보고서를 작성할 것을 결의하였다. 이것이 매해 연회를 위한 통계보고의 자료가 되었다.[5] 1773년에 등록된 교인들은 뉴욕에서 180명, 필라델피아에서 180명, 뉴저지에서 200명, 메릴랜드에서 500명, 버지니아에서 100명으로 총 1,160명이었다.[6] 1775년까지 웨슬리에 의해 임명된 감리교 설교가들은 모두 8명이었다.

독립전쟁으로 인하여 뉴욕 지역에서는 감리교 신도들이 감소하였으나, 기타 지역에서는 오히려 박해 속에서 성장하여 1776년부터 1783년까지 13,740명으로 세 배나 증가하였다. 독립전쟁 중에 일어난 중요한 문제는 성례전 집례문제였다. 독립전쟁으로 영국성공회에 소속된 감리교회 목사들은 돌아가고 남아 있는 평신도 설교가들은 안수를 받지 않았기 때문에 성례전을 집행할 수가 없었다. 그러나 어떤 설교가들은 설교를 할 수 있다면 성례전을 베풀 수도 있다고 생각하기도 하였다. 그래서 남부에서는 서로 안수를 베풀기도 하였다. 그러나 애즈베리와 북부 설교가들은 성례전 집례를 거부하였다.

웨슬리는 이러한 미국의 특수한 상황 때문에 고민하기 시작하였다. 미국에는 영국성공회 감독이 없었다. 웨슬리는 킹(Lord Peter King)의 "초대교회에 관한 저술(Account of Early Christian Church)"을 읽고 감독뿐만 아니라 목사도 안수를 줄 수 있음을 확신하게 되었다. 또한 감독 스틸링플리트(Bishop Edward Stillingfleet)의 영향도 있었다. 그러나 동생 찰스 웨슬리(Charles Wesley)는 반대하였다. 안수를 베풀면 사실상 영국성공회

5) McEllhenney and Rowe, 22.

6) McEllhenney and Rowe, 22.

와 분열하게 된다는 주장이었다.[7] 존은 콕(Thomas Coke)을 비롯한 많은 사람들과 의논한 후에 결단하여, 1784년 9월 1일 오전 4시 영국성공회 목사 크레이톤(Thomas Creighton)의 보좌로 와트코트(Richard Whatcoat)와 베이지(Thomas Vasey)에게 준회원목사 안수(deacon pastor)를 베풀고 그 다음날 정회원목사 안수(elder pastor)를 베풀었다. 그리고 이미 영국성공회에서 안수를 받은 콕(Coke)은 미국감리교회를 위한 감리사(general superintendent)로 안수하였다.[8] 그리고 웨슬리는 그가 서명한 안수증서를 주었다.

토마스 콕

웨슬리는 1784년 9월 10일 "북미의 형제들에게 보내는 목회서신"에서 초대교회의 예를 들면서 감독과 목사에게 동등하게 안수할 수 있는 권리가 있음을 다음과 같이 변증하였다.

역사자료 · 95

2. 로드 킹(Lord King)의 "초대교회에 관한 저술"이 나를 몇 년 전부터 확신시켰다. 감독과 장로(안수 받은 정회원 사제)는 똑같은 직제들이다. 결과적으로 안수를 베풀 수 있는 똑같은 권리를 가진다. 여러 해 동안 나는 때때로 우리의 순회설교가들을 안수함으로써 이 권리를 행사하는 것을 고려하여 왔다. 그러나 나는 거절하였다. 단순히 평화만을 위해서가 아니라, 내가 속하

7) Norwood, 97.

8) Jesse Lee, *A Short History of Methodists in the United States of America* (Baltimore, Magill and Clime: 1810), 86.

여 있는 영국성공회의 기존질서를 무너뜨리는 결과를 가져올 수 있기 때문이다.

3. 그러나 영국과 북아메리카의 차이가 아주 크다. 여기에는 법적인 지역회(juristiction)를 갖고 있는 감독들이 있다. 하지만 미국에는 감독도 없고 개체교회 목사도 없다. 그래서 몇 백 마일의 거리에 있는 성도들에게 세례를 베풀 수도 성만찬을 줄 수도 없다. 그러므로 여기 영국에 있는 나는 아무 것도 할 수 없다. 그리고 나는 안수를 베풀어서 추수할 일꾼을 보내는 것이 교회질서를 어지럽히는 것도 아니고, 어떤 사람의 권리를 침해하는 것도 아니라고 자유롭게 생각하게 되었다.

4. 따라서 나는 북아메리카에 있는 우리 형제들을 위해서 콕 박사와 미스터 프랜시스 애즈베리에게 공동 감리사직을 안수하여 임명하게 되었다. 그리고 리차드 와트코트와 토마스 베이지를 그들을 위한 정회원목사(elders)로 안수하여 임명함으로써 세례를 베풀고 성만찬을 베풀도록 하였다. 그리고 나는 영국성공회(내가 생각하기에 세계에서 가장 최선의 제도를 갖고 있는)의 예문과 약간 다른 예문을 준비하였다. 그래서 그 예문을 매주일 모든 회중과 함께 사용할 것을 권면한다. 그리고 수요일과 금요일에 읽을 기도문으로 기도할 것과 모든 다른 요일에 즉흥기도할 것을 또한 권면한다. 나는 또한 모든 정회원목사들이 매주일 성만찬을 집례할 것을 권면한다.[9]

이미 목사로 안수 받은 콕을 존 웨슬리가 다시 감리사로 안수하였

9) Russell E. Richey, Kenneth E. Rowe and Jean Miller Schmidt, *The Methodist Experience in America*(A Source Book), Vol. II, (Nashville: Abingdon Press, 2000), 71. 이하 *The Methodist Experience*로 표기함.

으니 그는 사실상 감독역할을 수행한 셈이다. 또한 매주 성만찬을 집례할 것을 권면하였고, 콕과 애즈베리가 공동으로 미국 감리사직을 수행할 것을 명시하였다. 또한 예배순서(The Sunday Service of the Methodists in North America)를 만들어 동봉하였고, 영국성공회의 39개조의 예문을 24개조로 줄여서 만들었다. 그래서 세 사람 콕, 와트코트, 베이지는 9월 18일에 영국을 출발하여 11월 3일 뉴욕에 도착하였다.[10] 그리고 필라델피아에 이르러 웨슬리의 미국감리교회에 대한 계획을 공개하였고, 델라웨어에서 애즈베리를 만났다. 그리고는 역사적인 1784년 크리스마스연회(Christmas Conference)를 볼티모어(Baltimore) 러블리 레인교회(Lovely Lane Chapel)에서 가질 것을 합의하였다. 이 연회는 가장 많은 설교가들이 참석하는 연회가 되었다. 81명의 미국감리교회 설교가들 중에 60명이 참석하였는데, 크리스마스이브(12월 24일)에 시작하여 1785년 1월 2일까지 열흘 동안 계속되었다.[11] 그 열흘간의 연회에서 다섯 가지 중요한 결정을 하게 되었다.

첫째로, 감리교회운동(Methodist movement)을 미국감리교회 감독교회(the Methodist Episcopal Church in America)로 조직하게 되었다.

둘째로, 만일 미국 설교가들의 합의가 없으면 웨슬리의 감리사 임명을 거부하기로 하였던 애즈베리를 만장일치로 감리사로 추천하였다. 첫째 날 준회원목사 안수(deacon pastor)를 받고, 둘째 날 정회원목사 안수(elder pastor)를 받고, 셋째 날 감리사 안수를 받았다.[12] 후에 감리사

10) Lee, 86.

11) Thomas Coke, “Bishop Coke Details His Episcopal Mission to North America, Describes Christmas Conference in Baltimore”, *The Methodist Experience*, 73.

12) Norwood, 100. 이 안수식에는 독일개혁교회 목사 오터바인(Philip William Otterbein)도 참석하였다. 오터바인을 중심으로 하는 독일개혁교회(the United Brethren

프랜시스 애즈베리

(superintendent)는 감독(bishop)이라는 명칭으로 바뀌게 되었는데, 웨슬리는 감리사를 감독으로 부르는 것을 불쾌하게 생각하였다.

셋째로, 39개조를 24개조로 줄인 것을 받아들이되 25개조를 하나 추가하기로 결의하였다. 웨슬리의 설교와《신약성서주해》를 교리의 표준으로 삼는다는 내용이었다. 새 미국교회는 웨슬리의 철야기도회 전통을 받아들였다. 그래서 찬양 부르기, 간증, 기도 등을 철야기도회에서 강조하고 새해 이브 철야기도회로 발전시켰다. 계약갱신예배(Covenant Service), 애찬회(love feast) 등도 계속 이어갔다.

넷째로, 설교가들은 약으로 쓰는 목적 이외에 술 취하는 것을 금지하기로 결의하였다.

다섯째로, 노예제도를 반대하는 것을 결의하기도 하였다.

그리고 이 연회에서는 애즈베리에게만 안수를 베푼 것이 아니라, 여러 명의 정회원목사들을 선출하고 그들에게도 안수를 베풀었다. 한 설교가가 안티구아(Antigua) 지역을 위한 정회원목사로 선출되어 안수를 받았는데 그의 이름은 제레미야 람부르트(Jeremia Lamburt)였고, 두 명의 설교가가 노바스코샤(Nova-Scotia) 지역을 위해 정회원 안수를 받았는데 그들의 이름은 프리본 개렛슨(Freeborn Garretson), 제임스 크롬웰(James

Church)와 복음교회(the Evangelical Church)가 연합하여 1946년 11월 16일 "The Evangelical United Brethren Church"를 창립하였다가 후에 미국감리교회(The Methodist Episcopal Church)와 합하게 되어 연합감리교회(The United Methodist Church)가 되었다.

Cromwell)이었다. 그리고 10명이 미국을 위해 정회원 안수를 받았다: 존 터넬(John Tunnell), 존 헤거티(John Haggerty), 제임스 오켈리(James O'Kelly), 레 로이 콜(Le Roy Cole), 윌리엄 질(William Gill), 넬슨 리드(Nelson Reed), 헨리 윌리스(henry Willis), 루벤 엘리스(Reuben Ellis), 리차드 아이비(Richard Ivey), 베버리 알렌(Beverly Allen).[13] 콕은 사회를 맡아 진행하며 설교를 은혜스럽게 하였던 감격을 다음과 같이 기록하였다.

역사자료 · 96

내가 두 번 설교하는 동안에 주님이 특별히 임재하였다고 나는 생각한다. 첫 설교는 내가 형제 애즈베리에게 감독(사실상은 감리사였지만) 안수를 베풀었을 때고, 두 번째는 우리가 정회원목사들을 안수할 때였다. 하나님은 참으로 사람들 앞에서 나를 명예스럽게 만드시기를 기뻐하셨다. 매일 아침 6시에 한 설교가가 사람들에게 설교하였다. 날씨가 특별히 추웠다. 형제 애즈베리는 이 추운 날씨가 사람들의 죄를 사해 주는 데는 최고라고 생각하였다. …… 주일과 다른 안수식 날을 제외하고 정오에 설교하였다. 10시에 예배가 시작되면 언제나 네 시간이나 계속되었다. 예배당은 언제나 사람들로 가득 찼다. 저녁 6시에 한 순회설교가가 타운채플(Town Chapel)에서 설교하였고, 또 다른 순회설교가가 포인트채플(Point Chapel, 도시에서 반 마일 떨어진 곳)에서 설교하였으며, 또 다른 순회설교가가 네덜란드 채플(Dutch Chapel)에서 설교하였다. 경건한 목사 오터바인(Otterbein)이 그 예배당을 연회기간 동안 빌려 주었다(형제 애즈베리가 오터바인 목사를 그의 감독 안수 보좌로 간곡히 요청하여서 우리는 함께 안수함).[14]

13) Coke, 77.

14) Coke, 77.

이 크리스마스연회에서 감리교신도회(Methodist Society)를 감리교회(Methodist Church)라고 부르는 결정을 하지는 않았으나 이때부터 사실상 감리교회가 된 셈이다. 웨슬리도 미국감리교도를 위해 보낸 예배서(service book)에서는 감리교회를 명시하지 않았으나 세례예문(service of baptism)에서는 감리교회란 표현을 하였다. 그러나 웨슬리가 강조하는 교회론은 보편적 교회(universal church)다. 모든 신도 개개인도 공동체의식을 가져야 함을 강조한다. 결국 영국에서 시작된 감리교운동은 오랜 세월을 거쳐서 "the Methodist Episcopal Church"라는 이름으로 제도적 교회를 형성하기에 이르렀다.

02
애즈베리의 생애와 사상

애즈베리(Francis Asbury)는 1745년에 태어났다. 그는 어려서부터 웨슬리처럼 영적인 자기수련(self-discipline)을 위해 철저히 노력한 타고난 지도자였다. 어렸을 때에 그의 별명이 'Methodist parson(감리교회 목사)'이었다.[1] 6세 때부터 성경을 읽을 수 있었고, 불빛이 깜박거릴 때까지 성경을 파고드는 열정이 있었다. 그래서 어머니가 눈이 상한다고 야단을 치기도 하였다.[2] 웨슬리처럼 새벽 4시에 규칙적으로 일어났고, 금요일마다 금식기도를 힘썼다. 죽기 전 2년 동안 관절염으로 다리를 절고, 천식으로 호흡이 곤란하며, 여러 가지 복합적인 신체의 연약함이 나타나서 웨슬리처럼 다른 사람의 부축을 받아야 하였음에도 전도여행을 포기하지 않았다. 1816년 5월 24일 버지니아 리치몬드에서 마지막 설교를 할 때에도 사람들이 그를 부축하여 데려갔다.[3] 그러나 웨슬리는 160센티미터의 단신이었지만, 애즈베리는 176센티미터로 웨슬리보다 훨씬 컸다.

애즈베리는 감리교도면서 대장장이였고 철광업의 창설자였던 헨

1) Frank Baker, *From Wesley to Asbury* (Durham : Duke University Press, 1976), 108.

2) Frank Baker, 108.

3) Frank Baker, 136.

리 폭살(Henry Foxall)의 견습생으로 일하였다. 그것을 계기로 미국감리교회를 경제적으로 돕는 스폰서가 되어 워싱턴에 첫 감리교회(the First Foundery Methodist Episcopal Church)를 지어서 봉헌하였다.

그는 16세 때 그의 아버지 창고에서 친구와 함께 기도하면서 놀라운 하나님의 은혜를 체험하였다. 다른 사람들이 애즈베리가 완전성화(full sanctification)를 경험하였다고 생각할 정도로 큰 은혜를 체험한 것이다.[4] 애즈베리의 어머니가 여성들을 모아놓고 두 주에 한 번씩 영성수련 경건모임을 인도하였다. 그녀는 아들 애즈베리가 사람들 앞에서 간증할 수 있게 기회를 주었다. 그러다가 20여 명의 청년들을 모아 애즈베리가 영적 모임을 갖기 시작하였다. 그들 중에는 제임스 마요(James Mayo), 제임스 베일리(James Bayley), 토마스 러셀(Thomas Russell), 토마스 아울트(Thomas Ault), 그리고 자베즈 아울트(Jabez Ault) 등이 있었다. 애즈베리 그룹의 처음 모임 장소는 조셉 헤이우드(Joseph Heywood)의 집이었다.

애즈베리는 18세 때 지역 설교가(local preacher)로서 공식적인 직책을 받았다. 그래서 결국 50년 이상을 설교하는 설교가로서의 위대한 생애를 시작하게 되었다. 그리고 1766년 21세 때 애즈베리는 순회설교가(itinerant preacher)로 임명되었다.[5] 그는 순회 설교가로서 도시에서 마을로, 마을에서 도시로 그룹의 크기를 막론하고 열심히 설교하였다. 그리고 1768년 브리스톨연회에서 정회원이 되었다. 1769년 웨슬리는 리차드 헨더슨(Richard Henderson) 감독 하에 베드포드셔 교구(Bedfordshire circuit)로 애즈베리를 보냈다. 1770년 다시 남부 윌트샤인(South Wiltshine) 혹은 살리스베리(Salisbury) 교구로 임명받았다. 그는 거기서 6개월 동안

4) Frank Baker, 108.

5) Frank Baker, 112.

해외선교에 대한 강한 소명을 느꼈다. 4명의 여성들이 애즈베리의 어머니에게 해외선교를 가지 못하게 해 달라는 간곡한 편지를 보냈다. 그녀들은 그를 확실히 이성적으로 흠모하였던 것이다. 1771년 브리스톨연회에서 다른 네 명과 함께 미국선교를 자원하였다. 그 중에 두 명만 선출되었다.[6] 1771년 26세 때에 미국선교를 시작하였다. 미국감리교회가 그의 부인이며 자녀들이었다. 애즈베리는 웨슬리와 불과 몇 번의 만남밖에 없었지만 웨슬리의 설교들, 그의 설교가들, 그의 책들, 그리고 편지들을 통하여 웨슬리를 알게 되었다. 웨슬리가 쓴 모든 책을 읽은 애즈베리는 웨슬리 신학사상을 철저히 이해하는 전문가가 되었다. 웨슬리신학에 대한 이러한 지식을 바탕으로 미국감리교회를 만드는 전문가가 될 수 있었다. 애즈베리는 웨슬리의 복사판이라고 불릴 정도로 웨슬리와 유사한 지도자였다. 그는 웨슬리의 모범과 규칙과 정신을 항상 따르는 웨슬리의 충실한 제자였다. 엄격하고, 지도력 강하고, 헌신적이고, 사랑과 존경을 받은 감독으로, 감독제가 그를 만든 것이 아니라 그가 감독제를 만들었다고 노우드는 해석한다.[7] 또한 콕이 제일 먼저 총리사(general superintendent)로 임명되었지만, 감독직을 만든 사람은 애즈베리였다.[8] 1805년 일기에서 그가 회상하기를 그의 감독직의 권위는 하나님의 부르심, 미국선교를 가장 오래한 것, 크리스마스연회에서 선출된 것, 콕과 다른 목사들에 의한 선출, 그리고 사도적인 징표라고 하였다.[9] 애즈베리가 순회설교와 선교활동을 통하여 많은 교회와 교역자들을 알게 된 것

6) Frank Baker, 115.

7) Norwood, 142.

8) Norwood, 141.

9) Norwood, 142.

이 그로 하여금 막대한 영향력을 과시하게 하였다. 그는 강철 같은 손과 불굴의 의지로 교회문제들을 처리하였다. 그는 너무나 금욕적이어서 건강이 좋지 않았다. 1797년 애즈베리는 병이 들었다. 뉴욕연회는 애즈베리와 제세 리가 함께 여행하면서 리가 애즈베리를 돕도록 결정하였다. 1800년 애즈베리가 은퇴를 계획하고 동시에 영국연회가 콕의 복귀를 요구함으로써 새 감독을 선출할 수밖에 없었다. 그런데 새 감독으로 애즈베리와 가까운 제세 리를 선택하지 않고 와트코트(Whatcoat)를 선택하였다. 이것은 신비로운 결정이었다. 애즈베리보다 아홉 살이나 많은 와트코트였지만 애즈베리가 사망하기 전까지는 항상 애즈베리가 선배역할을 하였다.

30년이라는 그의 감독직 봉사기간 동안 미국감리교회는 숫자적 증가에 있어서나 지리적 확장에 있어서 드라마틱한 발전을 이루었다. 1784년 크리스마스연회 때는 83명의 순회설교가들과 15,000명 미만의 교인들이 있었는데, 애즈베리는 죽기 전에 700명 이상의 순회설교가들과 많은 지역 설교가들, 212,000명의 감리교인을 만들었다.[10] 프랑크 베이커의 통계에 의하면 1776년에 미국감리교도는 5,000명이었고, 1786년에는 15,000명, 1816년 그가 죽을 때에는 214,000명으로 증가하였다고 한다.[11]

이렇게 애즈베리도 웨슬리처럼 부지런하고 정열적인 목회자였다. 복음을 위해, 감리교회를 위해 열심히 산 사람이다. 그는 감리사 안수를 받은 날 저녁에도 설교하였고, 그 다음날에는 감독직 수행을 위해 안개와 눈을 헤치고 50마일을 말을 타고 여행하였다. 말을 타고 버지니

10) John A. Vickers, *Francis Asbury* (London : Foundery Press, 1993), 25.

11) Frank Baker, 138.

아(Virginia), 노스캐롤라이나(North Carolina), 조지타운(Georgetown), 그리고 찰스턴(Charleston)으로, 남으로 남으로 내려갔다. 그레이트스모키산맥(the Great Smoky Mountains)을 관통하는 아메리칸 인디언들의 길은 '애즈베리 트레일(Asbury Trail)'로 알려졌다. 왜냐하면 그와 그의 동료 세 사람들이 1810년 11월에 그 길을 통해 테네시(Tennessee)에서 노스캐롤라이나(North Carolina)로 갔던 것이다. 그 길은 지금도 너무나 험준하여 아메리카 익스플로러 스카우트들(America Explorer Scouts)이 애즈베리 트레일 어워드(Asbury Trail Award)를 얻기 위하여 시험하는 길이 되었다. 그의 뻗어 가는 전도여행은 그 자신의 권위를 증진시킬 뿐 아니라, 감리교회 연대구조를 넓혀 가는 수단이 되었다. 그의 여행은 제세 리(Jesse Lee)나 쿠퍼(Ezekiel Cooper) 같은 많은 지도자들을 만날 수 있는 계기가 되었고, 그의 지도력 아래 감리교회는 새로 독립한 미국생활에 공헌할 수 있는 공동체가 되었다. 애즈베리가 강하게 지지한 천막 집회는 미국감리교회가 환경을 변화시키는 종교임을 보여 주는 계기가 되었다.

그는 과다한 여행과 설교로 신체적 질병에 시달렸지만, 아주 덥거나 아주 춥거나 눈이 많이 오거나 비가 많이 와도 개의치 않고 선교와 목회를 추진해 갔다. 어떤 날은 바람이 너무 세차게 불어 나무들이 쓰러지고, 창고와 집들이 날아가는데도 숲을 헤치고 여행을 하였다고 그의 일기에 기록되어 있다(1776년 7월 메릴랜드에서). 이삼말론(Isham Malone)으로 가는 길이 얼음판이라 말이 넘어지는 바람에 다리를 다칠 뻔하였는데, 때마침 많이 내린 눈 때문에 전화위복으로 다리 부상이 심하지 않았다(1784년 1월 버지니아에서). 매켄드리(William McKendree)가 그를 이어 감독이 되었다. 애즈베리는 고별 연설(Valedictory Address)에서 감리교회를 사도적이며(apostolic), 선교적(missionary)인 교회로 묘사하면서 자신의 생애를 회상하는 변증(apologia pro vita sua)을 하였다.

역사자료 · 97

> 나는 이 나라에서 44년째 선교중이다. 60번이나 알레제니(Allegheny) 산을 왕복하였다. …… 29번이나 남북 캐롤라이나(Carolina)와 조지아(Georgia)를 방문하였다. …… 나는 관절염으로 걸을 수 없는 지경에 이르렀어도 사람들에 의해서 실려서 말을 타기도 하였다. …… 나는 7년 동안 서서 설교할 수 없었다. …… 진실로 하나님 앞에서 나는 이러한 고난을 잊을 수 없다. …… 나는 오직 그리스도의 의(the righteousness of Christ)만을 붙들고 살았다. 나는 예수 그리스도의 의롭다 하시고 성화케 하시는 의(in justifying and in the sanctifying righteousness of Jesus Christ), 그리고 하나님께 영광을 돌린다. 나는 나의 생애에서 내가 체험한 교리가 아주 위대하고 진실하다고 느낀다. 그것은 성서에 관한 교리다. 그것은 하나님에 관한 교리다.[12]

애즈베리는 영국감리교회의 방법들을 열심히 배웠을 뿐 아니라 존 웨슬리의 정신에 깊이 빠져 들어갔다. 그리고 영국감리교회를 미국의 토양에 건강하게 이식시켰다고 말할 수 있다.[13]

---

12) Frank Baker, 140.

13) Frank Baker, 141.

1784년 크리스마스연회에서 토마스 콕에게 안수받는 프랜시스 애즈베리

03
미국감리교회 성장기(1785~1816)

1785년 연회는 1784년 연회에서 결정한 헌법을 재확인하였다. 웨슬리의 견해에 따라 교회통치구조를 감독체제로 만들었다. 준회원(deacon), 정회원(elder), 감리사(superintendent)의 구조로 조직하였다. 20명의 정회원들과 4명의 준회원들, 그리고 이들을 관리하는 감리사 제도가 시작된 것이다. 그리고 통치구조에 있어서 교역자와 평신도의 숫자를 동수로 만들었다. 이것은 감리교 운영의 민주화를 의미한다.[1] 그리고 감리사(superintendent)의 직책은 "사회하는 정회원(presiding elders)", "지역을 관리하는 지방감리사(district superintendent)", "감리교도라고 불리는 사람들(people called Methodist)"에게 세례와 성만찬을 베푸는 것으로 정하였다.[2] 또한 초기 장정이 언급하는 감독의 직능은 목사 임명, 연회 시사회, 목사를 바꾸고 받고 시험하는 임무, 연대구조를 통한 여행, 영적 세속적 업무관장 등으로 생각하였다.[3] 그리고 그들은 이미 독립교회가 되었을지라도 계속 신도회(society)에 소속한 회원으로 생각하였다. 이것

1) Norwood, 121.

2) Norwood, 141.

3) Norwood, 143.

은 혼동의 요소가 되기도 하였지만, 또한 강점이 되기도 하였다. 그리고 감리교도들이 급성장하여 5년 후인 1790년 57,631명으로 늘어났고, 15년 후인 1805년에는 120,000명으로 증가하였다.[4]

웨슬리는 콕과 애즈베리가 그에게 복종하는 상태에 계속해서 머무르기를 원하였다. 1787년 5월 1일 총회를 볼티모어에서 열고 와트코트(Whatcoat)를 감리사, 즉 감독으로 임명하기를 제안하였다. 그러나 대부분의 미국 설교가들은 거절하였다. 그것은 두 가지 이유 때문이었다. 첫째로, 그는 감독직을 수행할 만한 자격이 되지 않는다고 생각하였기 때문이고, 둘째로 만일 와트코트가 감독으로 안수를 받는다면 웨슬리가 애즈베리를 영국으로 불러가야 한다고 생각하였기 때문이었다. 미국감리교인들은 유럽과 미국의 감리교 지도자가 웨슬리와 콕과 애즈베리라고 생각하였으나, 미국감리교회의 감독은 콕과 애즈베리라고 생각하였다.[5] 다시 말해서 웨슬리의 교회행정적 권한이 미국에는 미치지 않는다고 미국감리교도들은 생각하였다. 그래서 아무리 와트코트가 웨슬리의 충성된 제자라 하더라도 그의 감독직 안수를 마국감리교도들은 원하지 않았다. 특히 와트코트 감독 임명건을 둘러싸고 웨슬리에 대한 충성심과 미국감독으로의 호칭이 흔들리기 시작하였다. 웨슬리는 감독이란 명칭으로 바꾼 것을 불쾌해하였고, 새 대학의 이름을 두 사람의 이름

---

4) Norwood, 120.

5) Wesley, *Letters of John Wesley*, ed. George Eayrs (London: Hodder and Stoughton, 1915), 123. 이하 Letters(Eayrs)로 표기함(1788년 9월 20일, 웨슬리가 애즈베리에게 보낸 마지막 편지, 이후로 웨슬리는 다시는 애즈베리에게 편지를 보내지 않았다). 미국감리교회가 첫해 웨슬리에게 보낸 보고서에서는 우리의 감독은 세 분, 곧 존 웨슬리와 토마스 콕과 프랜시스 애즈베리라고 표현하였으나 그 다음해 보고서에는 우리의 감독은 두 분이라고만 명시하였다. 웨슬리의 이름이 빠진 것이다. 웨슬리는 섭섭하게 생각하였으나 결국 미국감리교회의 독립을 인정하기에 이르렀다. 와트코트가 이것에 문제를 제기하여 다시 그 다음해 연회록에 세 사람의 이름이 모두 감독으로 올라가게 되었다.

을 따서 콕스베리(Cokesbury)라고 한 것도 섭섭하게 생각하였다.

역사자료 · 98

> 당신들 자신의 이름을 따라 그 학교 이름을 지었다. …… 어떻게 당신들 자신이 감독이라고 불리는 것을 견딜 수 있는가? 사람들은 나를 천한 남자, 바보, 불량배, 깡패라고 부르지만 나는 만족한다. 그러나 그들은 결코 나를 감독이라고 부르지 않는다. 나 자신을 위하여, 하나님을 위하여, 그리스도를 위하여 이것에 종말을 고한다![6]

웨슬리의 편지들 중에서 중요한 것들을 편집 출판한 조지 이어스(George Eayrs)는 웨슬리가 이 편지에서 사도 바울처럼 영광 받는 것에는 어리석은 자가 되기를 원하였다고 해석한다. 감리사(superintendent)라는 자신이 만든 이름을 감독(bishop)으로 바꾼 것에 대해 부들부들 떨었다고 조지 이어스는 해석한다. 그리고 킹스우드학교(Kingswood School)의 선생이었던 월터 셀론(Walter Sellon) 목사가 웨슬리가 미국으로 가서 감독이 되는 것을 두려워하였을 때 웨슬리는 다음과 같이 편지하였다: "나는 미국에 가기까지 감독이 아니다. 그러므로 내가 유럽에 있는 한 너는 아무 것도 두려워할 필요가 없다."[7] 조지 이어스는 웨슬리는 비록 미국에 간다고 할지라도 감독이라는 이름이나 감독직책을 부인할 것이라는 의미로 이 편지를 썼고, 애즈베리의 약삭빠른 생각 때문에 그가

6) Wesley, *Letters of John Wesley*, ed. Telford (London: Epworth, 1931), Vol. 8, 91. 이하 *Letters*(Telford)로 표기함. *Letters*(Eayrs), 277~278.

7) *Letters*(Eayrs), 278.

혼동되지 않았음을 밝혔다고 강조한다.

웨슬리는 폭도들에 의해 각목으로 얻어 맞을 뻔하는 어려움을 당하였으며,
또한 미국감리교도들과 감독제 때문에 긴장관계를 갖는 아픔 속에서 소천하였다.

1791년 웨슬리가 사망하자 감독체제가 더욱 자리를 잡아가게 되었다. 웨슬리의 죽음은 미국감리교인들에게 큰 충격이었지만 동시에 새로운 역사적 전환점이 되기도 하였다.

그러나 콕이 미국을 떠나 영국과 아일랜드 선교를 위해 유럽에 있는 동안 미국감리교회 교인들은 콕을 그들의 감독이라고 생각하지 않았다. 특히 그는 서인도제도(West Indies)에서 흑인들을 위한 선교활동을 하면서 미국감리교회 내에서의 행정적 능력을 점점 상실하게 되었고, 1814년 인도(India)로 선교여행을 가던 중 사망하였다. 그래서 콕은 미국감리교회에서 지도력을 행사하지 못하였고 애즈베리 중심의 감리교회가 되었다.[8] 애즈베리는 미국 전역을 말을 타고 다니면서 열심히 감독직을 수행하여 명실상부한 미국의 지도자로 부상하였고, 특히 독립전쟁 시에도 미국을 떠나지 않고 박해 속에서도 선교활동을 지속적으로 한 점 등이 미국감리교인들이 그를 지도자로 인정하는 요인이 되었다.

1789년에 이르러 감리교회는 뉴욕에서부터 찰스턴(Charleston)에 이르기까지 11개 연회로 발전하였다. 모든 이슈를 모든 연회에서 다루기는 실제적으로 어려움이 있어서 애즈베리는 "협의회(The Council)" 구성을 제안하고 각 연회에서 1789년에 통과시켜 주기를 요청하였다. 협의회의 구성은 감독들과 감리사들, 그리고 애즈베리가 임명하는 지도자들로 할 것을 제안하였다. 이것은 곧 제세 리(Jesse Lee), 제임스 오켈리(James O'Kelly)와 같은 영향력 있는 설교가들에 의해 거절당하였다. 리는 세 가지 이유에서 애즈베리의 제안을 거부하였다. 첫째로, 협의회 대표들을 연회 구성원이 선출하지 않고 애즈베리가 임명하는 것에 불만을 나타냈다. 둘째로, 모든 제안된 내규에 대하여 거부권을 행사할 경우에 만장일치로 동의해야 부결된다는 것에 대하여도 불만을 표시하였다. 셋째로, 협의회의 결정에 동의한 연회에서만 협의회의 결정이 법적인 힘을 가질 수 있다는 것에 불만을 나타냈다. 리는 그것을 받아들인 연회

8) Norwood, 143.

와 받아들이지 않은 연회 사이에 분열을 일으킬 가능성이 있음을 강조하였다. 그러므로 시간이 경과하면 연합감리교회신도회(United Societies)가 혼동과 무질서에 빠질 위험이 있다고 경고하였다. 오켈리(O'Kelly)는 애즈베리가 협의회를 구성하려는 것은 자신의 힘을 결집시키기 위함이라고 해석하였다. 그는 애즈베리가 일 년 안에 중지하지 않으면 그에게 대항하는 영향력을 행사하겠다고 위협하였다. 1789년 12월 3일 첫 번째 협의회가 모였는데, 애즈베리를 포함하여 12명이 출석하였다. 결국 모든 안건의 만장일치제가 2/3의 동의와 감독의 동의로 결정되도록 바뀌었다. 1790년 12월 1일에 모인 두 번째 모임에서 수정된 규칙에 따라 모든 안건을 2/3의 동의로 처리하였다.

1792년 볼티모어에서 개최된 제1회 총회(general conference)에서 오켈리(James O'Kelly)가 애즈베리의 발을 잡는 제안을 하였다. 감독이 설교가들을 임명한 후에 그 임명에 만족하지 못하는 설교가들은 연회에 거부 의사를 호소할 수 있고, 연회가 그 의사를 받아들이면 감독은 그를 다른 지역(circuit)으로 임명해야 한다는 의견을 상정한 것이다. 이때부터 4년에 한 번씩 총회를 갖기로 하여 1796년에 개최된 제2차 총회에서 역시 오켈리의 안이 거론되었다. 그래서 감리교회 내에 권위와 자유의 긴장, 지도력의 중앙집권화와 민주주의의 긴장이 생기게 되었다. 결국 이 분쟁으로 1795년 3,670명의 교인들을 잃어버렸다. 1816년 애즈베리가 죽은 후에 에녹 조지(Enoch George)와 로버트 로버츠(Robert R. Roberts)가 총회에서 감독으로 선출되면서 감독의 직무가 바뀌었다.[9]

그러나 1800년부터 1850년까지 속회를 통하여 감리교회가 급성장

9) Norwood, 144.

을 이루었다. 이 기간에는 영국에서도 광부노조속회, 노동자노조속회, 농민노조속회 등이 발전하여 감리교인들이 여섯 배나 증가하였다. 역시 영국감리교회처럼 12명의 속도와 1명의 속장으로 이루어진 속회는 기도와 성서연구와 개인간증과 영적훈련 등으로 진행되었다. 속회를 통하여 영적 · 인격적 친교를 경험하게 되었다.[10] 평신도인 속장이 만인제사장설에 근거하여 목회적 기능을 발휘하며 적극적으로 일하게 됨으로써 속회가 활성화되었다.

지역 설교가(local preacher)는 안수 받지 않고 그가 사는 지역에서 설교하는 평신도 설교가였다. 평신도 설교가는 연회원은 아니었다. 그들이 때때로 안수를 받아서 순회설교가로 발전하였다. 준회원 안수와 정회원 안수를 거쳐 연회의 정회원이 되는 단계를 밟게 된 것이다. 1796년부터 총회에서 지역 설교가의 설교자격증을 부여하였는데, 신도회의 추천을 받고 지역회(circuit)에서 시험을 치르면 자격증을 받게 되었다.[11] 또한 1812년 총회에서는 준회원 안수를 받고 4년간 봉사하면 정회원 안수를 받는 제도를 만들게 되었다.

지역 설교가들보다 높은 지위에서 설교하며 선교활동을 하였던 사람들이 순회설교가(circuit rider)들이었다. 순회설교가들이 결혼을 하면 아내와 자녀 등 가족을 돌보지 못하는 문제점이 있었기에, 웨슬리와 애즈베리는 독신생활을 강조하였다. 1809년 버지니아연회에서 84명의 회원 중 3명만 결혼하였다. 그리고 서리순회 설교기간 동안 결혼하면 정회원이 될 수 없었고, 만일 정회원이 된 다음 4년 안에 결혼하면 매우 가난한 시골 지역(circuit)에 임명되었다. 새들이 노니는 한가한 곳에서

10) Norwood, 130.

11) Norwood, 133.

그들의 허니문을 즐기게 하였다. 1816년 애즈베리가 죽을 때까지 독신 목회가 강조되었다.

결국 존 웨슬리와 애즈베리는 독신생활을 통하여 감리교 선교에 헌신하였으며, 찰스 웨슬리와 콕은 행복한 결혼생활을 영위하였다.[12] 순회설교가가 되는 단계는 다음과 같았다: 감리교회원(Methodist member) – 속장 – 권면자(exhorter) – 지역 설교가 – 순회설교가(서리) – 순회설교가(준회원) – 순회설교가(정회원).[13] 1856년 브룬슨(Alfred Brunson)이 순회설교가의 네 가지 특징과 세 가지 자격을 제안하였는데, 모든 감리교 설교가들이 동의하였다. 네 가지 성격은 첫째 회심, 둘째 열매, 셋째 하나님의 부르심, 넷째 교회의 인정이다. 그리고 세 가지 자격은 분명한 언변과 상식을 갖추는 것, 계시를 이해하고 해석하는 성령의 은사를 받는 것, 훈련과 준비를 통해 기술을 연마하는 것이다. 그 중에서도 두 번째 자격조건을 가장 중요하게 생각하였다. 순회설교가들의 한 지역에서의 시무기간을 처음에는 한 분기(3개월)로 한정하였으나, 1804년부터는 1년에 한 번씩 바꾸되 2년을 최대한으로 생각하였고, 1864년부터는 3년으로, 1866년부터는 4년으로 제한하였다.[14]

1791년에 출판된 엘리자벳 로(Elizabeth Singer Rowe)의 성화를 열망하는 기도에서 이 당시 감리교도들의 간절한 열망을 읽어 볼 수 있다.

역사자료 · 99

오 주 하나님, 위대하시고 거룩하시며 모든 은혜에 넉넉하신 하나

12) Norwood, 139.

13) Norwood, 137.

14) Norwood, 137.

님, 만일 당신이 나에게 소원을 말하라고 하신다면, 그것은 이 세상 왕국도, 왕자들의 왕관도, 순교자의 면류관도, 천사장의 보좌도 아니고, 나의 간절한 소원은 거룩하게 되는 것입니다. 이것이 나의 가장 큰 궁극적 관심입니다. 나의 영혼 속에서 죄를 짓는 무질서에서 정결함을 받게 하소서. 나의 영혼 속에 당신의 형상을 만들어 주옵소서. 나는 오직 당신을 본받는 것으로 만족하게 하옵소서. 나는 지금 나의 마음 상태에 대한 불만 이외에 아무 것도 없습니다. 내가 당신의 은혜롭고 빠른 응답으로만 기뻐하게 하옵소서. 왜냐하면 내가 말함으로써 나는 죽기 때문입니다. 나의 무릎이 당신의 인질이 되도록 사로잡아 주옵소서. 나의 손을 오직 가장 높으신 하나님의 자비를 향하여 들고 있습니다. 하늘나라를 위하여 준비된 모든 시간이 당신의 무한하신 시간에 비하면 한 점에 지나지 않습니다. 나의 현존의 짧은 순간과 나의 궁극적 관심의 영원함이 함께 만나서 나의 유일한 간구를 요구하게 하옵소서. 나의 뜨거운 소망에 날개들을 달아 주옵소서. 나의 현재의 열망을 말하기도 전에 기회는 빨리도 지나가고 있습니다. 황금 같은 분초가 사라지고 있습니다. 자비의 계절이 영원히 비행하게 하옵소서. 나의 행복, 나의 영원한 행복은 나의 전 존재가 나의 영적 성취에 관심을 갖는 것입니다. 당신께서 나의 영혼으로 하여금 당신의 거룩한 습관에 빠져들게 하옵소서. 내가 지금은 숨을 쉬고 있으나 내일 아침이 되면 죽을지도 모릅니다. 내가 준비되기 전에는 숙명적인 순간이 오지 않게 하옵소서. '빛이 있으라 할 때에 빛이 있었던' 창조의 음성이 똑같은 방법으로 나의 영혼을 정화시켜 주옵소서. 나를 당신의 현존 앞에 설 수 있는 존재로 만들어 주옵소서. 그리하여 나의 영혼은 정화되기를 간절히 기다립니다. 오 주님, 지체하지 마옵소서. 왜냐하면 매순간의 정체가 나에게는 커다란 상실이 되옵니다. 말로 할 수 없는, 고칠 수 없는 상실이 될지 모르기 때문입니다. 오 영원하신 하나님, 나의 잃어버린 시간이 영원한 상실이 됨을 기억하옵소서. 내가 낭비한 시간들이 다시 돌아오지 않을 것입니다. 주님은 나의 악한 영혼을 한 마디의 말씀으로도 거룩하게 바꿀 수 있습니다. 나에게 영원한 성숙의 길을 열어주옵소서. 당신의 성령을 거두지 마옵소서. 당신의 현존의 충만함으로, 예수 그리스도 안에 있는 은혜의 풍성함으로, 당신 외아들의 선물 속에 나타내신 무한하고 이해할 수 없는 당신의 사랑으로, 나를 축복하옵소서. 내가 소원하는 모든 무한한 복을 겸손히 기다립니다.[15]

15) Elizabeth Singer Rowe, "Devotional Classic Teaches Methodist Women to Pray for Sanctification", *The Methodist Experience*, 111~112.

04
미국감리교회 발전기(1817~1843)

A. 역사적 상황

애즈베리가 사망한 1816년 청년 미국은 첫 청교도 조상들의 가나안 약속을 실현하기 위하여 온갖 노력을 기울이기 시작하였다. 영토를 더욱 확장하여 갔고, 농업과 산업을 발전시켰으며, 유럽과 영국에서의 이민이 늘어나면서 인구도 증가하게 되었다. 1815년 9백만 명이었던 인구가 1850년 2천 3백만 명으로 늘어났다. 특히 농기구의 기계화가 이루어지고, 농사기술도 상당히 발전하기 시작하였다. 그리고 기차와 증기선박과 운하와 고속도로가 발달하게 되었다. 미국인들은 미래에 대해 긍정적이고 낙관주의적인 태도를 갖고 있었고, 먼로독트린과 잭슨 민주주의 시대를 맞이하게 되었다. 탐험하고 정착하는 개척자의 모험이 끊임없이 계속되었다.

이 기간에 제2차 대각성운동의 영향으로 감리교회는 천막 집회(camp meeting)운동이 강하게 일어나서 놀라운 발전을 이루게 되었다. 1787년 버지니아에서부터 놀라운 천막 집회운동이 시작되었다. 애즈베리가 죽은 1816년은 제2차 대각성운동의 중반기였다. 대각성운동의 주요현상은 죄인들의 회심이었다. 설교가들과 평신도 지도자들에 의해 수천 명의 교인들이 회심을 경험하였다. 이 영적 각성운동은 네 단계를 거쳐 일어났다. 첫째, 죄의식에 사로잡힌다. 둘째, 하나님의 진노와 심판 앞에서 절망을 경험한다. 셋째, 죄인들을 그리스도 신앙으로 화해케 하고 새로운 관계를 맺게 하시는 은혜로운 하나님에 대하여 희망을 갖는다. 넷째, 구원의 확증을 갖는다. 죄의식, 심판에 대한 절망, 구원의 희망은 구원의 기쁨을 가져온다. 이것이 부흥회와 천막 집회의 목표였다. 이 대각성운동을 피상적이고 개인주의적이며 감성적 성격의 운동이라고 비판하면서 지성적인 종교의 필요성을 강조하기도 하였고, 더욱 전통적이고 형식적인 종교 분위기를 열망하기도 하였다. 이에 따라 부흥운동 반대파(antirevivalism)와 부흥운동 지지파(prorevivalism)로 나누어졌다. 이 운동으로 장로교회와 침례교회와 감리교회가 크게 부흥하였다.

또한 제2차 대각성운동은 제1차 대각성운동보다 개인변화를 넘어서서 사회변혁을 더욱 열망하게 되었다. 모든 미국생활을 기독교화 하고 사회악을 공격하기 위한 봉사단체를 구성하였다. 가난한 자들을 돕는 자원봉사운동이 일어났고, 여성도 대학에 들어가는 등 여성권익 증진을 위한 조직화운동도 시작되었으며, 노예제도 폐지 등 도덕적 불의를 제거하는 청교도 선조들의 이상을 실현하려고 하였다. 천년왕국적 이상을 위해 부흥운동과 사회개혁은 동전의 양면과 같은 필수적인 수단이라고 생각하였다.

B. 부흥운동과 천막 집회

18세기 후반과 19세기 초에 낭만주의의 영향으로 부흥운동이 일어났다. 뉴잉글랜드 지역 초월주의(Transcendentalism)자들인 토로우(Thoreau), 어빙(Irving), 롱펠로(Longfellow) 등 지성적 문학가들의 지지를 통하여 낭만적 · 감정적 · 체험적 종교가 부흥하게 되었다. 일반대중들은 문학적 철학적 낭만주의에 대하여 잘 몰랐지만, 거듭남을 비롯한 영적 경험에 대해서는 잘 알게 되었다. 문학적 철학적 낭만주의가 종교적 영적 낭만주의로 발전하게 된 것이다. 1784년 크리스마스연회로 시작된 미국감리교회는 3년 후 1787년 버지니아(Virginia)에서 놀라운 경험에 사로잡히게 되었다. 사회적으로는 독립전쟁 이후 낙관주의적인 사회심리가 부흥의 불길을 일으키게 된 것이다. 버지니아뿐 아니라 모든 지역에 대중부흥운동과 천막 집회운동이 확산되었다.

예일대학교를 중심으로 티모시 드와이트(Timothy Dwight)가 이끌었던 부흥운동은 학생의 3분의 1이 거듭나는 경험을 하는 변화를 일으켰다. 대학에서 대학으로, 교파에서 교파로, 지역에서 지역으로 놀라운 부흥운동이 이어졌다. 1811년 미국의 중서부(Midwest) 지역에 영적 지진이 일어나고, 1812년 서부연회(Western Conference)에 많은 교인들이 등록하기도 하였다.

흥미로운 사실은 칼빈주의자요, 장로교 설교가인 찰스 피니(Charles G. Finney)가 웨슬리적 완전주의(perfectionism)에 영향을 받아 성결추구와 완전교리를 설교하였다는 것이다. 그는 뉴잉글랜드와 동부에서 부흥운동을 시작하여 1835년에는 오하이오 오벌린대학(Oberlin College)의 교수가 되고, 총장이 되기도 하였다. 1839년 피니는 아사 마한(Asa Mahan)

과 함께 오하이오 주 오벌린에 있는 새 회중교회대학(Congregationalist College)으로 친구들을 모으고 성화(sanctification)의 경험을 열망하였다. 그래서 미국교회학교연합회에서 열심히 일하던 젊은 장로교회 목사 윌리엄 보드만(William E. Boardman)이 1858년에 《더욱 고상한 기독교인의 생활(*The Higher Christian Life*)》이란 책을 통하여 감리교회 밖에서 강한 성결운동이 일어나게 하였다.[1] 그리고 웨슬리가 그러하였듯이 피니는 개인의 내면적 변화뿐 아니라 사회의 궁극적 변화를 강조하였다. 개인의 내면적 실제적 변화(inherent)는 사회구조적 변화를 일으켜야 한다고 생각하였다. 또한 웨슬리처럼 피니는 시장경제를 비판하였다.[2] 그는 흑인노예제도 폐지, 여성의 대학입학 허용, 여성목사 안수 등 다양한 사회개혁 프로그램을 제시하였다.

피니의 운동에 영향을 받은 감리교 지도자는 푀비 파머(Mrs. Phoebe Palmer)였다. 1839년 티모시 메리트(Timothy Merritt)는 보스턴에서 월간지 〈기독자의 완전에 이르는 가이드(Guide to Christian Perfection)〉를 출판하였다. 나중에는 〈성결에 이르는 가이드(Guide to Holiness)〉로 이름을 바꾸었다. 이 시기에 여성 지도자 푀비 파머가 등장하였다. 그녀는 뉴욕시 알렌스트리트감리교회(Allen Street Methodist Church)에서 활동적으로 일하였다. 성결 증진을 위한 화요모임이 매주 그녀의 집에서 있었다. 그 모임은 수백 명의 설교가들이 그들이 믿었던 '완전사랑(perfect love)'을 찾고 발견하는 것에 영감을 주었다. 당시에 감리교회에서 존경받던 지도자들, 나단 뱅스(Nathan Bangs), 조지 펙(George O. Peck), 감독 에드몬드

---

1) ed. Emory Steven Bucke, *The History of American Methodism*, Vol. II (Nashville: Abingdon Press, 1964), 610. 이하 *The History of American Methodism*으로 표기함.

2) Norwood, 157.

제인스(Edmond S. Janes), 감독 레오니다스 햄라인(Leonidas L. Hamline), 교육가 스테판 오린(Stephen Olin)과 존 뎀스터(John Dempster) 등이 파머의 친구들이었고, 그녀의 성결운동을 적극 지지하여 주었다.[3] 이러한 성결운동이 부흥하게 된 것은 먼저 값없이 주시는 은총(free grace)과 자유의지(free grace)를 강조하는 것이 거의 모든 교파를 휩쓰는 분위기를 만들었기 때문이다. 완전의 체험을 열망하는 완전주의는 그 시대 최고의 영적 파도였다. 그녀는 1857년부터 감리교 여성 평신도 지도자로 성결운동(holiness movement)의 가장 모범적인 모습을 보여 주었다. 그녀의 남편 월터 파머(Dr. Walter Palmer)는 의사였는데, 그녀의 성결운동에 열심히 동참하였다. 그래서 감리교회 내에서 성화를 추구하는 거룩한 부흥운동의 바람을 일으켰다.[4]

1850년대 미국감리교회의 부흥에 대하여서 하버드대학교 신학교 데이비드 헴튼 학장은 마크 놀(Mark Noll) 교수의 출판되지 않은 논문을 통해서 다음과 같이 언급한다.

역사자료 · 100

> 그것은 감리교도가 세운 예배당의 숫자가 미국의 우체국만큼이나 많다는 것이며, 동시에 우편배달부들의 숫자만큼이나 감리교 목회자들이 사역한다는 것이었다. 마크 놀이 기록하기를 이 모든 것을 고려해 보면 복음적인 교회들은 적어도 우체국에서 다루는 돈의 3배를 더 모아들이며, 시설물은 거의 2배를 유지하고 고용인들도 2배나 더 고용하고 있다. 무엇보다도 우체국이 편지들과

3) *The History of American Methodism*, Vol. II, 610.

4) *The History of American Methodism*, Vol. II, 611.

신문들을 배달하는 것보다 더 많은 사람들에게 교회들은 그들의 메시지를 전해 주고 있다.[5]

그녀는 강한 완전성결을 순간적으로 열망하였다. 그때까지는 점진적인 성결추구의 과정에서 완전이 어느 순간에 다가오는 것으로 이해하였으나 파머에 이르러 순간적인 완전체험의 지름길을 열망하기 시작한 것이다. 순간적인 성령 충만의 체험과 완전성결의 체험을 동일시하는 새로운 감리교신학의 전환점을 만들기도 하였다. 그래서 성결교회나 하나님의 성회와 같은 오순절주의자들도 그녀에 대해 많은 연구를 하고 있다. 푀비 파머는 "성결의 길(The Way of Holiness)"이란 논문에서 짧은 시간에 순간적으로 체험되는 완전성결을 강하게 열망하는 모습을 보인다. 이러한 신학적 흐름에 대하여는 웨슬리 이후의 감리교신학을 다루는 장에서 이미 살펴보았기에 여기서는 파머가 "성결의 길"에서 표현한 영적 갈망을 간략하게 소개한다.

푀비 파머

역사자료 · 101

"우리의 어떤 형제들이 이해하는 성결의 길보다 더욱 짧은 지름길이 있습니까?" 감리교인인 한 자매가 "예"라고 대답하였다. "예, 형제여, 더욱 짧은 지름길이 있습니다. 어둠의 권세와 씨름하면서

5) Hempton, 77.

오래 기다릴 필요가 없는 짧은 지름길이 있습니다." …… 그녀는 그녀의 영혼이 일상적으로 관습화한 것을 넘어서도록 하는 더욱 높은 경지의 성결의 축복을 바라보는 데 익숙해졌다. …… 나의 핵심적인 노력은 겸손한 성경적인 그리스도인이 되는 것에 맞추어져 있다. 하나님의 은혜로 말미암아 이 한 목적으로 나의 삶이 집중되었다. 이 단순한 목적으로 나는 영적 순례의 길을 가고자 한다. …… 이 경지에 이르게 되자 그녀는 성결의 길의 단순함에로 더욱 분명한 통찰력을 얻을 수 있었다. …… 교수들의 견해와 경험 대신에 그녀는 마음의 친구로 더욱 가까이 다가오는 복된 말씀을 받아들임으로써 이 말씀보다 더욱 강하게 그녀를 설득시키는 말씀은 없었다: "너는 너 자신의 것이 아니다. 너는 값을 주고 산 것이니 그러므로 그의 소유가 된 너의 몸과 영혼으로 하나님을 영화롭게 하라!(고전 7:23)" 이 말씀에 의하여 그녀는 더욱 강한 빛으로, 전보다 더욱 성결 된 사로잡힘으로 완전성별(entire consecration)의 의무를 이해하게 되었다. 여기서 그녀는 몸과 혼과 영의 구속을 위해 지불된 엄청난 피 값의 능력으로 이 모든 구속적인 능력의 현재적이며 완전한 사역을 선포하면서, 하나님을 그녀의 구속주로 바라보았다. …… 주님의 구속을 받은 자로서의 개인적인 경험과 관련하여 성결, 성화, 완전한 사랑의 본질은 더 이상 이해할 수 없고, 정의내릴 수 없는 것이 아니었다. 그녀는 더 이상 성결의 길에 관하여 말하기를 망설일 필요가 없게 되었다. 주님의 구속하심이 거기에서 일하고 있다. 그녀는 지금 이 용어들이 모든 신자들이 살아야 하는 영혼의 상태를 가장 의미심장하게 설명하고 있음을 이해하게 되었다. 단순한 세상적 뿌리를 둔 어떤 말들도 그녀 자신의 이해를 흔들 수 없음을 느꼈다.[6]

6) Phoebe Palmer, "The Way of Holiness", *The Methodist Experience*, Vol. 2, 263~267.

퍼머의 이름 푀비(Phoebe)는 로마서 16장 1~2절에 나오는 한글성경의 뵈뵈(Phoebe)와 같은 이름이다. 그 옛날 뵈뵈가 많은 봉사를 하였듯이 푀비도 시카고 슬럼지역에 들어가 많은 봉사를 실천하였다. 그녀는 강한 영적 성령체험과 사회적 성화운동으로 감리교도들의 귀감이 되었다. 푀비는 시카고 슬럼지역을 방문하고서 다음과 같이 보고하였다.

역사자료 · 102

> 한 보헤미안 가족이 두 방에서 살고 있었는데, 낡은 구조의 방에는 아버지가 류머티즘으로 5개월이나 누워 있었다. 죽은 아이 하나는 뒷방에 누워 있었는데, 베개 속에 묶여 있었고 아주 마르고 옷도 제대로 입지 못하였다. 그들의 빈곤은 나를 매우 놀라게 하였다. 그들은 옷, 침대, 빵 등 모든 것이 모자랐다.[7)]

푀비를 중심으로 여성 평신도 사역자들(Deaconesses)이 가난한 사람들을 방문해서 그들의 일차적 요구를 물질로 채워 주고, 이웃사랑을 실천함으로써 복음화 하였다. 많은 여성 집사들이 이 새로운 슬럼지역을 배우는 학생으로서, 사회복음의 이웃사랑의 대행자로서 그 기능을 발휘하였다. 일반 사회봉사자들처럼 이들은 방문하는 동안 사회여건들에 대한 정보를 수집하고, 과학적 연구 결과를 받아들여서 사회적 문제들을 해결하는 데 헌신하였다. 1890년 감리교회 감독이 이 여성 평신

7) Mary Agnes Dougherty, "The Social Gospel According to Phoebe: Methodist Deaconesses in the Metropolis, 1885~1918", *Perspectives on American Methodism: Interpretive Essays*, ed. Russel E. Richey, Kenneth E. Rowe and Jean Miller Schmidt (Nashville: Kingswood Books, 1993), 361.

도 사역자들의 성별 안수식에서 이들이 가난한 사람들을 방문하고, 조사하며, 과학적 분석으로 연구하고, 그 문제를 구조적 조직적으로 해결함으로써 사회변혁에 크게 헌신하였음을 언급하였다.[8] 그녀들은 특히 〈Deaconess Advocate〉라는 신문을 통하여 슬럼가 빈민들이 건강과 직장을 잃고 어려움에 처한 것과, 1천 명이 다시 일을 할 수 있는 기회를 얻게 된 것 등을 보도하였다.[9] 푀비를 중심으로 한 감리교회 여성 평신도 사역자들은 매매춘이 사회구조적 문제 때문에 생기지, 결코 한 개인의 타락 때문이 아님을 밝히는 데에도 공헌하였다.[10] 이 여성 집사들은 아이들과 여성들도 술을 마시고 심지어 술 마시기 경쟁을 하는 것을 보고 감리교회 절제운동의 전통에 따라 술 절제운동을 전개하였다. 그래서 술집을 그만두고 커피 가게로 바꾸는 운동을 전개하기도 하였다.[11] 그들은 "Methodist Federation for Social Service(사회봉사를 위한 감리교연방)"라는 기구를 조직하여 이런 사회문제를 경제적 정치적 연대를 통하여 개혁하는 일을 전개하였다.[12] 이 여성운동은 부자와 가난한 자들을 반목과 대립으로 치닫게 하지 않고 양자 간의 대화와 협력을 만들어내는 일에 기여하였다. 기업가들이 노동자들과 도덕적으로 대화함으로써 문제들을 풀어 갔고, 자신들의 이익을 가난한 사람들과 나누는 프로그램을 적극적으로 찬양하기도 하였다.[13]

이 대각성운동의 프로그램 중 가장 괄목할 만한 것은 천막 집회였다.

---

8) Dougherty, 362.

9) Dougherty, 363.

10) Dougherty, 365.

11) Dougherty, 364.

12) Dougherty, 364.

13) Dougherty, 367.

천막 집회의 1단계는 감리교회, 장로교회, 침례교회 사이에 에큐메니컬적인 연대를 이루는 계기가 되었다. 그리고 교회음악으로 흑인영가(Negro spiritual)가 발전하기도 하였다. 목요일 혹은 금요일에 나팔을 불면서 시작하여 오전 8시, 11시, 오후 3시 하루 세 번씩 촛불을 밝히면서 일어났다. 이 집회는 4일에서 6일간 계속되었다. 수백 명에서 수천 명이 모여들었다. 밤에는 별과 캠프파이어가 함께 빛나고, 한마음과 한목소리의 찬양이 터져 나왔다. 제단 주위는 참회하는 성도들로 가득 찼다. 가디스(Maxwell Gaddis)는 다음과 같이 회상하였다.

역사자료 · 103

> 나는 저녁 7시에 설교하게 되었다. 시간이 되자 설교를 알리는 트럼펫 소리가 울려 퍼졌다. …… 모임은 능력과 위대한 영광으로 진행되었다. …… "당신들의 모든 염려를 주님께 맡기십시오. 주님은 당신들을 돌보십니다. …… 당신들은 사람들의 얼굴을 두려워하지 마십시오. 주님께서는 그 도시를 당신들에게 주셨기 때문입니다" 라고 설교하자 모든 회중이 일어서고 많은 사람들이 눈물로 목욕하게 되었다. 50명 이상이 믿음 안에서 참 평안을 발견하게 되었다. 광야에서 천막 속에 태양이 뜨기 전에…….[14]

작은 그룹으로 나뉘어 기도하고 찬양하였다. 감리사 같은 지도자가 마지막으로 연설하였다. 그리고 모든 사람이 서로 인사를 나누고 악수하며 자연스럽게 눈물을 흘렸다. 그리고 헤어지는 것을 아쉬워하며 다

14) Norwood, 161.

시 만나는 희망 속에서 헤어졌다. 천막 집회에 관한 책과 팸플릿들이 나왔고, 속회에 관한 책들도 나왔다. 25년 동안 천막 집회가 영성운동의 중심이 되었는데 회심만이 아니라, 신앙교육과 영성훈련의 중심이 되었다. 유명한 천막 집회 노래는 다음과 같은 평등주의신학을 말한다.

역사자료 · 104

> 허기진 채로 오라! 목마른 채로 오라! 누더기 걸친 채로 오라! 벌거벗은 채로 오라! 더러운 채로 오라! 이가 들끓는 채로 오라! 외로운 채로 오라! 당신의 모습, 그대로 오라! [15]

감리교회의 평등주의신학은 인간의 완전과 도덕적 상태의 완전을 지향하는 개혁의 부흥운동을 위해 기초를 놓은 강력한 힘이었다.

감리교회 부흥의 원인을 여섯 가지로 분석할 수 있다. 첫째, 설교가들과 평신도들의 대단한 헌신이 가장 중요한 원인이라고 볼 수 있다. 둘째, 시대의 조건에 맞는 조직화를 이룬 것을 또 하나의 원인으로 들 수 있다. 셋째, 예배, 넷째, 교육, 다섯째, 선교, 여섯째 출판사업이라고 볼 수 있다.

첫째로, 헌신에 대해 생각해 보기로 하자. 감리교회 설교가들은 설교에 대한 사명의식과 소명감이 강하였다. 설교가들은 설교하는 것, 속회들을 조직하는 것, 병자들을 방문하는 것, 신앙이 연약한 이들을 위로하는 것, 믿음이 강한 이들을 돕고 용기를 주는 것, 성경을 읽고 연구하는 것, 경건문학을 편집하는 것, 평신도들 앞에 모범된 생활을 하는 것

15) Norwood, 163.

등에 열심을 다하였다. 설교가들은 열심히 일하면서도 인건비는 적게 받았다. 1816년 1년 봉급으로 60달러에 교통비를 더 받았다. 1843년에는 독신은 100달러, 결혼한 사람은 200달러를 받았고, 14세 이하의 자녀를 위해 25달러씩이 추가되었다. 또한 미국감리교회는 웨슬리 당시 영국감리교회의 연합신도회 규칙(the Rules of United Methodist Societies)과 밴드 규칙(the Rules of Band)에서 강조한 엄격한 성화생활 규칙을 1784년 크리스마스연회에서 다시 채택하여 미국감리교회를 위한 규칙(the General Rules)을 만들었는데, 그것을 성직자와 평신도의 생활원칙으로 삼았다. 곧 감리교도는 모든 종류의 악을 피하고, 남에게 해를 끼치지 않고, 안식일을 준수하고, 술 취하지 않고, 금을 비롯한 값비싼 의복을 입지 않고, 하나님을 사랑하고 하나님을 아는 일에 방해가 되는 저속한 노래를 부르거나 저속한 책을 읽지 않고, 보물을 땅에 쌓아 두어서는 안 된다는 것이다.[16] 감리교 성직자들이나 평신도들은 선을 행하기를 힘쓰되 굶주린 자들을 먹이고, 헐벗은 자들을 입히고, 병든 자들과 갇힌 자들을 방문하는 일에 힘썼다. 그리고 날마다 자기를 부인하고, 자기의 십자가를 지는 삶을 추구하였다. 그들은 공중예배와 성만찬에 참여하기를 힘쓰고, 개인기도와 금식기도와 성경연구에 힘썼다. 이러한 내면적 성결훈련, 곧 온갖 세속성과 죄악성에서 벗어나는 훈련을 위해 노력하고, 동시에 세상 속으로 성육신하여 소외된 사람들을 돌보는 사랑의 실천훈련에 힘씀으로 성화되기를 사모하는 것이 미국감리교회 부흥의 원동력이 되었다.

두 번째 부흥의 원인은 조직화(organization)였다. 웨슬리의 소그룹 영

16) McEllhenney and Rowe, 53.

성운동의 핵심이었던 속회가 농촌지역과 서부개척지역에서 특별히 활성화되었다. 속도들은 3명 혹은 4명에서 50명 혹은 그 이상이었다. 순회설교가가 각 속회를 가능한 한 정기적으로 방문하였다. 그리고 평신도 중에서 속장을 임명하였다. 속장은 매주 속회모임을 인도하였고, 기도와 성경공부와 권면과 영적으로 상호 용기를 줌으로써 신앙을 돈독히 하고 영적으로 성장하게 하였다. 이러한 속회제도는 비단 미국감리교회뿐만 아니라 후에 연합감리교회(United Methodist Church)로 합쳐진 복음주의협의회(Evangelical Association)와 연합형제교회(United Brethren Church)에서도 활발하게 활용되었다. 총회와 연회는 합법적인 정책을 만들었고, 감독들은 합법적으로 선출되었다.[17]

세 번째 부흥의 원인은 예배라고 볼 수 있다. 성경읽기, 설교, 권면, 기도와 찬양은 집에서나 교회에서나 천막 집회에서나 가장 중요하고 기본적인 예배행위였다. 찬양을 부르는 것은 매우 인기가 있었다. 찬양은 설교가나 찬양인도자가 가르쳤다. 인도자는 회중이 찬송을 잘 부를 수 있을 때까지 앞에서 인도하였다. 찬송가들은 쉽게 구할 수가 있었다. 하지만 예배의 핵심은 역시 설교였다. 설교는 성경에 근거하였고 흔히 확신과 열정으로 선포되었다. 설교와 예배는 회개로의 초대, 그리스도 영접, 교인으로의 등록으로 이어지는 것이 상례였다. 세례는 침례와 뿌리는 것과 붓는 것, 세 가지가 다양하게 수용되었다. 성만찬은 빈번하게 행해지지 않았지만, 아주 귀한 예식으로 생각하였다. 성직자의 수가 작았기 때문에 감리교도들은 분기(일 년에 네 번)마다 성만찬식을 행하였다. 미국감리교회의 표준예문과 예식이 있었지만, 어떤 성직자들

17) McEllhenney and Rowe, 54.

은 자기 나름의 양식으로 집행하였다. 감리교도들의 독특한 예배형식은 애찬회(love feasts), 철야기도회, 회중금식 등이다. 형제교단(the United Brethren)은 세족례를 자주 행하였다. 속회는 집에서 모였고 천막 집회는 야외에서 모였지만, 집회장소를 건축하는 일에는 매우 적극적이었다. 초기 모임 장소는 단순한 구조, 큰 통나무 오두막 이상이 아니었다. 특히 서부개척지역에서는 더욱 그러하였다. 비교적 안정된 지역 건물들은 연방정부 건축양식에 따라서 지었다. 성직자들의 복장은 보통 평범하고 단순하였다. 그러나 어떤 감리교 설교가들은 가운 입는 것을 더 좋아하였다.

네 번째 부흥의 원인은 교육이었다. 감리교 설교가들은 1824년 총회 결의에 따라 교회학교의 설립과 발전을 권면하였다. 3년 후에 감리교 교회학교연합회가 구성되었다. 미국감리교회는 교회학교 외에 일반학교 설립도 추진하였다. 1815년 매사추세츠 윌브라햄에 웨슬리아카데미(Wesley Academy)를, 1830년에는 버지니아에 랜돌프마콘대학(Randolph Macon College)을, 1831년 코네티컷에 웨슬리대학교를, 1835년 일리노이에 맥켄드리대학(McKendree College)을 설립하였다. 그러나 젊은 목회자들을 위한 신학교육에는 반대가 많았다. 목회를 위해서는 오직 하나님의 부르심, 곧 소명만이 요구된다는 것이었다. 신학교육은 전도와 인격적 경건을 위한 목회자들의 열심을 감소시킨다고 생각하였다. 이것은 교육받은 목회자들과 교육받지 못한 목회자들 사이에 분열을 가져오고, 목회자들과 평신도들 사이에 지적인 거리감을 조성하는 결과를 낳았다. 이러한 반대에도 불구하고 목회에 대한 더 많은 지식을 얻기 위해 교육프로그램들이 만들어지게 되었다. 1816년 총회는 연회가 목회자후보생들을 위해 교육프로그램을 조직할 것을 권면하였다.

어떤 연회들은 효과적인 연구프로그램들을 개발하였다. 1841년 버몬트 주(Vermont) 뉴베리(Newbury)에 뉴베리성서신학교(the Newbury Biblical Institute)를 설립하기도 하였다. 이러한 교육의 활성화는 부흥의 중요한 요인이 되었다.[18)]

네 번째 부흥의 원동력은 선교활동이었다. 교회는 국내와 해외의 비개종자들을 선교하는 데 크게 관심하였다. 선교회들은 전략들을 개발하고 선교를 위한 기금을 확보하는 데 주력하였다. 1820년 미국감리교감독교회의 선교회(the Missionary Society of the Methodist Episcopal Church)가 총회의 결의에 따라 결성되었다. 이것은 과거의 비공식적 선교조직을 계승 발전시키는 것으로, 선교활동을 위한 기금을 확보하고 선교적 노력의 중요성을 유지하는 것이 목적이었다. 서부개척지역과 도시들, 인디언들과 흑인들을 대상으로 한 선교활동을 여러 연회들과 선교회가 시작하였다. 미국감리교단의 첫 해외선교는 1833년 리비아와 1835년 남아메리카에서 이루어졌다.[19)]

다섯 번째 부흥운동의 원인은 출판사업이었다. 웨슬리는 일찍이 출판활동에 모범을 보여 주었다. 크리스천은 기독교서적을 읽음으로써 영적인 성장을 이룰 수 있다고 생각하여 "크리스천문고(Christian Library)"를 만들었다. 좋은 책들과 자료들을 출판하고, 보급하는 일을 웨슬리 자신이 출판사(the Epworth Press)를 통하여 전개하였던 것이다. 미국감리교도들도 그의 뒤를 따라 1789년 첫 감리교출판사 "The Methodist Book Concern"을 만들었다. 19세기에도 Joshua Soule, Nathan Bangs, Beverly Waugh 등 탁월한 매니저들이 책과 팸플릿뿐 아니라 교

18) McEllhenney and Rowe, 59.

19) McEllhenney and Rowe, 60.

단 신학잡지까지 출판하였다. 또한 여성, 자녀, 청년, 교회학교를 위한 자료들을 다양하게 선보였다. 1826년에는 〈Christian Advocate〉라는 주간 신문도 발행하기 시작하였다. 본래 이 출판사는 필라델피아에 있었는데, 1804년 뉴욕 시로 옮기고, 오하이오 주 신시내티에 지사를 두게 되었다. 이 출판사의 이익금은 은퇴교역자들과 과부들, 고아들을 지원하는 데 사용하였다.[20)]

---

20) McEllhenney and Rowe, 61.

05
미국감리교회 분열기(1844~1865)

A. 역사적 상황

미국독립전쟁 이후 미국인들은 노예제도에 더욱 반대하기 시작하였다. 노예문제는 교회사와 경제사의 복합적인 상황에서 이루어진 문제였다. 1790년 가장 우수한 노예의 몸값이 300달러, 1830년에는 1,200달러, 1860년에는 2,000달러였다.[1] 노예를 부리는 것과 노예를 해방시켜야 한다는 의견 사이의 대립을 인식하기 시작하였다. 기독교국가로서 미국의 꿈은 노예제도를 폐지하는 것이라고 많은 사람들은 생각하였고, 이러한 감정은 서서히 자라났다. 그리고 제2차 대각성운동을 통하여 노예제도개혁은 더욱 더 적극적인 지지를 얻게 되었다. 1830년대에 들어서면서 이 운동은 더욱 활성화되었는데, 1833년에 윌리엄 개리슨(William Lloyd Garrison)이 미국노예폐지운동회(the American Anti-Slavery Society)를 만들고 노예의 즉각적인 해방을 강하게 요구함으로써, 미국은 강하게 양극화하였다. 남과 북이 각각 다르게 반응함으로써 1840년에 들어서면서 국가적 연대감이 깨지기 시작하였다. 이러한 국가적 분

1) Norwood, 187.

열은 동시에 교회의 분열을 가져왔다. 노예문제는 장로교회와 침례교회와 감리교회 분열의 직접적인 원인이 되었다.

특히 감리교회는 가장 크고 영향력 있는 교단이었기에 감리교회의 분열은 1861년 미국의 정치적 분열에 큰 역할을 하였다. 감리교회는 웨슬리의 반 노예제도사상 아래 있었다. 웨슬리는 1774년에 "노예제도를 논박함(Thoughts Upon Slavery)"이란 논문을 출판하였다. 그는 노예제도는 총체적 악으로, 미국 노예제도는 해 아래에서 행하여지는 가장 큰 악이라고 생각하였다. 1836년과 1840년 총회에서 노예제도를 반대하는 토론을 벌였다. 남과 북에 있는 많은 감리교도들은 경제적 이유뿐만 아니라 종교적 성서적 이유에서 노예제도를 지지하기도 하였다. 어떤 교도들은 이것은 순전히 정치적이고 비종교적인 문제로, 교회는 중립적인 위치에서 관여하지 말아야 한다고 생각하기도 하였다. 감독들은 이 문제가 교회를 분열시키는 것을 두려워하였다. 노예반대운동은 특별히 서북지역 감리교회들을 강하게 뭉치게 만들었다. 뉴잉글랜드 연회원이고 강하게 노예제도를 반대하였던 오렌지 스코트(Orange Scott)는 1843년 감리교회의 미온적 태도를 비판하면서 웨슬리감리교회(the Wesley Methodist Church)를 조직하고 북감리교도들 속에 강하게 노예반대운동을 가속화시켰다. 이는 미국감리교회가 문제의 심각성을 결정적으로 느끼게 한 사건이 되었다.

B. 1844년 총회와 미국감리교회의 분열

1844년 뉴욕 시에서 이 문제를 해결하기 위하여 총회를 개최하기에 이르렀다. 이 당시 남부교역자들 중 많은 수가 노예를 소유한 목사들이었다.[2] 남부목회자들은 인간은 하나님께 불평등하도록 기름부음 받았다고 생각하였다. 노예제도는 하나님의 뜻과 일치하고 성서적 근거가 있다고 생각하였고, 하나님의 명령이요, 인간사랑의 법칙이라고 하였다.[3] 두 가지 기본적이고 서로 상관된 이슈가 함께 나타났는데, 노예제도와 총회의 힘과 감독의 힘 사이의 관계 때문에 갈등하게 된 것이다. 다섯 감독 중의 하나인 제임스 앤드류 감독(Bishop James O. Andrew)에게는 첫째 부인이 데려온 두 흑인노예가 있었는데 노예들을 남겨둔 채 죽었고, 다시 결혼한 둘째 부인 역시 노예들을 결혼 전에 소유하고 있다가 결혼하면서 데리고 왔다. 앤드류 감독은 노예를 사고 판 적이 없다고 호소하였다. 오랜 토론과 논쟁 끝에 총회는 앤드류 감독이 부인들의 노예라고 할지라도 노예를 소유하는 한 감독의 의무를 이행할 수 없다고 결론짓게 되었다. 1844년 5월 22일 감리교회총회의 결의문은 다음과 같았다.

역사자료 · 105

> 이러한 큰 악(노예)에 둘러싸여 있는 사람이 감독의 직책에 선택될 수 없다. 그러한 상황에서는 감독의 의무를 이행하거나 감독의 기능을 발휘하는 것이 불가능하다. …… 그래서 감리교회(Methodist Episcopal Church) 감독 중의 하나로서 일하는 제임스 앤드류 목사(Rev. James O. Andrew)가 사임할 것을 요구하게 되었다. …… 우리 교회의 장정이 우리의 순회교구 감독직에서 물러나게

2) Norwood, 189.

3) Norwood, 192.

하는 한편, 결혼에 의해서 노예제도와 관련되었던 감독 앤드류는 총회의 평가에 의해서 감독으로서의 그의 직무 이행을 크게 당혹하게 생각하는 한편, 총회가 그의 감독직 수행을 금지하기로 결정한다.[4)]

이에 대한 의견은 둘로 갈렸다. 총회의 결정을 지지하는 총회파(the conference party)는 다수파로서 아무리 감독이라 할지라도 감독은 총회 회원으로 총회의 결정을 따라야 한다고 주장하였다. 그러나 반대파는 소위 헌법파(the constitutional party)로서 교회의 헌법이 감독의 권한을 인정하고 있는데 총회가 감독에 대항하여 결정하는 것은 위헌이라고 해석하기에 이르렀다. 5월 27일 앤드류 감독은 총회석상에서 이의를 제기하는 발언을 하였다.

역사자료 · 106

지금은 세상을 떠난 나의 한 친구(Hodges)가 나에게 감독직 추천을 받아들일 것을 요구하였다. 나는 반대하였다. 감독직은 나에게는 아무런 매력도 주지 못하였다. 나는 연회를 사랑하였고, 연회도 나를 사랑하였다. 그러나 감독이 되면 사랑하는 아내와 자녀들과 떨어지기도 해야 하므로 나는 망설였다. 그러나 나의 친구는 나에게 용기를 주었다. 내가 감독이 되면 교회의 평화를 증진시킬 수 있을 것이라고 믿은 그는, 특별히 남부에 감리교회를 발전시키는 것이 매우 중요하다고 생각하였다. 마침내 나는 떨어질지도 모

4) Methodist Episcopal Church, Journal of General Conference(1844), *The Methodist Experience*, Vol. II, 268~269.

른다는 생각과 함께 감독직 제안에 동의하였고 마침내 감독에 선출되었다. 그 당시에 나는 결코 노예를 소유한 사람이라는 이유 때문에 문제를 제기하는 것을 들어보지 못하였다. …… 다만 한 형제(Winans)가 그 문제를 나에게 말하였다. 그는 나에게 노예를 갖고 있지 않았을 것이라는 인상을 받았기 때문에 감독직에 추천되었을 것이라고 믿고, 바로 그런 이유로 나를 위해 투표하지 않을 것이라고 말하였다. …… 나는 노예를 갖고 있는 것이 성경의 계시에 있어서나 감리교회 장정에 있어서나 어긋나지 않는다고 생각한다. …… 나는 나의 젊은 아내를 장례하였다. 그래서 또 다른 아내를 찾게 되었다. 나는 그녀가 나의 좋은 아내가 될 것이고, 나의 자녀들을 위해서도 좋은 어머니가 될 것이라고 믿었다. 나는 그녀를 오랫동안 알고 있었다. 나의 자녀들도 그녀를 알았고 그녀를 사랑하였다. 나는 나의 집을 행복한 집으로 만들고자 하였다. 그녀가 결혼 전에 소유하고 있었던 노예들을 데리고 왔다. 나의 양심이 나에게 이 노예를 내보내는 것을 허락하지 않았다. 만약 내가 그들을 보낸다면, 그들은 더욱 불친절한 사람들의 손으로 넘어갈 것이다. 나는 나의 양심을 위하여 노예들을 소유하고 있다. …… 그들 중에 어떤 사람들은 스스로 경제적으로 자립하기에 너무 늙었다. 그래서 오히려 내가 그들을 위해 돈을 쓰고 있다. 그들 중에는 아주 어린아이들도 있다. 내가 어디로 그들을 보낼 수 있겠는가? 그들을 잘 돌보아 줄 사람들이 과연 있겠는가?[5]

그래서 결국 1844년 6월 8일 감독 모리스(T. A. Morris)가 사회하는 회

5) "General Conference Delegates Debate Slavery and Episcopacy", *The Methodist Experience*, Vol. II, 270~271.

의에서 남북감리교회의 분열 계획을 채택하게 되었다. 51개 북감리교회 대표들이 노예 소유를 주장하는 13개의 남감리교회 연회에서 분리할 것을 결의하는 선언을 하였다.[6] 노예를 소유하고 있는 주(state)의 연회회원들은 분열 계획(a Plan of Separation)을 행동화하기에 이르렀다. 경계지역(border line)에 있는 연회들은 개체교회와 연회가 투표에 의해 어느 쪽으로 소속할 것인지를 결정하였다. 노예를 소유하고 있는 주들의 연회대표들은 켄터키 주 루이스빌에서 만났다. 그들은 감리교감독교회(the Methodist Episcopal Church)에서 분열할 것을 결의하고, 새로운 교단을 남감리교감독교회(the Methodist Episcopal Church, South)라고 부르기로 하였다. 감리교감독교회와 형제관계 유지를 희망하기도 하였다. 문제가 되었던 제임스 앤드류 감독과 조슈아 소울(Joshua Soule) 감독이 새 교단의 지도자로 초대받았다. 새 교단의 첫 총회는 1846년 버지니아 주 페터스버그에서 개최되었다. 장정과 찬송가가 그 모임에서 제정되었다.

감리교감독교회(북감리교회)의 회원들은 분열에 대해 다양한 반응을 보였다. 일부는 1844년 총회 과정에 대하여 반대하지 않았지만, 일부는 분열에 대하여 문제를 제기하였다. 특히 두 교단의 경계지역에 많은 갈등이 일어났다. 경계지역에 살고 있는 감리교도들은 두 교단 사이에서 어디에 충성을 바쳐야 하는지 고민하게 되었다. 1848년 북감리교회의 총회는 분열에 대하여 적개심을 보였다. 이 총회에서는 1844년 총회 대표의 1/3 정도가 다시 선출되었다. 1848년 총회는 남감리교회와 형제관계를 맺지 않을 것을 결의하였고, 분열 계획은 위헌이라고 선언하였다. 이미 분열은 기정사실이었기 때문에 북감리교회는 재통합을 시

6) "General Conference Delegates Adopt 'Plan of Separation'", *The Methodist Experience*, Vol. II, 279.

도할 수 없었다.

남감리교회와 북감리교회 사이의 고통은 1850년경까지 계속되었다. 각 교단은 각각 따로 총회를 개최하였고, 1852년 북감리교회의 총회는 총회와 연회에 평신도대표를 출석시킬 것을 논의하였는데 결국 171대 3으로 부결되었다.[7] 두 교회는 모두 신학교육에 대해 토론하였다. 신학교육은 여전히 일치를 이룰 수 없는 주제였지만, 교육목회의 개념을 논의하였다. 1850년 후반까지 여전히 노예문제는 두 교회의 이슈가 되었다. 북감리교회에서는 노예를 소유한 교인들은 입교인명부에서 이름을 없앨 것을 요청하는 일까지 일어났다. 제명은 너무 과격한 행위라는 대응도 있었지만 강경파들은 계속 제명을 주장하였다. 1858년 남감리교회에서는 노예를 사고파는 것을 금지하는 규칙(the General Rules)의 문제를 삭제하였다. 노예문제는 도덕적 문제가 아니라 정치적 문제라고 결론짓게 된 것이다. 이리하여 노예문제는 정부의 손으로 넘겨지게 되었다.

한편, 1844년 총회를 계기로 또 하나의 분파가 일어났다. 이들은 노예제도뿐 아니라 감독제도까지 거부하는 무리였다. 남북감리교회를 동시에 비판하는 입장이다. 그들은 순수한 웨슬리적 감리교회를 원한다는 의미에서 "웨슬리감리교회(The Wesleyan Methodist Church)"라는 이름의 조직을 만들었다. 1844년 총회를 개최하였는데 1만 5천 6백 명이 회원으로 가입하였고, 6개의 연회를 조직하였다.[8]

1860년 에이브러햄 링컨이 대통령에 당선되었다. 그의 취임일인 1861년 3월까지 남부의 주들은 "the Confederate States of America"라

7) McEllhenney and Rowe, 68.

8) Norwood, 196.

는 새 정부를 만들었다. 그래서 결국 1861년 4월 21일 남부정부가 사우스캐롤라이나 섬터 요새(Fort Sumter, South Carolina)에서 발포함으로써 남북전쟁이 발발하였다. 전쟁은 1865년 리 장군(General Lee)의 포위까지 계속되었다. 남북감리교회는 미국 내 개신교 조직 중에서 가장 크고 부유한 교파로서 그 갈등과 무관할 수 없었다. 경계연회들의 긴장은 극도에 달하였다. 북감리교회의 감독들과 출판사와 연회는 통일을 신실하게 지지하였다. 그들은 애국적 태도를 보여 주었고, 통일군대(Union Army)를 위해 군목을 500백 명이나 모집하였다. 1861년에 군대 안에 기독교적인 활동을 조직화하는 "the United States Christian Commission"을 만들었다. 북감리교회 군목들은 남으로 전진하는 통일군대(Union Army)를 뒤따르며, 북감리교회의 군선교활동을 조직화하였다. 남감리교회는 남쪽정부(the Confederacy)를 도왔다. 그들도 군목들을 파견하고, 성경과 기독교서적을 나누어 주고, 군대 안에 부흥운동을 일으켰다.[9] 그들은 북감리교회처럼 하나님의 은혜가 그들에게 임할 것이라고 생각하였다.

심슨 감독은 링컨에게 많은 영향을 미쳤다. 그가 일리노이 스프링에서 있었던 링컨의 장례식을 집례함으로써 감리교회는 비공식적 국가교회(unofficial national church)가 되었다. 심슨은 이렇게 링컨을 애도하였다: "당신 입의 자유의 외침은 메아리가 되어 세계를 통하여 울리고, 노예의 아들들은 기쁨으로 듣습니다. 우리는 우리의 순교자를 하나님의 아들로 관 씌우고 온 인류는 당신을 승리의 아들로 관 씌웁니다. 영웅, 순교자, 친구여, 안녕!"[10]

---

9) McEllhenney and Rowe, 71.

10) Norwood, 243.

06
아펜젤러와 한국선교(1885)

A. 미국감리교회의 역사적 상황과 한국선교

아펜젤러(Henry G. Appenzeller)는 제2차 대각성운동(The Second Great Awakening Movement)의 영향을 강하게 받았다. 제2차 대각성운동의 지도자 찰스 피니(Charles Grandson Finney, 1792~1875)는 현대 부흥운동의 아버지(the father of modern revivalism)가 되었다. 피니는 웨슬리적으로 선포하였다. 조나단 에드워즈가 웨슬리적 자유의지를 칼빈적 예정과 접목시키는 데 그쳤다면, 피니는 웨슬리 사회성화의 요소를 강조하였을 뿐만 아니라 웨슬리적 완전교리(entire sanctification)를 강조하는 완전주의(perfectionism) 신봉자가 되었으며, 그 완전성화를 사회에서도 실현하는 운동을 강조하기에 이르렀다. 제2차 대각성운동의 차원을 한 단계 높여 주는 결과를 낳았다. 그는 웨슬리처럼 과감하게 여성 설교도 허용하였고, 오벌린대학에서 최초로 흑인을 학생으로 받아들였으며, 흑인노예제도를 반대하는 운동을 전개하였다. 이러한 웨슬리의 선재적 은총, 내면적 거듭남과 성화, 그리고 그것이 사회적 성화로 이어지는 제2차 대각성운동의 선교신학적 분위기에서 아펜젤러는 한국선교를 시작하였다. 본래의 웨슬리신학적 영향과 제2차 대각성운동의 영향으로 아펜젤러는 웨슬리 경건주의적 · 복음주의적 신학이 그의 바탕이 되었다. 아펜젤러는 그의 글에서 "1795~1797년에 서부 매사추세츠와 코네티컷에 부흥운동이 간헐적으로 일어났으나, 1799년 가을에는 동부 테네시와 켄터키에서 더욱 강력하게 성령의 역사가 일어나게 되었다"라고 썼다.[1] 그는 이런 미국 부흥운동의 맥락에서 자신이 선교하고 있음을 강조하였다. 아펜젤러는 독일개혁교회 성도였으나 의도적으로 감리교도가 되었다. 웨슬리적 세계선교정신이 강한 그는 선교사로서의 자기 정체성을 웨슬리의 "세계는 나의 교구다"라는 정신 속에 가지고 있었다. 이 세대 안에서 세계복음화가 그의 선교적 표어였다. 복음화는 십자가의 복음만이 인간을 죄에서 구원하고 의로운 사람으로 거듭나게 하여 하나님과 하나가 될 수 있게 한다는 것이다. 이 점에서 그는 철저히 웨슬리적이다.

미국감리교회는 두 가지 모습으로 한국선교를 추진하였다. 한편으로는 이미 동북아지역에 와 있던 선교사에게 한국선교 현장을 답사하게 하였고, 다른 한편으로는 아펜젤러에게 목사 안수를 베풀면서 선교사로 파송하는 절차를 밟았다. 1883년 첫 미국정부 대표공사인 루시우스 푸트(Lucius H. Foote) 장군의 노력으로 한국정부가 미국에 사절단을 파송하기에 이르렀다. 고종황제의 부인 명성황후의 조카 민영익을 비롯하여 네 사람의 사절단이 미국을 방문하였다. 사절단은 기차를 타고 워싱턴으로 가는 길에 존 가우처(John F. Goucher)를 만나게 되었다. 가우처는 미국감리교회선교회(the Methodist Missionary Society)의 지도급 인사

1) H. G. Appenzeller, "Revivals", H. G. Appenzeller's Papers - Sermons #135 (Seoul, Chong-dong First Methodist Church, 1986), 196. 이하 Sermons로 표기함.

였다. 그는 민영익 일행과의 만남과 사귐을 통해서 깊은 인상을 받고 한국선교를 본격적으로 생각하기에 이르렀다. 그래서 1883년 11월 6일 미감리교회 선교국(General Missionary Committee)에 편지를 써서 한국선교의 긴박성을 설명하면서 한국선교를 위해 2천 달러를 지원하기를 요청하였다. 이에 미감리교회 선교국은 한국선교를 위해 이미 자리 잡은 일본선교 본부로 5천 달러를 보내되 그 중 2천 달러는 가우처 개인의 특별헌금을 받아들이기로 하였다. 이러한 작업이 이미 일본에 파견된 선교사 매클레이가 1884년 여름에 한국을 방문하는 길을 열게 되었던 것이다. 그리고 1884년 가을에 가우처는 3천 달러를 더 헌납하기로 하였는데, 이 추가금은 결혼한 부부 의사선교사를 파송하는 일에 사용하기로 하였다.[2)]

드디어 1884년 6월 24일 로버트 매클레이(Robert S. Maclay)가 중국과 일본선교의 개척자로서 한국에 나온 푸트 공사의 초청을 받고 한국을 방문하게 되었다. 선교를 하러 온 것이 아니라 선교를 위한 현장답사로 온 것이다. 특히 서울을 선교센터로 생각하였다. 당시 개화파 김옥균의 도움으로 고종황제에게서 선교사업의 일환으로 학교설립과 병원설립을 허락받았다.[3)]

스크랜턴 박사(Dr. William B. Scranton)와 그 부인, 그리고 아펜젤러 목사(Rev. Henry G. Appenzeller)와 그 부인이 한국선교사로 임명받게 되었다. 아펜젤러는 1884년 11월 엘라 닷지(Ella J. Dodge)와 결혼하고 감리교 한국선교부(The Korean Mission of the Methodist Episcopal Church)의 첫 선교사로

2) Wade Crawford Barclay, *History of Methodist Missions*(1845~1939), Vol. III, (New York : The Board of Missions of The Methodist Church, 1957), 742.

3) Barclay, 741.

파송을 받아, 1884년 12월 샌프란시스코로 갔다. 거기서 파울러 감독에게 안수를 받고, 1885년 2월 일본을 거쳐 한국으로 향하였다. 미국감리교회 여선교회해외선교회(the Woman's Foreign Missionary Society)에서는 스크랜턴 박사의 어머니인 메리 스크랜턴 여사(Mrs. Mary F. Scranton)도 임명하였다.[4] 메리 스크랜턴 여사는 1887년 이화학당을 설립하였다. 샌프란시스코를 출발한 배는 1885년 2월 27일 일본 요코하마 항에 도착하였다. 그들은 동경에 가서 매클레이 박사를 만났다. 같은 해 3월에 파울러 감독(Bishop Fowler)은 한국선교를 위해서 매클레이를 감리사로, 아펜젤러를 감리사 보좌(Assistant Superintendent)로 임명하였다.

매클레이 감리사의 충고에 따라 아펜젤러 부부는 3월 23일에 일본을 떠나 4월 5일 부활절 아침에 장로교회 선교사 언더우드와 함께 인천 제물포 항에 도착하였다. 여성을 우대하는 서양 풍습에 따라 아펜젤러 부인이 먼저 부두에 내렸다. 1885년 5월 3일에는 스크랜턴이 일본에서 도착하여 9월 10일에 그의 집에서 병원업무를 시작하였다. 고종은 1887년에 그 병원의 이름을 "시병원(Si Byeong Won)"이라고 지어 주었다. '시'는 '베푼다(sharing)'는 뜻이었다. 1886년 10월까지 환자가 842명이었다.[5]

B. 아펜젤러의 생애

지금까지 아펜젤러에 대한 연구는 주로 생애 중심이었다. 그리피스

4) Barclay, 743.

5) Barclay, 744.

아펜젤러

(William Elliot Griffis)의 *A Modern Pioneer in Korea: The Life Story of Henry G. Appenzeller*(1912), 데이비스(Daniel Michael Davis)의 "The Missionary Thought and Activity of Henry Gerhard Appenzeller(Drew University Ph.D dissertation, 1986)", 이만열의 《아펜젤러(서울: 연세대학교 출판부, 1985)》 등이 대표적인 연구물이다. 그런데 그리피스의 연구는 그가 일본선교사로서 친일파였기에, 한국독립을 적극 지지하고 지원하였던 아펜젤러의 정치적 입장을 긍정적으로 해석해 내지 못한 한계를 보였다. 데이비스는 그의 드류대학교 박사학위 논문으로 아펜젤러의 생애를 비교적 소상하게 탐구하였으나, 통일교회 선문대학교 교수가 될 정도로 통일교적 시각을 가지고 있기에, 역시 아펜젤러의 생애와 사상을 제대로 해석하지 못한 아쉬움이 있다. 특히 신학사상 면에서의 연구가 부실하였다. 또한 이만열 교수의 편저로 된 《아펜젤러》는 1부에는 그리피스의 아펜젤러 생애 저술을 번역하여 실었고, 2부에는 아펜젤러의 편지와 일기 등을 모아 놓았으며, 3부에 자신이 아펜젤러의 교육과 선교활동을 연구하여 기록하였다. 그러므로 아펜젤러의 신학사상에 대하여는 거의 다루지 못하였다.

아펜젤러(1858~1902)는 1858년 2월 6일에 미국 펜실베이니아 주 서더톤(Souderton)에서 태어났다. 스위스에서 이민 온 아버지는 농장을 경영하였으며 루터파의 신앙을 가졌다. 어머니는 독일계 메노나이트파(Menonite)의 신앙을 가졌다. 이렇게 아펜젤러는 날 때부터 웨슬리적 신앙전통의 분위기에서 자란 것은 아니다. 오히려 루터교회적이고 독일 경건주의적인 분위기에서 성장하였다. 1882년 그는 랭커스터에 있는 명문 프랭클린 마샬대학(Franklin and Marshall College)을 졸업하였다.[6] 그는 대학시절, 웨슬리적 체험신앙에 감명을 받아 감리교회에 출석하는 결단을 내렸다. 그 후 드류신학교(Drew Theological Seminary)에 입학하여 3년간의 신학과정을 마쳤다. 그 당시 드류신학교는 지성적 목회자들을 배출하는 명문신학교였다. 아펜젤러는 특히 신학교 시절부터 웨슬리적 부흥운동을 좋아하였다. 당시의 드류신학교는 설립된 지 15년밖에 되지 않아 교단신학교로서의 개인적 경건과 종교적 경험을 중요하게 생각하였다.[7] 한편, 아펜젤러는 신학교에서 웨슬리적 사회성화운동에도 깊은 영향을 받았다. 회심을 일으키는 복음주의는 개인적이며, 동시에 사회적임을 신학교 캠퍼스에서 체험하였다.

1885년 6월 28일 외국인을 위해서 한국 최초의 개신교 공식 예배를 인도하였고, 1886년 6월 8일 배재학당의 첫 학기를 공식적으로 개강하였다. 1887년 2월 21일 배재학당이라는 이름을 고종에게 하사받았으며, 1887년 12월 25일 한국어로 첫 설교를 하였다. 1887년 배재학당에서 한국 최초로 신학과목을 강의하기 시작하였으니 이 신학공부가 협성신학교로 이어졌고, 그것이 오늘의 감리교신학대학교로 발전한 것이다. 이로써 감리교신학대학교의 역사는 126년(1887~2013)이 된다.

1887년 7월 24일 한국인 박중상에게 첫 세례를 베풀었고, 같은 해 10월 9일에 한국인들과 함께 "벧엘"에서 첫 예배를 드렸는데, 이것이

6) 유명한 미국교회사가 필립 샤프(Philip Shaff)가 졸업한 대학이었다.

7) Edward W. Poitras, "The Theology and Missionary Strategy of Henry G. Appenzeller, Pioneer Methodist Missionary to Korea", 〈신학과 세계〉 (서울: 감리교신학대학교, 1955), 171.

한국 최초의 감리교회 정동교회였다. 1897년 12월 26일 한국의 문화재가 된 정동교회당을 새로 지어 봉헌식을 하였고, 노병선, 최병헌 등과 함께 죽을 때까지 목회를 하였다. 1885년부터 1886년까지는 대리감리사로, 1886년부터 1892년까지는 미감리회 한국선교회의 감리사로 일하였다. 1896년 11월 21일 독립문 기공식에서 기도를 하였고, 1887년 8월 13일 독립협회 기원절 행사에서 연설을 하였으며, 윤치호, 이승만 등을 숨겨 주고 돌보는 일에 앞장섰다. 대부분의 한국선교사들은 독일형의 경건주의자들이어서 한국교회를 비정치화하려고 하였으나 아펜젤러만은 예외였다. 그는 영국형 경건주의자였기에 각종 사회참여활동과 한국의 독립을 지원하는 운동을 적극적으로 전개하였다. 많은 독립운동가들의 감옥생활을 돌보았고 그들을 기독교신앙으로 개종시켰다. 단순한 동정 차원에서 도운 것이 아니라, 한국이 아시아에서 안전하고 독립적인 상태를 확립하게 도와주고, 부패하고 귀족정치적인 한국정부를 정의롭고 민주적으로 바꾸어야 한다는 정치철학과 사회윤리의식에서 비롯한 행동이었다. 그래서 아펜젤러는 배재학당이 그러한 진보적인 지도자들을 길러내는 진보 · 독립적 학교로 발전하기를 열망하였다. 한편 그는 감리교선교부 출판국을 〈독립신문〉의 인쇄를 할 수 있게 빌려 주었으며, 영어로 〈독립신문〉을 만드는 일을 도왔다. 그래서 독일형 경건주의자였던 알렌이나 스크랜턴과 심각하게 논쟁하기도 하였다.

그는 파란만장한 우리 민족 개화기의 역사 속에서 조선 8도 중 6도에 걸쳐서 1,800마일을 두루 다니며 평생 자기희생적인 선교와 봉사를 아끼지 않다가 1902년 6월 11일 밤 성서번역위원회 참석 차 목포로 가던 중 선박 충돌사고로 군산 앞바다에서 하나님의 부름을 받았다. 그는 한 소녀를 죽음에서 건지고 자신이 대신 죽은 살신성인의 모범을 보여 주었다. 친구를 위하여 목숨을 바치고 죽음으로 사랑을 보여 준 예수의 제자요, 사랑으로 성화를 보여 준 웨슬리의 제자였다.

그는 17년간 한국을 위하여 선교활동을 하였다. 그가 더 오래 살았더라면 한국의 개화와 독립 등 사회적 성화를 위해서도 큰 공헌을 하였을 것이고, 한민족의 복음화를 더욱 빠르게 이루는 개인적 성화를 위해서도 큰 업적을 남길 수 있었을 것이다.

C. 아펜젤러 신학사상의 웨슬리적 요소와 한국신학의 주류적 요소

아펜젤러의 신학사상에 대하여 본격적인 연구가 이루어지기 시작한 것은 박대인 박사의 논문 "The Theology and Missionary Strategy of Henry G. Appenzeller, Pioneer Methodist Missionary to Korea (〈신학과 세계〉, 서울: 감리교신학대학교, 1955)"를 통해서다. 그러나 이 논문 역시 그의 선교사상을 중심으로 다루는 한계를 보여 준다. 그리고 성백걸의 감신대 박사학위 논문 "초기 한국감리교회 신학사상의 형성과정 연구 - 아펜젤러와 최병헌을 중심으로(감리교신학대학교 대학원 신학박사학위 논문, 1996)"가 지금까지의 연구 논문 중에서 아펜젤러의 사상을 가장 집중적으로 연구한 것이다. 특히 성 박사는 아펜젤러의 복음적 신학사상이 최병헌 목사에게서 나타나고 있고, 아펜젤러를 통하여 웨슬리신학이 최병헌에게 이어지고 있음을 밝혀 줌으로써, 지금까지 종교학자 혹은 토착화 신학자로 알려진 최병헌이 복음주의적 사상에도 깊은 관심을 가진 진정한 웨슬리안, 진정한 감리교인임을 알리는 공헌을 하였다. 그러나 아펜젤러와 웨슬리를 비교하는 부분이 철저하지 못하고, 알레고리컬하게 해석하는 무리도 많았다. 따라서 본 연구에서는 보다 철저하게 아펜젤러의 설교, 논문, 일기에 나타난 그의 신학사상을 추적하려고 하며, 특히 그의 사상이 얼마나 웨슬리적인지를 탐구함으로써 한국 최초의 감리교선교사가 실현하려고 하였던 구원론적 · 사회적 성화사상, 선교신학적 이상이 얼마나 웨슬리적 기초에서 형성되었는지를 보여 주고자 한다.

그의 선교의 또 하나의 주제는 문명화로 이것은 웨슬리적 사회성화와 상통한다. 그는 한국의 개화와 독립을 강하게 열망하였다. 한국이 정의롭고, 민주적이며, 자유로운 자주독립국가가 되기를 간절히 바랐다.

이러한 아펜젤러의 웨슬리적 경건주의 유형은 한국신학의 주류를 형성하여 왔다. 경건주의는 한국교회의 주류(mainline)를 형성한 신학이다. 그럼에도 한국교회는 한국교회사상사를 정리한 송길섭 교수나 유동식 교수의 해석에 사로잡혀 있다. 유동식 교수는 한국교회의 신학유형을 진보주의, 자유주의, 보수주의로 삼분화하면서 경건주의를 보수주의 유형에 집어넣어 버림으로 한국교회의 사상적 특징을 제대로 표현해 주지 못하였다.[8] 경건주의는 보수적 근본주의와는 다른 신앙유형이다. 또한 송길섭 교수는 경건주의적 복음주의 색채를 나타내긴 하였으나 너무 사실나열에만 그치고 제대로 해석해 내지 못한 아쉬움이 있다.[9] 초기 부분에는 비교적 경건주의와 복음주의에 대한 해석이 나오지만 후대로 갈수록 희미해져 간다. 한국교회 100년 역사를 일관성 있게 지배하여 온 경건주의적 특징을 제대로 파악하지 못하였다. 이 문제

---

8) 유동식, 《한국신학의 광맥》 (서울: 전망사, 1983)은 한국신학사상사를 세 신학유형으로 흥미 있게 분석한다. 45~60쪽은 진보적 사회참여신학으로 윤치호, 종교적 자유주의신학으로 최병헌, 보수적 근본주의신학으로 길선주를 해석하며, 133~142쪽은 박형룡의 근본주의, 김재준의 진보주의, 정경옥의 자유주의를 언급한다.

9) 송길섭, 《한국신학사상사》 (서울: 대한기독교출판사, 1987), 37~64.

에 관하여 필자는 "경건주의와 한국교회(〈한국의 기독교사상〉, 연세대학교 출판부, 1998)"에서 다루었다.

경건주의적 복음주의는 1885년 초기 아펜젤러와 언더우드의 선교시대에 시작되었다. 물론 아펜젤러는 웨슬리 경건주의적 복음주의자였지만, 언더우드도 "꽥꽥 소리 지르는 감리교도(roaring Methodist)",[10] "장로교선교부의 감리교설교가(the Methodist Preacher of the Presbyterian Mission)"[11]라는 별명을 얻을 정도로 웨슬리적 경건주의적 복음주의였다. 선교역사의 대가 라투레트(K. S. Latourette)도 초기 한국선교사들은 부흥운동, 개인주의, 이원론을 포함하는 경건주의적 복음주의(Pietistic Evangelism)였다고 해석한다.[12] 그리고 1907년 대부흥운동을 보고 〈런던타임스〉의 세실 경은 웨슬리적인 부흥운동이라고 말하면서 당시의 이야기는 웨슬리의 일기에 나오는 부흥운동의 이야기와 매우 흡사하다고 해석하였다.[13]

한국교회의 주류(mainline)를 형성한 신학은 근본주의도, 자유주의도, 진보주의도 아닌 복음적 경건주의 부흥운동이라고 생각한다. 한국교회의 제도는 장로교의 회중주의가 지배하여 장로 없는 교회가 없고(감리교회나, 성결교회나, 순복음교회나), 목사의 선택도 감리교회의 파송제가 아니라 칼빈적 장로교회의 초빙제를 감리교회를 비롯한 거의 모든 교회가 도입하였다. 그러나 신학적 경향은 웨슬리적 경건주의적 복음주의가 지배하여 왔다. 웨슬리적 속회와 구역예배, 웨슬리적 새벽기도회

10) Lilias H. Underwood, *Underwood of Korea* (New York: Fleming H. Revell Company, 1918), 71. 송길섭, 《한국신학사상사》, 40에서 재인용.

11) Korean Repository, No. 5, (1898), 257. 민경배, 《한국기독교회사》 (증보판) (서울: 대한기독교서회, 1975), 164에서 재인용.

12) K. S. Latourette, *A History of Expansion of Christianity*, IV (New York: Harper & Brothers), 336.

13) 백낙준, 《한국개신교회사 1832~1910》 (서울: 연세대학교출판부, 1973), 390~391.

와 철야기도회, 웨슬리적 부흥회와 사경회가 한국교회 신앙을 형성하여 왔다. 웨슬리적 경건주의가 "마음의 종교(religion of heart)"를 강조하였듯이, 한국인도 반만년의 고난의 역사 속에서 한과 정을 이어온 민족이기에 서정적이고 감성적인 체험의 종교를 좋아하였다.

그러나 그 경건주의적 복음주의가 근본주의와 만나면서 근본주의적 복음주의가 되기도 하고, 진보주의와 만나 사회참여적 복음주의로, 자유주의와 만나 문화적 복음주의로, 순복음교회를 비롯한 오순절 성령운동이 강조되면서 오순절적 복음주의로 되기도 하였다. 그리고 역사적으로 경건주의의 뿌리가 깊은 독일식 루터적 경건주의 혹은 복음주의의 영향으로 신앙제일주의(solafideism)가 강하게 자리 잡기도 하였고, 제1·2차 대각성운동을 중심으로 하는 미국식의 칼빈적 경건주의 혹은 복음주의의 영향으로 하나님의 주권과 예정을 강조하는 경향도 나타났다.

특히 크리스천의 사회적 책임을 선언한 로잔선언 이후에 소위 복음주의자들(evangelicals) 중에도 에큐메니컬주의자들(ecumenicals)처럼 사회참여의식이 강조되고, 최근 자본주의의 발전으로 삶의 질의 문제가 대두되면서 교회가 사회복지에 어느 누구보다도 크게 관심하여 경실련이나 기독교윤리실천운동 등 사회구조악에 항거하는 기독교시민운동 단체들이 많이 등장하였다. 이에 발맞추어 통일운동에도 교회적으로 적극 참여하고, KNCC도 보수적인 희랍정교회나 하나님의 성회를 회원교회로 받아들이고 헌장도 바꾸는 등 복음적 관심과 사회적 관심이 변증법적으로 종합을 이루는 총체적 교회(whole church)의 총체적 복음(whole gospel)으로 등장하면서 보수와 진보의 대립을 극복해 가는 신학을 모색하고 있다. 1919년 3·1운동과 1960년 인권운동과 민주화운동 당시에 나타났던 사회참여운동은 이제는 진보적 그룹의 전유물이 아니라, 한국교회 전체의 과제로 등장하게 되었다는 것이다.

지금까지 한국개신교 역사의 주류를 형성해 온 경건주의적 복음주의가 교회의 양적 성장운동, 해외선교운동, 열심 있는 평신도운동, 소규모 영성운동, 뜨거운 체험적 신앙운동, 구원의 확신을 위한 신앙운동에 크게 기여하여 온 것이 사실이지만, 그 반대로 부정적인 요소도 많았다. 저 세상적 관심, 이원론적 금욕주의, 행함이 없는 신앙지상주의, 세속직업에 대한 소명의식 약화, 기복주의, 비정치화, 몰역사화, 비사회화, 비문화화의 길을 걸어온 것이 사실이다. 바로 이런 시각에서 한국개신교회의 경건주의적 복음주의가 사회적 성화와 문화적 성화를 적극 수용함으로써 새롭게 거듭나고 새롭게 성숙해 가야 한다.

이렇게 볼 때, 한국교회 주류신학의 초석을 형성하게 된 아펜젤러의 신학사상을 제대로 이해함이 매우 중요하다고 생각한다. 복음에 근거한 인격적 성화를 추구하면서도, 사회적 성화와 문화적 성화를 강조하였던 아펜젤러의 신학을 재발견하여 한국교회의 신학이 보다 건전하게 발전하고 성장하여야 한다고 필자는 생각한다. 더욱이 그러한 아펜젤러의 건전한 복음주의(healthy evangelism)는 웨슬리적 요소로 형성되었음을 여기에서 밝혀 보려고 한다.

D. 아펜젤러의 구원론 : 웨슬리 구원론과의 비교를 중심으로

1. 선재적 은총론

아펜젤러도 웨슬리처럼 칼빈의 예정론을 비판하며 선재적 은총론을 전개한다. 로마서 8장 29~30절을 중심으로 주석한 "예정(predestination)"이란 설교에서 웨슬리의 해석을 직접 인용한다: "본문에서 사도 바울은 (예정의) 원인과 결과라는 사슬을 묘사하는 것이 아니라, 단순히 하나님이 역사하는 방법을 보여 주는 것이다. 구원의 몇몇 가지들은 끊임없이 서로 따라오는 질서임을 보여 주는 것이다."

칼빈의 이중예정(double predestination)을 비판하면서 웨슬리가 그리스도를 믿는 자는 구원에 이르도록 예지하신다는 그리스도 안에서의 예정을 주장한 것처럼 아펜젤러도 예지 예정설을 지지한다.

역사자료 · 107

자유로운 대행자(agent)로서 인간의 자유(자유의지)는 하나님의 자유로운 지식의 우선적인 기초가 된다. 하나님의 예지는 하나님의 결정에 우선한다. 하나님의 예지에 의해서 미래행위가 원인되는 것이 아니라, 미래행위에 의해서 하나님의 예지가 원인된다. 인간이 걷는 것을 볼 때 우리가 그의 움직임에 의해서 그의 행동이 원인되는 것을 보고 안다. 우리의 보고 아는 것에 의해서 그의 행동이 원인 되는 것이 아니다.[14)]

다시 말해서 아펜젤러나 웨슬리는 우리가 그리스도를 믿는 자유로운 의지의 결단을 할 때에 그 믿음의 결단의 행위를 보고서 하나님의 예지를 알 수 있다는 것이다. 거꾸로 하나님의 예지가 우리를 믿게 하도록 결정지은 것이 아니라는 것이다. 그리스도의 십자가를 통하

14) Appenzeller, "Predestination", Sermons # 112, 42~43.

여 십자가 안에서 누구든지 믿는 자는 구원을 얻도록 우리를 예지 예정하는 것이다. 그러므로 아펜젤러나 웨슬리에게는 믿음이 구원의 조건이다. 그러나 칼빈에게는 믿음의 조건도 필요하지 않다. 무조건적(unconditional) 예정을 말한다. 예정된 자들에게 믿음이 주어진다는 것이다. 아펜젤러는 심지어 "사탄은 빈번하게 하나님의 예지를 그의 목적들에 앞서는 것으로 사용한다"[15]라고 하였다.

예정은 하나님 형상회복의 단순한 목적인데 그 성취는 인간의 신앙에 달려 있다는 것이다. 신앙을 계속 유지하지 않으면 상실할 수도 있다고 아펜젤러는 말한다.[16] 웨슬리도 그의 설교 "하나님께로부터 태어난 자들의 특권"에서 베드로나 다윗처럼 항상 타락할 수 있기에 두려움과 떨림으로 구원을 이루어야 함을 강조한다.

아펜젤러는 구원의 은혜는 만인에게 열려 있고 만인의 속죄를 위해 그리스도께서 십자가에서 죽임을 당하셨다고 해석한다. 그래서 복음을 거절하는 자조차 하나님은 부르신다는 것이다(마 22:3~9, 14). 이것은 웨슬리의 설교 "값없이 주는 은혜(Free Grace)"에서 속죄의 은총은 모든 사람 안에서(in all), 모든 사람을 위해서(for all) 자유롭게 열려 있다는 해석과 너무나도 동일하다. 웨슬리는 로마서 8장 32절 말씀, "자기 아들을 아끼지 않으시고 우리 모두를 위하여 내주신 분이 어찌 그 아들과 함께 모든 것을 우리에게 선물로 거저 주지 않으시겠습니까?"를 중심으로 설교하였다. 그리스도의 구속의 은총은 모든 사람을 위해서 모든 사람 안에서 값없이 주어지는 것임을 웨슬리는 강조한다.

15) Appenzeller, "Predestination", Sermons # 112, 43.

16) Appenzeller, "Predestination", Sermons # 112, 44.

역사자료 · 108

하나님께서는 얼마나 값없이 세상을 사랑하시는지요! …… 그를 우리 모두를 위하여 내어 주셨습니다. 그러니 그는 얼마나 값없이 우리에게 모든 것을 주시는지요! 참으로 값없이 주시는 은혜가 무엇보다도 소중합니다. …… 하나님이 생명에로 정해 놓으신 자들만을 위하여 값없이 주시는 것이며, 그들은 적은 수의 회중일 뿐이며 더 많은 부분의 인류를 죽도록 정해 놓았으므로 그들에게는 은혜가 아니라고 말합니다. 하나님은 그들을 미워하시므로 그들이 태어나기 전에 죽어야 하는 운명으로 정해 놓았다고 말합니다. 그리고 이것이 하나님의 선한 기쁨이며 하나님의 주권의지라는 것입니다. 따라서 그들은 하나님의 돌이킬 수 없는 저주 아래에서 자라며, 구원의 가능성이 전혀 없이, 지옥에서 몸과 영혼을 파괴하도록 태어났다고 말합니다.[17]

이것을 가리켜 만인속죄론(universal atonement)이라고 한다. 그러나 웨슬리나 아펜젤러는 오리겐의 만인구원론(universalism)은 비판한다. 오리겐은 하나님의 사랑에 의해서 지옥도 없고, 사탄마저도 구원받는다고 주장한다. 아펜젤러는 그의 설교에서 이러한 만인구원의 보편주의를 비판한다.[18]

이렇게 아펜젤러나 웨슬리는 인간구원은 예정의 은총에 의해 시작하는 것이 아니라 모든 사람 안에서, 모든 사람을 위하여 거저 주시는 선재적 은총으로 시작하는 것이다. 하나님의 먼저 찾아오시는 은혜에

17) "Free Grace", *The Works*, Vol. 3, 544~545.

18) Appenzeller, "Predestination", Sermons # 112, 43

응답함으로써 인간구원은 출발한다. 하나님의 열심 100퍼센트와 인간의 열심 100퍼센트의 신인협조적(Divine-human cooperation) 모습으로, 인간구원은 응답하는 은총(responsible grace)으로 시작한다.

2. 의인화와 거듭남

아펜젤러는 선교사가 예수 그리스도의 십자가 복음을 전하기 위해 이방세계로 가야 함을 강조한다. 그가 아는 단 하나의 사명은 인간을 죄에서 구원하는 그리스도의 능력을 소개하는 것으로 생각하였다.[19] 예수 그리스도께서 죄인들을 구원하시기 위해 이 세상에 오셨다는 사실을 믿는 체험적 은총, 곧 의인화와 거듭남을 그는 강조한다.[20]

아펜젤러는 웨슬리와 함께 종교개혁의 핵심사상인 "신앙의인화(信仰義認化, justification by faith)"에 철저히 서서 십자가 복음을 강조한다. 십자가의 복음을 믿을 때 값없이 거저 주어지는 의롭다 하심이 수동적 객관적으로 전가됨을 주장한다.

역사자료 · 109

> 이 의(義)는 하늘로부터 위로자 성령이 증거하는 복된 진리에로 내려옵니다. 예수 그리스도 안에 있는 구속을 통하여 그의 은혜에 의하여 거저 값없이(freely) 의롭다 하십니다. 그의 의를 보이기 위하여 그의 피로 말미암아 믿음을 통하여 하나님은 화해를 이루십니다.[21]

19) Poitras, 175.

20) Poitras, 175.

21) Appenzeller, "The Work and Office of the Holy Spirit", Sermons # 131, 174.

그런데 이렇게 거저 주시는 의롭다 하심의 은혜는 먼저 성령의 회개케 하심을 통하여 이루어진다고 아펜젤러는 해석한다.

역사자료 · 110

꾸짖음(성령의)이 위로보다 논리적으로나 시간적으로나 앞서 다가오는 것을 아십시오. 이것이 구원의 질서(oder of salvation)입니다. 곧 옛 세계에서 새 세계로 옮겨지는 과정입니다. 갈보리 산이 있기 이전에 시내 산이 있고, 복음 이전에 율법이 있으며, 의인화 이전에 회개가 있으며, 위로 이전에 꾸짖음이 있고, 면류관 이전에 십자가가 있습니다.[22)]

이것은 웨슬리의 주장과 매우 흡사하다. 웨슬리는 종교 혹은 구원의 현관(porch)은 회개, 종교 혹은 구원의 문(door)은 믿음, 종교 자체 혹은 구원 자체는 성화 혹은 사랑이라고 말한다. 그리고 선재적 은총, 회개, 의인화, 거듭남, 성화, 완전의 구원의 질서(oder of salvation)를 강조한다. 이렇게 의인화와 거듭남을 일으키는 믿음보다 앞서는 것은 성령의 회개케 하심이라는 웨슬리의 주장을 아펜젤러도 똑같이 강조한다.

아펜젤러는 웨슬리의 구원론을 적극적으로 수용하였다. 종교개혁자 루터와 칼빈은 의인화에 구원론을 집중시키지만, 웨슬리는 마음의 종교를 강조하는 경건주의의 영향을 받아 거듭남도 중요한 구원론의 요소로 해석하는데, 아펜젤러 역시 의인화와 거듭남을 함께 중요한 구원의 교리로 주장한다. 마치 웨슬리가 의인화(義認化, justification)와 거듭남

22) "The Work and Office of the Holy Spirit", 170.

(重生 혹은 新生, regeneration)이 동시적 사건이요, 십자가의 복음을 믿음으로 일어나는 은총이라고 이해하였듯이, 아펜젤러도 오직 십자가의 복음을 믿는 사람들에게 의인화와 거듭남은 동시적으로 일어난다고 이해한다.

역사자료 · 111

신학적 용어 사용에 있어서 의인화는 그리스도를 믿는 신자들의 모든 죄를 용서하는 하나님의 법정적(judicial) 행위로 묘사된다. 성도를 관계적으로(상대적으로) 의롭다고 간주하시는(regarding him as relatively righteous) 것이다. …… 거듭남은 인간 안에(in man) 이루어지는 역사로 거듭나고 새로운 피조물이 되며 성령으로 태어나서 아바, 아버지라고 부를 수 있게 되는 것이다. 의롭다 하심은 인간을 위한(for man) 객관적(objective) 역사며, 거듭남은 인간 안에(in man) 행하시는 주관적(subjective) 역사다. 의인화가 거듭남보다 앞서는(precedes) 것이라도 이 둘은 동시적(synchronous)이다.[23]

웨슬리가 여러 설교에서 의인화가 거듭남보다는 논리적으로는(in thinking) 앞서지만, 시간적으로는(in time) 동시에(at the same time) 일어난다고 한 해석과 너무나도 동일하다.

역사자료 · 112

시간적인 순서로(in order of time) 본다면, 어느 것도 다른 것에 우선되지 않으며 우리가 예수 그리스도 안에 있는 구속하심을 통하여

23) Appenzeller, "Adoption", Sermons, # 148, 274.

> 하나님의 은총으로 말미암아 의롭게 된 순간(in the moment), 역시 우리는 성령으로 새로 태어나게 됩니다. 그러나 사고의 순서로(in order of thinking) 본다면, 말의 표현에 있어서는 칭의가 신생에 앞서는 것입니다. 우리는 우선 먼저 하나님의 진노가 사라지고 난 다음에야 성령께서 우리의 심령에 역사하신다고 생각합니다.[24]

또한 아펜젤러는 웨슬리의 설교를 그대로 옮겨 놓은 듯, 의인화는 인간을 위한 객관적 은총이고, 거듭남은 인간 안에 임하는 주관적 은총이라고 해석한다.

역사자료 · 113

> 만일 기독교의 전체적인 범위에서 어떤 교리든지 '근본적'이라고 적절히 규정될 수 있다면, 그것은 의심할 여지없이 다음의 두 가지, 즉 의인(義認)의 교리와 신생의 교리입니다. 전자는 하나님께서 우리를 위해(for us) 우리의 죄를 사해 주신 위대한 역사(役事)와 관계되며, 후자는 하나님께서 우리 안에서(in us) 우리의 타락된 본성을 새롭게 하시는 위대한 역사와 관계됩니다.[25]

아펜젤러는 웨슬리처럼 의인화는 객관적(objective) · 법정적(judicial) · 관계적(relational) · 상대적(relative)인 은총일 뿐 아니라 죄책의식에서 해방시키는 외적(external) 변화의 은총이라고 이해하며, 거듭남은 주관적

24) "New Birth", *The Works*, Vol. 2, 187.

25) "New Birth", *The Works*, Vol. 2, 187.

(subjective), 실제적(real) 변화의 은총일 뿐 아니라 도덕적 본성을 갱신시키는 내적(internal) 변화의 은총이라고 해석한다.

역사자료 · 114

> 거듭남의 필요성은 우리 본성의 부패에 근거합니다. 한편 의인화는 하나님 앞에서 우리의 죄책의식(guilt)의 현실성에 근거합니다. 이 둘은 구별됩니다(distinct). 의인화는 외적(external)이고, 그 목적은 우리의 죄책의식(guilt)을 없애는 것입니다. 거듭남은 내적(internal)이고, 그 목적은 우리의 도덕적 본성(moral nature)을 갱신하거나 정화하는 것입니다. 의인화는 우리가 하나님과 새로운 관계(new relation)를 갖게 하며, 거듭남은 우리 안에(in us) 새로운 마음의 상태를 이루는 것입니다.[26)]

이 표현은 지극히 웨슬리적이다. 웨슬리가 의인화를 "우리를 위한(for us)" 은총, "객관적(objective)" 은총이라고 표현한 것을 아펜젤러는 "외적인(external)" 은총이라고 아주 유사하게 해석하였다. 그리고 웨슬리가 거듭남을 "우리 안에서(in us)" 일어나는 은총, "주관적(subjective)" 은총이라고 해석한 것을 아펜젤러는 "내적인(internal)" 은총이라는 말로 유사하게 정리하였다. 그리고 웨슬리처럼 아펜젤러도 의인화와 거듭남은 동시적 사건이면서도 그 은총의 성격상 분리된다(distinct)고 묘사하였다. 또한 웨슬리가 거듭남의 핵심을 하나님의 형상 중에 "도덕적 형상(moral image)"의 회복으로 보았듯이, 아펜젤러도 거듭남의 핵심을

26) Appenzeller, "Regeneration", Sermons, # 144, 258.

"도덕적 본성(moral nature)"의 갱신과 정화라고 해석하였다.

아펜젤러는 계속해서 "의인화는 우리를 하나님과의 새로운 관계(relation)에 두는 것이고, 거듭남은 우리 안에(in us) 마음의 새로운 상태(new state of mind)를 두는 것"[27]이라고 강조한다. 이것은 웨슬리가 의인화는 하나님과의 원수 된 상태에서 그리스도의 십자가 은총으로 화해하여 하나님의 자녀로 양자됨으로써 하나님과의 관계가 새로워지는 "관계적 변화(relative change)"요, 거듭남은 잃어버린 하나님의 형상을 성령이 우리 안에 내주하심으로 다시 회복하는, 우리의 본성이 새롭게 되는 "실제적 변화(real change)"라는 해석과 매우 흡사하다. 이렇게 아담의 타락과 함께 모든 인류에게 유전된 죄와 사망에서 해방되고 본래적 하나님의 형상으로 변화되는 도덕적 본성과 형상의 실제적 변화는 성령의 인격적 모습을 받아들임으로써 이루어진다고 아펜젤러는 믿었다.[28] 동물과 식물이 그들의 조상을 본받는 것처럼, 성도들도 거룩한 본성을 본받을 때에 성도 속에 거룩한 본성이 이루어지는데, 이것은 성도의 불멸의 마음속에, 그리고 마음 위에 역사하는 성령의 놀라운 역사로 성취됨을 웨슬리는 강조하였다.[29]

그리고 웨슬리처럼 아펜젤러는 거듭남의 본성은 주관적 성결(subjective holiness)의 상태라고 해석한다. 성령이 성도 속에 주관적으로 성결의 변화를 일으키심으로 하나님의 형상을 따라 거룩함을 입는다고 한 아펜젤러의 주장은 웨슬리가 베드로후서 1장 4절에 근거하여 그토록 강조한 하나님의 본성에로의 주관적 참여(impartation)와 같은 해석이라고 볼

27) Appenzeller, "Regeneration", Sermons # 144, 258.

28) Appenzeller, "Regeneration", Sermons # 257, 259.

29) Appenzeller, "Regeneration", 260.

수밖에 없다.[30] 아펜젤러는 주관적 성결의 상태에 대해 다음과 같이 웨슬리와 유사하게 해석한다.

역사자료 · 115

> 거듭남의 본성은 주관적 성결(subjective holiness)의 상태입니다. 성령으로 태어난 것은 영이라고 말할 때에 여기서 영적 탄생의 모체는 성령임을 의미합니다. 그 결과는 거룩함 이외에 아무 것도 아닙니다. 하나님은 인간을 그 자신의 형상으로, 즉 그의 도덕적 본성(moral nature)으로 창조하셨습니다. 타락할 때에 이 도덕적 본성을 잃어버렸고, 부패한 본성이 되어 버렸습니다. 그러나 지금 성령의 은혜로운 역사를 통하여 인간은 하나님의 형상을 따라 거룩함(holiness)으로 갱신되었습니다.[31]

이 본문은 웨슬리가 "거듭남(New Birth)"에서 거듭남의 핵심은 본성적 형상(natural image)도, 정치적 형상(political image) - 우주를 통치하고 주관하는 - 도 아니라, 주로 도덕적 형상(moral image)을 회복하는 것이라고 표현한 것과 매우 유사하다. 곧 의로움과 참 거룩함이다(엡 4:24).[32] 아담의 타락 이후 총체적으로 잃어버린 하나님의 도덕적 형상, 하나님의 생명, 하나님의 사랑을 회복하는 것이 거듭남이다. 결국 예수 그리스도의 십자가의 은총을 믿고 의인화와 거듭남의 체험을 통해 하나님과 화해하고 화목하여 양자 혹은 양녀가 되는 것이다. 또한 예수님의 성

30) Appenzeller, "Regeneration", 260.

31) Appenzeller, "Regeneration", 260.

32) Wesley, "New Birth", *Forty-four Sermon* (London: Epworth Press, 1980), 514.

품, 하나님의 성품을 총체적으로 본받기 시작하는 것이다. 그때에 부분적으로 타락하였던 본성적 형상이나 정치적 형상이 회복되기 시작한다. 잃어버린 하나님의 형상 회복에 관한 웨슬리의 해석은 다음과 같다.

역사자료 · 116

그러면 첫째로, 우리는 왜 다시 태어나야만 합니까? 이 교리의 근거는 무엇입니까? 신생의 근거는 거의 이 세상의 창조만큼이나 심오한 데 놓여 있습니다. 우리가 읽는 성경 말씀의 설명에 따르면, 삼위일체이신 '하나님께서' 말씀하시기를 "우리의 형상과 모습을 본 따서 인간을 창조하자고 하시고" 이에 따라 하나님께서 '자신의 형상대로, 즉 하나님의 형상대로 인간을 창조하셨다'고 기록되어 있습니다(창 1:26~27). 즉 하나님 자신의 불멸성의 모습, 곧 본성적인 형상(natural image)을 따라, 뿐만 아니라 이해력과 의지의 자유, 여러 가지 감정을 가진 영적인 존재로, 또는 '바다의 고기와 땅 위의 만물을 지배하는' 이 세상의 지배자인 정치적인 형상(political image)으로, 그뿐 아니라 사도 바울의 말과 같이 "의로움과 참 거룩함(엡 4:24)"을 지닌 도덕적인 형상(moral image)으로 인간을 지으셨습니다. 이러한 하나님의 형상 속에서 인간이 창조된 것입니다. …… 하나님의 형상과 하나님의 생명을 전적으로 상실하고, 아담이 창조되었을 때 가지고 있었던 의로움과 거룩함 대신 지금 이 세상에 태어나는 모든 사람은 교만과 아집에 사로잡힌 채 악마의 형상(image of devil)을 지니게 되었고, 관능적 욕구와 정욕 속에서 짐승의 형상(image of beast)을 지니고 태어나게 되었습니다. 다시 말해서 인간의 본성이 전적으로 타락하게 되었다는 점, 바로 이것이 신생의 근거가 됩니다. 그러므로 죄 속에서 태어난 인간들이 있는 곳에서 우리는 다시 태어나야만 합니다. 여자로부터 태어난 모든

사람은 하나님의 성령으로 다시 태어나야만 하는 것입니다.[33]

이것은 웨슬리가 모라비안 진젠도르프와 논쟁한 핵심적인 이슈였다. 다시 말해서 진젠도르프는 객관적 · 수동적 · 순간적 의로움과 거룩함이 그리스도 안에서(in Christus) 주어진다고 보았으나, 웨슬리는 주관적 · 본성적 · 점진적 의로움과 거룩함이 성도 안에서도(in se) 이루어진다고 해석하였다.

그런데 흥미로운 것은 웨슬리가 그의 설교 "우리의 의가 되시는 주님(Lord Our Righteousness)"에서 그리스도의 의가 의인화(義認化)와 의인화(義人化) 혹은 성화의 근거가 됨을 동시에 말하고 있듯이, 아펜젤러도 그리스도의 의가 객관적으로 전가되는 수동적 의만 아니라 주관적, 본성적으로 변화를 일으키는 의, 곧 의인(義人)으로 변화되는 성화론적 의로움(impartation)의 근거가 됨을 강조한다: "위로자 성령은 그리스도 안에서 계시된 의는 죄인을 의롭다 하시고 또한 성화시키는 의임을 확신시킨다."[34] 계속해서 아펜젤러는 그의 설교 "예정(predestination)"에서 웨슬리의 말을 그대로 인용하면서 자신도 웨슬리처럼 성화론적 차원에서 의로움을 이해함을 다음과 같이 설명한다.

역사자료 · 117

웨슬리는 말합니다: "의인화는 일반적으로 용납 받는다(allowed)는 뜻입니다. 그러나 '의롭다 함을 얻는다'는 것은 여기(롬 8:30)서

33) Wesley, "New Birth", *The Works*, Vol. 2, 188~189.

34) Appenzeller, "The Work and Office of the Holy Spirit", Sermons # 131, 173.

특별한 의미로 해석됩니다. 그것은 주님이 그들을(부르신 자들을) '정의롭고 의로운 사람으로 만드셨다(he made them just or righteous)'는 것을 의미합니다. 주님은 '하나님 아들의 형상으로 그들을 본받게 하신다'는 그의 약속을 만드셨습니다. 이것은 흔히 말해서 그들을 성화시켰다(sanctified them)는 뜻입니다.[35)]

이러한 본성적 의로움(imparted righteousness), 곧 의인(義人)이 되는 것, 곧 의로움과 거룩함의 신적 본성을 회복하는(엡 4:24) 성화론적 차원을 루터나 칼빈은 약하게 강조하였으나 웨슬리 시대의 루터주의자(모라비안)나 칼빈주의자들은 강하게 거부하였다. 그래서 웨슬리와 모라비안 루터주의자들(진젠도르프나 몰더 등)과 심하게 논쟁함으로써 함께 시작한 페터 레인 신도회(Fetter Lane Society)가 분열되었고, 휫필드를 비롯한 칼빈주의자들과도 갈라서게 되었다.

그리고 웨슬리가 구원은 미래의 약속일 뿐 아니라 믿는 그 순간부터 여기에서 누릴 수 있는 현재적 구원의 축복이라고 "성서적 구원의 길(The Scriptural Way of Salvation)"에서 강조한 것처럼,[36)] 아펜젤러도 현재에

35) Appenzeller, "Predestination", Sermons # 112, 46.

36) 웨슬리의 구원관은 한순간의 경험이 아니라 계속적인 순례의 과정이요, 항상 현재적이요, 현재완료형이다. 그러면 먼저 '구원이란 무엇인가?'를 상고하여 봅시다. 여기서 말하는 구원이란 종종 듣는 대로 천당에 간다든지, 영원한 행복이라든지 하는 말은 아닙니다. 구원이란 영혼이 '파라다이스', 곧 주님이 말씀하신 아브라함의 품에 가는 것이 아닙니다. 이는 죽음 건너편, 즉 우리가 흔히 말하는 저 세계에서 누리는 행복은 아닙니다. 본문의 말씀 자체가 모든 문제를 해결하여 줍니다. "너희는 구원을 얻었나니(Ye are saved)." 이것은 먼 데 있는 어떤 것이 아니라 현재의 것을 말합니다. 곧 값없이 주시는 하나님의 자비로 말미암아 지금 가지고 있는 축복을 말하는 것입니다. 이 말씀은 "너희가 구원을 얻어 가지고 있느니라(Ye have been saved.)"고 현재완료로 번역할 수 있습니다. 뜻도 그와 같습니다. 그러므로 여기서 말하는 구원은 우리 영혼에 은혜의 첫 여명이 시작될 때부터 그것이 영광으로 완성될 때까지의 하나님의 전(全)

축복과 행복과 영생을 누리는 현재적 구원을 강조한다: "우리는 지금 하나님에 의한 축복을 가지고 있다. 우리의 종교는 여기서 우리를 유익하게 한다."[37] 아펜젤러는 의인화와 거듭남은 양자가 되기 위한 전제 조건이라고 그의 설교 "양자(Adoption)"에서 해석한다. 웨슬리가 양자됨을 의인화와 거듭남의 표식이라고 해석한 것처럼, 아펜젤러도 이것을 의인화와 거듭남의 결과로 보았다. 그리스도 안에 있는 믿음으로 의인화를 얻는 것을 근거로 하나님의 가족으로 하늘나라를 상속하는 양자됨이 값없이 주어지는 은총으로 이루어짐을 강조하는 점에서도 웨슬리와 똑같다. 그리고 이렇게 양자됨으로 구원의 확증을 얻는 내적 영적 확증(inner, spiritual assurance)의 교리에서도 아펜젤러와 웨슬리는 동일하다. 의인화와 거듭남이 전적으로 하나님의 은혜로 되는 것처럼 양자가 되는 것도 절대 우리의 공로로가 아니라 전적으로 하나님의 은혜로, 하나님의 행위로 되는 것이다. 우리는 도저히 양자와 양녀가 될 수 없음에도 예수 그리스도를 믿는 신앙으로, 오직 갈보리 산 십자가의 피로, 그리스도의 공로로 양자와 양녀가 되는 것이다.[38] 이러한 아펜젤러의 해석은 웨슬리의 설교들, "하나님께로부터 태어난 자들의 특권(the Privilege of Those Who Are Born Out Of God)"이나 "노예의 영과 자녀의 영(the Spirit of Bondage and the Spirit of Adoption)"에서 강조하는 양자됨의 은총과 너무나 비슷한 것을 발견하게 된다. 실제로 아펜젤러도 웨슬리처럼 "노

역사에 미치는 것입니다("The Scripture Way of Salvation", *The Works*, Vol. 2, 156). 그렇다고 웨슬리가 미래의 구원을 부정하는 것은 아니다. 현재의 구원이 영원한 미래로 연결되는 것이다. 그리고 그 구원은 그리스도의 속죄의 피로 우리를 하나님과 화해케 하고 모든 자범죄들(actual sins)을 용서하시는 죄 사함으로 이루어진다.

37) Appenzeller, "The Anchor of the Soul", Sermons # 120, 84.

38) Appenzeller, "Adoption", Sermons # 148, 276.

예의 영(Spirit of Bondage)"이라는 용어를 사용한다. 그리고 노예의 영을 받은 사람은 영혼 속에 죽음과 죄책에 대한 두려움과 떨림이 남아 있다고 아펜젤러는 강조한다. 또한 "양자의 영(Spirit of Adoption)"이라는 용어 대신에 "하나님의 영(Spirit of God)"이라는 용어를 쓴다. 하나님의 영을 받은 사람에게는 두려움을 쫓아내는 완전한 사랑과 자유와 생명을 누리는 양자됨의 특권이 있다고 해석한다.[39]

3. 성화(sanctification)

웨슬리에게 의인화와 거듭남은 구원의 출발(initial salvation)이고, 구원의 완성(final salvation)이 성화(sanctification)와 완전(perfection)이었듯이, 아펜젤러에게도 구원의 출발은 의인화와 거듭남이며, 구원의 완성은 성화와 완전이었다. 그리고 웨슬리가 의인화와 거듭남은 오직 십자가의 은총(sola gratia crucis)으로 거저 주시는 속죄를 믿음으로만(sola fide) 이루어지지만 성화와 완전을 위해서는 믿음만 아니라 선행과 사랑의 실천을 통한 인격과 생활의 성결을 이루어야 한다고 강조하였듯이, 아펜젤러도 성화와 완전을 위해서는 선행과 사랑을 통한 인격과 생활의 성결을 이루는 영적 성숙을 강조하였다. 그러므로 믿음으로 구원을 받는 것인지, 행함으로 받는 것인지 묻는다면, 웨슬리나 아펜젤러는 믿음은 구원의 필수조건(의인화와 거듭남)이고, 행함은 구원의 충분조건(성화와 완전)이라고 대답할 것이다.

웨슬리에게 회개는 종교의 현관(porch)이요, 믿음은 종교의 문(door)

39) "Adoption", 277.

이라면 성화는 종교 자체(religion itself)다.[40] 종교란 구원이란 뜻이기도 하다. 웨슬리의 구원관과 종교관의 핵심이 성화이듯이, 아펜젤러에게도 성화는 구원관과 종교관의 핵심이다. 아펜젤러는 의인화의 순간에 신자들의 행위적 죄들(actual sins)은 사함을 받았으나, 아직 마음에 남아 있는 죄악성(inner sin)에서도 해방되기 위해서는 날마다 성화되어야 함을 웨슬리를 언급하면서 다음과 같이 주장한다.

역사자료 · 118

웨슬리는 "신자들 안에 있는 죄"란 제목으로 설교하였습니다. "육적인 마음의 잔재"와 "괴로움의 뿌리"를 모두 제거하는 것은 매우 바람직합니다. 그러나 이것은 교회 밖에서보다는 교회 안에서 더 잘 수행될 수 있습니다.[41]

아펜젤러는 교회공동체를 신자들의 성화를 이루는 영적 치유의 병원과 같이 표현한다. 이것은 일찍이 어거스틴에게서 비롯된 사상이기도 하다. 예수 그리스도의 십자가 은총을 믿음으로 자범죄(actual sin)에서 해방되고 의롭다 하심과 거듭남의 구원을 얻은 신자들이라도, 그들의 마음과 육체에 죄악성(inner sin), 곧 죄의 뿌리(root of sin)가 그들을 지배(control)하지는 않지만 남아 있어서(remain) 그들을 괴롭힌다는 것이다.

이러한 이해는 웨슬리에게서도 나타난다. 웨슬리는 행위 죄들은 그

40) *Works*, Vol. VIII, 472.

41) Appenzeller, "Native Inquirers", Sermons # 152, 19. 성백걸, "초기 한국감리교회 신학사상의 형성과정 연구" - 아펜젤러와 최병헌을 중심으로(감리교신학대학교 대학원 신학박사학위 논문, 1996), 118에서 재인용.

리스도의 피로써 의롭다 하심을 받는 순간에 용서되고, 내적 죄, 곧 교만, 자기 의지, 분노, 불신앙, 온갖 욕망 등은 성령의 역사로 성화의 과정에서 성결해짐을 믿는다. 내적 죄는 죄의 뿌리일 뿐 아니라, 원죄라고 웨슬리는 이해한다. 행위의 죄들을 (의인화의 순간에) 용서받았다 할지라도, 내적 죄악은 계속 남아 있다고 웨슬리는 해석한다. 의롭다 함을 얻는 순간, 모든 말과 행위의 자범죄(actual sin)에서 해방되었고 죄의식(guilt)에서 자유함을 얻었다 할지라도, 거듭나는 순간 내적 죄악성(inner sin, root of sin, original sin)이 파괴되기 시작함으로 이제는 더 이상 죄의 능력(power of sin)이 나를 지배하지도 않고 다스리지도 않고 조종하지 않을지라도, 죄악성(inner sin)이 계속 남아서(remain) 내 속에서 나를 괴롭힌다는 것이다. 그러므로 완전의 은혜로 성결함을 받을 때까지 우리 속에 남아 있는 내적 죄악의 요소와 투쟁하고 계속 회개해야 한다. 완전의 은혜는 모든 죄악에서 크리스천을 구원하는 것을 의미한다.

두렵고 떨림으로 구원을 이루지 않으면, 스스로 섰다고 하는 자는 넘어질까 조심하지 않으면, 천국을 침노하지 않으면, 날마다 십자가를 지고 자기를 부인하지 않으면, 하나님의 손을 굳게 붙들지 아니하면 항상 내적 죄악성이 다시 자범죄(actual sin)를 저지르도록 실수할 수 있고 심지어 다윗처럼, 가룟 유다처럼, 베드로처럼 타락할 수도 있다고 웨슬리는 경고한다.[42]

아펜젤러는 웨슬리처럼 이러한 성화의 모습은 교회에서만이 아니라 사회에서도 나타나야 함을 강조한다: "우리의 일은 주일날 성소에서 뿐만 아니라 매일의 삶에서 사랑과 자비의 실천으로 사람들 앞에서 그

42) 이러한 웨슬리의 성화론을 자세히 보려면 필자의 저서《존 웨슬리의 구원론》(서울: 성서연구사, 1995)을 참조하라.

분을 높이는 것입니다."[43] 특히 아펜젤러는 교회에서나 사회에서나 우리의 사랑이 나타나는 원천은 그리스도 안에 나타난 하나님의 사랑임을 강조한다. 회심한 죄인이 가장 처음으로 깨닫는 것은 하나님의 위대한 사랑이다.

역사자료 · 119

죄가 제거되고 예수의 피로 씻음을 받았을 때에 하나님의 사랑이 들어옵니다. 인간은 씨름하는 야곱처럼 부르짖습니다. "당신의 사랑! 당신의 사랑! 당신은 나를 위해 죽으셨습니다. 나는 나의 마음으로 당신의 속삭임을 듣습니다. 아침이 다가오고, 그림자들은 사라집니다. 당신은 순수하고 보편적인 사랑이십니다. 당신의 이름과 본성은 사랑이십니다." 새 신자에게 다가오는 위대한 첫 진리입니다. 하나님의 사랑. 오, 얼마나 끝이 없고 얼마나 순수합니까? 내가 아는 한 가지는 하나님은 나를 사랑하시는 것입니다. 여러 가지 방법과 형태로 사랑이 나타나지만 항상 똑같고 복되며 거룩하고 순수한 사랑입니다. 죄책의식이 사라지고, 오랫동안 투쟁한 어두움의 세력들이 물러나고 빛이 다가올 때, 하나님은 사랑이시라는 복되고 달콤한 확증이 당신에게 다가왔습니다. …… 사랑이 지배하는 곳에서 우리도 사랑하게 됩니다. …… 이 하나님을 향한 사랑이 더욱 강하게, 더욱 강하게 자라납니다. 나는 하나님을 사랑할 수 있는 능력에 대하여 하나님께 감사드립니다. …… 예언도 폐하고, 방언도 사라지며, 지식도 없어지지만, 하나님과 인간 사이의 사랑만이 영원할 것입니다. 여기에 우리의 견고한 기초가 있습니다. 이것이 내가 아는 한 가지입니다. 나는 그 사랑의 실재를 압니다. 나는 그 사랑의 능력을 느낍니다. …… 나는 확신합니다.

43) Appenzeller, "Korea: the Field, Our Work and Our Opportunity", Sermons, # 155, 51.

> 죽음도, 생명도, 천사들도, 권력가들도, 권세들도, 현재 일이나 미래 일도, 높음이나 깊음도, 그 어떤 피조물도 주 예수 그리스도 안에 있는 하나님의 사랑에서 우리를 끊어놓을 수는 없습니다.[44]

그리고 웨슬리가 거듭난 성도들은 성화의 과정에서 믿음과 사랑과 함께 산 소망을 가지고 살아가게 됨을 주장하였듯이, 아펜젤러도 부활하신 그리스도 안에서 영생과 부활의 산 소망을 가지고 살아야 함을 강조한다.

역사자료 · 120

> 나는 베드로와 함께 외칩니다. "그의 풍성하신 자비로 그리스도의 부활과 함께 산 소망으로 우리를 낳으신 하나님 우리 주 예수 그리스도의 아버지는 복되시도다." …… 죄는 이 소망을 가져가 버렸습니다. 우리는 이 세상에서 소망을 상실하였습니다. 그러나 예수 그리스도를 죽은 자 가운데서 다시 살리신 산 소망으로 우리를 낳으셔서 하나님께 영광을 돌리게 하셨습니다.[45]

이 산 소망은 성결, 정결, 사랑, 지식, 지혜에 있어서 그리스도처럼 완전해지는 완전성화를 열망하며, 더 나아가 영화롭게 영화되어(glorification) 영광의 희망 속에서 안식하는 것으로 발전한다. 다시 말해서 우리 자신의 영원한 성장(our own eternal growth)을 열망하며, 그리스도

44) Appenzeller, "Experimental Religion", Sermons # 125, 134~135.

45) Appenzeller, "The Lord is Risen", 245.

와 더불어 상속자가 되는 것으로 기뻐하게 된다.[46)]

또한 아펜젤러는 웨슬리처럼 성도들이 하나님의 속성에 동참하는 완전성화를 강하게 확신하였다. 성도가 거듭나고, 의로워지며, 성화됨으로써 하나님의 성결의 동참자(partaker)와 동반자가 된다는 완전성화의 변화(impartation)를 굳게 믿는다:

역사자료 · 121

> 그들은 이제 '빛 속에서 성도들의 유산의 참여자들(partakers)이 되었고' 심판자의 말씀을 직접 듣습니다. '오라, 하나님의 축복이 있다. 태초부터 당신을 위해 준비된 왕국을 물려받아라.' '내게 주신 영광을 나도 그들에게 줍니다(요 17:22).' '그분(그리스도)과 함께 우리도 영화롭게 될 것입니다(롬 8:17).'[47)]

여기서 성화완성의 마지막은 영화임을 말한다. 결국 선재적 은총, 회개, 의인화, 거듭남, 성화, 완전, 영화의 구원의 순서를 강조하는 진정한 웨슬리안으로 아펜젤러는 그의 구원론을 정립하였다.

이 완전성화와 영화를 열망하는 현재적 성화의 과정에 이미 하나님 나라가 현존함을 아펜젤러는 덧붙여 강조한다. 이 점도 웨슬리의 천국 개념과 너무나 유사하다. 아펜젤러는 로마서 14장 17절을 해석하면서 의와 평화와 사랑이 현존하면 이미 천국이 우리 속에 내재하고 있음을 주장한다.

46) Appenzeller, "Adoption", Sermons # 274, 279~280.

47) Appenzeller, "Predestination", Sermons # 112, 46.

역사자료 · 122

하나님나라는 영적인 왕국입니다. 그 영적 왕국에서 그리스도는 그의 피조물의 마음과 감정을 통치하고 계십니다. …… 마음 안에, 우리 안에 그리스도는 그의 보좌를 세우시기를 원하십니다. …… 우리의 왕국은 우리 안에 있습니다. 그리스도는 그의 사랑으로 가득 찬 마음에 그의 왕국을 세우십니다. '오 능력의 성령이시여, 내 안에 오셔서 내주하십시오. 그리고 슬픔, 두려움, 죄에서 해방시키셔서 영광스러운 자유를 누리게 하옵소서.'[48]

웨슬리는 그의 설교 "영적 예배(Spiritual Worship)"에서 현재에 실현된 천국을 다음과 같이 강조한다:

역사자료 · 123

우리 마음에 아버지께서 그의 아들을 나타내시기를 기뻐하실 때, 성령의 역사를 통하여 예수를 주님으로 고백할 때 이미 영생은 시작한다. …… 영원한 행복은 시작된다. 영원한 행복은 나타난다. 영혼 속에 하늘이 열리고 하나님나라가 시작된다. …… 우리가 우리의 머리이신 그리스도에게까지 범사에 자라는 동안 내적인 하늘나라는 필연적으로 또한 증가한다.[49]

성령을 통해 그리스도가 우리 안에 거하시고 우리가 그리스도 안에

48) Appenzeller, "The Kingdom of God", Sermons # 141, 239.

49) "Scripture Worship", *Works*, Vol. Ⅵ, 430.

거할 때, 우리가 하나님의 사랑 안에 거하고 그가 우리 안에 거할 때 이미 하나님나라가 시작된 것이다.[50]

E. 아펜젤러의 사회적 성화와 문화적 성화 : 웨슬리와의 비교를 중심으로

1. 사회적 성화(social sanctification)

아펜젤러는 1896년 11월 21일 독립문 기공식에서 기도를 하였고, 1987년 8월 13일 독립협회 기원절 행사에서 "한국에 대한 외국인의 의무"란 제목으로 연설을 하기도 하였다. 1898년 11월 수구파의 탄압으로 수배를 받던 윤치호를 자기 집에서 보호해 주기도 하였다. 1897년 2월 6일 감옥에 있는 이승만을 도와주었다. 이승만, 서재필 등이 아펜젤러의 사랑과 전도로 기독교인이 되었다. 특히 이승만은 그의 일기에서 아펜젤러를 선생님으로 고백하였다. 1898년 서재필이 물러난 독립신문을 윤치호와 함께 편집하였다. 영어로 독립신문을 번역 출판한 것이다. 그리고 감리교선교부 출판국에서 독립신문을 인쇄하게 하였다. 이것 때문에 감리사 스크랜턴(William Scranton)이 강하게 반발하였다.[51] 그러나 그런 경고에도 불구하고 계속해서 아펜젤러는 독립운동가들을 보호하고 도와주었고, 감옥에 갇힌 이들이 풀려나는 데 도움을 주기도

---

50) "Scripture Worship", *Works*, 431.

51) Daniel M. Davis, "The Missionary Thought and Activity of Henry G. Appenzeller" (Madison, New Jersey: Drew University Ph.D. dissertation of Drew University, 1986), 192.

하였다.[52] 이것은 웨슬리적 사회성화의 신학적 영향이 표출된 것이라고 볼 수 있다.

그의 사회적 성화에 대한 관심은 독립협회와 관련된 언급에서 나타난다:

역사자료 · 124

> 한국의 독립협회 지도자들 대부분은 기독교학교와 교사들에 의해 양성된 사람들이라는 것을 상기시키고 싶습니다. 우리의 젊은이는 신들이나 양반을 두려워하지 않도록 신앙으로 의식화되었습니다. ······ 또한 이 나라의 총명한 소년들 중 일부는 우리 기독교학교의 학생들이며, 소녀를 위한 단 하나의 학교도 우리 기독교학교라는 사실에 주목하십시오. 가장 애국적인 시민들은 우리 기독교인들이란 중요한 사실을 잘 기억하십시오.[53]

감리교회정신으로 세운 배재학당과 이화학당이 가장 애국적인 시민들을 기르고 있고, 그들에 의해 나라의 독립과 발전이 이루어질 것이라는 사회적 성화의 희망을 보여 주었다. 하나님의 나라가 이 젊은 기독교인들에 의해 한반도에 확장되어 가기를 꿈꾸는 것이다. 아펜젤러가 오래 살았더라면 한국의 독립을 위해서 더 다양하고 적극적인 운동을 전개하였을 것이다.

이렇게 아펜젤러가 크리스천의 생활과 증거의 사회적 차원을 말하였을지라도, 사회복음(social gospel)운동 시대 이전에 살았기에 사회복음

52) Davis, 194.

53) Appenzeller, "Mission in Korea", Sermons # 153, 23. 성백걸, 130에서 재인용.

을 말하지는 않았다.[54] 미국에서 일어난 사회복음운동은 인간을 원죄를 갖고 태어난 죄인으로 보지 않고, 사회제도만 고치면 지상에 낙원이 이루어진다는 유토피아를 강조하였다. 그러나 아펜젤러는 철저히 죄인으로 인간을 이해하고, 그리스도의 속죄의 은총으로 죄 사함을 받아야 함을 강조하며, 지상의 천국만을 믿는 유토피아주의를 반대하였다.

바로 이 점에서도 웨슬리의 신학적 견해와 대동소이하다. 웨슬리는 인간이 철저히 하나님의 형상을 상실한 타락한 죄인임을 강조하고, 사회적 성화의 희년운동은 겨자씨 한 알같이 역사 속에서 자라 가지만 지상의 유토피아로만 끝나지 않고 초월적 내세적 하나님나라로 완성된다고 확신한다. 웨슬리나 아펜젤러나 사회봉사(social service)와 사회구조적 변혁(social transformation)을 강조하였지만, 지상의 유토피아를 믿는 사회복음이나 자유주의 신학적인 요소는 없다. 아펜젤러와 웨슬리의 공통점은 복음이 사회를 혁명화 하는 힘이 있음을 강조하고 사회적 성화운동을 통해 이를 몸소 보여 주었다는 것이다.[55] 웨슬리가 하나님께서 감리교도를 부르신 이유를 민족을 개혁하기 위함(to reform the nation)이라고 강조하였듯이, 아펜젤러도 감리교선교와 그리스도의 복음을 통하여 더 좋은 한국, 더 완전한 한국이 되기를 열망하였다.[56] 웨슬리가 사회적 성결(social holiness) 없는 성결을 모르고, 사회적 기독교 아닌 기독교를 모른다고 강조한 것은 아펜젤러의 다양한 사회적 성화운동에서도 나타난다.

웨슬리는 신앙의 본질(essence)은 내면적(inward)이지만 신앙의 증거

54) Poitras, 180.

55) Poitras, 181.

56) Poitras, 182.

(evidence)는 사회적(social)이라고 강조하였다. 사회적 성화 아닌 성화를 모르며, 사회적 종교 아닌 기독교를 모른다고 말하였다.[57] 그러므로 감리교회는 어떤 새로운 종파를 만들기 위해서 하나님의 부르심을 받은 것이 아니라 교회를 개혁하기 위해서(to reform the church), 민족을 개혁하기 위해서(to reform the nation)라고 힘주어 웨슬리는 강조한다. 교회개혁과 민족개혁이 감리교정신이다. 기독교를 은둔자의 종교, 기도하고 명상하는 종교로만 만드는 것은 기독교를 파괴하는 행위로 보았다. 그래서 웨슬리 신학자 아우틀러(Albert Outler)는 수직적이고, 내면적인 구원, 개인적 성화만을 강조하는 것은 불건전한 복음주의(Unhealthy Evangelism)고, 개인적 성화와 사회적 수평적 외향적 성화를 모두 강조하는 것이 건전한 복음주의(Healthy Evangelism)라고 해석하면서 웨슬리의 사상은 바로 건전한 복음주의라고 풀이한다.[58]

웨슬리의 개인적 성화는 성결적 요소(holistic factor)로서 히브리어 카도쉬(kadosh)와 희랍어 하기오스(aνιοσ)로 표현된다. 곧, 세속성과 죄악성에서의 분리(separation)와 성별을 뜻한다. 그것은 외적 행위 죄들(actual sins)뿐 아니라 내적 죄(inner sin)까지도 사함 받는 죄 없음(sinlessness)의 경지에 이르는 것이다. 둘째로 웨슬리의 사회적 성화는 성육신적 요소(incarnational factor)로서 세속성에서 분리된 성별의 힘으로 세속을 찾아가는 성육신의 참여, 곧 사랑의 적극적 행위를 실천하여 세상의 빛과 소

---

57) Works, Vol. XIV, 웨슬리는 산상수훈의 빛과 소금 구절을 강해할 때, "기독교는 기본적으로 사회적 종교다. 기독교를 고독한 종교로 바꾸는 것은 참으로 기독교를 파괴하는 것이다(Works, Vol. V, 296)"라고 하였다. 또 그는 감리교운동을 왜 시작하게 되었는지를 다음과 같이 말한다. "어떤 새로운 종파를 만들려는 것이 아니라, 민족을 개혁하는 것(to reform the nation), 특히 교회를 개혁하는 것, 그리고 온 땅에 성서적 성결을 널리 퍼트리는 것이다."(Works, Vol. VIII, 299)

58) Albert Outler, *Evangelism in Wesleyan Spirit* (Nashville: Tidings, 1971), 25.

금이 되는 것이다. 즉 성결은 소극적 성화의 방법이고 사랑은 적극적 성화의 방법이다. 행함이 없는 믿음은 죽은 것이요, 사랑의 에너지로 채워지는 믿음 – 사랑으로 역사하는 믿음 – 이 산 믿음이다.

2. 문화적 성화(cultural sanctification)

문화적 근대화를 위해 근대적인 과학교육을 통해 개화를 가속화시키려고 하였던 아펜젤러는 사회적 성화의 정신으로 한국의 독립운동을 적극 지원하였을 뿐 아니라, 한국이 서구문명을 받아들여 더욱 개화된 나라가 되기를 염원하는 마음으로 문화적 성화에도 크게 관심하였다. 사회적 성화가 사회적 정치적(socio-political) 차원을 말한다면, 문화적 성화란 사회 · 정치 · 경제 · 예술 · 문화를 모두 포함한 문화의 개화, 문명의 개화를 추구하는 차원을 말한다. 아펜젤러는 한국선교의 가장 근본적인 관심은 복음화(evangelization), 곧 복음선교를 통하여 한국을 구원하는 것이지만, 2차적 선교의 목적은 한국을 문화적으로 개화시키는 것이라고 생각하였다. 아펜젤러는 기독교신앙이 개인적 · 사회적 · 문화적 · 문명적인 영역에까지 모든 생활에 깊은 의미를 부여한다고 여러 저술과 설교에서 강조하였을 뿐 아니라, 다양하고 포괄적인 활동들을 통하여 문화적 성화를 성취하고자 하였다.[59]

아펜젤러는 의료사업, 교육사업 등 여러 형태의 문화사업을 통해 문화적 성화 성취를 열망하였다. 그가 배재학당을 시작하게 된 것도 이런 문화적 성화의 정신에서 비롯된 것이라고 볼 수 있다. 한국의 미래를 창조하는 개혁가들(renovators), 한국의 미래를 위한 국가고문들(future

59) Poitras, 174.

counsellors of State)이 많이 배출되기를 희망하였던 것이다.[60]

이것은 웨슬리가 킹스우드학교(Kingswood School)를 통하여 문화적 성화를 실현하려고 하였던 것과 같다. 특히 아이들을 세상사랑에서 하나님사랑으로 바꾸려면, 일반교육만으로는 부족하고 그들이 하나님에 의해 각성되는 기독교교육이 반드시 필요하다고 생각하였다. 그래서 1748년 킹스우드(Kingswood)에 학교를 세웠다. "새 집(New House)"이란 이름으로 설립되었는데, 1749년에는 두 개의 탁아소(day school), 소녀들을 위한 고아원도 세웠다. 이 학교의 목적은 하나님의 도움을 통한 지혜와 성결에 이르게 하고, 합리적 성서적인 크리스천이 되는 방법으로 훈련시키고자 함이었다. 기독교적인 영성수련을 통하여 많은 감리교 지도자들을 배출하였다. 좋은 교육은 좋은 기독교문화를 창출할 수 있다고 웨슬리는 생각하였다.[61]

물론 아펜젤러의 문화적 성화에는 미국을 문화적으로 우수한 나라라고 생각하여 미국식 문화를 심어 주려는 문화우월주의가 없었던 것은 아니지만, 식민지문화를 심으려는 의도는 없었기에 한국인들에게 기독교복음과 미국의 문화는 건전한 의미로 다가왔다. 일본의 식민지정책의 의도를 강하게 비판하면서, 미국의 문화는 한국을 식민지화하

60) Poitras, 180.

61) 웨슬리는 교육에 대한 관심이 컸는데, 특히 가난한 사람을 교육시키는 일에 크게 관심하였다. 성서, 이성, 경험에 비추어 볼 때 인간본성은 부패하고 악하기 때문에, 악한 의지가 선을 실천하기 위해서는 교육이 필요하다고 보았다. 1768년 기록에 따르면 자신이 평생 60년 이상을 4시에 기상하였듯이 학생들을 4시에 기상하고 1시간 동안 성경읽기, 노래하기, 명상하기, 기도하기를 훈련하며, 5시에 예배드리고, 6시에 노동과 아침식사를 하고, 7~11시에 공부하고, 11~12시에 걷기 혹은 노동을 하고, 12~1시에 점심식사와 노래 및 노동을 하고, 1~5시에 다시 공부하고, 5시에 개인기도를 드리고, 6시에 저녁식사, 걷기 혹은 운동을 하고, 7시에 저녁예배를 드리고, 8시에 취침하게 하였다. 그들의 교과내용은 읽기, 글짓기, 수학, 영어, 불어, 라틴어, 희랍어, 히브리어, 역사, 지리, 연대, 수사학, 논리학, 윤리, 물리, 음악 등이었다.

기보다 한국의 근대화 혹은 현대화에 크게 기여할 수 있다고 생각하였다.[62] 아펜젤러는 동양문화가 부모에게 만족하며 과거지향적인 문화라면, 서양문화는 결코 부모에게 만족하지 않고 미래지향적인 문화임을 지적하면서, 서양문화, 특히 미국문화를 세계화하는 것이 선교사들의 사명과 의무라고 생각하였다.[63]

이렇게 진정한 감리교신학의 전통에 섰던 선교사 아펜젤러가 좀 더 오래 살았더라면 한국감리교회가 웨슬리의 구원론을 좀 더 체계적으로 배우고 의식화할 수 있었을 것이다. 그리고 한국감리교회뿐만 아니라 한국교회 전체가 건전한 신앙을 계속 유지할 수 있었을 텐데 하는 아쉬움을 느낀다. 한 지도자가 역사 속에서 차지하는 비중이 얼마나 큰지 다시 한 번 실감하게 된다.

한국교회사를 지배해 온 신학이 웨슬리적 · 아펜젤러적 신학임에도 불구하고, 한국개신교는 한 마디로 신앙지상주의 혹은 신앙제일주의(solafideism)로 치달려 왔다. 루터의 '오직 믿음으로(sola fide)'의 위대한 프로테스탄트정신이 한국에서는 선행과 사랑을 배제한 율법폐기론적(antinomianism) 신앙지상주의로 변질된 것이다. 하나님과의 수직적 수동적 객관적 영성만을 강조하였기에 성수대교도 무너지고, 삼풍백화점도 무너지는 사회를 만드는 한국교회가 아니었던가?

신앙이 행함으로 이어지는 영성, "사랑으로 역사하는 믿음(갈 5장)"이나 "행함 있는 산 믿음(약 2장)"을 강조하는 영성이 부족하다. 그래서 신앙의 사회화, 신앙의 역사화, 신앙의 문화화가 이루어지지 못하였다. 건전한 기독교윤리와 건전한 기독교문화를 만들어 가는 한국교회로 거

62) Poitras, 179.

63) Poitras, 183.

듭나기 위해서는 아펜젤러의 가르침을 겸손하게 배워야 한다. 성화를 추구하는 한국교회가 될 때, 성숙한 교회의 모습을 보여 줄 수 있으며, 완전성화를 향하여 달려가는 한국교인이 될 때 성숙한 교인의 모습을 보여 줄 수 있을 것이다. 그리고 그것이 더 나아가 사회적 성화, 문화적 성화로 발전하여야 할 것이다. 한국교회 신학의 반석은 아펜젤러의 신학사상이다. 그 반석 위에 설 때만이 한국교회가 흔들리지 않고 아름답고 건전하게 발전하고 부흥할 것이다.

07
아펜젤러 이후의 미국감리교회

A. 역사적 도전과 감리교회의 응전기(1866~1913)

1. 역사적 상황

1865년 남북전쟁이 끝났을 때 미국인들은 나라의 미래에 관한 많은 문제들을 접하게 되었다. 어떻게 남부 주들이 다시 통일될 수 있을까? 지역감정이 치유될 수 있을까? 해방된 4백만 노예들의 사회적 위치는 어디인가? 전쟁으로 약화된 남부의 경제를 어떻게 회생시킬 것인가? 이런 저런 문제들이 국가재건 프로그램과 만나게 되었다. 19세기 미국인들의 전쟁 후의 역사재건은 그리 행복하지 않은 역사의 장으로 심판받았다. 1870년대 후반에 들어서면서 미국인들의 생활은 적개심과 사기와 오해와 분노로 가득 차게 되었다.

2. 감리교회의 재건

역사재건 기간에 미국감리교회의 중요한 관심 중 하나는 남감리교회의 재건이었다. 남감리교회의 교인은 1860년에 75만 명이었던 것이 1866년에는 50만 명으로 줄어들었다. 순회설교가들과 지역 설교가들의 수도 줄었다. 많은 남부교회들이 파괴되거나 심하게 훼손되었다. 많은 교회들은 그들의 지도력을 잃어버렸다. 출판과 교육과 선교활동은 의혹을 받게 되었고, 이것들의 회복에 심각한 질문이 제기되었다. 어떤 감리교도들은 북감리교회와의 합동을 원하였다. 그러나 그것이 실현될 수는 없었다. 미주리연회에서 1865년 파미라 선언(The Palmyra Manifesto)을 만들었는데, 거기서 남감리교회를 지속시킬 것을 선언하였다. 더욱이 1865년 남부감독들은 목회연설(a Pastoral Address)을 만들어서 남감리교회에 대한 충성을 선언하였고, 1866년 총회를 소집하였다. 거기서 출판과 교육과 선교프로그램을 재건하기 위한 기초를 세웠다. 1870년까지 남부교회는 생명력을 회복하였다. 남감리교회의 흑인교인들이 점차로 줄어들었기 때문에, 1870년 남감리교회 총회는 "The Colored Methodist Episcopal Church"형성을 결의하고, 모든 흑인교인들을 이명하도록 의도하였다. 아프리카감리교 감독교회(African Methodist Episcopal)와 아프리카감리교 감독시온교회(African Methodist Episcopal Zion)가 이미 남부에서 구성되었다. 1870년 12월에 "The Colored Methodist Episcopal Church"가 탄생하게 되었다. 마일스(William H. Miles)와 반더호스트(Richard H. Vanderhorst)가 감독으로 선출되었다. 그들이 남감리교회에 의해서 정식으로 취임되었다. 그 교파는 오늘날 크리스천감리교 감독교회(The Christian Methodist Episcopal Church)라고 알려져 있다. 전후 몇 십 년간 교회재건의 어려움에도 불구하고 남감리교회는 교인들이 점차 늘어 1860년부터 1920년까지 7만 5천 명에서 2백만 명 이상으로 증가하였다. 북감리교회는 1백만에서 4백만 이

상으로 증가하였다.[1)]

전쟁기간에 교회 안에는 신학적 구조적 불일치로 인한 논쟁이 계속되었다. 그 중 가장 심각하였던 논쟁은 웨슬리의 성결과 성화에 관한 교리였다. 존 웨슬리는 기독자의 완전을 강조함으로 성도들의 거룩한 삶의 중요성을 중요시하였다. 많은 감리교도들은 하나님의 은총과 능력 안에서 크리스천의 점진적인 성숙의 의미에서 크리스천 완전을 해석하였다. 하지만 다른 일부는 완전을 제1의 축복을 받은 거듭난 성도들에게 주어지는 제2의 축복으로 순간적으로 하나님께서 주시는 은사라고 보았다. 미국감리교회는 1870년과 1900년 사이에 완전교리 문제 때문에 양분되었다. 갑작스러운 제2의 축복을 좋아하였던 감리교도들은 미국 개신교도들 속에 성결운동(holiness movement)을 일으켰는데, 그들은 자신들의 신학잡지, 천막 집회와 조직화를 통하여 복음에 대한 이러한 해석을 강조함으로써 감리교회 안에서 강한 반발에 부딪히게 되었다. 19세기 말까지 감리교회가 성결에 대한 열정에 여전히 관심하지 않자 성결론을 강하게 주장하는 많은 무리가 감리교회와의 관계를 끊고 나사렛교회(the Church of Nazarene)와 필그림성결교회(the Pilgrim Holiness Church) 등 새 교회 그룹을 만드는 데 참여하였다.[2)]

또 하나의 중요한 신학적 논쟁 이슈는 신학적 자유주의였다. 다윈의 진화론이 이 논쟁의 핵심 이슈였다. 또한 성서본문의 정확성과 저자와 연대에 대한 지금까지의 결론에 문제를 제기하면서, 성서를 비판하는 과학적 방법도 문제 중 하나였다. 그리고 하나님의 초월성이나 심판보다는 그분의 내재성이나 사랑에 대한 진보적 강조도 토론되었

1) McEllhenney and Rowe, 75.

2) McEllhenney and Rowe, 78.

다. 뿐만 아니라 예수의 신성보다 그의 인성을 중요시하는 해석도 문제가 되었다.

이 시기에는 평신도들의 참여가 크게 증가하였다. 1830년부터 연회와 총회에 평신도대표를 참석시키기로 하였다. 1910년부터는 평신도도 투표권을 행사할 수 있게 되었다. 성직자와 평신도의 수를 동수로 하였다. 평신도는 전국적인 수준과 지역적인 수준에서 그들의 직업과 개체교회에서 지도력을 발휘하였다. 그리고 여성도 교회생활의 주류에 참여하였다. 여성도 개체교회와 연회에서 평신도직책을 맡았고, 뉴욕 시에서 개최된 1888년 북감리교회의 총회에 크리스천여성절제연합회(Women's Christian Temperance Union)의 지도자 프랜시스 윌리어드(Frances E. Williard)를 비롯하여 다섯 명의 여성대표가 참여하였다. 그러나 여성도 남성처럼 정회원이 되는 것은 신학적으로나 헌법적으로나 사회적 이유로 거절당하였다.

그래서 1904년에서야 비로소 여성이 정회원이 되었다. 또한 여성이 설교가로 안수 받는 것이나 설교가 자격증을 취득하는 것이 문제가 되었다. 여성은 선교사나 집사로 교회를 섬길 수 있다. 그러나 그들도 안수 받을 수 있고 설교가로 자격증을 얻을 수 있는지에 대해서는 문제를 제기하였다. 결국 남북감리교회가 모두 여성안수를 거절하였다. 그 후 남북이 합쳐지는 1939년에 이르러서야 여성안수를 허용하였다. 그러나 감리교프로테스탄트교회(the Methodist Protestant Church)는 1880년 뉴욕연회에서 여성목사 안수를 안나 하워드 쇼(Anna Howard Shaw)에게 베풀었다.

B. 미국감리교회의 신학적 성숙기(1914~1939)

1. 역사적 상황

1917년 제1차 세계대전에 미국이 국제평화를 위해 개입하게 되었다. 퀘이커를 위시한 평화주의자들은 전쟁참여를 반대하였으나, 감리교회는 우드로 윌슨(Woodrow Wilson)의 전쟁참여정책을 애국심으로 지지하였다. 감리교회출판부는 퀘이커를 비롯한 평화주의자들을 공격하였다. 20세기의 첫 50년 동안 감리교회는 내면적 경건의 개인윤리를 계속 강조하였다. 모든 알코올성 음료 마시는 것을 금하였고, 절제운동이 모든 교회 회중과 주일학교에 뿌리내리게 되었다. 절제운동을 위해 헌금을 약정하는 절제주일이 연중행사가 되었다. 1880년 이래로 포도 주스를 성만찬예식을 위해 사용하게 하였다. 모든 종류의 절제문학이 권장되고 출판되었다. 20세기 초반 몇몇 총회의 선포에 따라 감리교회는 국가기관을 통하여 도덕개혁을 성취하려는 그들의 의도를 선언하였다. 1920년에서 1933년 사이에 알코올금지 법안을 통과시키려 하였다. 그리고 1928년 대통령 선거에서 로마가톨릭 후보 알 스미스(Al Smith)를 반대하였다. 그가 가톨릭 신자라는 것 때문이 아니라 그가 알코올을 즐긴다는 이유에서였다. 1928년에는 감리교도들이 승리하였으나 1933년에는 패배하게 되었다. 그러나 알코올주의와의 투쟁은 그 후로도 계속되었다.

2. 미국감리교회 신학의 변화

1890년경 진보적 개신교신학운동이 신학을 현대화하였다. 복음주의

신학의 옛 패턴이 18세기에서 계승되어 1930년까지 지배하였다. 1920년대에 들어서면서 보수와 진보 사이의 논쟁은 치열하였다. 보수주의자들은 진보주의자들을 신앙의 파괴분자로 생각하였다. 그러나 진보주의자들은 스스로를 신앙 본질의 구세주들로 생각하였다. 전통적 복음주의는 예수 그리스도의 복음, 개인구원, 그리고 하나님나라에 대한 기다림을 계속 강조하였다. 그러나 진보주의자들은 그리스도를 속죄주로 믿기보다는 선생이라고 부르기를 좋아하였다. 또한 보수주의자들은 순간적 구원의 경험을 강조하지만, 진보주의자들은 크리스천 성장의 점진적 성격을 정상적인 패턴으로 생각하였다. 진보주의자들은 저 세상에 대한 복음주의적 관심을 이 세상적인 것으로 바꾸고, 하나님나라를 이 세상에서 실현하려고 하며, 천국건설에 인간적인 책임을 더욱 강조하였다. 이것은 웨슬리의 사상에서 더 과격하게 벗어나는 해석학적 변화라고 볼 수 있다. 웨슬리는 인간의 죄악성을 강조하는 인간본성의 비관주의(pessimism of human nature)에 기초한 은총의 낙관주의(optimism of grace)를 주장한 반면에, 진보주의자들은 하나님을 떠나서 인간 자신이 해야 할 의무를 강조하는 인간본성의 낙관주의(optimism of human nature)에 근거하여 성령을 통하여 인간 안에서 행하시는 은총의 낙관주의(optimism of grace)를 강조하려고 하였다.

3. 미국감리교회의 합동

남북감리교회는 합동을 위해 거친 장애물들을 헤치고 많은 노력을 기울였다. 상대방의 총회에 대표들을 파견하고, 함께 해외선교사를 파송하기도 하며, 합동을 위해 연방교회회의(the Federal Council of Churches)

같은 기구를 만들기도 하였다. 또한 두 교회는 공동의 찬양과 공동의 기도를 드리기 위해 공동예배서와 공동예식서를 만들어 1905년과 1935년에 각각 출판하였다.

합동을 열정적으로 말하기 시작하던 1916년에 남감리교회에는 흑인교인들이 없었다. 반면 북감리교회에는 25만 명이나 있었다. 당연히 1924년에 합동을 위한 계획을 추진하였으나 흑인목사와 흑인교인에 대한 서로의 견해가 너무나 달랐고, 지역회(jurisdiction)에 대한 견해, 감독의 직책에 대한 견해, 총회의 권위에 대한 견해에서도 일치를 이루지 못해 실패로 돌아갔다. 미국 전역을 6개 행정지역회, 1개의 종족지역회로 나누고자 하였는데, 여기서 종족지역회란 흑인지역회를 말하였다. 몇몇 감리교개신교회(the Methodist Protestant Church) 지도자들이 세 감리교단의 합동을 열망하는 신선한 제안을 하여 1935년에 합동위원회가 가동되었다. 북감리교회가 지역회를 분할하는 계획안에 대하여 가장 많이 논쟁하고 흑인들이 강하게 반발하였으나 결국 1938년 남감리교회가 합동계획안을 수용하고 북감리교회도 이에 침묵함으로써 인준하는 분위기를 만들어, 마침내 전체 감리교회가 합의하게 되었다.

드디어 1939년 4월 26일부터 5월 10일까지 개최된 캔자스시티총회에서 세 감리교단, 곧 북감리교회(the Methodist Church)와 남감리교회(the Methodist Episcopal Church, South)와 감리교개신교회(the Methodist Protestant)가 합동을 하기에 이르렀다. 그리고 그 이름을 "The Methodist Church"라고 하였다. 남부 소수그룹이 반대하였고, 북감리교회의 진보파나 흑인감리교도들의 불만은 여전히 남아 있었다. 합동 당시의 북감리교회 교인수가 4,684,444명이었고, 남감리교회 교인수가 2,847,351명, 감리교프로테스탄트교회가 197,996명이었다.

C. 사회적 성화운동기(1940~1968)

1. 역사적 상황

1930년대 미국의 경제공황으로 은행들이 문을 닫고 노동자들의 권익이 무시되고 실업이 폭증하는 등 경제적인 혼란에 빠지게 되자 교회는 서서히 사회참여에 관심하고 사회복음(social gospel)을 발전시켜 가게 되었다. 구원의 확신을 경험한 크리스천은 내면적 인격적 성화(personal sanctification)를 이루어 가는 동시에, 사회적 성화(social sanctification)도 이루어 가야 함을 강조하기 시작하였다. 감리교회는 사회신경(Social Creed)을 통하여 사회문제에 더욱 관심하게 되었다. 남부지역보다도 동북부지역에서 사회적 성화운동이 강하게 일어났다. 또한 제2차 세계대전을 맞이하면서 교회는 제1차 세계대전 때처럼 경건과 애국심 사이에서 갈등을 일으키게 되었다. 신앙적 경건훈련은 애국심으로 형성된 도덕적 열정과 싸울 수밖에 없었다.

2. 사회적 성화운동

1) 사회신경(Social Creed)

1908년 북감리교회 총회에서 사회신경을 만들면서 사회참여가 본격적으로 논의되었다. 사회신경은 삶의 모든 영역에서 모든 사람에게 동등한 권리와 정의가 실현되어야 함을 주장하였다. 그리스도의 마음과 황금률을 사회의 최고 법으로, 그리고 사회적 질병을 위한 확실한 치유의 원리로 인식하였다. 1914년 남감리교회가, 1916년 감리교개신교회가 이 사회신경을 채택하였다.[3] 이들은 사회신경을 통해 아동노동 폐지, 여성노동 보호, 노동시간 단축(6일 노동에 하루 8시간 노동), 생계를 유지할 수 있는 인건비 보장, 사회보장(social security), 노동조합의 합법화, 보험 보장, 은퇴 보장 등을 주장하였다.

20세기에 들어오면서 감리교회 총회는 매년 사회문제에 많은 관심을 표명하였다. 산업화의 도전을 받으면서 경제적 협력구조 형성과 정의로운 경제체제 구성에 관심하게 되었다. 군사주의문제, 종족문제, 인구문제, 절제운동에 정치적 행동과 참여를 보였다. 1907년 사회봉사를 위한 감리교연방조직인 "Methodist Federation for Social Service"를 조직하였다. 1913년 10월 28일부터 31일까지 인디애나 주 인디애나폴리스에서 개최된 남선교회전국연합회 창립총회에서 사회복음을 전적으로 지지하였다. 감독으로는 웰치(Welch), 블레이크(Blake), 맥코넬(McConnell) 등이 사회참여에 적극적이었고, 사회적 성화운동을 신학적으로 전개하는 일에 앞장선 신학교수들은 롤(Harris Franklin Rall), 하크니스(Georgia Harkness) 등이었다.

2) 평화주의와 참전문제

제2차 세계대전이 발발하기 전에 감리교회는 1939년 합동선언에서 전쟁에 반대하는 입장을 표명하였다. 그러나 전쟁이 시작된 지 2년 반이 지난 다음에 열린 1944년, 합동 이후 제2차 총회에서 이 문제를 심각하게 토론하고 결국 표결하기에 이르렀다. 티틀(Ernest F. Tittle)은 1939년의 평화주의적 입장을 재확인하는 주장을 하였고, 팔린(Charles C. Parlin)은

3) Norwood, 391~392.

승리를 위해, 그리고 사병들을 위해 기도해야 함을 주장하였다. 교역자들의 투표결과는 참전 170 대 참전반대 169였고, 평신도들의 투표결과는 참전 203 대 참전반대 131이었다. 감독들과 정치가들의 대화가 워싱턴에서 개최되었고, 1945년 샌프란시스코 유엔총회 때 미국개신교도들이 시위를 벌였다. 그리하여 1945년 미국의 도덕적 정치적 목소리는 옥스남 감독(Bishop G. Bromley Oxnam)이 이끄는 감리교도들의 운동에 의하여 형성되었다.

3) 종족주의문제

감리교회는 교회 안팎의 종족주의적 장벽을 허물기 위한 투쟁에 참여하였다. 1950년부터 흑인으로만 구성된 중앙지역회(Central Jurisdiction)를 폐기하기 위한 노력을 기울였다. 1954년 대법원이 모든 학교를 흑인에게도 개방해야 함을 결정함으로써 종족주의를 타파하는 운동이 감리교회 안에 가속화되었다. 1956년 총회에서는 종족주의 문제에 관련해서 4천 건 이상의 청원서가 있었다. 총회는 종족차별과 강요된 종족구분제도를 정죄하는 결의문을 통과시켰다. 다시 말해서 흑인개체교회들과 흑인연회들이 그들이 속한 지역의 백인지역회(the white jurisdiction)로 전입하도록 법제화한 것이다. 그러나 8년 동안 몇몇 연회와 개체교회들만이 전입하고, 1964년까지 17개 흑인연회는 그대로 남아 있었다. 이들은 양쪽에서 모두 공격을 받았다. 쓰라리고 긴 토론 끝에 마침내 1964년 총회가 중앙지역회(Central Jurisdiction)를 없애는 두 번째 결단을 내리게 되었다. 1967년 9월까지 모든 흑인연회가 그들이 속한 지역회(Jurisdiction)로 의무적으로 전입하게 결정한 것이다. 일 년 안에 모든 연회가 그들이 지역적으로 소속된 지역회로 전입하였으나, 남부지역 흑인연회들은 지역회에 전입하지 않았다.

4) 성차별문제

1930년경 합동에 대하여 논의를 시작할 때부터 여성목사 안수는 총회 때마다 이슈가 되었다. 1939년 합동연회에서 결의하지 못하고 1956년에 가서야 여성목사 안수를 제도화하였다. 그러나 1970년에 들어가서야 본격적으로 여성들이 안수를 받게 되었다.

5) 노동과 경제문제

1900년 국제여성피복노조를 결성하여 일주일에 여성과 소녀들이 70시간 노동을 강요당하는 것에 항의하기 시작하였다. 또한 아동들이 위험한 노동에 투입되고, 노동자들이 이유 없이 짧은 시간에 경고를 받고 해직당하는 일에 거세게 반발하였다. 노조화운동을 정부와 고용주는 반대하였다. 교회들이 중산층과 가까워지는 대신 노동자 계급과 멀어지고, 개체교회 지도력은 경영주 그룹이 가지게 되었다. 그래서 교회는 중산층과 노동자층의 양극화를 만들었다. 이에 의식 있는 교회들은 노동자를 위한 센터를 만드는가 하면, 어떤 교회는 산업노동자를 지배하기도 하였다. 1919년 철강파업이 일어났다. 맥코넬(McConnell) 감독이 그 원인을 조사하는 중에 새로운 눈을 뜨면서 노동계층을 위해서 일하는 영웅이 되었다. 또한 1930년대 경제공황 시대의 가난의 원인은 노동자들의 실수가 아니라 경제체제의 근본문제임을 감리교회가 발견하게 되었다. 그래서 감리교도들은 크리스천사회행동운동(the Christian Social Action Movement), 화해를 위한 친교(the Fellowship for Reconciliation), 산업민주주의를 위한 연대(the League for Industrial Democracy) 등 제반 경제개혁운동에 적극 참여하였다. 뉴딜정책이 감리교회 사회신경의 원리와 상통하는 부분이 많았다. 1932년 총회는 산업과 농업과 종족문제에 대한 입장을 표명하였다. 기독교신앙은 개인구원뿐 아니라 사회구원을 위한 복음을 포함하고 있음이 일반화되었다.

6) 절제운동

사회복음과 절제운동은 같은 맥락에서 전개되었다. 절제운동은 크리스천의 사회문제 개입의 중요한 부분을 차지하였다. 1908년 총회는 "감리교회는 절제운동회다"라고 선언하였다. 헌법에 금주조항을 넣으려고 하였지만 성공하지 못하였다. 철저한 금주운동가들과 온건한 사람들 사이의 견해 차이 때문이었다. 대통령 선거에서 스미스(Alfred E. Smith)라는 가톨릭후보를 반대하는 운동을 전개하였는데, 그가 가톨릭 신자라는 이유에서가 아니라 술주정뱅이라는 이유에서 반대하였다. 1928년 총회 연설에서 감독은 "미국이 칵테일을 즐기는 대통령을 선출할 것인가?" 라고 연설하였다.[4] 감리교회는 계속해서 알코올주의에 대항하는 투쟁을 전개하였다.

3. The Evangelical United Brethren Church와의 합동

1968년에는 감리교회(the Methodist Church)와 복음주의연합형제교회(the Evangelical United Brethren Church, EUB)가 합동하여 "연합감리교회(The United Methodist Church)"를 만들었다. 1956년부터 복음주의연합형제교회와 감리교회는 대화를 하였다. 이 대화 이전에 애즈베리와 복음주의

4) Norwood, 398.

연합형제교회의 창시자 오토바인(Ottobein)과 보엠(Boehm)이 여러 차례 대화를 나누기도 하였다. 1958년 3월 6일부터 7일까지 합동위원회가 신시내티에서 첫모임을 가졌다. 1958년 EUB총회에서, 1960년 감리교회 총회에서 각각 논의하여 성공회(Episcopal Church)와는 합동을 추진하지 않고 경건주의전통을 가진 교회끼리 합동을 추진하기로 하였다. 교단의 크기가 문제가 되었다. EUB의 성도가 80만 명이고, 감리교회는 1천만 명이었다. 흡수통합에 대한 우려의 소리가 나왔다. 또한 감독체제에 문제가 있었다. 감리교회는 종신감독제요, EUB는 4년 감독제기 때문이었다. 그리고 감리사의 위치도 문제였다. 당시 감리교회의 감리사는 6년 임기에 감독이 임명하였고, EUB는 4년 임기에 연회에서 선출하였다. 신학적 차이가 또한 문제시되었다. 그러나 그 모든 문제를 타협과 대화로 극복하고 1968년 4월 23일 댈러스에서 "연합감리교회(The United Methodist Church)"라는 이름으로 합동하기에 이르렀다. 양쪽 감독 밀러(Reuben H. Miller)와 위키(Lloyd C. Wicke)가 합동을 표현하는 악수를 나누었고, 그 후 모든 감리교회 성도와 EUB 성도들을 대표하는 대표들이 악수하였다. 감리교회 성도는 10,289,000명이었고, EUB 성도는 738,000명이었다.[5] 결국 미연합감리교회는 미국개신교회 중 남침례교회 다음가는 큰 교단이 되었고, 14개국에 28개 해외연회가 있는 대교회가 되었다. 또한 신학적 다양성을 지니면서도 에큐메니컬하게 연대하며 미국교회와 사회를 이끌어 가는 교회가 되었다.

5) Norwood, 429.

• 나오는 말 •

영국과 미국 감리교회사의 역사적 의미

감리교회의 근본 정체성은 성경적 성결(scriptural holiness)을 지향하는 영성으로 감정주의, 신비주의, 금욕주의, 열광주의, 그리고 복음주의가 감리교회의 스타일로 자리 잡았다. 감리교회운동은 동시에 사회적 성결운동(social holiness)으로 노예제도. 부에 기반을 둔 만족감, 그리고 남성 중심의 문화를 깨트리며 발전하여 갔던 것이다.[1]

감리교회신학은 칼빈주의자, 만인구원론자, 천년왕국주의자의 현장에서 그들과 구별된 신학을 주도적으로 창출하면서 교회를 영적으로 부흥시켰다. 감리교회는 사랑과 정의를 지키고, 은총을 강조하면서도 인간의 책임과 선택을 강조하며, 만인구원을 거부하되 만인속죄를 인정하는 것이다. 그리고 인간의 타락을 인정하지만, 또한 은총의 낙관주의에 근거하여 완전성화의 가능성을 믿는 것이다.[2]

영국과 미국 감리교회사의 회고와 전망을 다음 여덟 가지 차원에서 요약 정리할 수 있다.

첫째로, 영국과 미국 감리교회사의 중요한 특징은 성화(sanctification)

1) 헴튼, 132.

2) 헴튼, 134.

혹은 경건(piety)이다. 존 웨슬리와 찰스 웨슬리가 영국에서 강조하였고 조지아에 가져왔던 종교의 첫째 특징은 성화와 경건의 삶이었다. 웨슬리는 경건이 마음을 다해 하나님을 사랑하고 이웃을 자신의 몸과 같이 섬기는 것임을 강조하였다. 그는 영적 평화가 부지런한 성결추구에서 오지 않고 하나님의 자유롭고 측량할 수 없는 사랑에 대한 겸손한 응답에서 오는 것임을 회심경험을 통하여 깨달은 후에도 성화의 과정에서 경건의 필요성을 부인하지 않았다. 그리고 그러한 경건과 성화 추구는 완전성화로 나아가는 열심으로 발전하였다. 이러한 성화와 완전의 교리는 미국감리교 신학의 특징으로도 강하게 자리매김하여 왔다고 볼 수 있다. 그것이 영국과 미국 감리교회사에 이어져 왔음을 지금까지 고찰하여 보았다. 웨슬리가 조지아에 온 것은 자기 자신이 성결의 삶을 통하여 구원의 확신을 얻고, 성결의 삶을 추구하는 일을 격려하기 위함이었다. 1760년대에 미국에 이민 온 토마스 웹(Captain Thomas Webb)도 신앙의인화만으로는 부분적인 크리스천밖에 될 수 없고, 의인화에서 성화로 발전하여야 한다고 주장하였다. 1세기 후에 영국과 미국에서 감리교도들은 경건과 성화의 삶으로 가장 존경받게 되었고, 완전에 관한 웨슬리의 가르침은 중요한 진리가 되었다.[3] 2세기가 지난 지금에도 미국감리교회의 가장 중요한 교리는 성화론이다.

둘째로, 영국과 미국 감리교회사의 중요한 특징은 전도(evangelism)다. 웨슬리가 처음 미국선교를 시작한 것도 아메리칸 인디언들을 회심시키기 위함이었다. 웨슬리 자신조차 회심하지 못하였다고 탄식하기도 하였지만, 그럼에도 그는 인디언들을 회심시키기를 간절히 열망하였다.

3) Frank Baker, "American Methodism: Beginnings and Ends", *Methodist History*, Vol. 6-3-3, 3~5.

하지만 그는 모라비안들을 만나면서 더욱 좋은 길을 발견하였다. 더욱 풍성한 복음설교를 하게 되었고, 측량할 수 없는 영적 자원을 풍성하게 갖게 되었으며, 이상하게 뜨거워진 마음으로 복음에 대한 새로운 차원으로 영력을 지닌 복음전도자가 되었다. 이러한 뜨거운 복음전도의 정신은 미국감리교회의 위대한 정신이 되었다. 각 시대가 서로 다른 형태의 전도방법을 요구할지라도 변함없는 감리교 전도정신으로 자리매김한 것은 십자가 복음으로 뜨겁게 거듭남을 체험하는 복음전도였다. 초기 미국감리교회 설교가들은 열렬한 복음전도자들이었다. 역사가 발전하면서 그 열정이 식어지기는 하였지만, 그럼에도 미국감리교회 성도들의 열망은 복음전도의 열심을 새롭게 회복하는 것이었다.[4)]

셋째로, 영국과 미국 감리교회사의 또 하나의 특징은 뜨거운 예배다. 영국과 미국 감리교회는 웨슬리 시대부터 예배혁명을 일으켜 왔다. 옥스퍼드에서 조지아에 이르기까지 성례전적 예배, 체험적 찬송 부르기, 즉흥적 대표기도, 즉흥적 설교, 애찬회 등 새로운 예배전통이 계속 이어져 왔다. 감독체제와 성례전적 의식에서는 고교회(high church)적 요소가 강조되었지만, 예배에서는 차가운 고교회적 의식과는 전혀 다른 저교회(low church)적 뜨거운 마음의 예배가 중요시되었다. 그리고 가톨릭 사제 오스틴(John Austin)에서 청교도 작사자 와츠(Isaac Watts)에 이르기까지 에큐메니컬적으로 찬송을 모아서 시편과 찬송모음집을 만들어 출판하였다. 영국감리교회처럼 미국감리교회도 찬송으로 태어나 찬송으로 발전하여 온 교회라고 할 수 있다.[5)]

넷째로, 영국과 미국 감리교회사의 특징은 친교라고 할 수 있다. 웨

4) Frank Baker, 6~7.

5) Frank Baker, 7~9.

슬리가 미국감리교회에 심은 또 하나의 중요한 요소를 찾는다면, 친교를 들 수 있다. 1729년 11월의 신성클럽(Holy Club)이나, 1736년 4월의 미국 사바나의 모임이나, 1738년 5월의 런던모임이 모두 교회(church)의 성격이 아니라 영적 친교의 신도회(society)의 성격이었다. 자유롭게 대화를 나누고, 기도와 찬양으로 시작과 끝을 삼고, 신앙 안에서 서로를 세워 주고 서로 가르치고 권면하고 꾸짖기 위해 일주일에 한두 번씩 모여서 영적 친교를 실천하는 모임이었다. 이것은 예배와 같은 종교적 의무를 띤 모임이 아니라 자발적이고 특수한 친교모임이었다. 영국감리교회에서나 미국감리교회에서나 서로의 영적 성장을 책임지는 영적 책임의식(accountability)에 근거한 친교는 영적 성장을 위해 가장 소중하게 인식되었다.

이로 인해 사회성이 강하게 강조되고 친근하고 가정적인 분위기가 형성되었다. 그러나 미국에서는 영국처럼 밴드(band)나 속회(class)가 모두 살아난 것이 아니라 속회만이 활성화되었다. 하지만 속회도 점차 사라지고 어른주일학교(adult Sunday school)로 바뀌면서 영적 나눔보다 가르침이 더욱 강조되었다.[6]

다섯째로, 영국과 미국 감리교회사의 특징은 훈련(discipline)이다. 웨슬리는 규칙쟁이였기에 영적 훈련을 통해 사람이 하나님의 구원의 길에 거할 수 있다고 생각하였다. 웨슬리는 신성클럽에서도 사바나에서도 엄격한 규칙에 따라 목회하였다. 1743년에 감리교도를 위한 일반적인 규칙(General Rules)을 만들었는데, 이를 30번이나 개정하였다. 이 규칙이 나중에는 미국감리교회의 행정적인 핸드북 역할을 하게 되어 장

---

6) Frank Baker, 8~10.

정(Discipline)이란 이름으로 발전하였다. 그리스도의 선한 군병으로 어려움을 견디려면 철저한 영성훈련이 필요하였다.[7]

여섯째로, 영국과 미국 감리교회사의 특징은 평신도 지도력(lay leadership)이다. 영국과 미국 감리교회의 역사는 헌신적인 평신도들의 수고로 점철되었다. 영국감리교회가 부흥 발전하게 된 것은 평신도 설교가들을 중심으로 평신도 지도력을 키워 주었기 때문이었다. 특히 사라 크로스비, 메리 플레처, 사라 말렛 등의 여성 설교가들이 임명된 것은 감리교회를 민주적 교회로 성장시킨 중요한 요소가 되었다. 미국감리교회도 역시 평신도 지도력 때문에 발전하였다. 1766년에 아일랜드에서 이민 온 농부가 메릴랜드에서 감리교회를 위해 통나무집을 짓고 속회모임을 조직하였고, 델라웨어와 버지니아와 펜실베이니아 등에서 설교하였다. 그는 세례와 성만찬 집례까지도 하였다. 아일랜드 출신 목수는 뉴욕에서 설교를 시작하여 감리교신도회를 조직하였다. 조지 휫필드에 의해 회심한 두 사람, 구두수선공과 청량음료판매원은 필라델피아에서 감리교 속회모임을 만들었다. 선장 토마스 웹(Captain Thomas Webb)은 뉴저지, 뉴욕, 필라델피아, 볼티모어 등에서 복음전도에 앞장선 개척자로서 감리교회를 발전시킨 중요한 지도자가 되었다.[8] 에큐메니컬운동의 지도자로서 세계교회협의회(WCC)를 탄생시킨 존 모트(John Raleigh Mott)는 세계적으로 이름이 알려진 감리교 평신도 지도자였다.

일곱째로, 영국과 미국 감리교회사의 가장 중요한 특징 중 하나는 사회봉사(community service)였다. 영국감리교회 속장들과 평신도 설교가들을 중심으로 산업노동조합, 광부노동조합, 농민노동조합 등을 조직하

7) Frank Baker, 10~11.

8) Frank Baker, 13.

게 되었다. 노예제도를 반대하는 논문까지 쓰면서 웨슬리는 흑인노예제도를 공격하였다. 교도소제도 개혁과 킹스우드학교 설립 등 다양한 사회봉사운동을 전개하였다. 웨슬리는 미국에서 선교활동을 하면서 조지아에서 의사 역할도 하였다. 당시 유일하게 교육받은 사람이었던 웨슬리는 의학서적을 연구하고 병을 고치는 식민지 지역의 선교사로서 그 역할을 감당하지 않을 수 없었다. 그의 의학서적 연구와 실제적인 치료경험을 살려서 쓴 것이 그 유명한 《원시의학(*Primitive Physic*)》이다. 이것은 필라델피아에서 1764년에 다시 출판되었다. 그리고 웨슬리는 사바나선교 시절에 어린이들을 위한 학교를 설립하였다. 이것은 영국에 킹스우드학교를 설립한 것보다 훨씬 먼저 있었던 일이다. 어빙돈에 대학을 세우고, 1787년 콕과 애즈베리에 의해 콕스베리대학을 메릴랜드에 설립하고, 수많은 학교들을 세우는 놀라운 교육프로그램을 만들었다. 웨슬리는 또한 사바나에서 사회개혁프로그램을 발전시켰다. 그는 끊임없이 부도덕과 술 취함과 노예제도를 공격하였다.[9] 미국감리교회는 이러한 웨슬리의 사회봉사와 사회개혁의 정신을 따라 노예제도 반대운동, 술과 담배 금지와 절제운동, 영성해방운동, 부의 분배와 나눔운동, 다양한 불의와 부조리의 구조를 개혁시키는 운동에 앞장서는 교회로 발전하게 되었다.

여덟째로, 영국과 미국 감리교회사의 마지막 특징은 에큐메니컬정신이다. 영국감리교회는 항상 영국성공회에 남아 있기를 희망하였다. 웨슬리는 "에큐메니컬정신(Catholic Spirit)"이란 설교까지 써 가면서 화해를 시도하였다. 그리고 웨슬리신학은 동방교회전통, 서방교회전통, 루

---

9) Norwood, 13~14.

터적 전통, 칼빈적 청교도적 전통, 영국성공회적 전통 등 다양한 전통들을 에큐메니컬적으로 종합한 신학이었다. 미국감리교회도 흑인노예제도 문제로 남북감리교회로 나뉘었으나 다시 합동의 역사를 창출하였고, 개혁교회전통과 루터교회전통을 지닌 형제교회(EUB)와 연합하기도 하였고, 세계교회협의회를 통하여 다양한 에큐메니컬 선교와 사회봉사사업에 앞장서 왔다.

반면 영국과 미국 감리교회사의 차이점은 회장제와 감독제라고 볼 수 있다. 영국은 웨슬리에 의해 임명된 100명의 대표들이 회장을 선출하여, 그를 영국감리교회를 이끌어 가는 대표라고 생각하였다. 영국성공회와 같은 감독체제가 없었기에 영국감리교회가 영국 땅에서 살아남는 교회가 될 수 있었다. 그러나 미국감리교회에는 감독체제가 생겼는데, 이는 프랜시스 애즈베리가 자신을 감독이라고 부르면서 시작되었다. 그는 웨슬리에 의해 감리사로 안수 받은 토마스 콕이 준회원, 정회원, 감리사로 안수한 사람이었다. 웨슬리는 처음에는 애즈베리에게 섭섭한 마음을 표현하였지만, 점차 미국의 상황을 현실로 받아들였다. 미국감리교회는 감독체제로 인하여 미국 땅에서 더욱 조직적이고 체계적인 연대구조(connectional system)를 형성하고 발전하는 교회가 될 수 있었다.

미국감리교회는 영국감리교회의 영성과 신학을 영국성공회적 감독체제의 구조를 받아들여 새롭게 발전시킨 것이다. 그러나 미국감리교회가 일상적으로 쓰는 영적인 언어들은 영국감리교회보다 훨씬 경건한 성격을 띠고 있다. 영국감리교회는 유럽에서 절대적인 영향을 미친 로마 가톨릭교회와 당시의 프로테스탄트의 불완전한 토양의 어두운 그늘에서 성장하였으나, 미국감리교회는 그런 종교적 기득권에 대한 부담 없이 자유롭게 미국 전역에 퍼져갈 수 있었다. 미국감리교회는 원천인 영국감리교회와 그 교회 의식적 경험적 면에서, 전파된 메시지가 비슷하다고 볼 수 있으나, 문화적, 지역적 상황에 맞게 다양한 시청각 접근을 하였다고 볼 수 있다. 미국감리교회는 미국문화에 맞게 토착화되어 갔다는 것이다. 신대륙에서 미국화가 진행되면서 미국감리교회는 애국자와 예언자의 역할을 감당하였기에 새로운 문명 진보의 상황 아래 미국인의 삶 속에 동화되어 간 것이다. 그것은 미국감리교인들의 내적 경건과 개인적 체험이 있었기에 미국문화에 잘 파고들어 갈 수 있었다.[10]

10) 헴튼, 130~131.

참고도서(Bibliography)

I. 영국감리교회사 참고도서

제1차 자료(Primary Sources)

Wesley, John. *The Works of John Wesley*. Vol. I-XIV. ed. Thomas Jackson. Peabody, MA: Hendickson Publishers, 1986. 이하 *Works*로 표기함.

______. *The Works of John Wesley* (Bicentennial Edition). Vol. 1,2,3,4,7,9,11,18,19,25, 26, ed. Albert Outler. Nashville: Abingdon Press, 1975~1988. 이하 *The Works*로 표기함.

______. *Fourty-four Sermons*. London: Epworth Press, 1980.

______. *Anthology of Wesley's Sermons*. ed. Heizenrater. Nashiville: Abingdon Press, 1994.

______. *The Journals of John Wesley*. ed. Nehemiah Curnock. Standard Edition. Vol.1~8. London: The Epworth Press, 1938.

______. *The Letters of John Wesley*. ed. John Telford. Standard Edition. Vol.1~8. London: The Epworth Press, 1931.

______. *A Plain Account of Christian Perfection*. London: The Epworth Press, 1985.

______. *Explanatory Notes Upon the New Testament*. London: The Epworth Press, 1976.

______. "On Working Out Our Own Salvation"(1732). *Works*. Vol. VI.

______. "Salvation by Faith" (1738). *Works*. Vol. V.

______. "The Marks of New Birth"(1739). *Works*. Vol. V.

______. "Free Grace"(1739). *Works*. Vol. VII.

______. "The Minutes of Some Late Conversation"(1744). *Works*. Vol. XI.

______. "The Spirit of Bondage and of Adoption"(1746). *Works*. Vol. V.

______. "Means of Grace"(1746). *Works*. Vol. V.

______. "The Great Privilege of Those That Are Born of God"(1748). *Works*. Vol. V.
______. "Sermon on the Mount" I, II, III, IV, VIII(1748). *Works*. Vol. V.
______. "Catholic Spirit"(1750). *Works*. Vol. V.
______. "Use of Money"(1760). *Works*. Vol. VI.
______. "On Sin in Believers"(1763). *Works*. Vol. V.
______. "The Scripture Way of Salvation"(1765). *Works*. Vol. VI.
______. "The Lord Our Righteousness"(1775). *Works*. Vol. V.
______. "Thoughts on Slavery"(1773). *Works*. Vol. XI.
______. "Thoughts on Present Scarcity of Provisions"(1774). *Works*. Vol. XI.
______. "Danger of Riches"(1781). *Works*. Vol. VII.
______. "On the God's Vineyard"(1787). *Works*. Vol. VII.
______. "On Riches"(1788). *Works*. Vol. VII.
______. "Danger of Increasing Riches"(1790). *Works*. Vol. VII.
존 웨슬리 지음. 김홍기 옮김. "사랑에 관하여"(On Charity). 김홍기 편저 《존 웨슬리의 희년사상》. 131~154. 서울: 감리교신학대학교출판사, 1995.
______. "세상의 빛과 소금"(Sermon on Mount VI). 《존 웨슬리의 희년사상》. 167~189.
______. "돈의 사용"(Use of Money). 《존 웨슬리의 희년사상》. 201~225
______. "하늘나라의 저축I"(Sermon on Mount VI). 《존 웨슬리의 희년사상》. 265~289.
______. "하늘나라의 저축 II"(Sermon on Mount VII). 《존 웨슬리의 희년사상》. 290~312.
______. "부에 관하여"(On Riches). 《존 웨슬리의 희년사상》. 313~331.
______. "부를 축적시키는 것의 위험"(The Danger of Increasing Riches). 《존 웨슬리의 희년사상》. 332~347.
______. "식량의 현재적 궁핍에 관하여 논함"(Thoughts on the Present Scarcity of Provisions). 《존 웨슬리의 희년사상》. 420~430.
______. "노예제도에 관하여"(Thoughts on Slavery). 《존 웨슬리의 희년사상》. 431~464.

제2차 자료(Secondary Sources)

Ayling, S. E. *John Wesley*. Collins, 1979.
Baker, Frank. "The Real John Wesley". *Methodist History /A.M.E. Zion.*

_____. *A Charge to Keep*. London: Epworth Press, 1947.

_____. *Chales Wesley's Verse*. 2nd edition. London: Epworth Press, 1988.

Brown, Earl K. *Women of Mr. Wesley's Methodism.* Lewiston, New York: The Edwin Mellen Press, 1983.

Cannon, William Ragsdale. *The Theology of John Wesley: with Special Reference to the Doctrine of Justification*. Lanham, MD: University Press of America, 1984.

Cell, George Craft. *The Rediscovery of John Wesley*. Lanham, MD: University Press of America, 1935.

Coppedge, Allan. *John Wesley in Theological Debate*. Wilmore: Wesley Heritage Press, 1987.

Comby, J. and MacCulloch. D. *How to Read Church History* Vol. 2: From the Refomation to the Present Day. SCM Press, 1986.

Davies, Rupert E. *The Church in our Times*. London: Epworth Press, 1979.

_____. (ed.) *The Testing of the Churches, 1932~1982*. London: Epworth Press, 1982.

_____. *Methodism*. 2nd revised edition. London: Epworth Press, 1985.

Davies, Rupert and Rupp, Gordon. *A History of the Methodist Church in Great Britain*. Vol. I, II, III & IV. London: The Epworth Press, 1965.

Edwards, Maldwyn. *John Wesley and the Eighteenth Century*. New York: The Abingdon Press, 1933.

_____. *Family Circle. London*: Epworth Press, 1949.

_____. *The Astonishing Youth*. London: Epworth Press, 1959.

_____. *Sons to Samuel. London*: Epworth Press, 1961.

George, Dorothy. *England in Transition*. Middlesex, England: Penguin Books, 1965.

Green, V. H. *John Wesley*. Nelson, 1964.

Gunter, W. Stephen. *The Limits of 'Love Divine'*. Nashville: Kingswood Books, 1989.

Halevy, Elie. *The Birth of Methodism in England.* tr. and ed. Bernard Semmel. Chicago: University of Chicago Press, 1971.

Hempton, David, *Methodist Empire of the Spirit*, New Haven and London: Yale University, 2005.

Hynson, Leon D. *To Reform the Nation*. Grand Rapids: Francis Asbury Press, 1984.

Hynson, Leon O. "John Wesley and Political Reality". *Methodist History*. Vol. 22. (October 1983~July 1984).

Jarboe, Betty M. *John and Charles Wesley: A Bibliography.* Methuchen, N. J., & London: The Scarecrow Press, Inc.,1987.

Jennings, Theodore W. Jr. *Good News to the Poor: John Wesley's Evangelical Economics*. Nashville: Abingdon Press, 1990.

Kent, John. *The Age of Disunity*. London: Epworth Press, 1966.

MacArthur, K. W. *The Economic Ethics of John Wesley*. New York: Abingdon Press, 1936.

Marquardt, Manfred. *Praxis und Prinzipien der Sozialethik John Wesleys*. Goettingen: Vandenhoeck & Ruprecht, 1977.

Marshall, Dorothy. *Eighteenth Century England.* Longman, 1962.

Meeks, M. Douglas. eds. *The Future of the Methodist Theological Traditions*. Nashville: Abingdon Press, 1985.

"God and the Economy of Gift in Wesley's Theology", Lecture at Methodist Theological Seminary in Seoul. Tuesday, Oct. 20, 1998.

Olsen, Gerald W. eds. *Religion and Revolution in Early Industrial England* New York: University Press of America, 1990.

Outler, Albert. ed. John Wesley. New York: Oxford University Press, 1964.

Evangelism in Wesleyan Spirit. Nashville: Tidings, 1971.

Piette, Maximin. John Wesley in the Evolution of Protestantism. London, 1937.

Plumb, J. H. *England in the Eighteenth Century*. Middlesex, England: Penguin Books, 1950.

The First Four Georges. Fontana, 1966. Porter, Roy. *English Society in the*

Eighteenth Century. Middlesex, England: Penguin Books, 1982.

Rack, Henry D. *Resonable Enthusiast*. Philadelphia: Trinity Press International, 1989.

Rattenbury, J. E. *The Conversion of the Wesleys*. London: Epworth Press, 1938.

_____. *The Eucharistic Hymns of John and Charles Wesley*. London: Epworth Press, 1948.

Rowe, Kenneth E. *The Place of John Wesley in Christian Tradition*. Metuchen, N. J.: The Scarecrow Press, Inc., 1976.

_____. *United Methodist Studies: Basic Bibliographies*. Nashville: Abingdon, 1992.

Runyon, Theodore. eds. *Sanctification and Liberation*. Nashville: Abingdon Press, 1981.

Schmidt, Martin. *John Wesley: A Theological Biography*. 2 Vols. London: Epworth Press, 1962~1673.

Semmel, Bernard. *The Methodist Revolution*. New York: Basic Books, 1973.

Sherwin, Oscar. *John Wesley: Friend of the People*. New York: Twayne Publishers, Inc., 1961.

Sigsworth, John Wilkins. *World-changers: Karl Marx and John Wesley*. Ontario: Easingwold Publications, 1982.

Southey, R. T*he Life of Wesley*. London, 1829.

Stacey, John (ed.) *John Wesley-Contemporary Perspectives*. London: Epworth Press, 1988.

Thompson, E. P. *The Making of the English Working Class*. Middlesex, England: Penguin Books, 1968.

Townsend, W. J. Workman, H. B. & Eayrs, G. (eds.) *A New History of Methodism*. 2 Vols, Hodder & Stoughton, 1909.

Turner, John Munsey. *Conflict and Reconciliation*. London: Epworth Press, 1985. Vulliamy, C. E. John Wesley. London, 1931.

Watson, D. L. *The Early Methodist Class Meeting*. Nashville: Discipleship Resources,

1987.

Wearmouth, R. F. *Methodism and the Working-class Movements of England 1800~1850.* London: The Epworth Press, 1947.

Williams, Colin W. *John Wesley's Theology Today.* Nashville: Abingdon Press, 1984.

김홍기. 《존웨슬리신학의 재발견》. 서울: 대한기독교서회. 1994.

_____. 《존웨슬리의 희년사상》. 서울: 감리교신학대학교출판부. 1995.

_____. 《존웨슬리의 구원론》. 서울: 성서연구사. 1996.

_____. "한국교회와 경건주의," 한국교회사학연구원 편. 《한국기독교사상》. 서울: 연세대학교출판부. 1998.

헴튼, 데이비드. 《성령의 제국 감리교》. 서울: 기독교문서선교회, 2009.

II. 미국감리교회사 참고도서

Ahlstrom, Sydney E. *A Religious History of the American People.* New York: Doubleday, 1975. 2 Vols.

Baker, Frank. *From Wesley to Asbury.* Durham: Duke University Press, 1976.

_____. "American Methodism : Beginnings and Ends". *Methodist History.* Vol. 6. (October 1967~July 1968) Nashville: The Parthenon Press.

_____. "The Americanizing of Methodism". *Methodist History.* Vol. 13-3-5.

_____. "The Beginnings of American Methodism". *Methodist History.* Vol. 2. (October 1963~July 1964).

_____. "The Status of Methodist Preachers in America, 1769~1791". *Rethinking Methodist history - A historical contennial Historical Consultation.* Richey, Ressel E. & Rowe, Kenneth E. ed. Nashville : Kingswood Books, 1985.

Behney, J. Bruce and Paul H. Eller. *The History of the Evangelical United Brethren Church.* Nashville: Abingdon Press, 1979.

Brauer, Jerald C. *Protestantism in America: A Narrative History.* Revised edition.

Philadelphia: Westminster Press, 1972.

Caldwell, P. William. "A Calendar of Historic Methodist Events". *Methodist History*. Vol. 9(October 1970~July 1971).

Cameron, Richard M. *Methodism and Society in Historical Perspective*. Nashville: Abingdon Press, 1961.

Chiles, Robert E. *Theological Transition in American Methodism: 1790~1935*. Nashville: Abingdon Press.

Cobb, John B. "Is Theological Pluralism Dead in The U.M.C.?" *Doctrine and Theology in the United Methodist Church*. Langford, Thomas A. ed. Nashville, Tennessee : Kingswood Books,

George, Carol V. R. *Segregated Sabbaths*. New York: Oxford University Press, 1973.

Gudson, Winthrop S. "The Methodist Age in America." *Methodist History*. Vol. X X II October 1983~July 1984. Nashville: Parthenon.

Hempton, David, Methodism Empire of the Spirit, New Haven and London: Yale University Press, 2005.

Hildebrandt, Franz. and Beckerlegge, Oliver A. *The Works of John Wesley*. Vol. 7, A Collection of Hymns for the Use of the People Called Methodists. Oxford: Clarendon, 1983.

Hildebrand, Reginald F. "Methodist Episcopal Policy on the Ordination of Black Ministers, 1784~1864". *Methodist History*. Vol. 20. No 3.

Hudson, Winthrop S. "Methodist Age in America". *Methodist History* Vol. 22. (October 1983~July 1984).

Kachel, Charles E. "Similarities and Differences Between The Methodist Church and The Evangelical United Brethren Church". *Methodist History*. Vol. 3. No 1.

Keller, Rosemary S. "Women and The Nature of Ministry in The United Methodist Tradition". *Methodist History*, Vol. 22. (October 1983~July 1984).

Kirby, James E., Richey, Russell E., and Rowe, Kenneth E. *The Methodists*. Westport: Praeger, 1998.

Langford, Thomas A. Practical Divinity: *Theology in the Wesleyand Tradition*.

Nashville: Abingdon Press, 1983.

Langford, Thomas A. "The United Methodist Quadrilateral: A Theological Task." *Doctrine and Theology in the United Methodist Church*. Nashville, Tennessee: Kingswood Books, 1983.

Lee, Jesse. *A Short History of the Methodists, in the United States of America* : Baltimore : Magill and Clime, 1810.

McEllhenney, John G. Maser, Frederick E., Rowe, Kenneth E., and Yrigoyen, Charles Jr. ed. *Proclaiming Grace & Freedom* (the Story of United Methodism in America). Nashville: Abingdon Press, 1962.

Master, Frederick E. *The Dramatic Story of Early American Methodism*. Nashville: Abingdon Press.

Mills, Frederick V. "Mentors of Methodism, 1784~1844". *Methodist History*. Vol. 22. (October 1983~July 1984).

Muelder, Walter. *Methodism and Society in the Twentieth Century*. Nashville: Abingdon Press, 1961.

Norwood, Frederick A. *The Story of American Methodism*. Nashville: Abingdon Press, 1974.

Ogden, Schubert M. "Doctrinal Standards in The United Methodist Church." *Doctrine and Theology in the United Methodist Church*. Langford, Thomas A. ed. Nashville, Tennessee: Kingswood Books.

Outler, Albert C. "The Wesleyan Quadrilateral – in John Wesley". *Doctrine and Theology in the United Methodist Church*. Langford, Thomas A. ed. Nashville, Tennessee : Kingswood Books.

Queen, Louise. "The Centennial of American Methodism". *Methodist History*. Vol. 4. (October 1965~July 1966).

Richey, Russel E. *The Methodist Conference in America a History*. Nashville : Kingswood Books.

Richey, Russel E., Rowe Kenneth E., and Schmidt, Jean Miller. *The Methodist Experience in America*(A Source Book). Vol. II. Nashville: Abingdon Press, 2000.

Rowe, Kenneth E. Russel E. "Discovery" *Methodist History*. Vol. 22 (October 1983~July 1984).

______. *United Methodist Studies: Basic Bibliographies*, Nashville: Abingdon Press, 1982.

______. "Methodist History at The Bicentennial: The State of The Art". *Methodist History*. Vol. 22. (October 1983~July 1984).

Schell, Edwin. "Methodist Traveling Preachers in America 1773~1799". *Methodist History*. Vol. 2. (October 1963~July 1964).

Schoenhals, G. Roger. *John Wesley Commentary on the Bible*. Michigan: Francis Asbury Press.

Shockley, Grant S. "Methodism, Society and Black Evangelism in America: Retrospect and Prospect". *Methodist History /A.M.E. Zion*.

Smith, John A. "How Methodism Became a National Church in The United State". *Methodist History*. Vol. 20.

Smith, Warren T. "The Christmas conference". Methodist History Volume 6. No 4.

______. "Thomas Coke and the West Indies". Methodist History Vol. 3. No 1.

______. "Thomas Cokes Contribution to the Christmas Conference: A Study in Ecclesiology." *Rethinking Methodist History – A Historical Ceontennial Histoical Consultation*. Richey, Russel E. & Rowe, Kenneth E. ed. Nashvill: Kingswood Books, 1985.

Thomas, Hilah F. and Rosemary Skinner Keller, *Women in New Worlds: Historical Perspectives on the Wesleyan Tradition*. Nashville: Abingdon Press, 1981~1982. 2 Vols.

Vickers, John. "Coke and Asbury: a Comparison of Bishops". *Methodist History* Vol. 2. No 1.

Walls, Jerry L. "John Wesley's Critique of Martin Luther". Methodist History Vol. 20.

Walters, Orville S. "John Wesley's Footnotes to Christian Perfection". *Methodist History*. Vol. 22. (October 1983~July 1984).

헴튼, 데이비드, 《성령의 제국 감리교》. 서울: 기독교문서선교회, 2009.